Kirstin A. Schäfer

Werner von Blomberg

KIRSTIN A. SCHÄFER

Werner von Blomberg

Hitlers erster Feldmarschall

Eine Biographie

FERDINAND SCHÖNINGH
PADERBORN · MÜNCHEN · WIEN · ZÜRICH

Die Autorin:
Kirstin A. Schäfer, Jahrgang 1973,
Studium der Neueren Geschichte, Kunstgeschichte und Philosophie in Berlin.
Stipendiatin am Deutschen Historischen Institut London und wissenschaftliche Mitarbeiterin
am Frankreich-Zentrum der TU Berlin.

Titelbild:
Hitler und Blomberg (vermutlich 1935), Postkarte,
Familienarchiv von Blomberg, Rittergut Nienfeld.

Bibliografische Information der Deutschen Nationalbibliothek

Die Deutsche Nationalbibliothek verzeichnet diese Publikation in der Deutschen
Nationalbibliografie (zugl. Freie Universität Berlin; Uni. Diss. 2003); detaillierte bibliografische
Daten sind im Internet über http://dnb.d-nb.de abrufbar.

Umschlaggestaltung: Evelyn Ziegler, München

Gedruckt auf umweltfreundlichem, chlorfrei gebleichtem
und alterungsbeständigem Papier ♾ ISO 9706

(Verlag Ferdinand Schöningh GmbH & Co. KG, Jühenplatz 1, D-33098 Paderborn)

Internet: www.schoeningh.de

Printed in Germany. Herstellung: Ferdinand Schöningh, Paderborn

ISBN 13: 978-3-506-71391-9
ISBN 10: 3-506-71391-4

INHALT

GELEITWORT
von
HAGEN SCHULZE

Die Mitverantwortung der Reichswehr bei der Auflösung der Weimarer Republik und bei der Machtfestigung der Nationalsozialisten ab 1933 steht außer Frage. Aber weshalb hat sie von den politischen Institutionen Weimars so selbstbewußt Abstand gehalten, um sich dann um so schneller von Hitler korrumpieren zu lassen? Die gängige Antwort auf diese Frage schrieb dem Militär lange Zeit zweckrationale Gründe für sein Handeln und Verhalten zu: Niemand habe die Durchbrechung der Schranken von Versailles und die »Wehrhaftmachung« des deutschen Volkes so überzeugend versprochen wie Hitler. Bis weit in den Zweiten Weltkrieg hinein habe indes immer noch eine prinzipielle Distanz der Wehrmacht zum NS-Regime bestanden, resultierend aus den preußischen Traditionen, aus dem Einfluß der Seeckt-Schule, durch die die führenden Militärs gegangen waren, und aus dem tradierten Selbstverständnis der deutschen Armee als eigener »Staat im Staate«.

Erst in jüngerer Zeit haben Historiker dieses Bild gründlich revidiert. Sie haben u.a. darauf verwiesen, daß die innere Homogenität der bewaffneten Macht schon in der Weimarer Zeit allenfalls ein Wunschbild war. Eine nähere Untersuchung der Gruppierungen innerhalb des Offizierkorps ist aber bisher nicht hinreichend geleistet worden. Vor allem fehlt die Untersuchung einer militärtechnischen und ideologischen Strömung im Reichswehr-Offizierkorps, die im zeitgenössischen militärischen Schrifttum als »Junge Generation« bezeichnet wurde. Sie knüpfte, ungeachtet der starken Restriktionen des Versailler Vertrags, an Clausewitz an, dachte den Volkskrieg, neigte zu romantisch-nationalistischen Vorstellungen und lehnte das kalt-rationale Kalkül des Chefs der Heeresleitung, Generaloberst Hans von Seeckt, ab. Während der Weimarer Zeit blieb diese Denkrichtung marginal, blühte aber unter Hitler auf, der den Traum des totalen Kriegs und dessen Vorbereitung möglich zu machen schien, auf – daß dies a priori ein gegenseitiges Mißverständnis war, ergibt sich bereits daraus, daß das militärische Vorbild der »Jungen Generation« nicht zuletzt die Rote Armee war. Zu den wichtigsten Vertretern dieser Schule gehörte der spätere Reichskriegsminister Werner von Blomberg.

Wenige der führenden deutschen Offiziere haben den Weg von Weimar zu Hitler so konsequent beschritten wie Blomberg. Die Verfasserin geht der Karriere nach, die er auf diesem Weg gemacht hat: Zunächst Abteilungschef im Truppenamt, dann dessen Amtschef und damit für die operative Planung der Reichswehr zuständig, 1929 als Wehrkreisbefehlshaber in Ostpreußen kaltgestellt, weil seine hochfliegenden Ideen vom Einsatz von Massenheeren im Sinne einer *levée en masse* dem Kurs der politischen Führung der Reichswehr diametral widersprachen. Dann die Begegnung mit Hitler, der Blomberg die »Wehrhaftmachung des deutschen Volkes« versprach und ihn gleich nach der Machtergreifung zum Reichskriegsminister und Oberbefehlshaber der Wehrmacht machte. Ohne selbst Anhänger der NSDAP zu sein, ließ sich Blomberg, Befürworter einer großangelegten Aufrüstung, doch von Hitler um den Finger wickeln. Blombergs »Zwei-Säulen-Theorie« hatte einen autoritären Staat zum Ziel, der auf den gleichberechtigten Fundamenten von Wehrmacht und Partei ruhte, und er glaubte, wie sich zeigen sollte, irrtümlich, daß auch Hitler dieses Ziel einer »Gewaltenteilung« verfolgte.

Die Verfasserin zeichnet den Aufstieg Blombergs ebenso differenziert und überzeugend nach wie seinen Abstieg und Sturz. 1936 von Hitler an dessen Geburtstag zum Generalfeldmarschall erhoben begann schon bald darauf ein Prozeß zunehmenden Ansehensverlustes, der im Februar 1938 in seiner Ablösung kulminierte. Die Verfasserin durchleuchtet diese Vorgänge, die, zusammen mit der gleichzeitig erfolgten Entlassung des Oberbefehlshabers des Heeres von Fritsch, eine völlige Neustrukturierung der Wehrmachtführung herbeiführten und den endgültigen Kurswechsel in Richtung auf einen bald zu führenden Angriffskrieg bedeuteten, in einer bisher nicht erreichten Klarheit und Genauigkeit.

Man mag sich fragen, ob angesichts der Breite des Themas »Reichswehr, Wehrmacht und Nationalsozialismus« die Biographie eines einzelnen, wenn auch herausragenden, Soldaten nicht zu kurz griffe; die Skepsis gegenüber der Biographie als geschichtswissenschaftlichem Genre ist in Deutschland, anders als beispielsweise in den angelsächsischen Ländern, weit verbreitet. Dagegen ist zu sagen, daß die Überbetonung strukturaler Faktoren und Zwänge die zentrale Frage nach der individuellen Verantwortlichkeit der Handelnden verfehlt. Wie das Licht ebenso aus Wellen wie aus Quanten besteht, so besteht Geschichte zugleich aus Abläufen wie auch aus Situationen, die jeweils eine Fülle möglicher Zukünfte in sich bergen, und in denen sich die Entscheidungsfreiheit und die Entscheidungsmöglichkeiten der Handelnden erweisen. Dieses Element der Freiheit und des Möglichen, das erst politisch-historische Verantwortung begründet, gilt es inmitten der zwanghaften Strukturen aufzudecken, um Geschichte als Geschichte von Menschen für die Gegenwart bedeutsam werden zu lassen.

Auch das ist es, was Kirstin Schäfers Buch leistet. Es ist sorgfältig auf breiter Quellenbasis aufgebaut, und ihr ist es zudem gelungen, neue, bislang ungenutzte Quellen heranzuziehen. Ihr Buch liefert zur militärischen und politischen Situation der Weimarer Republik und der Hitler-Jahre bis 1938 bemerkenswerte Einsichten und Überlegungen; es ist spannend, kritisch und differenziert geschrieben, aber auch mit pointiertem Urteil.

London, im Herbst 2004 *Hagen Schulze*

VORWORT

Du sollst Dir kein Bildnis machen! Wie oft kam dieser Satz in meine Gedanken, während ich dieses Buch schrieb, um ein Skelett historischer Fakten mit Leben zu überziehen. Je mehr ich mich dem Ende der Darstellung näherte, je fertiger die Analyse des Lebensweges des Generalfeldmarschalls von Blomberg schien, um so mehr Zweifel stiegen in mir auf, ob ich dem wirklichen Menschen gerecht werden kann – ob ich mich nicht täuschen ließ von dieser oder jener Tatsache, an dieser Stelle zu wenig verstand, an jener zu viel sah, hier versüßte, dort umdeutete. Wie gerne hätte ich ihn so vieles gefragt.

Einige wichtige Menschen (und ein Hund) mußten über Jahre hinweg diese und ähnliche Gedanken geduldig ertragen, wissend, daß sie nicht allein mit mir lebten, sondern gewissermaßen auch mit dem Schatten Blombergs, der einen großen Teil von mir absorbierte. Dieses Buch hätte nicht entstehen können ohne ihr Verständnis und ihre Liebe.

Meinen Eltern Hans-Heino und Renate Karla Schäfer gilt mein besonderer Dank: Sie gaben mir die Freiheit, mich selbst zu wählen. Ohne ihre Unterstützung und ihr Vertrauen in mich wäre das Entstehen dieser Arbeit unmöglich gewesen. Meine Mutter hat zudem das gesamte Manuskript gelesen und kritisch und sachkundig bei der Redaktion des Textes geholfen.

Ich danke meinem Lehrer und akademischen Vater Prof. Dr. Hagen Schulze, der mich auf meinem bisherigen Weg stets begleitete und förderte. Gleiches gilt natürlich für Prof. Dr. Etienne François. Ihm und seiner Frau Beate François danke ich für ihren freundschaftlichen Rat und viele angenehme Stunden, die nicht nur mit Diskussionen über den Inhalt dieses Buches gefüllt waren.

Ohne meine Freunde hätte ich nicht die Kraft gehabt, dieses Buch zu schreiben: Jene, die an mich glaubten, mir halfen, mich begleiteten, begeistert waren, denen es gelang, mit meinen Zweifeln und meiner Verzweiflung zu jonglieren, mich anhörten und zum lachen brachten. Ihre Treue war und ist alles: zu nennen sind Dr. Ilka Mehdorn, Irene von Mering, Dr. Karsten Plöger, Esther Quednau, Donna Strothmann, Dr. Thies Schulze und Charlotte Siebenrock.

Während meiner Recherchen lernte ich wunderbare Menschen kennen, die der Arbeit allein dadurch Leben gaben, daß ich sie kennenlernen durfte. Ich denke vor allem an Dr. Peter von Blomberg und seine Lebensgefährtin Sigrid von Busse. Peter von Blomberg machte mir den Nachlaß seinen Großvaters sowie andere persönliche Aufzeichnungen des Generals zugänglich, beantwortete meine unzähligen Fragen und war bereit, sich interessiert und äußerst kritisch mit dem Leben seines Großvaters – und somit mit einem Teil seiner eigenen Geschichte – auseinanderzusetzen. Mein Dank gilt auch Otto Freiherr von Blomberg, der mir sachkundig und hilfsbereit die Tore des Familienarchivs derer von Blomberg auf dem Rittergut Nienfeld öffnete; er gilt Dr. Andrea Bielmeier (München), die mir Einblick in den Briefwechsel ihres Großvaters mit ihrer Mutter Sybille gab und meine Suche nach dem »wahren Blomberg« mit Einfühlsamkeit und guter Küche versüßte. Ebenso danke ich Dorothee Keitel (München), die als einzige lebende Tochter des Kriegsministers eine wichtige Zeitzeugin und Gesprächspartnerin für mich war. Dem bemerkenswerten Fritz Tobias rechne ich hoch an, daß er mir Einblick in seine umfangreiche zeitgeschichtliche Sammlung in Hannover gewährte und seine Materialien und Forschungsergebnisse bereitwillig zur Verfügung stellte.

Potsdam, im Juli 2005 *Kirstin Schäfer*

Der Mensch lebt nicht nur sein persönliches Leben als Einzelperson, sondern, bewußt oder unbewußt, auch das seiner Epoche und Zeitgenossenschaft

Thomas Mann

EINLEITUNG

Im Januar 1938 erschien in der deutschen Presse ein Bild Werner von Blombergs – zu diesem Zeitpunkt deutscher Kriegsminister[1] und somit Inbegriff des Kriegers in Hitlers Militärstaat. Die Fotografie zeigte den fast sechzigjährigen Generalfeldmarschall auf der Hochzeitsreise mit seiner jungen zweiten Frau bei einem Besuch im Leipziger Zoo, vor dem Affenkäfig.[2] Gekleidet ist er in Zivil, am rechten Arm führt er die Gattin, am linken trägt er ihre Handtasche. Die Veröffentlichung löste eine Welle des Spotts in den Kasernen und Kasinos über den »Gummilöwen« aus, wie Blomberg wegen seiner angeblichen Biegsamkeit gegenüber Hitler hinter vorgehaltener Hand genannt wurde. Es kam schlimmer: Ein Berliner Polizist erkannte in der jungen Marschallin auf dem Foto ein Mädchen, das früher einmal in seiner Kartei als Prostituierte geführt worden war. Er meldete die Entdeckung weiter, eine Akte mit pornograpischen Aufnahmen von der neuen Frau von Blomberg tauchte auf. Eine Sittenaffäre war geboren, aus der der größte Skandal des Dritten Reiches wurde: Die noch heute von Legenden umrankte so genannte Blomberg-Fritsch-Krise[3] endete im Fluidum von Gerüchten um ein Komplott gegen den Minister und mit dessen Sturz. Blomberg wurde binnen weniger Tage entlassen und von Hitler erst einmal ins Ausland »abserviert«. Er erschoß sich nicht, wie sein Marineadjutant es wütend verlangt hatte und wie der Ehrenkodex der Wehrmacht es nahegelegt hätte. Vielmehr verschwand er völlig aus dem öffentlichen Leben. Er war aus den Höhen der Macht in die Tiefen der Verdammung gefallen, da er mit seiner Messalliance an einem neuralgischen Punkt der Geschichte des Dritten Reiches gegen den Ehrenkodex der militärischen Gesellschaft verstoßen und sich in ihrem Moralsystem schuldig gemacht hatte. Der Kult um den Kriegsminister verebbte, das Heer tilgte seinen Namen aus den Ranglisten, die Zeitungen berichten fortan nicht mehr über ihn, seine Büsten und Bildnisse wurden entfernt und dem Vergessen übereignet – die Erinnerung an den Geächteten getilgt. Eine neuzeitliche *damnatio memoriae* war über ihn verhängt worden.[4]

Das abrupte Ende der Karriere des Kriegsministers markierte das Ende aller Träume der preußisch-deutschen Militärelite, sie könne Politik und Kurs des Dritten Reiches entscheidend mitbestimmen: Das Amt des Reichskriegsministers wurde gestrichen. Hitler persönlich übernahm am 4. Februar 1938 den Oberbefehl über die Wehrmacht, die er damit endgültig entmachtet hatte. Blomberg selbst durfte auch im Zweiten Weltkrieg nicht mehr in den Dienst zurückkehren, woran er zerbrach – gehörte er doch als Offizier wilhelminischer Prägung zu jenem zentralen Typus deutscher Kulturgeschichte, für den Bernd Ulrich den Begriff »Willensmensch« geprägt hat.[5] Das Horazsche Diktum des *dulce et decorum est pro patria mori*, jene folgenschwere Trias aus Disziplin, Gewalt- und Todesbereitschaft, hatte er zutiefst verinnerlicht und zum Leitbild seiner Existenz erhoben. Verbittert über sein persönliches Schicksal, war er gezwungen die Entwicklung der Weltgeschichte aus der Abgeschiedenheit seines Exils in den bayerischen Bergen passiv, isoliert und gleichsam durch eine Glaswand zu betrachten. Der General, er selbst schreibt es, war »eingesargt und begraben«. Dort, im »Exil« schrieb er seine Memoiren, die bis heute unveröffentlicht sind.[6]

Blomberg zählte von 1933-1938 zu Hitlers engsten Vertrauten außerhalb der Partei und zu den einflußreichsten Bewunderern und Verbündeten des Diktators im militärischen Establishment; zudem hatte er, wie zu zeigen sein wird, eine wichtige symbolische Funktion bei der Erschaffung von Hitlers Mythos, der untrennbar verwoben war mit dem nationalsozialistischen Militärkult.

Vor diesem Hintergrund und in einer Zeit anhaltender Popularität der Geschichte des Dritten Reiches erstaunt die Tatsache, daß Blombergs Rolle als Wehr- und Kriegsminister in der Flut an Literatur, Filmen, TV-Sendungen zum Thema nur selten wirklich erhellend dargestellt wird, wenngleich er auf so vielen Bildern[7] direkt an Hitlers Seite zu sehen ist. Als der bayerische Rundfunk 1984 eine zwölfteilige Fernsehsendung über »Hitlers Generale« ausstrahlte, wurden zahlreiche Angehörige von Generalen und Zeugen interviewt. Bei der Familie von Blomberg ist niemand gewesen.

Die historische Substanz des Generalfeldmarschalls war zusammengeschmolzen auf die Geschichte vom »Marschall und der Hure«, die zum festen Bestandteil des Fundus von Geschichtsbildern wurde, aus dem man sich im Bedarfsfall immer wieder bedienen konnte. Der Schriftsteller Hans Hellmut Kirst wußte um den Wert des Erfolgsrezeptes der brisanten Mischung aus Intrigen, Sex und Skandal und verarbeitete den Blomberg-Stoff zu einem Roman (*Generalsaffären*), der in Kürze eine Weltauflage von 5 Millionen Exemplaren erreichte.[8] Auch heute noch beginnen die Erinnerung an den »Marschall und die Hure« gelegentlich erneut zu moussieren, wie jüngst die *Bild am Sonntag* bewies, indem sie unter dem Titel »Pornoskandal – deshalb stürzte Hitlers Kriegsminister« erstmals mit den Aufnahmen Margarethe von Blombergs aus dem Jahre 1932 aufzuwarten verstand, die für den Minister verhängnisvoll und für die deutsche Militärgeschichte folgenschwer waren.[9]

Um das, was man vielleicht den »wahren Blomberg« nennen möchte, blieb es jedoch still. Die wissenschaftliche Bewertung des Generalfeldmarschalls blieb dem Verdikt jener damnatio memoriae verhaftet, das 1938 über ihn verhängt worden war. Zuweilen wurde in der Literatur in Bezug auf die Ereignisse von 1938 sogar nur von einer Fritsch-Krise gesprochen.[10] So entstand bisher keine (wissenschaftlich fundierte) Biographie über ihn und wesentliche Fragen um seine historische Rolle und Persönlichkeit blieben offen.[11]

Historische Individuen aber unterliegen den Gesetzen von Erinnern und Vergessen[12], jenen Schwestern, die zu allen Zeiten eine wichtige Funktion für den Transport und die Legitimation von Geschichtsbildern hatten. Zu einer Biographie über Hitlers Kriegsminister gehört, immer auch nach seiner Legende zu fragen und nach Gründen für die Erinnerung im Vergessen zu suchen. Daß historisches Erinnern und Vergessen der Wehrmachtgeschichte ein Politikum ist, da die entsprechenden Geschichtsbilder noch in der Gegenwart wirksam sein können, hat die Verfasserin auch bei ihren Recherchen für dieses Buch zu spüren bekommen.

Die Bundeswehr etwa vergaß Blomberg nahezu völlig, als sie sich in den fünfziger und sechziger Jahren neu zu definieren suchte.[13] Während seine militärpolitische »Sowjetophilie«, die sehr wohl in der militärischen Tradition Deutschlands stand, zur Zeit des Kalten Krieges in der Bundesrepublik eine Ursache für das Negativ-Image des Generals war, fiel die Blomberg-Rezeption seitens der DDR-Historiographie gerade ihretwegen erstaunlich differenziert aus.[14]

Bei der Suche nach Antworten auf die Frage, warum bisher der Befund des Desidertats konstatiert werden mußte, gilt es auch, auf die langjährigen generellen Standortprobleme der deutschen Militärgeschichte nach 1945 hinzuweisen. Bis weit in die achtziger Jahre hinein bestand, anders als z.B. in Großbritannien, seitens vieler deutscher Historiker nur wenig Interesse für die Kriegs- und Militärgeschichte.[15] Die Gründe für diese Haltung sind übrigens bislang noch nicht ausreichend untersucht worden; einer ist fraglos in dem kollektiven Trauma zu suchen, das das Ende des Zweiten Weltkrieges und der damit verbundene Bruch in der deutschen Geschichte ausgelöst hatte. Hinzu kam, daß nach 1945 der Begriff des »Militarismus« zu einem Schlagwort des »Kalten Krieges« wurde und als Interpretationsmodell für Kontinuitäten in der Geschichte der deutschen Gesellschaft einige Jahrzehnte verdrängt wurde.[16] Eine ähnliche Aversion wie gegen die Militärgeschichte bestand bei vielen deutschen Historikern gegen das Genre der Biographie, das als letzte Bastion des Historismus verkannt wurde. Die Biographik befand sich, wie Hagen Schulze in seiner Kieler Antrittsvorlesung 1977 treffend diagnostizierte, bis weit in die achtziger Jahre hinein in der »Krise der Geschichtswissenschaft«[17]. In den letzten Jahren erlebt das Genre eine erfreuliche Renaissance, und beeinflußt von den methodischen Möglichkeiten der »neuen Biographik[18]«, erfreut es sich heute wieder zunehmender Beliebtheit. Wichtige Impulse für die historiographische Forschung gingen dabei von den (gruppen-)biographischen Ansätzen, u.a. von Ulrich Herbert[19], Michael Wildt[20] und Stephan Malinowski[21] aus.

Eine Biographie über Werner von Blomberg zu schreiben, heißt, ihn nicht als ein individuelles, in sich geschlossenes historisches Selbst, gleichsam als historischen Mikrokosmos zu begreifen. Vielmehr soll er in Interaktion mit der Gesellschaft des 19. und 20. Jahrhunderts situiert werden, interpretiert werden, um mit Wilhelm Dilthey zu sprechen, als »Kreuzungspunkt für Strukturen, in die sein Dasein verwoben ist«.[22]

Dieser Versuch einer Deutung zwischen kollektiver Biographie und Lebensbeschreibung einer historischen Person, die Frage nach Typus und Individuum, umschließt nicht das Ziel, eine Geschichte des Militärs in der Gesellschaft des 19. und 20. Jahrhunderts schreiben oder eine erneute Analyse der Wehrmacht im Dritten Reich vorlegen zu wollen – das haben bereits andere getan.[23] So sind militärpolitische Prozesse, in die Blomberg in seiner Funktion als Wehr- und Kriegsminister involviert war, seine Rolle bei der Entwicklung der Kommandostruktur der Wehrmacht, in der Kriegswirtschaft- und Planung in Einzelstudien beleuchtet sowie teilweise in Quelleneditionen dokumentiert worden.[24] Blombergs Wirken in der Weimarer Militärpolitik wurde hingegen erst in Ansätzen zusammenhängend dargestellt, so daß ein Schwerpunkt der Analyse auf dieser Zeit liegt.[25]

Blickt man auf die Quellenlage für das Vorhaben, so bietet sich ein überwiegend günstiges Bild. Schmerzliche Lücken zeigten sich in den Aktenbeständen des Reichswehrministeriums, die für eine Bewertung von Blombergs Militärpolitik sowohl in der Weimarer Republik als auch im Dritten Reich konsultiert wurden. Große Teile des Schriftgutes, sowohl des Truppenamtes als auch des Generalstabes des Heeres, verbrannten am 14. April 1945 bei einem alliierten Luftangriff in ihrem Lagerort, dem Magazingebäude des Heeresarchivs Potsdam. Auch der überwiegende Teil des Schriftgutes des Reichswehrministeriums ist nur lückenhaft überliefert, da er noch kurz vor der Kapitulation auf Befehl des Chefs des Oberkommandos der Wehrmacht vernichtet wurde.[26]

In die Analyse einbezogen wurden Reden, Erlässe, Denkschriften, Fotografien und Filme. Neben Nachlässen, Erinnerungen und anderen Aufzeichnungen von Blombergs Mitarbeitern, Kameraden und anderer Zeitzeugen, wurden Artikel der Militärpublizistik der zwanziger und dreißiger Jahre sowie der deutschen Exilpresse der dreißiger Jahre untersucht. In Zeitungen wie dem *Pariser Tageblatt* (ab 1936 *Pariser Tageszeitung*), in dem u.a. der umstrittene linksliberale Berliner Journalist Georg Bernhard schrieb, spiegelt sich der zwangsläufig zur deutschen Inlandpresse in scharfem Kontrast stehende Versuch freier Meinungsäußerung exilierter deutscher Journalisten. Diese Zeitungsartikel stellen gemeinsam mit der Auslandspresse, der sie weitgehend in der Darstellung folgen, gleichsam einen Seismographen der mit dem Nationalsozialismus im allgemeinen und der Generalität und Blomberg im besonderen verquickten Wünsche, Hoffnungen und Ängste vieler Europäer dar.[27]

Für diese Biographie wurden erstmals sämtliche persönlichen Aufzeichnungen des Generals systematisch ausgewertet.[28] Diese Dokumente helfen, sich dem »wahren« Blomberg zu nähern, denn untrennbar verwoben mit seinem eigentlichen Lebensweg ist das Phänomen seiner biographischen Selbstkonstruktion. Anders gesagt: Eine Biographie kann nicht geschrieben werden ohne eine Analyse des Selbstbildes des Biographierten, ohne die Suche nach den Zufällen und Schlüsselerlebnissen, die er selbst als besonders prägend für sein Leben wahrnahm und beschrieb.[29] Nur so wird möglich, nicht dem zu erliegen, was der französische Soziologe Pierre Bourdieu die *»biographische Illusion«* genannt hat: das heißt, daß man das Leben eines Menschen als ein vorgezeichnetes Schicksal betrachtet, in dem die Zufälle keine Rolle spielen.

Neben Blombergs unveröffentlichten und ungedruckten Memoiren[30] und Tagebüchern[31] ergänzen Entwürfe für Denkschriften, Berichte, Notizen und Interviews mit Angehörigen[32] sowie persönliche Korrespondenz und andere Papiere aus seinem Nachlaß das »private« Quellencorpus. Blombergs Aufzeichnungen weisen ihn als militärischen Fachmann mit dem unbedingten Willen zur (Wehr-) Macht aus. Sie zeigen seinen historischen Fatalismus, der in der ständigen Wiederholung des Schopenhauerschen Diktums »Was geschieht, geschieht notwendig« Ausdruck findet.[33] Es ist schwierig, in den Kosmos seines Privatlebens einzudringen. Verabsolutierte er auf der einen Seite das Credo des soldatischen Gehorsams, war er auf der anderen Seite ein karger, auch seinen engsten Verwandten und Bekannten schwer zugänglicher Mensch, der seine Gefühle zu verschließen suchte und die Maxime »Generalstäbler haben keinen Namen« tief verinnerlicht hatte; nach eigenem Bekunden war es die Gesellschaft von Büchern, die er nur zu oft derer der Menschen vorzog.

Ein großes Problem in Zusammenhang mit den persönlichen Aufzeichnungen Blombergs ist das Fehlen jenes Teils der Erinnerungen des Generals, in dem er sich mit der Zeit von 1933 bis 1938 auseinandersetzt.[34] Was war mit diesen Aufzeichnungen geschehen? Die Hypothese lautet, Blomberg oder Angehörige seiner Familie hätten angesichts der drohenden Prozesse gegen die Kriegsverbrecher die Memoiren als Beweis für Blombergs Mitschuld an der Vorbereitung des Zweiten Weltkrieges in den Tagen des deutschen Untergangs im Frühjahr 1945 vernichtet, um sie dem Zugriff der Alliierten zu entziehen.[35] Vor dem Hintergrund dieser Behauptung stellt sich die Frage, ob die Familienmitglieder überhaupt wußten, daß Blomberg eine Autobiographie schrieb, und ob ihnen bekannt war, wo er seine Aufzeichnungen aufbewahrte. Dabei ist anzunehmen, daß mindestens seine Frau Margarethe – bedingt durch das enge Zusammenleben – Bescheid wußte, zumal er bis zum 28./29. Januar 1945 an seinen Erinnerungen geschrieben hat und am Ende auf eine »Fortsetzung in der Tagesniederschrift ab 28. Januar 1945« verweist. Ob jedoch die während der turbulenten Zeit der letzten Kriegsjahre vorübergehend und notgedrungen in Blombergs Haushalt am Tegernsee lebenden Töchter Dorothee und Ursula die autobiographische Tätigkeit des Vaters bewußt wahrgenommen haben, ist zumindest in einem Fall auszuschließen. Seine in München lebende Tochter Dorothee kann sich jedenfalls nicht daran erinnern, daß ihr Vater damals Aufzeichnungen anfertigte. Aus den Briefen an seine Kinder geht ebenfalls nicht hervor, daß Erinnerungen entstanden oder existierten. Daß Werner von Blomberg mit seinen Töchtern über seine Memoiren sprach, ist bei seiner charakterlichen Verschlossenheit – gerade in diesen Jahren der Isolation – auch eher unwahrscheinlich. Möglicherweise hätte er sich seinen Söhnen offenbart, wenn diese noch gelebt hätten. Bei den wenigen kurzen Treffen während des Krieges vor deren Tod (1941 bzw. 1942) könnte zwar von seinen Aufzeichnungen die Rede gewesen sein, dann jedoch sicherlich nur in ganz allgemeiner Form. Geht man von der Annahme aus, die Töchter wären doch informiert gewesen, so hätten sie die Aufzeichnungen kaum ohne ausdrücklichen Auftrag des Vaters beseitigt. Das Gleiche gilt für seine Frau, die auch sehr detailliert hätte eingeweiht sein müssen, um gerade den separierten Teil (1933 bis 1938) in der gebotenen Eile herausfiltern zu können.

Es bleibt die durchaus plausible Hypothese, daß Werner von Blomberg selbst diesen Teil seiner Erinnerungen in der Panik der letzten Kriegstage bzw. später – angesichts der Verhaftungen und drohenden Prozesse gegen die überlebenden Nazigrößen – beseitigt hat, so daß die Amerikaner bei der Beschlagnahme des Hauses oder einer früheren Durchsuchung die Aufzeichnungen nur noch unvollständig konfiszieren konnten. Liest man jedoch die vorhandenen, in den Jahren 1943 bis 1945 entstandenen Memoiren und Tagebuchaufzeichnungen aufmerksam, so erscheint das wenig glaubhaft, denn Blomberg erschreckt darin durch einen Mangel an Realitätssinn, wenn es um die Person Hitlers geht, zu dem er sich bis zu seinem Tod immer wieder bekennt. Trotz der Enttäuschung über seinen Sturz und Hitlers Rolle darin, hält er bis zuletzt an seinem Glauben an ihn als geistigem Führer fest. Offenbar war dieser Glaube das Einzige, das es ihm ermöglichte, den Sinn seiner eigenen Existenz im Untergang des Jahres 1945 nicht gänzlich in Frage stellen zu müssen und aufrecht bleiben zu können. Warum also hätte er nur einen Teil seiner Aufzeichnungen vernichten sollen und nicht alle, da doch auch die übrigen die Zeit von 1933 bis 1938 reflektieren und ihn somit auch belasten. Er selbst gibt immerhin zu, daß es nicht zu leugnen sei, daß er die Wehrmacht auf den Krieg vorbereitet habe.

Blomberg schreibt, er habe seine Aufzeichnungen über die Zeit 1933 bis 1938 in separaten »schwarzen Kladden« gesammelt. Es stellt sich die Frage, warum er diesen wichtigen Abschnitt seines Lebens getrennt von den übrigen Aufzeichnungen bearbeitete. Eine Möglichkeit, die der gängigen These folgt, wäre, daß er es tat, um seine Erinnerungen, sollte der Krieg verloren sein, schneller vernichten zu können. Dieses Ende des Krieges jedoch sah er als erfahrener Militär trotz seiner Distanz zum Geschehen bereits seit längerem ab. Insofern erscheint auch diese These wenig plausibel. Das Konvolut der Erinnerungen 1933 bis 1938 könnte auch von unbekannter Hand beiseite gebracht worden oder abhanden gekommen sein, nachdem die Amerikaner es an sich genommen hatten. Schließlich durchliefen die Aufzeichnungen auf dem Weg zwischen den lokalen Akteuren und der Kongreßbibliothek in Washington viele Stellen. Frau von Blomberg (Gruhn) verkaufte nach der Inhaftierung Blombergs den verbleibenden Besitz ihres Mannes (wie seinen Marschallstab) frühzeitig; die Tagebücher gingen 1947 an die Alliierten, die diese Dokumente zur Auswertung ins Washingtoner Military Archive brachten. Nach der Verfilmung gab die amerikanische Regierung die sechs Bände des Manuskriptes der Blomberg-Erinnerungen 1958 an das Deutsche Auswärtige Amt in Bonn zurück, das die Dokumente an den rechtmäßigen Erben, Werner von Blombergs Enkel Peter, weiterleitete. Dieser stellte das Fehlen jenes Bandes fest, der sich mit den Erinnerungen seines Großvaters von 1933 bis 1938 auseinandersetzt. Wie ihm nach Rückfrage aus Bonn mitgeteilt wurde, war dieser Band »mit größtem Bedauern durch ein Versehen« dort zurückgeblieben. Man hätte ihn »von den übrigen Nachlaßpapieren abgetrennt«, um Feststellungen über den Verbleib fehlender Teile des Manuskripts für 1933 bis 1938 zu treffen.[36] Demnach war man zu diesem Zeitpunkt noch nicht von einem vollständigen Fehlen des Bandes 1933 bis 1938 und auch nicht von einer Vernichtung der Aufzeichnungen von 1933 bis 1938 ausgegangen. Im Zuge ihrer Recherchen an dieser Biographie erhielt die Verfasserin den Hinweis, der fehlende Teil des Bandes der Blomberg-Erinnerungen sei noch in Washington und dort in Form von Filmrollen einzusehen. Das vibrierende Gefühl der Hochspannung, das diese Neuigkeit auslöste, wich der Enttäuschung, als ein Briefwechsel mit Washington die Hoffnung auf die begehrten Aufzeichnungen alsbald zerstörte, da diese dort nicht existierten.

Die *Erinnerungen* Blombergs sind, so die Hypothese der Verfasserin, niemals vernichtet worden; Blomberg ist mit seinen Niederschriften ganz einfach niemals *fertig* geworden. Es scheint, als habe er die *Erinnerungen* synchron mit seinen täglichen Aufzeichnungen geschrieben, um eine bessere Übersicht zu erzielen oder, weil es ihm verständlicherweise besonders schwer fiel, diesen schicksalsträchtigen Teil seines Lebens in Worte zu fassen; er befangen war. Fragmentarische Aufzeichnungen[37], die der General kurz vor Kriegsende verfaßte und in denen er sich sehr wohl mit der Zeit seiner Ministerschaft beschäftigt, bieten einen möglichen Beweis dafür. Sie unterscheiden sich vom Rest der Memoiren dadurch, daß sie nicht ausformuliert sind, eher einem Entwurf, einer Gliederung gleichen – einer Gliederung dessen, was er über die Zeit 1933 bis 1938 zu schreiben geplant hatte. Das Ende des Krieges, seine Inhaftierung, Krankheit und Tod in Nürnberg am 14. März 1946 erklären, warum er sein Werk nicht mehr beenden konnte.

I. DER WANDERER (1878-1919)

1. KINDHEIT UND JUGEND

Werner Eduard Fritz von Blomberg wird am 2. September 1878 als erstes von vier Kindern des Oberstleutnants Emil von Blomberg und seiner Frau Emma in Stargard/Pommern, dem heutigen *Szczeciński,* geboren. Die Stadt an der Ihna hat zu diesem Zeitpunkt etwa 21816 Einwohner; sie war und ist ein wichtiger Knotenpunkt der Eisenbahnlinien von Stettin nach Danzig und Posen.

Der Name von Blomberg war zur Stunde der Geburt des späteren Marschalls bereits mit dem Nimbus des Militärischen umgeben. Der kleine Werner wuchs mit den kollektiven Erinnerungen einer Familie auf, die fest an ihre soldatische Bestimmung glaubte und soldatische Werte in der Erziehung verabsolutierte. Als berühmtester Ahne des späteren Kriegsministers kann wohl Alexander von Blomberg gelten, ein entfernter Verwandter aus der freiherrlichen Linie der Familie. Dieser war in mehrfacher Hinsicht prädisponiert, zu einer militärischen Erinnerungsfigur zu werden: Im Jahre 1800 war er in das preußische Heer eingetreten, hatte 1806 an der Schlacht bei Jena gegen die napoleonischen Truppen teilgenommen und kämpfte 1809 im Rebellenzug Ferdinand von Schills (1776-1809). 1812 schloß er sich den russischen Truppen an. Am 20. Februar 1813 wollte er mit seiner Kosakeneinheit zum Schloßplatz in Berlin vordringen, wurde jedoch am Königstor von französischen Truppen beschossen. Alexander wurde getroffen und starb – angeblich als *erstes* deutsches Opfer, das im Freiheitskampf vor den Toren der Stadt fiel.

Alexander von Blomberg vereinte – wie der Dichter Theodor Körner – auf ideale Weise die Trias Jugend, Dichtertum und Opfertod für die Nation im Krieg. Im Kaiserreich wurden beide Dichter intensiv rezipiert und unabhängig von der wirklichen Qualität ihrer Verse als jugendliche Märtyrer und Kämpfer mit Leier und Schwert gefeiert. Bereits 1812 hatte die Zeitschrift *Der Freimütige* eines der Gedichte Blombergs veröffentlicht, und die von ihm verfaßten *Poetischen Schriften* wurden postum 1820 herausgegeben. Der Freiheitsdichter wurde unter einer Pappel auf dem Georgen-Friedhof in Berlin bestattet. Das ihm gewidmete Denkmal steht noch heute im Norden Berlins, an der Otto-Braun-/Friedenstraße. Der Obelisk aus Muschelkalkstein wurde 1913 zum einhundertjährigen Jubiläum der Völkerschlacht bei Leipzig von der Vereinigung der Lipper zur Erinnerung an den Dichter errichtet und an seinem 100. Todestag (20. Februar) feierlich enthüllt[1]. Alexander von Blombergs bekanntestes Gedicht, das *Schwertfegerlied*, gehörte bis in die Zeit nach dem Ersten Weltkrieg in jede Kriegsliedersammlung, und Werner von Blomberg wuchs, wie viele Jungen seiner Generation, mit dem Appell seines Ahnen zur Bewaffnung auf:

> Nun so sprich, wem schmiedest die Waffen du?
> Ihr Männer, ich will es euch künden:

Die Waffen bereit' ich dem Volke zu,
Der Knechtschaft sich kühn zu entwinden,
Daß sie falle, des welschen Tyrannen Macht.
Die Waffen bereit' ich zur Hermannschlacht,
Daß des Wütrichs ehernes Zepter vergehe,
Daß auf deutschem Boden die Freiheit erstehe.

Geschmiedet sind mit frohem Mut
Für die deutsche, die heilige Sache,
Geschmiedet, daß von des Feindes Blut
Sie triefen zur heiligen Rache.[2]

Während der Stammbaum der freiherrlichen Linie der Blombergs bis in das 13. Jahrhundert zurückreicht, ist der Familienzweig, dem der spätere Kriegsminister entstammte, vergleichsweise jung. Im Siebenjährigen Krieg hatte ein Leutnant namens Karl August von Blomberg Dienst im Heer Friedrichs des Großen gesucht. Er gab an, in der kleinen Armee des Herzogs von Kurland gedient zu haben, nahm adelige Abkunft für sich in Anspruch (was weder zu beweisen noch zu widerlegen war), deutete an, es bestünde Verwandtschaft zu den Freiherren von Blomberg in den lippischen Fürstentümern, und bewährte sich als tapferer Offizier, weshalb das Königliche Heroldsamt in Berlin keine Bedenken gegen die Führung des adeligen Namens erhob. Fast gleichzeitig mit Karl August dienten fünf seiner Brüder unter den Fahnen des Preußenkönigs. Irdische Güter sollten die Blombergs kaum erwerben. Ihnen blieb die Ehre, des Königs Rock und Degen tragen zu dürfen.

Anton Julius August von Blomberg[3], Werners Ur-Urgroßvater wurde am 4. August 1769 in Potsdam geboren. Im Pagenkorps erzogen, stand er von 1787 bis 1812 im Infanterie-Regiment von Rüts (Nr. 8), seit 1808 1. Pommersches Infanterie-Regiment. Aus seiner Ehe mit Eleonore von Petersdorf gingen drei Kinder hervor. Der Jüngere der beiden Söhne, Emil Leopold (1812-1839), kam bei einem Reitunfall ums Leben; der Ältere, Ludwig Ernst Adolf (1803-1892) trat in die Armee ein und wurde schließlich Major. Er war der Urgroßvater Werner von Blombergs. Ludwig Adolfs Ehe mit der Hauptmannstochter Amalie von der Borne, Mutter seiner acht Söhne, endete früh, da diese bereits mit 44 Jahren 1851 starb. Einer der Söhne – Emil Leopold, am 22. November 1840 in Stargard geboren – war Werners Vater, beim Tode seiner Mutter gerade elf Jahre alt. Es bedarf wenig Phantasie, sich das Klima der soldatischen »Männerwelt« vorzustellen, in der Emil Leopold mutterlos aufwuchs – einer Welt, die beherrscht war vom Glauben an den friderizianischen corps d'esprit. Wie drei seiner Brüder ging Emil Leopold dann auch zum Militär, wurde schließlich Oberstleutnant und Garnisonsverwaltungsdirektor in Stargard. 1873 hatte er Emma geheiratet, Tochter des reichen Rittergutsbesitzers Ludwig von Tschepe auf Broniewice und dessen Frau Auguste von Oertzen, die sich einer erlesenen Schar von Vorfahren rühmte, deren Ursprünge väterlicherseits bis in die preußische Provinz Posen zurückverfolgt werden konnten. Die Söhne – Werner und seine beiden jüngeren Brüder Hans (1886-1914) und Hugo (1888-1918) – wurden streng nach soldatischem Kodex und im Selbstverständnis des wilhelminischen Offiziers erzogen. Es läßt sich keine genaue Aussage darüber machen, wie lange Werners Vater Offizier war;

Anmerkungen in den Erinnerungen seines Sohnes ist jedoch zu entnehmen, daß die Kindheit geprägt war von der Unruhe ständiger Wohnortwechsel und der damit einhergehenden Bezugslosigkeit, die das Leben einer Soldatenfamilie mit sich brachte. Im Alter von sechzehn Jahren hatte Werner bereits Schulen in Hannover, Cleve und Bensberg besucht. Es bestand somit keine Möglichkeit, freundschaftliche Bindungen zu anderen Kindern aufzubauen. Statt dessen entwickelte er frühzeitig ein sehr enges Verhältnis zu seinen Geschwistern. Hans und Hugo, denen Werner als Vorbild diente – um so mehr als beide als weitaus weniger begabt und diszipliniert galten als er – fielen im Ersten Weltkrieg. Seine Schwester Margarete (1875-1940), Tante Grete, wie sie Werners Kinder später nennen sollten, wurde Stiftsdame und widmete ihr Leben ganz der Pflege der Mutter, die 1938, wenige Tage nach der zweiten Hochzeit Werner von Blombergs, im Alter von 90 Jahren starb. Margarete überlebte sie nur um zwei Jahre.

Ein Einblick in die Kindheit Blombergs wird dadurch erschwert, daß es nur wenige Schilderungen in seinen Erinnerungen und Tagebüchern gibt. Anders als Seeckt, der für viele seines Standes stellvertretend stolz über seinen Vater schreibt: Mein Vater, der hochstieg auf der militärischen Leiter, war für mich das Idealbild des ritterlichen Soldaten alter Schule«[4], äußert sich Blomberg kaum über seinen Vater und seine Beziehung zu diesem. Aus seinen Aufzeichnungen läßt sich lediglich schließen, daß der Einfluß des Vaters streng und beherrschend war, und daß Vater und Sohn auf Grund der seltenen Anwesenheit des Vaters ein eher distanziertes Verhältnis zu einander hatten. Im Fehlen einer präsenten Vaterfigur und dem Mangel an Wärme und Stetigkeit eines dauerhaften Zuhauses mag der Ursprung seines Suchens nach einer Führerfigur liegen. Obwohl Blomberg nie im Detail über seinen Vater schreibt, finden sich zwischen den Zeilen einige Bemerkungen, die den Schluß zulassen, daß es zwischen Vater und Sohn einen Konflikt gab, der – wie Blomberg selbst es dargestellt – aus »jugendlichem Überschwang« resultiert haben mag.[5] Ein solcher, in Vater-Sohn-Beziehungen nicht ungewöhnlicher Konflikt, konnte durch den Tod des Vaters (1904 – Werner war 26 Jahre alt) nicht ausgeräumt werden. Dieses Versäumnis scheint bei Blomberg ein gewisses Schuldgefühl dem toten Vater gegenüber hinterlassen zu haben, in dem man erste Anzeichen für seine später stark ausgeprägte Tendenz zur »Unterwerfung« erkennen mag.

Vor dem Hintergrund der Hypothek seiner Generation – dem preußischen Untertanengeist, wie ihn Heinrich Mann für alle Zeiten unauslöschlich beschrieb[6] – führte Blombergs familiäre Prägung zu einem ausgeprägten Autoritätsdenken, das eine wesentliche Konstante seines Lebens werden sollte. Beweise, wie sehr Blomberg Autorität als eine Grundbedingung seines Lebens zu sehen schien, finden sich überall in seinen Aufzeichnungen, sowohl direkt als auch indirekt. Er entwickelte eine außerordentlich hohe Bereitschaft, einer autoritären Figur mit Begeisterung zu folgen und ihre Befehle zu empfangen, was sich am fatalsten in seiner Loyalität zu Hitler manifestieren sollte.

Werner von Blomberg ordnete sich ganz der soldatischen Tradition seiner Familie unter, als er im Alter von sechzehn Jahren das Gymnasium verließ, um in die Kadettenanstalt in Berlin-Lichterfelde einzutreten.[7] Zu diesem Zeitpunkt, so berichtet eine Anekdote, war der Name Blomberg unter den Kadetten bereits bestens bekannt. Vater Emil hatte als Kadett die Gewohnheit, seine Schläfenhaare am Helmrand sorgfältig hoch zu bürsten und damit im Korps eine neue Haarmode kreiert. Nach ihm benannte man die hoch gebürsteten Schläfenhaare »Blomberger«, und unter »blombergern« verstanden die Kadetten alles, was der Verschönerung oder Bändigung der Haupthaare diente.[8]

Doch der Name Blomberg prägte sich auch schon bald in anderer Hinsicht in das Gedächtnis des Kadettenkorps ein, denn der neue Kadett war nicht nur gut aussehend, sportlich begabt und von freundlichem, ruhigem Wesen – somit angenehm im Umgang –, sondern versprach alsbald eine glänzende Karriere im Generalstab zu machen. Tatsächlich übertraf er mit seinen vielseitigen geistigen Interessen, seiner Aufgeschlossenheit für alles Neue sowie seinem Bildungshunger viele seiner Kameraden, was bereits zu diesem Zeitpunkt sein späteres »Außenseiterimage« im Kreis der Generalität vorbereitete. Seine lebenslange intensive Beschäftigung mit in- und ausländischer Literatur[9] war äußerst ungewöhnlich für einen deutschen Offizier seiner Generation und gab ihm etwas »Unmilitärisches«, das sich auch in seinen weichen Gesichtszügen widerspiegelte. Ungeachtet dessen verkörperte er für viele schon rein äußerlich den Idealtypus des preußischen Offiziers. Er war »eine auffallende und eindrucksvolle Erscheinung[10], »soldatisch und gutaussehend«[11], groß, »blond und wagnerisch«, ein »wirklicher Siegfried – wenn man sich Siegfried mit einem Monokel vorstellen kann«, so der britische Historiker John Wheeler-Bennett in seinem Hang zu romantizistischen Übertreibungen.[12]

In Lichterfelde, am Stadtrand Berlins, begann, wie für viele Offiziere seiner Generation, Blombergs 44 Jahre umfassende Laufbahn im aktiven Militärdienst. Die Kadettenausbildung geschah isoliert von der sozialen Wirklichkeit jener Tage, wurde nur selten unterbrochen durch Ausflüge in das »glamourös« wirkende Berlin, das so sehr im Kontrast zum streng reglementierten und disziplinierten Leben in Lichterfelde stand. Nach Vollendung des zweiten Ausbildungsjahres wurde Blomberg zu einem Truppenteil abkommandiert und am 13. März 1897 zum Seconde-Leutnant befördert.[13] Im selben Jahr trat er in das Füsilierregiment 73 in Hannover (Prinz Albrecht von Hannover) ein. Während der »Hannoverschen Jahre« bekleidete er unterschiedliche Posten des Kommandos und des Stabes.

In diese Zeit fällt eine wichtige Veränderung im Denken des späteren Kriegsministers, die dieser wie folgt beschreibt: »Als ich etwa 2 Jahre lang Offizier war, also etwa 20 Jahre alt, erlebte ich eine ›Erweckung‹! Sie führte mich nicht zum Kirchlich-Religiösen, sondern sie weckte mir Kopf und Herz für die Dinge des Geistes und der Seele. Ich glaubte, mir widerführe etwas ganz Besonderes; ich sah mich zu einer begnadeten Minderheit hingerückt. Sicher war, daß nun hinter den Berührungen, die mir mein Beruf und Stand brachte, ein abgesonderter innerer Besitz bestand, in den ich mich wie in eine Zitadelle zurückziehen konnte. Ich konnte nun für mich allein sein und war stets begierig auf geistige Erlebnisse«[14].

Die im Kaiserreich durch Ausbildung und Verwendung erfahrene Prägung hatte Konsequenzen. Als Angehöriger des Offizierskorps empfand Blomberg sich politisch wie gesellschaftlich als privilegierter Repräsentant der Nation. Diese Position beruhte in erster Linie auf der engen persönlichen Bindung an den Monarchen und Obersten Kriegsherrn, und sie fand Ausdruck im Primat des Militärischen über dem Zivilen in Staat und Gesellschaft.

Das Jahr 1904 war in zweifacher Hinsicht bedeutsam für Blombergs Biographie: Zum einen starb sein Vater an einem Herzleiden, zum anderen heiratete er am 20. April 1904. Seine erste Frau, Charlotte Hellmich (4. Oktober 1880 bis 11. Mai 1932), die ebenfalls einer Offiziersfamilie entstammte, lebte im Nachbarhaus der Eltern Blombergs in Hannover – er hatte sie gleichsam über den Gartenzaun hinweg kennen gelernt.[15] In der ruhigen und ausgeglichenen Charlotte sollte der spätere Generalfeldmarschall eine treue Gefährtin, die Mutter seiner Kinder finden, und die Ehe gestaltete sich sehr glücklich. Charlottes Mutter war wohlhabend, so daß Blombergs Lebensstil vor dem Krieg deutlich höher war als der vieler seiner Standesgenossen.[16] Auch später, in Zeiten wirtschaftlicher Armut, wie Blombergs sie nach dem Krieg erleben sollten, half die Schwiegermutter. Noch 1904 mußte Blomberg dem neuen Familienleben in Hannover wieder den Rücken kehren, um sich Berlin und den ihn dort erwartenden Pflichten eines Adjutanten im zweiten Bataillon seines Regiments Prinz Albrecht von Hannover (Füsilierregiment 73) zuzuwenden.[17] Die Familie wurde stark durch die Trennungszeiten belastet. Blomberg ertrug den Mangel an familiärer Sicherheit mit soldatischer Disziplin, da er auf eine Berufung in den Kern der militärischen Elite – den Großen Generalstab – hoffte. Im selben Jahr wurde er zum Oberleutnant befördert und erhielt die Kommandierung zur Kriegsakademie in Berlin, deren erfolgreicher Abschluß notwendig war, um in den Großen Generalstab aufgenommen zu werden.[18]

Für die Entsendung zur mythenumwobenen preußischen Kriegsakademie, die ihr Entstehen dem Wirken Scharnhorsts verdankte, mußte eine Ausleseprüfung bestanden werden, die Blomberg mit Bravour meisterte, und als er im Herbst 1904 das Rote Haus in der Dorotheenstraße betrat, gehörte er bald zu denjenigen Offizieren, die für eine spätere Verwendung im Generalstab in Frage kamen. Die bis 1907 folgende Zeit an der Akademie wurde bestimmt von einem konventionellen Stundenplan[19], in dem die offensive militärische Lehre auf taktischer und strategischer Ebene betont wurde, entsprechend dem Evangelium des Generaloberst Alfred Graf von Schlieffen, der von 1891 bis 1905 Chef des Generalstabes der preußischen Armee war. In dieser Funktion hatte er am Ende seiner Dienstzeit (Dezember 1905 / Januar 1906) den Schlieffenplan[20] entwickelt, jene legendäre und bis heute in der Forschung kontrovers diskutierte[21] Denkschrift mit dem Titel *Krieg gegen Frankreich*, in der er den Plan einer Großoffensive im Westen vorlegte, die auf die Umfassung und Vernichtung der französischen Heere zielte. Grundgedanke des Planes war ein rascher Angriff der deutschen Armee gegen Frankreich, wobei die gegnerische Armee durch einen Vorstoß über die Niederlande und (das neutrale) Belgien von Nordwesten her umfaßt werden, während sich die deutsche Armee am elsaß-lothringischen Festungsgürtel auf die Defensive beschränken sollte. Nach der Vernichtung der französischen Armee sollten die Deutschen dann im Osten zur Offensive übergehen. Bis 1914 verdichtete sich der Schlieffen-Plan, der von dessen Amtsnachfolger Helmuth Graf von Moltke modifiziert wurde, zu einem folgenschweren Dogma, wovon noch die Rede sein wird.

Werner von Blombergs Kommando zur Kriegsakademie, die unter Schlieffens Einfluß ein hohes Prestige gewonnen hatte, da extrem hohe Anforderungen an die Ausbildung der Offiziere gestellt wurden, dauerte drei Jahre und wurde nur kurz unterbrochen durch praktischen Dienst bei verschiedenen Waffengattungen. So übte Blomberg als Infanterist im Sommer 1905 beim Feldartillerie-Regiment Nr. 19 in Erfurt und im Sommer 1906 beim Württembergischen Ulanen-Regiment Nr. 19 in Ulm. Im Sommer 1907 nahm er an der Abschlußreise der Kriegsakademie teil und erhielt hierbei die Qualifikation zum Generalstabsdienst (Beförderung zum Oberleutnant, 18. Mai 1907). Der Studienzeit an der Kriegsakademie folgte ab 1. Oktober 1907 eine kurze Zeit bei seinem Hannoverschen Regiment und am 1. April 1908 wurde er zum Großen Generalstab kommandiert.[22]

Zwischenspiele im Frontdienst ausgenommen, sollte er im Generalstab bleiben, bis er 1929 als Wehrkreisbefehlshaber und Divisionskommandeur nach Ostpreußen versetzt wurde.[23] Die Tätigkeit im Großen Generalstab umfaßte häufige Stabsreisen, Inspektionen sowie die jährlichen Kaisermanöver. Obwohl viele Offiziere dem Generalstabsdienst angehörten, war die Berufung in den Großen Generalstab einer auserwählten Gruppe vorbehalten. Diese Elite leitete die Entwicklung und Vorbereitung strategischer Pläne und ihre Präsenz bei den Kampftruppen in ganz Deutschland war darauf ausgelegt, die wirksame Durchführung der Stabsbefehle im Krieg zu gewährleisten. Blombergs Ausbildung bot ihm eine exzellente Möglichkeit, eines Tages diese herausragende Stellung zu erreichen. Die Aufnahmeprozedur in den Großen Generalstab war anspruchsvoll. Jedes Jahr wurden graduierte Offiziere von der Kriegsakademie zu zwei Jahren Dienst berufen; so erhielt auch Blomberg seine Chance bei der topographischen Abteilung des Stabs. Nach erfolgreichem Abschluß der zweijährigen Dienstzeit mußten die Offiziere am jährlichen »Stabsritt« teilnehmen, der unter direkter Beobachtung des Chefs des Stabes stattfand. Diese Übung dauerte ein bis zwei Wochen und konfrontierte die Teilnehmer mit einem bestimmten taktischen Problem. Nach Beendigung des »Ritts« wurden drei oder vier Offiziere zum Großen Generalstab zugelassen und durften die begehrten »roten Hosen« tragen.[24] Blomberg schreibt in seinen Memoiren: »Im März 1910 wurden zwei Kameraden und ich, als Ausnahmen, für ein 3. Jahr zur Dienstleistung kommandiert. Wir waren damals 13 Jahre Offizier und damit die Jüngsten im Wettbewerb (...). Am Ende des 3. Kommandojahres konnte ich endlich die ersehnte Generalstabsuniform anziehen. Der Erwerb hatte mich viel Arbeit, Mühen und Schweiß gekostet!«[25] Von den drei ersten obligaten Hauptmannsjahren (Hauptmann ab 20. März 1911, die Verf.) im Großen Generalstab verbrachte Blomberg das Jahr 1911 als »Dirigent« der topographischen Abteilung, um dann ab 1912 zwei Jahre im Truppengeneralstab als Generalstabsoffizier des Gouvernements Metz beim 1. Lothringischen Infanterieregiment Nr. 130 den »Frontdienst« zu erleben, wie Blomberg es formulierte.[26]

Seine Frau, die Kinder Henning (geb. 3. Februar 1905), Ursula (geb. 4. Januar 1907), Axel (geb. 22. Dezember 1908) und Sybille (geb. 5. September 1910)[27] hatte er in einem Vorort der Garnisonsstadt untergebracht. Das Geld der Mutter Charlottes ermöglichte es der Familie, sich eine reich ausgestattete Villa mit

Stallanlagen und Dienerschaft zu leisten, und Blomberg schildert die Zeit in Metz aus der Perspektive ex post in leuchtenden Farben.[28]

In Metz – damals die größte und modernste deutsche Festung – erlernte er die Kunst des Festungsbaus. Zum ersten Mal in seiner Laufbahn erhielt er ein Truppenkommando.[29] Durch sein Interesse für andere Länder, hervorragende Englisch- und Französischkenntnisse und sein diplomatisches Geschick erwies sich der junge Offizier als prädestiniert für Stabs- und Inspektionsreisen in andere Länder, die ihn zunächst nach Belgien und Frankreich, später nach Ungarn, England, Rußland und in die USA führten. Joseph Goebbels sollte ihn wegen seiner Reiseleidenschaft viele Jahre später in seinem Tagebuch als »kleinen Reiseonkel« bezeichnen.[30] 1914, als Kompaniechef des Metzer Infanterie-Regiments 130, beschäftigte er sich schließlich mit der Entwicklung von Verteidigungssystemen, die gemäß Schlieffens Plan der Reduktion von Kräften dienten und auf dem offensiven rechten Flügel der Westarmee eingesetzt werden sollten.

Am 28. Juni 1914 wurden in Sarajevo der österreichisch-ungarische Thronfolger Franz Ferdinand und seine Gattin durch einen bosnisch-serbischen Terroristen ermordet. Die anschließende »Juli-Krise« führte geradewegs in den Ersten Weltkrieg. Am 28. Juli erklärte Österreich-Ungarn Serbien den Krieg, am 31. Juli rief es die Gesamtmobilmachung aus; das verbündete Deutsche Reich verkündete an diesem Tage den »Zustand drohender Kriegsgefahr« und leitete am 1. August die Gesamtmobilmachung ein. Gleichzeitig erklärte es Rußland und zwei Tage später Frankreich den Krieg. Auch in der Garnison Metz bereitete man sich zu diesem Zeitpunkt, Ende Juli/Anfang August, wie überall im Deutschen Reich, auf den kommenden Krieg vor. Unter Mißachtung der bestehenden Vorschriften engagierte Blomberg französische Bauern als zusätzliche Arbeitskräfte zum Ausheben von Schützengräben und zum Holzfällen für ein freies Schußfeld in seinem Regimentssektor. Die freien Flächen und nackten Baumstümpfe müssen auf gespenstische Weise das Ausmaß der Zerstörung der kommenden Jahre angedeutet haben.

Metz war mitten in den Kriegsvorbereitungen, als Blomberg Ende Juli den Umzug seiner Familie zu Charlottes Mutter nach Hannover veranlaßte und die persönliche Habe der Familie dorthin transferieren ließ. Noch im Juli folgte er seiner Familie, um zu Beginn des Krieges die Funktion eines Generalstabsoffiziers der 19. Reserve-Division, die aus Reserve- und Landwehrmännern Niedersachsens gebildet worden war, einzunehmen. Den Kriegsausbruch erlebte der spätere erste Marschall Hitlers als »Zeitenwende«, jedoch ohne die vielbeschworene Euphorie des Augusterlebnisses; vielmehr blickte er in die Zukunft mit einem »Gefühl der Leere, gepaart mit gespannter Erwartung«.

2. Erster Weltkrieg und Nachkriegszeit

Der Erste Weltkrieg machte als erster industrialisierter Krieg auf europäischem Boden die veränderte Natur des Krieges deutlich und leitete einen Paradigmenwechsel in nahezu allen Bereichen des menschlichen Lebens ein. Nichts blieb, wie es war. Als erster »moderner« und hochtechnisierter Krieg prägte er die generationelle Erfahrung des deutschen Offizierkorps ebenso, wie die europäische Gesellschaft insgesamt.[31] Auch Werner von Blomberg war ein geistiger Gefangener des Ersten Weltkrieges, der ihn traumatisierte und von dessen Ausbruch, Verlauf und Ausgang seine Persönlichkeit und sein Leben maßgeblich geprägt wurden. Im Krieg wurden in vielen Bereichen die Weichen für späteres Handeln und Denken gestellt, und die im Krieg gesammelten kollektiven und individuellen Erfahrungen waren für künftige strategische, operative und taktische Überlegungen Blombergs sowie für sein Kriegsbild von entscheidender Bedeutung. Wie er berichtet, hatten die Kriegserfahrungen in ihm eine Verachtung und einen »immer vorhandenen Widerspruchsgeist gegen die landläufigen Konventionen« ausgelöst. Er wollte gerade im militärischen Bereich nicht mehr das akzeptieren, was als gegeben und gesetzt gehandelt wurde, »suchte stetig nach neuen Wegen unter dem Strom einer abwartenden, suchenden inneren Spannung«.[32]

Die Laufbahn Blombergs bis zum Ende des Ersten Weltkriegs war dadurch gekennzeichnet, daß er, von wenigen Truppenkommandos abgesehen, überwiegend in Stäben diente und den Schützengraben nur von weitem kannte. Der Stabsdienst und die Natur der Stabsarbeit hielten ihn fern von Truppe und Front, so daß er den Ersten Weltkrieg vorwiegend als »Papierkrieg« perzipierte.[33] Daß er dennoch oder gerade deshalb nach dem Krieg eine Neigung zu den romantisch-nationalistischen Vorstellungen der Freikorpsbewegung entwickelte, überrascht, da dies der Verallgemeinerung widerspricht, die Freikorps seien eine Sache junger Frontoffiziere, die Seecktsche Reichswehr[34] dagegen eine solche der etwas älteren Stabsoffiziere gewesen. Offenbar war hier bereits Blombergs Neigung zu politischem Soldatentum und jugendbewegtem Romantizismus dominant.

Charakteristisch für Blombergs Werdegang ist, daß er während des gesamten Krieges den westlichen Kriegsschauplatz nicht verließ. Diese Westorientierung im Ersten Weltkrieg verlieh seinem Blick auf die Realität des Krieges und seinen Kriegserfahrungen eine gewisse Eindimensionalität.[35] So war er geprägt von den Schlachten bei Verdun, an der Marne, am Chemin des Dames, von den Kämpfen in der unwirklichen Winterlandschaft der Champagne. Diese Erfahrungen sollten ihn nicht wieder loslassen. Dort hatte er die Realität des Stellungskrieges und der Materialschlachten kennen gelernt und schwere Niederlagen der deutschen Armee miterlebt.

Seine persönlichen Kriegserlebnisse- und Erfahrungen auf dem rechten Flügel der 2. Armee sind in Feldpostbriefen dokumentiert, die er in dieser Zeit nahezu täglich an seine Frau schrieb. Als er während des Zweiten Weltkrieges seine Memoiren verfaßte, bildeten sie die Grundlage für seine Erinnerungen an den Ersten Weltkrieg.[36]

Als der Krieg im Westen am 1. August 1914 begann und den deutschen Truppen gemäß Schlieffenplan zunächst der schnelle Durchmarsch durch Belgien, die handstreichartige Eroberung Lüttichs und der Vorstoß bis zur Marne gelang, war Blomberg Generalstabsoffizier Ia im Generalstab der 19. Reserve-Division der 2. Armee.

Während der ersten Tage der Mobilmachung befand er sich im Haus seiner Schwiegermutter in Hannover, wo seine Familie während des gesamten Krieges auf ihn warten sollte. Am achten Mobilmachungstag war der Divisionsstab in das Aufmarschgebiet der Division südwestlich von Euskirchen abbefördert worden, um dann am 13. August im Verband der 2. Armee über Elsenborn den Vormarsch nach Belgien anzutreten. Über Spa, Lüttich, nordwestlich Namur vorbei marschierte die Division, in vorderer Linie eingesetzt, weiter in südwestlicher Richtung bis Charleroi an der Sambre, das die Spanier im 15. Jahrhundert zur Festung ausgebaut hatten. Am 22. August fand Blombergs Division hier im Straßenkampf die erste Begegnung mit französischen Gegnern, die sich in Schützengräben auf dem Südufer der Sambre festgesetzt hatten.

Die Kämpfe in Charleroi endeten mit einem französischen Rückzug und dem Tod von Blombergs Bruder Hans, der als Kriegsfreiwilliger des Reserve-Regiments 73 derselben Division angehörte wie Werner. Hans war während der Kämpfe schwer verwundet worden und erlag nach wenigen Tagen seinen Verletzungen in einem Nothospital, das in einer leerstehenden Fabrik eingerichtet worden war.

Psychologisch interessant ist Blombergs Auseinandersetzung mit seinem jüngeren Bruder Hans in seinen Erinnerungen. Sie gibt zugleich Aufschluß über seine persönliche Identität sowie über die kollektive Identität seines Standes, der »Willensmenschen«[37]: Offensichtlich hatte der Ältere ein sehr enges Verhältnis zu seinem Bruder. Um so größer mußte seine Enttäuschung über die wenig glorreichen Umstände von dessen Entlassung aus der Armee im Jahre 1914 gewesen sein: Hans hatte als Leutnant ebenfalls in der Garnison Metz gedient. Dort war er mit einem anderen Offizier wegen einer Lappalie derart in Streit geraten, daß beide Offiziere sich zu einem Duell entschieden. Wenngleich das Duell im Heer und bei der Marine im deutschen Kaiserreich offiziell akzeptiert war, so mußte es doch im Einzelfall von einem Ehrengericht zugelassen werden. Auf Grund des undisziplinierten Verhaltens beider Männer hatte das Ehrengericht im Falle Hans' gegen ein Duell und über die Entlassung beider Offiziere aus dem Militärdienst entschieden. Werner von Blomberg empfand diese Entscheidung als persönliche und familiäre Schmach. Es läßt sich somit vermuten, daß sich Hans, der nach dem abrupten Ende seiner Offizierslaufbahn zunächst Arzt hatte werden wollen, bei Ausbruch des Ersten Weltkrieges nicht ganz freiwillig, sondern auch auf Drängen seines Bruders als Kriegsfreiwilliger beim 73. Regiment der 19. Reserve-Division meldete, in deren Stab Werner mittlerweile diente. Hans konnte sich so gleichsam rehabilitieren. Den Tod des Jüngeren bei Charleroi erlebte Blomberg nicht etwa mit Schuldgefühlen deswegen – er verstand ihn als eine der höchsten Auszeichnungen, die ein Soldat erreichen konnte: Hans starb den gefeierten »Opfertod im Krieg«, oder, wie es Blomberg in seinen Erinnerungen ausdrückt, »den Soldatentod, der die edelste Form des Sterbens ist«[38]. Auch der zweite Bruder, Hugo, fiel im Ersten Weltkrieg (1918). Im Zweiten Weltkrieg sollten auch die beiden Söhne Blombergs den »Opfertod auf dem Altar des Vaterlandes« sterben.

Kurz nach Hans' Begräbnis bei Charleroi überschritt die 19. Reserve-Division am 28. August 1914 in der Gegend von Avesnes die französische Grenze, um bei Etreux zu kämpfen. Ihr stürmischer Vormarsch brachte die Division in eine kritische Lage, da das östlich der Division vorgehende X. Armeekorps am Guise-Abschnitt festgehalten und etwa 40 Kilometer zurückgeblieben war. Ohne Kenntnis hiervon wurde die Division, die sich gerade für die Einschließung der Feste La Fère umgruppierte, am Morgen des 29. August von mehreren französischen Divisionen angegriffen. Blomberg zog Verstärkung heran, so daß die Franzosen den Angriff einstellen und sich zurückziehen mußten. Die sich an diesen Kampf anschließende, siegreich endende Schlacht bei St. Quentin bot Blomberg – folgen wir einer Beurteilung seiner Person durch den IIb der Division, Major Dennke – eine der wenigen Gelegenheiten seiner Laufbahn zu »persönlichem Eingreifen in vorderster Linie«[39].

Über Laon marschierte seine Division weiter bis zur Marne. In der Schlacht an der Marne (5. bis 12. September), während der Blombergs Division in der Gegend von Montmirail kämpfte, scheiterte Schlieffens Cannae von gewaltigem Ausmaß, die rasche Umfassung und Vernichtung der französischen Truppen. Die Schlacht wurde somit zum Symbol für das Scheitern des Kernstücks des deutschen Kriegsplanes und zerstörte die Illusion von der deutschen Unbesiegbarkeit.

Als nach dem Krieg das Reichsarchiv in Potsdam nach Gründen für die deutsche Niederlage suchte, trat man mit der Bitte an den damaligen Major von Blomberg heran, er möge seine persönlichen Erinnerungen an die Schlacht an der Marne und den Zustand der 19. Reserve-Division aufzeichnen. Blomberg erinnert sich an das vorherrschende und andauernde »Gefühl der Überlegenheit«, als die 19. Reserve-Division die Marne bei Dorman-Chateau Thierry überquerte.[40] Während der Entscheidungsschlacht an der Marne war er Zeuge eines Massenangriffs der französischen Infanterie geworden, bei dem unweit des Petit-Morin eine deutsche Einheit von der Stärke eines Bataillons völlig aufgerieben wurde. Obschon er im Krieg viele solcher Angriffe miterlebte, war diese Erfahrung von paradigmatischer Bedeutung für ihn. Die rätselhafte *âme collective* von Massenheeren und die alte Frage nach ihrer Disziplinierung begannen ihn nachhaltig zu faszinieren und sollten ihn nie wieder loslassen.

Mit dem Scheitern des deutschen Angriffs an der Yser und vor Ypern (September bis November 1914) erstarrte der Bewegungskrieg zum Stellungskrieg. Blombergs Division befand sich beim Übergang zum Stellungskrieg unmittelbar östlich von Reims. Der Divisionsstab hatte selbst zunächst seinen Gefechtsstand auf dem Fort Reduit de Berry, welches einen phantastischen Ausblick über Reims bot, weshalb häufig Besuch erschien. Dieser lebhafte Verkehr auf dem Fort war den Franzosen nicht verborgen geblieben und es erfolgten daher häufig Feuerüberfälle, wobei Blomberg, dem am 14. September als erstem in der 19. Reserve-Division das Eiserne Kreuz II. Klasse verliehen worden war, im Oktober 1914 leicht verwundet wurde. Blomberg selbst empfand es als Fügung, daß er in diesem Herbst nicht sein Leben verloren hatte: Eine feindliche Granate hatte ausgerechnet den Prellstein der Tür des Unterstandes getroffen, in dem der Divisionsstab infolge der Beschießung untergetreten war. Dadurch konnten in das Innere des Unterstandes nur wenige Granatsplitter gelangen und Blomberg wurde nur leicht verletzt.

Die Hauptarbeit des Stabes bestand darin, den Stellungsausbau zu organisieren und zu überwachen. Der Frontabschnitt selbst blieb ruhig. Größere Kampfhandlungen fanden bis Februar 1915 nicht statt, was sich änderte, als Blombergs Division herausgezogen wurde, um im Verband der 3. Armee in der Champagne eingesetzt zu werden. Schwere Verluste machten Mitte April 1915 ein erneutes Herausziehen der Division notwendig. Nach kurzer Versammlung im Raum Montmédy-Longuyon wurde das X. Reservekorps, dessen andere Division im gleichen Raum zusammengezogen worden war, Ende April in das Elsaß als Heeresreserve abbefördert. Hier kam die 19. Reserve-Division in der Gegend südwestlich von Straßburg am Fuß der Vogesen in Ruhequartiere. Blomberg, seit dem 22. März 1915 Major, verbrachte dort einige erholsame Frühlingswochen, die mit der Ausbildung des neuen Ersatzes ausgefüllt wurden. Am 18. Mai 1915 wurde die wieder verwendungsbereite Division als selbständige Division im Münstertal in den Vogesen eingesetzt. Die unwegsame Gebirgslandschaft, die Blombergs Arbeit nun erschwerte, wurde für ihn nur durch deren landschaftliche Schönheit erträglich.

Im folgenden Jahr wurde Blomberg mit seiner Division in die Kämpfe um Verdun geworfen. Am 23. März 1916 übernahm die 19. Reserve-Division im Nordsektor einen Frontabschnitt direkt westlich des Forts Douaumont, das zum schrecklichen Symbol der Schlacht von Verdun wurde. Die deutsche Großoffensive gegen die französische Maasfestung (21. Februar bis Ende Juni 1916), mit welcher der Chef der Obersten Heeresleitung (OHL), Erich von Falkenhayn, das französische Heer durch »Ausbluten« zermürben wollte, erlebte Blomberg zunächst als Erfolg. Was ihm auf Dauer zu schaffen machte, war die Fortsetzung des Stellungskrieges mit den damit verbundenen Phasen erzwungener Untätigkeit. Den blutigen, grausamen Alltag der Schützengräben erlebte er nicht, ihren Verlauf verriet ihm der Blick in die Lagekarten.

Bei Angriffen, die Blomberg mitgeplant hatte und die mit gigantischem Materialaufwand geführt wurden, gelang es der Division, die Gegner aus den vorderen Gräben zurückzuwerfen und etwa 5000 Gefangene zu machen. Trotz weiterer Gefangennahmen und erheblicher Geländegewinne zeigte sich für Blomberg bald das Antlitz der »Hölle von Verdun«. In seiner Division allein gab es während der Kämpfe, die zum Synonym für die Totalität des Kampfes an der Westfront wurden, in eineinhalb Monaten Verluste von 10 000 Mann. Aufgrund seiner Kenntnisse der deutschen Position am Fort Vaux wurde er mit der Evakuierung des Terrains betraut. Am 20. Juli erfolgte die Nachricht seiner Ernennung zum Oberquartiermeister (I a) im Generalstab des XVIII. Reservekorps bei Verdun, die er vom 21. Juli 1916 bis zum 24. Februar 1917 bekleiden sollte. Das Korps war auf dem rechten Flügel der 2. Armee eingesetzt.

Generalmajor Graf Friedrich von der Schulenburg, Nachfolger Knobelsdorffs als Stabschef der 5. Armee, war bei Verdun auf Blombergs militärische Fähigkeiten und dessen Organisationstalent aufmerksam geworden und setzte sich für seine Designierung zum Oberquartiermeister im Hauptquartier der 7. Armee (in Laon) ein.[41] Nachdem er in Berlin einen zehntägigen Kurs in Gaskriegführung besucht und bei dieser Gelegenheit seine Familie gesehen hatte, nahm Blomberg seine neue Position ein, die er von 1917 bis zur Auflösung der 7. Armee im Januar 1918 bekleidete.[42]

Der Befehlsbereich des AOK 7 reichte von der Oise bei La Fère bis an den Brimont nördlich von Reims. Chef des Generalstabs der 7. Armee war General Walther Reinhardt. Blomberg stand ihm während der großen Abwehr- und Angriffskämpfe von 1917 und 1918 als Ia im Generalstab zur Seite – so in den Schlachten am Chemin des Dames. Er war beeindruckt von Reinhardts »Begabung als Heerführer, seinen organisatorischen Fähigkeiten und der suggestiven Kraft, mit der der General es verstand, Einfluß auf die Truppe zu nehmen.«[43] Reinhardt sollte von nun an auf Blombergs strategische und taktische Vorstellungen einen bestimmenden Einfluß ausüben und für den späteren Kriegsminister eine Vorbildfunktion übernehmen.[44]

Seine Leistungen im Stab prädestinierten Blomberg für seine spätere Rolle als militärischer Zukunftsgestalter. Sie wurden 1918 mit dem höchsten Orden des kaiserlichen Deutschland gewürdigt. Am 3. Juni 1918 erhielt er aus der Hand Kaiser Wilhelms II. den »Pour le Mérite«.[45]

Wenn auch Blombergs einstige Siegesgewißheit durch den bisherigen Kriegsverlauf leicht ins Wanken geraten war, so scheint er im Frühjahr 1918 über ein mögliches Scheitern des letzten entscheidungssuchenden deutschen Großangriffs, der »Michael-Offensive«, nicht einmal nachgedacht zu haben – psychologisch durchaus verständlich.

Durch seine Position als höchster Generalstabsoffizier unter dem Generalstabschef wurde er zwangsläufig mit den Entscheidungen des Ersten Generalquartiermeisters der 3. Obersten Heeresleitung (OHL), General Erich Ludendorff, konfrontiert. Er schildert in seinen Erinnerungen, wie nach dem Entschluß der Führung der 7. Armee, »führende Elemente« von der Marne abzuziehen, ein wütender Ludendorff im Armeehauptquartier eintraf, um die Operation persönlich zu kontrollieren. Ludendorff mußte zwei Tage später zugeben, daß die korrekten Maßnahmen ergriffen worden waren. Das Erlebte beeinflußte Blombergs Einschätzung der deutschen Strategie und militärischen Führung maßgeblich, und eine gewisse Vorsicht gegenüber den Entscheidungen militärischer Vorgesetzter verfestigten sich in ihm. Die Besuche von Regierungsbeamten an der Front nahm er mit Verachtung wahr, was den späteren Blick auf Politiker dauerhaft trüben sollte. In seinen Erinnerungen schildert er: »Sie [die Politiker, die Verf.] machten einen kümmerlichen Eindruck und man konnte nicht glauben, daß diese Art von Menschen uns helfen könnte, dennoch den Krieg zu gewinnen.«[46]

Als die deutsche Offensive verebbte und die 7. Armee den Rückzug begann, gestand Blomberg sich widerwillig ein, daß ein Sieg nicht mehr zu erringen sei. Die Alternative zum Sieg sah er in einer Variation des Hubertusburger Friedens von 1763.[47] Die Realität der Waffenstillstandsbedingungen und die Bedingungen des Versailler Friedensvertrages sollten diese Illusion zerstören.

Ende Januar 1919 erreichte die 7. Armee nach einem chaotischen Rückzug ihr Hauptquartier in Marburg und wurde dort aufgelöst.[48] Nach viereinhalb Jahren Krieg kehrte Blomberg zu seiner Familie nach Hannover zurück.[49] Damit begann für ihn, wie für eine ganze Generation, der schmerzliche Prozeß der Bewältigung von Krieg, Niederlage und Untergang der Monarchie.[50] Die politischen Konsequenzen der militärischen Niederlage von 1918 versetzten der gesellschaftlichen Sonderstellung des Offizierkorps und jedes einzelnen Mitglieds einen traumatisch wirkenden Stoß. Das Gefühl einer existentiellen Krise herrschte allenthalben vor. In den Wirren der Revolution 1918/19 wurde die Republik von Weimar und mit ihr das »bemitleidenswerte Geschöpf der neuen Armee« geboren – wie der damalige Major Joachim von Stülpnagel die kleine Armee der Reichswehr spöttisch genannt hatte.[51]

Die Beschränkungen des Friedensvertrages degradierten das einst so stolze kaiserliche Heer zu einer veritablen »Miniaturarmee«.[52] Artikel V des Vertrages von Versailles sah die Reduktion des Heeres auf 100 000 Mann vor, außerdem die Abschaffung der allgemeinen Wehrpflicht, das Verbot des Großen Generalstabs, der Kriegsakademie sowie aller Mobilmachungsvorbereitungen. Auch schwere Artillerie, Luft- und Panzerverbände wurden der »Miniaturarmee« nicht zugebilligt. Hinzu kam, daß die Einhaltung der Bestimmungen des Vertrages durch ein umfassendes interalliiertes Kontrollsystem überwacht werden sollte. Verständlich, daß der kollektive Wunsch erwachte, dieses »bemitleidenswerte Geschöpf der neuen Armee« wieder zu verwandeln, und daß das Abschütteln des Traumas von Versailles, die Revision des Vertrages zum nahezu allen politischen Kräften der Weimarer Republik gemeinsamen Ziel wurde.[53]

Der Erste Weltkrieg hatte in Blomberg eine Verachtung und einen, wie er es nennt »nicht vordringlichen, aber immer vorhandenen Widerspruchsgeist gegen die landläufigen Konventionen« ausgelöst. Er wollte nicht mehr das akzeptieren, was als gegeben und gesetzt gehandelt wurde, und suchte nach neuen Wegen unter dem »Strom einer abwartenden, suchenden inneren Spannung«.[54] Seine Gefühle nach der deutschen Niederlage schildert er folgendermaßen: »Der Krieg hatte (...) mir meine Sicherheit im dinglichen und geistig-seelischen Leben genommen, eine andauernde und alles umfassende Unsicherheit setzte statt dessen ein.«[55] Der Krieg hatte in ihm eine generelle Abneigung gegen »alle Dinge, die durch Gewohnheit und Übereinkommen als geheiligt erschienen«, ausgelöst[56], er hatte in seinen Augen die traditionellen preußischen Kriegskonzepte zerstört und schlagartig deutlich gemacht, daß die bisherigen Wege militärischen Denkens ausgetreten, die überlieferten Doktrinen der Kriegskunst veraltet waren.[57] In Blombergs Denken und Handeln setzte sich von nun an eine Haltung durch, die auf Reform und Neuerung drängte und ihn zum Gegner jeglicher militärischen Traditionalisten werden ließ.[58]

Nach seiner Rückkehr aus Frankreich war der damalige Major zunächst ohne Verwendung. Nach einem kurzen Aufenthalt bei seiner Familie in Hannover wollte er sich, des Nichtstuns überdrüssig, bereits Anfang des Jahres 1919 einem der zahlreichen Freikorps anschließen, die als eine Antwort auf das bestehende Chaos im Lande überall wie Pilze aus dem Boden schossen. Der Dienst in einem Freikorps erschien ihm der »einzige Anhalt zu sein, den man ergreifen konnte, wenn man Soldat bleiben wollte und fast der einzige Ausweg, sich in den Wirren der Tage nützlich machen zu können.«[59] Allein ein schweres Fieber, vom dem er in seinen Erinnerungen schreibt, schien ihn daran gehindert zu haben, dieses Vorhaben in die Tat umzusetzen.[60]

Es muß betont werden, daß die Freikorps ihrem ganzen Wesen nach eine bewußte Verneinung des traditionell Militärischen darstellten. Ihr auf Führungscharisma gegründetes Gehorsamsverständnis war eine Kampfansage gegen den Disziplinbegriff einer regulären Armee. Auch Blomberg kritisierte die in den Freikorps herrschende Disziplinlosigkeit, sympathisierte aber dennoch mit dem in ihnen herrschenden Frontkämpfergeist und dem neuen revolutionären Soldatentypus, der sich aus den Freikorps rekrutierte und der vor dem Hintergrund der Enttäuschungen über das Scheitern der alten kaiserlichen Armee interessant erschien.[61] Anders als bei General Seeckt, der in den ersten Jahren der Republik einen »rücksichtslosen Kampf gegen die Relikte des Freikorpsgeistes« führte – »überall, wo dieser sich zeigte«[62] – entsprach die in den Freikorps zum Ausdruck kommende Mischung aus revolutionärer Sehnsucht, politischem Soldatentum, Abenteurertum, archaischer Gefolgschaftstreue und jugendbewegtem Romantizismus Blombergs eigenen Vorstellungen.[63] In Hitler und dem späteren Generalfeldmarschall von Reichenau sollte er darin nach 1933 Gleichgesinnte finden und gemeinsam mit ihnen einen neuen Soldatentypus erschaffen.

Eine Anfrage der Obersten Heeresleitung stellte im Sommer 1919 fest, daß Blomberg verfügbar sei und beorderte ihn in die »Grenzfestung« Kolberg. Er wurde Vertreter der Obersten Heeresleitung im Reichswehrausschuß des Kriegsministeriums, einer Abteilung zur Neuorganisation des Heeres unter Oberstleutnant Kurt Hasse, um ab Oktober Referent im neu entstehenden Reichswehrministerium zu werden.[64] Blomberg bekam somit die Chance, am Aufbau des neuen Heeres mitzuarbeiten.[65] Seine anfängliche Begeisterung darüber mußte er allerdings sehr bald zurückschrauben und erkennen, daß die Entwicklung der Reichswehr nicht nach seinen Vorstellungen verlaufen würde. Der Grund für die Meinungsverschiedenheiten im Reichswehrausschuß, in die Blomberg involviert war, waren nicht primär die Schwierigkeiten, die die sich allmählich abzeichnenden unfaßbaren Friedensbedingungen der Alliierten mit sich brachten, sondern eine merkliche Kluft zwischen den im Ausschuß vertretenen Offiziersgenerationen, die von nun an vorherrschend bleiben sollte. Die jüngeren Offiziere im Reichswehrausschuß wollten vielfach einen radikalen Bruch mit dem Althergebrachten eingehen, sich auch gegenüber den Älteren in vielen Fragen der Heeresorganisation, Ausrüstung und Bekleidung durchsetzen, scheiterten jedoch an deren Widerstand. Diesen wollte, so Blomberg, »nicht in den Kopf eingehen, daß das, was abgestorben und vergangen (...) nicht wiederbelebt werden« könne.[66]

Obschon die jüngeren Offiziere beispielsweise durchsetzten, daß man nicht auf die bunten Vorkriegsuniformen zurückgriff, sondern die feldgraue Farbe der Kriegsuniformen beibehielt, scheiterte ihr Wunsch nach einem neuen Schnitt der Uniformen, der von der vermeintlichen Steifheit und Unzweckmäßigkeit der alten Röcke abwich, am Veto der Älteren, die gewünschte Form würde den Uniformen der Feinde zu ähnlich werden.[67] Als Reichskriegsminister und Mitgestalter des Hitler-Mythos sollte Blomberg die Uniform nach seinen Vorstellungen und nach dem Vorbild der Luftwaffen-Offiziersuniformen modifizieren.

3. Abschied von den operativen Ideen der Schlieffen-Ära

Nach dem verlorenen Krieg gab es zahlreiche kontroverse Interpretationen über die Gründe für die deutsche Niederlage. Die Dolchstoßlegende und die Schuld, die man je nach Bedarf der Heimat, der Truppe oder den Politikern aufbürdete, konnten jedoch die Einsicht nicht verhindern, daß im Krieg auf militärisch-strategischem Sektor schwere Fehler begangen worden waren. Blomberg, der noch viele Jahre nach dem Ende des Krieges nach Gründen für dessen Ausgang sucht, kritisiert wie viele, daß der Generalstab die Erfahrungen aus dem Burenkrieg (1899-1902) und dem russisch-japanischen Krieg (1904-1905) in der Mandschurei zu wenig auf den Ersten Weltkrieg übertragen hatte.[68] Er erinnerte sich an eine störende »Selbstzufriedenheit in der Armee, die aus den Erfolgen des Krieges 1870/71 herrührte und eine »gewisse Stagnation mit sich gebracht hatte.«[69] »Im Ganzen«, urteilt er, »war die deutsche Armee (...) ein hervorragend gutes Instrument des Krieges. Sie war eine beseelte Maschine von bester Konstruktion (...). Sie besaß ein gutes und zuverlässiges Unteroffizierskorps und ein brillantes Offizierskorps. Die Leistungen der Frontoffiziere waren sehr gut, des Generalstabs sogar vorzüglich.«[70] Allein »das hohe Führerkorps entsprach nicht der Güte seines Instruments«, so Blombergs Diktum. Für ihn war die Marne-Schlacht nicht durch die »kämpfende Truppe, sondern durch eine schwächliche hohe Führung verloren worden.«[71] Ein großer Feldherr oder ein Diktator von suggestiver Kraft hätte einen anderen Ausgang des Krieges herbeiführen können.[72] Stattdessen hatte der Generalstab »folgenschwere Personalpolitik« betrieben, »überalterte Feldherren auf den Plan gerufen« und »alte Nibelungen ausgegraben, die den unerwarteten Anforderungen des Krieges nicht mehr genügen konnten. (...) Allen voran der körperlich verbrauchte Moltke stand nicht mehr auf der Höhe seiner Leistungen.«[73]

Ein derartiges Verdikt über Generaloberst Helmuth von Moltke, den Neffen des »großen« Moltke, war nicht ungewöhnlich. In der Nachkriegszeit wurde Moltke gerne zu einem jener »Feldherrn-Sündenböcke« stilisiert, die die Schuld an den strategischen Fehlern, die im Krieg gemacht worden waren und an der deutschen Niederlage zu tragen hatten. Der gemeinsame Nenner für die Vorwürfe gegen diese Gruppe, zu denen Moltke gehörte, waren ihre »Sünden gegen Schlieffens Geist«, durch die sie den »sicheren Sieg« verspielt hätten.[74] Schlieffens Lehre – und das war der entscheidende Punkt – blieb somit rein von Schuld. Der Grund für Blombergs Abneigung gegen die »alten Nibelungen« des Weltkrieges war allerdings keine Schlieffen-Apotheose. Vielmehr hielt er die strategischen Fehler des Schlieffen-Planes und das sture Festhalten daran für einen entscheidenden Grund der deutschen Niederlage. Der Schlieffen-Plan war für ihn Ausdruck von »unfruchtbarem Dogmatismus.«

Fundamentale Kritik an Schlieffen wurde in den Jahren nach dem Krieg nicht nur bei Blomberg laut. Der Historiker Hans Delbrück stellte 1923 in einem Zeitungsartikel die Frage, ob nicht der deutsche Generalstab in einem unfruchtbaren Dogmatismus erstarrt sei, was dann den Verlust des Weltkrieges und den Sturz des Deutschen Reiches zur Folge gehabt habe.[75] Kritik an Schlieffen und seinem legendären Plan entsprach indessen keineswegs der communis opinio innerhalb des Generalstabs, Abweichungen von Schlieffens Ansichten wurden vielmehr energisch angegriffen.[76] »Der Krieg«, behauptete Schlieffen-Schüler Friedrich von Boetticher, »hat keine seiner [Schlieffens, die Verf.] Ansichten widerlegt«, »wer Schlieffen Einseitigkeit vorwirft, ist in seine Gedankenwelt nur oberflächlich eingedrungen«, sekundierte ihm Werner von Fritsch 1936 in einem Vorwort zur Neuauflage von Schlieffens Bestseller *Cannae*.[77]

So blieb die Schlieffen-Schule[78] auch nach dem Krieg vorherrschend.[79] Schlieffens Schüler beeinflußten mit einer Flut von Schriften über des Meisters Militärphilosophie die Darstellung des Ersten Weltkrieges und die Entwicklung einer Theorie für zukünftige Kriege bis zum Zweiten Weltkrieg maßgeblich.[80]

Eine wichtige Funktion kam dabei dem Reichsarchiv auf dem Potsdamer Brauhausberg zu, das mit der Darstellung des Ersten Weltkrieges beschäftigt war.[81] Der Stab des Reichsarchivs unter seinem Präsidenten Hermann Ritter Mertz von Quirnheim, der 1916 bis 1918 als Abteilungschef in der Obersten Heeresleitung und seit Februar 1919 als Oberquartiermeister Kriegsgeschichte im Großen Generalstab tätig war, bestand hauptsächlich aus Mitgliedern der Schlieffen-Schule, die bestrebt waren, die Tradition der Kriegsgeschichtsschreibung des alten Generalstabes so weit als möglich zu konservieren. Die Überzeugungen dieser Interessengruppe bildeten den Rahmen für die vom Reichsarchiv herausgegebene Publikation eines vierzehn Bände und zwei Sonderbände umfassenden Mammutwerkes *Der Weltkrieg 1914 bis 1918*. Eigentlich war diese Kriegsdarstellung (das Kriegswerk) des Reichsarchivs nur eine halboffizielle Veröffentlichung, doch da keine offizielle Arbeit vorliegt, betrachtet man das Reichsarchivwerk in Deutschland und überall auf der Welt als die offizielle deutsche Darstellung des Krieges. In den zwanziger Jahren wandte sich die Abteilung des Reichsarchivs, die mit der Bearbeitung der Kämpfe an der Marne im September 1914 befaßt war, mit einem Interviewbogen für Offiziere auch an Blomberg. Mit seiner Aussage wollte man im Reichsarchiv »sämtliche Einflüsse und Auswirkungen der Geschehnisse (an der Marne) lebenswarm verwerten und das vielfach lückenhafte Aktenmaterial (...) nach der persönlichen Seite ergänzen« und bat ihn um Feldpostbriefe, Tagebücher und andere Aufzeichnungen, die ein Erleben der zu untersuchenden Schlacht im Westen dokumentieren helfen sollten. Von besonderem Wert schienen dem Reichsarchiv dabei Angaben zu folgenden Punkten: »Stimmung der Truppe, Kampfeindrücke (Gefühl der Über- oder Unterlegenheit dem Feinde gegenüber), Ereignisse, die in den Akten vermutlich nicht oder unvollständig oder farblos dargestellt sein werden, Verhalten der französischen Landbevölkerung, Kleinkrieg, Spionage (...), besondere persönliche Eindrücke und Stellungnahme zu der bisher erschienenen in- und ausländischen Literatur.«[82] Blomberg, der ohnehin den Nutzen der »Kriegsgeschichte« anzweifelte[83], fand für die Arbeit des Reichsarchivs kaum ein gutes Wort. Er äußerte zwar, keine Aufzeichnungen aus den Tagen der Marneschlacht zu besitzen (was nicht den Tatsachen entsprach), beantwortete aber – trotz aller Aversion gegen die Schlieffen-Schüler im Reichsarchiv – deren Fragebogen dennoch pflichtgemäß und gewissenhaft.

Zu den Schlieffen-Schülern gehörten die einflußreichsten Generale der Reichswehr. Wilhelm Groener war einer der glühendsten Bewunderer Schlieffens, die Generale Hermann von Kuhl, Hugo Freiherr von Freytag-Loringhoven (Mitglied der Studienkommission des Reichsarchivs) und Hans von Seeckt folgten ihm. Groeners zur Verklärung neigende Bewunderung Schlieffens fand ihren literarischen Ausdruck in seinen beiden großen militärtheoretischen Schriften *Der*

Feldherr wider Willen. Operative Studien über den Weltkrieg (1930) und *Das Testament des Grafen Schlieffen* (1927).[84]

Als 1922 der Schlieffen-Verein gegründet wurde, konnte Seeckt aus politisch-taktischen Gründen nicht zu der ersten Sitzung des Vereins erscheinen. Als Chef der Heeresleitung wollte er auf jeden Fall vermeiden, von der republikanischen Regierung verdächtigt zu werden, mit einer monarchistischen Gesellschaft in Verbindung zu stehen.[85] Schlieffens Geist stand für die Tradition der preußisch-deutschen Armee.[86]

Es ist kaum erstaunlich, daß Blomberg nicht zu den »Schlieffenfanatikern und Umfassungsdogmatikern« gehörte, von denen sich manch einer in den Korridoren des Bendlerblocks verfolgt sah.[87] Vielmehr zählte er zu den unorthodoxen Köpfen innerhalb der Reichswehr, die die Lehren des Meisters in Frage stellten oder gar mit der Schlieffen-Tradition brachen, was gleichbedeutend war mit einer Distanzierung von den Schlieffen-Schülern. Auch wenn sich an Schlieffen die militärischen Geister der Zeit schieden, hatte General Herman von Kuhl doch in einem recht: 1924 konnte er feststellen, daß Schlieffen »der Lehrmeister der ganzen älteren Generation von Generalstabsoffizieren, die 1914 ins Feld zogen, war (...) und auch die jungen Generalstabsoffiziere in seinem Geiste erzogen« wurden.[88] Eine ganze Generation von Generalstabsoffizieren war vor dem Ersten Weltkrieg von Schlieffen ausgebildet und geformt worden.[89]

Auch Blomberg hatte an der Kriegsakademie das Evangelium Schlieffens erlernt und war somit geprägt von dessen beinahe fanatischer Voreingenommenheit für die »Umfassung«, die während Schlieffens Amtszeit zu einer völligen Vernachlässigung jeder Defensivausbildung der deutschen Armee geführt hatte.[90] Blomberg erinnert sich an jenen »übertriebenen Offensivkult«[91] des großen Schlieffen: »Die Truppe und der Generalstab hatten nicht viel vom Wesen der Defensive und ihrer Technik gelernt. Die abstoßende Kraft der Verteidigung wurde unterschätzt.« So »gingen (...) wir in den Ersten Weltkrieg unter dem Dogma des Angriffs, ohne daß unsere Bewaffnung dem entsprochen hätte. Das Dogma des Angriffs (...) versagte«[92].

Der Kriegsverlauf im Westen hatte Blomberg die Wirkungsmacht der Defensive gezeigt und ihn, wie er selbst es ausdrückt, »durch eine hohe Schule des Abwehrkampfes« geführt.[93] Dennoch verabsolutierte er die Defensive nicht. Er sah in ihr keine strategische Methode, einen Feldzug oder gar einen Krieg zu gewinnen, »denn Niederwerfen bis zu einem vollen Siege«, so wußte der spätere Generalfeldmarschall, »kann man nur im Angriff.«[94] Vielmehr verstand er die Defensive als Mittel, eine Niederlage zu verhindern, und als Möglichkeit, eine Operation vorzubereiten – sei es durch einen Gegenangriff auf einen erschöpften Angreifer oder durch Bindung starker Feuerkräfte, während an anderer Stelle ein Angriff erfolgt.[95] In seinen in der Nachkriegszeit entwickelten Übungsprogrammen versuchte er sich in neuen taktischen Formen, die die althergebrachte Offensivlehre überwinden sollten. So praktizierte er die »Köderbewegung«, die strategische Offensive mit taktischer Defensive verbindet (wie Schwert und Schild). Anstatt eine stark verteidigte Stellung anzugreifen, wird der Gegner aus seiner Stellung herausgelockt und zu einem raschen Vorgehen oder einem übereilten Angriff veranlaßt. Man lockt ihn in eine Falle, seine Verwirrung ausnutzend, um den Gegenangriff führen zu können. Den Köder sollte ein vorgetäuschter Rückzug oder ein unerwarteter Stoß zur Bedrohung der rückwärtigen Verbindung des Feindes bilden.[96] In Defensivmaßnahmen in Verbindung mit Maschinengewehren sah Blomberg eine Art Allheilmittel. Er schreibt: »Wenn die OHL [Oberste Heeresleitung, die Verf.] 1918 sich statt zu dem Angebot des Waffenstillstandes zu einem Absetzen der deutschen Front bis zum Rhein mit der daraus folgenden Frontverkürzung und dem Antrieb des Kampfes um den Heimatboden entschlossen hätte, wäre der Krieg anders ausgegangen«.[97]

Das Denken in Verteidigungsstrategien entsprach für Blomberg nicht nur der realen Schwäche der deutschen Armee im Krieg und später in der Reichswehr, es bedeutete auch eine bewußte Abkehr von den großen operativen Ideen der Schlieffen-Ära. Freilich wollte und konnte er nicht mit allen militärischen Vorstellungen Schlieffens brechen, was auch töricht gewesen wäre. Wenn er auch der Defensive eine hohe Bedeutung beimaß und dem Durchbruch mehr Gewicht als der Umfassung zugestand, empfand Blomberg den Vernichtungsgedanken nie als irrig und blieb auch in anderen militärischen Fragen ein Schüler Schlieffens. Die Übungen der Reichswehr, die von ihm ab 1924 als Chef der Heeresausbildungsabteilung und ab 1927 als Chef des Truppenamtes maßgeblich mitentwickelt wurden, trugen Schlieffensche Züge. Die Standardlösung für die gegebenen Aufgaben in einem Kriegsspiel, das unter der Tarnbezeichnung »Elbe« 1926/27 bei Berlin durchgeführt wurde, bestand in Angriffen aus Umfassungsbewegungen gegen eine oder beide Flanken. Blomberg fungierte bei diesem Kriegsspiel als Hauptschiedsrichter.[98] Vor allem in einem zentralen Punkt war Blomberg mit den Ideen des großen Propheten des Vernichtungskrieges völlig im Einklang: in der Annahme der Notwendigkeit von Massenheeren.

4. Der erste Lehrer: Walther Reinhardt

Blomberg bewegte sich in seiner Betonung der Defensive ganz auf der Linie der Militärphilosophie seines Lehrers General Walther Reinhardt[99], der als der »beredteste Anwalt der Stärke der Verteidigung« in der Weimarer Republik galt.[100] Der letzte preußische Kriegsminister war Blombergs erklärtes Vorbild, mit dessen organisatorischen, erzieherischen, taktischen und technischen Grundansichten er meistens übereinstimmte.[101]

Das ist besonders bedeutsam, weil Reinhardt bis zu seinem Tod 1930 der renommierteste Gegner der Seecktschen Theorien von Strategie und Taktik war und – wie sein Schüler Blomberg später – als Außenseiter innerhalb des Offizierkorps galt.[102]

Blomberg war Reinhardt im Krieg als Chef des Stabes zur Seite gestellt worden. Von da an sollte er bis 1925 sein »engster Mitarbeiter« und »aufmerksamster und dankbarster Schüler« sein.[103] Rückblickend beurteilt Blomberg seinen langjährigen Vorgesetzten als »einen auserlesenen Offizier von höchster Intelligenz und vollendeter Durchbildung, (...) der viel wußte und leistete und verstand, die Spannung seines hoch entwickelten Wesens auf seine Untergebenen und Mitarbeiter zu übertragen.[104] [...] Er hatte eine große Begabung als Heerführer«[105]; kurz: Reinhardt war für Blomberg »einer der bedeutendsten Soldaten der älteren Generation.«[106]

Wie Blomberg war auch Reinhardt geprägt von den Erfahrungen an der Westfront.[107] Die Schlachten bei Verdun, an der Somme und der Aisne hatten ihn zu einem Defensiv-Experten werden lassen.[108] Nicht ohne Grund verlieh man Reinhardt im Krieg den Spitznamen »Abwehrlöwe von Laon«.[109] Den Ersten Weltkrieg sah er aus einer ähnlichen Perspektive wie die Franzosen. Er hatte sich intensiv mit der französischen Theorie vom guerre de longue durée beschäftigt und glaubte, Massenarmeen und Feuerkraft setzten die Verteidigung in Vorteil.[110] Der Bewegungskrieg war für ihn eine Sache der Vergangenheit (tatsächlich war er die Kriegsform der Zukunft).[111] Der halbmobile Krieg, in dem, wie 1918, die Feuerkraft sich mehr als die Mobilität als entscheidender Faktor der Offensive erwiesen hatte, wurde zu seinem wichtigsten taktischen Konzept.[112] Neben dem Glauben an die Wirksamkeit der Verteidigung[113] gehörte für Reinhardt der Glaube an die Kraft einer Volksarmee zum Fundament seines Wehrgedankens. In direktem Kontrast zu Seeckts Konzeption einer Miliz, die nur als Ersatzreservoir für eine professionelle Elitearmee diente, stand Reinhardts Überzeugung von der Kraft der Massen, denn »die Überzahl brauchbarer Streitkräfte ist und bleibt eine der stärksten Faktoren des Erfolges«, so seine apodiktische These; »Unrecht« hingegen hätten alle, »die glauben, man könnte jemals von guten Soldaten zu viele haben.«[114]

Während Blomberg mit Reinhardts Ansichten voll übereinstimmte, war der Gegensatz zwischen Reinhardt und Seeckt nicht nur in militärischer Hinsicht frappierend; die beiden Generale waren auch heftige Gegner in vielen Fragen der Politik und hegten keinerlei Sympathie füreinander.[115] Reinhardts 1918/19 gegebene Empfehlung, den Versailler Vertrag abzulehnen und militärischen Widerstand gegen die Feinde im Osten zu leisten, die »Nation zu den Waffen zu rufen wie Scharnhorst 1813«, lief den Positionen Seeckts und Groeners zuwider.[116]

In militärischer Hinsicht versuchten sich Reinhardt, der geprägt war von Machiavellis *Dell'arte della guerra* (1521), in dem die Vorteile der Wehrpflicht gegenüber Söldnerheeren gepriesen wurden, und sein Schüler Blomberg in den Jahren von 1920 bis 1924 in neuen taktischen Formen und erprobten neue Ausbildungskonzepte mit Maschinengewehren. Blomberg profitierte von der viel gerühmten Begabung Reinhardts als Organisator und Ausbilder der Armee[117] und die Reinhardtsche Schule machte ihn zu einem Fachmann in Organisations- und Ausbildungsfragen, wie er ab 1925 als Chef der Heeresausbildungsabteilung des Truppenamtes und 1927 als Chef desselben beweisen sollte. Reinhardt hatte die Vision von einem einheitlichen Oberkommando der Armee. Es sollte zu Blombergs großen organisatorischen Leistungen gehören, diese Idee auszubauen und ein Kommandosystem zu konstruieren, auf dessen Grundlage dann die Wehrmacht den Zweiten Weltkrieg führte.[118]

Als Reichswehrminister Otto Geßler am 18. April 1920 die Formierung einer gemischten Brigade in Döberitz (bei Berlin) befahl, wurde Reinhardt, der als Chef der Heeresleitung zurückgetreten war, zu deren Inspekteur und Führer ernannt. Major Blomberg wurde sein Stabschef. Die militärische Lehrtruppe in der Döberitzer Heide stand der Reichsregierung als bewegliche Reserve zur Verfügung, um diese der Notwendigkeit zu entheben, im Bedarfsfall die einzelnen Wehrkreiskommandos durch Abgabe von Truppenverbänden zu beanspruchen.[119] »Körperlich tüchtige Angehörige der Reichswehr«[120] sollten hier unter besonders strengen Bedingungen ausgebildet werden. Ziel war es, »die noch zu gestaltenden Ausbildungsvorschriften der Reichswehr zu befruchten«.[121]

Blomberg empfand die Zeit in Döberitz als besonders lehrreich, denn in der Übungsbrigade konnten Reinhardts Ausbildungs- und Erziehungsgrundsätze erprobt und dabei »neue und durchaus unübliche Wege eingeschlagen« werden.[122] Blomberg konnte sich hier auch den Fragen der Heeresmotorisierung widmen, denen seit dem Krieg sein besonderes Interesse galt.[123]

Den »Geist von Döberitz«, die radikale politische Stimmung, die das Wesen der Brigade ausmachte und Reinhardt schweres Kopfzerbrechen bereitete, erlebte Blomberg in seinem Modernisierungsdrang dabei nicht als störend.[124]

Reinhardts wehrwissenschaftliches Interesse richtete sich besonders auf die theoretische Weiterbildung der Offiziere. Die Berücksichtigung psychologischer Erkenntnisse war ihm dabei sehr wichtig.[125]

Zweimal wöchentlich versammelte er sämtliche Offiziere und Beamte der Brigade Döberitz zu einer Besprechung, die in erster Linie der Klärung während der Ausbildung aufgetretener Fragen diente. Außerdem wurden Vorträge gehalten, bei denen Reinhardt selbst über Themen sprach, die ihm besonders wichtig erschienen, wie Grundsätze für die Ausbildung und Grundlagen der »Manneszucht« im Heer. Nach Döberitz eingeladene Offiziere referierten über Themen angefangen bei den wirtschaftlichen Folgen des Versailler Friedens und der Schlacht bei Tannenberg bis hin zu Pferdekrankheiten vor, während und nach dem Krieg. Mit den so genannten Reinhardt-Kursen schuf der General nach seinem Ausscheiden aus der Armee 1927 ein Musterbeispiel der militärtheoretischen Weiterbildung für Offiziere. Unter seiner Leitung wurden jeweils zwölf hervorragend qualifizierte Generalstabs- und Truppenoffiziere in einem zweijährigen Lehrgang an der Berliner Universität ausgebildet, wo sie vor allem Geschichte, Massen- und Völkerpsychologie studieren konnten.[126] Ihr militärisches Wissen sollte gefördert werden, um sie für Verwendungen auf der Ebene der operativen Führung zu schulen. Das Vorbild dieser Kurse, so sieht es Walter Görlitz, mag »die früher in Württemberg übliche Gepflogenheit abgegeben haben, angesichts des Fehlens einer eigenen Kriegsakademie Offiziere zur Universität abzukommandieren, damit sie dort ihre Bildung vervollständigen konnten.«[127] Blomberg beschäftigte sich wie sein Lehrer stets mit der militärtheoretischen Weiterbildung der Offiziere und es ist sicherlich kein Zufall, daß die Einrichtung der Reinhardt-Kurse 1927 in seine Amtszeit als Chef des Truppenamtes fällt. Nach einer Reise in die USA 1930 regte er an, die Reinhardt-Kurse zu einem deutschen »War College« zu erweitern.[128] Unter Blombergs Ägide sollten die Reinhardt-Kurse 1935 in modifizierter Form in der Wehrmachtsakademie verwirklicht werden.[129]

Reinhardt wurde von einigen Militärhistorikern nach dem Zweiten Weltkrieg wohlwollender beurteilt als Seeckt. Während er als der »demokratische General der Weimarer Republik« gepriesen wurde, der zur Versöhnung mit der Demokratie und zum Aufbau einer republikanischen Armee bereit war, verkörperte Seeckt »die strenge altpreußische Tradition« und den restaurativen Charakter des Reichsheeres.[130] Im Offizierskorps hatte Reinhardts Aufgeschlossenheit gegenüber der Republik und seine württembergische Herkunft ihn jedoch weniger beliebt werden lassen. Der Generalstab von 1918 bis 1919 bevorzugte Seeckt vor Reinhardt als Armeechef auch deshalb, weil die Offiziere in Seeckt einen Garanten für die Erhaltung der Tradition des alten Offizierskorps sahen, während Reinhardt gezeigt hatte, daß er bereit war, mit Traditionen zu brechen.[131]

Für Blomberg waren es nicht nur Reinhardts soldatische Eigenschaften und die weitgehende Übereinstimmung mit seinen operativen, strategischen und taktischen Ansichten, es waren auch die Ausbildung und Heeresmotorisierung, die ihn zu Reinhardts Schüler machten. Es war die Bereitschaft des Generals, neue militärische Wege zu gehen – sei es um Heer und Republik miteinander zu versöhnen –, die ihn zum geeigneten Verbündeten für Blomberg machte.[132]

Auch wenn Blomberg in der Republik eine Fessel für das Militärische erblickte, hatte er sich mit der politischen Situation und der »unsympathischen Staatsform«, wie er in seinem Tagebuch bemerkt, »bis zu einem gewissen Grade abgefunden«, hatte sich »an das Unausdenkbare gewöhnt«. Für ihn hatte vor allem »die Fragestellung Monarchie oder Republik durchaus an Bedeutung (...) verloren«. Er sah in ihr eine Frage »völlig zweiten Ranges«, »nicht weil etwa die Republik besser wäre als die Monarchie, sondern weil die Republik da ist, weil jeder rechtliche Versuch, die Monarchie zurückzubringen, den erbitterten Bürgerkrieg bringt. [...] Zudem würde die Wiederkehr der Monarchie die ganze Frage der Bundesfürsten wieder aufrollen.« Für Blomberg gab es »wirklich gewichtigere Fragen, deren Antworten das Schicksal der Nation entscheiden.«[133] Der DNVP nahe stehend[134], hielt sich der damalige Oberstleutnant an die höchst fatale, da letztlich doch politische Maxime vom »unpolitischen« Soldaten, wie Seeckt sie von seinen Soldaten forderte.[135] Rückblickend stellt er fest: »Dieses Unpolitische hatte ja nie die Bedeutung, daß wir mit dem System der früheren Regierung [der Weimarer Republik, die Verf.] einverstanden waren. Es war vielmehr ein Mittel, uns vor zu enger Verstrickung zu bewahren.«[136]

Wie unterschiedlich die politischen Anschauungen Blombergs und Reinhardts wirklich waren, ist schwer zu beurteilen. Sicher ist, daß der »württembergische Demokrat« Walther Reinhardt keineswegs stets diesem Ruf gerecht wurde. Er war in vielen politischen und militärischen Fragen preußischer als die meisten preußischen Generale. Genauso wenig kann Blomberg in seiner Begeisterung für den Außenseiter Reinhardt als »überzeugter Demokrat« bezeichnet werden, wie dies Walter Görlitz tut.[137] Reinhardts politische Grundhaltung hinderte den späteren Kriegsminister allerdings nicht daran, seinem Lehrer in *militärischer* Hinsicht zu folgen. Daß die politische Einstellung Reinhardts Andersdenkende nicht zwangsläufig störte, betont auch Graf von der Goltz, der die Vereinigten Vaterländischen Verbände führte: »Mein Verhältnis zu dem zu früh Entschlafenen (Reinhardt, die Verf.) läßt sich am besten dahin charakterisieren, daß es der seltene Fall war, in dem zwei politisch verschieden eingestellte Männer sich trotzdem militärisch und menschlich besonders gut verstanden.«[138]

Trotz des Einklangs auf militärischem Gebiet hatten Reinhardt und Blomberg ein stets distanziertes Verhältnis. Das lag, so erklärt es sich Blomberg, vor allem an Reinhardts Neigung zur Askese, die er nicht teilen konnte. Auch schien ihm Reinhardt »im Kleinen manchmal als Sonderling«, bei dem man »im Alltag nicht einen schwäbischen Provinzialismus übersehen konnte, der manchmal Engigkeit, und statt Weltläufigkeit Fehlgriffe im Auftreten mit sich brachte.«[139]

Es sollte für Blomberg charakteristisch bleiben, daß er immer einem Berater folgte; bald schon traten jedoch andere in den Vordergrund.

5. Die »Junge Generation«

Auch nach dem Ersten Weltkrieg wurde ein Phänomen sichtbar, das nach großen Kriegen, oft auch während des Krieges häufig eintrat: eine beschleunigte, bis zur Überstürzung gehende Verschiebung der Generationen. Diese Verschiebung brachte in ganz Europa eine neue militärphilosophische und -publizistische Schule modern denkender Offiziere hervor.

Werner von Blomberg, obwohl er sich, wie gezeigt, stets etwas abseits vom Mainstream bewegte, muß im Gefüge geistig-militärischer Strömungen seiner Zeit mit dieser jungen Generation militärischer Reformer, Militärpublizisten und -schriftsteller in Verbindung gebracht werden, die sich ganz in dem Bewußtsein bewegten, Teil einer »Jungen Armee«[140], einer geistigen Elite zu sein, die nach Reform und Erneuerung im Heer strebte. Diese Gruppe von Militärs, zu der er gehörte, wollte sich von der orthodoxen Militärpolitik der älteren, preußischen Traditionen verhafteten, Generalstabsoffiziere abgrenzen, um eine neue Epoche der Kriegsgeschichte einzuleiten.[141] Ähnliche Reformvorgänge wie im deutschen Heer ließen sich nach dem Ersten Weltkrieg auch in der französischen und der englischen Armee feststellen.[142] In Deutschland gab es jedoch, einmal mehr, eine Sonderentwicklung: Nach 1918/19 kam es, neben einer weitreichenden zivilen Militarisierung[143] zu einem veritablen Eskapismus in militärische Utopien, der zu verstehen ist als kompensatorische Reaktion auf das Empfinden, daß die materiellen und personellen Ressourcen Deutschlands denen der potentiellen oder realen Gegner unterlegen waren.[144] Diese Utopien spiegeln sich in einer für die Weimarer Jahre typischen extensiven Militärpublizistik. Daß im militärischen Denken der Zukunftsaspekt konstitutiv ist, war in der deutschen Geschichte nie so deutlich wie in den zwanziger Jahren[145], und das Bild vom Krieg der Zukunft, das die Militärschriftsteller von diesem zeichneten, determinierte in hohem Maße die militärischen Planungen und Maßnahmen der Reichswehr.

Der äußerst belesene Blomberg[146] betätigte sich selbst nicht als Militärschriftsteller. Anders als bei vielen Generalen seiner Zeit, flossen aus seiner Feder – außer einem kriegsgeschichtlichen Abriß der Schlachten am Chemin des Dames 1917[147] – keine operativen Studien oder gar militärphilosophischen Essays. Seine charakterlichen Neigungen machten ihn auch eher zum geborenen Rezeptor: Er war ein Intellektueller, ein Idealist und Enthusiast, der von neuen Gedanken und Ideen schnell begeistert war. Die Kehrseite dieser undogmatischen Aufgeschlossenheit und seines allem Neuen zugewandten Geistes war eine gewisse Passivität, gepaart mit seinem zu romantisch-phantastischen Auffassungen neigendem Wesen, das ihn in hohem Maße beeinflußbar machte.

Das empfanden auch viele Zeitgenossen so. Der britische Militärtheoretiker Basil Liddell Hart, der Blomberg 1932 während der Genfer Abrüstungskonferenz kennenlernte, schildert ihn wie folgt: »Blomberg war von Natur aus Enthusiast und sah auf das Waffenhandwerk im Geiste eines fahrenden Ritters. (...). Er zeigte ein reges Interesse für neue militärische Gedanken, besonders für solche, die ein neues Künstlertum auf taktischem Gebiet im Sinne eines Geschicklichkeitsspiels in Aussicht stellten, aber er begeisterte sich noch mehr für den Gedanken, das Gesetz ritterlicher Kampfführung zu erwecken. Er wurde fast lyrisch, wenn man sich vom Appell zum ›Anstand‹ im Krieg unterhielt. Wer lange Zeit Soldaten in hoher Stellung aus der Nähe beobachtet hat, neigt zur Skepsis, aber Blomberg machte auf mich den Eindruck ungewöhnlicher Lauterkeit, wenn er auch seinen Glauben etwas kindlich bekannte. Groß und breitschultrig von Wuchs, war er weder überheblich noch barsch im Verkehr, sondern verband eine natürliche Höflichkeit mit einer erfrischend ungezwungenen Form der Unterhaltung.«[148]

Blomberg war eher ein geistiger Eklektiker als ein Kreativer. Wer ihn dabei allerdings als »wirklichkeitsfremd«[149] bezeichnet, vermag nicht in Widersprüchen zu denken und übersieht seine nüchterne, soldatisch-kalkulierende Seite und seinen unbedingten Willen zur (Wehr-)Macht.

Vor diesem Hintergrund ist es von entscheidender Bedeutung, welche militärischen Schriften Blomberg rezipierte[150] und in welches militär(publizistische) Lager innerhalb der Reichswehr er einzuordnen ist.[151] Die Zeit, nachdem Reinhardt durch Seeckts Entscheidung, die Brigade Döberitz aufzulösen, zum Kommandeur des Wehrkreises V ernannt wurde, war in dieser Hinsicht prägend. Blomberg (seit dem 1. Oktober 1920 Oberstleutnant) folgte Reinhardt am 1. April 1921 als Stabschef nach Stuttgart[152], erlebte die unruhigen Putsch- und Krisenjahre der Republik somit weit entfernt vom Berliner Bendlerblock[153] und ohne Einfluß auf die Militärpolitik dieser Zeit. Den Wohlstand der Vorkriegsjahre hatte die Inflation aus den Angeln gehoben und Blombergs Familie durchlebte eine Zeit der wirtschaftlichen Armut, die lediglich durch die Großzügigkeit der Mutter Charlottes abgefangen werden konnte.[154]

Zu Blombergs Aufgaben als Chef des Stabes der 5. Division gehörten deren Ausbildung und Beaufsichtigung sowie die Vorbereitung von Übungsreisen und Manövern. Zunehmende Betonung wurde in den Übungszyklen im Stuttgarter Wehrkreis, der die Länder Württemberg, Baden, Hessen und einen Teil von Hessen-Nassau umfaßte, auf den Gebrauch von Fahrzeugen gelegt.[155] Die militärpolitischen Bemühungen waren ganz auf eine Aushöhlung und Umgehung der Bestimmungen des Versailler Friedensvertrages gerichtet.[156]

Wie für die Mehrzahl aller Deutschen war auch für Blomberg der Versailler Vertrag ein »aufgezwungener Zustand, mit dem man sich nicht abfinden konnte«. Besonders empörte ihn das Verbot des Großen Generalstabs, es sei »kindisch«, wie er 1928 in einem Vortrag erklärte, »denn jeder Fachmann muß sich darüber klar sein – es gibt keine Fabrik ohne Ingenieure.«[157] »Man mußte«, so sein Fazit, »alles Verbotene getarnt und verborgen tun, sich mit aller Kraft gegen die Bedrängnis stemmen.«[158] In diesem Sinne deckte Blomberg als Stabschef in Stuttgart geheime Waffenlager der Reichswehr und intensivierte die Zusammenarbeit mit der Schwarzen Reichswehr.[159]

Die Schwarze Reichswehr bezeichnete militärisch formierte legale und illegale paramilitärische Organisationen. Der Zweck dieser Verbände, die ab etwa 1921 auftauchten, bestand in zwei Zielen: erstens der Umgehung des Versailler Vertrages und zweitens der Aufstellung einer Reservearmee. Die Schwarze Reichswehr wurde auch wegen der nicht bekannten Zahl an Auszubildenden, die sich hauptsächlich aus rechtsgerichteten Verbänden rekrutierten, für die Alliierten und für die deutsche Regierung zum Schreckensgespenst einer vertragswidrigen »Geheimarmee«. Die Zusammenarbeit mit der Schwarzen Reichswehr, die »im Dämmerlicht getarnter Vorbereitung einer erneuten Wehrhaftigkeit« geschah, versuchte Blomberg darum konsequent der Überwachung durch die Interalliierte-Militär-Kontroll-Kommission (IMKK) zu entziehen und weitestgehend auch gegenüber der deutschen Regierung geheim zu halten. Bei den Waffen, an denen Angehörige der Schwarzen Reichswehr ausgebildet wurden, handelte es sich im wesentlichen um Gewehre, Maschinengewehre und eine geringe Zahl von leichten Geschützen. Wie gering diese Waffenbestände tatsächlich waren, geht schon daraus hervor, daß ein Abwehrplan gegen einen polnischen Angriff die Aufstellung von nur einer Division über die genehmigten sieben Divisionen hinaus vorsah. Gliederungen für Grenzschutzformationen waren nicht befohlen.

Die Stuttgarter Jahre waren für Blomberg Jahre der Introversion und des Nachdenkens über das Auseinanderfallen der alten Armee, den jähen Zusammenbruch der alten Welt und das daraus resultierende Chaos der Nachkriegszeit.[160] In diesen Jahren begann für ihn, wie für viele seiner Zeitgenossen, eine Suche nach einem Absoluten, vollkommen Neuen, nach einer Antwort auf die Fragen der Gegenwart, Vergangenheit und Zukunft.[161] Antworten auf seine Sinnfragen suchte und fand Blomberg in Gesprächen mit anderen Offizieren, meist jedoch in Büchern. Die für ihn typische Verschlossenheit gegenüber seiner Familie und in seinem näheren Umfeld rührte daher, daß er sich gerne in seine innere Welt zurückzog und viel las oder Tagebuch schrieb, wozu er in den Stuttgarter Jahren offenbar ausreichend Zeit hatte. Er rezipierte – neben einer Flut französischer, englischer, amerikanischer und deutscher Romane (er las oft vier Bücher gleichzeitig) – militärische Zeitschriften, die sich mit der militärischen Entwicklung anderer Länder und der als ausweglos empfundenen Situation der Reichswehr befaßten. Besonders fasziniert zeigte er sich von Biographien, Büchern über Psychologie und Philosophie sowie von populären »weltanschaulichen Schriften« wie Spenglers *Untergang des Abendlandes*.[162] In dieser Zeit setzte er sich auch mit großem Interesse mit den umstrittenen Theorien des jüdischen Philosophen Otto Weininger auseinander, die später für den Faschismus instrumentalisiert wurden. Vor allem las er die populären militärischen Schriften, Biographien und Erinnerungen anderer Offiziere, die die militärtheoretische Diskussion der zwanziger Jahre spiegelten und belebten. In *Der Mensch und die Schlacht der Zukunft,* ein Buch, das Blomberg gelesen und das nicht nur ihn fasziniert hatte, beschreibt Georg Soldan Blombergs Idealvorstellung von moderner militärischer Führerschaft, die nicht mehr operativen Gesetzen folge, sondern den Gesetzen der Massenpsychologie und der »seelischen Widerstandskraft« des Heeres gehorcht.[163]

Vorstellungen vom Krieg, wie sie die Schlieffen-Schüler oder der der »preußischen Tradition verhaftete«[164] Friedrich von Bernhardi 1920 in seiner Schrift *Vom Krieg der Zukunft*[165] vertrat, lehnte Blomberg hingegen ab.[166] Das lag sowohl an Bernhardis eher konventionellem Bild vom zukünftigen Krieg als auch an dessen Neigung zur Verabsolutierung der Offensive und seinem glorifizierenden Schlieffen-Bild. Interessanter war für Blomberg die in den zwanziger Jahren populäre Militärpublizistik, die auf eine Antizipation der Theorie vom totalen Krieg hinauslief, wie Ludendorff sie 1936 postulieren sollte und in der die Vision eines zukünftigen Bewegungs- und Volkskrieges unter Zuhilfenahme modernster technischer Kampfmittel evoziert wurde.[167]

In der Beschäftigung mit dem Zukunftskrieg beanspruchten die waffentechnischen Innovationen seine besondere Aufmerksamkeit. Gerade weil die Gaswaffe, die Weiterentwicklung des Panzers und die militärische Luftfahrt durch den Vertrag von Versailles den deutschen Militärs entzogen worden waren, gewann die theoretische Beschäftigung mit ihnen besondere Bedeutung.[168] Wichtiger noch als der Einfluß der waffentechnischen Entwicklungen auf die künftige Kriegführung war einzelnen Militärschriftstellern, die Bedeutung weiter Bereiche des nationalen Lebens für das Kriegsgeschehen darzulegen. Der Erste Weltkrieg hatte gezeigt, daß der Waffenkrieg nur noch *eine* Komponente des gesamten Kriegsgeschehens war.[169] Unterdessen beschäftigte sich die militärpublizistische Diskussion mit einer mehr oder weniger vollständigen Militarisierung der Gesellschaft. Der unumgänglich erscheinende Zwang, den Krieg – in der Theorie – bereits im Frieden vorzubereiten, verband sich so mit den Wunschvorstellungen, durch eine Militarisierung der Nation die umfassende und jederzeitige Verfügbarkeit der materiellen und personellen Ressourcen sicherzustellen.

Begierig filterte Blomberg die kulturellen und politischen Strömungen seiner Zeit. Im Gedankenarsenal seiner Tagebücher finden sich nationalbolschewistische Tendenzen. Diese haben ihre Wurzeln weniger in der »nationalbolschewistischen Welle«, die sich, um Armin Mohler zu zitieren, »wie ein Fieber im Jahr 1923 erhob, als in Ruhrbesetzung und Inflation sozialer und nationaler Notstand zum zweiten Mal in der jungen Republik zusammenfielen«[170], als vielmehr in einem außenpolitischen Nationalbolschewismus.[171] Der für Blomberg nachweisbare »russophile Trend«[172] begann mit seiner frühen Befürwortung des Seecktschen Militärbündnisses mit der Sowjetunion und mit einem großen Interesse für Staat, Kultur und Politik des Landes.[173] Er sollte sich in einer späteren prorussischen Militärpolitik, die ihn als Chef des Truppenamtes zu einem der wichtigsten Förderer der Verbindung zwischen Reichswehr und Roter Armee machte, fortsetzen.[174]

Um 1923 setzte sich Blomberg erstmals intensiv mit den zeitbestimmenden politischen Massenbewegungen Kommunismus und Nationalsozialismus (nationaler Sozialismus) auseinander. Als der Hitlerputsch 1923 verstärkt auf die Existenz des Nationalsozialismus aufmerksam machte, kommentiert er das Geschehen ausführlich in seinen Tagebüchern: »Das bayerische Tempo eilte dem Faktischen voraus. Wäre der Nationalsozialismus mit besseren Händen aus der Taufe gehoben worden, ohne diese brutalen, engstirnigen, demagogischen Männer, so hätte Gutes daraus werden können. Es ist ein Trugschluß«, überlegt er weiter, »zu glauben, daß wir uns erheben können nur durch den Nationalismus alten Stils und gar zu meinen, daß eine nationale Erhebung reaktionären Zielen dienen könnte. Selbst wenn es so geschehen sollte, so würde nichts Wahrhaftes gewonnen sein. Die nationale Urkraft eines vergewaltigten Volkes kann nicht ohne die andere Urkraft dieser Zeiten, den Sozialismus – um ein vieldeutiges Wort in einem Gefolge von Mißverständnissen zu gebrauchen – zu wahrhaften, das heißt dauerhaften und in die Zukunft weisenden Zielen gerichtet werden. Der völkische Gedanke ist zukunftssicher! (...) Der Nationalsozialismus wird die nächste Zukunft sein, wenn schon die jetzige Verwirklichung in Bayern kaum mehr als ein verworrenes und vielfach unwahres Vorspiel sein wird.« Weiter heißt es: »Der Nationalsozialismus hätte eine Annäherung der Massen an die dünnen Führerschichten, die dem Kapitalismus und seinen Schuftigkeiten fremd gegenüberstehen, bringen können.«[175]

Über den Kommunismus schreibt er: »Die andere Zukunftsbewegung ist der Kommunismus, der aber nur eine Weltreligion sein kann. Jetzt ist er entweder ein entstellter Nationalismus wie in Rußland oder ein Pöbelaufstand, wie er sich in Waffenrage in Deutschland zeigte. Er wird scheitern, aber das kommunistische Ideal wird sich wandeln und umgegossen schließlich vielleicht für die nächsten 1000-2000 Jahre der Glaube sein.«[176]

Der Massenbegriff, wie Marx ihn für die industrielle Entwicklung im 19. Jahrhundert prägte, hatte schlagartig das Ausmaß seiner Gültigkeit in den Materialschlachten des Ersten Weltkrieges gezeigt. Das hatte auch Blomberg, wie bereits erwähnt, auf dem westlichen Kriegsschauplatz mit aller Macht gespürt. Die Faszination vom Phänomen der Masse ließ ihn von da an nicht mehr los.[177] Ohnehin war »Masse« zu einem Schlüsselbegriff der zwanziger Jahre geworden.[178] In Militärkreisen überlegte man, unter welchen Auspizien künftige Kriege in Zeiten der modernen Massengesellschaft des 20. Jahrhunderts und mit schwer kontrollierbarer Massen, überhaupt führbar wären. Im Gegensatz zu vielen seiner Zeitgenossen begriff Blomberg die Masse jedoch nicht als negative Kraft, da er sie im Sinne der Freiheitskriege als militärischen Gewinn interpretierte; er glaubte und hoffte, daß es eine Lösung für das alte Problem ihrer Disziplinierung gäbe. In einem Gespräch mit dem Danziger Ministerpräsidenten Hermann Rauschning soll er angeblich später bekannt haben, daß er während seiner Rußlandreise den »Weg zu den Massen gefunden habe« und das Beispiel ihrer Disziplinierung, wie er es dort erlebte, ihn fast Bolschewist und dann Nationalsozialist hat werden lassen.[179]

Bereits die Etymologie des Wortes Masse verweist auf die militärische und politische Funktion: Das deutsche Wort leitet sich vom griechischen maza (Brotteig) und massein (kneten) her. Es ist die hier enthaltene Vorstellung des Ungeformten, das von Außen geprägt und gestaltet werden kann, die sich auch in Blombergs Schriften immer wieder findet. »Die Masse«, philosophiert er zum

Beispiel 1922, »ist unverständig, ungeformt, triebhaft (...), aber in ihrem Unterbewußtsein lebt doch das Gute. Man nenne es wie man will: Freiheit, Gerechtigkeit, Fortschritt oder anderes mehr. Freilich wird das Gute nur verwirklicht durch das schöpferische Leben Einzelner – dünner Schichten höchstens (...).«[180]

Daß es der Kunst der Führer und Feldherrn oblag, die Massen zu lenken, hatte Gustave Le Bon bereits im 19. Jahrhundert gewußt. Das Zauberwort hieß *Psychologie des foules.*[181] Le Bon rezipierend, untersuchte Sigmund Freud nach dem Ersten Weltkrieg in *Massenpsychologie und Ich-Analyse* die Bindung des Einzelnen in der Masse an die Person des Führers.[182] Freuds psychoanalytischer Ansatz wirkte auch auf die Ideen einiger Militärtheoretiker. So auf einen Generalstabsoffizier der 5. Division, Oberst Wolfgang Muff, der sicherlich nicht zufällig einer der engsten Freunde Blombergs wurde.[183]

Der verstiegene Oberst begriff sich als eine Art Kriegsphilosoph und kanalisierte dieses Selbstbild in einer extensiven schriftstellerischen Betätigung, die er in der zeitgenössischen Militärpublizistik der Öffentlichkeit zugänglich machte.[184] Sein Hauptinteresse galt der Propagierung einer psychologisch fundierten Militärpädagogik. Für seinen militärischen Denkweg waren die Lehren von Jung und Freud von fundamentaler Bedeutung. Wie Muff seinen Lesern erklärt, gab ihm »die Psychoanalyse wertvolle Fingerzeige« und wies ihn »auf Wege, die bisher völlig unbekannt oder wenigstens unbeschritten« waren.[185]

Muffs Ideen von einer Reform der Armee waren von großer Wirkung auf Blomberg und der Oberst wurde in den Stuttgarter Jahren zu einem seiner Berater in militärphilosophischen Fragen.

Muff zählt fraglos zu den Unbekannten der Geschichte und es sind nur wenige Aussagen über seinen Lebensweg zu treffen.[186] Er sollte keine größere Karriere in der Reichswehr machen, obwohl Blomberg sich wiederholt für ihn einsetzte und ihm schließlich in seiner Funktion als Reichskriegsminister 1933 die Stelle des deutschen Militärattachés in Wien verschaffte, die er dann bis 1938 bekleidete.[187] Blomberg charakterisiert seinen Freund Muff als »weltgewandt und vielseitig begabt«, als Mann – und das war für Blomberg der zentrale Punkt seiner Zustimmung – »der allen Strömungen seiner Zeit offen gegenüberstand und im Bereich der Kunst und des Geistes allem Neuen verstärkt nachging.«[188]

Der Oberst selbst sah sich mit seinen militärphilosophischen Theorien im Wirkungskreis der so genannten Psychologischen Schule innerhalb der Reichswehr.[189] Auch wenn Blomberg sich in seinen Tagebüchern nicht expressis verbis zu den Theorien der zu dieser Schule gehörenden Militärs äußert, so kann man – ausgehend von seinen persönlichen Aufzeichnungen, seiner Akzeptanz der Ideen Muffs und auch auf Grund der Besonderheiten der Theorien der Psychologischen Schule, die prima vista einen Bruch mit der Seecktschen Tradition formulierten – dennoch die These aufstellen, daß er den Theorien der Schule gedanklich sehr nahe stand.

Der Gründer der Psychologischen Schule war ein Veteran der Westfront. Der Oberleutnant namens Kurt Hesse[190] hatte das Kriegsmodell des Generalstabs herausgefordert und in einer zukunftsweisenden, viel beachteten Schrift mit dem programmatischen Titel *Der Feldherr Psychologos* (1922) eine neue Militärtheorie formuliert.[191] In zahlreich folgenden Büchern und Artikeln stellte der spätere Initiator des NS-Kriegspropagandafilms *Sieg im Westen* (1940) den traditionellen Weg, Kriegserfahrungen über die militärhistorische Analyse zu studieren, in Frage. Für ihn stand fest, daß die alte kaiserliche Armee und der alte Generalstab den Krieg verloren hatten, weil sie nichts von Individual- und Massenpsychologie verstanden. Die Einbeziehung eines tieferen psychologischen Verständnisses in die Schlachtfeldtaktik wurde für ihn der geheime Schlüssel für einen Sieg im nächsten Krieg. Der Oberleutnant war überzeugt, daß alle Offiziere und Unteroffiziere eine gründliche psychologische Unterweisung durchlaufen sollten, und sah, Freud zitierend, im psychologischen Unterricht einen unbedingt notwendigen Bestandteil soldatischer Erziehung.[192] Hesse war sich seiner Nähe zu Ernst Jünger sehr bewußt und viele seiner Rückschlüsse waren ähnlich wie die Jüngers. Er glorifiziert den Frontsoldaten und auch bei ihm sucht die »deutsche Seele das Leiden«. Hesse zählte Jünger dann auch zu den Vertretern der Psychologischen Schule.[193] Blomberg hatte Ernst Jünger bereits 1920 kennen gelernt, als er vom 24. Juli bis 1. Oktober, also vor seiner Versetzung nach Stuttgart, in Hannover die Reichswehrbrigade 10 führte. Von Jünger, der sich unter den Oberleutnants befand, war Blomberg nachhaltig beeindruckt. Später zählte er die populären Schriften Jüngers zu seinen bevorzugten Werken.[194]

Zeiten der Krise sind Geburtsstunden von messianischen Heilsbringern und Erlösern. Die in Hesses *Feldherr Psychologos* formulierten messianisch-chiliastischen Gedanken entsprachen Blombergs Hoffnungen auf einen Messias, die er mit vielen seiner Zeitgenossen teilte. Seine Tagebücher dieser Jahre weisen ihn als von einer zeittypischen Krankheit befallen aus – jener für die Weimarer Jahre bezeichnenden Suche nach einem Sinn und einem Retter[195], der die Lösung aller Probleme der Zeit bringen sollte. Robert Musil beschreibt das »Erlösungsbedürfnis« seiner Zeitgenossen in seinem Roman *Der Mann ohne Eigenschaften* zutreffend: für die Spätphase der Weimarer Republik galt, daß allenthalben – in der Politik, in Kirchen und Kaffeehäusern, in Büchern und Kunstzeitschriften – die Rede vom »erlösen« und Erlösung sei.[196] Dieser zeittypische Messianismus grassierte auch in Kreisen der Reichswehr. So träumten viele Generale mit Blomberg von einer unumschränkten Herrschaft eines charismatischen »Herrschers der Seelen«, eines »Feldherrn Psychologos«, wie Hesse ihn nannte.[197]

Hesses hymnische Vision klingt gespenstisch und scheint die künftige Entwicklung vorweg zunehmen: »Und so wird er sich denn einmal ankündigen, er, auf den wir alle voller Sehnsucht warten, die Deutschlands Not heute tief im Herzen empfinden. [...] Woher er kommt, niemand vermag es zu sagen. Aus einem Fürstenpalast vielleicht oder einer Tagelöhnerhütte. Doch jeder weiß: Er ist der Führer, ihm jubelt jeder zu; ihm gehorcht auch ein jeder. Und warum? Weil er eine eigentümliche Gewalt ausübt; er ist ein Herrscher der Seelen. Und darum nennt man ihn auch den Feldherrn Psychologos.«[198]

Die Antwort der Generalstabsoffiziere um Seeckt auf Hesses »ketzerische Schrift«[199] kam von Seeckt-Freund und -Biograph Major Friedrich von Rabenau.[200] Der Titel seines programmatischen Buches *Die alte Armee und die junge Generation*[201] ist als Antwort auf Hesses *Von der nahen Ära der ›Jungen Armee‹* zu verstehen. Der Verfasser versuchte sich darin in einer umfassenden Widerlegung der Militärphilosophie Hesses.[202] Auch andere führende Mitglieder des

Truppenamtes waren empört über Hesses Theorien. General Adalbert von Taysen beschwert sich in einer Schrift über Infanterie-Taktik über die »völlig konfusen Ergüsse« Hesses[203] und Generalmajor Wilhelm Wetzell schreibt im *Militär-Wochenblatt*: »Man ist erstaunt über die Ansichten eines jungen Offiziers über die alte Armee, die er nie wirklich kannte. Unsere großartige alte Armee, die 100 Jahre lang die große erzieherische Institution für das ganze deutsche Volk war (...) die Armee, die während des schrecklichen Vierjahreskrieges die höchste Militärkunst aller Zeiten zeigte«.[204] Seeckt, der immerhin bereits moderne psychologische Tests in der Reichswehr eingeführt hatte, fügte angesichts Hesses mangelnden Respekts für die Tradition des Generalstabs ironisch hinzu, eine Schule von militärischen Schreiberlingen habe jüngst einen neuen Feldherrn entdeckt, den General Psychologos.[205]

Während Seeckt leise spottete, festigte sich das Bild vom »Feldherrn Psychologos« im geistigen Fundus des späteren Kriegsministers. Seine Suche nach einem Erlöser sollte sich bis in den Januar 1933 perpetuieren und mit Hitlers Machtergreifung ihre Erfüllung finden.

Auf Anregung Muffs hatte Blomberg in Stuttgart begonnen, die Schriften von Rudolf Steiner und Leopold Ziegler zu studieren und regelmäßig Vorträge beider zu besuchen.[206] An Zieglers idealistisch geprägter Kunst- und Kulturphilosophie und Steiners theosophischen Spekulationen über das Okkulte faszinierten den späteren Generalfeldmarschall besonders die Affinität zur asiatischen Gedankenwelt und die Frage nach einer alle Bereiche des Lebens umfassenden *Einheit*.[207] Seine Vorliebe für die Anthroposophie und Theosophie ließen ihn für andere Generale äußerst suspekt erscheinen und brachte ihm später unter seinen Kameraden den Ruf eines Sonderlings und »theosophischen Schwärmers« ein, der »in anderen Regionen« schwebe.[208] Und in der Tat: Diese Hinwendung zur Esoterik und zum Okkultismus war, wenn er auch nach eigenem Bekunden Steiners Theorien durchaus kritisch gegenüberstand, für einen deutschen Adeligen preußischer und protestantischer Herkunft äußerst ungewöhnlich.[209] In diesem Zusammenhang sei darauf hingewiesen, daß sich im Kreise früher NS-Gegner und Widerständler später gerade viele Offiziere finden sollten, die eine »lebendige Bindung an die christliche Religion hatten«[210]; das galt mit Sicherheit nicht für Blomberg.

Aufschlußreich ist, was Blomberg nach einem Steiner-Vortrag am 29. Januar 1924 in sein Tagebuch schreibt: »Weiter gehe ich nicht mit. Ganz und gar nicht in seinen jenseitigen Bahnen und nicht einmal darin, daß durch die geistigen Übungen das jenseitige Reich gewonnen werden kann. Der Weg dahin führt für mich über Erleuchtung, Empfängnis, Bekehrung, Wiedergeburt – kurz über ein ›Wunder‹, nicht über ein Erarbeiten.«[211]

Von noch größerer Wirkung als die schwärmerischen Lehren der Anthroposophen auf Blombergs Welt- und Kriegsbild war die Kultur- und Lebensphilosophie des Grafen Hermann von Keyserling.[212] Der Graf war mit seinem 1918 erschienenen *Reisetagebuch eines Philosophen* schlagartig berühmt geworden. 1920 hatte er in Darmstadt die Schule der Weisheit und die Gesellschaft für Freie Philosophie gegründet. Bis 1927 wurden alljährlich Tagungen veranstaltet, bei denen so unterschiedliche populäre Redner wie Leopold Ziegler, August Winnig,

Peter Behrens, Leo Baeck und Alfred Adler sprachen. Auch eher unbekannte Redner, wie Wolfgang Muff, hielten Vorträge in der Schule der Weisheit.

Muff war ein »Wanderer zwischen den Welten« insofern, daß er sich auf dem militärischen Parkett genauso sicher zu bewegen verstand wie auf dem »durchgeistigten« der Schule der Weisheit, in der er zahlreiche Vorträge hielt. Er war ein großer Bewunderer und Freund des Grafen Keyserling und versuchte Keyserlings Philosophie auf eine militärphilosophische Ebene zu transformieren.[213] Daß ihm dieses sehr gut gelang, schien nicht nur Blomberg zu finden sondern auch der Graf selbst: Eine Weihnachtskarte von 1922, die Keyserling an Muff schickte, widmet er »seinem lieben Klassenersten und Musterschüler Wolfgang Muff als Zeichen seines Wohlwollens und zum Ansporn für weitere Leistungen«.[214] Obwohl diese Botschaft, die Keyserling mit »Oberlehrer« unterzeichnete, zweifelsohne als Scherz gemeint war, gibt sie Aufschluß über den sektenähnlichen Charakter der Schule.

Muffs Austritt aus der Gesellschaft für Freie Philosophie erfolgte im Jahre 1935, zu einer Zeit, als die Ideen des Grafen den nationalsozialistischen Machthabern zunehmend zu mißfallen begannen. Keyserling war zutiefst getroffen und enttäuscht von seinem einstigen Musterschüler, der sich nach »13 Jahren vertrauensvoller Zusammenarbeit« doch recht kühl von ihm trennte.[215]

Es ist sicherlich kein Zufall, daß Wolfgang Muff seinem Lehrer Keyserling 1925 den jungen Kurt Hesse als Vertretung seiner eigenen Person für einen Vortrag in der Schule der Weisheit vorschlug.[216] Ob Blomberg bei Hesses Vortrag über *Disziplin und Autorität* anwesend war, ist nicht überliefert, doch ist davon auszugehen, da er regelmäßig an den Vorträgen der Schule teilnahm.[217] Hesses Vortrag war nach Keyserlings Ansicht eine »Fehlleistung von ungeheurer Schädigung für die deutsche Armee« und »der schlimmste Dolchstoß in den Rücken, welchen die deutsche Armee vor der öffentlichen Meinung hat erhalten können«. Offenbar hatte der Philosoph noch nicht verstanden, in welche »weltanschauliche« Richtung seine Ideen sich vereinnahmen ließen.

Muff hatte es verstanden, und seine auf die militärische Welt übertragene Interpretation Keyserlings war von großer Wirkung auf den späteren Kriegsminister, der Keyserlings Schriften mit Begeisterung las, Vorträge in der Darmstädter Schule besuchte sowie den Grafen durch Muff persönlich kennen lernte. Die Keyserlingsche Philosophie[218] bot – nicht nur in ihrer Verarbeitung durch Muff – die Möglichkeit der Übertragung ins Militärische[219], sie gab darüber hinaus Antworten auf viele Fragen, die für Blomberg von leitmotivischer Bedeutung waren. Das läßt sich am Beispiel der Blomberg wohlbekannten natur- und geschichtsphilosophischen Betrachtung *Die Neuentstehende Welt*[220] zeigen: Keyserling konstatiert hier in Nähe zu Spengler »einen Zerfall der Kultur nach der Niederlage und dem politischen Umsturz«[221]. Damit war allerdings kein Untergang der Kultur an sich oder der Untergang der abendländischen Kultur, sondern »ein Ende aller *traditionellen* Kultur«[222] [Hervorhebung der Verf.] gemeint. »Alle alte Tradition wird durch die fortschreitende Technik unaufhaltsam wegrasiert. Mit ihren unbeschränkten, von Raum und Zeit immer unabhängigeren Anwendungsmöglichkeiten zerstört die Technik«, so Keyserling, »alle Bindungen alter Art. [...]. Den Massen – und nur die Massen entscheiden in der Zeit der Technik mit ihren unbegrenzten Möglichkeiten der Massenübertragung – gilt alles Traditionelle und also nie zu beweisende nicht mehr.« »In zwei Welten«, schreibt Keyserling, »trennen sich die Überlebenden traditioneller Kultur und die, noch, traditionslosen und traditionsfeindlichen Massen, die aus den technisierten Primitiven bestehen werden.«[223] »Aber mit grundsätzlicher Gewißheit« weiß der Graf vorauszusagen, »welches Zuständliche an die Stelle des Alten treten wird. Aus dem Identitätsverhältnis von Werden und Vergehen ergibt sich zunächst, daß das Ende des Alten schon die Geburt des Neuen ist.«[224]

Auch Keyserling läßt nun jenen Führertypus auftauchen, der es versteht, die Massen zu lenken und zu beeinflussen.[225] »Bolschewistenführer, Faschistenhäuptling und westeuropäischer Wirtschaftsführer ähneln in keiner Weise mehr den traditionellen Führererscheinungen der alten Zeit, ähneln sich allerdings untereinander in ihrer überragenden und unbedenklichen Intelligenz, der intuitiven Beherrschung ihrer Aufgabe und der psychologischen Fähigkeit, die primitiven Massen zu lenken. Solche Führer wirken suggestiv (...), wo sie noch fehlen herrscht Chaos oder Stagnation.«[226] Kurz darauf erscheint im *Militär-Wochenblatt* die Reaktion von Wolfgang Muff: Ein Aufsatz mit dem Titel *Die neuentstehende Welt und der Soldat*.[227]

Diese Schlüsselbegriffe, die in den frühen zwanziger Jahren in den gedanklichen Fundus Blombergs eingingen, sollten auch für sein späteres Denken maßgeblich bleiben. In seiner Funktion als Reichskriegsminister sollte er sich später und im Streit mit dem Propagandaminister für die Publizierung von Keyserlings Schriften einsetzen, die unter der Herrschaft Goebbels' über das gedruckte Wort nicht gerade beliebt waren, da Goebbels in Keyserling einen »philosophischen Schwätzer« sah.[228]

Zusammenfassend läßt sich feststellen, daß der spätere Generalfeldmarschall geprägt war von den Vorstellungen der militärischen Reformer und Neuerer seiner Zeit, den Ideen der »Jungen Generation«. Darüber hinaus hatte er in seinem persönlichen Erlösungsbedürfnis aus dem gedanklichen Fundus seiner selbsternannten Propheten geschöpft. Seine Aufgeschlossenheit für die Gedankenwelt des Nationalsozialismus war vorgezeichnet: Die Formel hieß: Einsatz von Massenheeren, durch sozialpsychologische Beeinflussungstechnik gedrillt und geführt von einem charismatischen »Herrscher der Seelen«.

6. Vom Krieg der Zukunft

Am 11. Januar 1923 war eingetreten, was Wochen zuvor schon von politischen Beobachtern im In- und Ausland befürchtet worden war: Französische und belgische Truppen besetzten das Ruhrgebiet, während litauische in das Memelland einmarschierten.

In Deutschland erinnerte die Stimmung, die der Ruhreinmarsch auslöste, an die Atmosphäre des August 1914[229], und durch die Reihen des Militärs ging ein

Sturm der Entrüstung. Der Ruhreinmarsch bedeutete – ohne daß auch nur ein Schuß durch die Reichswehr gefallen wäre – eine erste militärische Niederlage für das 1921 endgültig aufgestellte 100 000-Mann-Heer.[230] Die Reichswehr wagte nicht einzugreifen. Ihre sieben Divisionen hätten nur Munition für eine Stunde Kampf gehabt.

Blomberg notiert in seinem Tagebuch: »Am 11. Januar marschierten die Franzosen als Sanktion für eine lächerlich geringe Minderlieferung an Holz und Kohlen in das Ruhrgebiet ein, besetzten zunächst Essen-Bochum und verfahren dort wie im besetzten Rheingebiet trotzdem sie offiziell eine militärische Besetzung ableugnen und nur von einer Abordnung von Ingenieuren sprechen. [...] Möge dieses verdammte Frankreich mit Schrecken ernten, was es jetzt im Fuselrausch seines so genannten Sieges spürt. Möge Deutschland bis in seinen letzten Mann es spüren, welche Schmach uns angetan wird. Mögen die inneren Streitigkeiten ruhen um unseren Hass und unsere Kraft ganz nach außen zu richten! [...] Die Franzosen müssen herausgeworfen werden, dazu muß das Volk erst innerlich, dann materiell vorbereitet werden und die politische Weltlage muß entsprechend gestaltet sein – mit England? Auf jeden Fall mit Rußland!«[231]

Am 15. Januar gibt Seeckt in einem dramatischen Aufruf im *Militär-Wochenblatt* der düsteren Stimmung innerhalb des Offizierskorps öffentlich Ausdruck. Er betonte, daß, wenn es zum Äußersten käme, der Weg der französischen Truppen nach Berlin »durch Ströme von Blut« führen würde. »Der Feind«, so der General, habe »durch seinen frechen Einfall das Friedensdiktat zerrissen« und die Reichswehr »in einen Befreiungskrieg hineingezwungen«.[232]

Ende Januar entstanden im Berliner Truppenamt erste aus der militärischen Ohnmacht geborene Überlegungen, wie jener Befreiungskrieg, den Seeckt angekündigt hatte, zu führen sei. Die gegebene militärpolitische Lage evozierte die Erinnerung an die mythisch verklärte Zeit der Freiheitskriege. Erste Studien erschienen, die eine Analogie zu jener Zeit vor über hundert Jahren herstellten, in der sich die Deutschen von der französischen »Fremdherrschaft« befreit hatten.[233] Auch Blomberg, der während der bedrohlichen militärpolitischen Lage häufig nach Berlin reiste, um an Besprechungen im Reichswehrministerium teilzunehmen, meinte zu wissen, »daß man bereits 1809« schreibe.[234] Im Truppenamt blieb der Volkskrieg jedoch nur ein Wunsch, denn Seeckt war sich darüber im Klaren, daß mit dem 100 000-Mann-Heer des Versailler Vertrages ein Kriegsabenteuer nicht zu wagen sei.[235] Die Offiziere mußten ihre Unfähigkeit zur Landesverteidigung erkennen. Die Weimarer Republik war militärisch wehrlos.[236]

Das führte zu einer Intensivierung der bisherigen geheimen (und fruchtlosen) Rüstungsanstrengungen des Heeres. In großem Umfang wurden Zeitfreiwillige eingestellt und Arbeitsgemeinschaften und Verbände völkischer Couleur in allen Landesteilen mobilisiert.[237] Auch gab es Militärs, die sich mit der Passivität der Reichswehrführung nicht zufrieden geben und die herrschende »echte Kriegsstimmung«[238] nutzen wollten. Der Industrielle Fritz Thyssen und General a.D. von Watter planten die Formierung einer freiwilligen Untergrundmilitärorganisation, um einen Guerillakrieg gegen die Franzosen zu führen.[239] Erich Ludendorff, der Elemente der Freikorps und der extremen Rechten vertrat, bot der Regierung die Dienste dieser paramilitärischen Gruppen an, während er gleichzeitig behauptete, keinen völligen Gehorsam gegenüber Seeckt und der Armee garantieren zu können. Ein Arrangement, das Seeckt natürlich ablehnte.[240] Auch Oberstleutnant von Blomberg war enttäuscht über die Passivität der Reichswehrführung. Er überlegt: »In Berlin Einstellung auf Kampf – Befreiungskampf bei günstiger innerer und machtpolitischer Lage, also erst in Jahren! Aber so lange werden sich die Belastungen durch das eroberungssüchtige Frankreich kaum ertragen lassen, auch Frankreich selber wird die jetzige Anspannung nicht auf Jahre auf sich nehmen, so daß also eine krisenartige Lösung, d.h. ein Krieg, wohl bälder sich durchsetzen wird. Sehr ungünstig, für uns aber wohl unvermeidlich wie ein Schicksal.«[241]

Ähnlich wie Blomberg dachte ein mit ihm befreundeter Offizier. Der damalige Oberstleutnant Joachim von Stülpnagel[242] – Chef der Operationsabteilung des Truppenamtes (T1) – hatte während der Ruhrkrise zunächst eine Art Guerillakriegs-Doktrin entwickelt.[243] An die Stelle der Vernichtungsstrategie Schlieffenscher Tradition setzte Stülpnagel eine Ermattungsstrategie. Was ihm vorschwebte, war der Kleine Krieg, also ein Guerillakrieg, ähnlich wie er Jahrzehnte später in Vietnam und in Afghanistan mit Erfolg praktiziert werden sollte. Seeckt jedoch verwarf die Idee des Oberstleutnants, da er den Guerillakrieg als eine unpraktikable Strategie ansah. Zudem unterstützte er die Regierung in ihrer Auffassung, daß der passive Widerstand der beste Weg aus der Krise sei.[244] Dennoch ließ er Stülpnagel eine Sabotageorganisation aufbauen, die von der Reichswehr finanziert wurde.[245] Stülpnagel begann darüber nachzudenken, ob und wie ein Befreiungskrieg unter den gegebenen Umständen zu führen sei, hielt diesen allerdings, wie Blomberg auch, nicht für unmittelbar realisierbar (»man schrieb erst 1809!«) und kam ebenfalls zu dem Schluß, daß eine solche Erhebung in »vielleicht zwei Jahren« stattfinden könne.[246] Stülpnagel kam in seinen Überlegungen zum Befreiungskrieg allerdings zu einem sehr konkreten Ergebnis. Seine Gedanken, die er im Februar 1924 zum ersten Mal einem größeren Kreis von Offizieren vorgetragen hatte, fixierte er 1924 in seiner Denkschrift *Gedanken über den Krieg der Zukunft*[247]. Er sandte Blomberg eine Kopie seines Konzeptes nach Stuttgart. Dieser war begeistert, und in einem Brief an Stülpnagel vom 1. Februar 1924 bekundet er seine volle Übereinstimmung mit dessen Denkschrift: »Ich bin so völlig Ihrer Meinung in der nüchternen Erkenntnis der facta und in dem heißen Willen, die Dinge zu ändern!«[248] Blombergs operative Anschauungen sollten von nun an von Stülpnagels *Gedanken über den Krieg der Zukunft* beeinflußt und in den kommenden Jahren in vielen Kriegsspielen und Übungen erprobt und eingehend auf den Grad ihrer Nutzbarkeit geprüft werden. Die im Truppenamt (also maßgeblich auch von Blomberg) entworfenen Kriegsspiele 1924 gegen Frankreich, 1925 und 1927/28 gegen Polen und 1928/29 gegen Frankreich und Polen standen auf dem Fundament der operativen Ideen Stülpnagels.[249]

Das Stülpnagelsche Kriegführungskonzept erreichte allerdings nicht das Niveau eines strategischen Kalküls, sondern blieb – trotz realistischer Komponenten – der theoretische und auch verzweifelte Versuch, einen Ausweg aus einer als unerträglich empfundenen Situation zu suchen: »Der Tag wird kommen, an dem das deutsche Volk seine Sklavenketten rasselnd zu Boden werfen und das Versailler Diktat zerreißen wird, denn nur der Ruf zu den Waffen kann (...) die Befreiung bringen«, orakelt Stülpnagel. »Frankreich«, so sein Verdikt, »ist der Todfeind« Deutschlands. Entweder Deutschland kapituliert für ewig (...) oder versucht noch einmal in einer großen Erhebung mit den Waffen die Frage zu entscheiden, ob 100 Millionen Deutsche die Sklaven von 40 Millionen Franzosen werden müssen.«[250] Unter dieser Grundannahme entwarf Stülpnagel das Konzept eines nationalen Volks- und Befreiungskrieges in den Grenzräumen Deutschlands, der allerdings auch durch einen Präventivschlag Frankreichs (das einen seit Jahren ausgedachten »sadistischen Plan« in der Hand hielte) herbeigeführt werden konnte.[251] Im Zentrum seiner Überlegungen stand die konkrete Frage, wie ein Krieg zwischen Deutschland und seinen westlichen und östlichen Nachbarn, Frankreich und Polen, zu führen sei. Stülpnagel skizziert die außenpolitische Konstellation, die gegeben sein mußte, um das Unternehmen nicht von vornherein zum Scheitern zu verurteilen: »Wir müssen wieder die Stelle Preußens von 1813 aufnehmen, damals wie heute um Sein oder Nichtsein des Staates spielend, um das Eingreifen anderer Mächte gegen Frankreich herbeizuführen.« Wie Blomberg kam er zu dem Ergebnis, daß das die wohlwollende Neutralität Großbritanniens und eine Unterstützung durch die Sowjetunion verlangte.[252] Stülpnagel forderte eine Umgestaltung der Innen- und Außenpolitik zugunsten der Wehrhaftmachung von Volk und Staat[253] und stellte fest, daß der künftige Krieg »den Einsatz der ganzen Volkskraft – das ist die Allgemeine Wehrpflicht – fordern werde«[254], und daß alle Vorbereitungen des Staates und der bewaffneten Macht nur dann ihr Ziel erreichen könnten, wenn sie sich im »Einklang mit dem Willen der Mehrheit des Volkes« befänden. Ohne die intensive Kooperation mit den zivilen Funktionsträgern der Nation war der »Befreiungskrieg« also überhaupt nicht zu führen.[255] Um diesen Zustand zu erreichen, hielt er eine »volle Wandlung« der inneren Verhältnisse für notwendig und nannte Programmpunkte, deren Durchführung die Republik in ein in höchstem Maße nationalistisches und militaristisches Regime verwandeln mußten.[256]

Stülpnagel war sich allerdings im Klaren, daß für absehbare Zeit die Aufnahme des Krieges nur einer »heroischen Geste« gleichkomme. »Ein gewisses Vorgefühl«, zitiert er Gneisenau, sage ihm jedoch, »daß der Tag der Rache kommen wird«. Der Zeitraum, den er für die Vorbereitungen dieses Tages veranschlagte, lag »eher bei fünf als bei zehn Jahren«.[257] Wenn der Volkskrieg in den Grenzzonen des Reiches die von Stülpnagel beabsichtigte Wirkung haben sollte, mußte er militärisch organisiert werden – und in diesem Umstand liegt die Brisanz des Konzepts.[258] Es reichte von der Aufstellung eines Grenzschutzes für den vorgesehenen hinhaltenden Widerstand, dem Aufbau einer Guerilla-Organisation für das besetzte Gebiet bis hin zu vorzubereitenden Maßnahmen der Räumung und Sprengung von Kunstbauten. Es gab kaum eine behördliche Maßnahme, die nicht dem »totalen Volkskrieg« dienstbar gemacht werden konnte.

Der hier deutlich zum Ausdruck kommende Primat des Militärischen vor der Politik entsprach, ebenso wie das strategisch-defensive mit hoher Beweglichkeit geführte Kampfverfahren eines nationalen Befreiungskrieges, Blombergs eigenen Vorstellungen vom Kampf.[259] Die in den *Gedanken über den Krieg der Zukunft* überzeugend dargestellten Erfolgschancen der Guerilla-Kriegführung, der Radikalisierung der Kriegführung (die im Zweiten Weltkrieg Realität wurde), die Annahme der Notwendigkeit einer Wehrpflichtigenarmee und einer Militarisierung der Nation, ja selbst Stülpnagels Vision von »der heroischen Geste« wurden von Blomberg geteilt. Dieser kann in seiner Annahme des Stülpnagelschen Kriegskonzeptes, einer Verbindung von realistischer Einschätzung und irrationaler Zielbestimmung, jedoch nicht als »rückwärtsgewandter Volkskriegsromantiker« begriffen werden, der von einer Wiederkehr der Freiheitskriege träumte[260], vielmehr kamen seine Überlegungen einem Bruch mit der Seecktschen Schule gleich.[261] In der Stülpnagelschen und der Seecktschen Kriegskonzeption kristallisierten sich zwei gegenläufige Tendenzen des modernen Krieges. Stülpnagel hatte in seiner Denkschrift Faktoren berücksichtigt, die weit über den Waffenkrieg Seecktscher Prägung hinausgingen. Er hatte wie andere Offiziere moderner Prägung erkannt, daß der Waffenkrieg alten Stils in hohem Maße von der uneingeschränkten Unterstützung einer kriegsbereiten Nation abhing und darum innenpolitische Maßnahmen zur Militarisierung derselben forderte. An die Stelle der Seecktschen Operationsheere trat der bis ins Detail organisatorisch vorbereitete totale Befreiungskrieg, bei dem das ganze Reichsgebiet Kriegsschauplatz ist und hohe Verluste der Zivilbevölkerung einkalkuliert werden.[262]

Stülpnagels Konzeption vom Krieg der Zukunft blieb keine unverbindliche Gedankenspielerei: Mit ihr begann 1924 jene Planung, die eine geheime Wandlung des 100 000-Mann-Heeres – nur schwer verständlich – in eine 2,8-Millionen-Armee vorsah. Man stellt heute mit einem gewissen Erstaunen fest, daß im Jahr 1939 exakt diese 2,8 Millionen, organisiert in 102 Divisionen, bereit standen. Sicherlich kein Zufall.[263]

7. Die Abkehr von der Romantik: Chef der Heeresausbildungsabteilung (1925-1927)

Blomberg schreibt in seinen Erinnerungen: »Im Frühjahr 1925 war ich vier Jahre Chef des Stabes in Stuttgart gewesen. Nun war die neue Verwendung herangerückt. Ich rechnete mit der Stellung eines Bataillons-Kommandeurs, dem wohl bald ein Regiments-Kommando folgen würde. (...) Es kam anders; denn ich wurde nach Berlin in das Reichswehrministerium (als Chef der Heeresausbildungsabteilung, T4) versetzt.«[264] Während die Zeit in Stuttgart in militärischer Hinsicht ein theoretischer Zwischenakt war, ermöglichte die große Auszeichnung, die eine Versetzung in das Berliner Truppenamt bedeutete, Blomberg eine direkte Einflußnahme auf die Militärpolitik seiner Zeit. Auch bedeutete die Berufung zum Chef der Heeresausbildungsabteilung, die mit der Beförderung zum Oberst am 1. Mai 1925 einher ging, eine indirekte Anerkennung dessen, was Blomberg von seinem Lehrer Reinhardt über die Ausbildung der Soldaten gelernt hatte.

Blomberg berichtet in seinen Aufzeichnungen, daß der Abschied von Stuttgart, obwohl er eine Beförderung bedeutete, für ihn nicht leicht war, und daß er trotz der wirtschaftlichen Armut der Familie in diesen Jahren dort privat sehr glücklich gewesen sei. In der Tat, so berichtet auch seine jüngste Tochter, waren es Jahre, in denen das Familienleben der Blombergs besonders harmonisch verlief.

In Berlin hatte die Familie Glück bei der Wohnungssuche, die sich bei der damaligen großen Wohnungsnot oft nicht leicht gestaltete. In der Straße Alt-Moabit lag in einem Park eine große Villa. Ursprünglich im Besitz der Industriellenfamilie Borsig, hatte sie in den letzten Jahrzehnten des Kaiserreichs das Generalkommando des Gardekorps beherbergt. Hier, im alten Generalkommando, wurde den Blombergs eine große Wohnung zugeteilt. »In ihr«, so erinnert er sich, »haben wir vier glückliche und inhaltsreiche Jahre verlebt, auf die wir gerne zurücksahen. Wir haben in ihr unsere silberne Hochzeit und die grüne Hochzeit unserer ältesten Tochter gefeiert«.[265]

Seine Gefühle als Abteilungschef T4 waren zwiespältiger Natur. Zum einen war er zufrieden über die neue Aufgabe, denn mit ihr »öffnete sich ein weiter Umblick und Wirkungskreis«, hier war »die Arbeit nicht mehr auf eine Division sondern auf ein ganzes Heer, mochte es auch klein sein, gerichtet«[266], zum anderen wurde er nun mit einem seiner künftigen »Lieblingsfeinde« und dessen Clique im Reichswehrministerium konfrontiert: »Ich hatte nun Einblick in ein vom damaligen Oberstleutnant Schleicher geleitetes Klickenwesen (sic.), dem ich durchaus nicht angehörte und ich mich nicht einzufügen gedachte.«[267] Tatsächlich sollten von nun an Spannungen mit dem mächtigen Schleicher, Leiter der neu gegründeten Wehrmachtabteilung im Reichswehrministerium, an der Tagesordnung sein und Blomberg mußte, wie Hilmar Ritter von Mittelberg vermutet, den Einfluß der Schleicher-Clique in den Korridoren des Bendler-Blocks oft »unfreundlich empfunden« haben.[268] Ob Blomberg allerdings gar zum »Kristallisationskern« einer »Opposition« gegen Schleicher wurde, wie Andreas Hillgruber meint[269], muß doch sehr in Zweifel gezogen werden.

Die Persönlichkeit des damaligen Oberstleutnant Kurt von Schleicher war und ist umstritten.[270] Fraglos war er, der vom 2. Juni 1932 bis 29. Januar 1933 der letzte Reichswehrminister der Weimarer Republik sein würde, der politisch begabteste Militär der Reichswehr und eine der mächtigsten Gestalten der Weimarer Politik. Die Anfänge der märchenhaften Karriere«[271] des gebürtigen Brandenburgers lagen im Jahr 1913. Während seiner Dienstzeit als Hauptmann der Eisenbahnabteilung beim Großen Generalstab hatte er ein freundschaftliches Verhältnis zu seinem Vorgesetzten, General Wilhelm Groener (1867-1939), entwickelt, der Schleicher von nun an protegieren und sogar zu seinem »Wahlsohn« erklären sollte. Ab 1918 wurde Schleicher Groeners ständiger Berater und zu seinem cardinal in politicis[272]. Als am 1. März 1929 das Ministeramt im Reichswehrministerium aus der Taufe gehoben wurde und die dem Reichswehrminister direkt unterstellte Adjutantur, die Haushaltsabteilungen von Heer und Marine, die Rechtsabteilung, die Wehrmacht- und die Abwehrabteilung gleichsam »schluckte«, war es keine Überraschung, daß Groener Schleicher zum Chef des Ministeramtes[273] machte und seine bisherige Macht damit institutionalisierte. De facto hatte der Chef des Ministeramtes die Stellung eines Staatssekretärs im Reichswehrministerium.

Die Omnipräsenz Schleichers in der Reichswehrpolitik brachte diesem im Offizierkorps nicht nur Sympathien ein und Einschätzungen wie die folgende waren keine Seltenheit: »General von Schleicher! Wie soldatisch wenigstens der Titel klingt. Ist aber nur ein blasser, politisierender Bürogeneral«.[274] Auch in der Forschung ist ihm oft, sicherlich auch im Rückblick auf sein Fehlverhalten in der Spätphase der Weimarer Republik, eine wenig schmeichelhafte Beurteilung widerfahren. So schreibt Wheeler-Bennett: »Er war eitel, skrupellos und treulos (...). Vorzüglich war Schleicher ein Mann der Querverbindungen und Ränke; die konstruktive Seite seines Charakters wurde verdunkelt von seiner anmaßend eitlen Vorliebe für Intrigen (...) und nie trug ein Mann einen treffenderen Namen«.[275] Nicht anders hätte Blomberg Schleicher wohl beschrieben. Nicht nur äußerlich war der kleine, glatzköpfige Mann das genaue Gegenteil des neuen T4 Abteilungschefs, auch in ihrer Auffassung über das Verhältnis Reichswehr und Politik unterschieden sich beide Offiziere von Grund auf. Während Blomberg sich ganz auf die höchst problematische Maxime vom »unpolitischen Soldaten« zurückzog, war Schleicher in alle Bereiche der (Reichswehr-)Politik aktiv involviert. Blomberg war der Ansicht, daß es nach dem Ersten Weltkrieg Aufgabe der »oberen Spitze der Soldaten« sei, die politische Welt aufmerksam zu *beobachten*. Schleichers Neigung zum politischen *handeln* und Fäden ziehen hinter den Kulissen ging jedoch Blombergs Ansicht nach weit über das hinaus, was er als das »angemessene Maß« bezeichnete. Nach seinen Beobachtungen brachte Schleicher »die Reichswehr in politische Verflechtungen«, die nicht nötig waren« und – wie nicht nur Blomberg meinte – »räumte fort, was ihm im Weg stand«. »Ich entsinne mich«, schreibt Blomberg »einer Generalstabsreise, die in die oft wiederkehrende Zeit eines Kabinettsturzes und einer Kabinettsbildung fiel. Schleicher war unter uns Teilnehmern. Er wurde buchstäblich stündlich an das Telefon gerufen (...): seine Anrufer waren Minister, Staatssekretäre und Politiker. Ich verstand es nicht und verstehe es heute noch nicht (...). Daß dieser politische General überhaupt möglich war, überhaupt existieren konnte, lag in der Krankheit unserer politischen Verhältnisse begründet. Als die Zeit wieder gesundete und Schleicher die Zeichen dieser Zeit nicht verstand, mußte er zugrunde gehen...«. Wie im folgenden noch dargestellt wird, bleibt die Rolle im dunkeln, die Blomberg 1934 bei jenem »Zugrundegehen« Schleichers spielen sollte: seiner kaltblütigen Ermordung durch die SS während des Röhm-Coups. Man meint, in der oben zitierten Äußerung Blombergs ein gewisses Bedürfnis zur Rechtfertigung des eigenen Verhaltens in dieser Sache anklingen zu hören.[276]

Blomberg gehörte als Chef der Heeresausbildungsabteilung zu den engsten Mitarbeitern des Chefs der Heeresleitung – Generaloberst Seeckt. Er war von nun an nahezu täglich mit dieser »mythischen Gestalt der Reichswehr«[277] konfrontiert, was er, wie seine Aufzeichnungen belegen, mit durchaus gemischten Gefühlen betrachtete.

Seeckt hatte die Reichswehr auf steinigem Weg durch die Putsch- und Krisenherde der Jahre 1919 bis 1923 gelenkt und der Stellung des Chefs der Heeresleitung, die er von 1920 bis 1926 bekleidete, eine einzigartige Bedeutung verliehen. Die operativen und taktischen Anschauungen des Heeres hatte er in entscheidender Weise geprägt und sein großes Ansehen als Militärtheoretiker ist begründet.[278]

Zu Seeckts größten Leistungen gehört fraglos die Wiedererrichtung des verbotenen Generalstabs in Gestalt des Truppenamtes der Reichswehr. Bereits im

Juni 1919 hatte Seeckt in einem Brief an Hindenburg erklärt, daß er nicht der Totengräber des Generalstabs sein wolle und, wenn schon die Form desselben nicht die alte bleiben könne, er doch wenigstens seinen Geist erhalten wolle.[279] Dieses war ihm vorzüglich gelungen und er war bemüht, möglichst viele bewährte Generalstabsoffiziere in die leitenden Positionen zu bringen.

Seeckts Ansicht war, daß das Reich mit Hilfe der bewaffneten Macht wieder bündnisfähig gemacht werden müsse. Erst durch eine außenpolitisch gefestigte Stellung sei die Grundlage für den Wiederaufbau und den Aufschwung der Wirtschaft gelegt. In dieser Auffassung zeigte sich, daß Seeckt den Kategorien der wilhelminischen Außenpolitik verhaftet blieb. Mit der Sowjetunion glaubte der General, den Bündnispartner gewinnen zu können, mit dessen Hilfe Deutschland wieder seine machtpolitische Rolle in Europa werde spielen können. Die seit 1920 bestehenden losen militärischen Kontakte zur Sowjetunion sind darum – ungeachtet aller ideologischen Gegensätze – von ihm gefördert worden.[280]

Der Topos von einer »einheitlichen Reichswehr« Seecktscher Prägung ist aus heutiger Sicht nicht mehr als ein Mythos[281], da Seeckts Theorien keineswegs von allen Offizieren kritiklos angenommen wurden. In zentralen militärischen Vorstellungen war Blomberg, Reinhardt-Schüler und »Modernist«, geradezu ein Anti-Seeckt, was jedoch keine Geringschätzung seines Vorgesetzten bedeutete. Vielmehr erkannte er dessen Größe und schätzte ihn vor allem rückblickend trotz aller Meinungsverschiedenheiten. Der aus sachlichen Diskrepanzen resultierende Kollisionskurs war dennoch vorprogrammiert. Blombergs neuer Dienstbereich als Chefs der Heeresausbildungsabteilung umfaßte neben der Truppenausbildung die Ausbildung der Generalstabsoffiziere sowie die Auswahl der zu prüfenden Offiziere. Da auch die Kriegsakademie durch den Versailler Vertrag verboten war, hatte die Reichswehr ein dezentrales Programm entwickelt und die Ausbildung der Generalstabsoffiziere auf die einzelnen Wehrkreise verteilt (die sogenannte Führergehilfenausbildung).[282] Die dreißig besten Absolventen einer Wehrkreisprüfung – 1927 waren es 169 Offiziere aus den sieben Wehrkreisen und den drei Kavallerie-Divisionen – durchliefen zunächst bei ausgesuchten Wehrkreiskommandos einen zweijährigen Lehrgang. In jeder Woche wurden zehn bis zwölf Stunden Taktik und vier bis sechs Stunden Kriegsgeschichte unterrichtet. Das letzte (dritte) Ausbildungsjahr dieser »getarnten Kriegsakademie« wurde in Berlin unter der Leitung der Offiziere der Abteilung T4 vollzogen.[283] Die Zahl der Lehrfächer war wesentlich größer als in den beiden ersten Jahren der Ausbildung; es gehörten dazu Generalstabsdienst, Heeresversorgung, Transportwesen, Seekriegführung, Luftschutz, Heerestechnik, außen- und innenpolitische Fragen, Abwehrdienst, Organisation und Führung in fremden Heeren, Fremdsprachen und Geschichte.[284] Es dominierte das Fach Taktik; eine tiefgreifende Schulung der Offiziere in wirtschaftlichen und Rüstungsfragen fehlte allerdings weitgehend. 1935 wurde die Führergehilfenausbildung wieder als Generalstabsausbildung bezeichnet und die Kriegsakademie schließlich am 15. Oktober 1935 (anläßlich ihres 125-jährigen Bestehens) wiedereröffnet.

Als Chef der Abteilung T4 hatte Blomberg die Schulungen zu überwachen, Schlußaufgaben zu stellen, an Generalstabsreisen teilzunehmen oder sie selbst zu leiten. Auch Inspektionsreisen zu den Armeen anderer Länder fielen in seinen

Dienstbereich. Im Juli 1926 fuhr er mit zwei weiteren Offizieren des Truppenamtes nach Budapest. Er hatte den Auftrag, ungarische Truppenübungsplätze zu inspizieren und in Vertretung Seeckts mit dem ungarischen Reichsverweser Nikolaus Horthy über militärische und politische Themen zu verhandeln.[285] Im Frühjahr 1929 reiste er als Chef des Truppenamtes noch einmal nach Ungarn, um der Einweihung des Grabes des unbekannten Soldaten in Budapest beizuwohnen. Er traf erneut mit Horthy zusammen und verschaffte sich einen Überblick über Organisation und Führung der ungarischen Armee.[286]

Zu den Pflichten des Chefs T4 gehörte es auch, den Chef der Heeresleitung bei seinen Reisen zur Truppe, zu Einzelübungen oder zu Manövern zu begleiten. Das lange Beisammensein im Kraftwagen mit Seeckt empfand Blomberg als in höchstem Maße anstrengend, da Seeckt nicht nur ein schwieriger Vorgesetzter war, sondern – im Gegensatz zu ihm selbst – auch ein »unerschütterlicher Schweiger«.[287] Blomberg hatte nach dem Kapp-Putsch die Ernennung Seeckts zum Chef der Heeresleitung sehr begrüßt, da er dessen Militärbündnis mit Rußland befürwortete und Seeckt als »bedeutenden Soldaten« und »Fundamentierer der Reichswehr« schätzte[288], und doch gestaltete sich das Verhältnis zu seinem neuen Vorgesetzten äußerst schwierig. Den Eigenarten Seeckts, der »Sphinx mit dem Monokel«[289], wie der General heimlich von seinen Untergebenen genannt wurde, stand Blomberg mit Reserviertheit gegenüber.

Nach einer der ersten Begegnungen notiert er 1921 in sein Stuttgarter Tagebuch: »General Seeckt ist ein kühler Ichling, zum Ausgleich kinderlos verheiratet mit einer Dame, die nicht angenehm wirkt (...)«.[290] Eine spätere Charakterisierung fiel freundlicher aus: »Der Umgang mit Seeckt war jeder Mühe wert, und jeder, der mit ihm zu tun hatte, mußte sich Mühe geben, sich mit diesem eigenartigen Manne abzufinden. Nicht immer war das leicht, aber ich schätze es hoch ein, daß mein Geschick mich in seine Nähe führte. Er war der letzte Garde-General preußischen Stils; ein oft angefeindeter, aber sicherlich hoch- und charaktervoll entwickelter Typus. Das Leben hatte General von Seeckt von Anbeginn verwöhnt. Er war der Sohn eines Kommandierenden Generals, der geadelt worden war. Seine Jugend war unter den Lebensbedingungen einer ›Generalsgöre‹, wie man in Berlin sagte, verlaufen. Er war Offizier in einem der vornehmsten Garderegimenter gewesen und hatte eine reiche, in ihrer Jugend liebreizende Frau geheiratet. Seine Begabung führte ihn ohne Hindernisse in den Generalstab. Er fiel durch große Eleganz und eine natürlich gewachsene Arroganz auf. Ohne ihm Unrecht zu tun, konnte man von einer Hypothek der Eitelkeit sprechen, die seine überragenden Leistungen manchmal belastete. [...] Was sich als Launenhaftigkeit darstellte, war oft durch seine Gesundheit bedingt, was er aber nicht aufkommen ließ, wie er auch seine große Kurzsichtigkeit virtuos zu tarnen wußte (...).«[291]

Die hochmütige Beschränktheit der Offizierskaste, die Seeckts Erscheinung geradezu zu persiflieren schien, schätzte Blomberg ebenso wenig wie die Bescheidenheit Reinhardts, und die Lebensgewohnheiten beider Männer trennten diese einmal mehr.

»Das Ehepaar Seeckt«, wußte Blomberg, »hatte keine Kinder. Frau von S. hatte es daher versäumt, sich rechtzeitig von ihrer Jugendlichkeit zu trennen, so daß sie in ihren älteren Jahren durchaus originell, aber auch etwas grotesk wirkte was aber ihr gutes und warmes Herz etwas ausglich. Ihr gesellschaftlicher Ehrgeiz trieb sie an, ein Haus zu machen und am eleganten Hotelleben, das Tanzen eingeschlossen, teilzunehmen. Der General distanzierte sich etwas von diesem atemlosen Treiben, jedoch der Besitz von Name und Geld, von Eleganz und gesellschaftlicher Stellung spielte auch bei ihm eine Rolle. Und warum auch nicht? Solange ich noch Strohwitwer war besuchte ich ab und an die Empfänge bei Frau von S. – später verzichteten wir darauf, denn der Besuch bescheidener Offizier-Frauen war ihr gleichgültig und uns reizte das nur snobistische Mittun nicht. Seeckts bewohnten eine schöne Dienstwohnung im Gebäude des RWMin in der Bendlerstraße. Unter ihnen wirkten die Räume durch elegante Aufmachung; unter den Nachfolgern Heye und Hammerstein, die große Familien hatten, nahm die Wohnung ein mehr familiäres Aussehen an. [...]. Der Junggeselle Fritsch ließ den Großteil der Räume eine kalte und selten benutzte Pracht sein. Sein Nachfolger Brauchitsch machte dann – warum eigentlich? – größere Ansprüche. Die Arbeitszimmer Seeckts genügten nicht, es mussten die Räume des bisherigen Kriegsministers (d.h. Blombergs, die Verf.) sein. Die traditionelle Wohnung in der Bendlerstraße entsprach auch nicht, es mußte eine Wohnung im Grunewald beschafft werden. Man muß allerdings zugeben, daß die wachsenden Ansprüche den sich herausbildenden Gepflogenheiten des Dritten Reiches entsprachen. Ich selbst habe das in meinen Ministerjahren an mir verspürt.«[292]

Blombergs Konflikt mit Seeckt entspann sich aber nicht primär entlang persönlicher, sondern entlang militärischer Meinungsverschiedenheiten. Die Erfahrung der Ruhrbesetzung 1923 hatte bei vielen jüngeren Generalstabsoffizieren Zweifel an Seeckts Militär- und Personalpolitik aufkommen lassen. Dieses Mißfallen, wie es auch in der Stülpnagelschen Denkschrift vom Krieg der Zukunft zum Ausdruck kam, schwoll in den folgenden Jahren zu einer Lawine fundamentaler militärischer Kritik an Seeckt an.[293] In den Augen seiner Kritiker bremste Seeckt die Entwicklung der Reichswehr, war passiv geworden und verhinderte jede Auffrischung und Verjüngung in den führenden Stellen.[294] Stülpnagel klagt, Seeckt habe »viel von seiner früheren Elastizität verloren [...]. Er gab sich mit dem in der Reichswehr Erreichten zufrieden und neigte zur Resignation in allen politischen und militärischen Fragen [...]. In der Landesverteidigung kam man seit Jahren nicht vorwärts.«[295] Blomberg sekundiert ihm: »Seeckt ließ nur gelten was ihm selbst eingefallen war [...]. Dem Neuen gegenüber war er skeptisch, auch weil ihm selbst nicht viel Neues einfiel.«[296]

In politischer Hinsicht war Seeckt fraglos ein Traditionalist, dem das Bismarck-Reich und die Monarchie als Ideale galten. Er war ganz den Kategorien der wilhelminischen Außenpolitik verhaftet und ging im Grunde von der Weiterexistenz der Vorkriegskonstellation in Europa aus.[297] Auch in militärischer Hinsicht blieb er der Vergangenheit verhaftet[298], da er (und mit ihm viele ältere Generalstabsoffiziere) nicht bereit war, die innermilitärischen, politischen und gesellschaftlichen Konsequenzen des Einsatzes neuer Kriegsmittel zu akzeptieren und die militärische Organisation entsprechend umzugestalten.[299] Ohne Rücksicht auf die Realität des Zeitalters des »totalen Krieges« war für ihn noch immer die »Vernichtung des feindlichen Heeres, nicht die Vernichtung des Landes (...) oberstes Gesetz der Kriegskunst.«[300]

Um 1924/1925 hatte sich im Reichswehrministerium eine veritable Fronde gegen Generaloberst Seeckt formiert. Zu ihr gehörten »außer Schleicher noch General von Stülpnagel [T1, die Verf.] und auch (...) General von dem Bussche [Ippenburg, T2, die Verf.]«, berichtet der damalige Adjutant Seeckts.[301] Blomberg, der in militärischer (nicht in politischer) Hinsicht durchaus ähnlich dachte wie diese Offiziere um Schleicher[302], war – auch wenn Gegenteiliges behauptet wurde – kein Frondeur. Er grenzte sich sehr energisch von der »Schleicherschen Klique« ab und erwiderte die ihm von Schleicher entgegengebrachte Abneigung in gleichem Maße. In seinen Memoiren kann er seine Aversion gegen den »Bürogeneral« nur schwer verbergen und will dies auch gar nicht.

So blieb Blomberg eher ein Außenseiter, der seinen eigenen professionellen Sonderweg ging[303], der den Vorstellungen Seeckts allerdings diametral entgegengesetzt war. Blomberg wurde zu einem der massivsten Kritiker seines Vorgesetzten und den Ideen seines Stabes. Die Tatsache, daß er in Seeckt die Verkörperung des »letzten Garde-Generals preußischen Stils« sah[304], machte es ihm unmöglich, diesem zu folgen. Er mußte zu dem Schluß kommen, daß »Seeckt gehen [mußte], als die Aufgaben der Fundamentierung [der Reichswehr] beendet waren«. »Nur so konnte man«, schreibt er, »die Vorbereitung auf die Zukunft in Angriff nehmen.«[305]

Daß Seeckt nicht innovativ in seinem militärischen Denken war, hatte für Blomberg bereits bei seiner ersten Begegnung mit dem General festgestanden. Als Referent im Reichswehrausschuß hatte er 1919 in Kolberg beobachtet, daß die Vorkriegstraditionen der Armee auch die zukünftige Entwicklung der Reichswehr determinieren würden; in seinem Vorgesetzten wollte er darum nicht den militärischen Führer par excellence oder gar einen Ersatzmonarchen sehen.[306] Solche Kategorien waren ihm fremd. Eher kann man behaupten, daß er in ihm einen Anachronisten par excellence sah.[307] Seeckt konnte nicht den Typus des modernen, suggestiven Diktators verkörpern, wie ihn Keyserling, Spengler und Hesse antizipierten. Auch war ihm, anders als Blomberg, alles suspekt, was nach »Fronterlebnis, nach nationalistischer Begeisterung und soldatischem Aktivismus roch.«[308] Für Blombergs »Kampf für die Durchsetzung neugeistiger Ziele in der Reichswehr auf neuartigen Wegen dorthin« war Seeckt nicht gerüstet.[309] Er warnte, »Brauchbares, Erprobtes, Vorhandenes wegen Künftigem, Möglichen zu vernachlässigen«[310], und widersprach damit seinem eigenen Kampf für mehr Beweglichkeit in der Kriegführung und verzögerte die entsprechenden organisatorischen Neuerungen.

Blomberg, der erkannt hatte, daß seine »Anregungen für eine Weiterentwicklung der Reichswehr bei General von Seeckt auf keinen empfänglichen Boden« fielen[311] und sich mit diesem Befund weder abfinden konnte noch wollte, drängte Seeckt dennoch vehement zu Veränderungen in der Reichswehr. Vor allem die Heeresmotorisierung wollte er vorantreiben.[312] Einmal schlug er Seeckt vor, bei den Reitern die Lanze als Angriffswaffe abzuschaffen, um so die Feuerstärke der Kavallerie zu erhöhen. Seeckt lehnte dieses kategorisch ab. Das wäre nicht weiter bemerkenswert, wenn sich nicht gerade in der »Lanzenfrage« deutlich die symbolische Kluft zwischen militärischen Traditionalisten und Modernisten in der Reichswehr gezeigt hätte. Die abwegige Diskussion um die Abschaffung der

Lanze – des Symbols der traditionsreichen Kavallerie – wurde Mitte der zwanziger Jahre im Truppenamt und auf militärpublizistischem Sektor geführt.[313] Die entscheidende, oft unausgesprochene Frage war, ob die Kavallerie überhaupt noch zeitgemäß sei.[314] Die Anhänger der Lanze – meistens ältere Kavalleristen – rühmten vor allem ihre traditionelle und moralische Bedeutung. Seeckt, der den Nutzen einer »neuzeitlichen Kavallerie« propagierte, wunderte sich über »manche Propheten, die [die Verf.] schon die ganzen Heere in gepanzerte Maschinen verwandelt und den Ersatz der Pferdereiter durch Motorkrieger vollzogen« sahen.[315] Blomberg gehörte zu jenen »Propheten«, die in ganz Europa die militärische Szenerie betraten – man denke nur an General de Gaulle. Er glaubte nicht mehr an den »Mythos von der Schlagkraft der Kavallerie«[316], da diese für ihn nicht mehr den Erfordernissen des modernen Kampfes entsprach. Als Chef des Truppenamtes ließ er die Lanze 1928 endgültig abschaffen.[317]

»Schließlich«, beschreibt Blomberg die Reformbestrebungen im Truppenamt, »hatten wir Jüngeren unsere Gedanken über die notwendige Entwicklung der Reichswehr in einem längeren Bericht zusammengefaßt.[318] In diesem Bericht wurde vor allem die Bildung eines Führerheeres[319] als Rahmen für eine große Aufrüstung entwickelt und vorgeschlagen [...]. Die ganze Ausbildung und Erziehung der Truppe mußte danach ausgerichtet werden. Auch unsere Gedanken über die Bewaffnung und Ausrüstung einschließlich der Motorisierung wurden noch einmal zusammengefaßt. Das Schriftstück fand damals keinen guten Empfang beim General Seeckt. Seine Randbemerkungen waren recht unfreundlich und sein Endurteil vernichtend. Offenbar stand General von Seeckt unter dem Eindruck, daß wir Jüngeren ihn eines besseren belehren wollten. Wir aber wollten nur etwas Nüchtern-Sachliches aussprechen und hatten den schriftlichen Weg nur deshalb gewählt, weil man mündlich nicht zu Worte kam.«[320]

In Blombergs Erinnerungen heißt es: »Seeckt wurde zugeschrieben, daß er planmäßig ein Eliteheer als Führerstamm für die zukünftige Wehrmacht herangebildet habe. Das war – höflich ausgedrückt – nur eine Teilwahrheit. Es lag ihm in Wahrheit fern, die Reichswehr als einen Rahmenverband und als ein Führerheer anzusehen und die Ausbildung danach auszurichten. Betonte er doch überhaupt den Vorzug des kleinen Berufsheeres vor dem Volksheer. Das Führerheer und eine zeitgemäße Ausbildung und Bewaffnung (z.B. Motorisierung) fand in Seeckt nicht einen Förderer, sondern eher einen Gegner. Was nachträglich von Beflissenen darüber zusammengetragen wurde, war eine zweckbewußte Konstruktion. Erst General Heye und seine nächsten Mitarbeiter konnten auf den Weg, der zu einem modernen Heere führte, einlenken. Vorher wurde dieses durch den starren Willen Seeckts verhindert. Seine Haltung hatte sich später noch in der Armee ausgewirkt. In der neuen Wehrmacht kostete es manche Mühe, die Armee aus ihren reaktionären Neigungen zu lösen, zumal in Fragen der Bewaffnung; zu Beginn des Aufbaues sogar in ihrer Stellung zur Umwandlung der Reichswehr in ein Volksheer (...)«.

Seeckts nur zögerliches Eingehen auf die Idee des Führerheeres entsprach also seinem Glauben, daß die Zukunft kleinen hochbeweglichen Berufsheeren gehöre.[321] Vielleicht ist es bis zu einem gewissen Grade so gewesen, daß Seeckt aus der Not der Zeit eine Tugend machte, doch kann man in seinen Gedanken wohl eher die Antithese zum Konzept der Massenarmeen sehen, wie sie in der Französischen Revolution eingeführt, von Clausewitz untersucht und analysiert und von Schlieffen gepriesen wurden. Hier schloß sich der Kreis, der in neuerer Zeit mit den kleinen Söldnerheeren der Kabinettskriege begann, während der Kriege des 19. Jahrhunderts und des Weltkrieges fortgeführt wurde und schließlich bei der Suche nach einem Ausweg aus dem Gemetzel des lang andauernden Grabenkrieges endete.[322] Für Generaloberst von Seeckt waren die Massen des Volksheeres von sekundärer Bedeutung. Die Erfahrung mit den mobilisierten Massen im Weltkrieg hatte in ihm eine heftige Abneigung gegen deren labilen und radikalen Charakter ausgelöst. Dazu kam die aus der Niederlage gewonnene Erkenntnis, daß Deutschland unmöglich in einem Mehrfrontenkrieg siegen könne.[323] Wie Hegel definierte Seeckt die Masse als bloßen Gegensatz des Geistes, nämlich als Geistlosigkeit. Seeckts Gedanke war nicht ganz neu; von der Goltz hatte bereits 1883 in *Das Volk in Waffen*[324] geschrieben: »Läßt man den Blick in die Zukunft schweifen, so ahnt man selbst eine Zeit, wo die Millionenheere der Gegenwart ihre Rolle ausgespielt haben«, und Oswald Spengler hatte in seinem viel gelesenen *Untergang des Abendlandes*[325] prophezeit, daß die großen Massenheere durch verhältnismäßig kleine, aber qualitativ sehr hoch stehende Söldnerheere ersetzt würden.[326]

Nach seiner Entlassung aus dem Amt des Chefs der Heeresleitung hat Seeckt in seinem Buch *Gedanken eines Soldaten*, das in einem für ihn charakteristisch-glänzenden Stil geschrieben ist, seine Ansichten zum Ausdruck gebracht. Dort fragt er: »Müssen, wenn kriegerische Auseinandersetzungen unvermeidlich sind, jedes Mal ganze Völker aufeinander stürzen? Der Soldat muß sich die Frage vorlegen, ob diese Riesenheere im Sinne entscheidungssuchender Strategie überhaupt noch führbar sind, und ob nicht jeder Krieg zwischen diesen Massen wieder erstarren muß. Vielleicht hat sich das Prinzip des Massenheeres (...) schon heute überschlagen, die fureur de nombre steht am Ende. Die Masse wird unbeweglich; sie kann nicht mehr manövrieren, also nicht siegen; sie kann nur erdrücken.«[327] Hinsichtlich der Bewaffnung schreibt er: »Je kleiner eine Armee ist, um so leichter wird es sein, sie modern zu bewaffnen, während die dauernde Bereithaltung moderner Bewaffnung für Millionenheere eine Unmöglichkeit wird.«[328]

Der Biograph Seeckts, Friedrich von Rabenau, war einer der größten Befürworter der Seecktschen Konzeption. Noch 1935 schrieb er ein militärgeschichtlich-taktisches Buch, in dem er eine Reihe von wichtigen Schlachten untersuchte, in denen zahlenmäßig unterlegene deutsche Kräfte feindliche Armeen durch die Anwendung taktischer Bewegung entscheidend besiegten. Die Schlacht von Tannenberg (1914) war Rabenaus wichtigstes Beispiel, um die Wucht der kleineren, modernen Armee zu verdeutlichen, die sich einer unbeweglichen Massenarmee gegenüber sah.[329] Seeckts Konstruktion erlaubte ihren Verfechtern eine Renaissance der klassischen operativen Kriegführung, die in den Materialschlachten des Weltkrieges untergegangen war. Darüber hinaus bot sie den Vorteil, zwei Kardinalproblemen moderner Kriegführung zumindest zeitweise auszuweichen: Die Frage nach der Motivation der Gesamtbevölkerung für den Krieg war für dessen entscheidende erste Phase dank des verfügbaren Operationsheeres kein drängendes Problem. Ebenso verhielt es sich mit der Umstellung der Industrie auf die Bedingungen einer rigorosen Kriegswirtschaft. Seeckt hat sich mit diesen Fragen kaum beschäftigt, da er sich gegen jede Relativierung des Waffenkrieges wandte und traditionellen Doktrinen verhaftet blieb.[330]

Blombergs Glaube an die Kraft einer Volksarmee lag, wie bereits deutlich wurde, am anderen Ende des gedanklich-militärischen Spektrums. Er hatte sich im Studium der militärtheoretischen Schriften J.F.C. Fullers und Basil Liddell Harts[331] mit den Möglichkeiten auseinandergesetzt, die eine Elitearmee bot, fand Seeckts Idee von der »aristokratischen Armee als bester Wehrform (...) auch sehr beachtlich«[332], und dennoch gehörte der Glaube an die Wirksamkeit einer Volksarmee zum Fundament seines Wehrgedankens. Er war im Ganzen, wie die Franzosen, durch seine Erfahrungen an der Westfront von großen Massen beeinflußt, wogegen der Horizont Seeckts durch seine Erfahrungen im Osten und Südosten erweitert war. Auf die Theorie seines Lehrers Reinhardt vertrauend (»Und Unrecht haben alle, die glauben, man könne jemals von guten Soldaten zu viele haben«[333]), war für Blomberg die Antwort auf die Frage, »hohe technische Qualität des Heeres oder Einsatz möglichst starker Massen in der kämpfenden Front«: Hohe technische Qualität des Heeres *und* Einsatz möglichst starker Massen. Geprägt von den Ideen der Psychologischen Schule war für ihn nicht die Truppenmasse Schuld an den Fehlschlägen des Jahres 1914, sondern die geistige Unfähigkeit, sie richtig zu formen und zu führen. Seeckts Überzeugung von einer Elitearmee stand für ihn »gänzlich gegen den Zug der Zeit, die nun einmal auf eine Zusammenfassung der Massen, sei es politisch, sei es militärisch« hinausgehe.[334] In corpore bestand die Lösung Blombergs also in einer Rückkehr zu Schlieffens Massenheeren, die technisch vervollkommnet und von einem Feldherrn Psychologos vorbereitet den Sieg erringen sollten. Er blieb in dieser Hinsicht der preußischen Tradition treu, während Seeckts Konzeption einer Elitearmee paradoxerweise gerade einen Bruch mit der Schlieffen-Tradition darstellte.[335] In einem Punkt bewegte sich Blomberg mit den Ansichten Seeckts im Gleichklang: Auch er wollte eine militärische Elite schaffen und das »Gardeprinzip«, wie es von Napoleon I. geprägt worden war, auf die Verhältnisse des Reichsheeres anwenden. Innerhalb des zukünftigen Millionenheeres sollten qualitativ besonders hochstehende Einheiten geschaffen werden, die als »Schule der Nation« fungieren sollten.[336] Auch wenn die nationalsozialistische Antwort auf die Frage Elitearmee oder Massenheer sich mit den Vorstellungen Blombergs deckte, beschwert er sich in seinen Memoiren, daß er »selbst nach der Machtergreifung der Nationalsozialisten gegen Seeckts Erbe im Heer kämpfen« mußte, als »ein Teil der Reichswehr Schwierigkeiten machte und geringes Verständnis zeigte für den Aufbau des deutschen Volksheeres und für seine Motorisierung.«[337]

8. Chef des Truppenamtes (1927-1929)

Am 27. September 1926 brachte eine süddeutsche Lokalzeitung die Nachricht, der ältere Sohn des Kronprinzen, Prinz Wilhelm, habe in Uniform an Übungen des

Potsdamer Infanterieregiments 9 teilgenommen, das die Tradition der preußischen Garde fortsetzte. Eine Woche später erschien dieselbe Nachricht in der Berliner Presse und löste eine Welle der Empörung gegen Seeckt aus. In dieser so genannten »Prinzenaffäre« hatte er einmal mehr bewiesen, daß er an den Traumgespinsten seiner Vergangenheit festhielt; sein Rücktritt als Chef der Heeresleitung war nicht mehr zu verhindern.[338] Die politische Brisanz der »Prinzenaffäre« verkennend, suchte Blomberg die Ursache für Seeckts Sturz in einer Intrige Schleichers, der – so Blombergs nachträgliche Analyse der Vorgänge – wie Seeckt »der Erste« habe sein wollen, »wenn auch in voller Tarnung«.[339] Wenige Tage zuvor war er von einer Inspektionsreise aus Budapest zurückgekehrt und hatte Halt in Wien gemacht. Als er geistesabwesend eine Straße überquerte, wurde er von einem Auto angefahren. Der Unfall hatte schwere gesundheitliche Folgen und setzte Blomberg für viele Wochen außer Gefecht. Was war geschehen? Am Nachmittag des dritten Tages seines Aufenthaltes in Wien durchstreifte Blomberg auf der Suche nach einem Buchladen die Mariahilferstraße: »Abends wollten wir nach Berlin abreisen. In Gedanken versunken wollte ich die Fahrbahn kreuzen; ich achtete nicht auf das, in Österreich vorgeschriebene ›Rechtsfahren der Fahrzeuge‹, und wurde nun, durch meine Schuld, von einer Autodroschke überfahren. Vom Unfall selber weiß ich nichts. Ich entsinne mich sehr undeutlich (...).« Blombergs linkes Bein war unter dem Knie buchstäblich zerschmettert worden, sein rechter Unterarm gebrochen, das linke Handgelenk verstaucht. Die schwerwiegendste Verletzung war der Bruch des Beines, das fast hätte amputiert werden müssen. Viele Offiziere wollten später übrigens eine Ursache für Blombergs »Eigenheiten« in diesem Unfall sehen.[340]

So kam es, daß Blomberg in einem Wiener Krankenhaus von der Prinzenaffäre und ihren Folgen erfuhr. Er wußte, daß sie das Ende der Ära Seeckt und somit eine Zäsur in der Geschichte der Reichswehr bedeutete und hoffte nun auf die Ernennung seines militärischen Ziehvaters Reinhardt zum neuen Chef der Heeresleitung. Dieser wurde jedoch in der Reihenfolge übergangen, was Blomberg als Intrige Seeckts deutete, der Reinhardt nicht als seinen Nachfolger habe sehen wollen.[341] Neuer Chef der Heeresleitung wurde am 8. Oktober 1926 General Wilhelm Heye[342] – Papa Heye, wie er genannte wurde, da er als schwach und zu mild[343] galt und sich »von den Leutnants auf der Nase herumtanzen ließ«[344]. Blomberg sah wohl darum in Heye einen geeigneten Nachfolger des schwierigen Seeckt, denn »es erwies sich«, erinnert er sich, »daß Heye in mancher Hinsicht gerade die Eigenschaften besaß, die für eine Entwicklung der Reichswehr nach Vorwärts günstig waren. (...) General Heye teilte die Auffassung von uns Jüngeren über die notwendige Entwicklung der Reichswehr zum Führerheer und war für die Einfälle und Vorschläge seiner Mitarbeiter, denen er einen weiten Spielraum überließ, aufgeschlossen.«[345] So begann sich von nun an die Militärpolitik auf anderen Wegen und in anderen Bahnen zu bewegen.[346]

Das Erlebnis in Wien ließ Blomberg an Schicksal glauben: »Als tiefer Einschnitt hatte mich der Unfall in Wien überfallen. Ich empfand es mit Feierlichkeit, daß der Tod mich gestreift hatte. Danach war ich weit zuversichtlicher (...) Ich war überzeugt, daß noch vieles vor mir lag.«[347]

Und in der Tat: Nach seiner Rückkehr aus Wien wurde Blomberg am 1. April 1927 zum Chef des Truppenamtes ernannt. Er war damit Vertreter des Chefs der

Heeresleitung in allen Angelegenheiten seines Geschäftsbereiches, besaß aber keine eigene Befehlsgewalt. Am selben Tag fand seine bevorzugte Beförderung zum Generalmajor statt.[348] Die gleichzeitige Beförderung Schleichers, Stülpnagels (Chef des seit 1920 bestehenden Heerespersonalamtes[349]) und von dem Bussches zu Generalmajoren war ebenso ungewöhnlich und bevorzugt.

Die neue Aufgabe machte ihn de facto zum Chef des heimlichen Großen Generalstabs der Weimarer Republik und stattete ihn mit einer bisher ungekannten Machtfülle aus, die es ihm nun ermöglichte, der Umsetzung reformerischer Ideen im Heer den Weg zu ebnen. Zu seinem neuen Aufgabengebiet gehörte die Förderung und Überwachung der Ausbildung der Generalstabsoffiziere, die Besetzung der Generalstabsstellen und die Schulung der Offiziere sowie die Leitung einer Generalstabsreise, die im großen Rahmen im Sommer stattfand und eines Planspiels im Winter.[350] Dabei wurden taktische Planaufgaben und Fragen des Grenz- und Landesschutzes gestellt und untersucht.[351] Die Vorbereitungen für diese Planspiele zwangen den Chef des Truppenamtes, sich eingehend mit der Zusammenstellung der für die taktische Auswertung der Aufgaben nötigen Unterlagen zu beschäftigen.[352]

Seinen Amtsantritt begann der Generalmajor mit einer Reorganisation der einzelnen Referate und Dienststellen des Truppenamtes.[353] Diese ging einher mit einer mit dem Personalamt (Stülpnagel) abgestimmten »Verjüngungspolitik«.[354] Mit der nun vollendeten »Machtübernahme« der Jüngeren (Blomberg, Stülpnagel, von dem Bussche, Schleicher und Heye) in der Bendlerstraße hatte sich endgültig das Blatt gegen die alte Generation der Offiziere und die Schlieffenfanatiker im Reichswehrministerium gewendet, die nun in großen Schüben bis 1931/1932 ausschieden.[355] Blombergs Vorgänger, Generalmajor Wetzell, spürte mißbilligend den neuen Wind, der unter Blomberg im Truppenamt zu wehen begann und teilte Seeckt mit: »Der Herr Nachfolger Eurer Exzellenz [Heye, die Verf.] wollte sich mit neuen, jüngeren, wie er mir sagte ›weicheren‹ Persönlichkeiten umgeben! Er glaubte, daß die Zusammenarbeit mit dem neuen Personalchef Oberst von Stülpnagel mir schwer fallen würde (...). Es wird hier jetzt überall ein neuer Kurs eingeschlagen, ich kann nur aufrichtig wünschen, daß er dem Heer und Vaterland Nutzen bringt. Ich bin allerdings nicht nur nach dem persönlich erlebten skeptisch.«[356]

Tatsächlich änderte sich unter den neuen personellen Vorzeichen einiges im Reichswehrministerium. Während die Seecktjahre vorrangig von personellen und organisatorischen Rüstungsfragen bestimmt waren und das Reichsheer im wesentlichen auf dem waffentechnischen Standard des Jahres 1918 blieb, wurde im Lichte der gewandelten Bedingungen nun das Rüstungsproblem zum eigentlichen Motor der Reichswehrpolitik. Blomberg und andere politiknahe Offiziere moderner Prägung hatten jetzt auf Grund ihrer Einflußmöglichkeit Gelegenheit, auf der Basis der von Seeckt errichteten inneren Stabilität und Leistungsfähigkeit der Reichswehr eine schlagkräftige und gut ausgerüstete Armee zu schaffen. Blomberg wandte sich als neuer Chef des Truppenamtes mit großem Eifer einer Umsetzung der taktischen Richtungsänderung in die wehrpolitische Wirklichkeit zu. Er intensivierte die Vorbereitungen für den Grenz- und Landesschutz im Osten und betrieb theoretische und praktische Vorbereitungen für die Mobilmachung.[357] Dabei waren Blomberg und seinen Mitarbeitern im Truppenamt sowohl durch die Versailler Bestimmungen als auch durch die Bedenken der deutschen Zivilbehörden enge Grenzen gesetzt.

Blomberg, der die Verwandlung der Reichswehr in ein Rahmenheer durchsetzten wollte, um eines Tages den von Stülpnagel antizipierten Befreiungskrieg mit modernsten Waffen führen zu können, schreibt in seinen Memoiren: »Im Waffenamt[358] wurden mit großem Nachdruck die Voraussetzungen für eine spätere neuzeitliche Bewaffnung gefördert.«[359] Auch die seit Ende 1925 in ersten Ansätzen laufenden Pläne für das begrenzt einsatzfähige 21-Divisionen-Heer traten um die Mitte des Jahres 1927 in ein konkretes Stadium. Am 30. Juni legte die Organisationsabteilung (T2) des Truppenamtes den Entwurf eines A(ufstellungs-) Planes[360] (für eine Kriegswehrmacht) vor. In Anbetracht der beschränkten Mittel setzte Blomberg im Februar 1928 ein Zwischenziel fest. Danach sollte die Bereitstellung der materiellen Ausstattung für das A-Heer in zwei Stufen erfolgen. Als erste, bis zum Jahresende 1932 zu erreichende Etappe wurde ein 16-Divisionen Heer anvisiert, wobei sieben Divisionen mit modernem Gerät auszustatten waren. In einem zweiten Schritt sollte dann in weiteren fünf Jahren bis 1938 der vollständige materielle Rahmen für die 21 Divisionen des A-Heeres geschaffen werden. Diese Anordnung schlug sich im so genannten ersten Rüstungsprogramm der Reichswehr nieder, das von General Heye am 29. September 1928 verabschiedet wurde.[361]

Blomberg gehörte zu denjenigen Vertretern des Generalstabs, die auf eine stärkere Nutzung der technischen Entwicklung für die Reichswehr drängten.[362] Sein »ungewöhnliches Interesse«[363] an neuen Waffen und Taktiken hatte ihm längst den Ruf eines »Modernisten« eingebracht.[364] Als Chef der Heeresausbildungsabteilung hatte er im Konflikt mit Seeckt bewiesen, daß er mehr an die Stärke neuer Waffen als an den Nutzen einer (orthodoxen) Strategie glaubte. Ein wesentliches und von den Alliierten ungewolltes Ergebnis der Deutschland durch den Versailler Vertrag aufgezwungenen Abrüstung sah er darin, daß das Land vom Ballast der Waffen aus dem letzten Kriege befreit wurde. Für ihn, der »mit veralteten Institutionen und Gedanken gründlich aufräumen« wollte, schien die militärische tabula rasa bestens geeignet für einen Neuanfang mit technisch hoch entwickelten Waffen.[365] Der General glaubte, ein Zukunftskrieg werde im Zeichen des Motors stehen[366], und gehörte zu den frühesten Befürwortern der Panzerwaffe.[367] Bei den von den einzelnen Dienststellen des Truppenamtes in der Ära Blomberg jährlich erarbeiteten *Übersichten zur Zeit gültiger Vorschriften, Verfügungen und beachtenswerter Schriftsachen über besondere Gebiete* wurde auf Schriften über die technische Weiterentwicklung von Tanks und Flugzeugen besonderes Gewicht gelegt. Diese Verfügungen dienten in erster Linie als »Unterlage für die militärwissenschaftliche Weiterbildung der Soldaten«.[368]

Die englischen Manöver 1926 hatten Blomberg mit den Vorzügen der neuen, hochbeweglichen Vicker-Tanks Mark 1 vertraut gemacht und ihm die operativen Möglichkeiten der Tankwaffe offenbart.[369] Den Abschluß der Pläne für den Bau eines leichten Tanks 1928 und die spätere Aufstellung der ersten drei Panzerdivisionen im Herbst 1934 befürwortete er nachdrücklich. Auch hatte er sich eingehend mit der ausländischen militärischen Fachliteratur über die Kriegführung mit Panzern beschäftigt, vor allem mit den Veröffentlichungen von Basil Liddell Hart[370] und J.F.C. Fuller[371], die wohl zu den bedeutendsten Militärschriftstellern zwischen den beiden Kriegen gehörten und die militärische Diskussion in den zwanziger Jahren in ganz Europa beträchtlich belebt hatten. Sie waren entschiedene Befürworter der Motorisierung und Technisierung moderner Heere, wollten ihre Schlagkraft steigern und schnelle militärische Entscheidungen herbeiführen.

Von der Reichswehr zu Übungszwecken verwendete Panzerattrappen wie Dixi-Kleinkraftwagen und andere unvollkommene Kampfwagennachbildungen konnten – das war nicht nur für den Chef des Truppenamtes in den vergangenen Ausbildungszyklen sehr deutlich geworden – die Darstellung der technischen und taktischen Eigenschaften »wirklicher« Tanks nicht leisten. Auch umfangreiche Schriften, die der theoretischen Beschäftigung mit dieser Waffe dienten, verhinderten nicht, daß in den Augen der Militärs kein Weg mehr daran vorbei führte, praktische Erfahrungen mit der Tankwaffe zu gewinnen, wenn das deutsche Heer nicht gleichsam militärisch provinzialisieren sollte. Das gleiche galt natürlich auch für das Flugzeug. Nur in fremden Heeren konnten die deutschen Offiziere die ihnen versagten Waffen studieren. Die Teilnahme an Manöverübungen anderer Armeen war somit von entscheidender Bedeutung. Als das Luftfahrtabkommen vom Mai 1926 die der deutschen zivilen Luftfahrt auferlegten Beschränkungen erleichterte und der Reichswehr das Recht zubilligte, die Fliegerabwehr von der Erde aus zu organisieren und im Ausland theoretische Luftfahrtstudien zu betreiben, fuhr Blomberg 1927 mit einer Gruppe von 14 Heeresoffizieren nach Hendon, einem Vorort Londons, um Vorführungen der Royal Air Force beizuwohnen. Diese Tage der Luftwaffe – das Hendon Air Display – fanden seit 1920 jährlich statt. Sie vermittelten ein Bild der Leistungen der englischen Fliegertruppe, ließen die fliegerische und militärische Ausbildung sowie den technischen Stand beurteilen und ermöglichten einen Vergleich mit den Luftstreitkräften anderer Staaten. Das Air Display zeigte, daß sich die fliegerische und militärische Ausbildung der britischen Luftstreitkräfte auf einem Niveau befand, das von den Luftstreitkräften anderer Staaten nicht erreicht werden konnte.[372]

Blomberg trieb die Bildung eines Offizierskorps der Fliegerwaffe voran, das zum Ursprung der späteren Luftwaffe wurde. Der General hatte erkannt, daß man in Zukunft nicht mehr rein kontinental würde operieren können. »Wir nahmen«, beschreibt er die geheimen Bemühungen des Truppenamtes, »die Bildung eines Offizierskorps der Fliegerwaffe in die Hand. Wir mußten in ganz kleinem Rahmen anfangen (...) und ließen geeignete junge Männer bevor sie als Offiziersjunker in die Armee eintreten, an Sportschulen, die wir unterstützten, als Flieger ausbilden. Später wurden sie jährlich zu Wiederholungskursen beurlaubt. Diese Einrichtung bewährte sich sehr«.[373] Darüber hinaus förderte Blomberg den Ausbau der Fliegerschule in Lipezk/Rußland, wovon noch die Rede sein wird.[374] Auch im Dritten Reich sollte er auf die Entwicklung der Luftwaffe weiterhin einen entscheidenden Einfluß ausüben. Man kann ihn nicht als Luftwaffentheoretiker ansehen, jedoch deckten sich seine Auffassungen von der künftigen Rolle der Luftwaffe innerhalb der Wehrmacht mit den wichtigsten Thesen des deutschen Luftmachtdenkens Mitte der dreißiger Jahre.

Kurz nach seiner Ernennung zum Reichswehrminister ließ er das Reichskommissariat für Luftfahrt mit dem Luftschutzamt des Reichswehrministeriums zum Reichsluftfahrtministerium zusammenlegen. Damit schuf er die institutionelle Grundlage für die Entwicklung der Luftwaffe als selbständiger Teilstreitkraft und sorgte für ihre bevorzugte Behandlung bei der Zuteilung von Personal und Rohstoffen. Es ist eine Ironie der Geschichte, daß ausgerechnet Göring, der eine zentrale Rolle bei Blombergs Sturz 1938 spielte, am meisten von seinem Wirken profitierte.[375] Nach Blombergs Vorstellungen sollte der neue Wehrmachtteil ein »Elitekorps mit stürmischem Angriffsgeist«[376] werden. Sein eigener Sohn Axel, der ursprünglich Kavallerist war, sollte zur Luftwaffe gehen und im Zweiten Weltkrieg im Flugzeug sterben; der ältere, Henning, im Panzer.

9. Die Sondergruppe R[ussland]

Der Chef des Truppenamtes war auch verantwortlich für die so genannte Sondergruppe R[ußland]. Seeckt hatte sie Anfang des Jahres 1921 ins Leben gerufen.[377] Die Sondergruppe hatte die Aufgabe, Möglichkeiten und praktische Vorteile, die sich aus einer engen Zusammenarbeit zwischen der Roten Armee und der Reichswehr ergeben könnten, zu prüfen.[378] Ab November 1922 besaß das Truppenamt die alleinige Zuständigkeit für die Rußlandbeziehungen des Reichsheeres, und die gesamte koordinierende Arbeit lief unter der Ägide des Truppenamtschefs, der auch verantwortlich war für die rüstungswirtschaftlichen Pläne und die deutschen Übungszentren in Rußland.[379] Bald hatte sich auf operativer Ebene ein reger Offiziers- und Generalsaustausch entwickelt. Er fand seinen Ausdruck in regelmäßigen Inspektionsreisen, Truppen- und Manöverbesuchen der deutschen Truppenamtschefs in Rußland, ebenso wie in der Teilnahme vieler Sowjetoffiziere an der geheimen Generalstabsausbildung des Reichswehrministeriums.[380] Die Ursprungsidee der militärischen Zusammenarbeit zwischen Sowjetunion und Deutschem Reich, die im Jahre 1920 mit ersten geheimen Gesprächskontakten zwischen der Heeresleitung und Abgesandten Moskaus eingeleitet wurde, zielte darauf, die durch die Versailler Beschränkungen brachliegende deutsche Rüstungsindustrie nach Rußland zu verlagern.[381] Fernab der alliierten Militärkontrolle sollte der Sowjetstaat zum Produktions- und Waffenarsenal des Reiches werden. Die von der Reichswehr angestrebte Zusammenarbeit mit der Roten Armee konzentrierte sich auf den Ausbau der Herstellung der dem Reich durch den Versailler Vertrag verbotenen Waffen wie Flugzeuge, Panzer und chemische Kampfstoffe. Auch ging es der Reichswehrführung darum, die Rote Armee im Rahmen ihrer Fonds für einen eventuellen Kampf gegen den gemeinsamen Hauptfeind Polen auszurüsten. Als Gegenleistung erwartete die Sowjetunion finanzielle Hilfe zum Aufbau ihrer Rüstungsindustrie und die Ausbildung russischer Generalstabsoffiziere in Deutschland.

Im November 1949 gab das amerikanische *Time Magazine* folgende summarische, aber durchaus treffende Einschätzung über die Zusammenarbeit von Reichswehr und Roter Armee: »Germany had needed arms and space to train; Russia know-how. Both had got what they wanted.«[382]

Deutsche Ausbildungs- und Teststationen auf russischem Boden stellten das Rückgrat der militärtechnischen und taktischen Zusammenarbeit zwischen Reichswehr und Roter Armee dar.[383] 1925 wurde in Lipezk eine Fliegerschule und Ende 1926 eine Panzerschule in Kasan an der mittleren Wolga eröffnet.[384] Die Panzerschule stellte ein besonders gelungenes Beispiel deutsch-sowjetischer militärischer Zusammenarbeit dar, von der die sowjetische Seite ebenfalls in hohem Maß profitierte.[385] Seit 1928 bestand auch ein wissenschaftliches Test- und Forschungsgelände für Gaskampfstoffe des Reichsheeres in der Nähe des Wolgastädtchens Vols'k (Tomka).[386]

Blomberg war als Leiter der Sondergruppe R ständiger Gast in der Wilhelmstraße, wo es galt, den Diplomaten des Auswärtigen Amtes Zugeständnisse in Bezug auf die in Rußland angesiedelten Übungszentren des Reichsheeres zu entlocken und für die Intensivierung der militärischen Beziehungen zwischen Sowjetrußland und Deutschland einzutreten.[387] Blomberg verstand es, die Vorteile, die die Ausbildung russischer Offiziere dem Truppenamt brachte, geschickt zu nutzen. Als in der zweiten Hälfte des Jahres 1927 die KPD die Reichswehr im Reichstag heftig angriff, ließ er einige russische Offiziere kommen und erklärte ihnen, daß er sich angesichts der Angriffe der KPD nicht dafür verbürgen könne, für ihren Verbleib in Deutschland einzutreten. Sollten sie aber in der Lage sein, die kommunistischen Angriffe im Parlament zum Schweigen zu bringen, so stünde ihrer weiteren Anwesenheit nichts im Wege. Die Zusicherung der russischen Offiziere, die KPD werde am nächsten Tag im Parlament keine Angriffe mehr gegen die Reichswehr richten, erfüllte sich in vollem Umfang.[388] Blomberg, der bald in internen sowjetischen Beurteilungen als »Freund der Roten Armee« bezeichnet wurde[389], sah in der von den Russen geforderten Einweisung ihrer Kommandeure in die Ausbildungsmethoden des Reichsheeres eine berechtigte Gegengabe für die Betätigungsmöglichkeiten, die der deutschen Armee von den Russen für ihre Schulen gewährt wurden. Die damit verbundene Erstarkung der russischen Armee läge, befand er, im deutschen Interesse. Die Zusammenarbeit der beiden Armeen erachtete er als notwendig. Sie werde ein für beide Teile günstiges Ergebnis haben, wenn es gelänge, »die in den verschiedenen Staatensystemen begründet liegenden innerpolitischen Gegensätze aus der gemeinsamen Arbeit auszuschalten.«[390] Die pro-russische Orientierung Blombergs war politisch motiviert und gegen Polen und Frankreich gerichtet.[391] Darüber hinaus glaubte er, unter der Prämisse, »daß in Rußland die Rote Armee sich am weitesten von ihrem revolutionären Ursprung entfernt hatte«[392] und in Erinnerung an die Tradition von Tauroggen, in der Landesverteidigungsorganisation der Sowjetunion neue Vorbilder für die Mobilisierung des eigenen Volkes finden zu können.[393] Was den Bündniswert Sowjetrußlands betraf, so waren nicht alle Generalstabsoffiziere des Heeres so optimistisch wie Blomberg. Zwischen ihm und dem Chef der Heeresabteilung (T1), Hermann Geyer[394], entspann sich hierüber eine heftige Kontroverse, da Geyer, anders als Blomberg, die ideologischen Gegensätze zwischen Rußland und Deutschland nicht übersehen konnte. Er betrachtete Rußland »nicht als gesunden Organismus, solange dort politisch und wirtschaftlich keine andere Orientierung eintrat.«[395]

Nach Otto Hasses Aufenthalt in Rußland 1923 war es Blomberg, der im Sommer 1928 den zweiten Besuch eines Truppenamtschefs in die Sowjetunion unternahm.[396] Während seiner Rußlandreise hatte er enge Kontakte mit den führenden Generalen der Roten Armee, dem Generalstabschef Boris Šapošnikov[397], mit dessen Vorgänger Michail Tuchacevskij[398], dem Chef der Luftflotte Pëtr Baranov[399], den Generalen Blücher (Oberbefehlshaber der Ukraine), Iakir[400] und Pëtr Uborevic, den er zu seinen Freunden zählte.[401] Einer Einladung des sowjetischen Kriegskommissars Kliment Vorošilov[402] folgend, reiste er – versehen mit dem Auftrag, die Kontakte der Reichswehr zu den höheren Dienstgraden der Sowjetarmee zu stärken und die Schlagkraft der Roten Armee einzuschätzen – mit seinem Adjutanten Hauptmann Kurt Gallenkamp[403], Wehramtschef Erich von dem Bussche-Ippenburg und Oberstleutnant Ernst Köstring, dem heimlichen deutschen Militärattaché in Rußland[404] Mitte August 1928 über Riga und die lettisch-russische Grenzstation Bigosovo zunächst nach Moskau, wo die Besichtigung militärischer Einrichtungen sowie Gespräche mit Vorošilov und seinem Generalstabschef Šapošnikov auf dem Programm standen. Vorošilov machte einen sehr guten Eindruck auf Blomberg, da er bestrebt wirkte, »die Armee aus der Gebundenheit der Parteidoktrin herauszuführen und den Soldaten zum nationalrussischen Vaterlandsverteidiger zu machen«. Šapošnikov fiel Blomberg dadurch auf, daß er es verstand, »die Gunst und das Vertrauen Stalins zu bewahren.«[405] Insgesamt war Blomberg mit dem Empfang durch die russischen Offiziere sehr zufrieden, denn »die Russen [...] zeigten auf der ganzen Reise das weitgehendste Entgegenkommen«. Der Kriegskommissar Vorošilov hatte Anweisung gegeben, alles zu zeigen und alle Wünsche der Besucher zu erfüllen. Organisation und Stand der Ausbildung wurden somit »rückhaltlos und offen dargelegt« und die Offiziere um General Blomberg konnten einen vollkommenen Einblick gewinnen.[406]

In Begleitung Oskar Ritter von Niedermayers, Leiter der Zentrale Moskau, die gewissermaßen die sowjetische Außenstelle des T3 darstellte[407] und des bisherigen sowjetischen Militärattachés in Berlin, Lunev, ging es von Moskau im eigenen Salonwagen Richtung Osten nach Niznij Novgorod (Gorkij); von dort auf einem Wolgadampfer stromabwärts nach Kasan, wo die Tankschule Kama und ein russisches Sommerübungslager inspiziert wurden.[408] Blomberg stellte fest: »Der Ausbau der Anlage ist nahezu beendet, das Gelände bietet in der nahen und weiten Umgebung (...) sehr günstige Ausbildungsmöglichkeiten«.

Die Bereitstellung von Panzern deutscher Produktion war ein Hauptproblem und hatte die Aufnahme eines regulären Schulbetriebes in Kazan bisher verhindert. Vorošilov machte Blomberg ernste Vorhaltungen und wies nachdrücklich auf die Schwierigkeiten hin, die ihm wegen des verzögerten Beginns der Arbeit in Kasan bei seiner Regierung entstünden. Blomberg, der sich für die große organisatorische Unterstützung bei der Errichtung der Anlage bedankte, versprach dem sowjetischen Kriegskommissar den Transport der ersten Tanks für das kommende Frühjahr.

Die Einstellung der Panzerfachleute im Reichswehrministerium zu den Erprobungsarbeiten in Rußland war durchaus nicht einheitlich. Zur selben Zeit, als Blomberg Vorošilov die Zusage für 1929 gab, riet der Leiter des Panzerreferats (Prüfwesen 6) im Heereswaffenamt, Oberstleutnant Gaißert, seinem Amtschef, Generalleutnant Ludwig, Anfang September 1928 ausdrücklich davon ab. Neben den zahlreichen personellen und technischen Problemen durch die langen Verbindungswege erschien ihm die Überführung deutscher Tanks in die Sowjetunion mit »manche[n] Gefahren innen- sowie außenpolitischer Natur behaftet, die wohlbedacht sein wollten.«[409]

Tatsächlich waren im selben Jahr (1928) die Pläne für den Bau eines leichten Tanks abgeschlossen und Industrieunternehmen wie Krupp und Rheinmetall beauftragt worden, je zwei dieser Tanks zu bauen, was sie dann auch im Verlauf der folgenden zwei Jahre ausführten. Im Januar 1930 wurde der erste leichte Tank von Krupp in Meppen den Offizieren des Heereswaffenamtes vorgeführt. Die Firma konnte die Lieferung des ersten völlig fertigen Tanks zum April und des zweiten, für Rußland bestimmten, zum Mai 1930 zusagen.

Über Samara führte die Schiffsreise die deutschen Offiziere – mit Zwischenaufenthalt im Geburtsort Lenins (Uljanovsk) – vorbei an den wolgadeutschen Siedlungskolonien nach Saratov, wo unweit von Vol'sk der Gasübungsplatz Tomka besucht wurde.[410] Stresemann hatte Anfang Februar 1928 dem Drängen Blombergs und Groeners nachgegeben und sich mit einer Beteiligung an wissenschaftlichen Gasversuchen auf russischem Boden einverstanden erklärt.[411] Die Arbeiten am Aufbau der Versuchsstation für die Labor- und Geländeexperimente hatten sofort begonnen, so daß Blomberg die Anlage als »sehr gut organisiert« und das Personal als »sehr brauchbar« beurteilen konnte.[412] Nach Beendigung der sechstägigen Schiffsreise in Tomka folgte ein Besuch des Badestädtchens Lipezk in Zentralrußland. Die hier 1925 auf einem Fabrikgelände gegründete Fliegerschule war die bei weitem größte Einrichtung der Reichswehr in Rußland. Noch wenige Monate zuvor hatte Blomberg in einem monatelangen Tauziehen mit den Politikern des Auswärtigen Amtes eine beträchtliche Erhöhung der Anzahl der nach Lipezk zu entsendenden Fliegerschüler erreicht.[413] Die geheimen Ausbildungsprogramme für Kampfpiloten und Beobachter hatten mit fünfzig in Holland gekauften Focker F.D. XIII-Maschinen begonnen.[414] Blomberg, der seinen 50. Geburtstag auf dem Truppenübungsplatz feierte, war bei einem gemeinsamen Manöver einer deutschen Artilleriefliegerstaffel und einer sowjetischen Batterie anwesend.[415]

Von Lipezk führte die Inspektionsreise den Truppenamtschef in den weißrussischen Militärbezirk zu Luftmanövern im Raum Gomel. Die zweitägige Großübung im grenznahen Luftraum probte mit ca. 250 eingesetzten Maschinen die Zerschlagung eines gegnerischen Aufmarsches aus der Luft – und zeigte laut Blomberg »eindrucksvolle fliegerische und taktische Leistungen.«[416] In Kiev wohnten die deutschen Offiziere einer einwöchigen Manöverübung der Roten Armee bei. »Die Kriegslagen«, so Blombergs Eindruck, »verrieten fast durchweg eine Auffassung operativer und taktischer Grundsätze, die sich mit den unsrigen deckt.«[417] Dabei war »die Rote Armee in Verteidigung und Rückzug wesentlich geschickter als im Angriff«.[418] Der Truppenamtschef erkannte während der Manöver, wie wichtig für die Rote Armee die Verbesserung ihres Stabsdienstes war, da die Truppenführung erhebliche Mängel zeigte: »Die Tätigkeit der oberen Führung litt sehr unter der mangelhaften Organisation der Stäbe. Kommandeur und Chef des Stabes trennten sich häufig und befahlen unabhängig voneinander an verschiedenen Stellen des Gefechtsfeldes. [...] Die Auswertung der Feindmeldungen und die gesamte Befehlsgebung vollzieht sich langsamer als bei uns«. Blomberg urteilte, daß »Weitschweifigkeit statt Kürze und Präzision bei einer durchgehend gering entwickelten Befehlstechnik eine effektive Stabsarbeit behinderte.«[419] Versuche, in diesem Punkt Abhilfe zu schaffen waren allerdings erkennbar. Blomberg beobachtete »Befehlsübungen in den Stäben nach unserem Muster«, die eine allmähliche Verbesserung der Führungstechnik erwarten ließen. So nahm es nicht wunder, daß Vorošilov um eine Ausweitung der bisherigen Generalstabskommandos nachsuchte und den deutschen Truppenamtschef bat, fünf Offiziere »für längere Zeit« zu den Generalstabslehrgängen nach Berlin entsenden zu dürfen.[420] Auch in Fragen der Offiziersausbildung, so urteilte Blomberg, wurde »mit Eifer und Erfolg daran gearbeitet, die deutschen Ausbildungsgrundsätze auf die Verhältnisse der Roten Armee zu übertragen«. »Die Führerschaft«, notierte er, »befindet sich uns gegenüber in dem bewußten Zustand des Schülers. Die Kenntnis der deutschen Militärliteratur und der deutschen Vorschriften ist vielfach überraschend. Die deutschen Grundsätze in der Praxis studiert zu haben, gilt als persönlicher Vorzug und ein Kommando zur Reichswehr als besonders erstrebenswert.«[421] Überaus wichtig für die Generale der Roten Armee war die Erörterung der »polnischen Frage«. Vorošilov versicherte Blomberg, »daß im Falle eines polnischen Angriffs auf Deutschland Rußland zu jeder Hilfe bereit sei«, um die »für die Sowjetunion entscheidende Frage« stellen zu können, ob »im Falle eines polnischen Angriffs die Rote Armee auch auf die Unterstützung Deutschlands rechnen« könne. Blomberg antwortete dem Kriegskommissar, daß »dies eine Angelegenheit der großen Politik sei, für die die politischen Stellen allein zuständig« seien. Seine hier gezeigte betonte Zurückhaltung in politischen Fragen wich stark ab vom Verhalten Seeckts sowie auch General Hasses noch fünf Jahre zuvor.[422]

Ein zweitägiger Aufenthalt in Leningrad beendete Mitte September Blombergs fast vierwöchige Rußlandreise. Nach seiner Rückkehr ließ er einen detaillierten Inspektionsbericht erstellen, der Organisation, Bewaffnung und Stand der Ausbildung der Roten Armee in den späten zwanziger Jahren offen darlegt.[423] Darüber hinaus spiegelt seine Analyse den Stand deutscher Übungen im Bereich Waffen, Gas- und Luftkriegführung sowie seine Wertschätzung der Militärbeziehungen zur Roten Armee. Blomberg resümiert: »Die Unternehmungen in Rußland (Fliegerschule, Tankschule, Gasversuche) stehen auf durchaus gesunden Grundlagen. Die Möglichkeit, diese für unsere Rüstung lebenswichtigen Einrichtungen weiter zu betreiben, muß erhalten bleiben (...). Die aufstrebende Rote Armee ist ein Faktor mit dem gerechnet werden muß. Sie zum Freunde zu haben, kann nur von Vorteil sein. [...].«[424] Die Reichswehr könne, überlegt er weiter, auf verschiedenen Gebieten Wertvolles von der Roten Armee lernen. Neben Ausrüstung und Geräteaustausch der Truppe, Pionierdienst und chemischen Waffen bezeichnet er »die beispielhafte Propagandatätigkeit der Roten Armee, die Organisation des Luftschutzes für die Bevölkerung und die Heranziehung derselben für die Landesverteidigung« als besonders vorbildhaft für die Reichswehr.[425]

Obwohl die Reise nach Rußland nur eine von mehreren Inspektionsreisen ins Ausland war, die Blomberg in seiner Laufbahn unternahm, machte diese einen besonders tiefen und nachhaltigen Eindruck auf ihn.[426] Aus der Rückschau schreibt er: »Nach Außen hin war damals schon die Rote Armee ein starker Schutz des Landes. Sie vertraute auf die unerschöpfliche Zahl und den riesigen Raum der unaufgeschlossenen Landschaft. Damals schien es, als ob ein eindringender Feind, der seine Kriegskunst auf die Technik stellt, stecken bleiben würde. So daß ich damals eine kriegerische Aktion gegen Rußland (...) als unwahrscheinlich einschätzte.«[427] Bei dieser Einschätzung sollte er in gewisser Hinsicht bis 1938 bleiben.[428] Blomberg sah und fand in Rußland das, was seinen eigenen militärischen Zielen entsprach. Er war vor allem beeindruckt von dem, was er für einen allgegenwärtigen Geist der Einheit und des nationalen Gedankens innerhalb der Armee hielt. Mehr noch als die ungeheure Weite des russischen Raumes faszinierte ihn das Verhältnis der Armee zu den Massen. Da die Russen mit unterschiedlichem sozioökonomischen Hintergrund die einzelnen Stationen der Armee durchliefen, um »erzogen« zu werden, funktionierte die Armee, wie er es sah, hier als »Schule der Nation«, wie es die preußischen Heeresreformer einst vorgesehen hatten. Blomberg war überwältigt von den Möglichkeiten eines sozial voll integrierten Militärs, das von Stolz, Enthusiasmus und der Opferbereitschaft einer ganzen Gesellschaft getragen wurde.

Das paßte in das amerikanische Nachkriegsbild vom letzten Kriegsminister des Deutschen Reiches. 1949 findet sich in einer amerikanischen Illustrierten die Beschreibung folgender Szene: »In November 1934, at the Soviet embassy in Berlin, Hitler's War Minister Werner von Blomberg raised a glass of sparkling Crimean wine in a toast: ›Never shall we forget what the Soviet army did for Germany. I drink to the well-being and to the future of the great and glorious Soviet army, to faithful comradeship in arms, today and in the future!‹«[429] Es sei an dieser Stelle noch einmal an den bereits zitierten Politiker Hermann Rauschning erinnert: Im Londoner Exil brachte dieser 1942 Blombergs Hinwendung zum Nationalsozialismus in direkten Zusammenhang mit seinen russischen Reiseerlebnissen von 1928.[430] Damit war er nicht der Einzige und tatsächlich wich Blomberg selbst im Krieg nicht von seiner lebenslangen pro-russischen Orientierung ab (mit der er durchaus in der Reichswehrtradition blieb). Noch in der Nürnberger Haft 1945 notiert er: »Mir scheint, daß meine alte These richtig ist, wonach die Russen uns näher stehen als der Westen«.[431]

10. Das Studium der US-Armee (1930)

Angesichts der kriegsentscheidenden Konfrontationen der beiden Militärmächte Deutschland und USA im Ersten und im Zweiten Weltkrieg gebührt den militärischen Kontakten zwischen der deutschen und der amerikanischen Armee in der Zwischenkriegsphase einiges Interesse.[432]

Blombergs Besuch der US-Armee fand erst ein Jahr nach seinem Sturz als Chef des Truppenamtes im Jahre 1930 statt. Dennoch soll seine Reise schon an dieser Stelle skizziert und mit seiner Reise in die UdSSR verglichen werden. Seine ebenfalls in einem Inspektionsbericht zusammengefaßten Reiseeindrücke lassen gerade im Vergleich zu den russischen Reiseimpressionen Rückschlüsse auf sein militärpolitisches Denken zu.[433]

Der Aufenthalt Blombergs bei der US-Armee geschah auf Anregung des Militärattachés Oberst John Carpenter als Erwiderung eines Besuches des Generalmajors William Connor[434] (Leiter des Army War College) im Sommer 1929. Reichswehrminister Groener wollte eine Kommandierung Blombergs in die USA zunächst verhindern, mußte jedoch gegenüber Heye nachgeben, der als maßgeblicher Förderer der militärischen Beziehungen zwischen Reichswehr und US-Armee galt. Heye sah in Blomberg als ehemaligem Chef der Heeresausbildungsabteilung und des Truppenamtes den geeigneten General für diese Inspektionsreise, da auch die Einschätzung des Schulsystems der amerikanischen Armee auf dem Programm stand.[435]

Die Grundlagen für dieses erste offizielle Kommando höherer deutscher Offiziere zur Armee der Vereinigten Staaten hatte die Abteilung T3 (Fremde Heere) des Truppenamtes 1921 nach dem Abzug der American Expeditionary Forces aus Deutschland geschaffen, indem sie die alte Linie der Groenerschen Sonderpolitik mit Oberst Arthur Conger[436] aus dem Jahre 1919 wieder aufnahm.[437] Major Boetticher[438] leitete mit einem ausgedehnten USA-Besuch 1923 eine Serie von in- und halboffiziellen Besuchen von Reichswehroffizieren in die USA ein.[439] Die Reichswehr hatte in der zweiten Hälfte der 1920er Jahre auf der Grundlage sorgsamer Absprachen mit dem amerikanischen Militärattaché, dem Botschafter, dem War Department und mit dem Auswärtigen Amt eine rege Reisediplomatie quer über den Atlantik entwickelt.[440] 1930 waren die USA neben der Sowjetunion zum beliebtesten Reiseziel für Reichswehroffiziere geworden. Die deutsche Armee hatte die militärischen Beziehungen zu den Vereinigten Staaten mit dem Ziel intensiviert, die durch den Versailler Vertrag geschaffene internationale Isolierung durch inoffizielle Kontakte zu unterlaufen.[441] Neben diesem militärpolitischen Motiv der Kontaktpflege stand das militärtechnische Interesse der Reichswehr. Während die Sowjetunion Übungsplatz bot, lieferte die US-Armee organisatorisches und militärtechnisches Wissen. Die USA boten die Möglichkeit, an Ort und Stelle die Entwicklung verbotener Waffen, die chemische Kriegführung, die Motorisierung und Panzerentwicklung auf dem neusten technischen Stand zu verfolgen und die gewonnenen Erkenntnisse zur eigenen Planung für »die Zeit nach Versailles« zu nutzen.[442] Im Zentrum des deutschen Interesses stand die Entwicklung der amerikanischen Luftwaffe.[443] Darüber hinaus wollte die Reichswehr Einblick in das amerikanische Mobilmachungssystem[444] und in die Propagandatätigkeit der amerikanischen Armee gewinnen. Auch die Organisation der National Guard, des R.O.T.C.[445] und der organisierten Reserven gehörten zum Schwerpunkt des Interesses. Auf der anderen Seite gewährte die Reichswehr den amerikanischen Militärattachés in Deutschland

Einblick in die militärische Rüstung, und das War Department gehörte damit neben der Roten Armee 1927/28 zu den bestinformierten Stellen über die deutsche Rüstung.[446]

Am 25. September 1930 schiffte sich Blomberg in Begleitung des Chefs der Abteilung T3 (Fremde Heere) Oberst Erich Kühlenthal[447] nach Amerika ein. Während ihrer zweimonatigen Inspektionsreise durchquerten sie das Land und absolvierten ein umfangreiches Besuchsprogramm militärischer Einrichtungen und Kommandierender Generale.[448] Trotz einiger Fauxpas[449] war die Reise ein solcher Erfolg, daß sie vom deutschen Botschafter in Washington, Friedrich von Prittwitz, ausdrücklich begrüßt wurde.[450]

In Washington begann der offizielle Teil der Reise. Nach einer eingehenden Vorstellung aller entscheidenden Personen und Generale stellte der Chef des Generalstabs Charles Summerall[451] Blomberg Oberst Walter Krueger, Instrukteur im Naval War College, als Begleitoffizier bis San Francisco zur Seite.[452] Die Reise quer über den Kontinent begann am 5. Oktober mit einer vom War Department organisierten Besichtigung der »water-mark« des amerikanischen Bürgerkrieges, der Schlachtfelder von Gettysburg.[453] Es folgte der Besuch beim Army War College, einer auf Forschung eingestellten militärischen Universität für eine Elite des Generalstabs[454], auf der die kommandierten Generalstabsoffiziere primär Fragen der Taktik und der Strategie als auch der psychologischen Beeinflussung bearbeiteten.[455] Mit dem Direktor des War College, General Connor, verband Blomberg eine Freundschaft, die ihre Wurzeln in einem früheren Besuch Connors bei der Reichswehr hatte. Blomberg schätzte den General, weil er »ein Gegner jeder festgefrorenen Doktrin« war und »nach vorwärts drängte, ohne sich in Phantasien zu verlieren«.[456] Die Reise im Salonwagen ging von Columbus und Atlanta über San Antonio (Texas) und El Paso bis nach San Francisco.[457] Das militärische Interesse Blombergs galt dabei der Besichtigung verschiedener Flieger-, Tank- und Infanterieschulen. Die Fliegerschule bei San Antonio hinterließ bei ihm einen ausgezeichneten Eindruck.[458] Der Aufenthalt in San Francisco diente speziell dem Studium der militärischen Einrichtungen der beiden Universitäten Berkeley und Stanford. Die Fahrt ging weiter zur Generalstabsschule Leavenworth (Kansas). Trotz der erheblichen Mängel, die Blomberg hier festzustellen meinte, empfahl er, man solle künftig einen Generalstabsoffizier des Reichsheeres nach Leavenworth entsenden, da dieser hier »die Führungsgrundsätze der französischen Armee in mittelbarem Wege erfassen« könne.[459] Es folgte ein Aufenthalt in der Feldartillerie-Schule Fort Sill bei Oklahoma. Im Anschluß daran führten die deutschen Offiziere in Chicago eine mehrstündige Besprechung mit dem Kommandierenden General Parker.[460] Blomberg besuchte in Chicago seinen alten Freund und Kriegskameraden Hugo Ferdinand Simon, der von 1920 bis 1922 Rathenaus persönlicher Referent im Auswärtigen Amt und nunmehr Generalkonsul in Chicago war. Dieser gab zu Ehren Blombergs ein Abendessen, an dem die Militärelite der Stadt teilnahm. Die letzte Etappe der Reise führte über Pittsburgh nach New York, wo eine Besichtigung des Naval War College (Newport) und der Militärakademie West Point auf dem Programm standen. Von New York aus wurde die Rückreise nach Europa angetreten.

In seinem Inspektionsbericht widmete sich Blomberg neben einer Einschätzung der Organisation der amerikanischen Armee – mit Blick auf die Verhältnisse des Reichsheeres – vor allem der Beurteilung des militärischen Schulsystems in den USA.[461] Er notiert: »Die Besichtigung der militärischen Einrichtungen« haben »ein starres Festhalten an veralteten Methoden« erkennen lassen. West-Point attestiert er: »Die Schule ist noch ganz 18. Jahrhundert (...) eine Ausbildung zum modernen Soldaten in angewandter Taktik und im Truppenleben findet nicht statt«. Kühlenthal sekundiert ihm in seinem ausführlichen Bericht über die Reise: »Alles erschreckend vorsintflutlich! Wenn der alte Steuben heute auferstände und die seinen Gedanken entsprungene Schule wieder sähe, würde er sagen: ›Siehe da, nichts hat sich verändert‹«.[462]

Auch den Wert der National Guards (Milizen der Bundesstaaten), die Blomberg am Beispiel eines New Yorker Regiments kennen lernte, schätzte er sehr gering ein. Obschon es sich bei den Auszubildenden um »empfängliche Massen« handelte, konstatiert er, daß auch hier der in den Übungslagern und Zeughäusern vorherrschende Hang zu »Traditionen und Romantik« eine »kriegsgemäße Ausbildung zu modernen Soldaten« verhindere. Cum grano salis war »das Festhalten an Traditionen (...) die Achillesferse des ganzen Systems«.[463] Blomberg kommt zu dem für ihn logischen Schluß, »das hoch entwickelte Schulwesen der amerikanischen Armee [sei] nicht für das deutsche Reichsheer brauchbar«, das auch, »weil es einen Überfluß an Offizieren und einen hohen Geldetat« voraussetzte. Er schätzte »die Ergebnisse der Ausbildung der Reichswehr ohne solch breit angelegtes Schulwesen erheblich höher ein« und fand, daß eine Ausbildung der Frontoffiziere in und durch die Truppe dem amerikanischen Beispiel vorzuziehen sei. Einzig das War College fand seine Anerkennung: »Es fehlt uns eine Einrichtung, in der ausgezeichnete Generalstabsoffiziere für ein Jahr zu Studium und Forschung zusammengefaßt werden und im Verfolg der geistigen Durchdringung und Fixierung neuzeitlicher Probleme, zur Bearbeitung gestellt durch den Chef der Heeresleitung, ihre Ausbildung als höherer Führungsgehilfe vertiefen. Wir besitzen einen Ansatz für diese Einrichtung in der so genannten Reinhardtschule, beim Stabe des Gruppenkommandos 1. Ich schlage vor, den Versuch zu machen, diese Schule durch eine entsprechende Zielsetzung und personelle Ausstattung (...) im Sinne des amerikanischen War College umzuwandeln.«[464]

Den Wert von Austauschkommandos und gegenseitigen Besuchen erkannte Blomberg trotz aller konstatierten Mängel an. Obschon »der organisatorische Zustand der amerikanischen Armee und dessen Auswirkungen auf das rein fachmännische Können die Ergiebigkeit unseres Studiums in mancher Hinsicht einschränkt«, faßt er seinen Eindruck zusammen, »so drängt sich einem doch deutlich auf, was sozusagen nebenher für und an Belehrung und Erfahrung geboten wird: Die Erweiterung des Urteils und der Erfahrung, die jeder Auslandsbesuch einschließt; die uns verbotenen Waffen, zumal die vorzügliche Fliegerei, die Arbeit, die der Vorbereitung des großen Krieges gewidmet ist (National Guards, organisierte Reserven, industrielle Mobilmachung)« zu sehen. »Besteht für Deutschland das Bedürfnis oder wohl die Notwendigkeit, in ein freundschaftliches Verhältnis zu den Vereinigten Staaten zu kommen«, so schien Blomberg »die Pflege persönlicher Beziehungen zur amerikanischen Armee« ein »besonders gutes Mittel, unter vielen anderen, zu sein.«[465]

In Blombergs Inspektionsbericht wird ebenso wie in seinen Memoiren deutlich, daß er, gerade im Vergleich zu den in der Sowjetunion gesammelten Eindrücken, in seinem Urteil über die US-Armee und ihren Bündniswert für Deutschland eher kühl und zurückhaltend bleibt. Auch verspürte er offenbar nicht dieselbe Affinität zu den Amerikanern wie zu den Russen. Das mag am Hang der Amerikaner zu »Traditionen und Romantik« gelegen haben. Einzig eines der Blombergschen Leitmotive findet sich in seinen Gedanken über die USA immer wieder: Die Frage nach der militärischen und politischen Masse.[466] In der Zwischenkriegszeit war in den USA erstmals eine Konsumgesellschaft mit neuen Formen der Massenunterhaltung entstanden, so daß die Amerikaner gerade in diesen Jahren als Volk der Masse perzipiert wurden. Während sich Blombergs Reisebegleiter Erich Kühlenthal in seinem sehr ausführlichen Bericht über die USA-Reise nicht mit dem altbekannten Phänomen auseinandersetzt, fragt sich Blomberg, was neben der großen Zahl an Menschen (1930: 130 Millionen) die Ursachen für die in Amerika »besonders starken Kräfte zur Bildung eines gleichmäßigen Typus« seien.[467] Er kommt zu dem – fraglos richtigen – Ergebnis, daß das »Aufgehen in der Masse« wohl durch die Modernität der USA begründet sei. Neben der Verbreitung des Kraftwagens sieht er in der »täglichen Beeinflussung durch die Presse, durch unzählige Zeitschriften, Kino und Radio besonders wirkungsvolle Medien, um die Würde der Arbeit, die Idealsetzung des gentleman und die romantischen Wunder des Reichwerdens in das Bewußtsein und Unterbewußtsein der Massen zu filtern.«[468] Im Ausland müsse man, notiert Blomberg, nicht nur »das Massenbewußtsein des amerikanischen Volkes und seine sich daraus ergebende Lenkbarkeit« in Rechnung stellen, auch könne man hier in militärischer Hinsicht lernen, wie sehr es »der Kunst der Führung« unterliege, »die Regungen der Massenseele zu erkennen, ihre Willensströme einschätzen und verstehen zu können«, um ihr »die richtige Parole im Krieg geben zu können.«[469]

Die Erkenntnisse, die Blomberg bei seiner Reise in die USA gewann, waren in wesentlichen Punkten mit denen deckungsgleich, die Hitler nach 1933 durchsetzen sollte: Die Notwendigkeit der Aufstellung eines technologisch modern ausgestatteten Volksheeres auf der Grundlage einer »weit gespannten industriellen Mobilmachung«, die dominante Rolle der Luftwaffe – zu Lasten der übrigen Armee – auf der Basis einer breit entwickelten Flugzeugindustrie.[470]

11. Der Verlust der Realität: Die Folgerungen aus den Studien des Truppenamtes 1928/29

Während Blombergs Dienstzeit als Chef des Truppenamtes ließ sich die Forcierung der materiellen und personellen Aufrüstung, wie sie nach dem Ende der Ära Seeckt eingesetzt hatte, kaum wie bisher im Abseits durchführen. Sie forderte, das hatte der damalige Chef der Operationsabteilung Joachim von Stülpnagel bereits 1923 gewußt, die Unterstützung und Mitwirkung der Regierung, der Wirtschaft und des Volkes. Das Bestreben der neuen Heeresleitung war, die in der Seecktschen Schule gepflegten Attitüden des politischen Abwartens und die daraus geschaffene militärische Isolation zu überwinden. Durch neue Kooperationsbereitschaft mit den zivilen Stellen (dem Auswärtigen Amt) sollte den Erfordernissen moderner Militärpolitik Genüge getan und die politische Entwicklung der Republik im Sinne der Reichswehrführung beeinflußt werden.[471] Blomberg hatte erkannt, daß, wenn die Armee rüsten wollte, kein Rückzug aus der Politik und der Gesellschaft möglich war und kooperierte, der militärpolitischen Linie des Reichswehrministers Groener und seines cardinal in politicis Kurt von Schleicher folgend, intensiv – wenn auch nicht immer einvernehmlich – mit dem Auswärtigen Amt.[472] Das gewandelte Verhältnis zwischen Militärs und Diplomaten zeigte sich bei den Kriegsspielen der Heeresleitung in den Wintern 1927/28 und 1928/29 und den Truppenamts- bzw. Übungsreisen, zu denen Blomberg erstmals Vertreter des Auswärtigen Amtes einlud.[473] Auch in Zukunft hielt er »die Teilnahme möglichst zahlreicher Vertreter des Auswärtigen Amtes an weiteren Veranstaltungen dieser Art für sehr willkommen.«[474] Angenehm überrascht bemerkte man im Auswärtigen Amt die veränderte Haltung innerhalb der Reichswehrführung.[475]

Gerade in den Kriegsspielen gewann die Außenpolitik als Faktor militärischer Operationen ein in der Vorkriegszeit unbekanntes Gewicht.[476] Einem längeren Bericht über die Truppenamtsreise 1928 des zuständigen Delegationsrates im Auswärtigen Amt, Dirk Forster, verdanken wir eine äußerst bemerkenswerte Schilderung über Blombergs maßgebliche Rolle für den Beginn einer neuen Zeit im Truppenamt, für den Beginn der Ära einer ›Jungen Armee‹.

Forster schreibt: »Ich habe einer ausgedehnten Erkundungsfahrt durch die Grafschaft Glatz und dem sehr langen und eingehenden Schlußvortrag des (...) Chefs des Truppenamts General von Blomberg beigewohnt. (...) Die lange Autofahrt und das intime gesellige Zusammensein boten eine günstige Gelegenheit zu eingehenden und fruchtbaren persönlichen Aussprachen insbesondere mit General von Blomberg und den maßgebenden Herren der Heeresabteilung, Oberst Freiherr von Fritsch, Oberst Muff, Major Wever und anderen, sowie mit dem Leiter des Heerespersonalamts, General von Stülpnagel und dem neuen Leiter der heeresstatistischen Abteilung, Oberst Kühlenthal. [...]. Nach meinem Gesamteindruck bestätigte sich zunächst, daß die maßgebenden Herren des Truppenamts den ernsten Wunsch haben, mit dem Auswärtigen Amt enge Verbindung zu halten (...). Erfreulich ist ferner die nüchterne Beurteilung unserer politischen und militärpolitischen Lage (...). Diese bewußte ›Abkehr von der Romantik‹ klang in vielfachen Gesprächen durch. [...] Im Ganzen gewann ich den Eindruck, daß im Heer eine neue Anschauung im Entstehen ist. Es ist bezeichnend, daß die vom Generaloberst Heye an die maßgebenden Stellen des Truppenamts berufenen Herren, die alle verhältnismäßig jungen Alters sind, sich mit gewissem Stolz als eine ›junge Generation‹ [Hervorhebung durch die Verf.] fühlen. [...] Der entscheidende Förderer dieser Entwicklung und der geistige Leiter des neuen Heeres ist offenbar General von Blomberg, dessen persönliche Eigenschaften und militärische Fähigkeiten im ganzen Offizierskorps hohe Anerkennung finden (...).«[477]

Die Truppenübungsreise nach Schlesien war das Ergebnis der operativen Planung des Truppenamtes. Zuvor hatten die Operationskriegsspiele 1927/28 und 1928/29 stattgefunden. In ihnen bewies Blomberg, daß die operativen Postulate Joachim von Stülpnagels, wie dieser sie 1924 in Vorträgen und in seiner Denkschrift über den Zukunftskrieg vorgezeichnet hatte, für ihn keine unverbindliche Gedankenspielerei gewesen waren. Vielmehr griff der General Stülpnagels Befreiungskriegs-Konzept nun systematisch auf, um es eingehend auf den Grad seiner Nutzbarkeit zu prüfen.[478] In Form von Erprobungskriegsspielen wurde der Befreiungskampf Stülpnagelscher Provenienz militärisch kanalisiert: Alle Maßnahmen der geheimen Aufrüstung personeller und materieller Art, die paramilitärische Kriegführung (einschließlich Landesbefestigung, Zerstörung, Räumung, Presse und Propaganda) und schließlich auch die militär- und außenpolitischen sowie die operativen Möglichkeiten für eine mittelfristige Zukunft wurden getestet. Inhaltlich änderte sich an der grundsätzlichen Konzeption nichts, doch wurde sie in ihren Annahmen auf das militärisch und administrativ Machbare reduziert.[479]

Die Ergebnisse der beiden Organisationskriegsspiele, die zwar in ihren militärpolitischen Ausgangslagen und in den Konklusionen Blombergs, nicht dagegen in ihrem Verlauf bekannt sind, faßte dieser zu Beginn des Jahres 1929 in einer umfangreichen Denkschrift – den *Folgerungen aus den Studien des Truppenamtes* – zusammen.[480]

Bei dem Kriegsspiel 1927/28 ging Blomberg von folgender Annahme aus: »Im Laufe des Septembers des Jahres X – wobei die Jahreszahl X zwar an sich beliebig angenommen, aber insofern mit dem Jahr 1927 gleichgesetzt werden kann, als militärisch das gegenwärtig gegebene Kräfteverhältnis zugrunde gelegt werden soll – haben irgendwelche, zwischen Deutschland und Polen geführten Verhandlungen sich so sehr versteift, daß (...) Anfang Oktober erkennbar [wird], daß die polnische Regierung die Absicht hat, sich ohne Mobilmachung Ostpreußens zu bemächtigen und zur Unterstützung dieser Aktion in das übrige Reichsgebiet einzufallen. Dementsprechend konzentriert Polen seine (...) Armee in drei Gruppen, von denen eine an der ostpreußischen Grenze, die zweite im Korridor und die dritte südwestlich von Posen mit der Angriffsrichtung gegen Breslau und Glogau aufgestellt wird. Die Vorhut bilden irreguläre Verbände. Die deutsche Regierung (...) entschließt sich zur Verteidigung Ostpreußens. Ergänzend ist hinzuzufügen, daß (...) es sich um einen Zweikampf zwischen Deutschland und Polen [handelt], wobei man etwa von der Annahme ausgeht, daß einerseits unsere Beziehungen zu Frankreich so sehr gefestigt sind, daß mit seinem Eingreifen gegen uns nicht gerechnet zu werden braucht, andererseits Rußland von innenpolitischen Kämpfen so stark in Anspruch genommen wird, daß es keine Bedrohung für Polen darstellt.« Während man im Truppenamt zugab, daß es sich hierbei um eine Situation handele, die als »militärisch außergewöhnlich günstig gelten«[481] könne, war man sich im Auswärtigen Amt der Irrationalität der im Kriegsspiel angenommenen Lage voll bewußt. Schubert notiert erbost: »Ferner wird anscheinend angenommen, daß England das Opfer eines Seebebens wurde und Amerika teils durch Wirbelstürme, teils durch falsche Spekulationen dem Ruin anheimfiel, während die Tschechoslowakei vollständig mit dem Abschluß von Konkordatsverhandlungen beschäftigt war (...)«.[482]

Die Winterstudie des Jahres 1928/29 behandelte auf der Basis des angestrebten Rüstungsstandes vom 1. April 1933 einen Zweifrontenkrieg gegen Polen und Frankreich. Als Annahme legte das Truppenamt folgende Situation zugrunde: »Frankreich wollte die von Deutschland mit Recht verweigerte Durchführung französischer Truppen durch Deutschland zur Stützung Polens im Kampfe gegen Rußland mit Waffengewalt erzwingen. (...) Frankreich setzte zunächst die armée de couverture an, Polen war im Osten im Wesentlichen gebunden, die anderen Mächte hielten sich zurück.«[483]

Als Ergebnis der ersten Kriegslage faßt Blomberg zusammen, daß die Reichswehr »nach dem Rüstungsstand vom 1.10.27 selbst Polen allein gegenüber, wenn es die Hände gegen Deutschland frei hat und nicht anderweitig gebunden ist, nur kurze Zeit und unter Verlust weiter deutscher Gebiete einigermaßen aussichtsreichen Widerstand leisten« könne.[484] Auch das zweite Kriegsspiel brachte das niederschmetternde Ergebnis, daß »nicht entscheidungssuchende Schlachten – sondern nur Verzögerung des feindlichen Vormarsches und seine Schwächung« zunächst das Ziel militärischen Handelns sein konnten.[485] Jeder militärische Konflikt bedeutete in absehbarer Zukunft für Deutschland eine militärische Katastrophe. Bereits im Defensivkrieg gegen Polen, vollends aber im Krieg gegen Frankreich drohte die Niederlage.

Sobald Blombergs theoretische Überlegungen für die Winterkriegsspiele – bei denen die Abweichungen der realen politischen und militärischen Lage und der gespielten noch auf ein Minimum reduziert waren – in einer praktischen Übung eingesetzt wurden, mußte sowohl der politische als auch der militärische Realismus geopfert werden, um überhaupt eine Übung durchführen zu können. Auf der Truppenamtsreise in Schlesien, die direkt an das erste Operationskriegsspiel anschloß, mehr noch bei den großen Herbstmanövern, konnte man nicht mehr von einer Reduzierung der oben beschriebenen Abweichungen sprechen, denn Blomberg kam es darauf an, eine – wenn auch nur theoretische – Grundlage für die Darstellung großer Kriegshandlungen zu finden, für die es ein gewisses Gleichmaß der kämpfenden Kräfte brauchte.[486] Während Dirk Forster das Truppenamt für seine »nüchterne Beurteilung der politischen und militärpolitischen Lage« lobte und sich begeistert zeigte von Blombergs »merklicher Abkehr von der Romantik« der Seecktjahre[487], ging der künftige Kriegsminister mit seinen Annahmen keineswegs nur aus übungstechnischen, sondern aus prinzipiellen Gründen über die zuvor erprobten relativ realitätsbezogenen Kriegsspiele hinweg. Er wollte nicht einsehen, daß »große Staaten militärische Vergewaltigungen ohne militärischen Widerspruch duldeten.«[488] Die Auseinandersetzung mit Frankreich (als hinhaltenden Abwehrkampf) hielt er unter dem angenommenen Rüstungsstand von 1933 »für doch nicht so hoffnungslos, wie es zunächst erscheinen mag«, und forderte eine Ausweitung der Vorbereitungsarbeiten im Westen, was nicht zuletzt wegen der Entmilitarisierung des Rheinlandes ein heikles Vorhaben war.[489]

Aus dieser Haltung zu den in solchen Übungen simulierten Kriegen ergab sich ein Rückzug in die militärische und militärpolitische Phantasie. Die Kriegslage ließ sich unter dieser Voraussetzung jeweils so konstruieren, daß die Kriege gerade noch führbar erschienen.

Für die Truppenamtsreise 1928 wurde nicht nur festgestellt, daß militärisch zwar ein Krieg gegen Polen »nur kurze Zeit und unter Verlust weiter deutscher Gebiete möglich sei«, man aber aus übungstechnischen Gründen eine militärische Gleichgewichtssituation annehme. Das Truppenamt konstruierte vielmehr ausführlich und detailliert eine Lage, in der auch für die Reichswehr ein (Zweifronten-) Krieg gerade noch zu führen war. Blomberg, dem es offensichtlich Schwierigkeiten bereitete, sich auf einen Zustand einzustellen, in dem eine Kriegführung nicht denkbar war, »mystifizierte« die militärpolitische Realität.[490]

12. Die erste Verdammung – Blombergs Sturz 1929

Das militärische Programm, welches Blomberg in seinem am 26. März 1929 gezeichneten Memorandum formulierte, führte zu einer tiefgehenden Kontroverse über Ziele und Möglichkeiten militärischer Kriegführung.[491] Nach dem gerade vollzogenen Generationswechsel im Heer riß es erneut klare Fronten im Reichswehrministerium auf und spaltete die Reichswehrführung in zwei Lager: in eine militärische und eine politische Fraktion.[492] Während Reichswehrminister Groener und sein Chef des Ministeramtes Schleicher an der Maxime Clausewitz' vom Primat der Politik über die Kriegführung festhielten, hatte nun Blomberg Clausewitz auf den Kopf gestellt. Seine Ziele waren genuin militärischer Natur, und er widersprach mit Entschiedenheit sowohl den militärpolitischen Grundsätzen Groeners und Schleichers als auch dem politischen und militärischen Einsatzkalkül, welches Groener nur wenige Wochen vorher für die Reichswehr vorgezeichnet hatte.

Groener, der sich zweifellos als Schlieffen-Schüler verstand, hatte unter dem Zwang der Verhältnisse Grundsätze einer außerordentlich flexiblen Militärpolitik entwickelt, die mit den rein militärstrategischen Maximen des preußischen Generalstabschefs kaum mehr etwas verband. Am 24. März 1929 hatte es in der Wohnung des Reichswehrministers eine grundsätzliche Besprechung über Landesschutz gegeben, bei der neben Schleicher und dem Chef des Marinekommandoamtes Admiral Brutzer auch Blomberg anwesend war. Groener, der bereits 1919 immer wieder den Vorrang der inneren Politik betont hatte, avisierte hier einen tiefen Eingriff in die militärische Planungsstruktur der Reichswehr.[493] Er bezog sich in seinen Ausführungen auf Ideen, die er in seiner Denkschrift *Das Panzerschiff* vom November 1928 – einem programmatischen Schlüsseldokument – postuliert hatte.[494] Der Gedanke an einen großen Krieg schied für ihn von vornherein aus. Der Reichswehrminister glaubte so lange nicht an eine unmittelbare Bedrohung durch andere Mächte, wie Deutschland sich an die Spielregeln der Wehrlosigkeit und Abhängigkeit hielt und eine direkte Eskalation des Konfliktes zwischen Frankreich und Deutschland vermied.[495] Auf der Grundlage dieser axiomatischen Überzeugung wollte er die Reichswehr nicht nur auf rein defensive Aufgaben beschränken, er unterschied selbst in diesem Einsatzbereich noch zwischen sinnlosem und zweckmäßigem Widerstand. Im Falle eines »polnischen Raubangriffs auf Ostpreußen« sollte, so Groener, die Reichswehr mit hinhaltender Abwehr reagieren, bis der Völkerbund oder eine Großmacht zugunsten Deutschlands eingriffen. Er bezeichnete ausschließlich Polen als potentiellen Gegner der Reichswehr, während Frankreich – ganz im Sinne der Revisionspolitik Stresemanns – wegen seiner eindeutigen militärischen Überlegenheit ausgeklammert blieb. Die bewaffnete Macht war somit in einer reichswehrinternen Besprechung als Instrument der politischen Führung definiert und auf realistisch erscheinende Aufgaben begrenzt worden.

Blomberg, der ja ohnehin nie zur »Schleicherschen Klique im Reichswehrministerium« hatte gehören wollen[496], konnte und wollte sich als Träger der operativen Planung nicht mit Groeners beschränkter Zielsetzung abfinden[497] und sich dessen Anweisungen nicht unterordnen. Zwei Tage nach der grundlegenden Besprechung in Groeners Wohnung schickte er eine Zusammenfassung seiner Denkschrift an die wichtigen Stellen des Ministeriums, unter anderem an das Ministeramt unter Schleicher.[498] Er fragt darin, auf die Groenersche Sicherheitspolitik anspielend: »Was geschieht, wenn trotz aller Verträge, Unterschriften und Zugeständnisse Frankreich sich doch anschickt, uns zu vergewaltigen? Wird nicht die Stütze der Verträge erst dadurch wirksam oder wenigstens gestärkt, daß wir uns auch militärisch wehren?«

Eine Provokation. Die Antwort des Ministeramtes auf die von Blomberg übersandte Denkschrift ließ nicht lange auf sich warten und war sehr deutlich: Schleicher verwies Blomberg hier ausdrücklich auf die Besprechung vom 24. März und unterstrich noch einmal seinen und des Reichswehrministers Standpunkt, nämlich, »daß man den Mut aufbringen muß, zuzugeben, daß es politisch-militärische Verwicklungen geben kann, in denen ein Kampf von vorne herein als aussichtslos zu bezeichnen ist, um so mehr als die Munitions- und Gerätelage noch auf unabsehbare Zeit nicht einmal einen längeren hinhaltenden Kampf gestattet.«[499] Im Gegensatz zu Blomberg hielt Schleicher »vorläufig die einseitige Abwehr im Osten für allein richtig« und wies den Chef des Truppenamtes noch einmal darauf hin, daß die von ihm geforderten praktischen Vorbereitungen einer Abwehr im Westen (...) nach den zurzeit bestehenden Beschlüssen der Reichsregierung nicht durchführbar seien. Am Rande sei bemerkt, daß es sich hier um die Verlängerung einer alten Auseinandersetzung in der Reichswehrführung handelte – 1919 stand und fiel die deutsche Unterzeichnung des Friedensvertrags damit, ob das Heer bei einer Wiederaufnahme des Krieges am Rhein Widerstand leisten und zugleich gegen Polen offensiv vorgehen sollte. Groener, der in klarer Erkenntnis des Möglichen dieses Szenario ablehnte, hat das Kriegsende und die deutsche Unterschrift in Versailles ermöglicht.[500]

Die grundsätzliche Kontroverse zwischen Blomberg und der ministeriellen Spitze der Reichswehr drängte auf eine Entscheidung, als Blomberg seine umstrittene Denkschrift ungeachtet der Beschlüsse Groeners und der Intervention Schleichers zur »Richtlinie für die laufende weitere Bearbeitung und zur Nachprüfung der erzielten Ergebnisse« erhob.[501] Er ging damit auf Kollisionskurs gegen die »politischen Generale«. Das Ministeramt machte dagegen erfolgreich die bereits niedergelegten Auffassungen des Reichswehrministers geltend und veranlaßte Blomberg zu einer entscheidenden Abschwächung seines Schreibens, wodurch die Denkschrift vom 26. März 1929 Mitte Juli 1929 jede Bedeutung als richtungsweisende Grundlage der militärischen Vorbereitung verlor.[502]

Damit hatten Schleicher und Groener ihren Richtlinienanspruch in Fragen der Einsatzplanung gegenüber Blomberg durchgesetzt und die Voraussetzung für eine als realitätsorientiert perzipierte Zweckbestimmung aller Mobilmachungsvorbereitungen geschaffen.[503]

Vor diesem Hintergrund wundert es nicht, daß Blomberg als Chef des Truppenamtes Ende September 1929 von Kurt von Hammerstein-Equord abgelöst und als Kommandeur der 1. Division in den abgelegenen Wehrkreis I nach Ostpreußen versetzt wurde.

Blomberg selbst setzt sich in seinen Memoiren ausführlich mit den Gründen auseinander, die zu seinem Sturz führten, und findet sie sowohl in einem Konflikt mit der preußischen Regierung in Fragen des Landesschutzes als auch in einer Intrige Schleichers, was durchaus plausibel erscheint, wenn auch die vorausgehenden Betrachtungen über seine Denkschrift gezeigt haben dürften, daß die Gründe für Blombergs Sturz als Chef des Truppenamtes weitaus tiefer im Bereich des Politischen lagen, als Blomberg sich offensichtlich hatte vorstellen können.[504]

Er schreibt: »Um Heyes Nachfolge entspann sich (...) ein Streit. General Heye hatte mich als seinen Nachfolger benannt und mir das mitgeteilt. [...]. Es stellte sich heraus, daß Schleicher einen ganz anderen Nachfolger für Heye in Aussicht genommen (...) hatte. Ich selber gehörte nicht zu dem Freundeskreis Schleichers, ich war nie ein Teilnehmer an seiner gepflegten und amüsanten garçon-Geselligkeit geworden, kurz wir waren uns beide recht fremd, so daß er bei mir nicht das persönliche Verhältnis zum Chef der Heeresleitung finden konnte, das er sich vorgenommen und das sich mit den Plänen seiner eigenen Forderungen deckte. Er (...) schob seinen eigenen Kandidaten nach vorne, einen alten Regimentskameraden, General v. Ha [von Hammerstein, die Verf.]. Hatte nun General Heye sich für mich als seinen Nachfolger stark gemacht oder hielt Schleicher mich aus anderen Gründen als schwierig zu beseitigen, jedenfalls fuhr er gegen mich schwere Geschütze auf, so wie er es beim Beseitigen von anderen schon zu tun gewohnt war. Er war soweit Politiker, daß er Hemmungen nicht kannte und er war (...) gerissen-klug.«[505]

Der Chef des Truppenamtes hatte sich auch mit der Organisation des so genannten Kleinen Krieges befaßt. Während des Ruhrkampfes war im Rahmen des Landesschutzes eine geheime Organisation, die Feldjäger-Patrouillen, gebildet worden, die von der T1 organisiert wurden und deren Aufgabe es war, im Kriegsfall Störoperationen in kleinen Einheiten hinter der feindlichen Front durchzuführen.[506] Ihrem Wesen nach defensiv, stellten die Übungen für den Kleinkrieg, die auch in der entmilitarisierten Zone durchgeführt wurden, eine direkte Verletzung des Versailler Vertrages dar. Sie wurden darum gegenüber der Regierung geheim gehalten. Zur Tarnung wurden offizielle Verbote erlassen, welche der Heeresleitung bekannt waren.

Ende 1928 erfuhr die preußische politische Polizei, daß diese Feldjäger nicht, wie gefordert, aufgelöst worden waren, sondern noch immer Übungen abhielten und daß ihnen in Hessen-Nassau sogar Nationalsozialisten angehörten. Erst im Sommer des Jahres 1928 war Blomberg in Begleitung von Mitarbeitern zu einer Besichtigung des Feldjägerdienstes in Hinterpommern gewesen. Ihm wurde ein Kriegsspiel am Sandkasten sowie ein nächtlicher Überfall in der Gegend von Großtegelow auf einen im PKW zur Front fahrenden polnischen Divisionskommandeur vorgeführt. Die Ergebnisse der Übungen hatten ihn überzeugt.[507]

In einer Sitzung am 9. November 1928 erklärten Groener, Heye und Blomberg gegenüber dem preußischen Ministerpräsidenten Otto Braun und dem preußischen Innenminister Carl Severing, die Feldjäger existierten offiziell nicht mehr und würden seit zwei Jahren abgebaut. Wie Blomberg später schreibt, entsprach das »unserer gewählten Linie der Tarnung, nämlich abzuleugnen.«[508]

Das offizielle »Ableugnen« hatte für Blomberg aber ein unangenehmes Nachspiel. Entweder war, wie er meinte, im Frühjahr 1929 eine Denunziation aus dem Rheinland erfolgt, oder es war publik geworden, daß er selbst als Zuschauer an den offiziell verbotenen Übungen teilgenommen hatte. Blomberg schildert die Situation folgendermaßen: »Dieses Mal griffen die Reichsregierung und die preußische Regierung zu. (...) Es wurde eine Kabinettssitzung unter Teilnahme des preußischen Ministerpräsidenten und Innenministers anberaumt, um die Reichswehr zur Rechenschaft zu ziehen. Neben Groener und Schleicher, die von Amtes wegen teilnahmen, wurde auch General Heye und wider alle Regeln auch der Chef des Truppenamts vor das Kabinett geladen. Die Denunziation wurde von Braun und Severing mit Leidenschaft und Gehässigkeit vorgetragen. [...] Groener, Schleicher und Heye wurden nacheinander befragt. Sie wußten von nichts! [...] Ich nahm Deckung, indem ich unsere offiziellen Verbote des Kleinen Krieges vorschob. Es war nicht schön, aber es war unvermeidlich, wenn wir nicht wie unsere Regierung in Fragen der Landesverteidigung die Hände in den Schoß legen wollten.«[509]

Nachdem die Sitzung aufgehoben war, verließ Blomberg Berlin in Generalstabsangelegenheiten. Zwei Tage später erhielt er ein Kommuniqué, das ihn in das Reichswehrministerium zurückbeorderte. »Ich entsinne mich deutlich«, berichtet er, »daß mich sogleich ein großes Mißtrauen gegen Schleicher erfüllte. In Berlin eilte ich sofort zu ihm! Er malte mir in großer Kühle eine Lage, die er ›eine sehr üble Situation‹ nannte. [...] Schleicher sagte mir mit dürren Worten, daß ich nicht zu halten sein würde und meinen Abschied nehmen müßte. Mein Erstaunen war ebenso groß wie meine Empörung, die sich aber nicht so sehr gegen die sozialdemokratischen Minister, als gegen meinen Reichswehrminister Groener, oder, genauer gesagt, gegen den eigentlichen Drahtzieher, gegen Schleicher richtete. Sie hatten selbst vor dem Kabinett abgeleugnet, was sie im Großen wissen mußten, und nun hatten sie wohl die Dinge so arrangiert, daß ich in die Wüste geschickt werden sollte. Am folgenden Tag erfuhr ich, daß eine Kabinettssitzung über meinen Fall anberaumt war, an der ich aber selber nicht teilnehmen sollte (...). Nach Stunden rief Schleicher mich an und teilte mir in einem unverkennbar süßsauren Ton mit, daß General Heye mich gerettet hätte. Er hätte sich sozusagen mit ausgebreiteten Armen vor mich hingestellt, alle Verantwortung auf sich genommen und folgerichtig seine eigene Verabschiedung gefordert. Dieser Zuspitzung hätte man nun auf allen Seiten aus dem Weg gehen wollen und so hätten sich die Minister mit der Zusage begnügt, daß ich eine neue Dienstverwendung außerhalb Berlins erhalten sollte (...).«[510]

Blombergs Wahrnehmung der Ereignisse als »Anschlag« Schleichers auf ihn hatte leicht paranoide Züge, da die Ursachen für seine Versetzung nach Ostpreußen fraglos nicht primär und ausschließlich in einer Intrige Schleichers zu suchen sind. Blomberg-Freund Stülpnagel hält es vielmehr für eine »Legende«, daß Blomberg aus »Gründen, die mit Grenzschutzfragen zusammenhingen«, als Chef des Truppenamtes abgelöst und als Wehrkreisbefehlshaber nach Ostpreußen gewissermaßen »strafversetzt« worden sei.«[511] Er gibt eine ebenso plausible wie verblüffend einfache *personalpolitische* Erklärung für Blombergs Versetzung und weist darauf hin, daß es sich bei dieser immerhin auch um eine Beförderung gehandelt habe: Heye habe ihn selbst für seine Nachfolge als Chef der Heeresleitung in Aussicht genommen, da Stülpnagel damals jedoch zu jung für eine solche Beförderung gewesen sei, sollte er früher als üblich den Rang eines Generalleutnants erreichen. Stülpnagel: »Ich hatte diese Absicht für mich allein aus kameradschaftlichen Gründen anderen gegenüber abgelehnt und zum mindesten verlangt, daß neben mir als Chef des Heerespersonalamtes auch der General v. Blomberg als Chef des Truppenamtes vorzeitig Generalleutnant wurde. Diesem Vorschlag wurde entsprochen. Blomberg wurde Befehlshaber im Wehrkreis I«, zum Generalleutnant ernannt (am 1. Oktober 1929), »und ich [Stülpnagel] wurde Befehlshabe im Wehrkreis III Berlin«[512].

II. DER GENERAL »OHNE EIGENSCHAFTEN« (1930-1934)

1. Leben im militärischen Utopia: Wehrkreisbefehlshaber in Ostpreussen (1930-1933)

Dreieinhalb Jahre sollte Blomberg in Ostpreußen, dem Symbol der Zerstückelung Deutschlands nach dem Ersten Weltkrieg, bleiben. Als Wehrkreisbefehlshaber war er Rechtsnachfolger der früheren Kommandierenden Generale.[1] Die neue Tätigkeit in Königsberg wurde zweimal unterbrochen durch seine Reise in die USA im Herbst 1930 und die Verwendung bei der Abrüstungskonferenz in Genf (1. Februar 1932 bis 30. Januar 1933). Der Wechsel der Dienstverwendung stellte in Blombergs eigener Wahrnehmung eine Zäsur in seinem bisherigen Karrieremuster dar. In Ostpreußen verengte sich zwangsläufig der Radius seines Wirkens und Einflusses. Er war weiterhin verbittert über den gesamten Ablauf der Affäre, die ihn nach Königsberg verbannt hatte, gab der Schleicherschen Clique, der »Welt des Herrenclubs« und den »politischen Generalen« die Schuld und zeigte sich zutiefst verdrossen über die Weimarer Militärpolitik und ihre Exponenten.[2] Nicht zuletzt aus diesem Grund war die Dienstzeit in Ostpreußen von maßgeblichem Einfluß auf die Radikalisierung seiner eigenen Militärpolitik und Weltanschauung und markiert die Inkubationsphase seiner Affinität zum Nationalsozialismus. Eine zeit- und regionsspezifische Invasionsmentalität[3] wirkte zusätzlich auf Kriegsbild und Weltanschauung des Generalleutnants.

Trotz der Einbuße an Macht und des anfänglich vorherrschenden Gefühls, »abgeschoben« worden zu sein, verlebte Blomberg mit seiner Familie in Königsberg allerdings eine sehr glückliche Zeit. Die Erinnerungen an diesen Abschnitt seines Lebens schienen ihm aus der Perspektive ex post »rein und ungetrübt« und Ostpreußen war für ihn »ohne Fehler«.[4]

Nach den Herbstübungen 1929 fuhr er zunächst allein an den östlichen Außenposten des Reiches, die Familie folgte – schweren Herzens Abschied nehmend von Freunden und Verwandten und der Wohnung im alten Generalkommando zu Moabit. Die Kinder hatten begonnnen, ihr eigenes Leben zu leben. Beide Söhne dienten im Reiterregiment 13 in Hannover. Henning, der ältere, hatte Ruth von Hammerstein-Equord geheiratet; Ursula Oberstleutnant Bürker, mit dem sie nach Ludwigsburg gezogen war. Sybille war nach ihrem Abitur zum Studium nach Oxford gegangen. Nur Dorothee, die jüngste, wohnte noch im Elternhaus. Übrigens blieben alle Kinder Blombergs dem militärischen Leben und der soldatischen Tradition der Familie verhaftet: Beide Söhne wurden Offiziere; alle drei Töchter heirateten ebensolche.

Flair und Landschaft des malerischen Ostpreußen übten eine besondere und nachhaltig wirkende Faszination auf Blomberg aus: »Die Wälder und Felder, die

Flüsse und Seen, und dann das Meer und seine Küste nehmen mich alle Zeit gefangen. Wie mich manchmal meine Träume an die Nordsee führen, so kam das ostpreußische Land mir als Traumland hinzu. [...] Ostpreußen war und ist ein schönes und reiches Land (...). Von Berlin her und vom Westen her gesehen, mochte die Provinz als rückständig gelten, da sie ein Land der kleinen Städte und der Landwirtschaft, nicht der Industrie war (...). Landwirtschaft, Pferde- und Rinderzucht bestimmten das Wesen der Provinz. (...) Doch die Geschlossenheit Ostpreußens brachte die Menschen nahe aneinander. Fast konnte man sagen, jeder kannte jeden. (...) das Pferd war ein einigendes Band für die Ostpreußen aller Schichten. (...) Der Stallgeruch war legitim. Die Pferde-Rennen, die Turniere und die Zuchtprüfungen und Versteigerungen waren eine Angelegenheit für alle.«[5]

Neben der Liebe der Ostpreußen zum Pferd, die Blomberg enthusiastisch teilte, schätzte er besonders, daß ihm die geographische Isolation des Wehrkreises ein Maß an Unabhängigkeit bot, das anderen Wehrkreisbefehlshabern nicht zuteil wurde. Er hatte, wie er in seinen Memoiren befriedigt schreibt, endlich »Narrenfreiheit«, um eigene militärische Konzepte verwirklichen zu können und sich in neuen taktischen Formen zu versuchen und die Militarisierung der Provinz voranzutreiben.[6] Weit weg von den Schaltzentren der militärischen Macht konnte die Schleichersche Clique im Reichswehrministerium wenig Einfluß auf seine militärpolitischen Entscheidungen nehmen.

Ob eben gerade dies die Intention der »Schleicher-Clique« war? Sollte Blombergs Engagement in Grenzschutzfragen von West nach Ost dirigiert werden, um ihm die politische Zündkraft zu nehmen? Während der Landesschutz sich nämlich auf ganz Deutschland erstreckte, war seit den von der Reichsregierung am 26. April 1929 genehmigten *Richtlinien* der Grenzschutz im eigentlichen Sinne »auf die östlichen Provinzen Preußens, d.h. Ostpreußen, Pommern ostwärts der Oder, Grenzmark Posen-Westpreußen, den Regierungsbezirk Frankfurt a.O. und die Provinzen Ober- und Niederschlesien (...)« beschränkt. Nur in den östlichen Provinzen Preußens war es zugelassen, Material zu lagern, Namenslisten aufzustellen und die wehrfähigen Mannschaften zu registrieren.[7] Für Ostpreußen waren sechs Grenzschutzverbände vorgesehen, jeweils aus mindestens einem Regiment mit Artillerie- und Pioniergruppen bestehend. Daß Blomberg der richtige Mann für die Position des Wehrkreisbefehlshabers in dieser Region war, wird auch Schleicher gewußt haben, der – ungeachtet Blombergs eigener Wahrnehmung – in Fragen des Grenz- und Landesschutzes ein entschiedener Gegner der vorsichtigen Politik der preußischen Regierung war.

Ein Briefentwurf Schleichers an Blomberg vom 21. Februar 1930 beweist, daß Blomberg Schleicher von Königsberg aus um eine Aussprache gebeten hatte. Es ist weder rekonstruierbar, ob das gewünschte Gespräch stattgefunden hat, noch ob Blomberg plante, seinen Irrtum in Bezug auf die vermeintliche Abschiebung seiner Person einzugestehen[8]; die Spannungen zwischen beiden schienen sich jedenfalls ein Jahr später etwas gelegt zu haben, wie eine Postkarte Blombergs an Schleicher zeigt. Hier entschuldigt er sich liebenswürdig: »Lieber Schleicher! Es kann gut sein, daß ich selber blöde war. Nun ist Alles in Butter! Schönste Grüße. Ihr Blomberg«.[9] Wie es auch gewesen sein mag, oberste militärpolitische Maxime des neuen Wehrkreisbefehlshabers war von nun an die konsequente Umsetzung seines bereits in Berlin verfolgten »Anti-Seeckt-Kurses«. Unter Berücksichtigung der geographischen Besonderheiten des Wehrkreises setzte Blomberg zum einen auf die konsequente Ausrichtung der Offiziersausbildung auf die Konzeption des Führerheeres unter Anwendung militärpädagogischer Erziehungsgrundsätze im Sinne Muffs und Reinhardts, zum anderen überschritt er die Grenzen der Verbote des Versailler Vertrages so weit irgend möglich, um moderne Waffen und Techniken in Gefechtübungen, Herbst- und Feldmanövern erproben zu können. Des weiteren ging es ihm, im Sinne der Vorbereitung eines »Volkskrieges«, um die Einbindung aller verfügbaren Reserven in den ostpreußischen Grenz- und Landesschutz.

Für die Umsetzung seiner Ziele fand Blomberg im Wehrkreis I ideale Rahmenbedingungen vor: Die durch den polnischen Korridor vom »Reich« isolierte Region wurde von der Bevölkerung als besonders gefährdet und bedroht wahrgenommen. Diese kollektive Invasionsfurcht führte neben anderen Faktoren zu einer hohen Wehrbereitschaft innerhalb breiter Kreise.[10] So »taten nicht nur Angehörige verschiedenster politischer Verbände mit, sondern auch die Dienststellen, wie Landratsämter, gaben wichtige Hilfestellung, ebenso wie das Landesfinanzpräsidium und die Oberpostdirektion.«[11] Die öffentliche Meinung innerhalb der Provinz übte dabei einen erheblichen Druck auf die Wehrfähigen aus, so daß von einer wirklichen »Freiwilligkeit« wohl nicht die Rede sein konnte. Blomberg berichtet, daß Truppen- und Gefechtsübungen im Wehrkreis I eine Art Volksfestcharakter annahmen und stets unter dem Jubel einer großen Zuschauermenge stattfanden. So wurde bei Übungen und Manövern, so der Wehrkreisbefehlshaber, »in die Truppenverbände eine beträchtliche Zahl von Zeitfreiwilligen eingestellt. Diese waren entweder alte Soldaten, die ihr Können auffrischen wollten oder junge Zeitfreiwillige, denen wir eine kurze Ausbildung gaben. (...) Die Ausbildung der Zeitfreiwilligen bestand aus einer Kurzausbildung von einigen Wochen, aus Spezial-Kursen für Masch-Gewehr, Minen-Werfer und am Geschütz; weiterhin aus gedrängten Lehrgängen für Unterführer und Führer und schließlich in der Einreihung in die Truppenteile für die Übungszeiten auf den Truppen-Übungsplätzen und in den Herbstmanövern. Wir machten in Ostpreußen Versuche, welche Mindestzeit nötig war, um einen Bauernburschen an einer Waffe auszubilden. Ich entsinne mich, daß nach 9 Wochen Ausbildung wir Scharfschießen und Feldartillerie abhielten. Nur die Geschütz-Führer waren alte Soldaten«.[12]

Neben den militärpolitischen, geographischen und kulturellen Rahmenbedingungen des Wehrkreises stimmten auch die personellen Voraussetzungen, die Blomberg in Königsberg vorfand. Sein erster Stabschef[13] Oberst Erich von Bonin, der bis 1926 Abteilungschef in der Heeresorganisationsabteilung des Berliner Truppenamtes war, den Ruf hatte Republikaner zu sein, ja sogar als »rot« verschrien war, dachte in Fragen des Landesschutzes ähnlich wie Blomberg, nämlich, daß »das ganze Volk« beteiligt werden müsse. In Ostpreußen hatte Bonin zunächst als Bataillonskommandeur und dann als Blombergs Stabschef daran gearbeitet, diese Vorstellung zu verwirklichen, indem er nicht nur eine Zusammenarbeit mit den Rechtsverbänden – traditionell Trägern des Grenzschutzes – anstrebte, sondern darüber hinaus die Beziehungen der ostpreußischen Reichswehr zu den Gewerkschaften und dem Reichsbanner Schwarz Rot Gold intensivierte.[14] Blomberg unterstützte ihn darin, da er ungeachtet individueller politischer Präferenzen, alle möglichen Kräfte in den Grenzschutz einbeziehen wollte.[15]

Gerade in den Ostprovinzen war die allgemeine Haltung gegenüber dem Reichsbanner allerdings von tiefem Mißtrauen geprägt. Der »rote« Bonin hatte somit entschiedene Gegner in der Truppe, mit deren Hilfe die ostpreußischen Junker 1930 seine Abberufung durchsetzten.[16] Graf Eulenburg-Wicken hatte sich als Mitglied der Wehrgemeinschaft in Ostpreußen intensiv mit dem Landes- und Grenzschutz beschäftigt und sich im Herbst 1929 schriftlich bei Heye über Bonin beschwert, der »demokratischen Ideen huldige« und darum den Chef der Heeresleitung aufgefordert, gegen den Oberst einzuschreiten.[17] Bonin wurde in das Reichswehrministerium versetzt, nahm aber bald darauf seinen Abschied.

Blomberg konnte in Ostpreußen zeigen, daß er sich virtuos darauf verstand, die militärischen Beschränkungen des Versailler Vertrages zu umgehen, oder – wie er selbst es rückblickend ausdrückte – »aus wenig viel zu machen«. Ende 1932 war in Ostpreußen der Aufbau von drei Grenzschutzdivisionen mit Rekruten personell vollständig und teilweise auch ausbildungsmäßig durchgeführt. Der Wehrkreis I, in dem sich vier Grenzschutzbezirksleitungen befanden (aufgeteilt auf die Regierungsbezirke Königsberg, Allenstein, Gumbinnen und Marienwerder), diente als eine Art »Testgelände« zur Erprobung verbotener Waffen. Für die Artillerie war z.B. ein neues Flakgeschütz mit dazugehörigem Sondergerät entwickelt worden; die 9. Batterie des Artillerieregiments I in Ostpreußen war die Flaklehrbatterie für die anderen Batterien des Heeres und wurde zuerst mit den neuen Waffen ausgerüstet.[18]

Zu den Fesseln, die der Versailler Vertrag der Reichswehr im Zusammenhang mit der Landesverteidigung angelegt hatte, gehörte, daß es in einem Abstand von 50 Kilometern von der Landesgrenze keine Geländebefestigungen geben durfte. Blombergs Mitarbeiter vervollständigten nach seinen Anweisungen dennoch das Sperrgebiet dicht an der ostpreußischen Grenze.[19] Zu den von Blomberg in Berlin durchgesetzten und in Ostpreußen realisierten Aufbaumaßnahmen des Grenz- und Landesschutzsystems gehörte der Bau des so genannten »Heilsberger Dreiecks« im Kern der Provinz. Bei der Anlage des Dreiecks ergänzten sich die planmäßige Absicht mit der durch die Lage entstandenen Bedingungen: »Wir schufen ein befestigtes operatives Lager mit der Anlehnung an die Küste in der hinhaltender Kampf geführt werden konnte, ohne die ganze Provinz zu opfern, bis Verstärkung aus dem Reich eintreffen würde. (...) Das Heilsberger Dreieck stellte eine weitgespannte verstärkte Feldbefestigung dar.«[20]

«Zu jener Zeit«, beschreibt Blomberg die Situation in Ostpreußen, »konnte für unsere ostpreußische Reichswehr nur ein Kampf von Unterlegenen gegen eine starke Übermacht in Frage kommen. Wir ließen uns bei unseren Übungen und gerade bei der Anlage der Herbstmanöver davon leiten: marschieren, hinhaltender Kampf, Abbrechen, Sperren und andere Formen des Kleinen Krieges, Umgruppierung bei Dunkelheit, überraschende Bildung von Schwerpunkten, Gegenangriff aus der Verteidigung heraus und schließlich der planmäßig rangierte Angriff (...)«.[21] Bei seiner Weiterführung der Methoden des »Kleinen Krieges« träumte Blomberg von einer Wiederholung der preußischen Reformen und bewegte sich in dem Gefühl einer Wiederkehr der Ereignisse vor 1813. Die Reichswehr sollte in dieser Rezeption der Freiheitskriege zur wahren »Schule der Nation« werden, wie dies die Reformer des preußischen Heeres einst gefordert hatten. Um dieses Ziel zu erreichen, arbeitete Blomberg, der in der Wahrnehmung Hermann Rauschnings tatsächlich »something of the spirit of Scharnhorst« hatte[22], mit jeder Gruppierung zusammen, die an der Verteidigung des Wehrkreises mitwirken konnte. Als er bei seinem späteren Abschied von Königsberg (10. Februar 1933) von seinem Wehrkreis einen Stich geschenkt bekam, der General York vor den ostpreußischen Ständen zeigte, verstand er dieses als Anspielung und Bestätigung dafür, daß ihm sein »Werk geglückt« sei.[23]

Trotz dieser Volkskriegsromantik, die dem kollektiven Krisengefühl und dem Versailles-Trauma der Zeit entsprach, resultierte Blombergs Selbstbewußtsein als Offizier weiterhin – und im Gegensatz zu den meisten Offizieren seiner Generation – nur in sehr geringem Maße aus der Orientierung an der Vergangenheit, vermittelt durch militärische Traditionsbildung und kriegsgeschichtliche Studien. Im Vordergrund stand sein Glaube an den Beginn einer neuen Zeit und das gespannte Erwarten einer technomorphen Wende. Seine Vorstellung vom »Volkskrieg« ging weit über die Idee einer Renaissance der Freiheitskriege hinaus, wie seine intensiv gebliebene theoretische und praktische Beschäftigung mit den Ideen der »Jungen Generation« und Stülpnagels Volkskriegskonzept von 1924 belegt.

Blomberg hatte in Königsberg begonnen, Vorlesungen über Philosophie und Geschichte an der Albertina-Universität zu besuchen. Die bis 1918 sehr vernachlässigte Königsberger Universität, ab 1920 als Teil der »Insel Ostpreußen« zusätzlich mit schwerwiegenden Standortnachteilen belastet, hatte sich, vergleichbar mit der Blüteperiode zu Kants Zeiten, zum »geistigen Strahlzentrum des Ostens« entwickelt. Unter anderem lehrte der Historiker Hans Rothfels[24] von 1926 bis 1934 Geschichte an der Albertina und, auch wenn sich Blomberg nicht explizit zu einzelnen Dozenten äußert, die er an der Albertina hörte, ist mit größter Wahrscheinlichkeit davon auszugehen, daß er auch Rothfels' Vorlesungen besuchte. Warum auch nicht? Immerhin verstand sich Rothfels als Vordenker der traditionellen Führungsschichten, insbesondere des Junkertums, des Militärs, der Ministerialbürokratie und der protestantischen Staatskirche. Als Berater der ostpreußischen Führungsschichten, der Reichswehrstäbe und der baltischen Irredenta, war er zwar alles andere als ein Nationalsozialist, aber er betrachtete das Bündnis mit der NS-Massenbewegung als unverzichtbaren Bestandteil des Umsturzes im Innern und der anschließenden expansionistischen Machtentfaltung. Rothfels begrüßte die Weimarer Präsidialkabinette als »Wiederbelebung des alten Obrigkeitsstaates«; sie sollten jedoch »nur Übergang sein« und er plädierte für ein Bündnis zwischen dem Präsidialregime und den Nationalsozialisten, die in den Staatsaufbau integriert werden sollten. Ab 1932/33 kamen »gesamtdeutsche« und »völkische« Visionen hinzu. Aus den Ruinen von Weimar sollte ein neues »Reich« hervorgehen.

Der jüdische Gelehrte, der seit 1931/32 wie kein anderer Historiker die Nachwuchskräfte der bündisch-konservativen Gegenrevolution in seinen Bann zog, gehörte mit hoher Wahrscheinlichkeit auch zu den Männern, die Blomberg einmal im Monat im Rahmen eines Vortragskreises, dem so genannten »Kränzchen«, traf. Das »Kränzchen« war eine Einrichtung, die bis auf die Zeit Kants zurückging. Der Kern bestand aus Professoren der Universität, um die sich andere Männer des geistigen Lebens Königsbergs gruppierten. Sie trafen sich, um bei Essen und Wein über politische und geistige Themen der Zeit zu diskutieren. Das Kränzchen war einem hohen Bildungsideal verpflichtet, so daß Blomberg seine Teilnahme als Ehre verstand und sicherlich auch verstehen durfte. In seinen Memoiren äußert Blomberg sich nicht darüber, ob im Kränzchen, dessen Mitgliederstruktur nicht überliefert ist, über ein »neues Reich« oder die Probleme einer nationalen Revolution diskutiert wurde, wie in dem NSDAP-nahen Königsberger Kreis, dem Fritz-Dietlof Graf von der Schulenburg angehörte.[25] Der Diskurs über solche Themen erscheint jedoch angesichts ihrer damaligen Aktualität und ihrer Bedeutung in Blombergs geistigem Gedankengebäude durchaus wahrscheinlich.[26]

2. Erste Berührungen mit dem Nationalsozialismus

Bis zu Blombergs Versetzung nach Königsberg läßt sich keine Art von Kontakt mit Angehörigen des Militärs feststellen, die eine Affinität zum Nationalsozialismus zeigten. Sein Dienstantritt in Ostpreußen fiel allerdings mit der raschen Verbreitung der Popularität der NSDAP in ganz Deutschland zusammen. Daß somit zu diesem Zeitpunkt ein geschärftes Bewußtsein für den Nationalsozialismus bestand, geht klar aus seinen Aufzeichnungen hervor. Blomberg dazu: »Der Nationalsozialismus musste, soweit die Hauptbetonung auf dem Nationalen lag, uns im bedrohten und abgetretenen Ostpreußen nahe liegen. Die von früher im Lande starken vaterländischen Kräfte wurden durch die nationalsozialistische Werbung stark angezogen. Die Parole leuchtete vielen ein, ihre Vertreter, soweit man sie kannte, gefielen nicht immer.«[27]

Wie die meisten seiner Zeitgenossen hatte Blomberg die Stationen der »Kampfzeit« mit den Eckdaten wie Kapp-Putsch, Hitler-Putsch, dem Ulmer Offiziers-Prozeß miterlebt.[28] Ihm war nicht verborgen geblieben, daß sich immer mehr – vor allem junge – Offiziere während der zwanziger Jahre aufgeschlossen für das Gedankengut der rasch anwachsenden nationalsozialistischen Bewegung zeigten.[29] In seinen Tagebüchern aus der Stuttgarter Zeit Anfang der zwanziger Jahre kommentiert er die politische Entwicklung als distanziert-kritischer Beobachter und mit gewissem Unverständnis. Seine Bewertung ist dabei reduziert auf eine sehr selektive Beurteilung dessen, was er unter Kommunismus und Nationalismus verstand. Während seines Krankenhausaufenthaltes in Wien 1929 war er das erste Mal mit einem überzeugten Nazi in Berührung gekommen; dieser hatte sich in Gestalt des behandelnden Arztes gezeigt.[30]

Die Maxime des unpolitischen Soldaten ermöglichte es ihm, die real-politischen Fakten nur oberflächlich zu rezipieren und sich auf den Standort des Beobachters und Ressort-Egoisten zurückzuziehen. Außerdem hatte er, wie er später fast entschuldigend schreibt, »zu viel im militärischen Bereich zu tun, um der ›Bewegung‹ eine ganze Anteilnahme zu widmen.«

In den *Erinnerungen* führt er aus: »Damals sah ich wohl Hitler und der Bewegung zu, aber ohne verdichtete Erwartungen, Vertrauen auf die Idee (...). Was ich von Nazi-Menschen sah oder hörte, befremdete mich; sie nahmen mich nicht ein. Immerhin ausschalten ließ sich die Bewegung nicht mehr«.[31] Es waren die Hauptexponenten des Nationalsozialismus in Königsberg wie der Gauleiter Erich Koch, ihre »Menschenart«, und nach Blombergs Erinnerung auch die »Rassenfrage«, die ihn irritierte. Besonders fragwürdig erschien ihm die proletarisch-laute Seite vieler NS-Anhänger. »Der Nationalsozialismus hatte sich durch die Kümmerlichkeit der Beteiligten mehr lächerlich als heroisch gezeigt«, urteilt er.[32] Dennoch verstand er die Nationalsozialisten als wichtige Quelle zur Rekrutierung von Männern für den Landesschutz. Die defensive Konzeption zum Schutz der deutschen Ostgrenze schloß somit auch die enge Zusammenarbeit mit der SA ein, die zu diesem Zeitpunkt noch keine Gefahr für das militärische Machtmonopol der Reichswehr darstellte. Den Kontakt zwischen Blomberg und den ostpreußischen Nationalsozialisten und SA-Leuten stellte Bonins Nachfolger als Chef des Stabes im Wehrkreis I, Walter von Reichenau, her.[33] Nach einem Jahr als Chef des Stabes der Nachrichteninspektion im Reichswehrministerium war der ehrgeizige Reichenau 1930 auf Wunsch Blombergs in den ostpreußischen Wehrkreis I. versetzt worden.[34] Reichenau sollte von nun an bis 1935 Blombergs engster Mitarbeiter und von entscheidendem Einfluß auf die Politik der Reichswehrführung sein.

Als Blomberg 1942 in seinem Exil in den bayerischen Bergen von Reichenaus Tod erfuhr, bewegte ihn die Nachricht zutiefst: Keiner seiner Mitarbeiter, erklärt er, habe ihm bessere Dienste geleistet und keiner habe ihm näher gestanden. Blomberg brachte seinem Stabschef großes Vertrauen entgegen, begrüßte dessen Vitalität und ließ ihm in vielen Wehrkreisangelegenheiten freie Hand. Reichenau dankte es mit großem Engagement. So zeigte er sich z.B. auf dem Gebiet der Wehrpropaganda (eines seiner Spezialgebiete nach der Machtergreifung) höchst erfinderisch: Als Reflex auf die in Ostpreußen weitverbreitete Angst, Polen könne innen- und außenpolitische Schwierigkeiten des Reiches dazu benutzen, sich deutscher Grenzgebiete handstreichartig zu bemächtigen, ließ er 1932 durch einen Oberleutnant des Infanterie-Regiments 3 unter dem Pseudonym Hans Nietram eine Broschüre veröffentlichen, die den Titel trug *Achtung! Ostmarkenrundfunk! Polnische Truppen haben heute Nacht die ostpreußische Grenze überschritten!*[35]

Während seiner Abwesenheit (USA/Genf) ließ Blomberg Reichenau seine Stelle faktisch selbständig ausfüllen.[36] Reichenau schien sich jedoch nur bedingt für die Aufgaben zu interessieren, die der Wehrkreis ihm bot und mehr Zeit in Berlin verbracht zu haben. Der Grund dafür war, so meint jedenfalls Stülpnagel zu wissen, daß Reichenau in der Hauptstadt »politische Herumschnüffelei« habe betreiben wollen.[37] Die ostpreußischen Landbesitzer sorgten sich um den verwaisten Wehrkreis, wie der Beschwerdebrief eines Rittergutbesitzers aus Allenburg an Schleicher vom 5. Februar 1932 zeigt, in dem dieser um einen offiziellen Vertreter Blombergs in Königsberg bittet.[38]

Bis zu seiner Ernennung als Stabschef hatte nichts darauf hingedeutet, daß dem damaligen Oberstleutnant Reichenau eine steile, wenn auch wechselreiche Karriere bevorstehen sollte. Im Oktober 1884 in Karlsruhe als Sohn eines preußischen Generalleutnants geboren, verlief sein Werdegang nach dem klassischen Karrieremuster: Nach dem Abitur trat er in das preußische Heer ein, wurde 1904 Leutnant im 1. Garde-Feldartillerie-Regiment und 1911 zur Ausbildung an die Kriegsakademie versetzt. Blomberg hatte seinen späteren Mitarbeiter im Ersten Weltkrieg kennen gelernt, wo dieser als Frontoffizier der Garde-Feldartillerie und später im Generalstab diente. Danach hatten sich die Wege beider Männer getrennt. Nach dem Ende des Krieges wurde Reichenau in die Reichswehr als Hauptmann übernommen. Trotz seiner an die Junker-Karikaturen des *Simplizissimus* erinnernden preußisch-aristokratischen Erscheinung, die auch Blomberg zu eigen war, paßte Reichenau nicht so recht in die Schablone des preußischen Offiziers und wie sein Vorgesetzter war er ein Außenseiter im Offizierskorps.

Blomberg charakterisierte später seinen langjährigen Mitarbeiter als »ehrgeizig. (...). Seine politische Überzeugung war elastisch und schließlich steckte auch ein Stückchen snob in ihm. (...) Er war ein Generalstabsoffizier von großem Verstand (...) vor allem eine starke, ja stürmische Persönlichkeit mit starken eigenwilligen Antrieben, die neben der Förderung der eigenen Geltung in hohem Maße seine vielseitigen Leistungen steigerte. (...) Neben seinem Athletentum pflegte Reichenau den Kraftfahrsport. Er war ein glänzender Fahrer, der bei aller Verwegenheit nie einen Unfall erlitt. Ihm konnte man nicht den Vorwurf machen, daß er nach links neigte. Wohl wußte er in seinem Tuen die politischen Gegebenheiten auszunutzen, aber in seinen Neigungen und Strebungen stand er durchaus auf der Seite der ›Grafen‹. Er hatte eine Grafentochter zur Frau und pflegte in Ostpreußen mit Vorliebe den Verkehr mit Grafen, die dort ebenso gräflich sind, wie in Schlesien, was etwas heißen will.[39]

In ihren Wünschen und Zielen ähnelten sich Blomberg und Reichenau; in dem, was sie verkörperten, sowie auch in ihrem Erscheinungsbild, unterschieden sie sich kolossal: der eine, Blomberg, groß und schlank, der andere, Reichenau, klein und untersetzt. Foertsch – späterer Mitarbeiter Reichenaus im Ministeramt des Reichswehrministeriums – faßt zusammen: »Blomberg wurde mehr vom Gefühl her bestimmt, Reichenau mehr vom Verstand. Blomberg war ein Mann von Kompromissen, Reichenau ein Gegner jeder Kompromißlösung«.[40] Wie sein Vorgesetzter, so war auch Reichenau allem Neuen oder Revolutionären in hohem Maße aufgeschlossen und bereit, es durchzusetzen.

Nach Ende des Ersten Weltkrieges hatte Reichenau das in die Tat umgesetzt, was Blomberg nur zögernd in Erwägung gezogen hatte und war in ein Freikorps in Schlesien eingetreten, bewußt den traditionellen Armeegedanken negierend. Wie Blomberg interessierte er sich sehr für andere Länder und Sprachen und hatte schon vor dem Ersten Weltkrieg weite Reisen ins europäische Ausland, in die Vereinigten Staaten und nach Südamerika unternommen. Blombergs Liebe zum Pferd und zum Reiten teilte Reichenau allerdings nicht. Während jener jeden Morgen ausritt, zog er allmorgendlich seine Turnschuhe an, um einen Waldlauf zu machen. Im Jahre 1913 hatte Reichenau, der schon lange dem Berliner Sportclub angehörte, zusammen mit Karl Diem und zwei anderen Experten zur Vorbereitung der für 1916 geplanten Olympiade die USA besucht. Reichenau trug unter den Offizieren darum den Spitznamen »Sportfex« und seine Leidenschaft für Sportarten, die nicht Tennis und Reiten waren, galten als degoutant. Um solche Kritik seitens seiner Kameraden kümmerte er sich jedoch wenig. Reichenau war einer regelrechten Anglomanie verfallen. Im Kreise seiner Familie (seine Frau, mit der er einen Sohn und eine Tochter hatte, war eine schlesische Gräfin) wurde stets englisch gesprochen. Er kultivierte englische Kleidung, Sitten und Gebräuche, zitierte englische Gedichte aus dem Gedächtnis und wagte sich sogar an die Übersetzung von Shakespeare-Sonetten.

Reichenau nur als Snob zu sehen, wird ihm nicht gerecht, denn er war vital, ehrgeizig, skrupellos und politisch. Er war ein kühl kalkulierender Militär mit dem unbedingten ‚Willen zur Macht'. Spricht man im Zusammenhang mit den Offizieren der Reichswehr von Politik, so ist dieser Begriff – hinter der Camouflage einer unpolitischen Haltung – stets schillernd, niemals eindeutig, wie am Beispiel des Politikverständnisses Blombergs in den zwanziger Jahren gezeigt wurde. Mit Reichenau war der Begriff des Politischen untrennbar verknüpft.

Reichenaus Sympathien für Hitler und den Nationalsozialismus, die in seinem großen Engagement für eine schnelle Einbindung des Militärs in das NS-Regime sowie für eine Zusammenarbeit der Reichswehr mit der SA zum Ausdruck kamen, begannen im Jahre 1932 im Hause des evangelischen Wehrkreispfarrers und späteren Reichsbischofs Ludwig Müller, der sich schon 1931 zur NSDAP bekannt hatte.[41] Müller hatte Anfang April 1932 eine Aussprache zwischen Reichenau und Hitler organisiert, während der sich Reichenau mit Hitler und dessen politischer Auffassung bekanntmachte und diesem mit dem Verhalten der NSDAP in Ostpreußen in Zusammenhang stehende Grenzschutz-Gravamina vortrug. Wenige Tage zuvor waren bei einer Hausdurchsuchung durch die preußische Polizei Materialien gefunden worden, die den Verdacht bestätigt hatten, die NSDAP sabotiere den ostpreußischen Grenzschutz. Auch eine Rede Hitlers, die dieser kurz zuvor in Lauenburg gehalten hatte, gab Reichenau Anlaß zur Klage. Der spätere Diktator hatte verkündet, »seine Kämpfer nicht für das System [von Weimar, die Verf.] opfern« zu wollen, sondern »die Grenzen erst dann schützen« zu wollen, wenn »zuvor die Träger des heutigen Systems vernichtet« seien.[42] Reichenau war dennoch bald von Hitlers politischer Auffassung und seiner Idee von einer revolutionären Erneuerung überzeugt und auch Hitler erkannte Reichenaus Affinität gegenüber dem revolutionären Erneuerungsbedürfnis der NSDAP.[43]

In der bisherigen Forschung ist der Einfluß des späteren Generalfeldmarschalls Reichenau auf seinen langjährigen Vorgesetzten stets stark betont worden. Der machiavellistische Reichenau habe es verstanden, Blomberg zu »machen« und diesen in seinen Entscheidungen beeinflußt und beherrscht, er konnte Blomberg »so quasi als Kulisse hinstellen, da er genau gewußt habe«, so der ehemalige Mitarbeiter Reichenaus und Blombergs Hermann Foertsch in einer Charakterisierung Reichenaus, »daß Blomberg kein großer Mann war.«[44] So wurde Blombergs Berufung zum Reichswehrminister lange dem Einfluß Reichenaus zugeschrieben, der (wahlweise allein oder gemeinsam mit Ludwig Müller) Blomberg zum Nationalsozialismus bekehrt und ihn als Kandidaten ins Spiel gebracht habe. In seinem Erinnerungsbericht mit dem Titel *Schuld und Verhängnis* behauptete Hermann Foertsch unter Berufung auf Angaben des damaligen Chefs des Heerespersonalamtes, eigentlich habe der ehrgeizige Reichenau als Blombergs Chef des Stabes und nachweislich vor 1933 mit Hitler in Verbindung stehend, selbst Reichswehrminister werden wollen. Er habe aber einsehen müssen, daß er angesichts des massiven Widerstandes Hindenburgs und vor allem der streng auf die Einhaltung der Anciennität achtenden Generalität ohne Aussichten war. Deshalb habe er sich mit einer Beförderung zum Generalmajor[45] und der Leitung des einflußreichen Ministeramtes unter dem ihm wohlgesinnten und leicht beeinflußbaren Minister Blomberg zunächst zufrieden gegeben.[46] Der spätere OKW-Chef Wilhelm Keitel hielt es in seinen Memoiren für »sicher«, daß Reichenau während seines Aufenthalts in Berlin Ende Januar 1933 Blomberg als Reichswehrminister vorgeschlagen habe.[47]

Der amerikanische Journalist John Gunther machte den damaligen Feldgeistlichen der von Blomberg befehligten 1. Division (Müller) sogar zu einem von »Hitlers besten Freunden« und allein ihn für Blombergs Nennung verantwortlich: »Er (Müller) machte Hitler auf Blomberg aufmerksam und durch diese Intervention des geistlichen Herrn bekam Blomberg den Posten. Darauf wurde Müller als Belohnung zum Reichsbischof der Protestantischen Kirche Deutschlands gemacht.«[48] Hitler, so wird weiterhin behauptet, habe Blomberg vor 1933 »im Hause des Wehrkreispfarrers Müller kennen gelernt«.[49] Blomberg bezeichnet Müller, zu dem seine Verbindung abriß, als beider Stellung im Dritten Reich (Reichswehrminister und Reichsbischof) diese eigentlich hätte intensivieren müssen, und Reichenau als Männer, die ihm den Nationalsozialismus in Ostpreußen nahe gebracht hätten. Dennoch war, wie auch die kalte Fremdheit zeigt, mit der Blomberg Müllers gedenkt, dessen Einfluß auf ihn völlig unmaßgeblich: »Ich fand in Ostpreußen die erste Berührung mit dem Nationalsozialismus. Das vermittelnde Glied war, seltsam genug, mein evangelischer Divisionspfarrer Müller mit Namen. Er stand in enger Verbindung mit dem Gauleiter Koch, der damals, wie ich glaubte, ein mittlerer Beamter der Post war. (...) Auch im Idealismus meines Divisionspfarrers, der Fäden zwischen uns Soldaten und der Bewegung spann, konnte ich recht irdische Gefühlspunkte nicht übersehen.« [50]

Weder war der spätere Reichsbischof Müller »einer von Hitlers besten Freunden«, noch hat er bei der Berufung Blombergs eine maßgebliche Rolle gespielt, was auch für Reichenau gilt, wie noch zu zeigen sein wird.

Blomberg soll bereits 1931 »erstmals« mit Hitler zusammen getroffen sein, »der auf den zwar intelligenten, aber leicht zu beeinflussenden Offizier großen Eindruck machte«.[51] In der *Gegenwart* vom 15. Februar 1949 wird Blomberg zu Hitlers »Gefährten früher Gespräche in Königsberg«, »wo ihm Hitler auf Wahlreisen begegnet war«, und der DDR-Autor Wolfgang Ruge schreibt Hitler zu, Blomberg »ausfindig« gemacht zu haben, »der schon aufs Hakenkreuz schwor, zugleich aber das Vertrauen Hindenburgs genoß«.[52] Hans Rudolf Berndorff war gleichfalls davon überzeugt, daß Blomberg bereits vor seiner Berufung Kontakte zu Hindenburg und Hitler gehabt haben müsse. Auf welche Weise, so meinte er, sei allerdings »noch heute ein ungeklärtes Geheimnis«. »Sicher ist nur, daß er heimlich in jenen Tagen mit Hindenburg gesprochen hat. Er war von Genf auf Weihnachtsurlaub in Deutschland.« Weiter geht Berndorff davon aus, daß Blomberg »schon im Dezember 1932 politische Absprachen mit Hitler und mit Herrn von Hindenburg (getroffen habe). Wie beschrieben, in tiefster Verborgenheit«.[53]

Abenteuerlich wird es, wenn Göring ein Flugzeug nach Königsberg schickt, »um Blomberg nach Berlin holen zu lassen.«[54]

Daß alle diese Spekulationen nicht zutrafen, läßt sich aus Blombergs Notizen belegen: »Ich hatte in Königsberg weder den Führer noch seine capitanos kennen gelernt, einfach, weil sich das damals nicht mit meiner dienstlichen Stellung vertrug.«[55] (Politische Beteiligung war den Reichswehroffizieren verboten). Welchen Grund hätte er gehabt, hier die Unwahrheit zu schreiben? Die Annahmen über Blombergs Bekanntschaft mit Hitler vor 1933 dienten der Stützung der These, der General sei bereits vor 1933 ein »überzeugter Nationalsozialist« gewesen. Einen Ursprung hat der Topos von Blomberg als »altem Kämpfer« in Harold C. Deutschs Standardwerk zum Thema Blomberg-Fritsch-Krise. Deutsch, der für sein Buch umfangreiche Interviews mit Zeitzeugen durchgeführt hatte, war an einen Dr. Dr. Erich Schultze geraten, der ihm einige Unwahrheiten servierte. Deutsch stellt Schultze erstmals in dem »Blombergs Erhebung«[56] überschriebenen Kapitel seines Buches vor: »Dr. Schultze, damals sozialdemokratischer Stadtrat von Königsberg und Landesrat von Ostpreußen, war geheimer Reichswehroffizier, von Reichswehrminister Groener nach Ostpreußen entsandt, um ein Reservesystem aufzubauen, das zu gegebener Zeit über das übrige Reich ausgedehnt werden konnte.«[57] Davon ist zutreffend, daß Schultze »Landesrat« – einer von vielen in Ostpreußen – gewesen ist. Weder ist er »geheimer« Offizier gewesen, noch hat ihn der »Kriegsminister«[58] Groener nach Ostpreußen gesandt. Auch war er zu diesem Zeitpunkt nicht »Stadtrat von Königsberg«. Das wurde er erst im Sommer 1933 unter der Gnadensonne des Gauleiters Erich Koch. Schultze suggerierte Deutsch zahlreiche Geschichten, die mit intimer Sach- und Personenkenntnis verblüfften: Blomberg habe bereits vor 1933 »bei einer seiner Reisen (nach Genf) einen geheim gehaltenen Umweg zu Hitlers Schlupfwinkel im Berchtesgadener Land«[59] genommen und so sein Bündnis mit Hitler geschlossen. Eigentlich – so Schultze – habe er selbst eine weitere Fahrt zu Hitlers »Schlupfwinkel« unternehmen sollen, um Hitlers Zustimmung zur Unterstützung der »Ostpreußischen Verteidigungseinheit«[60] einzuholen. Schultze habe sich jedoch als überzeugter Nazigegner[61] geweigert, »die Mission in Berchtesgaden zu übernehmen«[62], so daß Blomberg stattdessen den Wehrkreispfarrer und späteren Reichsbischof Ludwig Müller zu Hitler habe schicken müssen. »Hitler war entzückt über dieses erste Anzeichen erneuten Kontakts mit der Wehrmacht seit dem Bruch der Beziehungen im Jahre 1923.«[63] Von diesen Legenden, die die Bewertung Blombergs nachhaltig prägten, entspricht keine der historischen Wirklichkeit.

3. Die Genfer Abrüstungskonferenz: Die militärpolitische Realität

Zur prägenden Erfahrung für den späteren Kriegsminister wurde seine Teilnahme als Delegationsleiter des Heeres an der Genfer Abrüstungskonferenz 1932.

Blombergs vorzügliche Verhandlungstechnik, sein diplomatisches Geschick, seine (fremd-)sprachlichen Fähigkeiten und sein militärisches Fachwissen hatten ihn für diese Aufgabe prädestiniert. Die Wahl Blombergs scheint aber auch von politischen Faktoren bestimmt gewesen zu sein, denn Groener hatte sich ausdrücklich für Blomberg eingesetzt.[64] Möglicherweise sah er, und mit ihm Schleicher, in Blomberg einen mit den Nationalsozialisten sympathisierenden Offizier, den es loszuwerden galt?[65] Dem widerspricht Erich Kordt, der Blomberg in Genf erlebte und ihn als »einen Mann von gemäßigten Ansichten« beurteilt. Er hebt hervor, Blombergs Adjutant Tschunke, der »selbst radikaleren Ansichten zuneigte«, habe ihm »verschiedene Male mit leichter Mißbilligung mitgeteilt, sein Chef habe wenig für Hitler übrig.«[66] Jedenfalls wird behauptet, daß der Grund für eine »Beseitigung« Blombergs darin lag, daß Blomberg zu diesem Zeitpunkt offen mit dem Nationalsozialismus sympathisierte und den Wunsch nach einer NS-Regierung geäußert hatte[67] oder weil er »nervlich zerrüttet« gewesen sei.[68] Brüning schreibt in seinen Erinnerungen, er sei über die Wahl Blombergs zum Delegierten in Genf überrascht gewesen, aber von Schleicher dahingehend informiert worden, daß »dieser Offizier« (Blomberg) keine Führungsqualitäten habe und die Berufung nur ein ehrenhafter Abgang für ihn sei.[69] Wahrscheinlicher erscheint, daß Blomberg, der im Wehrkreis I die Ausbildung von SA-Leuten und Nationalsozialisten zu Zeitfreiwilligen vorantrieb, erneut in seinem paramilitärischen Engagement gebremst werden sollte. Im Herbst 1931 reiste er zu einem einwöchigen Orientierungskurs in die Schweiz. Von allen Aufgaben, die er in seiner bisherigen Karriere zu absolvieren hatte, stand der Wehrkreisbefehlshaber seiner Genfer Mission am kritischsten gegenüber. Dabei spielten nicht nur Unwille, ja Widerwille gegenüber politischer Involvierung, seine individuelle Militärphilosophie, die sich nicht mit den Bedingungen der Alliierten vereinbaren ließ, und die Sorge um seinen Wehrkreis eine Rolle, sondern auch der schlechte Gesundheitszustand seiner Frau Charlotte, die er nur ungern in Königsberg zurückließ.[70]

Die Konferenz, die seit 1925 durch die Abrüstungskommission des Völkerbundes vorbereitet worden war, wurde am 2. Februar 1932 eröffnet. Als ihr Präsident fungierte der frühere britische Außenminister Arthur Henderson.

Von nun an verbrachte Blomberg Wochen und Monate »im Märchenland Genf«, wie er den Ort der Konferenz spöttisch nannte, in der unfruchtbaren Atmosphäre und leeren Dialektik der Abrüstungskonferenz.[71]

Die Genfer Konferenz stand von ihrem Beginn an im Zeichen des Konflikts zwischen der von Deutschland vertretenen Forderung nach militärischer Gleichberechtigung und Frankreichs Streben nach militärischer Sicherheit gegenüber Deutschland. Aufzeichnungen über die Abrüstungskonferenz finden sich in Blombergs Nachlaß in Form von Tagebuchaufzeichnungen und stichwortartigen Notizen. Sie zeigen zunehmende Frustration und wachsenden Hohn angesichts der mageren Verhandlungsergebnisse.

Seine Verachtung für Politiker und Staatsmänner, die er bereits während der letzten Wochen des Ersten Weltkrieges gespürt hatte und die im Zusammenhang mit seinem Abgang aus Berlin nur verstärkt worden war, potenzierte sich in Genf. Was in Genf verhandelt wurde, ließ sich mit Blombergs militärpolitischen Visionen für die Zukunft nicht vereinbaren und machte ihn zu einem vehementen Gegner der vorgeschlagenen militärischen Gleichberechtigung Deutschlands im Rahmen eines Systems kollektiver Abrüstung.[72] In den zähen Verhandlungen wollte Deutschland volle Gleichberechtigung und volle Sicherheit durch die Abrüstung der anderen Mächte nach Deutschlands Muster oder durch eine angemessene deutsche Aufrüstung erreichen. Alles andere wäre für Blomberg eine »vorsätzliche Täuschung der Welt, eine Spiegelfechterei, ein Theaterspiel« gewesen.[73] Frankreich wollte eine Konservierung des status quo und sorgte strategisch für Verzögerungen.

Blombergs Politikverdrossenheit – in den Repräsentanten der deutschen Republik sah er »winzige Zwerge«[74] – wird in seiner Einschätzung Brünings unverkennbar: »Während der Konferenz-Monate bekamen wir zweimal Besuch vom Reichskanzler Brüning mit dem Staatssekretär des Auswärtigen Amtes von Bülow. Brüning genoß in Genf ein großes, sogar ein sensationelles Ansehen. Sein Regieren mit dem § des Ausnahmezustandes der Reichsverfassung schien ihm eine internationale Hochachtung einzutragen. Er versuchte in Genf mit England und USA zusammen zu gehen, ohne dabei Frankreich vor den Kopf zu stoßen. In Gesprächen mit uns Soldaten wollte er uns glauben machen, daß er in dieser Richtung einen Ausweg sähe. Natürlich war das ein Irrtum und ich hielt Brüning für zu scharfsichtig, um an seine vermeintliche Zuversicht glauben zu können. Mit Brüning war ein bedeutender Mensch ans Ruder gekommen, vielleicht der Bedeutendste von allen Staatsmännern der Nachkriegszeit bis 1933. Aber war er eigentlich ein Staatsmann? Ihm fehlte wohl Manches dazu und gerade die Eigenschaften, die das ›Böse‹ in der Politik (im Sinne Jacob Burckhardts) ausmachen.«[75]

Einen sehr viel positiveren Eindruck auf Blomberg machte die Begegnung mit Aga Khan, der bei der Abrüstungskonferenz die Rolle des zweiten Hauptdelegierten Großbritanniens hatte. Blomberg faszinierte an Aga Khan, daß dieser für seine millionenstarke mohammedanische Sekte in Indien und Afrika der Fürst, Papst und Gott war. »Seine Gläubigen arbeiteten fleißig für ihn, um ihm das Gold zu geben, das ihm erlaubte, in Paris und London das Leben eines wahren Nabob zu führen. Er zeigte sich selten in Indien, denn, ein Gott ähnliches Wesen muß sich rar machen. Andererseits kostete ihn die Reise in die Heimat nichts, sondern mehrte seinen Reichtum, da ihm von seinen Anhängern Gold in der Höhe seines Körpergewichtes als Gastgeschenk gereicht wurde. Aga Khan war beleibt. Man konnte aber verstehen, daß er nicht in Marienbad leichter werden wollte.«[76]

Aga Khan traf sich einige Male mit Blomberg in dessen Hotel, um Fragen über den Ersten Weltkrieg an ihn zu richten, da er ein Buch darüber schreiben wollte.[77] Schließlich lud er Blomberg und seinen Adjutanten Fritz Tschunke zu einem Frühstück in die *Herberge Madame Léger* in Thoiry bei Genf ein. Briand hatte sich dort mit Stresemann am Morgen des 17. Oktober 1926, sieben Tage nach Einzug der deutschen Delegation im Völkerbund, getroffen. Dieses Ereignis hatte eine Woche lang die internationale Presse beherrscht und wurde als Zeichen des Willen zur deutsch-französischen Verständigung und Wendepunkt der Abrüstungskonferenz gefeiert. Am selben Tisch, an dem Briand und Stresemann gesessen hatten, prophezeite Aga Khan den beeindruckten deutschen Offizieren »daß Hitler bald an die Macht kommen und Deutschland emporführen würde.«[78]

Die Eintönigkeit der Routine in Genf wurde für Blomberg nur durch kurze Besuche in Berlin und Königsberg unterbrochen; so war er zu Ostern 1932 zu seiner Familie gefahren. Er wußte nicht, daß seine Frau Charlotte nur noch wenige Wochen zu leben hatte. Am 11. Mai 1932 starb sie im Alter von 53 Jahren. Zurück blieben die vier erwachsenen Kinder, die fünfzehnjährige Dorle und Blomberg, der während der achtundzwanzig Ehejahre in Charlotte stets den ausgleichenden und bodenständigen Teil seiner Selbst gefunden hatte. Obwohl er sich den Schmerz und die Trauer über den Verlust nicht anmerken lassen wollte, veränderte ihr Tod sein Leben auf fundamentale Weise. »Ich verlor (...) meine Frau, aber diese Wunde hatte nichts mit meinem tätigen Leben zu tun. Der Verlust gehörte in den innersten Bereich, der von der Umwelt abgetrennt war. [ursprünglich geschrieben und durchgestrichen: nichts zu tun hatte, die Verf.].[79] Wenige Tage später, nachdem er das Nötigste in Königsberg geregelt hatte, fuhr Blomberg nach dem Begräbnis am 14. Mai zurück nach Genf, wo er sich in die Arbeit vergrub und weiter die Sitzungen der Konferenz besuchte.[80] Blomberg beschreibt seine Empfindungen zu diesem Zeitpunkt als Gefühl der »Ohnmacht«, und Beobachter wollen eine große Veränderung an ihm wahrgenommen haben; sie berichten von den Symptomen einer tiefen Depression, von körperlicher Erschöpfung, Ausweglosigkeit und Leere. Brüning, der Blomberg in Genf erlebte, schildert sein Auftreten als »verwirrt und dekonzentriert« und Hermann Foertsch diagnostiziert: »Körperlich und seelisch war er unerhört mitgenommen. Als er während seiner Genfer Zeit nach Berlin kam, sagte man, daß er in einem halben Jahr fertig wäre. Als er jedoch die Aufgabe des Wehrministers bekam, wurde er wieder gesund.«[81]

Es ist einer jener Zufälle, der aus der Retrospektive eine neue Bedeutung zu gewinnen scheint, daß das letzte Geschenk, das Blomberg von seiner Frau vor ihrem Tod erhielt, eine Ausgabe von Goethes *Faust* war.[82] [?]

4. Von Hitler gerufen

Während dieser Zeit der Depression Blombergs hatte sich die politische Lage in Deutschland verschärft. Schleicher war mit seinem letzten Konzept, Hitler in der Opposition schachmatt zu setzen, gescheitert. Die Auswirkungen der Weltwirtschaftskrise hatte dem politischen Radikalismus alle Tore geöffnet. In den Schaltzentren der politischen Macht in der Berliner Wilhelmstraße hatte das Tauziehen darum begonnen, ob man den »seltsamen« Mann aus Österreich, Hitler, der so viel Erfolg an den Wahlurnen und auf der Straße hatte, an die Macht lassen sollte oder gar müßte.

Für alle Politiker in Deutschland war es in der hochgespannten Bürgerkriegsatmosphäre Ende 1932 / Anfang 1933 von entscheidender Bedeutung, wer als Minister über die bewaffnete Macht der Reichswehr verfügen würde. Die verschiedensten Namen tauchten in den Pressespekulationen auf. Die französische Presse hatte bereits am 20. Januar 1933 einen Regierungswechsel angekündigt. Danach sollte Hitler Reichskanzler, Papen Außenminister, Hugenberg »Krisenminister« für Ernährung und Wirtschaft und General von Stülpnagel Reichswehrminister werden.[83]

Blomberg hatte in seinem Dienstort Genf in der Presse die Nennung seines Freundes General Joachim von Stülpnagel als Ministerkandidat und Schleicher-Nachfolger gelesen und sandte diesem hocherfreut, jedoch etwas voreilig, eine Gratulation.[84] Zwei Tage später war Blomberg selbst Minister.

Die Frage, auf welchem Weg ein als Außenseiter betrachteter militärischer Fachmann wie Blomberg in die exponierte Position des Reichswehrministers »gehebelt« wurde, ist von entscheidender Bedeutung und bis heute gibt es über die Umstände seiner Berufung beträchtliche Kontroversen.[85] Diese Unklarheiten sind auch darin begründet, daß seine Memoiren mit dem Tod seiner Frau enden, um erst nach seiner Entlassung 1938 erneut zu beginnen. Auf der Grundlage der umfangreichen Notizen für seine Memoiren (1933 bis 1938) lassen sich jedoch die Umstände seiner Berufung rekonstruieren. Zur Verwirrung trug bei, daß bereits 1933 in einem Bericht über das »Kabinett Hitler« formal richtig, aber sachlich unzutreffend vermerkt worden war, die Ernennung Blombergs sei »auf Vorschlag Adolf Hitlers« erfolgt.[86] In Wirklichkeit war das eine bloße Formalie, da der neue Kanzler sämtliche Minister dem Reichspräsidenten vorzuschlagen hatte, also auch die ihm vom Präsidenten selbst aufgezwungenen.

Die bereits geschilderten angeblichen geheimen Absprachen zwischen Hitler und Blomberg vor 1933 nährten nicht nur das Bild von Blomberg als NS-General vor 1933 und das von einer Verschwörung hinter dem Rücken der Reichswehr und der Regierung, sie stärkten auch die These über eine folgenschwere Beeinflussung des Reichspräsidenten Hindenburg, zumal sie in das Bild von einer »Kamarilla« hinter den Kulissen zu passen schien.[87]

Immerhin war Hitler am 23. November 1932, das heißt noch zur Zeit der Papen-Regierung, bereit gewesen, mit einem Reichswehrminister von Schleicher in seinem Kabinett sozusagen eine »Kröte« zu schlucken. Er hatte Staatssekretär Meissner und damit Hindenburg – trotz seiner tiefgehenden Aversion und seines Mißtrauens gegen den als Kanzlermacher und -stürzer verschrienen Schleicher – schriftlich angeboten, er werde nach Beauftragung durch den Reichspräsidenten »neben anderen aus der derzeitigen Regierung zu übernehmenden Ministern dem Herrn Reichspräsidenten selbst für das Reichswehrministerium als seinen mir bekannten persönlichen Vertrauensmann General von Schleicher (für das Reichsaußenministerium Freiherrn von Neurath), vorschlagen.«[88] Stattdessen wurde Schleicher dann aber bald darauf selbst von Hindenburg als Reichskanzler berufen, wodurch er sicherlich bei Hitler und seinen Vasallen nicht eben an Sympathie gewann. Zum Todfeind wurde er mit dem fehlgeschlagenen Versuch, den zweiten Mann der NSDAP, Gregor Strasser, gegen Hitlers Willen in sein Kabinett aufzunehmen und auf diese Weise die NSDAP zu spalten. Auch die Aufzeichnung über Schleichers Abschiedsaudienz bei Hindenburg am 28. Januar 1933 dürfte Hitler später wenig erfreut haben, nachdem er selbst Kanzler geworden war und das Protokoll einsehen konnte. Darin hieß es nämlich u. a.: »Der Reichskanzler (= Schleicher): Bei der Neubildung der Reichsregierung bitte er den Herrn Reichspräsidenten, namentlich das Reichswehrministerium keinem Parteigänger Hitlers zu übertragen. Das werde die Reichswehr in große Gefahr bringen. Der Herr Reichspräsident erwiderte, daß er einen solchen Gedanken auch von sich aus absolut ablehne.«[89]

Viel zur Legendenbildung hat Otto Meissner, der Staatssekretär unter Ebert, Hindenburg und Hitler, beigetragen. Zwar hätte er über die Umstände der Machtübertragung an Hitler eigentlich besonders gut informiert sein müssen, dennoch findet sich in seinen Memoiren der aus seinem Bedürfnis nach einer dramatisierenden Rechtfertigung des (Hindenburg-)Entschlusses vom 30. Januar erwachsene Gedächtnisfehler (oder die bewußte Desinformation), Blomberg sei bereits vor seiner offiziellen Berufung zum Minister insgeheim bei Hindenburg gewesen: »General von Blomberg, den der Reichspräsident, um sein Urteil zu hören, Ende Januar vertraulich und ohne Reichswehrminister und Reichskanzler von Schleicher zu verständigen, nach Berlin zitiert hatte, erklärte ihm, daß eine nationale Reichswehr die beste Lösung sei und zweifellos von der gesamten Wehrmacht begrüßt werde.«[90] So war »in diesen Tagen«, d.h. im Januar 1933, dem Reichspräsidenten von Hindenburg der General von Blomberg »zugeführt worden«: »Als am 26. Januar Schleicher erneut bei Hindenburg erschien (...) wußte er nicht, daß Blomberg dem Reichspräsidenten schon erklärt hatte, eine nationale Konzentration unter Hitlers Führung sei die beste Lösung und werde auch von der Reichswehr begrüßt«.[91] In einer im Frühjahr 1983 erschienenen Schleicher-Biographie schildert der Verfasser unter Berufung auf die Meissnerschen Angaben den »unerhörten Vorgang« der hinter dem Rücken des Reichswehrministers Schleicher erfolgten »heimlichen Reise« Blombergs nach Berlin. Ihm fällt auf, daß Papen in seinen Memoiren diesen Vorfall »umgeht«, kann er doch nicht ahnen, daß die Nichterwähnung den einfachen Grund hatte, daß es einen solchen Vorfall nicht gegeben hatte. So hieß es weiter: »Sollte den Staatssekretär Meissner die Erinnerung nicht getrogen haben, so hat Blomberg sogar die ungeheuerliche Falschbehauptung vorgebracht, eine nationale Koalitionsregierung unter Hitlers Führung würde zweifellos von der gesamten Wehrmacht begrüßt werden«[92]. Vor seiner Ernennung und Vereidigung durch Hindenburg am Vormittag des 30. Januar 1933 hatte auch kein Zusammentreffen Blombergs mit Hitler im Hotel Kaiserhof stattgefunden, wie Michael Salewski schreibt.[93]

Nach Blombergs eigenen Aufzeichnungen hatte er Hitler vor dem 30. Januar 1933 niemals gesehen. Es hatte auch keinerlei »Geheimgespräche« hinter dem Rücken der Reichswehr – weder mit Hitler noch mit Hindenburg – vor seiner Ernennung gegeben.[94] Nach eigener Erinnerung war er erstmalig am 29. Januar 1933 in Genf angerufen und für den Morgen des 30. Januar zu Hindenburg nach Berlin befohlen worden: »Als mich ein Telefonanruf am 29. Januar 1933 nach Berlin berief, ahnte ich nicht, daß damit ein völlig neuer Lebensabschnitt beginnen sollte.«[95]

An diesen »dringenden Telefonanruf« erinnerte sich auch der damalige Abrüstungsreferent im Auswärtigen Amt, Erich Kordt, der sich zu diesem Zeitpunkt ebenfalls in Genf aufhielt.[96] Auch Stülpnagel berichtet, daß Blomberg völlig überrascht von seiner Ernennung zum Reichswehrminister war: »Es traf von Blomberg ein Telegramm mit seiner Gratulation zum Reichswehrminister bei mir ein.

Kurz darauf wurde aber die Ernennung Blombergs zum Minister bekannt gegeben. Blomberg selbst suchte mich kurz nach seiner Ernennung auf und sprach sein Bedauern darüber aus, daß er nun die mir zugedachte Stellung erhalten habe. Nach meiner Erwiderung, daß dies unser beider Verhältnis niemals trüben werde, erklärte (er), daß er von dieser Ernennung vollkommen überrascht sei und auf diese Verwendung gar nicht vorbereitet sei.«[97] Der 54jährige ahnte also nicht, was ihn erwartete, als er am Morgen des historischen 30. Januar 1933 am Anhalter Bahnhof aus dem Zug stieg.[98]

5. Das Bündnis mit Hitler (1933)

Blomberg war also nicht der Wunschkandidat der Nationalsozialisten. Er war eine Wahl Hindenburgs, die auch für Hitler akzeptabel erschien. In den Augen des greisen Reichspräsidenten und seiner engsten Umgebung besaß der General genügend Autorität und beste konservative Referenzen, um das Amt des Reichswehrministers in einem Kabinett Hitler erfolgreich auszufüllen. »Blomberg verfügte« anscheinend auch über jene »gesellschaftliche Pracht in seiner Erscheinung, die den alten Präsidenten (Hindenburg) bezaubert« hätte.[99] Tatsächlich genoß Blomberg Hindenburgs besonderes Wohlwollen, was sicherlich auch darauf zurückzuführen ist, daß die ostpreußischen Agrarier sich bei Hindenburg über Blomberg als Befehlshaber des Wehrkreis I sehr positiv geäußert hatten.[100] Hinzu kam, daß Schleicher bei Hindenburg durch nicht rekonstruierbare Vorgänge in Ungnade gefallen war, so daß eine Hinwendung zu einem von dessen Widersachern schon aus psychologischen Beweggründen plausibel erscheint.

Nach dem Krieg hat Hermann Göring in Nürnberg die Bedingungen Hindenburgs aufgeführt, die Hitler erfüllen mußte, bevor er am 30. Januar 1933 zum Reichskanzler berufen wurde. Eine dieser Bedingungen sei gewesen, daß der »Reichswehrminister ebenfalls durch eine unabhängige Persönlichkeit, und zwar durch einen Soldaten besetzt werden sollte, und er selbst wählte ihn ohne jedes Zutun von unserer Seite aus, und zwar in der Person des Generals von Blomberg, der damals bei der Abrüstungskonferenz in Genf weilte.«[101] Göring bestätigte damit etwas, das Blomberg bereits zwölf Jahre zuvor, im Februar 1933, in einer Ansprache in Kiel erklärt hatte: »Ich bin stolz, daß mich das Vertrauen des Reichspräsidenten auf den Posten des Reichswehrministers berufen hat.« »Die Welt sieht auf uns und besonders auf die Wehrmacht. Wir sind herausgehoben aus dem politischen Kampf, für uns gibt es nur das deutsche Volk. Sie wissen, daß es für einen deutschen Mann gilt, für Deutschland zu leben und für Deutschland zu sterben. Das soll uns ein Gelübde sein.«[102]

Wie es an jenem Tag, an dem das Dritte Reich sein geschichtliches Dasein begann, zur Ernennung Blombergs als Reichswehrminister gekommen ist, hat auch Franz von Papen klargestellt: »Wir sprachen dann noch über mögliche Kandidaten für das Wehrministerium. Ich schlug den mir aus meiner Akademiezeit befreundeten und sehr geschätzten General Freiherrn von Fritsch vor. Der Feldmarschall lehnte ihn nicht ab, aber er kannte ihn kaum persönlich, und ich fühlte, daß er einen Mann seines persönlichen Vertrauens vorziehen würde. In dieser Beziehung erwähnte er den General von Blomberg. Er kannte ihn aus der Zeit, da dieser den ostpreußischen Wehrkreis kommandiert hatte und hielt ihn für einen Soldaten ohne politische Leidenschaften. Als Chef der deutschen Militärdelegation bei der Genfer Abrüstungskonferenz habe Blomberg gezeigt, daß er die für einen Ministerposten nötige Gewandtheit besitze.«[103] Generaloberst Wilhelm Adam, unter Schleicher Chef des Truppenamts, berichtet, daß ihm Göring im Januar 1938 auf einer gemeinsamen Autofahrt anvertraut habe »Hindenburg hat uns Blomberg angedreht. Er hat ihn als den besten Soldaten des Heeres bezeichnet.«[104] Hitler selbst betonte nach Blombergs Ausscheiden in seiner Ansprache vor den Generälen am 5. Februar 1938 gewissermaßen zu seiner Entschuldigung, »daß nicht er, sondern Hindenburg den General von Blomberg zum Reichswehrminister gemacht habe.«[105]

Also: durch das Telefon wurde Blomberg in Genf der Befehl Hindenburgs übermittelt, sich bei ihm am Morgen des 30. Januar 1933 zu melden. Blombergs damaliger Adjutant Major Fritz Tschunke hatte am Tag zuvor von Genf aus seiner Frau telefonisch die überraschende Rückkehr für den nächsten Vormittag angekündigt. Frau Tschunke hatte die unverhoffte Freudenbotschaft, durch keine Geheimhaltungsvorschrift gehindert, sogleich an die ihr befreundete Ehefrau des Hammerstein-Adjutanten Major Kuntzen weitergeleitet.[106] Diese informierte ihren Mann, der daraufhin sofort in Genf zurückrief, um den Grund für diese unangemeldete und scheinbar unmotivierte Heimfahrt zu erkunden. Die unbefriedigende Auskunft, den Grund der Meldung beim Reichspräsidenten wisse man selbst nicht, meldete Kuntzen dem General von Hammerstein[107], der seinerseits Schleicher davon unterrichtete. Kuntzen erhielt den Auftrag, Blomberg am nächsten Morgen auf dem Bahnhof in Empfang zu nehmen und erst einmal zu Hammerstein zu bringen.[108] Auch Hindenburgs Adjutant, sein Sohn Oskar, erhielt den Befehl, Blomberg vorsorglich auf dem Anhalter Bahnhof[109] in Empfang zu nehmen. Was Kuntzen nicht voraussehen konnte, war die Tatsache, daß man im Reichspräsidenten-Palais schon zu dieser Zeit unter dem psychischen Druck von Putschgerüchten stand. Seit Tagen ging das Gerücht um, die Reichswehr unter dem noch amtierenden Reichswehrminister Schleicher und dem Chef der Heeresleitung von Hammerstein, wolle putschen, um die Berufung Hitlers zum Reichskanzler zu verhindern.[110] In der Nacht zum 30. Januar nahm der Zustand des Zerfalls bedrohliche Ausmaße an. Die Nationalsozialisten befürchteten, daß es nun zum Putsch käme, die Wachen abgezogen würden und die Potsdamer Garnison zur Wilhelmstraße marschieren werde. Obschon der Putschplan nichts weiter war als ein Gerücht, »hat Hitler bis an sein Ende im Bunker der Reichskanzlei an dieser fixen Idee festgehalten.«[111] Er hat Blomberg auch deswegen besonders geschätzt, weil er der Überzeugung war, daß dieser durch seine Ernennung zum Reichswehrminister den Reichswehrputsch verhindert habe. Diese Überzeugung überdauerte offensichtlich sogar das Jahr 1938, bis zu dem jedenfalls sie ein wichtiger Faktor unter den Gründen war, warum Hitler Blomberg lange Zeit ein nahezu unerschütterliches Vertrauen entgegengebracht hatte.[112]

Blomberg ist zum Vorwurf gemacht worden, daß er, statt den Befehl Hammersteins zu befolgen, sich bei diesem zu melden, »seinem direkten Vorgesetzten den Gehorsam verweigert« hätte, sich im »mittelamerikanischen Stil am Bahnhof abfangen« und zur Vereidigung »abschleppen« lassen hätte.[113] Dabei wird verkannt, daß es bei einem Befehl Hindenburgs, des Obersten Befehlshabers der Reichswehr, keinen Dienstweg geben konnte.

Eine Einigung zwischen Blomberg und Hindenburg scheint sofort stattgefunden zu haben, und das entschied die Frage der Regierungsbildung. Blombergs Tagesbefehl vom 31. Januar 1933 begann dann auch »folgerichtig« mit dem Satz: »Das Vertrauen unseres Oberbefehlshabers, des Herrn Reichspräsidenten von Hindenburg, hat mich an die Spitze der Wehrmacht berufen.«[114] Vier Tage später erklärte er den Befehlshabern: »Bei Bildung des Kabinetts habe Frage des R.W.Min. Hauptrolle gespielt. Eintritt der Nazi in Regierung sei entschieden gewesen, als sich aktiver General zur Mitarbeit unter Hitler bereit fand. (Von Hitler für möglich gehaltene andere Lösung: Führender Nazi als R.W.Min. wohl für Reichspräsident nicht annehmbar). Nach Einigung Hitler-Blomberg – Montag acht Uhr – sei Frage entschieden gewesen und um 11.30 bereits vereidigt.«[115]

Umstritten bleibt der Zeitpunkt der Vereidigung Blombergs als Minister. War er unmittelbar nach seiner Meldung bei Hindenburg, wie Göring in Nürnberg behauptete[116], oder erst später zusammen mit den übrigen Kabinettsmitgliedern als neuer Reichswehrminister vereidigt worden?

Laut Verfassung hatte die Ernennung eines Ministers auf Vorschlag des Reichskanzlers und seine Vereidigung nach Aushändigung der vom Regierungschef gegengezeichneten Urkunde des Staatsoberhauptes zu erfolgen. Eine Vereidigung Blombergs, noch ehe Hitler das Amt des Reichskanzlers angetreten hatte, hätte somit gegen eine Grundregel der Reichsverfassung verstoßen.[117]

In Blombergs Notizen finden sich gleich mehrere Entwürfe, in denen er versucht, die Ereignisse jenes Tages zu schildern, der sein Leben in eine neue Richtung lenkte. Rückblickend setzte er sich immer wieder mit der Frage des »warum ich?« auseinander – einer Frage, die in der Tat schwierig zu beantworten ist.

«Gegen 11 Uhr vormittags war ich wieder in der Wilhelmstraße«, erinnert sich Blomberg: »Bei Papen waren die Abreden mit Hitler, Göring, Hugenberg und wohl noch anderen Politikern im Gange. Ich nahm nicht teil, da ich nicht als politische Person, sondern als Soldat von Hindenburg berufen worden war. Stattdessen spazierte ich in den Ministergärten, die auch Erlebnisse boten. Aus dem Hinterhalt dicker Bäume wurde ich zwei- bis dreimal von jüngeren Politikern der Deutschnationalen Partei angehalten und ausgefragt. (...) Sie waren in Sorge vor der Übernahme der Macht durch Hitler und im Besonderen vor Neuwahlen. Sie erwiesen sich damit vorausschauender als ihr Herr und Meister Hugenberg (...). Gegen 12 Uhr mittags wurde ich zum Feldmarschall gerufen. Die Männer des neuen Reichskabinetts waren dort versammelt. Zum ersten Mal sah ich Hitler und Göring. Der verschabte Ledermantel, den der letztere trug, verriet noch nichts von seiner Neigung zu vielfältiger und prunkender Kleidung. Der Feldmarschall stellte mit wenigen Worten die Bildung des Kabinetts Hitler fest. Papen drang auf sofortige Ableistung des Eides. Er wollte wohl sicher sein, daß seinem mit Mühe aufgebauten Bau (sic.) nicht noch etwas Unerwartetes zustieße.

Nach wenigen Minuten waren wir vereidigte Reichsminister des Dritten Reiches.«[118]

Daraus könnte man schließen, daß Blomberg zusammen mit den anderen Ministern erst gegen Mittag des 30. Januar vereidigt worden sei. Demgegenüber hat Göring in Nürnberg die angeblich vorgezogene Vereidigung Blombergs damit begründet, daß er den Reichspräsidenten tags zuvor von dem befürchteten Putschvorhaben Schleichers und Hammersteins unterrichtet habe. »Das war der Grund, weshalb von Blomberg zwei Stunden vor dem übrigen Kabinett zum Kriegsminister – oder damals Reichswehrminister – ernannt wurde, um damit jedes falsche Eingreifen der Reichswehr auszuschalten.«[119]

Eine authentische Schilderung der Ereignisse – soweit sie ihn betrafen – hat Blomberg wie folgt skizziert und zugleich eine unerwartete Aufklärung der im Reichswehrministerium damals herrschenden Nervosität geboten: »Zu diesen Generalen [Hammerstein und Bussche, die Verf.] trat ich also am 30.1.1933 vormittags in das Arbeitszimmer. Es erfolgten keine dramatischen Auftritte. Hammerstein und Bussche hatten gefürchtet, daß ich zum Chef der Heeresleitung ernannt werden würde. Sie waren versöhnt, als sie hörten, daß ich ›nur‹ Reichswehrminister geworden war. Es lag so, daß die Befehlshaberschaft über die Truppen gewichtiger war, als die Stellung und Funktion des Reichswehrministers.«[120] Auch Blomberg selbst verstand zu diesem Zeitpunkt die Bekleidung einer ministeriellen Stellung nicht gerade als Auszeichnung für einen Soldaten.[121] Und doch hatte er geholfen, die Büchse der Pandora zu öffnen. Was nun fand er in ihr?

6. »Wehrhaftmachung«

Als am Abend des 30. Januar 1933 die SA ihren großen Fackelzug durch das Brandenburger Tor hielt und die Wilhelmstraße in einem Meer von Hakenkreuzfahnen zu versinken schien, war Blomberg – nach dem Kanzler – zur Schlüsselfigur des Kabinetts geworden. Mit seiner Berufung zum Reichswehrminister hatte er die Chance erhalten, das Verhältnis zwischen Armee und Partei und die Stellung der bewaffneten Macht im Staate Hitler entscheidend mitgestalten zu können. Sollte er nun verwirklichen, was in 24 Jahren zu den Grundpfeilern seines militärischen Gedankengebäudes geworden war?[122] Fraglos konnte die Reichswehr in einem Bündnis »Blomberg-Hitler«[123] ihren militärischen Visionen und Ideen näher kommen, und Blomberg sollte sich vor dem Hintergrund dieses Glaubens zu einem der engsten Berater und Gehilfen Hitlers und zu seinem wichtigsten Image-Gestalter innerhalb der militärischen Gesellschaft entwickeln.

Durch den Reichspräsidenten als obersten Befehlshaber war ihm der Oberbefehl über alle Teile der Reichswehr (Reichsheer und Reichsmarine) übertragen[124], was zu einem besonderen Verhältnis zum Reichspräsidenten führte: Einerseits war der Minister in der militärischen Kommandostruktur dem Reichspräsidenten direkt unterstellt, andererseits hatte er als Teil des Regierungskabinetts die militärischen Anordnungen des Reichspräsidenten zu überprüfen sowie gegenzuzeichnen und dafür die politische Verantwortung zu übernehmen.[125]

In den ersten Monaten nach der Machtergreifung war Blombergs Beteiligung an der Hitler-Regierung noch vom Faktor der »Teilidentität der Interessen« zwischen Reichswehr und Nationalsozialismus und sein Blick auf Hitler – entgegen vieler Darstellungen[126] – noch von abwartender Skepsis bestimmt. Dennoch proklamierte der Wehrminister, und viele stimmten in dieser Einschätzung mit ihm überein, daß das neue Regime für ihn »die Verwirklichung dessen (...) sei, was viele der Besten seit Jahren angestrebt«[127] hätten. Im Anschluß an die Parade, die anläßlich seines Abschiedes aus Königsberg stattfand, sagte er: Wenn ihm auch der Abschied aus Ostpreußen schwerfalle, so sei er »doch mit Freuden dem Rufe des Generalfeldmarschalls gefolgt, in das neue Kabinett einzutreten, da dieses Kabinett der nationalen Konzentration die Sehnsucht aller nationalen Deutschen verkörpert.«[128]

Hitler tat alles, um die Militärs in dem Glauben zu wiegen, ihre Hoffnungen auf eine Renaissance der militärischen Macht von einst würden sich mit ihm als Kanzler verwirklichen lassen. In seiner Regierungserklärung sprach er von seiner »Liebe zum Heer als Träger unserer Waffen und Symbol unserer großen Vergangenheit«[129] und prophezeite eine »herzliche Verbundenheit im Dienste des Volkes (...) zwischen der NS-Partei (...) einerseits und den Offizieren und Soldaten des deutschen Reichsheeres andererseits.«

Schon bald mußte sich Hitler mit seinen Versprechen der skeptischen Armeeführung stellen. Am Abend des 3. Februar 1933 präsentierte sich der Kanzler den Gruppen- und Wehrkreisbefehlshabern im Hause des Chefs der Heeresleitung. Hitler hatte dieser von Blomberg arrangierten Zusammenkunft nicht ohne Sorge entgegen gesehen, da er die Ablehnung durch die traditionelle Elite der höheren Militärs fürchtete. Er wußte: Ohne Verbündete innerhalb des Armeegefüges konnte der Prozeß der inneren Machtergreifung der Nationalsozialisten auf legalem Weg nicht stattfinden, *gegen* die Armeeführung würde er die Macht im Staat nicht erlangen können. Viele jüngere Offiziere hegten zwar schon seit geraumer Zeit große Sympathien für Hitler[130]; aber nicht sie waren es, die er an diesem Februartag von sich überzeugen mußte. Es waren die Offiziere Schlieffenscher und Seecktscher Prägung, die den »böhmischen Gefreiten« mit kühler Geringschätzung musterten. In seiner Rede, die Hitler unsicher begann und die sich in einen Monolog-Exzeß von zwei Stunden steigerte, äußerte er sich zu den Zielen seiner Politik und suchte die militärische Führung mit der Versicherung zu beruhigen, erste Priorität im Staat hätte für ihn der Aufbau der Wehrmacht, und dabei werde es, anders als in Italien, »keine Verquickung von Heer und SA« geben. Weiter sprach er von der angestrebten Gleichberechtigung zwischen Partei und Wehrmacht, die »unpolitisch und überparteilich« bleiben solle.[131] Damit zielte Hitler auf eine der fundamentalen Ängste des Offizierskorps: die Angst vor zu enger Verstrickung in die Partei- und Tagespolitik. Die Zustimmung zu Hitlers Äußerungen blieb dennoch kühl. Er hatte das Gefühl, »die ganze Zeit wie gegen eine Wand gesprochen«[132] zu haben, obwohl er doch das Bild eines auf den zwei gleichberechtigten Säulen ruhenden Staates, Wehrmacht und Partei, evoziert hatte. Wenn sich für Hitler von Seiten der Generalität eine positive Überraschung zeigte, so in Gestalt des neuen Reichswehrministers. In ihm sollte er für die Realisierung seiner militärpolitischen Ideen den in Charakter und geistiger Struktur nahezu idealen Partner finden. Blomberg war von dem von Hitler versprochenen »Kampf gegen Versailles«, der angekündigten »Gleichberechtigung in Genf«, dem Bild eines »auf zwei Säulen ruhenden Staates« (Armee und Partei) erkennbar beeindruckt.

Wenn er anfänglich auch noch zögernd auf den neuen Kanzler zuging, so wuchs in ihm der Glaube, mit Hitler könne er nicht nur die Ausweglosigkeit überwinden, die er – verstärkt während der Genfer Zeit – für die Wehrmacht und für sich persönlich empfunden hatte; er meinte auch in ihm den erwarteten Retter zu erkennen, den er schon seit vielen Jahren gedanklich antizipiert hatte. Übrigens hatten viele seiner Kameraden die Zeichen der Zeit anscheinend nicht deuten wollen, wenn sie an eine Alternative zur Zusammenarbeit zwischen Reichswehr und Nationalsozialisten glaubten.[133] Tatsache war, daß seit der Machtergreifung die Zeit der schwachen und weitgehend von der Militärmacht abhängigen Regierungen vorüber und die Ära der Reichswehr als »Staat im Staate« weitgehend zu Ende war. Nur eine Zusammenarbeit mit dem neuen Regime bot die Möglichkeit einer Einflußnahme der Armee. Während des Krieges setzt sich Blomberg in seinen Aufzeichnungen immer wieder mit dem Spannungsverhältnis zwischen Hitler und der »reaktionären« Generalität auseinander [Hitlers Wortgebrauch Generäle = Reaktionäre, die Verf.]. Ihre »Selbstüberschätzung« und ihren Hochmut bezeichnet er als »grotesk«. »Solche«, schreibt er, »war ein weit verbreitetes Laster, in bitteren Stunden nannte ich sie manchmal eine Generalskrankheit.«[134]

Unter dem Primat ungehemmter Aufrüstungsbemühungen stand der militärpolitische Kurs des Generals in den ersten Jahren seiner Ministerschaft. Als oberste Maxime seiner Militärpolitik postulierte er am 3. Februar 1933 die »Wehrhaftmachung«[135]. Bereits zum 1. April 1930 war erstmalig die mobilmachungsmäßige Überführung in eine Kriegsgliederung unter Verdreifachung der sieben Infanterie-Divisionen des 100 000-Mann-Heeres vorbereitet worden. Das entsprach noch den Gedanken Seeckts, dessen Standpunkt eines schrittweisen Heeresaufbaus von der Mehrzahl der Generalstabsoffiziere auch in den folgenden Jahren vertreten worden war. Nach der Machtübernahme der Nationalsozialisten wurde eine Reihe von Neuerungen eingeleitet, die weit über Seeckts Planungen hinausgingen. Das Truppenamt erhielt Befehl, die für den Mobilmachungsfall geplante Erhöhung der Heeresstärke auf 21 Divisionen als Friedensetat vorzubereiten. Das bedeutete ein modernes Heer von 300 000 Mann mit schwerer Artillerie und Kampfwagen. Doch war die Frage des endgültigen Zuschnitts des Heeres noch ungelöst, solange die Abrüstungsverhandlungen in Genf in der Schwebe waren.[136]

Blomberg hatte sich als Delegierter in Genf genug »gelangweilt«, wie er selbst es ausdrückte, und begann als Minister bewußt auf das Scheitern der Abrüstungskonferenz hinzuarbeiten. Er provozierte das Ende der Konferenz vor allem damit, daß er den finanziellen und politischen Rahmen für eine mehrjährige ungehemmte Aufrüstung schuf, die er, Manfred Deist beschreibt es, in den folgenden Jahren verwalten und kontrollieren sollte.[137] Vor diesem Hintergrund begannen Blombergs ständige Verhandlungen mit dem Reichsbankdirektor Hjalmar Schacht.[138]

Nach seinem Amtsantritt trat Blomberg selbstbewußt und sicherlich mit einem verständlichen Gefühl des Triumphes in Genf auf und lenkte die zähen Verhandlungen in seinem Sinne in eine andere Richtung. Seine erste Intervention in die deutsche Verhandlungsführung zeigte, daß er bereit war, die internationale Isolation auf sich zu nehmen und einen Zusammenbruch der Konferenz zu riskieren, wenn er mit Entscheidungen, die inhaltlich die Zukunft der Wehrmacht tangierten, konfrontiert war. Damit schoß er weit über die von der Furcht vor Sanktionen bestimmte Taktik Hitlers hinaus, der glaubte, er könne diese erste Phase der Aufrüstung durch dilatorische Verhandlungen, halbes Entgegenkommen bei gleichzeitig verschärften und beschleunigten Rüstungsmaßnahmen überstehen.[139] Blomberg war gegen eine politische Lösung der Rüstungsfrage, zeigte sich während der Verhandlungen zurückhaltend und provozierte weiterhin das Scheitern der Konferenz. Die deutschen Aufrüstungsprogramme suchte er vor den Konferenzteilnehmern zu verheimlichen.[140]

Die Richtung des militärpolitischen Kurses war klar: In einer Sitzung des Reichskabinetts am 8. Februar 1933 setzen Hitler und Blomberg – entgegen anderen Vorschlägen – den absoluten Vorrang der militärischen Aufrüstung bei allen wirtschaftspolitischen Maßnahmen durch. In dem Beschluß heißt es, daß in jedem Falle »zuerst die Bedürfnisse der Wehrmacht zu befriedigen seien und dann geprüft werden solle, wie viel Mittel für zivile Maßnahmen übrig blieben«. Am 17. Mai 1933 deutete Hitler vor dem Reichstag in seiner ersten breit angelegten außenpolitischen Rede den möglichen Austritt Deutschlands aus dem Völkerbund an.[141]

Michael Geyer nennt in seiner Studie über die Politik der Reichswehrführung als entscheidendes Charakteristikum der politischen Entscheidungen der gesamten Reichswehrführung nach 1933 ihre »Dürftigkeit«[142]. Und in der Tat: sofern das Ziel der Aufrüstung gewährleistet war, schienen für den neuen Reichswehrminister zunächst andere – politische – Probleme eine geringe Rolle zu spielen. Die Funktionalisierung der Politik im Sinne der Aufrüstung bestimmte seine Haltung. Der Clausewitzsche Primat der Politik war ad absurdum geführt. Es war diese Kombination starren militärischen Beharrens auf Rüstung und der, für Blomberg typischen, selektiven Wahrnehmung der politischen Gegebenheiten, die ihn die Reichswehr in den ersten Monaten an seinen neuen Bündnispartner Hitler heranführen ließ. Allein maßgeblich waren für ihn die Einschätzung, daß Deutschland mit den gegenwärtig existierenden militärischen Mitteln nicht zu verteidigen sei, und die von Hitler zugesicherte und von ihm selbst in einer Kabinettssitzung am 4. April 1933 mitbeschlossene Aufrüstung, mochte diese auch vorläufig weder inhaltlich noch finanziell abgesichert sein. Immer wieder postulierte er den Primat »unserer eigenen Bedürfnisse« (der Wehrmacht)[143].

In einem Interview am 8. Mai 1933 erklärt er: »Deutschland war bekanntlich eines der Länder, das die Allgemeine Wehrpflicht zuerst eingeführt hat. Die Erfahrung, die wir mit ihr gemacht haben, war gut. Die Allgemeine Wehrpflicht hat sich nicht nur vom militärischen Standpunkt aus bewährt, sondern auch als wichtiges Volkserziehungsmittel. Angesichts der militärpolitischen Lage in Europa fragte er: »Wo bleiben da unsere eigenen Bedürfnisse? Wo die Rücksichten auf unsere besonderen Verhältnisse? Diese völlige Außerachtlassung der deutschen

Interessen ist befremdlich. Sie gibt mir die Veranlassung darauf hinzuweisen, daß die Zeit der Diktate heute vorbei ist.«[144]

Seine Vorstellungen über die Absicherung der Aufrüstung lassen sich dahingehend zusammenfassen, daß er eine allein durch interne Interessen bestimmte Aufrüstung Deutschlands forderte. Als Sicherheit boten er und Hitler bilaterale Bündnisse und Absprachen an und suchten eine Annäherung an Frankreich – zum Teil über private Kanäle, zum Teil über Generalstabsbeziehungen alten Stils.[145] Solche Angebote fielen angesichts der weit reichenden deutschen Forderungen nicht auf fruchtbaren Boden, so daß Blomberg letztlich zu seiner Maxime im Sinne der Reichswehrtradition, nämlich einer engeren militärpolitischen Bindung an die Sowjetunion zurückkehrte; allerdings mit der Ausweitung zu einem »eurasischen Block«, der Frankreich einschließen sollte. Der deutsche Außenminister Konstantin Freiherr von Neurath trat hingegen für eine Kombination Deutschland, Sowjetunion und Italien ein. Wenngleich Blomberg auch zu Verhandlungen bereit war (beispielsweise wenn es um die Standardisierung der Wehrmachtorganisation ging), so war er nicht bereit, über die konkrete Festlegung der Organisation zu verhandeln.

Die Abrüstungskonferenz ließ vorläufig keinerlei Aufrüstungsschritte zu und wurde deshalb von der deutschen Militärdelegation boykottiert. Am 13. Mai 1933 verdeutlichte Blomberg erneut seine Position, die er bereits im Interview vom 8. Mai statuiert hatte: »Vereinheitlichung der Heeressysteme gemäß allgemeinen Prinzipien, (...) qualitative Gleichberechtigung bei quantitativer Einschränkung, falls andere Staaten ebenfalls abrüsteten.« Schließlich machte er geltend: »Vor Gefahr des Scheiterns der Konferenz nicht zurückschrecken, auch wenn uns unberechtigterweise die Schuld zugeschoben werden sollte. Reichstagsforum soll ausgenutzt werden, um Welt über wahre Verhältnisse aufzuklären.«[146]

Zum endgültigen Scheitern der Konferenz kam es am 13. Oktober 1933; am 14. Oktober 1933 schied Deutschland aus der Abrüstungskonferenz und dem Völkerbund aus. Nach dem Zusammenbruch der Abrüstungskonferenz in Genf herrschten überall in der Welt Unruhe und Rüstungsfieber. Die Frage, die sich während des Jahres 1933 somit immer deutlicher abzeichnete, war, was die anderen Mächte unterhalb der Schwelle des Krieges und des Rüstungswettlaufes gerade noch tolerieren würden. Blomberg versuchte weiterhin, die deutschen militärischen Programme zu verheimlichen und eine Festlegung der Wehrmacht auf bestimmte Zahlen zu vermeiden[147], was angesichts der im Reichswehrministerium entwickelten Pläne nicht wundern kann.[148] Außenpolitisch vertrat er weiterhin seine Politik der freien, nur auf einzelnen Gebieten, gemäß der Bündniserwartungen, begrenzten Rüstung.

Daß Gleichberechtigung und Parität der Sicherheit eine Gefahr für die Nachbarstaaten sei, wollte (konnte?) er nicht einsehen und versicherte, die Reichswehr habe keine aggressiven Absichten gegen Frankreich und England.[149] Gleichzeitig wurde eine Aufrüstung betrieben, die Deutschland gegen die Staaten Frankreich, England, Polen und die Tschechoslowakei verteidigungsbereit machen sollte. Einseitige Aufrüstung nach deutschen Interessen und militärpolitische Kooperation waren in den Augen der Reichswehrführung kein Widerspruch. Es wäre darum verfehlt, hinter Blombergs Rüstungspolitik eine auf Krieg zielende Taktik zu sehen. Wie viele Militärs seiner Prägung und Sozialisation bewegte er sich in jenen Jahren (was aus heutiger Sicht schwer nachvollziehbar ist) in dem ernsthaften Glauben, eine derartige Rüstung sei als »Verteidigungsrüstung« für den Staat lebensnotwendig.[150]

Blomberg, der später angesichts des Vorwurfs der Alliierten, die deutsche Rüstung auf den Krieg vorbereitet zu haben, zu recht feststellte, daß »dieses nicht zu leugnen« sei, faßt in seinen stichwortartigen Aufzeichnungen über die Jahre 1933 bis1938 zusammen, worum es ihm ging: »Kampf um die Freiheit in den vierziger Jahren, nicht 2 Frontenkrieg (...). Meine Genfer Erfahrungen hatten mich gelehrt, daß sie [Aufrüstung] von dorther niemals zugebilligt würde. Gefahr der selbständigen Handlung klar. Anstößigkeit möglichst vermeiden, denn ein Krieg mußte für uns verhängnisvoll sein, soweit ein Ausblick in die Zukunft reichte. Aufrüstung war Sicherung, nicht Mittel zur Aggression.«[151] Schwer verständlich, aber »das Verteidigungsheer« und die »Verteidigungsrüstung« waren keine propagandistischen Schlagworte der Militärs, sondern nach Meinung der Generale real existierende militärische Parameter.

7. Reichenaus Herrschaft im Ministeramt

Nachdem Blomberg am 30. Januar 1933 zum Reichswehrminister ernannt und im Mai 1933 vom Reichspräsidenten auch mit dem Oberbefehl über die Wehrmacht betraut worden war, konnte er sich aktiv mit der Schaffung eines Generalstabs in seinem Sinne befassen.

Im Zuge einer Personalpolitik, die auf die Entfernung der Schleicher-Clique aus den Korridoren des Bendler-Blocks ausgerichtet war, ersetzte er nach seinem Amtsantritt Oberst Ferdinand von Bredow als Chef des Ministeramtes durch seinen Vertrauten, Oberst Reichenau.[152] Dieser kam aus Ostpreußen nach Berlin, um am 12. Februar 1934 die Leitung des Ministeramtes des Reichswehrministeriums zu übernehmen, einst Schleichers Machtzentrum, das nun in »Wehrmachtamt« umbenannt und in den folgenden Jahren mit dem Fernziel einer zentralisierten Wehrmachtführung kontinuierlich ausgebaut wurde.[153]

Reichenau war zwar kein Freund von Schreibtischarbeiten, ehrgeizig und machthungrig genug jedoch, um in der neuen Aufgabe seine große Chance zu erkennen. Er beabsichtigte, das Ministeramt zu einem echten Oberkommando der Wehrmacht zu entwickeln und nahm die theoretische Lösung der Neuordnung der Kriegsspitzengliederung in Angriff.[154] Während seiner Amtszeit wurden bereits entscheidende organisatorische Änderungen durchgesetzt, die deutlich auf den Ausbau eines Wehrmachtoberkommandos abzielten wie es dann 1938 aus dem Wehrmachtamt hervorgehen sollte, um mit General Wilhelm Keitel, Hitler als militärischem Stab und Chef de bureau direkt unterstellt zu sein.

Mit dem Wehrmachtamt schuf Blomberg eine Dachorganisation über den Wehrmachtteilen mit einer eigenen operativen Führungsabteilung – der »Abteilung Landesverteidigung« – die als erster Versuch für einen Wehrmacht-Generalstab angesehen werden kann und das Führungsorgan des Wehrministers in seiner Eigenschaft als Oberbefehlshaber der Wehrmacht war.[155] Die Abteilung Landesverteidigung umfaßte Offiziere von Heer, Kriegsmarine und – bald darauf – auch Luftwaffe und diente dem Ziele einer Bearbeitung von operativen und organisatorischen Aufgaben der Gesamtwehrmacht sowie dem der Einsatzweisungen Blombergs an Heer, Marine und Luftwaffe. Außerdem oblag ihr die Planung und Durchführung von Wehrmachtkriegsspielen. Aus der Abteilung Landesverteidigung entstand bei Kriegsbeginn 1939 der »Wehrmacht-Führungsstab« als operative Beratungsstelle Hitlers.[156]

Als zweite wichtige Maßnahme im Zuge des Aufbaus einer zentralen Wehrmachtführung rief der Wehrminister innerhalb der Strukturen des Wehrmachtamtes ein Wehrmachtrüstungsamt (Abteilung Wehrwirtschaft und Waffenwesen) ins Leben, dessen Leitung er dem bisherigen Chef des Heereswaffenamtes, dem damaligen Oberst Georg Thomas[157] übertrug. Das Wehrmachtrüstungsamt war mit der Lenkung der wehrwirtschaftlichen Aspekte des neuen militärpolitischen Kurses betraut. Bereits Ende 1934 verfügte Blomberg somit in Gestalt des Wehrmachtamtes über einen Stab, der ihm die Ausübung des Oberbefehls über die Wehrmacht ermöglichte.

Reichenau besaß in seiner Funktion keinerlei Befehls- oder Kommandogewalt über die Wehrmacht. Weisungen und Befehle wurden allein Kraft der Befehlsgewalt des Wehrministers erlassen. Obwohl Reichenau als Chef des Wehrmachtamtes dennoch als Berater fraglos großen Einfluß auf Blomberg hatte, darf dieser jedoch nicht überbewertet werden, und Klaus-Jürgen Müllers Diktum, wonach Blomberg keinerlei eigene militärpolitische Strategie oder reflektierte Vorstellungen von seinem Vorgehen besessen und immer im Sinne der militärpolitischen Konzeption Reichenaus gehandelt habe, der seinen Minister gleich einer Marionette in die von ihm gewünschten Richtungen zu ziehen verstand, muß stark eingeschränkt werden. Die These, Reichenau sei der eigentliche Herrscher im Reichswehrministerium gewesen, greift zu kurz, entspricht aber dem Blomberg-Bild der Militärgeschichtsschreibung der fünfziger und sechziger Jahre, welches bis in die heutige Zeit nachwirkt.[158] Alles das, was Müller für Reichenau gelten läßt – die politische Taktik eines »Sich-Einschaltens«, des »Hinein in den neuen Staat«, der taktisch motivierten Konzessionen, ja vor allem das »unbekümmerte Abwerfen des Ballastes, den zahlreiche seiner Kameraden als traditionelle Werte ansahen« – gilt genauso für Blomberg. Auch das streng hierarchische Denken innerhalb des militärischen Zirkels darf bei einer Bewertung des Verhältnisses Reichenau – Blomberg nicht außer Acht gelassen werden. Es gibt in einer Armee, die auf dem Prinzip von Befehl und Gehorsam aufgebaut ist, keine von unten nach oben gehende Struktur. Persönlichkeit und Charisma, forsches und lautes Auftreten – beides besaß Reichenau fraglos mehr als der sanft und freundlich wirkende Blomberg – lassen sich nicht mit der Autorität und Macht eines militärischen Vorgesetzten gleichsetzen, sofern dieser wie sein Untergebener unter der Wirkung der Magie der Hierarchie sozialisiert war, wie es Blomberg und Reichenau fraglos waren.

Wenn Müller schreibt, Reichenau habe im Gegensatz zu der »bloß emotionalgläubigen Hingabe« Blombergs im Nationalsozialismus den »Geist der Zeit« erkannt und vor allem ein »taktisch sehr viel sinnvolleres, politisch auch substantielleres, wenngleich recht bedenkenloses Konzept« (welches nicht näher dargelegt wird) besessen[159], so übersieht er, wie eng Reichenau mit und für Blomberg gearbeitet hat und dessen Befehle ausführte. Symbolischen Ausdruck findet dieser Sachverhalt in den erhaltenen Reichswehrminister-Dokumenten, die in ihrer Mehrzahl die Unterschrift Reichenaus tragen – allerdings mit dem Zusatz »im Auftrag« und Blombergs eigenes Kürzel daneben.

Im Übrigen darf man nicht, mit dem retrospektiven Blick auf Schleichers Herrschaft als Chef des Ministeramtes während der Weimarer Jahre, den Einfluß in dieser Position überschätzen. Seither hatten sich die machtpolitischen Gegebenheiten in entscheidender Weise geändert. Es war Blomberg, der sich am 1. Februar 1933 dazu *entschied*, seinen getreuen Reichenau zum Leiter des Ministeramts im Reichswehrministerium und damit zu seinem cardinal in politicis[160] zu machen und ihn somit in eben jene politische Schlüsselstellung im Reichswehrministerium zu katapultieren, in der wenige Jahre zuvor Schleicher gegen ihn, Blomberg, taktiert hatte.

Im britischen *Annual Report on the German Army* von 1933 findet sich folgende Einschätzung des Tandems Blomberg-Reichenau: »They claim to be complementary and undoubtedly they work in the closest harmony. General von Blomberg is a commander with considerable powers of decision and training, while von Reichenau is primarily a staff officer with gifts of organization and political and world sense. They have secured the confidence of the chancellor, so that the combination is likely to continue in force for some time«[161].

Für Blomberg verkörperte Reichenau das Phänomen des neuen »politischen Soldatentums«, das seinem Ideal entsprach. So dachte er Reichenau die Aufgabe zu, die Armee nach und nach an das Regime heranzuführen und sie im Sinne des Nationalsozialismus zu politisieren.[162] Reichenau verstand unter der Nichteinmischungspolitik der Armee eine bewußte Option für Hitler und unterstützte den Kurs Blombergs energisch. In diesem Sinne hatte er bei seinem Amtsantritt am 6. Februar proklamiert: »Niemals war die Wehrmacht mit dem Staat identischer als heute.«[163] Einige Monate später hatte er zu einem Kameraden bemerkt, mit Hitlers Regierungsantritt habe eine revolutionäre Auseinandersetzung großen Ausmaßes begonnen. Hitler erstrebe zweifellos die legale Diktatur, und die Wehrmacht müsse ihm dabei helfen, indem sie die parteimäßigen Einflüsse seitens der NSDAP zurückzudrängen und zu paralysieren versuche.[164]

Die angebliche Reichenau-Herrschaft im Reichswehrministerium war bereits nach zwei Jahren (am 1. Oktober 1935) beendet, als Reichenau zum Generalleutnant und Kommandierenden General des VII. Artilleriekommandos in München ernannt wurde. Blomberg tat nicht viel um dies zu verhindern. Unter dem anpassungsfähigen und Hitler ergebenen Wilhelm Keitel[165] als neuem Chef des Wehrmachtsamtes und seinem Chef der Abteilung Landesverteidigung, dem damaligen Oberst Alfred Jodl[166], wurde das Ziel intensiviert, das Reichswehrministerium zu einem echten Kriegsministerium auszubauen, welches die zum Luftfahrtministerium gehörende Luftwaffe einschließen und aus der Abteilung Landesverteidigung einen Wehrmachtgeneralstab schaffen sollte.[167]

8. Die »unpolitische« Reichswehr wird beerdigt (1933/34)

In seinem Antrittserlaß sprach Blomberg von der »Reichswehr als dem überparteilichen Machtmittel des Staates«, das er als solches erhalten wolle[168] und noch Ende Februar 1933, auf einer Reise in die Wehrkreise, wandte er sich in seinen Reden gegen die Ansprüche und den Extremismus der Partei, während er das neue, genuin »nationale« Regime befürwortete.[169] Für ihn galt, daß ein »Herabsinken zur Parteitruppe« in jedem Fall die Grundlagen der Armee zerbrochen hätte.

Wenn seine ersten Verlautbarungen noch eine strenge Überparteilichkeit postulieren, so mag das auch darauf hindeuten, daß er trotz der ambivalenten Haltung des Offizierskorps zum Nationalsozialismus daran glaubte, daß diese Überparteilichkeit des Militärs realisierbar sei. Vielleicht wollte er auch lediglich das Offizierskorps beruhigen, denn seine praktische Politik war von Beginn seiner Ministerzeit an keineswegs unparteiisch und neutral und der Kurs des Reichswehrministers führte bereits in den ersten beiden Jahren des Regimes zur sukzessiven Selbstentmachtung der Streitkräfte.

Schon als in der ersten Kabinettssitzung, am 31. Januar 1933, das Problem eines Generalstreiks und des Ausnahmezustandes erörtert wurde, zeichnete sich diese Tendenz ab. Blomberg gestand dabei unter Mißachtung der in der Weimarer Verfassung festgelegten Exekutivgewalt des Reichspräsidenten dem Reichskanzler sofort zu, die Parteiorganisation anstelle der Reichswehr im Inneren einzusetzen, indem er bemerkte, »daß der Soldat als einzig möglichen Gegner einen äußeren Feind anzusehen geneigt sei«.[170] Diese Bemerkung stand im Gegensatz zu dem Eid der Reichswehr, in dem es heißt »das deutsche Reich und seine gesetzmäßigen Einrichtungen (...) schützen.«[171] Blomberg verschanzte sich hinter der völlig funktionsuntüchtigen Hülle des Seecktschen Dogmas der »unpolitischen Haltung des Soldaten«, welches in der Zeit der Weimarer Republik schon einen politisch problematischen inneren Vorbehalt dargestellt hatte. Das »Schweben über der Politik«, wie Seeckt es einstmals von seiner Reichswehr gefordert hatte, hatte – wie gezeigt – eine gefährliche apolitische Mentalität intensiviert und gerade die enge Verstrickung der Reichswehr in die Politik nach 1933 entscheidend vorbereitet.

Blomberg hatte dieses durchaus erfaßt und in den Weimarer Jahren selbst miterlebt. In einer Befehlshaberbesprechung am 1. Juni 1933 sagte er: »Dieses Unpolitischsein hatte ja nie die Bedeutung, daß wir mit dem System der früheren Regierung einverstanden waren; es war vielmehr ein Mittel, uns vor zu enger Verstrickung in diesem System zu bewahren«.[172] Dieses wollte er beibehalten. Die Entpolitisierung, wie Blomberg sie im Sinne Hitlers verstand, lief jedoch auf ein Versprechen der Nichteinmischung der Streitkräfte in die innerpolitische Auseinandersetzung und auf eine »Unterstützungspolitik« der Nationalsozialisten hinaus. Selbst das »nicht einmischen« war nicht viel mehr als die rein rhetorische Camouflage einer aktiven Unterstützungspolitik Hitlers. Es mußte dem Reichswehrminister bewußt sein, daß die von ihm proklamierte Maxime des »sich Heraushaltens« der Armee unter den Gegebenheiten einer sich entwickelnden totalitären Diktatur einer einseitigen Option für dieses System gleichkam. Die »unpolitische Haltung« des Soldaten, wie Blomberg sie postulierte, war nicht mehr als eine Farce, die unter den realen politischen Umständen keine Bedeutung mehr hatte. Die Maxime des Unpolitischen, die einstmals im Einklang mit den preußischen militärischen Traditionen und dem aristokratischen Standesbegriff stand, erhielt unter den Bedingungen des neuen Regimes eine völlig veränderte – ja konträre Konnotation. Gerade die Beschränkung der Streitkräfte auf die Landesverteidigung war es, die Hitler für die Errichtung eines totalitären Systems brauchte.

Auf jener Befehlshaberbesprechung im Juni 1933 warf Blomberg dann explizit die Maxime der »unpolitischen Reichswehr« über Bord und erklärte, jetzt sei das Unpolitischsein vorbei, und es bleibe nur eins: »der nationalsozialistischen Bewegung mit voller Hingabe zu dienen.«[173] Hitler gegenüber betonte er, daß die Reichswehr absolutes Vertrauen zu ihm habe, daß sie rückhaltlos zuverlässig sei und bereit, »in diesem (...) neugeformten und neudurchbluteten Reich zu leben, zu arbeiten und, wenn nötig, zu sterben«.[174]

Am 15. September erklärte er vor Offizieren der 6. Division nach Abschluß der Herbstübungen, daß es sich bei der »Machtergreifung durch die nationale Regierung (...) um eine grundlegende Meinungs- und Willensumbildung des ganzen Volkes und um die Verwirklichung einer neuen Weltanschauung handelt«. Der »alte, liberale Grundsatz von der vorherrschenden Freiheit des Einzelnen« sei nicht mehr maßgebend, vielmehr gelte jetzt »das Wort von der Totalität des Staates, die bis in die persönlichsten Dinge des Einzelnen hineingreift.«[175] Das aber implizierte logischerweise auch die totale Einbeziehung der Streitkräfte.

Die Rede Blombergs vor der 6. Division, die durchaus als Wendepunkt der Wehrpolitik des Generals interpretiert werden kann, zeigt, wie der Minister in Verfolg seiner Anpassungs- und Umarmungstaktik die nationalsozialistische Ideologie und vor allem deren Hauptrepräsentanten für die Reichswehr zu reklamieren versuchte. Blomberg beschritt von nun an den Weg, der die Reichswehrangehörigen im Sinne der NS-Weltanschauung politisieren sollte. »Die nationalsozialistische Machtübernahme bedeutete für ihn »weit mehr als nur einen Regierungswechsel«; sie ist »vielmehr eine fundamentale Veränderung des Denkens und Wollens des ganzen Volkes und die Verwirklichung einer neuen Philosophie.«[176] Er führte weiterhin aus, daß in der nationalsozialistischen Weltanschauung eine tiefe »Übereinstimmung mit den besten Grundsätzen deutschen Soldatentums vorliegt«. Daher sei es selbstverständlich, daß man »zu dieser Wandlung des Soldatentums innerhalb und außerhalb der Armee, besonders aber in der Wehrmacht, voll ja sagt. Der Führung der Wehrmacht ist das um so leichter geworden, als uns Soldaten alle an den Mann, der diese Lehren geboren, entwickelt und geleitet hat, ein besonders soldatisches Verhältnis bindet«.[177]

Es bleibt zu fragen, ob Blomberg in den ersten Jahren seiner Amtszeit wirklich eine Vorstellung vom totalen Machtanspruch Hitlers hatte und diesen klar erfaßte. Am 1. Juni 1933 hatte er vor den Befehlshabern in diesem Zusammenhang geäußert, es werde ein Glück sein, wenn die Bewegung der NSDAP bald zu der von ihr erstrebten Totalität käme und Deutsch-Nationale und Zentrum verschwänden.[178] Aus diesen Worten zu schließen, er wolle den Totalitätsanspruch einer Partei anerkennen, wäre verfehlt. Blomberg bejahte die »Totalität des neuen Staates« und die »Verwirklichung einer neuen Weltanschauung«, die seiner Ansicht nach in diesem neuen Staat erfolgte. So war in der Bejahung der neuen Staatlichkeit zugleich eine gewisse Distanzierung vom Parteiapparat enthalten. Auch Blombergs Distanz zu den konservativen Koalitionspartnern Hitlers, den naturgegebenen politischen Bundesgenossen der Reichswehr, zeigt, wie sehr seine und Reichenaus »Nichteinmischungspolitik« eine kaum verhüllte Förderung der Hitler-Bewegung bedeutete, gleichzeitig allerdings auch die Position der Reichswehr schwächte. Der Wehrminister glaubte an die Wirksamkeit der »Zwei-Säulen-Theorie«, die allerdings schon deswegen problematisch – ja fragil und illusionär – war, weil die Partei als alleiniger politischer Willensträger, wie Hitler es ausgedrückt hatte, letztlich doch die absolute Vormacht gewinnen mußte; das Gewicht der »Säule Wehrmacht« war sehr viel geringer als Blomberg wahrhaben wollte, und die Zwei-Säulen-Theorie war doppelbödig und hatte ausschließlich taktisch-propagandistischen Charakter.[179] Blomberg war überzeugt davon, der Reichswehr mit seinem militärpolitischen Kurs und seiner Macht zu mehr Ansehen und Einfluß im neuen Staat zu verhelfen. Insbesondere glaubte er, direkt den Aufbau eines Systems zu unterstützen, das nach seinen militärpolitischen Vorstellungen und Erfahrungen den Interessen der Armee am besten gerecht würde. Für ihn waren die Weichen der politischen Entwicklung nicht in Richtung auf ein totalitäres Herrschaftssystem gestellt, in dem auch die Armee entmachtet wird, vielmehr glaubte er an die Entwicklung eines langfristigen Idealzustandes der in seinen Reden, Erlassen und Aufzeichnungen immer wieder beschworenen »*Einheit*« zwischen Armee und Staat (was immer er sich darunter auch vorgestellt haben mochte). Störende Faktoren blendete er dabei aus. Aus dieser selektiven Wahrnehmung heraus meinte er, als »Erfolg seiner Politik« bezeichnen zu können, daß die Reichswehr nicht gleichgeschaltet worden sei. Vielmehr werde sie – wie er glaubte – in enger persönlicher Verbundenheit zu dem »von einer breiten nationalen Bewegung getragenen Kanzler eine geachtete und machtvolle Stütze des neuen autoritären Staates sein«.[180] In diesem Sinne sagte er in Anwesenheit Hitlers in Ulm zum Abschluß der Herbstmanöver am 6. September 1933, der Reichskanzler und Führer des deutschen Volkes habe der Reichswehr »im neuen Reich (...) den Platz angewiesen, der ihr gebührt.« Er habe der Armee die ruhmreichen alten Fahnen und die schwarz-weiß-rote Kokarde wiedergegeben«; sie gebe daher ihm »ihr vollstes Vertrauen, rückhaltlose Zuverlässigkeit und unerschütterliche Hingabe (...).«[181]

Die Reichswehr als vornehmste und zuverlässigste Trägerin des neuen Staates, dem autoritären Führer des Reiches loyal und dankbar ergeben, das war es, was Blomberg sehen wollte, und danach handelte er. Daß er diesem Trugschluß erlag, war sicherlich auch in der allgemein vorherrschenden Akzeptanz des Nationalsozialismus innerhalb der Gesellschaft begründet – Blomberg hatte gelernt, an Macht zu glauben und sich ihr unterzuordnen, wo sie sich zeigte. Eine weitere Ursache für Blombergs Irrtum ist darin zu suchen, daß Hitler der Illusion seines Wehrministers eifrig Vorschub leistete: Im September 1933 sagte er: »Wir können versichern, daß wir in Ihnen [Blomberg] den Träger der Tradition unserer ruhmreichen alten Armee sehen und daß wir mit ganzem Herzen und mit allem, was wir vermögen, uns für den Geist dieser Armee einsetzen werden.«[182] Am Tage der ersten Wiederkehr der Machtergreifung, dem 30. Januar 1934, sprach er von der herzlichen Verbundenheit zwischen den Kräften der Revolution und den verantwortlichen Führern einer bis auf das äußerste disziplinierten Wehrmacht«.[183] Für Blomberg war die Reichswehr nicht isoliert, neutralisiert, von moralischer Verstrickung und Entmachtung bedroht, sondern erhöht und geehrt.

9. Der »Herrscher der Seelen«

Hitler hatte 1933 eine breite Anhängerschaft quer durch alle Schichten der Bevölkerung. Auch viele, die sich selbst nicht als Nationalsozialisten verstanden, waren von der ihn umgebenden Aura – heute schwer faßbar – fasziniert. Der britische Hitler-Biograph Ian Kershaw mißt diesem Umstand eine fundamentale Bedeutung bei. »Ohne Hitlers außerordentliche Popularität«, so Kershaw, »wäre das hohe Maß an allgemeiner Zustimmung undenkbar, auf die das Regime immer wieder zurückgreifen konnte«. Der Führerkult[186], der Hitler-Mythos ist das zentrale Element der »charismatischen Herrschaft« Adolf Hitlers (im Sinne Max Webers).[185] Die Rätselhaftigkeit und das Unfaßbare dessen, das in diesem pseudo-religiösen Kult um Hitler lag, ist viel diskutiert und dennoch aus der reflexiv-analytischen Perspektive des Historikers niemals ganz begreiflich. Auch die biographische Beschäftigung mit der Persönlichkeit Hitlers vermochte nicht, seine außerordentliche Anziehungskraft zu erklären. Darum ist es wichtig, die Ursachen für den Hitler-Mythos auch in denen zu suchen, die Hitler bewunderten.[186] Während dieses in Ansätzen – so in einer methodisch und analytisch gelungenen gruppenbiographischen Studie von Michael Wildt – für einzelne Kollektive der Gesellschaft des Dritten Reiches geschehen ist[187], existiert bisher keine Studie, die die Akzeptanz Hitlers als Charisma-Träger in den Reihen des Offizierskorps sowie die Bedeutung des Nationalsozialismus als politische Religion[188] innerhalb der militärischen Gesellschaft untersucht.[189]

Kann auch die vorliegende Biographie diese Fragen nicht mit allgemeiner Gültigkeit beantworten, so kann doch an der Person Blombergs die charismatische Wirkung Hitlers, auch auf das höhere Offizierkorps, in einem geradezu idealtypischen Fall vor Augen geführt werden.

Werner von Blomberg war, wie gezeigt wurde, ein gebildeter und hochbegabter Offizier; ein »Willensmensch«, dessen Leben in vielen Stationen dem generationsspezifischen Normalverlauf seines Standes entsprach. Dennoch hatte für ihn die Metamorphose zu Hitlers »Vasallen«, das soll noch einmal ausdrücklich betont werden, ihre Wurzeln sicherlich nicht in einer *politischen* Übereinstimmung mit dem Nationalsozialismus, nicht in einer »Teilidentität der Interessen«, auch resultierte sie nicht aus rein zweckorientierten Überlegungen eines ehrgeizigen

Berufsoffiziers; nein, vielmehr empfand er die »Ankunft« Hitlers als die des langersehnten Retters, der Deutschland und das Militär aus den traumatischen Erfahrungen des Versailler Vertrages und der Weimarer Republik, aus einer als Bedrohung perzipierten Gegenwart befreien und zu neuer Größe empor führen konnte.

Der Parteitag des Sieges, der erste Reichsparteitag der NSDAP in Nürnberg vom 30. August bis 3. September 1933, hatte im Zusammenhang mit dem Zauber, den Hitler auf Blomberg auszuüben begonnen hatte, eine katalysatorische Funktion. Kurz nach dem Ereignis bringt er in einer Rede die damals vorherrschende kollektive Hitler-Begeisterung zum Ausdruck: »Alle sind von der Kraft die er [Hitler, die Verf.] ausstrahlt, tief ergriffen. Wer ihn in Nürnberg beim Parteitag (...) erlebt hat, in welcher Weise die volle Hingabe des Volkes emporlodert und wie impulsiv ihm auch die Soldaten zugejubelt haben, wo sie durch unsere militärischen Formen nicht daran verhindert waren, der fühlt etwas von der Kraft, die dieser Mann ausstrahlt.«[190] In diesen Worten spiegelt sich die beginnende Metamorphose des Generals zum gläubigen Anhänger des »Retters« Hitler (nach Einschätzung Klaus-Jürgen Müllers im Falle Blombergs eine »aus seelischer Instabilität entspringende emotionale Gläubigkeit«[191]). Das Phänomen des »Rettermythos« und des Glaubens an Hitler als eine Art religiösen Führer belegen zahlreiche Passagen in Blombergs Memoiren, in denen er sich einer pseudo-religiösen Terminologie bedient: »Seit 1919 hatten Kompromisse uns nicht vorwärts gebracht. Das deutsche Volk wartete auf eine Wendung – Hitler konnte einen ausgeleerten Raum betreten (...).«[192] Ein »ausgeleerter Raum« impliziert eine vorhergehende innere Leere, die sich in Blombergs Biographie in den Jahren vor der Machtergreifung fraglos findet. Er fährt fort: »Ich fand in Hitler und seinen Zielen alles, was man im Zwischenreich nicht finden konnte. Das ersehnte Wunder schien eingetreten, die Ebbe wandte sich zur Flut«. Was ich 1919 nicht mehr zu finden glaubte, fiel mir über Nacht in den Schoß: Zuerst Glaube, Verehrung für einen Mann, die ganze Zustimmung zu einer Idee; dann ein großer in die Zukunft deutender Wirkungskreis.«[193] Ein Leitgedanke in seiner Zustimmung zu Hitler war dabei der vieles beherrschende Topos der »Einheit«, von der Blomberg träumte. In Rußland meinte er dieses Ideal einer Einheit zwischen Volk, Armee und Staat gesehen zu haben. Für ihn war Hitler »der Sieger im Kampf um die Nation«. Ihm wollte er »mit voller Hingabe dienen«, ganz nach den Prämissen seines tief verinnerlichten Soldatenbildes und der Begeisterung für das genuin Neue und Revolutionäre. In Hitler glaubte er den Garanten für die Verwirklichung seiner Ideale zu erkennen und machte sich damit zum gläubigen Verbündeten seiner späteren Totengräber.

Blombergs langjährige Sinnsuche – kollektive Krankheit seiner Generation – kulminierte in einen Klimax. In Hitler fand er, was er gesucht hatte: Den Feldherrn Psychologos, den charismatischen Herrscher der Seelen. Hitler war »der Mann des Schicksals«, der »Retter«, der »Erlöser.«[194] Die durch Rudolph Diels überlieferte Äußerung Blombergs, Hitler wirke auf ihn »wie ein großer Arzt«[195] erscheint vor diesem Hintergrund durchaus glaubhaft.

Bereits in einer Schilderung seiner zweiten Begegnung mit Hitler, am Tag der Machtübernahme im Hotel Kaiserhof, liefert Blomberg für Hitlers unheimliche

Suggestivität einmal mehr ein Beispiel: »Ich war eine Stunde lang bei ihm. Zum ersten Male war ich dem überwältigenden starken Einfluß seiner Persönlichkeit ausgesetzt. (...) Hitler hob sich in solchem Maße von seinen Parteimännern und von der ministeriellen Umwelt ab, daß ein Vertrauen zu ihm sich als natürliche, ja als eine bedeutende Kraftquelle ergab [...]. Solange ich in seiner Nähe weilte, also bis zum Januar 1938, hat seine suggestive Kraft auf mich eingewirkt, indem sie mich aufrief, meine Zweifel und Einwände auszuschalten und es dabei verstand, meine völlig loyale Haltung, trotz Anfechtungen lebendig zu erhalten. Ich faßte Vertrauen zu ihm, er auch scheinbar zu mir.«[196]

In Beschreibungen der Physiognomie Hitlers werden meist seine faszinierenden Augen als charakteristisches Merkmal hervorgehoben.[197] Auch Blomberg setzte sich mit dem Gesicht des Diktators auseinander und schreibt, Hitler habe große, ausdrucksvolle Augen besessen, die sein Gesicht beherrschten, welches ihm allerdings unscharf erschienen sei. Diese Aussage Blombergs kann man als ein unbewußtes Eingeständnis einer Einbuße an Urteilsvermögen und Realitätssinn interpretieren. Die Realität verschwamm, wurde »unscharf«. Blomberg gelang es intuitiv nicht, Hitler klar zu sehen – zu *erkennen*. Obwohl psychologische Momente als Erklärung für Blombergs Handlungsmotive durchaus hilfreich sind, sollen sie nicht überbetont werden. Hitlers starke suggestive Wirkung auf den General auf einen Vaterkomplex zurückzuführen, greift zu kurz[198] und würde in der Beziehung zwischen General und »Führer« angelegte Aspekte wie Karrierestreben, Machtbewußtsein und einseitige militärische Orientierung verschleiern.

Aufschlußreich ist in diesem Zusammenhang die Einschätzung des damaligen deutschen Botschafters in Italien, Ulrich von Hassell, der nach einer längeren Aussprache mit Blomberg in Nürnberg 1934 seinem Tagebuch anvertraut, daß der General unter »einer Art Hypnose Hitler gegenüber stand«. Diese Hypnose, meint Hassell, sei durch drei Umstände zu erklären: »einmal [durch] die Tatsache, daß Bl[omberg] über keine sehr große allgemeine Bildung verfügt, überhaupt sehr stark ›nur Soldat‹ sei, zweitens durch eine gewisse Weichheit der charakterlichen Anlage, drittens durch die außerordentliche Begeisterung Hitlers für die Wehrmacht, die dieser und damit ihrem Oberbefehlshaber Entfaltungsmöglichkeiten einzig dastehender Art gewährleistet. Die unbestreitbare Notwendigkeit für den Inhaber von Bl[omberg]s Stellung, alle Gesichtspunkte dem des Aufbaus der Wehrmacht unterzuordnen, und die Tatsache, daß er hierbei das volle Vertrauen H[itler]s genoß und sich unbedingt erhalten mußte, erklärt in hohem Grade die geringe Widerstandskraft, die Bl[omberg] gegenüber Maßnahmen des Regimes auf anderen Gebieten entgegensetzte, die er sicherlich nicht billigte und deren große und gefährliche Tragweite er nicht verkennen konnte.«[199]

Während Hassells Analyse im wesentlichen zutreffend ist, entspricht sein Verdikt über Blombergs »mangelnde Allgemeinbildung« in keiner Weise der gängigen Charakterisierung des Generals als »ungewöhnlich gebildet«. Ob es auf einen besonders hohen intellektuellen Anspruch des Botschafters oder auf einen niedrigen derer hindeutet, die Blomberg für gebildet hielten, bleibt ungewiß – an Hassells Äußerung zeigt sich jedoch, wie zwiespältig Blomberg bereits von Zeitgenossen wahrgenommen wurde.

Die Verwirklichung und sichtbare Umsetzung einer neuen »Philosophie«[200] innerhalb des Militärs wurde zum vordringlichsten Ziel der Blombergschen Militärpolitik bis 1937. Was er genau unter dieser »neuen Philosophie« verstand, wird in seinen Aufzeichnungen ebenso wenig deutlich wie seine Definition der »nationalsozialistischen Bewegung« und »Weltanschauung«. Begriffe, die politisch konnotiert sind und darum semantische Schärfe – ein verbales »sich Festlegen« verlangen, umgeht er. Fest steht, daß er »Bewegung« und »Partei« differenzierte – auch verstand er unter »Bewegung« mehr als nur die Regierung Hitler.[201] Wie sich in seinen Überlegungen zur NS-Partei und Hitlers Paladinen – den von ihm so genannten »capitanos« – zeigt, blendete er die aus seiner Sicht in ihnen verkörperten Schattenseiten des Nationalsozialismus einfach aus: »Vom Beginn seiner Berührung mit Hitler an« war er, nach eigener Aussage, »erstaunt und erschreckt von den Männern und ihrer Wesensart, die seinen nächsten Menschenkreis und darüber hinaus das Rahmenwerk seiner Partei bildeten. Diese Menschen (...) bildeten eine revolutionäre Zwischenschicht, in der Idealismus und gieriger Realismus eine befremdliche Mischung eingegangen waren. Die Übereinstimmung im körperlichen typus (sic.), der nicht ansprechend war, fiel auf«.[202]

Auf die selbstgestellte Frage: »Was war mit der Partei?« antwortet er rückblickend, »Zweifel und Einwände ausschalten! Hitler allein zählt. Das Verhältnis zur Partei mußte sich als Verhältnis zu Hitler ergeben – man mußte sie in Kauf nehmen. Mir schien, daß Hitler die nationalsozialistische Idee verkörperte (...). Mir war die Partei nichts erwünschtes (...). Innerhalb der Partei ging ein haltloses Gerede über Eroberung. (...) Wir Soldaten nahmen das Geschwätz nicht ernst.«[203] »Hitler stand zu meiner Zeit auf unserer Seite.«[204] Diese innere Distanz des neuen Wehrministers zur nationalsozialistischen Partei nahm auch Goebbels mißbilligend wahr. Er ahnte, daß es sich bei Blomberg keineswegs um einen bedingungslosen NS-Anhänger handelte und wartete mißtrauisch auf dessen Bekenntnis zur Partei.[205] Faber du Faur's Urteil, Blomberg sei »von einer mimosenhaften Empfindlichkeit« gewesen, »wenn er von Dingen berührt wurde, die mehr von ihm verlangten als nur den Glauben an den Führer«, erscheint vor diesem Hintergrund wahrscheinlich.[206] Darin, daß Blomberg die Partei und ihre braunen capitanos ablehnte und sich gleichzeitig als Verbündeter Hitlers verstand, sah er keinen Widerspruch. Es war ein vorherrschendes Phänomen im Nationalsozialismus, Partei und Hitler zu unterscheiden.

Den Garanten für die Souveränität der Armee sah Blomberg in einem *persönlichen* Vertrauensverhältnis zu Hitler.[207] Der Begriff des »Vertrauens« war für ihn von zentraler Bedeutung und durchzieht seine Aufzeichnungen, Reden und Erlässe wie ein roter Faden. Dieses ausschließlich auf Hitler fixierte Denken verkannte indessen die wahren Machtverhältnisse im Dritten Reich. Hitlers Herrschaft beruhte bekanntermaßen nicht nur auf seinem persönlichen Charisma, sie war untrennbar mit den unterschiedlichen und oft gegensätzlichen Strömungen der Institutionen der Partei verbunden.[208]

Im übrigen hat Blomberg selbst seinen Einfluß auf den Diktator völlig überschätzt. Bei einem Staatsbesuch in London im Mai 1937 berichtete er einem britischen Offizier von seinem absolut privilegierten Zugang zu »Herrn Hitler«, den er zu jeder Tages- und Nachtzeit und an jedem Ort aufsuchen könne und der fast immer seinen Rat annähme[209], und aus der Perspektive post ex betont der General, daß es zwischen ihm und dem Diktator im Laufe der Jahre auch einige Meinungsverschiedenheiten und Diskussionen (gerade in SA-Fragen) gegeben habe. Blomberg hatte, nach eigener Erinnerung, zwischen 1933 und 1938 »oft genug Widerspruch (gegen Hitler, die Verf.) erhoben, mehrfach im lebhaften Zusammenprall« mit Hitler.[210] Trotz dieser angeblichen Meinungsverschiedenheiten zwischen Reichskanzler und Reichswehrminister sah Blomberg sich dem omnipräsenten Vorwurf der »Hitler-Hörigkeit« gegenüber. Im Gespräch war der vornehm-zurückhaltende Blomberg bis zu seinem Sturz 1938 von Hitlers hysterischen Wutausbrüchen dann auch verschont geblieben und dieser war ihm gegenüber bis zuletzt freundlich (mit »österreichischem Charme«), zuvorkommend und »voll der Zustimmung« (Blomberg). Dieser Aussage seines »Einflusses« auf Hitler widerspricht Blomberg selbst, wenn er in seinen Memoiren schreibt, daß es »zumeist doch zur Rücknahme« des »Widerspruchs« kam, denn »*Hitler war zu stark*« [Hervorhebung durch die Verf.].[211]

Erst als ein desillusionierter Blomberg nach dem Krieg und während seiner Haft Hitler für sich persönlich zu demaskieren begann, bröckelte das Bild über den einstigen Vertrauten und in seinen Notizen klingt Verbitterung und Enttäuschung über diesen an: »Hitler kannte keine gleichberechtigten Mitarbeiter, jedenfalls nicht auf die Dauer an. Er konnte diesen Umstand durch ein rücksichtsvolles, ja freundschaftliches Wesen tarnen, wie es mir persönlich geschah«.[212]

Und Hitler? Wenngleich er stets von einem tiefen Mißtrauen gegenüber Leuten beseelt war, die aus der alten preußischen Tradition kamen, so hatte er auf seine Weise tatsächlich eine Art Vertrauen zu seinem Wehrminister gefaßt.[213] Eine der Ursachen für dieses Vertrauen war sein fester Glaube, daß es Blomberg zuzuschreiben war, daß es in der Nacht zum 30. Januar 1933 nicht zu dem befürchteten Reichswehrputsch kam.

Hitler wußte sehr genau, was er Blomberg verdankte und sah in ihm einen mächtigen Verbündeten. Blombergs Bedeutung als Legitimationsinstanz seiner Herrschaft war fundamental, und die Bindung an den Wehrminister war für den Diktator gleichbedeutend mit einer engen Bindung an die Reichswehr, die die Vergangenheit symbolisierte und eine entscheidende Schlüsselstellung in seinem Machteroberungskonzept einnahm. Da er zu der Armee stets ein gespanntes Verhältnis hatte, brauchte Hitler Blomberg in den Jahren der Konsolidierung der Macht der Nationalsozialisten als Bindeglied zur Reichswehr und als Instrument, um die militärische Macht gleichzuschalten und zu kontrollieren. Wichtig war für ihn, daß Blomberg wie Hindenburg als Träger der »alten Ordnung« eine wichtige Integrationsfunktion bei der Etablierung und Inszenierung des Führerkultes hatte. Damit sei nicht unterstellt, daß er die Schöpfung dieses Kultes konzeptionell plante, zumindest nicht in den ersten Jahren seiner Herrschaft, vielmehr erfaßte er intuitiv, welche Faktoren seine Herrschaft mit gestalteten und nutzte diese geschickt. Gerhard Ritter stellt zu recht fest, daß Hitler mit Blomberg »ein unwahrscheinlich großes Glück gehabt« hatte und daß »keine Persönlichkeit besser geeignet sein konnte, den äußeren Schein unveränderter Selbständigkeit der Reichswehr aufrechtzuerhalten und diese doch in kaum merklichen

Stufengraden zum willenlosen Werkzeug zu machen, als gerade dieser Wehrminister aus der Schule des alten kaiserlichen Generalstabs.«[214] Der Diktator wußte das und sollte seinem Kriegsminister sein Vertrauen 1938 nur ungern und mit gemischten Gefühlen im Hinblick auf die militärische Alleinverantwortung entziehen.

Auch besaß Hitler einen untrüglichen Instinkt dafür, wem er trauen konnte und wem nicht. Blomberg konnte er trauen; er war »ein wahrer und edler Freund«[215]; und so ließ er diesen auch im privaten Rahmen sehr eng an sich heran und setzte alles daran, den Wehrminister für seine Treue zu belohnen.[216] »Wer Hitlers überströmende und respektvolle Liebenswürdigkeit, sein Bemühen ritterlichen Verhaltens Blomberg gegenüber in jenen Monaten beobachtet hat, vermochte sich in die Seele des gutmütigen Soldaten Blomberg zu versetzen. Er sah in eine glanzvolle Zukunft hinein.«[217] Die berufliche Zukunft des noch am 29. Januar zutiefst desillusionierten und am historischen 30. Januar 1933 zum General beförderten Blomberg gestaltete sich in der Tat glanzvoll: Am 30. August 1933 wurde er zum Generaloberst und zu Hitlers Geburtstag am 20. April 1936 zum Generalfeldmarschall ernannt.

Als einer der engsten Vertrauten war Blomberg häufig zu Gast im Hitlerschen »Privatheiligtum«, seinem Haus auf dem Obersalzberg. Er gehörte zu den wenigen Menschen, die Hitlers Geliebte, Eva Braun, im Umfeld des Diktators erlebten und verfügte über eine hervorragende Detailkenntnis der Lebensgewohnheiten Hitlers.[218] In seinen Notizen berichtet er: »Hitler hatte nicht geheiratet, aber er bedurfte der Frauen. Er sprach einmal vertraulich zu mir von dieser Seite seines Lebens (...)«. Blomberg hatte keineswegs für alle Gewohnheiten seines »Führers« Verständnis. Wie auch sein Luftwaffenadjutant Karl Boehm Tettelbach in seinen Memoiren bestätigt, mußte Blomberg auf Hitlers Berghof an abendfüllenden Filmvorführungen, unter anderem von Rühmann-Filmen, teilnehmen. Diese schienen, anders als es bei Hitler der Fall war, seinen Geschmack jedoch nicht zu treffen. Er schreibt: »Seine [Hitlers, die Verf.] Vorliebe für den Film erstaunte mich immer wieder. Er war im Stande, allabendlich einen oder zwei Filme anzusehen. Vielleicht bedurfte er dieser flimmernden Ablenkung, aber ich empfand diese Lust oder Gewohnheit als befremdend.«[219] Blombergs jüngste Tochter Dorothee, die ihren Vater auf den Obersalzberg begleitet hatte, erinnert sich ebenfalls an die eigenartige Gesellschaft, die sie dort vorfand. Diese »Mischung aus Männerverein und Offiziersmesse«[220] stellte eine eigene Welt dar. Blomberg selbst kaufte sich 1934 in Bad Wiessee am Tegernsee ein Haus im bayerischen Stil und nannte es (in Anlehnung an Hitlers Anwesen?) Berghaus.

Die Besuche auf dem Obersalzberg in den Jahren von 1933 bis 1937, die erst ausblieben, als Hitler seinem Generalissimus das Vertrauen entzog, zeigen das Ausmaß der engen persönlichen Bindung zwischen Wehrminister und »Führer«. Die Teestunden und Spaziergänge in Hitlers gewohnter Umgebung entsprachen dessen chaotischem, planlosen und von Launen beherrschtem Regierungsstil, seiner Neigung zu Geheimniskrämerei und seiner Vorliebe für Einzelbesprechungen mit von ihm leicht zu dominierenden Untergebenen. Blomberg erinnert sich an diese Art von »Unterredungen«, die er mit Hitler auf dem Obersalzberg führte: »Im Gespräch zu Zweit oder zu Dritt sprach eigentlich immer er in Monologen.«[221] Hitler schätze es, in Blomberg nicht nur einen militärischen Fachmann zu finden, sondern auch einen literarisch, philosophisch gebildeten Gesprächspartner, der sich außerdem in seiner ruhigen besonnenen Art auf das geduldige Zuhören verstand, und Zuhören war etwas, das Hitler von seinen Vertrauten unbedingt erwartete, denn er allein stand im Mittelpunkt seiner Phantasien von Macht und Größe. Die obligatorischen Spaziergänge verliefen nach einem kanonisierten Schema: sie führten immer bergab; am Fuße des Berges wartete ein Wagen, um Hitler und seinen jeweiligen Begleiter wieder nach oben zu bringen. Wegen der zahlreichen Schaulustigen wurde während solcher Nachmittagsspaziergänge oft die ganze Gegend abgesperrt. Zum Ausgleich bürgerte sich der Vorbeimarsch der aus allen Teilen Deutschlands angereisten Besucher ein: eine Art religiöser Ritus, der Blomberg unheimlich beeindruckte und bei dem er die Verehrer des »Führers«, die zum Obersalzberg gepilgert waren, bestaunen konnte, die nach stundenlangem Warten und dem Zeichen eines Adjutanten folgend, still – gleich einer Prozession – in einer langen Reihe an Hitler vorbei marschieren durften.[222]

10. Zeit der Indoktrination

Seinen Pakt mit Hitler besiegelte Blomberg mit seiner Militärpolitik, die er akzentuierte, indem er von stillschweigender und wohlwollender Neutralität auf eine indirekte Unterstützung der Hitlerbewegung umschwenkte. Mit einer »Öffnungspolitik« und »Umarmungstaktik« ging er daran, den Bereich der Armee, der von Gleichschaltung und Revolutionierung durch die NSDAP bisher ausgeklammert war, sukzessiv von sich aus aktiv den neuen Gegebenheiten anzupassen. Er selbst wollte die nötigen Maßnahmen durchführen lassen, die er als logische Konsequenz seiner Partnerschaftspolitik sah. Auf diese Weise glaubte er, eine direkte Einflußnahme auf Hitler erreichen zu können. Die »Öffnungspolitik« der Reichswehrführung sollte allerdings, ungeachtet ihrer anders gearteten Motivierung, zur inneren Zersetzung der Armee beitragen.[223] Ganz gezielt und massiv hat Blomberg, und unter ihm der neue Stab der Reichswehrführung, in den ersten anderthalb Jahren der neuen Regierung eine stärker werdende Politik der »Öffnung« und Anpassung betrieben, um das Image der Wehrmacht im Sinne Hitlers im Bereich der politischen Information und Schulung und auf dem Gebiet der Personalpolitik zu ändern. Die »Indoktrinierungsbestrebungen« begannen am 19. April 1933 mit der Einführung der Grußpflicht (Deutscher Gruß) zwischen Wehrmacht und Polizei, die ab dem 22. Mai auch zwischen der Wehrmacht und den Verbänden der SA, SS und des Stahlhelms galt. Am 19. September 1933 ordnete Blomberg den Gruß »Sieg Heil« dann auch für Reichswehrangehörige an.[224] Daß Blomberg darin tatsächlich weit mehr sah als eine bloße Anpassungstaktik an das Hitler-Regime, bekennt er noch 1944 im Wiesseer Exil. In seinen Notizen beschreibt er die Verfolgung derer im Rathaus in Wiessee, Kurgäste zumeist, die in ihren Schreiben an die Gemeindeverwaltung als Schlußformel statt »Heil Hitler« die Worte »Mit deutschem Gruß« oder gar »hochachtungsvoll« oder »ergebenst« gebraucht hatten: »Sie wurden den Ortsgruppen der Partei ihrer Heimatorte angezeigt, damit diese Übeltäter überwacht würden!! Der Ausdruck ›Heil Hitler‹ war ein Kampfruf und Erkennungszeichen gewesen. Dann hatte man ihn zur konventionellen Schlußformel und zum alltäglichen Grußwort gemacht. Alles aufrechte Bekennertum war ihm damit genommen. Wenn man nun den Gebrauch von H.H. (Heil Hitler, die Verf.) mit Zwangsmaßregeln durchdrücken wollte, dann ging jeder Wert und jede *magische Kraft* dieses *Kampfrufes* [Hervorheb. durch die Verf.] verloren. Es wäre schade darum!«[225]

Im Mai 1933 erfolgte ein Erlaß Blombergs über das »Verhalten der Wehrmacht gegenüber nationalen Verbänden«, in dem er anordnete, daß Soldaten, die an Kundgebungen derartiger Verbände teilnehmen, »durch ihr Benehmen klar zeigen [müssen], daß sie mit der nationalen Bewegung mitgehen«.[226] Nun war er auch bereit, die NSDAP als solche in sein Konzept einzubeziehen. Ein weiterer Versuch des Reichswehrministeriums, die Reichswehr politisch zu beeinflussen, erfolgte im Juli 1933 durch die Erlaubnis, Bekanntmachungen der Partei sowie Werbeaushänge für Parteischrifttum in den Diensträumen der Reichswehr auszuhängen. Im folgenden erteilte das Reichswehrministerium den Fachschulen der Reichswehr den Auftrag, für das Schuljahr 1933/34 einen nationalpolitischen Unterricht einzuführen. Der nationalpolitische Unterricht und die Erziehung der Soldaten würden bis zu seinem Ausscheiden aus der Armee 1938 zentraler Bestandteil der Militärpolitik des früheren Chefs des Truppenamtes sein.[227]

Wie die Reichswehrführung gegenüber den anderen Parteien und den Koalitionspartnern Hitlers ihre neutrale Haltung de facto aufgegeben hatte, so wollte sie auch die Neutralität der inneren Einstellung der Streitkräfte aufgeben. Hatte seit der Ära Seeckt der Grundsatz gegolten, daß die Reichswehr dem Staat allein, der Staatsautorität »über Parteien und Regierungen« diene, so schwenkte Blomberg jetzt radikal zum anderen Extrem um: Die Reichswehr sollte nunmehr »der nationalsozialistischen Bewegung« – nicht etwa der von einem nationalsozialistischen Reichskanzler geführten »nationalen Regierung« – dienen. Diese Formulierung kennzeichnet den Willen Blombergs, sein militärpolitisches Konzept einer Armee als Hauptmachtfaktor in Hitlers Diktatur unter anderem auch dadurch durchzusetzen, daß sich diese ideologisch dem Nationalsozialismus öffnete.[228] Die Öffnungspolitik der Reichswehrführung ging einher mit einer Transparenzmachung wehrmachtinterner Vorgänge gegenüber der Partei[229], was dazu diente, die Vorwürfe von Partei und SA zu entkräften, es mangele der Armee an einer nationalsozialistischen Einstellung. Diese Politik wurde zum einen durch das Bestreben gekennzeichnet, das Offizierskorps, dessen Zwiespältigkeit gegenüber dem Nationalsozialismus man im Ministerium durchaus erkannt hatte, mittels nachdrücklicher Indoktrinierung für den neuen Staat Hitlers zu gewinnen und damit gleichsam die Voraussetzungen für den Erfolg des eingeschlagenen Kurses zu schaffen; zum anderen durch den Versuch, die neue »Weltanschauung« durch demonstrative Betonung ihrer, in ideologischer Hinsicht grundsätzlichen, Übereinstimmung mit den soldatischen Grundauffassungen der Streitkräfte für die Reichswehr gleichsam zu usurpieren. Diese Tendenz spiegelte sich fortan in allen einschlägigen Erlassen des Reichswehrministeriums und seiner nachgeordneten Kommandobehörden. Das letzte Moment wurde immer nachdrücklicher betont, je mehr sich um die Jahreswende 1933/34 der seit dem Spätsommer 1933 schwelende Konflikt mit der SA verschärfte.

Fraglos ist diese Öffnungspolitik der Reichswehrführung nicht losgelöst von dem wachsenden Konkurrenzverhältnis zwischen Reichswehr und SA zu interpretieren. Über die Frage, ob in der gegen die SA gerichteten, taktischen Komponente der Blombergschen Indoktrinierungspolitik deren eigentlicher Movens zu suchen ist und, ob diese Politik weniger eine auf die Akzeptanz der »Partei« als vielmehr eine auf Schwächung der SA ausgerichtete Strategie war, besteht in der Forschung kein Konsens.[230] Es gilt festzustellen, daß der Konflikt zwischen Reichswehr und SA die Indoktrinierungspolitk Blombergs intensivierte, *hervorgerufen* aber hat er sie sicherlich nicht, denn sie lag prinzipiell in der Linie des auf Erringung einer einflußreichen Stellung gerichteten Kurses der Reichswehrführung und entsprach Blombergs Einstellung zu Hitler.

Was unter der Ägide Blombergs und Reichenaus stattfand, war gleichsam der Versuch einer Umerziehung vom »unpolitischen Soldaten« zum »vom nationalsozialistischen Geist« beherrschten Militär. In den Offiziersheimen hingen ab 1934 nicht nur Bilder des Wehrministers und des (verstorbenen) Generalfeldmarschalls von Hindenburg, sondern auch Bilder des »Führers«. In Zusammenarbeit mit dem Propagandaministerium formulierte das Reichswehrministerium als Instrument der Indoktrination und Erziehung der Soldaten eine Art »Manifest der Übereinstimmung« zwischen Wehrmacht und Partei, das einem Fahrplan für die gesamte Wehrpropaganda bis 1938 gleichkam. Dabei war Blomberg besonders aktiv daran beteiligt, die Publikation und Verbreitung bestimmter Bücher und Schriften im militärischen Establishment zu dirigieren.[231] Zu den Maßnahmen des Reichswehrministeriums gehörte z.B. die Veranstaltung eines Schreibwettbewerbs für junge Offiziere; diese sollten in Essays den Alltag des Soldaten im Dienste des »völkischen Staates« schildern. Der beste Aufsatz sollte (und wurde) in einem Sammelband des Reichswehrministeriums namens *Waffenträger der Nation* (1934) veröffentlicht.[232]

Auch die Militärpublizistik berichtete entsprechend: Am 29. November 1933 druckte die Zeitschrift *Deutsche Wehr* einen groß angelegten Leitartikel über die »Wehrmacht im Dritten Reich« und betonte die Zustimmung Blombergs zum Nationalsozialismus sowie die grundsätzliche Übereinstimmung zwischen der Weltanschauung der »Bewegung« und der Soldaten.

Einen Tag später präsentierte Goebbels den ersten Vortrag einer, mit dem Wehrministerium gemeinsam geplanten, »Langzeitvorlesungsreihe«, die Anfang 1934 begann und eine grundlegende Definition des Verhältnisses zwischen Wehrmacht und Nationalsozialismus zum Thema hatte.[233] In den einzelnen Vorträgen wurden Schlüsselbegriffe des gemeinsamen »Manifests«, Phrasen des Nationalsozialismus, erläutert: Frontkämpfertum, Opfertod, Versailles als kollektives Trauma der Nation, Entindividualisierung des Einzelnen, Bruderschaft, Volk und Vaterland.[234] Bereits am Ende des Jahres 1933 konnte Blomberg in der *Deutschen Wehr* zufrieden die positive Wirkung der gezielten Propaganda innerhalb des Offizierkorps resümieren und die »Rolle der Wehrmacht im Jahre 1933« definieren, wobei er einmal mehr seine Vision von der Einheit zwischen Wehrmacht, Staat und Volk ausführte.[235]

Die Wahrnehmung der Reichswehr durch die Öffentlichkeit im In- und Ausland galt es im Sinne der Einheit zwischen Armee und Staat zu manipulieren. In diesem Sinne engagierte sich die Reichswehr demonstrativ und medienwirksam für das Winterhilfswerk und für Kinderspeisungen. Besonders deutlich wurde die Manipulation des Bildes vom Militär in der Öffentlichkeit vor und während der Olympischen Spiele in Deutschland im Jahre 1936. Nicht nur wurde während der Spiele eine militärische Machtdemonstration par excellence geliefert, Blomberg hatte in mehreren Erlässen und Verfügungen an die Wehrmacht vor Beginn der Olympischen Spiele nicht etwa nur Vorgaben gemacht, wie militärische Einrichtungen und Informationen abzuschirmen seien, sondern auch dafür, welche Eindrücke von der Wehrmacht bei den Scharen in- und ausländischer Touristen zu erwecken seien: Es galt, ein Bild von einer Wehrmacht zu projizieren, die »geeint sei in Hitlers Willen«.[236] Auch visuell kamen die Anpassungsbestrebungen des Wehrministers zum Ausdruck: Seit 1919 hatte er das Aussehen der Reichswehruniform kritisiert. Im Februar 1934 ließ er sie nun modifizieren.[237] Auf Blombergs Vorschlag hatte Hindenburg eine Verordnung erlassen, die vorsah, daß die Soldaten von nun an das NS-Hoheitsabzeichen[238] – stilisierter Adler mit Hakenkreuz – an der Uniform zu tragen hätten; so kam es zur äußerst bedenklichen »Verstaatlichung eines Parteiensymbols«.[239] Die Landeskokarde an der Dienstmütze des Heeres wurde ebenfalls durch das Hoheitszeichen der NSDAP ersetzt, und am Stahlhelm wurde auf der rechten Seite das Schild mit den Reichsfarben Schwarz-Weiß-Rot, auf der linken das Hoheitszeichen angebracht, beim Heer in weißer, bei der Marine in goldgelber Ausführung. In diesen Maßnahmen war weit mehr als eine Äußerlichkeit zu sehen, und die Akzeptanz solcher Parteisymbole im militärischen Zirkel bedeutete die visuelle Manifestation politischer Involvierung der Armee. Das amtliche *Militär-Wochenblatt* rechtfertigte die kosmetische Veränderung der Uniform damit, daß durch das Tragen des Parteisymbols äußerlich zum Ausdruck komme, was die Wehrmacht von jeher anstrebe: »Waffenträger eines geschlossenen, nationalen Volkes zu sein«. Als von Angehörigen der NSDAP gefordert wurde, daß innerhalb der Reichswehr weitere nationalsozialistische Orden und Abzeichen, wie das Ehrenzeichen der NSDAP und der Blutorden des 9. November 1923, öffentlich getragen werden sollten, lehnte Blomberg dies allerdings ab.

An jenem 2. Februar 1934, an dem Blomberg das Anlegen des NS-Hoheitszeichens befohlen hatte, unterrichtete er die Befehlshaber der Wehrkreise außerdem von der bevorstehenden Herausgabe des sogenannten »Arier-Erlasses« für das Offizierkorps.[240] Nachdem er bereits am 8. Dezember 1933 den Besuch jüdischer Lokale für Soldaten verboten hatte, lenkte er nun mit der Einführung des Erlasses am 28. Februar 1934[241] die Indoktrinierungsbestrebungen, die für ihn zugleich Zeichen der Loyalität der Reichswehr gegenüber Hitler und taktischer Schachzug im innenpolitischen Machtkampf mit der SA waren, in eine moralisch und politisch folgenschwere Richtung.[242] Die Anwendung des Arier-Paragraphen war ein erster Höhepunkt in der schrittweisen Öffnungspolitik Blombergs gegenüber der NSDAP. Sie hatte eine umfassende personalpolitische Säuberungsaktion zur Folge, in deren Verlauf etwa siebzig »nicht-arische« Offiziere, Unteroffiziere und Soldaten aus der Reichswehr entlassen wurden.[243] Sie bedeutete nicht weniger als »*erstmals* die direkte Übertragung eines typisch nationalsozialistischen Prinzips, des Rassenprinzips, in den bislang als autonome Domäne der militärischen Führung eifersüchtig gehüteten Bereich der *Personalführung*, die bislang von den geheiligten Prinzipien preußischer Militärtradition bestimmt worden war«.[244] Mit Recht darf man wohl die Frage stellen, ob mit der Einführung des Arier-Paragraphen nicht die Basis für eine Potenzierung kollektiver Vorurteile gegenüber bestimmten Völkern und Kulturen in der Armee geschaffen worden war, die einer Involvierung von Teilen der Wehrmacht in kriegsverbrecherische Handlungen im Zweiten Weltkrieg den Nährboden bereitete.[245]

An dieser Stelle sei Blombergs Verhältnis zu seinen jüdischen Mitmenschen skizziert. In den Memoiren setzt er sich nicht explizit mit seiner Einstellung zum Judentum auseinander. Dennoch lassen seine überlieferten Eindrücke von den New Yorker Juden, die er während seiner Reise in die USA 1931 kennen lernte, sowie die enge Freundschaft zu seinem ersten Marineadjutanten, dem späteren Oberbefehlshaber der Kriegsmarine Hans Georg von Friedeburg, der gemäß NS-Terminologie »Mischling zweiten Grades« war[246], den Schluß zu, daß er kein Antisemit war. Und doch begann er, besonders nach der Röhm-Krise, Konzessionen an die Rassenpolitik Hitlers zu machen. Die erste erfolgte in Form seiner Order, Nichtarier vom Militärdienst in der Wehrmacht auszuschließen. Kurz darauf gab er den Angehörigen der Wehrmacht die Anweisung, nicht in jüdischen Geschäften zu kaufen.[247] Nicht zu klären ist anhand der vorhandenen Quellen, in welchem Maße Blomberg von den Verbrechen an Juden gewußt hat. Fest steht, daß die Reichswehr bei den Ausschreitungen gegen die jüdischen Deutschen stillschweigend zugesehen hat. Als Blomberg im Mai 1937 als deutscher Delegierter an den Krönungsfeierlichkeiten für Georg VI. in London teilnahm, bemerkte er gegenüber seinem britischen Begleitoffizier, daß die britische Vorstellung von der Behandlung von jüdischen und nicht-nationalsozialistisch denkenden Menschen in Deutschland ein Ergebnis der maßlosen Übertreibungen der britischen Presse sei. Er erklärte, daß das »jewish problem« in Deutschland sich von dem in Großbritannien stark unterscheide, da in Deutschland »Juden von einem minderwertigeren Typus« vorherrschten und fügte hinzu, daß die Engländer nicht glauben dürften, daß, nur weil viele Juden Deutschland hätten verlassen müssen, man diesen nicht – sobald dort Ordnung eingekehrt sei – erlauben würde zurückzukommen, allerdings zu den Bedingungen der Deutschen. Er erklärte dem Briten, daß eine große Anzahl der sozialen Probleme in der Weimarer Zeit von den Juden verursacht (»instigated« = angestiftet) waren, und somit – obgleich tatsächlich viele Unschuldige mit den Schuldigen gelitten hätten, es somit sehr angebracht erschien »*to cut away a lot of flesh*«.[248] Blomberg behauptete schließlich, daß England zur »rechten Zeit« ein »demokratisiertes Drittes Reich« mit einer Reintegration der Juden als »deutsche Staatsbürger« erleben würde.[249]

Blomberg reagierte erschrocken und zutiefst überrascht, als er nach Kriegsende von der Existenz der Vernichtungslager und den grausamen und wahnwitzigen Auswüchsen des Hitlerschen Genozids erfuhr. Sein Verschwinden von der militärpolitischen Bühne im Jahr 1938 schließt eine Teilnahme an der Planung des Holocaust aus. Einer moralischen Bewertung seines Wissens um judenfeindliche Handlungen, der Zustimmung zu den Nürnberger Gesetzen 1935, deren Förderung innerhalb der Wehrmacht sowie des billigenden Inkaufnehmens von Hitlers glühendem Judenhaß kann man dagegen nicht aus dem Weg gehen.[250]

Seit 1934 hatte das Wehrmachtamt *Wichtige politische Verfügungen des Reichskriegsministers und Oberbefehlshabers der Wehrmacht* publiziert.[251] Die sechzig Seiten umfassende Broschüre der Ausgabe von 1935 stellte Richtlinien für das politische Verhalten der Soldaten auf und birgt in 51 mehr oder minder wichtigen Punkten die Auffassung des Wehrministers vom neuen – *politischen* – Soldaten. Die *Richtlinien,* die ab Mitte Oktober 1935 in den Wehrkreisen verbreitet wurden, um den Kommandeuren die »tägliche Arbeit zu erleichtern«, waren ein wichtiges Instrument der Indoktrination der Soldaten und mit der Intention erstellt worden, den Glauben an die nationalsozialistische Weltanschauung in ihren Reihen zu verstärken.[252] Die meisten der hier formulierten Punkte (Kauf in jüdischen Geschäften, Zugehörigkeit zu Verbänden, Zulassung von Berichterstattern), hatten de facto bereits in den ersten beiden Jahren nach Blombergs Ernennung zum Reichswehrminister zu wirken begonnen. Die ersten drei Paragraphen der Broschüre waren inhaltlich zentral; sie betrafen, erstens, die »Pflichten des deutschen Soldaten«, zweitens, das Verhältnis zwischen »Wehrmacht und Nationalsozialismus« sowie drittens zwischen »Wehrmacht und Partei«. Die Richtlinien spiegeln, wie weit sich Blombergs Wahrnehmung der Wehrmacht bereits von einem traditionellen Armee-Bild entfernt hatte und zeigen den Grad der Politisierung der Wehrmacht. Paragraph 1 (»Pflichten des deutschen Soldaten«) und Paragraph 2 (»Wehrmacht und Nationalsozialismus«) der *Richtlinien* repetieren die unbedingte Notwendigkeit, die nationalsozialistische Weltanschauung und Staatsauffassung in der Armee zu adaptieren. Die Verfügungen vom Herbst 1935 waren die umfangreichste Sammlung an Erlässen der Kriegsministers zur Förderung der politischen Indoktrinationsbemühungen und zur grundsätzlichen Definition der Aufgaben beider »Säulen« – Armee und Partei.

Den Kurs der Militärpolitik trieben die Köpfe des Reichswehrministeriums bis zur indirekten Unterstützung der Regierung bei der Revolutionierung des Staates voran. So wurde bereits Ende Februar 1933, noch vor dem spektakulären Reichstagsbrand, den Befehlshabern eröffnet, daß die bewaffnete Macht zwar nicht an dem Kampf der Regierung gegen Marxisten und Kommunisten teilnehmen werde, aber doch in »wohlwollender Neutralität verharren« sollte[253]. Im gleichen Sinne hatte Blomberg am 24. Februar dem Befehlshaber im Wehrkreis V befohlen, bei Unruhen nicht die verfassungsmäßige Regierung in Stuttgart, sondern die Nationalsozialisten zu unterstützen. Konsequent hatte er nach Beseitigung des föderativen Staatsaufbaus die Befehlshaber der Wehrkreise angewiesen, »für ein gutes, noch besser herzliches Verhältnis zu den in den Ländern eingesetzten nationalsozialistischen Reichsstatthaltern Sorge zu tragen.«[254]

Daß die indirekte Option für die Hitler-Bewegung bis zur weitgehenden Beihilfe bei terroristischen Maßnahmen führen konnte, hat die Spitze des Reichswehrministeriums dabei bewußt in Kauf genommen. Reichenau gab im Februar 1933 in Vertretung Blombergs den Befehlshabern die Richtlinie: »Erkenntnis (ist) notwendig, daß wir in einer Revolution stehen. Morsches im Staat muß fallen, das kann mit Terror geschehen. Die Partei wird gegen den Marxismus rücksichtslos vorgehen. Aufgabe der Wehrmacht: Gewehr bei Fuß. Keine Unterstützung falls Verfolgte Zuflucht bei der Truppe suchen«.[255] Damit wurden die Streitkräfte angewiesen, Gewehr bei Fuß neben dem staatlich sanktionierten Terror zu stehen. Einige Befehlshaber zeigten sich von Reichenaus Weisung stark betroffen. Sie zogen sich aus dem Dilemma zwischen innerer Ablehnung der Weisung und funktioneller Gehorsamspflicht, indem sie die Weisung nur in abgeschwächter Form weitergaben.[256]

Die Indoktrinationsbestrebungen der Reichswehrführung trugen so entscheidend zu der Entwicklung einer (militär-)politischen Konstellation bei, durch die das innere Gefüge der Reichswehr und ihre Geschlossenheit zunehmend geschwächt und perforiert wurden.

11. Diadochenkämpfe im Offizierkorps

Blombergs Ernennung zum Reichswehrminister in einem für diesen Posten ungewöhnlich jungen Alter war mit großem Mißtrauen seitens seiner Kameraden im Offizierskorps beobachtet worden, und viele neideten ihm seine glänzende Karriere.[257] Animositäten und Eifersüchteleien fanden sich unter den hohen Offizieren schon lange nicht eben selten. Die »Diadochenkämpfe« waren »zwangsläufig durch den durch die Enge des 100 000-Mann-Heeres bedingten harten Konkurrenzkampf entstanden.[258] Wie wenig homogen bereits vor 1933 das Offizierskorps in Wirklichkeit gewesen ist und welche Positionskämpfe aus unterschiedlichen Gründen unter der Oberfläche ausgetragen wurden, ist bereits beleuchtet worden: Eine einheitliche Reichswehr hatte es schon seit langem nicht mehr gegeben.[259]

Von seinen Kameraden wurde der Wehrminister hinter vorgehaltener Hand »Gummilöwe«[260] und nach dem Titel des NS-Propagandafilms *Hitlerjunge Quex. Ein Film vom Opfergeist der deutschen Jugend (1933)* »Hitlerjunge Quex« genannt.[261] Folgt man den Erinnerung des damaligen Leiters der Konsularabteilung an der deutschen Botschaft in London (1934 bis 1938), Wolfgang Gans zu Putlitz, war Blomberg als »charakterlicher Waschlappen« bekannt.[262]

Ob Blomberg tatsächlich bereits *vor* seiner Entlassung 1938 in breiten Kreisen der Generalität derart unbeliebt gewesen ist, wie die Mehrzahl der Aussagen und Erinnerungen deutscher Generale nach 1938 bzw. nach 1945 suggeriert, muß dennoch sehr in Zweifel gezogen werden. Es wird fraglos eine kollektive Aversion gegen den Kriegsminister gegeben haben, die jedoch eher unterschwellig gärte und sich erst im Zuge der Blomberg-Fritsch-Krise kanalisierte. Blomberg hatte sich als Antitraditionalist, Reinhardtschüler und Gegner der »Schleicher-Clique« gezeigt und galt bei manchen als sonderbarer »Sektierer«. Bei den Verhören in Nürnberg faßte Generalfeldmarschall Rundstedt die in dieser Zeit in der Generalität über Blomberg angeblich vorherrschende Meinung folgendermaßen zusammen: »Blomberg war uns immer etwas fremd; er schwebte in anderen Regionen. Er war etwas (...) theosophisch und so weiter; es konnte ihn eigentlich niemand recht leiden.«[263]

Rundstedt, der als Dienstälterer ohnehin nicht gut auf den ihm vorgezogenen Blomberg zu sprechen gewesen sein dürfte, hatte hierbei in einem Punkt recht: Blomberg war im Kreise der Generalität eine ungewöhnliche Gestalt. Den mehr oder weniger ungebildeten Offizieren erschien ein intellektueller Kamerad, der mehrere Sprachen sprach, literarisch und wissenschaftlich überdurchschnittlich gebildet war, Opern und Konzerte besuchte, suspekt (Rundstedts »und so weiter«). Hinzu kam Blombergs weiche Art, seine ruhige, freundliche Gelassenheit und das ewig-höfliche Lächeln auf seinem Gesicht, das einen Blick hinter seine Fassade erschwerte. Viele nahmen ihn nicht ganz ernst, da er in Vielem ihrem kollektiven Verständnis von militärischer Autorität entschieden widersprach.[264] Der Vorwurf des »etwas theosophisch« gewesen seins wog besonders schwer und war ja auch nicht völlig unbegründet, wie Blombergs Engagement in der Schule der Weisheit und im Kreis um Wolfgang Muff in den zwanziger Jahren beweisen. In der Tat handelte es sich bei seiner Steiner-Rezeption um eine für einen General wilhelminischer Prägung sehr ungewöhnliche Neigung, hatten die Offiziere doch entweder streng protestantisch oder katholisch zu sein.[265]

Blomberg, der das Image der Wehrmacht im Sinne Hitlers zu verändern suchte, um deren Macht zu erhalten und dabei auf eine symbolische und ideologische Durchdringung und Indienstnahme der Traditionen zielte, mußte vor allem seitens der älteren Offiziere in der Armee, der Traditionalisten und Schlieffenschüler, auf Ablehnung stoßen. Das »und so weiter«, welches Rundstedt in seinem Kollektivurteil über Blomberg nicht näher ausführt, bezog sich auf die sich daraus ergebenden Topoi: Er wollte Neues radikal durchsetzen, zeigte bürgerliche Attitüden und ein mangelndes Standesbewußtsein, war Technokrat, wirkte unmilitärisch, konnte Traditionen nicht ernst nehmen. Gerade diese Bereitschaft mit Traditionen zu brechen, war eine Eigenschaft, die viele *jüngere* Untergebene Blombergs sehr schätzten. Während einer Nordlandfahrt im Kreise seiner Mitarbeiter führte der Kriegsminister im Oktober 1936 erstmals die Sie-Verfügung ein; durch sie entfiel die friderizianische Anrede des Vorgesetzten in der dritten Person, wie sie bis dahin in der Wehrmacht üblich war.[266] Die Sie-Verfügung wurde von den Traditionalisten innerhalb der Generalität sehr kritisch beurteilt, da sie als äußerst »unmilitärisch« wahrgenommen wurde. Trotz seiner charakterlichen Eigenheiten wurde Blomberg als Vorgesetzter also eher positiv beurteilt, was sowohl an seinen Fähigkeiten als auch an der Tatsache lag, daß er seinen Mitarbeitern relativ viel Spielraum ließ, wie am Beispiel Reichenaus gezeigt wurde, was Keitel bestätigt.[267]

Ausländische Beobachter nahmen die in der Generalität herrschende Abneigung gegen den Wehrminister sehr wohl wahr. Nach Basil Liddell Harts Einschätzung wurde dieses »feindselige Empfinden« vieler Generale gegenüber Blomberg durch die »Geringschätzung für den böhmischen Gefreiten« gesteigert. Viele Generale seien zwar bereit gewesen, Hitlers Aufstieg zur Macht zu begrüßen, da sie diesen für »ihre eigenen Aufrüstungspläne« instrumentalisieren konnten, aber, so die Einschätzung des britischen Militär-Theoretikers, »der Gedanke schien ihnen lächerlich, daß man einem früheren Gefreiten Urteil in Militärfragen zutrauen sollte. Um so schneller kritisierten sie jede Bevorzugung, die er bei militärischen Beförderungen zeigte«.[268]

Joachim von Stülpnagel berichtet, daß Blomberg »in seiner dienstlichen Umgebung bald schon keine Persönlichkeiten (außer seine Untergebenen) hatte, mit denen er sich völlig offen aussprechen konnte.«[269] Diese Isolation, in die Blomberg im Kreise des Offizierkorps geriet, führte ihn auf der einen Seite immer enger an Hitler heran und schwächte auf der anderen Seite weiter die Geschlossenheit des Offizierskorps – ein Teufelskreis mit fatalen Folgen. In der Erinnerung des späteren (1938) Stellvertreters Alfred Jodls im Oberkommando der Wehrmacht (OKW), General Walter Warlimont, waren es, mehr noch als Blombergs Hitler-Hörigkeit und »sophistication«, *militärpolitische* – und somit handfeste – Gründe, die zu seiner Ablehnung in bestimmten Teilen der Generalität beitrugen: »Es war das Oberkommando des Heeres mit seinem Generalstab, von dem der schärfste und nachhaltigste Widerstand gegen Blomberg und den ›Wehrmachtführungsstab‹ ausging. Die dienstlichen Spannungen, die aus diesen Gegensätzen erwuchsen, gingen selbst in die persönlichen Beziehungen ein. Damit wurde eine bis dahin unbekannte Spaltung unter den aus dem Heere hervorgegangenen führenden Generalen eingeleitet, die nicht viel weniger als einer politischen Zweiteilung des hohen Offizierkorps gleichkam: Hier nationalsozialistisch-revolutionäre Neuerer, dort das konservative Heer«.[270] Die polarisierende Formel »Hier nationalsozialistisch-revolutionäre Neuerer, dort das konservative Heer« greift fraglos zu kurz. Weitaus entscheidender war, daß mit Blombergs Amtsantritt ein General des Heeres Reichswehrminister und Oberbefehlshaber der Streitkräfte geworden war. Damit mußte zwangsläufig die Selbstherrlichkeit der Chefs der Heeresleitung und der Marineleitung ihr Ende finden, ihre Instanzen drohten mediatisiert zu werden.[271] Das brachte ein persönliches Moment in das Problem hinein, zumal Blomberg sich während des einen Jahres (1933) der Zusammenarbeit mit Kurt von Hammerstein-Equord, der sich angesichts der fortschreitenden Politisierung des Heeres demonstrativ lustlos und amtsmüde gezeigt hatte[272], »in immer stärkerem Maße angewöhnt (hatte), in die Befugnisse der Heeresleitung einzugreifen, oder Rechte aus ihrem Bereich sich unmittelbar anzueignen«.[273] Diesen Chef der Heeresleitung abzulösen und dessen Machtbefugnisse an sich zu ziehen, war Reichenaus ehrgeizig verfolgtes Ziel seit seiner Ernennung zum Chef des Wehrmachtamtes. Die Übernahme dieses Amtes durch Reichenau hätte eine Entmachtung der alten Heeresleitung bedeutet. Obwohl sich Blomberg und Hitler für eine Ernennung Reichenaus zum Nachfolger Hammersteins, der am 27. Dezember 1933 seinen Rücktritt zum 31. Januar 1934 erklärt hatte, aufgeschlossen zeigten, scheiterten dessen Ambitionen am Veto des Reichspräsidenten, der vor allem Reichenaus fehlende Erfahrung als Regimentskommandeur beanstandete.[274] Daß Blomberg so viel an Reichenaus Ernennung zum Chef der Heeresleitung gelegen habe, daß er Hindenburg mit seiner Demission drohte, wenn Reichenau nicht Chef der Heeresleitung werde, ist sehr unwahrscheinlich. Waldemar Erfurth belegt diese von ihm aufgestellte Behauptung auch nicht, die er auf das Konto der angeblichen Untertänigkeit Blombergs gegenüber Hitler und dessen politischer Dummheit stellt.[275]

Als Generaloberst Werner von Fritsch[276] am 4. Januar 1934 zu Hammersteins Nachfolger ernannt wurde, setzten Zeitgenossen im In- und Ausland auf den neuen Chefs der Heeresleitung als kommenden starken Mann im Reichswehrministerium. Fritsch wurde als konservativ-denkender, gewissenhafter militärischer Fachmann und »Soldat von großen Fähigkeiten«[277] gefeiert, der auf der einen Seite dem nationalsozialistischen System positiv gegenüberstand, während er auf der anderen Seite (anders als Reichenau und Blomberg) kompromißlos jeglichen Einfluß der Partei auf die Belange des Heeres zurückzudrängen suchte. Man hoffte, jener von Waldemar Erfurth zum »Ritter ohne Furcht und Tadel« geschlagene[278] könne oder wolle den militärpolitischen Kurs der deutschen Armee in eine andere Richtung lenken. Aus britischer Perspektive war 1934 »the man who counts not von Blomberg, who is amiable and weak, but von Fritsch and the immediate future rests in his hands«[279].

Darin, daß Reichenau auch weiterhin die mächtige Position des Chefs der Heeresleitung anstrebte, liegt die wohl eigentliche Ursache für seine Diskrepanzen mit Fritsch, die die Zusammenarbeit zwischen Heeresleitung und Reichswehrministerium in den Jahren von 1934 bis 1938 extrem belasteten und auch das persönliche Verhältnis zwischen Blomberg und Fritsch beeinträchtigten.[280]

Als Reichenau im Oktober 1935 durch den ebenso ehrgeizigen und machthungrigen Wilhelm Keitel als Chef des Wehrmachtamtes ersetzt wurde, sorgte dies für Schlagzeilen in der Auslandpresse. Hier vermutete man in Reichenaus Versetzung »zu einer der vielen Infanterie-Divisionen« im Reich eine »Kaltstellung« und darin ein Symbol des Sieges der Heeresleitung über die ministerielle Spitze im Reichswehrministerium. Das *Pariser Tageblatt* triumphiert: »Fritsch ist stärker gewesen als er [Reichenau] und hat es verstanden, den unbequemen Gegner in die Provinz abzuschieben«. Im selben Artikel findet sich die hoffnungsvolle Vermutung, im Wechsel auf dieser zentralen Schlüsselstellung im Reichswehrministerium offenbare sich »die Zurückdrängung jenes Flügels der Reichswehr, der sich allzu sehr und allzu intim mit der NS-Partei eingelassen und identifiziert hat«.[281] Wenngleich auch hinter Reichenaus Versetzung das Ziel Blombergs und Hitlers gestanden haben mag, Fritsch in seinen Forderungen nach mehr Einfluß entgegenzukommen und seinen schärfsten Konkurrenten aus den Korridoren der Macht zu entfernen, war es eine illusorische Hoffnung, die Heeresleitung hätte die Einflüsse des Nationalsozialismus innerhalb des Offizierskorps dämmen können oder wollen. Fritsch selbst sprach sich in einem Schreiben an die Kommandierenden Generale im August 1935 vehement gegen die im In- und Ausland mit seiner Position und Person verbunden Erwartungen aus: »Ferner höre ich wiederholt: unsere Hoffnung ist der Oberbefehlshaber des Heeres, er wird die Sache schon in Ordnung bringen. In welcher Weise man sich das denkt, dürfte nach der persönlichen Auffassung der Einzelnen sehr verschieden sein. Zweifellos denkt aber auch der Eine oder Andere an gewaltsame Maßnahmen. Ich kann hierzu nur folgendes sagen: Nach meiner festen Überzeugung ist Deutschlands Zukunft auf Gedeih und Verderb mit dem Nationalsozialismus fest verbunden. Wer schädigend gegen den nationalsozialistischen Staat handelt, ist ein Verbrecher. Würde ein derartiger Akt von mir ausgehen, so wäre sie darüber hinaus ein Akt niederträchtiger Treulosigkeit gegen die Person des Führers.«[282]

Fritsch mag sich zwar beklagt haben, daß es nicht immer leicht gewesen sei, den peinlich-genauen Blomberg als unmittelbaren Vorgesetzten zu haben (eine Erfahrung, die er bereits 1928 als Abteilungsleiter des T1 unter Blomberg als Chef des Truppenamtes hatte machen müssen), dennoch darf man weder in solche Äußerungen noch in die, primär aus Ressortegoismus entstandenen Differenzen zwischen Heeresleitung und politischer Reichswehrführung einen grundsätzlichen Antagonismus zwischen Blomberg und Fritsch interpretieren. Einen veritablen »Kampf«[283] hatte es zu keinem Zeitpunkt gegeben. Fritsch sah es selbst nicht anders. 1935 nimmt er vor den Kommandierenden Generalen zu den über sein schlechtes Verhältnis zu Blomberg kursierenden Gerüchten Stellung: »Aus wiederholt mir zugehenden Mitteilungen muß ich schließen, daß im Offizierskorps hier und da über einen angeblichen Gegensatz zwischen dem Herrn Reichskriegsminister und mir gesprochen wird. Ein solcher Gegensatz besteht nicht. Vielmehr besteht in allen *grundlegenden* [Hervorhebung der Verf.] Fragen zwischen dem Reichskriegsminister und mir eine völlige Übereinstimmung der Auffassungen.«[284]

Der Hauptstreitpunkt zwischen Reichswehrführung (Blomberg/Reichenau – Keitel) und Heeresleitung (Fritsch/Beck[285]), war eine unterschiedliche Auffassung über die Struktur der obersten militärischen Führungsorganisation.[286] Diese war ein Politikum ersten Ranges, und Klaus-Jürgen Müller hat eingehend auf die enge Verzahnung zwischen militärischer Spitzengliederung und außenpolitischer Planung hingewiesen.[287] So ist zu verstehen, warum der Streit um die Spitzengliederung der Wehrmacht die Jahre von 1934 bis 1937 überschattete und teilweise so heftige Formen annahm.[288] Das sachliche Problem war seit dem Ersten Weltkrieg zu Tage getreten. Es bestand in der Notwendigkeit, eine der umfassenden Organisation der kämpfenden Nation im Krieg angemessene Führungsstruktur für die Gesamtstreitkräfte zu finden, also die Operationen von Heer und Marine in Planung und Durchführung zu koordinieren, einheitlich zu gestalten und in ein gesamtstrategisches Konzept einzuarbeiten. Die Heeresleitung, die gerade in der Ära Seeckt eine immense Machtfülle besessen hatte und den zivilen Wehrminister in seinen Befugnissen dominierte, ging – Schlieffen tradierend – von einem künftigen Landkrieg und der daraus resultierenden Überordnung der Heeresleitung aus.[289] Folglich erwog man, dem Chef der Heeresleitung im Kriegsfall den Oberbefehl über die gesamte Wehrmacht (also auch über die Marine und eventuelle künftige Luftstreitkräfte) zu übertragen. Diese Politik lief darauf hinaus, die Stellung und Machtfülle, die Seeckt als Chef der Heeresleitung inne gehabt hatte, zu konservieren und auszubauen und die Präponderanz des Heeres zu erhalten.

Das waren Ideen, die Blombergs militärischem Denken in keiner Weise entsprachen und die er, wie gezeigt, bereits während der Weimarer Jahre auf das schärfste kritisiert hatte. Für Blomberg, der als ehemaliger Chef des Truppenamtes mit den sachlichen Gegebenheiten und Notwendigkeiten einer Struktur der obersten militärischen Führungsorganisation vertraut war, stand fest, daß es im Ernstfall nur eine *gemeinsame* Führung für alle drei Wehrmachtsteile, Heer, Marine und Luftwaffe[290], geben könne und daß somit das Zeitalter einseitiger Landkriegführung zu Ende war. Diese grundsätzlichen Ansichten faßte Blomberg in einer Rede zusammen, die er am 15. Oktober 1935 anläßlich der Feier der Wiedereröffnung der durch den Versailler Vertrag verbotenen Kriegsakademie hielt: »Man darf (...) den einzelnen Gegenstand des Heeres nicht ohne das Ganze der Wehrmacht betrachten. Alle Teile der Wehrmacht müssen auf einander abgestimmt sein, um eine harmonische Gesamtlösung zu ergeben. Aus der Dreiheit von Heer, Marine und Luftwaffe ist die Dreieinigkeit der neuen Wehrmacht geschaffen worden.«[291]

Hatte nach Blombergs Geschmack schon Fritsch sich nicht in ausreichendem Maße den Möglichkeiten des Kampfwagens und der Luftwaffe geöffnet; betrachtete er die neuen Waffen doch als ›Emporkömmlinge‹ und wollte sie den Belangen des Heeres strikt unterordnen, so kritisierte er noch mehr den Generalstabschef des Heeres, Ludwig Beck, wegen dessen Traditionalismus und seiner mangelnden Bereitschaft, sich der Panzertechnologie und anderen militärischen Neuerungen zu öffnen.[292] Blombergs Einstellung zu Beck, der im Zweiten Weltkrieg zu den führenden Köpfen der liberal-konservativen Widerstandsbewegung gehören sollte, mußte sich schon aus dessen betonter »Schlieffennähe« ergeben, und Blomberg äußerte sich mit Unmut über dessen »Schlieffenismus«, der mit der »Wirklichkeit unserer Tage gar nicht mehr übereinstimmte.«[293] Solche emotional eingefärbten Aussagen mögen als Ausdruck persönlicher Abneigung oder Ressortegoismus nachvollziehbar sein. Da die wirtschaftlichen Ressourcen des Reiches begrenzt waren, zielte die Wehrwirtschafts- und Rüstungspolitik auf Bereitstellung der knappen ökonomischen Grundlagen für eine »Breitenrüstung«, mit der die Führung von Blitzkriegen möglich war, und entsprach weniger einer umfassenden »Tiefenrüstung«, die das Wirtschaftssystem sowie Bewaffnung, Munitionsausstattung und Ausrüstung der Wehrmacht auf einen längeren Krieg vorbereitet hätte. Die drei Wehrmachtsteile suchten die begrenzten Wirtschaftsquellen und -kapazitäten allerdings für jeweils eigene Zwecke zu nutzen, so daß insgesamt keine einheitliche und planvolle Rüstung zustande kam.[294]

Blombergs Suche nach Lösungsansätzen für eine Neuordnung der Kriegsspitzengliederung wurde von seiner Vorstellung vom modernen Zukunftskrieg geleitet, den er offenbar dialektisch deutete, da er ihn als »möglichen Verteidigungsfall« und zugleich als totalen »Volkskrieg« verstand. Eine der entscheidenden Lehren, die er aus dem Ersten Weltkrieg und aus seiner Rezeption der militärphilosophischen Schriften Muffs und der »Jungen Generation« gezogen hatte, war, daß der »totale«, hochtechnisierte Krieg nicht nur den koordinierten Einsatz der Kampfverbände erfordere, sondern auch die einheitliche Leitung der Wirtschafts- und Rüstungsprogramme. Schon Reinhardt, später auch Groener und Schleicher hatten das so gesehen und Vorschläge ausgearbeitet, die in diese Richtung wiesen. Beck war keineswegs damit einverstanden, daß Blomberg diese Linie Weimarer Militärpolitik während seiner Amtszeit auf Kosten des Primats des Heeres radikalisierte und den Clausewitzschen Primat der Politik dabei zugunsten einer irrationalen, die deutsche Außenpolitik gefährdenden Aufüstung ad absurdum führte.[295] Beck befand sich im ständigen Gedankenaustausch mit dem Staatssekretär Bernhard von Bülow, der dem Chef des Truppenamtes ein sehr genaues Bild der Reaktionen im Ausland auf die deutsche Militärpolitik vermittelte. [296] Die Tatsache, daß Blomberg ihm den Kontakt zu Bülow verbot, macht die zwischen Heeres- und Reichswehrführung herrschenden Spannungen mehr als deutlich.[297]

Die Vision von einem einheitlichen Oberkommando der Wehrmacht wurde aus mehreren Gründen nicht konsequent verwirklicht. Zum einen war Blombergs Stab, das Wehrmachtamt, zu klein und zu unerfahren für die Erfordernisse einer umfassenden militärischen Planung (was darin zum Ausdruck kam, daß der Generalstab des Heeres die gemeinsamen Manöver der drei Wehrmachtteile im Jahre 1937 planen mußte). Zum anderen waren Blombergs Möglichkeiten, die rasch expandierende Luftwaffe zu kontrollieren, durch Görings Sonderstellung, im Geiste des von Hitler praktizierten »Führerprinzips«, stark eingeschränkt.

Der Konflikt zwischen Heeresleitung und Blomberg/Reichenau, die – das muß betont werden – die gleiche Schule des Generalstabs durchlaufen hatten, sollte sich in der Frage der Kriegsplanung am schärfsten entzünden, wie sich am drastischsten 1937 in Becks Weigerung zeigen sollte, die vom Ministerium erarbeitete, die Tschechoslowakei betreffende militärische Planung auf den Grad ihrer Nutzbarkeit zu überprüfen. Nach der Sudetenkrise im August 1938 würde Beck, inzwischen Generaloberst, die Konsequenzen aus seinem militärpolitischen Denken ziehen und von seinem Amt zurücktreten.

Da für Blomberg die Errichtung einer leistungsstarken Luftwaffe essentiell war, verhalf er ihr zu ihrer herausragenden Stellung innerhalb des Gefüges der drei Wehrmachtteile, gleichzeitig damit seine eigene Macht beschneidend.[298] Der General war sicherlich kein veritabler Luftwaffentheoretiker, doch deckten sich seine Auffassungen von der Rolle der Luftwaffe innerhalb der Wehrmacht mit den wichtigsten Thesen der ausgehenden zwanziger und der dreißiger Jahre. Sein Studium der amerikanischen und sowjetischen Luftwaffe während der Weimarer Zeit spielte dabei eine maßgebliche Rolle. Blomberg lehnte den Gedanken eines »Blitzkrieges aus der Luft« ab; er war nicht der Ansicht, daß sich die Luftwaffe die Lehren des italienischen Generals und Kriegstheoretikers Giulio Douhet zu eigen machen und sich vorwiegend auf den strategischen Bombereinsatz konzentrieren sollte.[299] Stattdessen meinte er, die Luftwaffe müsse so konzipiert und ausgerüstet sein, daß sie im Kontext eines künftigen europäischen Krieges entweder selbständig oder im Zusammenwirken mit dem Heer und der Kriegsmarine einen »operativen Luftkrieg« führen könne.[300] Die Ende Januar 1933 als eine der ersten Maßnahmen des Reichswehrministers erfolgte Einsetzung eines Reichskommissars für die Luftfahrt in Gestalt Hermann Görings entsprach dieser Vorstellung des Wehrministers von einer dominanten Luftwaffe, wie er sie während seiner Reise in die USA 1931 gesehen hatte. Sie stimmte mit der von Hitler definierten Vorstellung überein, die Luftwaffe zur wichtigsten Waffe der Zukunft zu machen.[301] Nicht nur schuf Blomberg mit dem Reichsluftfahrtministerium die institutionellen Grundlagen für die Entwicklung der Luftwaffe als selbständiger Teilstreitkraft, sondern sorgte auch für ihre bevorzugte Behandlung bei der Zuteilung von Rohstoffen und Personal. Daher ließ er auch einige der vielversprechendsten Heeresoffiziere, darunter Hans Jeschonnek, Albert Kesselring und Walter Wever, zu der entstehenden Luftwaffe versetzen. Sie nahmen denn auch in den kommenden Jahren wichtige Rollen in Aufbau und Führung der Luftwaffe ein.

Trotz dieser bevorzugten Behandlung der Luftwaffe durch den Reichswehrminister gab es auch mit dem machthungrigen Göring Kämpfe bei der Verteilung von Rohstoffen und beim Ausbau der Luftwaffe. Der spätere Reichsmarschall und ab 1935 Oberbefehlshaber der Luftwaffe bereitete unter den in seinem Sinne gewandelten Vorzeichen ab 1933 zunächst als Reichskommissar für den Luftverkehr, dann als Reichsminister der Luftfahrt den Aufbau der Luftwaffe als eine Art »nationalsozialistische Hausmacht« vor. Das eigens für sein Amt vom Architekten Ernst Sagebiel errichtete imposante Luftfahrtministerium in der Berliner Leipziger Straße war unter diesen Vorzeichen mehr als ein Paradebeispiel nationalsozialistischer Verwaltungsbauten. Das Gebäude schien in seiner Monumentalität Görings Ziel zu manifestieren, die Luftwaffe zu einem superioren Wehrmachtteil auszubauen und ihr die anderen Teile unterzuordnen. Für Göring stand fest, daß er sich Blombergs Führung niemals unterordnen würde, zumal »seine« Luftwaffe auch sein Machtinstrument in innerparteilichen Rivalitätsstreitigkeiten war. Göring war zwar in der Militärhierarchie Blomberg unterstellt, gleichzeitig aber, wie dieser, Kabinettsminister. Görings Ämtergier und die spezifische Zusammensetzung des neuen Wehrmachtteiles trugen dazu bei, die Homogenität der ohnehin maroden Wehrmachtführung weiter zu schwächen.

Es zeigt sich, daß Überschneidungen der Befugnisse und Konkurrenz, wie sie für den offiziell straff gegliederten Führerstaat typisch waren, mehr und mehr auch in der Wehrmacht zur Realität wurden.

Die Diadochenkämpfe begleiteten die militärpolitische Entwicklung der Jahre bis zu Blombergs Entlassung maßgeblich und standen in Interdependenz mit anderen Problemen der Wehrmachtführung, wie dem schwelenden Konflikt mit der SA. Hitler würde die Diadochenkämpfe innerhalb der Wehrmacht, die sich neben dem organisatorischen Bereich auch auf die Neubesetzung der hohen Stellen des Heeres ausdehnten, im Frühjahr 1938 im Zuge der Blomberg-Krise scheinbar endgültig zum Abschluß bringen. Er hatte sich bis dahin kaum um solche Probleme gekümmert, ebenso wenig wie um Einzelheiten in Rüstungsfragen – nicht zuletzt weil er, wie Blomberg meinte, glaubte, unter diesem sei »alles in bester Ordnung«[302].

12. Die Entmachtung der SA 1934

Ende 1933 hatte Hitler noch nicht die totale diktatorische Macht erlangt. Trotz des erstaunlich schnellen Wandels der politischen Szene lagen auf seinem Weg zur uneingeschränkten Macht im Staat zwei erhebliche und eng miteinander verwobene Hindernisse: die Reichswehr unter Blomberg und die SA, die er innerhalb von nur fünf Wochen im Sommer 1934 mit der Ermordung der SA-Führung in der »Nacht der langen Messer« konsequent beseitigte und damit eine weitere entscheidende Stufe im Prozeß der Sicherung der totalen Macht erreichte.[303] Neben den Hakenkreuzfahnen waren es vor allem die braunen Uniformen der SA, die das öffentliche Straßenbild nach der Machtübernahme prägten. Die ursprünglich als Saalschutz gegründete paramilitärische Privatarmee Hitlers, die im Januar 1933 rund 40 000 Mann umfaßt hatte, war im Frühjahr 1934 auf rund vier Millionen Mitglieder angeschwollen.

Bei einer Analyse von Blombergs Einstellung zur SA muß man a priori einen eklatanten Unterschied zwischen dem militärpolitischen Selbstverständnis von Angehörigen der SA und der Reichswehr mitdenken. Das soldatische Selbstverständnis beider Gruppen resultierte aus völlig konträren sozialen (Kriegs-)Erfahrungen: Während das Denken der meisten Offiziere der Reichswehr von einem elitären preußischen Staatsbewußtsein und von traditionellen Kategorien wie Disziplin, Gehorsam und Pflicht beherrscht wurde, stellte Röhm diesem, ein aus den Erfahrungen als Frontsoldat resultierendes militärpolitisches Denken entgegen.[304] Von diesem Gegensatz der Erfahrungen und Erinnerungen her werden nahezu alle Differenzen zwischen Reichswehr und SA interpretierbar.[305]

Blombergs Einstellung zur SA verlief in drei Phasen: Wenn auch sein Bild von SA-Leuten durch Eindrücke getrübt war, die er von diesen in Königsberg gesammelt hatte, wo er sie als »wenig heroisch«, plebejisch und brutal empfunden hatte, Eigenschaften, die er äußerst unsympathisch fand, so überwog doch zunächst seine Aufgeschlossenheit für die in den Reihen der Braunhemden vorherrschende Frontkämpfer- und Freikorpsmentalität. So hatte er vor und während der Machtergreifung eine moderate, eher ambivalente Einstellung zur SA, die in Kontinuität mit Stülpnagels Denkschrift *Gedanken vom Krieg der Zukunft* von 1924 und der ihr immanenten militär-reformerischen Idee einer Einbindung aller wehrwilliger Elemente in die soldatische Ausbildung gesehen werden kann.[306] Ungeachtet der Tatsache, daß die SA für die Reichswehr eine Konkurrentin darstellte, erschien sie ihm attraktiv als potentielles Reservoir zur Schaffung einer Massenbasis. Durch das Heranziehen des riesigen SA-Potentials an die Reichswehr wollte er die Landesverteidigung, die »Wehrhaftmachung«, gewährleisten, die er als oberste Maxime seiner Militärpolitik als Reichswehrminister in der Befehlshaberbesprechung vom 3. Februar 1933 postuliert hatte. Im Oktober 1933 gab er die Weisung, die Zusammenarbeit mit der SA auf örtlicher Ebene zu intensivieren. Dennoch blieb der Minister vorsichtig und betonte das Waffenmonopol der Armee immer wieder in Besprechungen und Verfügungen.[307]

Die Erwartungen, die die SA-Angehörigen mit Hitlers Machtübernahme verbunden hatten, waren durch die bisherigen politischen Ereignisse keineswegs erfüllt worden. Die von den SA-Führern erhoffte große Umgestaltung der Verhältnisse war ausgeblieben und das wirre Gerede von einer zweiten »Revolution« hob an. Vor allem der Stabschef der SA, der ehemalige bayerische Hauptmann Ernst Julius Röhm (1887-1934), einer der wenigen Duzfreunde Hitlers, forderte eine »zweite Revolution« mit einer radikalen sozialen Umgestaltung. In einem Artikel des Obersten SA-Führers, der in den *Nationalsozialistischen Monatsheften* im Juni 1933 erschien, bringt er seine Forderung lautstark zum Ausdruck: »Wer nun unser Weggenosse sein wollte bei flammenden Fackelzügen und imposanten Aufmärschen, bei rasselnden Trommeln und dröhnenden Pauken, bei schmetternden Fanfaren und unter wehenden Fahnen und Standarten nun glaubt, die deutsche Revolution ›mitgemacht‹ zu haben, – der gehe heim. Er verwechselte die ›nationale Erhebung‹ mit der deutschen Revolution! Dieses Ziel ist noch längst nicht erreicht!«[308]

Röhm, der seit 1931 persönlich die Geschäfte der SA führte, war nach dem mißlungenen Hitler-Putsch von 1923 nach Bolivien gegangen. Dort hatte er als Militärberater gearbeitet und war bis zum Oberstleutnant im Generalstab aufgestiegen. Im Dezember 1933 war er von Hitler zum Reichsminister ohne Geschäftsbereich ernannt worden und begann in dieser Funktion die Terrormaßnahmen der SA zu lenken. Er hatte sich Hoffnungen gemacht, die SA würde nach der Machtergreifung unter Verschmelzung mit der zahlenmäßig kleinen Reichswehr und »Ausschaltung« der reaktionären Generale zum Kern eines neuen nationalsozialistischen Volksheeres werden.[309] Die Forderung einer Einverleibung der Reichswehr durch die SA hatte Röhm in das vielzitierte Gleichnis vom »grauen Fels [Der Reichswehr], der in der braunen Flut [der SA] untergehen« müsse[310] gekleidet; und während Blombergs militärisches Konzept diese Forderung auf den Kopf stellte und quasi eine Brechung der braunen Flutwellen am grauen Fels der Reichswehr vorsah, fühlten sich etliche ehemalige Frontoffiziere und Angehörige der SA bereits als künftige Generale.

Röhms Ambitionen um eine organisatorische Verselbständigung seiner Streitmacht als zukünftige Volksmiliz mit staatlichem Waffenmonopol stellten für die Reichswehr einen wachsenden Destabilisierungsfaktor dar, und die Umgestaltungsideen Röhms wurden entschieden verworfen. Als um die Jahreswende 1933/34 die Spannungen zwischen SA und Reichswehr derart drastisch zugenommen hatten, daß sich abzeichnete, daß alle Versuche einer Zusammenarbeit zum scheitern verurteilt waren, entwickelte sich Blomberg zum SA-Gegner, ließ allerdings Reichenau, der in SA-Fragen weitaus konzessionsbereiter war als sein Vorgesetzter, weiterhin mit Röhm verhandeln. Für Blomberg und Reichenau ergab sich das heikle Problem, daß einerseits die Spannungen zwischen SA und Reichswehr mit unliebsamen Zwischenfällen, tätlichen Angriffen von SA-Leuten auf Offiziere zunahmen[311], daß sie aber andererseits einen Einsatz der Reichswehr gegen die SA unbedingt vermeiden wollten. Schließlich war hier ein Reservoir von vier Millionen wehrfähiger Männer vorhanden, das bei der Wiedereinführung der allgemeinen Wehrpflicht, wie man sie von Hitler erwartete, eine entscheidende Rolle spielen würde.

Es ist in der Forschung umstritten, ob Blomberg eine eigene SA-Konzeption besaß (schriftlich ist kein Konzept überliefert) und diese durch seinen Chef des Ministeramtes durchzusetzen suchte, oder ob die Suche nach einer prinzipiellen Zusammenarbeit mit Röhms Leuten allein durch Reichenaus Initiative zustande gekommen war, wie verschiedentlich behauptet wurde.[312] Hier gilt erneut, daß Reichenau zwar aktiv – aber doch immer als Blombergs cardinal in politicis und letztlich nach dessen Befehlen handelte.

In Ernst Röhm sah Blomberg einen selbsternannten »Bonaparte des Dritten Reiches«[313] und Rivalen. Rückblickend nennt er ihn einen »unsympathischen Anarchisten, der mit seinem verbrecherischen Klüngel an die Macht wollte«. »Er verteidigte weder ein bestimmtes Ideal, noch besaß er irgendwelche klaren Pläne für eine deutsche Regierung. Sein Hauptziel bestand darin, die Kontrolle über die Armee zu erhalten.« Er glaubte auch Röhm wolle ihn beseitigen, um dann auch »vor Hitler nicht halt zu machen«.[314]

Die Bedrohung des Waffenmonopols der Reichswehr durch die SA führte erstmals zu Spannungen zwischen Blomberg und Hitler.[315] Blomberg schildert sein eigenes Verhalten in dieser Zeit folgendermaßen: »Ich warnte den Führer, daß wir deutschen Soldaten unsere Position mit unserem Leben verteidigen würden und daß er alsbald mit einem Bürgerkrieg rechnen müsse. Zuerst versuchte er sein gewohntes Spiel, die widerstreitenden Kräfte auszubalancieren.«[316] Blomberg und Reichenau wußten lange nicht, wie sich Hitler in diesem Konflikt entscheiden würde.

Die Ziele Hitlers und des aufsässigen Röhm, dem er immerhin seinen Erfolg zu einem guten Teil mitverdankte, liefen schon seit längerem immer mehr auseinander, dennoch war es für den Diktator nicht unproblematisch, die SA zu entmachten oder zu eliminieren; sie war eine riesige Organisation – weit größer als die NSDAP selbst. So tat Hitler lange nichts, hielt Röhm an der langen Leine und vertröstete Blomberg und andere Generale auf den Tag der »Abrechnung«. Den Anspruch der SA auf Mitentscheidung in Militärfragen wies er nie ausdrücklich zurück, so sehr er auch Blomberg und den Rest der Reichswehrführung immer wieder beruhigen und auf den Tag der »Abrechnung« vertröstete.[317] In seiner Rede zum ersten Jahrestag der »Machtergreifung« am 30. Januar 1934 bezeichnete Hitler die NSDAP und die Reichswehr als die beiden Stützen des Staates, in der SA sah er noch immer die »unerschütterliche Garde der nationalsozialistischen Revolution«.[318] Kurz darauf scheint er erkannt zu haben, daß er sich in einem gefährlichen Fluidum des Machtverlustes bewegte, und daß ihm keine andere Wahl blieb, als Röhms wehrpolitische Ambitionen zu zügeln.

Am 1. Februar hatte Röhm Blomberg eine Denkschrift über das Verhältnis von Reichswehr und SA zukommen lassen. Darin verlangte er – soweit bekannt, die Denkschrift selbst ist nicht erhalten –, der SA den Verantwortungsbereich der nationalen Verteidigung zu übertragen und die Funktion der Reichswehr auf die Ausbildung von Männern für die SA zu reduzieren. Diese Forderungen waren aus Sicht Blombergs illusorisch und vermessen. »Es war klar«, so der bei Eingang der Röhm-Denkschrift im Reichswehrministerium befindliche Maximilian von Weichs, daß nunmehr ein erbitterter Kampf zwischen Blomberg und Röhm einsetzen werde«[319]. Blomberg mag über Röhms Denkschrift so aufgebracht gewesen sein, daß er sie absichtlich falsch interpretierte und ebenso falsch wiedergab, als er am folgenden Tag vor den Wehrkreisbefehlshabern über sie sprach. Die Befehlshaber reagierten erwartungsgemäß entsetzt und empört. Nun müsse Hitler entscheiden, erklärte Blomberg.[320] Er hatte begriffen, daß es zu handeln galt, um Hitler seine Loyalität zu zeigen und ihn von einer Entscheidung zugunsten Röhms abzuhalten, der ebenfalls um Hitlers Gunst warb.

In diesem Zusammenhang ist auch die Verfügung des Reichswehrministers vom 19. Februar 1934 über die NS-Hoheitsabzeichen zu deuten.[321] Blomberg hatte *Grundsätze für die Zusammenarbeit mit der SA* ausarbeiten lassen, die »in verhüllter Form aber eindeutig in der Sache«[322] den Primat der Reichswehr und eine Unterwerfung der SA festlegten. Das fand seinen Niederschlag in den *Richtlinien über die Zusammenarbeit mit der SA*[323], von denen der Chef der Heeresleitung am 27. Februar den Befehlshabern als »Vorschlag für die Zusammenarbeit mit der SA« Kenntnis gab (aus Tarnungsgründen mit »Vorschlag« bezeichnet). Am darauf folgenden Tag bewies Hitler, daß er die Entscheidung getroffen hatte, auf die Blomberg schon lange wartete: Die Spitze von SA, SS und Reichswehr hatte sich in der Bendlerstraße versammelt. Hitler sprach sich dort in einer militärpolitischen Grundsatzrede erstmals ausdrücklich gegen Röhms Pläne für eine SA-Miliz aus und erklärte, die SA solle ihre Tätigkeit auf die Politik beschränken und nicht militärisch aktiv werden. Von der SA verlangte er, sich seinen Weisungen zu fügen, und er genehmigte Blombergs Plan, bis zum Aufbau der Wehrmacht die SA für Aufgaben im Bereich des Grenzschutzes und bei der vormilitärischen Ausbildung heranzuziehen. »Die Wehrmacht«, so der Reichskanzler, müsse »der einzige Waffenträger der Nation sein und bleiben«.[324] Für Röhm waren die Worte Hitlers das pure Gift der Niederlage, während sie in den Ohren der Reichswehrführung wie Musik geklungen haben müssen. Zwar unterzeichneten sowohl Röhm als auch Blomberg an jenem 28. Februar die *Richtlinien für eine Zusammenarbeit zwischen SA und Reichswehr*, aber die Atmosphäre von Spannungen, Mißtrauen und Aggression potenzierte sich nach diesem Treffen in den folgenden Monaten auf beiden Seiten.

Röhms Reaktion auf Hitlers militärpolitische Grundsatzentscheidung war ambivalent. Einerseits gab er die *Richtlinien* an die SA-Inspektionen weiter; andererseits demonstrierte er in den folgenden Wochen trotzig seine Forderungen, schimpfte über Hitler, rüstete die SA mit schweren Infanteriewaffen aus, veranstaltete große SA-Aufmärsche und nahm Kontakt zu Schleicher und Kreisen ausländischer Diplomaten auf. Dieses Verhalten Röhms veranlaßte den Wehrminister, eine systematische Beobachtung der SA durch die Reichswehr anzuordnen, bei der Materialien über Verstöße von SA-Mitgliedern gegen die Vereinbarung vom 28. Februar gesammelt und an Hitler weitergeleitet wurden.[325] Zeitgleich befahl der Wehrminister eine Intensivierung des politischen Unterrichts in der Wehrmacht[326] (April 1934); außerdem ließ er eine veritable »Wehrpropaganda-Aktion« ankurbeln. Intention dieser Maßnahmen war, »die Wehrmacht (...) im öffentlichen Leben mehr als bisher in Erscheinung treten [zu lassen] als alleinigen Waffenträger der Nation«[327]. Ein Vergleich der Weisung Blombergs von April 1934 mit einer früheren (vom 21. November 1933[328]) über den nationalpolitischen Unterricht zeigt deutlich die akute machtpolitische Komponente seiner Indoktrinierungspolitik im Rahmen des Machtkonfliktes mit der SA.[329]

Möglicherweise existierte die Angst vor einem Putsch durch die SA in Kreisen der Generalität wirklich, eventuell wurde sie auch nur durch Blomberg und andere beschworen. Der Druck der Reichswehr in Punkto SA trieb Hitler zu einer endgültigen Entscheidung in der Frage des Waffenmonopols, als sich die Lage im Sommer 1934 (auch durch die Frage der Nachfolge Hindenburgs) dramatisch zuspitzte.[330] Es scheint, als habe er bis zuletzt zwischen einer Entscheidung zugunsten Röhms und der SA oder zugunsten der Reichswehr unter Blomberg geschwankt. Schließlich zwangen ihn die machtpolitischen Gegebenheiten sowie Blombergs Loyalitätsbezeugungen und Reichenaus unermüdliches Vorsprechen zu einem Pakt mit der Reichswehrführung. Wheeler Bennett berichtet von einem solchen »Pakt« zwischen Blomberg und Hitler, den beide an Bord des Panzerschiffes »Deutschland« am 11. April 1934 bei einer Fahrt auf der Nordsee geschlossen hätten. Blomberg habe Hitler angesichts des zu erwartenden Todes Hindenburgs seine Unterstützung versprochen, während Hitler zugesichert hätte, den Ansprüchen Röhms und der SA ein für allemal ein Ende zu bereiten. Für diesen Pakt auf der »Deutschland« fehlen allerdings jegliche Beweise.[331]

Michael Stürmer meint, Blomberg habe Hitler im Sommer 1934 regelrecht zu einer Entscheidung zugunsten der Reichswehr *gedrängt*[332], und in einigen Darstellungen findet sich die These, Blomberg habe Hitler mit seinem Willen, den Machtanspruch Röhms zu beschneiden, geradezu bedroht. Diese »Bedrohung« Hitlers durch Blomberg soll während eines Besuchs Hitlers bei Reichspräsident von Hindenburg auf dessen Gut Neudeck kurz vor der Röhm-Krise am 21. Juni 1934 stattgefunden haben.[333] Der britische Historiker Wheeler-Bennett liefert folgende Version der Vorgänge in Neudeck: »Hitler stellte fest, daß Blomberg nach Neudeck gefahren war. Vizekanzler (von Papen), Neurath und Schwerin von Krosigk [suchten] am 20. Juni (1934) Hitler auf und boten ihre Demission an. Der ›Führer‹ war sich klar darüber, daß sich die Rechte nicht einschüchtern ließ. Er lehnte zwar die Rücktrittsangebote ab, war aber in beträchtlicher Sorge und Beunruhigung, als er am nächsten Morgen nach Neudeck flog (...). Der Kanzler wurde auf der Freitreppe des Schlosses von General von Blomberg in voller Uniform empfangen, einem Blomberg, der nichts mehr von dem liebenswürdigen ›Gummilöwen‹ oder dem schwärmenden ›Hitlerjungen Quex‹ an sich hatte, sondern die strenge Unerbittlichkeit der preußischen Militärkaste verkörperte. Er habe den Auftrag, sagte der General, im Namen des Präsidenten die Maßnahmen zu besprechen, die notwendig seien, um in Deutschland den inneren Frieden zu sichern. Anderenfalls würde der »Reichspräsident den Belagerungszustand verhängen und die Kontrolle der Staatsgeschäfte der Armee übertragen« – also die Entmachtung Hitlers verfügen. Im Verlauf einer Fünfminutenaudienz wiederholte Hindenburg in Gegenwart Blombergs, was dieser dem Kanzler bereits eröffnet hatte.«[334] »Diesmal war Blomberg nicht der liebenswürdige Höfling, so der britische Journalist Sefton Delmer, »mit dem so leicht umzuspringen war, daß Hitler ihn den ›Gummilöwen‹ getauft hatte. Diesmal zeigt sich Blomberg verschlossen und feindselig.«[335] Es sei hier nur am Rande vermerkt, daß nicht Hitler es war, der Blomberg einen »Gummilöwen« genannt hatte. Diese unfreundliche Titulierung verdankte der General seinen Kameraden aus der Generalität.

Zu einer Art »Treppenwitz« entwickelte sich die absurde Idee von Hitlers Bedrohung durch Blomberg am Vorabend der Röhm-Krise, wenn in einem 1983 erschienenen *Spiegel*-Artikel mit einem sehr symbolischen Hinweis auf die Schlüsselrolle der Reichswehr berichtet wird: »Der Kanzler stieg am 21. Juni die Freitreppe von Schloß Neudeck hinauf, der Reichswehrminister von Blomberg trat ihm entgegen und erklärte Hitler, es sei dringend erforderlich, den inneren Frieden des Reiches wiederherzustellen, für Radikalinskis sei im neuen Deutschland kein Platz.«[336] Bedeutsam ist die Vermutung Benoist-Méchins, Hitler habe in Neudeck nicht nur »eine scharfe Abfuhr«, sondern »durch Zufall eine besonders wertvolle Information« erhalten: »Er hörte von Gerüchten, daß General von Schleicher neue Intrigen spinne und geheime Verhandlungen mit Gregor Strasser aufgenommen habe.«[337] Leider verrät der Autor nicht, ob Hindenburg oder

Blomberg Hitler diese »wertvolle Information« vermittelt habe, die das ihre zum kurz darauf geschehenden Mord an Schleicher beigetragen haben könnte.

Ein Ursprung der Gerüchte um Hitlers »Bedrohung« durch Blomberg am Vorabend der Röhm-Morde, für die in Blombergs eigenen Aufzeichnungen kein einziger Beleg existiert, findet sich in dem von emigrierten kommunistischen Funktionären in Paris im Jahre 1935 veröffentlichten *Weißbuch über die Erschießungen des 30. Juni 1934*[338]: Papen »in der Rolle des Angreifers« habe Hitler mit seiner und »der Demission der anderen konservativen Minister« gedroht[339] und »erklärt, am 23. Juni Hindenburg berichten zu wollen. Um ihm zuvorzukommen, fliegt Hitler am 21. Juni nach Neudeck. Der Empfang ist kühl. Der kranke Präsident hat nur wenig Zeit für seinen Reichskanzler. Hitler ist schnell wieder entlassen. Er merkt, es gibt kein Zurück, kein Manövrieren mehr, der Wechsel muss jetzt eingelöst werden.«[340] Otto Strasser berichtet, Hitler habe sich in Neudeck »auf der Schwelle des Schlosses zwei Herren in Generalsuniform der Reichswehr gegenüber gesehen: Blomberg und Göring. Von oben herab erklärte der Reichswehrminister Blomberg dem völlig verdatterten Reichskanzler, daß der Herr Reichspräsident auf Bericht des Herrn Vizekanzlers ihn und General Göring, als Befehlshaber der Polizei, nach Neudeck befohlen habe, um mit ihnen alle Maßnahmen zum Schutze des inneren Friedens zu besprechen (...). In Gegenwart Blombergs bestätigt der Reichspräsident kurz die Mitteilungen des Reichswehrministers. Kühle Verabschiedung von den Generälen Blomberg und Göring.«[341] »(...) Als Hitler Neudeck verließ, wußte er, daß der Reichspräsident die zweite Revolution nie sanktionieren werde. Im Gegenteil. Der Präsident hatte ihm in Gegenwart von Reichswehrminister Blomberg drohend bedeutet, daß er – gestützt auf die Reichswehr – den Ausnahmezustand ausrufen (...) werde«[342]. Der amerikanische Journalist William Shirer hat diese eindrucksvolle Szene in eine Buchdarstellung übernommen; allerdings ließ er die Rolle Görings, die ihm offenbar denn doch zu gewagt erschien, unter den Tisch fallen.[343] Ein DDR-Autor erklärte die Vorgänge unter Berufung auf das Pariser *Weißbuch* von 1934 dialektisch: »Im äußersten Falle war die Reichswehrführung entschlossen, nach Verhängung des Belagerungszustandes die Kontrolle über die Staatsgeschäfte selbst auszuüben, wie Blomberg und Hindenburg Hitler am 21. Juni für den Fall androhten, daß er gegen die SA weiterhin untätig bleiben sollte. Hitler wurde hierdurch veranlaßt, sich selbst an den letzten Vorbereitungen für das Blutbad, das eine Woche darauf stattfand, zu beteiligen.«[344]

Wie die Begegnung des Reichspräsidenten mit seinem Reichskanzler Hitler angeblich wirklich verlaufen sei, hat Hitler seinem getreuen Paladin Alfred Rosenberg erzählt, der die Perspektive seines »Führers« wie folgt in seinem Tagebuch am 28. Juni 1934 festgehalten hat: »Der Führer (will) gegen die ganze Reaktion noch nichts unternehmen. Die Rücksicht auf Hindenburg ist geradezu rührend. Er erzählt, noch nie sei der alte Herr so freundlich gewesen als beim letzten Besuch (…). Er stützte sich nur noch auf seinen Arm und sagte: ‚Jetzt stützen Sie mich auch auf diese Weise, mein Kanzler.' Hitler will ihm allen Gram ersparen, da er glaubt, daß es mit Hindenburg nicht mehr lange dauern kann.«[345] Es war nach Rosenbergs Schilderung zu urteilen so, wie Hans Rudolf Berndorff meint: »Alle Darstellungen von den ewigen Feindseligkeiten zwischen Hindenburg und

Hitler gehören in das Reich der Fabel. Hitler war tatsächlich der Mann des Vertrauens Hindenburgs geworden.«[346]

Hitler hatte sich also erst nach langem Zögern und ebenso langem Zureden der Röhm-Feinde unter seinen nächsten Mitarbeitern bereit gefunden, seinen alten Duzfreund in den Tod zu schicken. In der Nacht zum 30. Juni 1934 bestieg er in Bonn ein Flugzeug nach München. Was nun folgte, war eine planmäßig durchgeführte Mordaktion mit dem Ziel, die SA als konkurrierenden Machtfaktor zu zerschlagen. Die Aktion begann, als Hitler im Morgengrauen auf dem Oberwiesenfeld landete. »Die ganze Nacht hindurch hatte er sich, die Vorstellung vom ›Verräter Röhm‹ wie eine Droge inhalierend, selbst aufgepeitscht«.[347] Zu diesem Zeitpunkt wußte er, daß er sich von seinem einst treu ergebenen Kampfgefährten Röhm trennen mußte, um sein Verhältnis zu Blomberg und der Reichswehr nicht weiter zu gefährden. In Begleitung von Goebbels und einiger SS-Männer ließ er sich nach Bad Wiessee am Tegernsee chauffieren. Der See wurde »Lago di Bonzi« genannt, weil sich viele Nazigrößen, wie es auch Blomberg tun sollte, Villen an seinen Ufern gekauft hatten.[348] Hitlers Ziel war das Kurhotel Pension Hanselbauer, in dem SA-Chef Röhm und seine engsten Vertrauten zusammen gekommen waren, um sich auf eine Konferenz, die Hitler einberufen hatte, vorzubereiten. Als Hitlers Wagenkolonne vorfuhr, schliefen Röhm und seine Männer noch. Die Szene, die sich dann in Röhms Zimmer abgespielt haben soll, ist durch den Historiker David Clay Large folgendermaßen plastisch dargestellt worden: »Mit der Peitsche in der Hand betrat Hitler Röhms Schlafzimmer und befahl ihm, sich anzuziehen: ›Röhm, Du bist verhaftet!‹ herrschte er den verschlafenen Hauptmann an. Röhm konnte gerade noch ›Heil, mein Führer‹ stammeln, bevor Hitler aus dem Zimmer stampfte. Einige der Braunhemden, die Hitler aus ihrem trunkenen Schlummer riß, lagen mit minderjährigen Knaben im Bett.«[349] Das homosexuelle »Sodom«, das man angeblich in der Pension Haselbauer vorgefunden hatte, schlachtete Goebbels später in der NS-Propagandazeitung *Der Angriff* sowie in Rundfunkreden genießerisch aus, und er streute das Gerücht, Röhm sei in jener Nacht ebenfalls mit einem Knaben überrascht worden.

Zeitgleich mit der Ermordung Röhms in der Nacht zum 30. Juni ließ Hitler die gesamte SA-Führung durch SS-Einheiten liquidieren und danach offiziell das Ende der »Säuberungsaktion« verkünden.[350] Gleichzeitig beglich er »alte Rechnungen«, denen »alte Kämpfer« der NSDAP ebenso zum Opfer fielen wie NS-Gegner. General Schleicher und seine Ehefrau wurden in ihrer Berliner Wohnung brutal niedergeschossen und auch Reichenaus Vorgänger als Chef des Ministeramtes, Generalmajor Ferdinand von Bredow, wurde ermordet. Die von den Nationalsozialisten als Reaktion auf einen »Röhm-Putsch« verschleierte Mordaktion, bei der sich die Zahl der Getöteten auf insgesamt 150 bis 200 Personen belief[351], rechtfertigte die Reichsregierung am 2. Juli 1934 nachträglich per Gesetz als »Staatsnotstand«. Übrig blieb eine SA, die kaum mehr als einen Wehrsportverein darstellte. Ihre Aufgabe war von nun an auf die »Wehrerziehung« beschränkt. Auf dem Gebiet der vor- und nachmilitärischen Ausbildung war sie ausgeschaltet und militärische Verbände durfte sie nicht mehr aufstellen. Der Reichswehr verbot Blomberg die Weiterführung jeglicher Zusammenarbeit mit der SA, deren von Hitler befohlene Entwaffnung er genau kontrollieren ließ.[352]

Hitler selbst lehnte es ab, die Verantwortung für das Massaker zu übernehmen, indem er behauptete, es sei gegen seinen Willen erfolgt. In groß angelegten Reden stellte er gleichzeitig Röhms Beseitigung als eine Tat von großem Nutzen für das deutsche Volk dar und verkündete, daß alle mit ihr in Zusammenhang stehenden Maßnahmen damit gerechtfertigt seien. In Deutschland wurde gefeiert. Bereits am 1. Juli pries Blomberg in einem Erlaß an die Wehrmacht »die soldatische Entschlossenheit« und »den vorbildlichen Mut«, mit denen der Reichskanzler »die Verräter und Meuterer selbst angegriffen und niedergeschmettert« habe. Die Wehrmacht, so Blomberg, danke durch ihre »Hingabe und Treue«[353]. Das entsprach der öffentlichen Meinung vieler, die – anders als Blomberg – jedoch weniger Kenntnisse hatten über die Machtkämpfe, die hinter den Kulissen des »Röhm-Putsches« stattgefunden hatten. Das Ansehen Hitlers war, so Ian Kershaw, nach der Ermordung Röhms selbst bei denen gestiegen, die vorher dem Nationalsozialismus ablehnend gegenüber gestanden hatten. »Man bewundert den Führer nicht nur, er wird vergöttert« wurde aus einer nordostbayerischen Kleinstadt berichtet.[354] Mit der Röhm-Affäre, wie auch mit der Ermordung des österreichischen Kanzlers Engelbert Dollfuß am 25. Juli 1934 (Hitler und Blomberg weilten an diesem Tag bei den Bayreuther Festspielen) durch österreichische SS-Männer, wurde die grausame und brutale Ader des Hitler-Regimes im Ausland unübersehbar.[355] Gegenüber ausländischen Beobachtern rechtfertigte Blomberg das Vorgehen der Wehrmacht am 30. Juni mit der Prävention eines Bürgerkrieges. In einem Gespräch mit dem britischen Botschafter in Berlin, Sir Eric Phipps, sagte er, Röhm habe eine Verschwörung angezettelt, die es absolut erforderlich gemacht habe, strenge Unterdrückungsmaßnahmen zu ergreifen, um einen solchen Bürgerkrieg zu verhindern.[356]

Blombergs Rolle als Hitlers Komplize in der Mordsache Röhm ist fraglos dubios, leider jedoch nicht genau rekonstruierbar. Er bewegte sich in einer Grauzone der Verstrickung. In seinen Aufzeichnungen schweigt er über dieses Kapitel seiner Biographie und auch die Äußerungen während der Verhöre in Nürnberg sind nicht erhellend. Immerhin stellt er in seinen Notizen zufrieden fest, daß mit »Röhm und seinen Leuten aufgeräumt« wurde. Ansonsten sieht er aus der Retrospektive seine eigene Rolle als sehr passiv und in Hitler und der SS die aktiv Handelnden. Das entsprach in gewissem Sinne der Realität, da die eigentliche »Säuberungsaktion« von SS-Formationen durchgeführt wurde. Der in den Erinnerungen an der Ausschaltung der SA beteiligter Offiziere oft zu findende Topos vom Dualismus zwischen Reichswehr und SA, der 1934 »ohne Zutun der Armee« beseitigt worden sei, ist jedoch längst widerlegt. Tatsächlich hatte Blomberg dafür gesorgt, daß die Reichswehr während der Säuberungsaktion »Gewehr bei Fuß« stand und eine reibungslose Zusammenarbeit zwischen SS und lokalen Kommandostellen der Reichswehr (vor allem im bayerischen Raum und in Berlin) sowie technische Unterstützung, Unterbringung und Verpflegung der SS-Einheiten angeordnet. Die Reichswehr stellte die Waffen, Materialien und Fahrzeuge, die am 30. Juni 1934 genutzt wurden.

Die überlieferten Quellen zeigen das erhebliche Ausmaß der Unterstützung der Reichswehr von Polizei, Gestapo und SS bei der Durchführung der gegen die SA gerichteten Terrormaßnahmen.[357] So war es nicht eine Kompanie der SS-Leibstandarte, die mit Lkw einer Fahrabteilung der Reichswehr nach München und Bad Wiessee herantransportiert worden ist; vielmehr waren es etwa 1500 Mann, die in vier verschiedenen Kasernen in München untergebracht wurden, sowie ein Sturmbann der SS, der in einem Kasernement des II. Bataillons des 19. (bayerischen) Infanterie-Regiments aufgenommen worden war.[358] Nicht nur kleine SS-Stoßtrupps erhielten von der Reichswehr Waffen, sondern mehrere SS-Einheiten in München, Augsburg und Kempten, die mit Gewehren, Handgranaten und Munition versorgt wurden. Die Bewaffnung der SS durch die örtlichen Reichswehrstellen erfolgte an vielen Orten derart großzügig, daß verfügt wurde, es dürfe »keine übertriebene Bewaffnung der SS« erfolgen. Im Territorialbereich des (bayerischen) Wehrkreis VII wurden Heeresverbände zum Eingreifen bereitgestellt.[359] An mindestens zwei Orten haben Offiziere des Heeres sich aktiv an der Entwaffnung der SA durch SS und Polizei beteiligt.

Auch wenn die meisten Angehörigen des Offizierskorps die Liquidierung der Reichswehr-Rivalin begrüßt hatten, so war es schwierig, ihnen die Ermordung Bredows und Schleichers zu erklären.[360] Blomberg, der widerspruchslos hingenommen hatte, daß sein Amtsvorgänger Schleicher brutal ermordet wurde[361], behauptet, nichts davon gewußt zu haben und lenkte immer wieder auf die Vorteile, die für die Reichswehr mit der Zerstörung der SA verbunden waren. Ganz glaubwürdig schien dies nicht zu sein, denn es war bekannt, daß Schleicher und Blomberg alte Feinde waren.[362] Eindeutig hatte sich Blomberg schon am 5. Juli 1934 gegenüber den Wehrkreisbefehlshabern geäußert: »Es war unumgänglich notwendig, daß mit dem Schlag gegen die Meuterer der SA auch ein Schlag gegen die Kreise geführt wurde, die man heute mit ›Reaktion‹ zu bezeichnen pflegt. Dieser ›Griff nach Rechts‹ war auch im Interesse der Wehrmacht nötig. Wir, die Wehrmacht, sollten nach dem Willen dieser Kreise in ein Lager verschoben werden, in dem wir nicht stehen können. Bei Schleicher und seinen Mittelsleuten ist dieser Schlag mit großer Schärfe geführt worden. Auch in der Umgebung Papens ist ein Opfer gefallen (Herbert von Bose, die Verf.)«[363]; den nach der Röhm-Krise beliebten Terminus der »Säuberung« verwendend fährt er fort: »Die Säuberungsaktion ist keineswegs abgeschlossen. Der Führer wird den Gesundungsprozeß mit eisernem Willen und Rücksichtslosigkeit weitertreiben. Er kämpft gegen Korruption, gegen perverse Moral, kriminellen Ehrgeiz und für Staat und Volk. Der sinnfälligste Ausdruck des Staates ist für den Führer die Wehrmacht. Nicht zum geringsten in ihrem Interesse hat er so gehandelt und es ist Pflicht der Wehrmacht, ihm dies durch womöglich noch größere Treue und Hingabe zu danken.«[364]

Der Wehrminister rechtfertigte die Ermordung der Offiziere damit, daß Schleicher landesverräterische Verbindungen zu Ernst Röhm und zum Ausland unterhalten habe und stellte Beweise für die Schuld Schleichers in Aussicht, die jedoch nie erbracht werden konnten. Schleicher sei, so Blombergs Version der Ermordung des Generals, wegen Widerstandes mit der Waffe bei der Verhaftung erschossen worden.[365] Dem Generalstab verbot er, am Begräbnis des ehemaligen Reichswehrministers teilzunehmen. Kurt von Hammerstein-Equord widersetzte sich als einziger diesem Befehl, wütend und traurig über die Umstände des Todes seines alten Freundes.[366] Monatelang gab es wegen der Liquidierung Schleichers und Bredows innerhalb der Reichswehr Meinungsverschiedenheiten und Diskussionen. Die Mitglieder des Schlieffen-Vereins, dem auch Bredow und Schleicher angehört hatten, forderten eine kriegsrechtliche Untersuchung des Falls und bemühten sich um eine posthume Rehabilitierung der ermordeten Generale. Die Liste mit den Namen der Erschossenen blieb, folgt man den Erinnerungen Wilhelm Keitels, in Blombergs Panzerschrank.[367] Schließlich veröffentlichte er am 2. April 1935 eine Stellungnahme, der zu entnehmen war, daß er, trotz gegenteiliger Gerüchte, keine Rehabilitation erwöge.[368] Für Blomberg war der Tag der Abrechnung mit den Schlieffen-Schülern gekommen, und er ließ folgende Anordnung an die höheren Kommandobehörden und Dienststellen des Heeres ergehen: »Ich bitte (...), daß folgende Mitteilung sämtlichen Offizieren der Wehrmacht sofort im Wortlaut bekanntgegeben wird: Die interne Behandlung der Frage (...) Schleicher und von Bredow hat vielfach den Eindruck erweckt, als ob eine Rehabilitierung der beiden Generäle beabsichtigt und durchgeführt sei. Dies ist ein Mißverständnis. Lediglich für Vereinszwecke war dem Schlieffen-Verein die Bekanntgabe folgenden Wortlautes gestattet: ›Was den Tod der genannten Generäle betrifft, so ist festgestellt, daß (...) sie Wege beschritten, die als regierungsfeindlich angesehen worden sind und daher zu den verhängnisvollen Folgen führten. Durch weitere Durchforschung der Materie würden wir uns auf das politische Gebiet begeben, das nach unseren Satzungen der Vereinigung Graf Schlieffen verschlossen ist‹«[369]. Die Rolle Reichenaus im Zusammenhang mit Schleichers Ermordung erscheint durch den Nachweis in einem sehr dunklen Licht, daß er selbst den Text der Meldung entworfen hat, die Schleichers Erschießung wegen Widerstandes behauptete. Der Generalmajor soll danach erklärt haben, die Erschießung Schleichers bleibe zwar zu bedauern, aber jede Revolution habe ihre Schönheitsfehler. In einem Interview durch den französischen Journalisten Stanislaus de la Rochefoucauld für das *Petit Journal* erklärte er, Schleicher habe seit langem aufgehört, Soldat zu sein. »Er war ein geborener Verschwörer. (...) Er hat vergessen, daß der Gehorsam erstes militärisches Gebot ist.«[370]

Der Standpunkt Blombergs und Reichenaus gegenüber Schleicher und Bredow hatte, mehr als die Weisung zur Unterstützung der SS-Einheiten, zur Folge, daß die Reichswehrführung in der Generalität weiter an Glaubwürdigkeit und Ansehen verlor. Die Ausschaltung der SA hatte zwar die Spannungen zwischen Armee und SA beendet, den schwelenden Armee-immanenten Konflikt zwischen Heeresführung und Reichswehrführung, jene Diadochenkämpfe, jedoch weiter verschärft, so daß die bewaffnete Macht sich in einem für das NS-System typischen Vakuum des Mißtrauens und des Dissens bewegte.

Staatssekretär Bernhard von Bülow vermittelte dem Chef des Truppenamtes ein sehr genaues Bild der Reaktionen im Ausland: Abscheu, Entsetzen und größte Besorgnis um die außenpolitische Zukunft Europas.[371] Blomberg verbot Beck jedoch den weiteren Kontakt zu Bülow.[372] Er wollte die Reflexe auf die deutsche (Militär-)Politik nicht realisieren. Nicht nur, daß die immer wieder geäußerte Selbsteinschätzung seiner »außenpolitischen Vorsicht« diesem Verhalten zuwiderläuft, es zeigt auch, in welch hohem Maße Blombergs Denken Widersprüche barg – Widersprüche, die sich nicht mit den Schlagwörtern Dialektik und Ambivalenz auflösen lassen. Die für ihn charakteristische Mischung aus zweckorientiertem, militärischem Ressortegoismus und einer selektiven Wahrnehmung Hitlers auf der emotionalen Basis gläubiger Verehrung ließ ihn Schritt für Schritt zum militärischen Bündnispartner des Diktators werden und verband ihn (und die Reichswehr) in der Folgezeit des Röhm-Putsches immer enger mit der Person Hitlers. Gerade nach der Ausschaltung des Machtfaktors SA schien sich dem Wehrminister nun die Möglichkeit zu eröffnen, durch eine Verstärkung seiner »Umarmungstaktik« die Armee zu einem bestimmenden Faktor im Staat, zur zweiten Säule neben der Partei zu machen.

Klaus-Jürgen Müller vermag Blombergs und Reichenaus Handeln während und nach dem blutigen Coup vom 30. Juni 1934 in einer Art »Zauberlehrling-Theorie« durchaus einleuchtend zu erklären; er meint, daß diese vor dem 30. Juni 1934 eventuell nicht genau informiert gewesen seien, *wie* und *in welchem Ausmaß* die Aktion gegen Röhms Leute durchgeführt werde und dann überrascht und erschreckt über die Realität des tatsächlichen Terrors waren, daß sie aber »gefangen in ihrem Konzept«, sich immer weiter »in dessen Maschen verstrickt« hätten und so zu »Mitwissern und Mithelfern böser Machenschaften« wurden. »Sie konnten, nachdem sie einmal auf Hitler gesetzt hatten, nicht mehr zurück – vermutlich wollten sie es auch gar nicht –, sie mußten somit auch die Konsequenzen in Kauf nehmen«.[373]

Blomberg, der auf »Hitler gesetzt« hatte, wollte in der Tat nicht mehr zurück. In seinen Erinnerungen erklärt er, daß es ihm nach dem Röhm-Putsch vor allem darum ging, die neu gewonnene Machtposition dauerhaft zu konsolidieren. Mit einer speziellen Entente mit Hitler wollte er den militärpolitischen Sieg gegen die SA innenpolitisch festigen. Die »Zwei Säulen« – Reichswehr und Partei – sollten nun zu einer »Einheit« verschmelzen. Er schreibt: »Bisher hatten Wehrmacht und Partei als zwei Säulen des Staates nebeneinander gestanden. Nun sollten beide Teile bis zum Verschmelzen zusammengebracht werden. Die Folgerichtigkeit dieses Bestrebens war angesichts der Richtung auf Totalität unseres durch die Partei dargestellten Staates unverkennbar.«[374] In seiner Neujahrsbotschaft an die bewaffnete Macht, die in der Militärpresse veröffentlicht wurde, resümiert der Wehrminister die Ereignisse des Jahres 1934. Auch hier taucht als einer der zentralen Punkte der Begriff der von ihm proklamierten »Einheit« zwischen Volk und bewaffneter Macht auf, die nun geeint seien im Geist des Nationalsozialismus.[375]

Blomberg, und das wird aus diesen Worten deutlich, machte 1934 einen Kardinalfehler: Er realisierte nicht, daß die Balance der Säule Wehrmacht bereits mehr als ins Wanken gekommen war. Anders schätzte man die Gegebenheiten im Ausland ein, und schon bald tauchte in der deutschen Exilpresse das Gerücht auf, Blomberg wolle als Wehrminister zurücktreten. Seinem angeblichen Rückzug in ein Sanatorium im Herbst 1934 und Hitlers zweimaligem dortigem Erscheinen maß man in diesem Zusammenhang besondere symbolische Bedeutung bei.[376] Blomberg dachte jedoch nicht an einen Rücktritt. Er glaubte an die Kraft seiner Vision von der »Einheit« zwischen Armee und Staat und der Allmacht militärischer Stärke während er Hitlers Drang zu eigenen und anderen Visionen unterschätzte, in denen er nicht mehr war als ein Werkzeug. Er ignorierte mit – wie Norbert Frei meint – erschreckender Intransigenz die langfristige Schwächung des Militärs und feierte seinen Triumph über Röhm[377] – einen Phyrrussieg, denn

Hitlers Entscheidung für die Reichswehr war nicht eine Entscheidung für die einzig mögliche »militärische Lösung«, wie Blomberg glaubte; sie war ein geschickter Zug, sowohl die mächtige SA schachmatt zu setzen als auch die Reichswehr in Abhängigkeit und Unterordnung zu drängen. In einem Interview, das er am 10. Januar 1935 dem amerikanischen Journalisten Louis Lochner gab, zeigte sich der Minister davon überzeugt, daß die Funktion der Reichswehr als »alleiniger Waffenträger der Nation« und die subalterne Rolle der SA und der SS durch die Ereignisse des 30. Juni statuiert wurden.[378]

Und doch: Die eigentliche Gewinnerin der Röhm-Affäre war die SS. Mit der Aufhebung ihrer Unterordnung unter die SA durch Hitler trat sie aus dem Schatten einer eher geschwächten Reichswehr, um jenes Herrschaftssystem aufzubauen, das nach dem Krieg als »SS-Staat« bezeichnet wurde.[379] Vom 20. Juli 1934 an war die SS nur noch Hitler allein rechenschaftspflichtig. Am 24. September 1934 ebnete Blomberg in einer »Verfügung über die Aufstellung der SS-Verfügungstruppe« den Weg für die Eingliederung der noch in den Anfängen stehenden SS-Verfügungstruppe in die Mobilisierungsplanung der Wehrmacht, wodurch er langfristig die Stellung der traditionellen Streitkräfte als einzige Waffenträger im Reich aufs Spiel setzte. Blomberg schreibt dazu in seinen Memoiren: »Nach der Röhm-Affäre (...) wurde Hitlers SS für ihre treue Haltung durch eine Anzahl Erweiterungen belohnt, die ihren schicksalhaften Aufstieg zur Macht einleiteten. Sie wurde ermächtigt, drei neue Einheiten zu schaffen zu dem Zwecke, innere Unruhen zu unterdrücken. Es gab 3 Infanterieregimenter ohne schwere Waffen, die Vorläufer der Waffen-SS. Es gab keine Verbindung zwischen ihnen und der regulären Armee. Aber als Folge dieses Schrittes mußte ich einen ständigen Kampf gegen Himmler ausfechten, der seine Waffen-SS vergrößern wollte. Hitler entschied solche Auseinandersetzungen stets zu meinen Gunsten«.[380]

Letztlich wies er der unheilvollen, aber noch kleinen Prätorianergarde 1934 den Weg in eine Entwicklung, die die SS zur alles entscheidenden ideologischen Waffe im Arsenal des Hitlerstaates werden lassen sollte. Die volle Tragweite dieser Maßnahme sollte allerdings erst lange nach Blombergs Abschied erkennbar werden – spätestens mit dem mißlungenen Attentat vom 20. Juli 1944. Als Blomberg 1938 gestürzt wurde, gab es immer noch nur drei SS-Regimenter. Von da an wurden sie mit Höchstgeschwindigkeit zu Divisionen erweitert.

III. Verbündeter seiner Totengräber (1934-1945)

1. Der Altar des Vaterlandes wird umdekoriert

Der Zustand des greisen Reichspräsidenten Hindenburg hatte sich in den Wochen vor und nach der Röhm-Krise stark verschlechtert. Als Hitler sich am 1. August 1934 nach Neudeck auf Hindenburgs Gut fliegen ließ, liegt der einstige Held von Tannenberg bereits im Sterben. Hindenburg, der geistig komplett verwirrt war und Hitler für den Kaiser hielt, war der Verfassung von Weimar zufolge, deren wichtigste Artikel bereits außer Kraft gesetzt worden waren, de iure noch immer Oberbefehlshaber der Reichswehr.

Am Morgen des 2. August 1934 starb die letzte Ikone[1] der Weimarer Republik. Noch am selben Tag wurde durch Reichsgesetz das Amt des Reichspräsidenten mit dem des Reichskanzlers vereinigt und Hitler übernahm gleichzeitig damit das Oberkommando über die Wehrmacht. Fortan nannte er sich nicht »Reichspräsident«, sondern »Führer und Reichskanzler«. Der Titel des Reichspräsidenten, so argumentiert er, sei untrennbar mit dem Name des »großen Toten« verbunden.

Als Minister des Deutschen Reiches hatte Blomberg seine Unterschrift auf die rechtliche Beurkundung dieser Änderung, auf das »Gesetz über das Oberhaupt des deutschen Reiches« vom 1. August 1934, geleistet. Dieses besagte, daß Hitler bei Hindenburgs Tod automatisch Oberbefehlshaber der Streitkräfte werden würde.[2] Laut Paragraph 1 des Gesetzes, sollte »das Amt des Reichspräsidenten (...) mit dem des Reichskanzlers vereinigt [werden] und infolgedessen die bisherigen Befugnisse des Reichspräsidenten auf den Führer und Reichskanzler Adolf Hitler übergehen. Ferner »bestimmt Hitler seinen Stellvertreter«.[3] Damit unterstand die Reichswehr auf einmal dem ›böhmischen Gefreiten‹, den sie ursprünglich für ihre eigenen Zwecke hatte nutzen wollen. Hindenburg wollte seine letzte Ruhestätte auf Neudeck finden, Hitler ordnete – gegen diesen ausdrücklichen Wunsch – ein Staatsbegräbnis für den »Feldherrn-Ersatzkaiser« an. In einer Chefbesprechung im Reichspropagandaministerium wurde bereits am Nachmittag seines Todes das symbolträchtige Tannenberg-Denkmal in Ostpreußen (Tannenberg/Grunwald) als Begräbnisstätte festgesetzt. Der Vorschlag stammte von Goebbels und fand die persönliche Unterstützung Hitlers, denn zur Etablierung der nationalsozialistischen Herrschaft gehörte das Spiel mit Ritualen, Bildern und Erinnerungen. Hindenburgs Beisetzung war, so der Historiker Friethjof Benjamin Schenk, »die letzte Zeremonie, mit der Hitler die Weimarer Republik zu Grabe trug«[4].

Das 1927 zur Erinnerung an die gleichnamige Schlacht des Ersten Weltkrieges von den Gebrüdern Krüger erbaute Denkmal hatte eine wichtige Funktion als

Kulisse für den NS-Militär- und Totenkult.[5] In düsteren Inszenierungen der Erinnerung an die Toten des Ersten Weltkrieges, im Spiel mit der Sehnsucht und den Emotionen der Menschen, konnte Hitler in den imposanten Mauern des Denkmals den Ruhm und den Mythos der Armee für die Inszenierung seiner eigenen Macht instrumentalisieren. Am so genannten »ersten Tag von Tannenberg«, am 27. August 1933, hatte er sich einen öffentlichkeitswirksamen gemeinsamen Auftritt mit Hindenburg verschafft. Der »zweite Tag von Tannenberg« war bereits Hindenburgs Begräbnis. In der Nacht zum 7. August wurde seine Leiche von Neudeck zum Tannenberg-Denkmal überführt. An der etwa 100 km langen Strecke, die der Sarg von Neudeck nach Grunwald zurückzulegen hatte, bildeten Angehörige der Reichswehr, SA, SS, Hitlerjugend und Kyffhäuser-Bund in einem Fackel-Spalier ein gespenstisches Szenario. 10 000 Menschen kamen zur Beisetzungsfeier, um mit zum Gruß erhobenem Arm an einer starren Reihe von Reichswehrsoldaten vorbeipilgernd dem Schauspiel beiwohnen zu können. Die Zeremonie, eine Mischung aus militärischer Ehrenbezeugung, religiösem Ritus und heidnischem Kult, wurde als mediales Ereignis über alle Sender im gesamten Reich übertragen.[6] Hitlers Rede an Hindenburgs Sarg klang wie die Partitur einer Wagner-Oper: »Heute hat die Nation (...) den toten greisen Helden zurück zur großen Walstatt seines einzigartigen Sieges geführt. Hier (...) soll der müde Feldherr seine Ruhe finden (...). Toter Feldherr, geh' nun ein in Walhall!«[7] Blomberg selbst hielt keine Rede an jenem Walhall, an dem Hitler Hindenburg zum »Schirmherrn der nationalsozialistischen Revolution«[8] erklärte. Seine Rolle bei den kultischen Inszenierungen des NS-Regimes war niemals primär die eines Redners; seine Rolle war die eines »Imagologen«. Imagologie – dieser bemerkenswerte Neologismus meint, in Anlehnung an die Definition des Schriftstellers Milan Kundera, mehr als Ideologie – und zugleich weniger: Imagologie ist die äußerst reduzierte Aussage einer Ideologie – reduziert auf eine Abfolge suggestiver Bilder. Die Imagologen erschaffen oder repräsentieren solche Bilder, ästhetische Substrate großer Ideen. Die Imagologen schaffen Systeme von Idealen und Anti-Idealen; Systeme, die rasch durch andere ersetzt werden können, die aber unser Verhalten, unsere politischen Ansichten, unseren ästhetischen Geschmack wie die Wahl unserer Bücher beeinflussen.[9] Blomberg erschuf, wie gezeigt wurde, zahlreiche suggestive Bilder – Substrate der nationalsozialistischen Idee –, manipulierte die Ansichten der Soldaten und der Öffentlichkeit, bestimmte die Wahl ihrer Bücher, das Verhalten, die Ästhetik und Symbolik des Militärs maßgeblich und aktiv.[10]

Am Tag von Hindenburgs Begräbnis, dem »zweiten Tag von Tannenberg«, beherrschten noch die alten preußischen Regimenter mit ihren Stahlhelmen der Reichswehr und der Symbolik des Eisernen Kreuzes das Bild.[11] Die Umbettung Hindenburgs in eine eigens für ihn gestaltete Totengruft im Nationaldenkmal, der »dritte Tag von Tannenberg«, nur ein Jahr später – am 2. Oktober 1935 – trug bereits die unverwechselbaren Züge der militärischen Selbstinszenierung des NS-Staates.[12] Daran, daß sich das Bild der Armee in nur einem Jahr auf so entscheidende Weise geändert hatte, trug Blomberg wesentlichen Anteil – sowohl durch die Politik der Indoktrination und Öffnung, als auch durch seine Omnipräsenz als Hauptdarsteller auf der Bühne des nationalsozialistischen Militärkultes, der über die NS-Wochenschauen im ganzen Reich mittelbar erfahrbar wurde.[13]

Er selbst war ein entscheidender Bestandteil dieser Bildsprache, denn er personifizierte als Kriegsminister die Urmacht des Militärs. Er war somit für einen Großteil des Publikums der Inszenierung des Hitler-Mythos eine entscheidende Identifikationsfigur – zumal er den Typus des wilhelminischen Offiziers alter Prägung verkörperte, was eine Fusion der Vergangenheit mit der Gegenwart und der möglichen Zukunft implizierte. Dieses hatte sich bekanntermaßen erstmals am Tag von Potsdam (12. März 1933) wirkungsvoll gezeigt, als Hitler in einem symbolträchtigen Spektakel die Fusion zwischen staatlicher und militärischer Macht, zwischen Altem und Neuem in Szene setzte.

Hitler wußte um Blombergs Funktion als »Erbstück der Vergangenheit« und forcierte den Kult um seinen Wehr- bzw. Kriegsminister, da er diesen sowohl als Akteur vor der Kulisse der Inszenierung des Militär-Staates, als auch als Architekten (Imagologen) einer spezifisch-nationalsozialistischen Selbstdarstellung des Militärs benötigte. Der Diktator versäumte keine Gelegenheit, Blomberg zu huldigen und sich Seite an Seite, »Arm in Arm«[14], mit diesem zu zeigen. Betrachtet man Filme und Fotos von öffentlichen Ereignissen aus der Zeit von 1933 bis 1938, so fällt auf, daß Blomberg bei kaum einer Inszenierung nicht an Hitlers (rechter) Seite zu sehen ist. Die Körpersprache beider ist dabei eindeutig: Die »Zwei-Säulen-Symbolik« fand ihre visuelle Umsetzung und prägte die öffentliche Wahrnehmung des nationalsozialistischen Staates. Blomberg schien allerdings nicht zu sehen, daß er für Hitler dabei immer mehr zu einem Statisten wurde.

Im Programm des militärischen Totenkultes der Nationalsozialisten und im NS-Festkalender kam der Feier des Heldengedenktages eine besondere Funktion zu. 1933 wurde der bisherige Volkstrauertag (16. November) erstmalig als Heldengedenktag begangen und am 28. Februar 1934 durch ein Gesetz als Feiertag verankert. Der Wehrminister nahm bereits seit 1933 an dem jährlich wiederkehrenden Ritual teil, das vor allem in Berlin besonders feierlich inszeniert wurde. Die *gesamte* Wehrmacht war erstmals bei der Heldengedenktagsfeier des Jahres 1935 maßgeblich präsent. Jedes Jahr hielt Blomberg zu diesem Anlaß eine emphatische Rede, in der er die Wehrmacht mit dem Nationalsozialismus in Einklang zu bringen suchte. Nach dem Festakt in der Lindenoper, in der die Klänge der *Eroica* ertönten, begab er sich, gemeinsam mit dem greisen Generalfeldmarschall Mackensen Hitler flankierend, zur Kranzniederlegung in das Ehrenmal (Neue Wache). Bei einer Heldengedenktags-Rede von 1935 sprach Blomberg über das neue »Gesetz über den Aufbau der Wehrmacht« und über die Einführung der allgemeinen Wehrpflicht. Diese seien die »Grundlage für die Sicherheit des Reiches« (...). In rückhaltlosem Vertrauen zum Führer sehen wir die Saat reifen, einen Staat der Einigkeit, der Stärke und der Ehre, ein Volk in Frieden in einem befriedeten Europa.«[15] Ein großes Schauspiel, wie auch Goebbels meinte, der als Propagandaminister um die Magie der Imagologie und um die Bedeutung des öffentlichen Bekenntnisses des Wehrministers zum Nationalsozialismus wußte. Befriedigt vermerkt er über die Heldengedenkfeier am 8. März 1936 in seinem Tagebuch: »Sehr feierlich und voll ernster Stimmung. Blomberg hält eine ausgezeichnete Rede mit einem starken Bekenntnis zum Führer und zum NS. Für die ganze Armee war das schon längst fällig«[16].

Als Blomberg erstmals am 9. November 1933 in Wehrmachtsuniform neben Hitler und Göring am Marsch der »Alten Kämpfer« zur Erinnerung an den historischen Marsch zur Feldherrnhalle am 9. November 1923 teilnahm, wird Hitler die Einladung zur Teilnahme an diesem Marsch nicht nur als eine ganz besondere Auszeichnung angesehen haben, die Blomberg – der nun wirklich kein »Alter Kämpfer« war – nicht ausschlagen konnte. Die Einbeziehung Blombergs in den Kreis der »Alten Kämpfer« hatte eine symbolische Bedeutung und mag auch dazu beigetragen haben, sein Bild als NS-Anhänger vor 1933 zu transportieren und das Gerücht zu nähren, daß er schon vor seiner Berufung zum Minister mit Hitler bekannt gewesen sei.

Im Zusammenhang mit Blombergs Rolle ist sein Traditionsbegriff aufschlußreich; Traditionen betrachtete er niemals als statische Kraft, sie erschienen ihm immer nur vor dem Hintergrund ihrer notwendigen Veränderung bedeutsam und brauchbar.[17] So gelang ihm der Schulterschluß zwischen dem österreichischen Feldmarschall Eugen von Savoyen (1663-1736) und Adolf Hitler; gelang ihm die Konstruktion einer Verbindung zwischen Scharnhorst und Hitler.[18] In der *Militärwissenschaftlichen Rundschau* zementierte er 1936 diese Sichtweise, die bereits nach dem Ersten Weltkrieg, nicht nur in seiner »Abrechnung« mit dem Reichskriegsarchiv, bestanden hatte: »Traditionen bestehen nicht darin, die Geschichte zu wiederholen oder sie zurückzudrehen; im Gegenteil, sie bestehen in ihrem bewußten Vorantreiben und Weiterführen (...).«[19] Aus der Fusion des Alten mit dem Neuen ergab sich ein »neuer« Soldatentypus (der allerdings gleichwohl in der Tradition der alten Armee stand und darin stimmte Blomberg mit Hitler überein).[20] Die Interpretation der Reichswehr war dabei auf eine besondere Auslegung des Frontkämpferbegriffes gerichtet. Dieser erhielt eine Bedeutung als Bindeglied zwischen der Armee seit 1914 und der NS-Bewegung. In einem 1935 herausgegebenen Bildband über den Tag der Wehrmacht in Nürnberg schreibt Blomberg im Vorwort: »Und wenn auf Befehl des Führers und Reichskanzlers an den Fahnen und Standarten der alten Armee das Ehrenkreuz für Frontkämpfer angebracht wurde, dann grüßt damit die junge Wehrmacht die toten und lebenden Kameraden des alten Feldherrn auf tausend Schlachtfeldern, die Männer vom Skagerrak, vom Coronel und von der U-Bootwaffe, die Kampfgenossen von Richthofen, Boelcke und Immelmann. (...) Auf den Schlachtfeldern des Ersten Weltkrieges wurde die Saat für ein neues Reich gelegt.«[21]

Im selben Jahr bezeichnete Blomberg bei einer Festrede in der Berliner Staatsoper die Wehrmacht als Schöpferin der »Grundmauern« eines neuen Staates, auf denen ein »gottgesandter Baumeister« (Hitler) bauen konnte. Er führte aus: »In dem Führer der Nationalsozialistischen Deutschen Arbeiterpartei und in der Gestalt des Feldmarschalls von Hindenburg trafen sich symbolisch jene beiden Kraftströme, die im Fronterlebnis des Ersten Weltkrieges geboren, auf getrennten Wegen dem gemeinsamen Ziel zustrebten.«[22] Jene beiden »Kraftströme« ließen sich in Blomberg und Hitler personifizieren: In dem Entwurf einer offiziell in Auftrag gegebenen Blomberg-Biographie, die wegen der Wehrmachtkrise von 1938 niemals fertiggestellt wurde, heißt es vielsagend: »Zwei Soldaten stehen sich gegenüber [Blomberg und Hitler, die Verf.]: Ein einfacher Gefreiter mit dem Eisernen Kreuz I. Klasse und ein General mit dem pour le mérite. Ein jeder hat die größte Hochachtung vor dem anderen und das größte Vertrauen zum anderen.«[23]

Inhalt und Motivation der speziellen historischen Sicht der Reichswehrführung kommen in einem hymnischen Artikel im offiziellen *Militär-Wochenblatt* anläßlich Hitlers 45. Geburtstags zum Ausdruck. Unter der Überschrift *Die Auferstehung des deutschen Frontsoldaten*[24] heißt es, die »nationalsozialistische Revolution« habe bereits im August 1914 begonnen; sie sei 1918 »unterbrochen und verraten« worden, sie überlebte aber nicht zuletzt dank »der selbstlosen Pflichthingabe der kleinen, fest gefügten Wehrmacht«, die mit den Wehrverbänden und der Hitlerbewegung zwar »auf getrennten Wegen«, aber zu ein und demselben Ziel marschierte[25]. Hieraus geht die von der Reichswehrführung propagierte Interpretation des neuen Soldaten deutlich hervor: »Aus dem Geist des deutschen Frontsoldatentums erwuchs der Nationalsozialismus. Für ihn eroberte er die Macht im deutschen Volk und Staat. Die unvollendete deutsche Revolution von 1914 fand mit der nationalsozialistischen Erhebung von 1933 ihren geschichtlichen Gestalter in dem »großen Sprecher und Täter der namenlosen deutschen Frontsoldaten« Adolf Hitler. Was sich im nationalsozialistischen Deutschland vollziehe, sei nichts anderes als »die Übertragung der frontsoldatischen Wertung und Sittlichkeit auf das gesamte öffentliche Leben. Die zeitlos gültigen Grundtugenden der deutschen Soldaten (...) bilden den Kern der nationalsozialistischen Weltanschauung.«[26]

»Mit Stolz«, schreibt Blomberg in seiner Laudatio auf Hitler, »sind wir Soldaten uns bewußt, daß die Bewegung in ihrem Ursprung auf das soldatische Erlebnis des Krieges zurückgeht. Die Kampfgemeinschaft auf Leben und Tod, die da draußen in den Schützengräben der Front einst alle verband, war zugleich die Geburtsstunde der großen Idee, der Sie (Hitler, die Verf.) zum Sieg verholfen haben. Deshalb fühlt sich der Soldat aus innerstem Gefühl heraus eins mit dem neuen Staat. Der Kriegsfreiwillige des Regiments List (Hitler, die Verf.), der einst in unseren Reihen kämpfte und blutete, von der ersten Flandernschlacht an bis zum bitteren Ende, der Frontkämpfer des Weltkrieges (...) ist und bleibt deshalb für immer einer der Unseren.«[27] Ob Blomberg wirklich an die »Auferstehung des deutschen Frontsoldaten« glaubte, ist nicht zu sagen – zumindest wußte er um die bindende Funktion des Frontkämpferbegriffs, der außerdem einen Legitimationsfaktor der von der Reichswehrführung angestrebten Position der bewaffneten Macht im neuen Staat darstellte. Als der *Völkische Beobachter* am 9. Mai 1934 berichtete, daß ein französischer Bauer beim Pflügen seines Ackers die Leiche des Dichters Hermann Löns gefunden habe, entbrannte ein Kampf um die Authentizität der »Löns-Gebeine« und deren propagandistischen Wert. Wenngleich Löns und sein Werk im Dritten Reich nicht gänzlich unumstritten waren, so hatte doch, wie im Falle Theodor Körners oder Alexander von Blombergs, der Tod im Krieg (26. September 1914) aus dem Dichter einen Mythos gemacht. Nachdem die Überreste des Dichters eine makabere Odyssee absolviert hatten, die mit einer Entführung durch SA-Männer endete, nahm sich Blomberg ihrer an[28] und setzte eine feierliche Bestattung der Gebeine des Dichters im Tietlinger Wacholderhain nahe Walsrode durch. Hier bot sich ihm die Gelegenheit, das Soldatenbild der Wehrmacht rituell in Szene zu setzten und in der Gestalt Löns' den heldenhaften »deutschen Frontsoldaten« des Ersten Weltkrieges zu glorifizieren. Schriftlich ließ er Goebbels im Juni 1935 wissen: »Ich habe mich im Einvernehmen mit dem Chef der Reichskanzlei entschlossen, die vom Führer und Reichskanzler angeordnete feierliche Beisetzung des Soldaten Hermann Löns an der von Frau Löns bestimmten Grabstätte durch die Wehrmacht unter Stellung einer militärischen Ehrenkompanie zur Ausführung zu bringen. In der Person von Hermann Löns soll der heldische Geist der kriegsfreiwilligen Jugend von 1914 sinnbildlich geehrt werden. Als Tag der Beisetzung habe ich den 2. August 1935 in Aussicht genommen.«[29] Das Datum für die Beerdigungszeremonie hatte Blomberg natürlich nicht zufällig gewählt: Genau 21 Jahre zuvor hatte der Erste Weltkrieg begonnen, und im Jahr vorher war auf den Tag genau der Generalfeldmarschall Hindenburg gestorben. Hermann Löns wurde in diesem Ritual der Wehrmacht, so dessen Biograph Thomas Dupke, zur »Symbolfigur für die Wiederaufrüstung im ›Dritten Reich‹, für das bedingungslose Opfer zu Ehren des Vaterlandes.«[30]

Die Reklamierung des Nationalsozialismus für den »Frontgeist« und »soldatische Werte« – eine bemerkenswerte Reduzierung – setzte Blomberg wirkungsvoll in Bilder um: Anläßlich Hitlers 45. Geburtstages widmete der Wehrminister dem ehemaligen Gefreiten als »Zeichen der Treue« der Armee feierlich die Kasernen des Regiments List (I Bataillon, 19. Bayerisches Infanterie-Regiment, Hitlers einstiges Regiment), die fortan Adolf-Hitler-Kaserne hieß.

Ein Forum fand die Propagierung des neuen Soldatenbildes in der Institution der Wehrmachtakademie, die am 1. Oktober 1935 in Berlin eröffnet wurde und unter der Direktion von Wilhelm Adam[31] direkt dem Reichskriegsministerium und nur indirekt ihrer Mutter, der Kriegsakademie, untergeordnet war. Geplant als Ausbildungsstätte für den Nachwuchs eines projektierten (aber nicht verwirklichten) Wehrmachtgeneralstabs, sollten hier unter der direkten Kontrolle des Reichswehrministeriums durch besonders befähigte Offiziere des Heeres und der Marine operative Grundsätze einer Gesamtkriegsführung erarbeitet und erprobt werden.[32] Blomberg sah in der Wehrmachtakademie sowohl die Vollendung der Ausbildungsmaximen seines Lehrers Reinhardt als auch eine Adaption des amerikanischen *War College*, das ihn bei seiner Amerika-Reise 1931 nachhaltig beeindruckt hatte, und er beeinflußte den Stundenplan der Wehrmachtakademie maßgeblich.[33] Nach seiner Entlassung wurde die Akademie am 31. März 1938 wieder geschlossen.

2. Ein folgenschwerer Eid (1934)

Um gleichsam die Armee mit dem Nationalsozialismus auch äußerlich in Übereinstimmung zu bringen – um den »Altar des Vaterlandes« in Hitlers Sinne umzudekorieren –, hatte Blomberg eine Reihe von mehr als symbolischen Maßnahmen durchführen lassen. Die wichtigste und folgenschwerste Maßnahme zur Adaption des NS-Kultes war die Neuformulierung des Fahneneides, die vollzogen wurde, noch »ehe Hindenburgs Leiche ganz erkaltet war«[34]. Bereits am Tag der Beisetzung des Reichspräsidenten hatte Blomberg die sofortige Vereidigung der Soldaten der Wehrmacht auf den »Führer des Deutschen Reiches und Volkes, Adolf Hitler« befohlen.[35] Noch am selben Tag leisteten die ersten Verbände der Reichswehr den persönlichen Treueid. Die ganze Prozedur der Vereidigung verlief schnell wie ein Spuk und schien von langer Hand vorbereitet gewesen zu sein.

Die neue Eidesformel ging auf eine Version Reichenaus zurück, der seinerseits die Majore Foertsch und Röhricht mit der Ausarbeitung eines entsprechenden Vorschlages beauftragt, das Resultat dann jedoch verworfen und durch seine eigene Formulierung ersetzt hatte. Wer auch immer den Eid formuliert haben mag: Foertsch und Röhricht oder – was unüblich ist – ihr Vorgesetzter, Generalmajor von Reichenau, es wäre praktisch unmöglich für Blomberg gewesen, den Text entscheidend zu verändern. Wie hätte er das begründen können, ganz abgesehen davon, daß ihm derlei nicht in den Sinn kommen konnte, wie er selbst eingestanden hat.[36]

Die neue Eidesformel, die, wie Blomberg später erklärte, ohne Hitlers Zutun und in aller Eile von Reichenau und dessen Untergebenen entworfen worden war, hatte folgenden Wortlaut:

> »Ich schwöre bei Gott diesen heiligen Eid,
> daß ich dem Führer des Deutschen Reiches und Volkes,
> Adolf Hitler, dem Oberbefehlshaber der Wehrmacht,
> unbedingten Gehorsam leisten und als
> tapferer Soldat bereit sein will,
> jederzeit für diesen Eid mein Leben einzusetzen.«

Die Reaktion der Offiziere auf den neuen Eid war unterschiedlich.[37] Der spätere General Eduard Wagner schildert in einem Brief an seine Frau die Stimmung in Berlin am Morgen des 2. August 1934: »Heute mittag 15 Uhr Ansprache des Ministers und Vereidigung. Heute abend 20 Uhr eine große militärische Trauerfeier im Lustgarten.« Später fügte er hinzu: »Abends. Nun, wo ich mehr Ruhe habe, komme ich zu Dir. Die Vereidigung durch den Chef der Heeresleitung [General Werner von Fritsch, die Verf.] war sehr kurz. Allgemein herrscht recht bedrückte Stimmung. Man muß eben hoffen.«[38] Beck sprach angeblich vom »schwärzesten Tag seines Lebens«. Die Mehrheit der Offiziere aber machte sich kaum Gedanken über die Auswirkungen des Treuegelöbnisses.[39] Einige traditionsverbundene Militärs, darunter der Chef der Heeresleitung Werner von Fritsch, meinten, durch den neuen Eid werde jene Art von Beziehung wiederhergestellt, die unter dem Kaiser bestanden habe. Das war natürlich anachronistisch, denn Blomberg – und mit ihm auch Reichenau – dachte in anderen Kategorien, die modernen, machtpolitischen Prämissen gehorchten und nicht den Gespenstern der Vergangenheit.

Hermann Foertsch, Blombergs Pressechef im Reichswehrministerium, hatte sich sehr eingehend mit dem Eid und seiner Bedeutung in der Geschichte[40] auseinandergesetzt und von einer inneren Gegnerschaft oder auch nur von Bedenken nicht das Geringste erkennen lassen: »Die stärkste gegenseitige Treuebindung für den Soldaten ist der Eid. Er ist die Grundlage aller Soldatentreue, die keine Auslegung, keine Abwandlung zuläßt. So ist auch ein Zweifel an der Eidestreue die schwerste Beleidigung des Offiziers [...]. Der Eid der deutschen Soldaten wird auf den Führer und Reichskanzler, den Obersten Befehlshaber der Wehrmacht, geleistet. Mit diesem Eid sind keine Gewissenskonflikte verbunden. Keine anonyme Verfassung, kein leerer Begriff, keine auslegungsfähige Formel ist Gegenstand dieses Eides, sondern der bedingungslose Gehorsam dem einen Führer, der die Geschicke Deutschlands leitet und in seiner Person Volk und Vaterland verkörpert. Die altdeutsche Mannen- und Gefolgschaftstreue ist seit der nationalsozialistischen Revolution wieder zur sittlichen Grundlage des deutschen Soldatenlebens erhoben. Wer sie bricht, richtet sich selbst für alle Zeit.«[41] Der damalige Oberstleutnant Foertsch, 1950 sollte er zuständig sein für einen Entwurf des inneren Gefüges der neuen Streitkräfte, hatte überdies 1936 in einem von NS-Geist getränktem Artikel *Der Führer und die Wehrmacht* ausdrücklich hervorgehoben, daß »mit stolzer Freude« jeder Soldat »das Hoheitszeichen der nationalsozialistischen Bewegung auf dem Rocke trägt.« Weiterhin hatte er festgestellt: »Die ›Pflichten des deutschen Soldaten‹ sind aus nationalsozialistischem Geist geschrieben, ebenso wie der Fahneneid es ausspricht«, der dann wörtlich zitiert wird. Derselbe Foertsch äußerte sich nach 1945 wie folgt kritisch: »Es scheint so, als ob sich in der Wehrmachtsführung niemand besondere Gedanken gemacht hat über die staatsrechtliche Grundlage dieses Befehls [...]. Durch das von der Regierung beschlossene Gesetz[42] hatte der Reichskanzler sich also selbst zum Staatsoberhaupt gemacht und zum Reichskanzler ernannt.«[43] Wer aber hätte über die zugrunde liegenden Gedanken besser Bescheid wissen können als Foertsch selbst, da er den Eid mit entworfen hatte?

Der Oberbefehlshaber der Kriegsmarine Raeder schildert in seinen Memoiren seine Gründe für die Eidesleistung wie folgt: »Als Hitler nach dem Tode Hindenburgs an die Stelle des Reichspräsidenten trat und damit Oberster Befehlshaber der Wehrmacht wurde, leistete ich ihm, auf seine Aufforderung hin, zusammen mit Generaloberst von Blomberg, General der Artillerie Freiherr von Fritsch und General der Flieger Göring den Eid. Bedenken dagegen kamen für mich wie für die Armeeoffiziere nicht in Frage. Denn Hitler war vom Reichspräsidenten von Hindenburg in legaler Weise zum Reichskanzler berufen, das deutsche Volk hatte ihm wiederholt – mit bisher nicht erlebter Einigkeit – sein Vertrauen bekundet; er konnte daher nach allgemeiner Auffassung als der legale Nachfolger Hindenburgs betrachtet werden. Auch war bekannt geworden, daß er von Hindenburg ebenfalls als sein Nachfolger angesehen worden war.«[44] Raeder übersah jedoch, daß es um die *Formulierung* des Eides, die Verpflichtung auf *Hitlers* Person, ging.

Blomberg wurde nach dem Zweiten Weltkrieg die Neuvereidigung der Reichswehr am Todestag Hindenburgs als unverantwortlicher Treuebruch gegenüber der Armee vorgeworfen.[45] In der Tat sollte es sich um einen »folgenschweren Eid« handeln, wie Heinz Guderian, damals Oberst und Stabschef des Kommandos der Kraftfahrttruppen, in einem Brief vom 2. August 1934 an seine Frau prophezeite.[46] Von einem »kalten Staatsstreich« spricht Hans-Bernd Gisevius. In seiner (stets mit Vorsicht zu bewertenden) Erinnerung war »die vom Tode Hindenburgs tiefbewegte Berliner Garnison auf den nächtlichen Königsplatz befohlen worden, um dem neuen Staatsoberhaupt bei Fackelschein einen Eid zu schwören.« Für ihn war es völlig klar: »Hitler zwang dem verblüfften Offizierskorps einen Treueid auf, bis in den Tod« – mehr noch – »bis zum physischen oder moralischen Selbstmord.« Diese »Überrumpelung« sei »zu Lasten Blombergs« [vermutlich ist gemeint Blombergs Akzeptanz durch die Generalität, die Verf.] gegangen.[47] Michael Freund hält den Eid für »ungültig, unmöglich und überflüssig«, da eine gültige Formel bestanden habe und die Soldaten bereits auf Verfassung und Reichspräsident vereidigt gewesen seien. Nur neu eintretende Soldaten hätten einen Eid zu schwören[48], und auch Klaus-Jürgen Müller spricht von einem »staatsstreichähnlichen Akt«, »der für das Schicksal der deutschen Streitkräfte entscheidend und verhängnisvoll« werden sollte, vom Eid auf Hitler als »qualvoller, kaum zu lösender Fessel«[49] für das Militär. Müller hebt mit Recht die Zusammenhänge zwischen den Vorgängen vom 30. Juni 1934, der konservativen Opposition und der Nachfolgefrage für den Reichspräsidenten hervor. Man wollte offenbar keinerlei Risiko mehr eingehen, daher die »ungebührliche Eile« und die »überhastete Vereidigung«.[50] Müller unterstellt, daß bei der Kabinettssitzung tags zuvor eine entsprechende »Vereinbarung« zwischen Hitler und seinem getreuen Blomberg getroffen worden sei.[51] Auch Kershaw schreibt, daß Blomberg kurz vor Hindenburgs Tod, vermutlich am ersten August 1934, den Eid mit Hitler besprochen habe, der ihm später öffentlich dafür dankte.[52]

Die Ursprünge für die These, es habe »ein »abgekartetes Spiel« zwischen Hitler und Blomberg gegeben[53], finden sich in folgender Erklärung des damaligen Botschafters Franz von Papen: »Offenbar hatte Hitler auch schon am 1. August mit dem ihm ergebenen Reichswehrminister vereinbart, daß die Reichswehr unmittelbar nach Hindenburgs Tode auf ihn, Hitler, vereidigt werde. Anders ist technisch nicht zu erklären, daß schon am 2. August die Vereidigung – mit einer neuen Formel – in allen Garnisonen durchgeführt werden konnte. Hier bot Blomberg demnach die Hand zu einem weiteren Staatsstreich.«[54] [Der erste »Staatsstreich« soll in der Übertragung der bisherigen Rechte des Reichspräsidenten auf Hitler bestanden haben].

Daß Blomberg »unter Nichtachtung der Reichsverfassung (...) die sofortige und bedingungslose Vereidigung der gesamten Reichswehr auf die Person Adolf Hitlers (befohlen)« habe, war ein Fehlschluß, denn der Eid betraf keineswegs »Verfassung und Reichspräsidenten«, sondern Volk und Vaterland. Zum anderen war die Neuvereidigung durch das Ableben des Reichspräsidenten und seine Nachfolge durch Adolf Hitler als »Obersten Befehlshaber der Reichswehr« ausgelöst worden. Auch war der Eid bereits am 1. Dezember 1933 grundlegend modifiziert worden und lautete wie folgt: »Ich schwöre bei Gott diesen heiligen Eid, daß ich Volk und Vaterland allzeit treu und redlich dienen und als tapferer und gehorsamer Soldat bereit sein will, jederzeit für diesen Eid mein Leben einzusetzen.«[55]

Auch die Konzentration der Eidesleistung auf eine Person an der Spitze des Staates war keineswegs neu. Im November 1933 war die SS-Leibstandarte Adolf Hitler durch folgenden Eid auf Hitler persönlich verpflichtet worden, und der Text mag durchaus als Vorlage für die Formulierung des Eides von 1934 gedient haben[56]: »Ich schwöre dir, Adolf Hitler, als Führer und Kanzler des Reiches Treue und Tapferkeit. Ich gelobe dir und den von dir bestimmten Vorgesetzten Gehorsam bis in den Tod, so wahr mir Gott helfe.[57] Ende 1932 war bereits ein anderes Beispiel durch die deutsche Presse gegangen, nämlich daß die Wehrmacht des faschistischen Italien auf Hitlers Vorbild, den »Duce« Benito Mussolini, vereidigt werden sollte: »Im Namen Gottes und Italiens schwöre ich, die Befehle des Duce ohne Widerrede auszuführen und mit allen meinen Kräften, wenn nötig auch mit dem Blute, der Sache der faschistischen Revolution zu dienen.«[58]

Die Neuvereidigung der Reichswehr am 2. August 1934 war kein so ungewöhnlicher Vorgang, wie dies oft dargestellt wird. Die Vereidigung der Reichswehr auf Hitler gehörte in das Konzept der Vereinigung der Ämter und lag damit in der Konsequenz des Gesetzes vom 1. August 1934. Somit kann man nicht sagen, daß Blomberg eigenmächtig die Vereidigung auf Hitler vorgeschlagen habe. Freilich hat er sich auch nicht dagegen ausgesprochen, sondern gehofft, durch besonders rasches Handeln weiter in der Gunst Hitlers zu steigen[59], mit Hilfe dieser personalisierten Treuebezeugung sein besonderes Vertrauensverhältnis zu Hitler zu intensivieren und die Vorherrschaft der Reichswehr als Machtzentrale des Dritten Reiches zu festigen.[60] Reichenau drückte dann auch die Funktion des Eides mit folgenden Worten aus: »Wir brauchen den Schwur zur Festigung unserer Positionen«.[61] Dabei aber übersahen beide, daß die Initiative zum militärischen Eid auf Hitler und die Zustimmung zur Übernahme des Reichspräsidentenamtes den totalitären Anspruch der Partei vergrößerte, den sie durch ihr Handeln gerade zu kontrollieren meinten.

Nachdem Joseph Goebbels in der Wochenzeitung *Das Reich* nach der Tragödie vom 20. Juli 1944 den Fahneneid der Soldaten als einen »Pflichtenbund mit dem Nationalsozialismus« bezeichnet hatte, wandte sich Blomberg in seinen privaten Aufzeichnungen gegen diese Auffassung mit folgender Klarstellung: »Wir hatten im OKW den Fahneneid geformt, ohne einen Auftrag des Führers dazu zu haben und ohne daß wir ihn um Rat gefragt hätten. Er hatte wohl Vertrauen zu unserem Wollen und Weg. Wir schwuren den Fahneneid für Hitler als dem Führer des deutschen Volkes, aber nicht als dem Haupt der nat.soz. Partei. Das war er für uns Soldaten auch und wir Führenden wollten Wehrmacht und Partei zueinander führen und Schulter an Schulter stellen, aber Niemand dachte daran, daß unser Fahneneid auf einen Pflichtenbund mit der nationalsozialistischen Partei hinauslaufen sollte. Diese Auffassung war ein nachträglicher und einseitig geformter Zusatz.«[62] Hier zeigt sich einmal mehr Blombergs Unvermögen, zwischen dem »Parteiführer Hitler«, dem »Obersten Befehlshaber der Wehrmacht« und dem »Führer des deutschen Volkes« zu unterscheiden – ein Dilemma, das die ganze Zeit des Dritten Reiches hindurch anhielt.[63] Waldemar Erfurth klingt dieser »Rechtfertigungsversuch« Blombergs »recht schwach und wenig überzeugend.«[64] Dem ist entgegen zu halten, daß Blomberg, hätte er sich »rechtfertigen« wollen, sich auf die Forderung Hitlers hätte berufen können anstatt das OKW damit zu belasten.

Am 19. August 1934 erhielten die politischen Ereignisse vom Anfang des Monats ihre rituelle Bestätigung per Volksabstimmung. Offiziellen Angaben zufolge waren 89,9 Prozent der abgegebenen Stimmen dafür, daß Hitler als Staatsoberhaupt, Regierungschef, Parteiführer und Oberster Befehlshaber der Streitkräfte nun über verfassungsmäßig uneingeschränkte Machtbefugnisse verfügte.[65] Am 20. August 1934 unterschrieben Hitler, Reichsinnenminister Frick und Blomberg das *Gesetz über die Vereidigung der Beamten und der Soldaten der Wehrmacht* [66] und gaben dem neuen Eid damit seine rechtliche Gültigkeit.

Hitler hatte erfreut erkannt, daß mit der Eidesbindung der Wehrmacht an ihn persönlich zugleich die politische Gleichschaltung der Armee verbunden war. Das war mehr, als er von seinem Wehrminister erwarten durfte und veranlaßte ihn zu jenem ungewöhnlichen Schritt einer Art öffentlichen Danksagung, mit der er zugleich um Vertrauen warb: »Heute [20. August 1934, die Verf.], nach erfolgter Bestätigung des Gesetzes vom 3. August (1934) durch das deutsche Volk will ich Ihnen [Blomberg] und durch Sie der Wehrmacht Dank sagen für den mir als ihrem Führer und Oberbefehlshaber geleisteten Treueid. So wie die Offiziere und Soldaten der Wehrmacht sich dem neuen Staat in meiner Person verpflichteten, werde ich es jederzeit als meine heilige Pflicht ansehen, für den Bestand und die Unantastbarkeit der Wehrmacht einzutreten in Erfüllung des Testamentes des verewigten Generalfeldmarschalls [Hindenburg] und getreu meinem eigenen Willen, die Armee als einzigen Waffenträger in der Nation zu verankern«.[67] Dieser »Treueid« und die von ihm daraufhin erfolgte Selbstverpflichtung waren verantwortliche Gründe dafür, daß Hitler der Wehrmachtführung in personeller und materieller Hinsicht bis 1938 eine freie Hand ließ und sich jeglichen Eingreifens enthielt.[68] Das sollte sich dann allerdings durch den Donnerschlag des Blomberg-Skandals Anfang 1938 gründlich ändern.

3. Hitler spielt vabanque – der Kriegsminister hat Bedenken

Nach Hindenburgs Tod und der Sicherung der Macht im Inneren begann der Prozeß einer für das NS-Regime charakteristischen »kumulativen Radikalisierung.«[69] Der Führerstaat hatte feste Gestalt angenommen. Hitler richtete sein Augenmerk auf außenpolitische Faktoren[70] und begann mit seinem damit verbundenen politischen Vabanquespiel. Als programmatisch und alarmierend mußte im In- und Ausland bereits 1935 die Umbenennung des »Reichswehrministers« in »Kriegsminister« wirken. Der Austritt Deutschlands aus dem Völkerbund, die militärische Besetzung der entmilitarisierten Zone des Rheinlandes am 7. März 1935 und die Wiedereinführung der Allgemeinen Wehrpflicht am 16. März, die nun folgten, wurden im In- und Ausland als Erhöhung des Kriegsrisikos mit Sorge wahrgenommen.

Blomberg schreibt in seinen stichwortartigen Notizen von 1943/1944 zu dieser Entwicklung: »Jeder dieser Schritte hatte eine Kriegsgefahr im Gefolge (...). Ein Krieg vor Abschluß der Aufrüstung würde eine Katastrophe für Deutschland bedeuten. Die Aufrüstung mußte einerseits so rasch betrieben werden, daß die gefährliche Schwäche des Reiches baldmöglichst behoben würde, andererseits aber so behutsam, daß außenpolitische Konflikte wegen dieser Aufrüstung vermieden würden. Wer konnte übersehen, daß Deutschlands Wiedergeburt seit 1933 die stärksten Kräfte in uns weckte, aber zugleich in der übrigen Welt starken Widerstand aufrief und sammelte. Mir schien, daß bei uns die Neigung vorlag, die Stärke der Gegner zu unterschätzen, und daß unsere Ungeduld zu einer vorzeitigen Schürzung von Konflikten führen würde. Ich vergesse nie, daß der Erste Weltkrieg verloren wurde, weil die Last der Übermacht unserer Feinde für unsere Schultern zu schwer wurde; denn darauf kam es in der Hauptsache hinaus, welche Deutung auch seit unserer Niederlage durch die Parteiung gegeben wurde (...). Wir hatten auf Zeitgewinn zu setzen, um die Gerüste des Hitler-Reiches stärker werden zu lassen und die kriegerische Rüstung weiter zu treiben. Jedes Jahr vermehrten sich unsere ausgebildeten Reserven, erhöhten sich die Zahlen unserer aktiven und Reserve-Offiziere, wuchs die Landesbefestigung, wurde die Luftwaffe und Flotte stärker und einheitlicher und entwickelte sich unsere industrielle Rüstung. Die Maschine der allgemeinen Rüstung lief auf vollen Touren, aber damals immerhin in Berücksichtigung des bürgerlichen Bedarfs; (...) Ich und meine nächsten Mitarbeiter durften Ende 1937 annehmen, daß ein, vielleicht einmal unvermeidlicher Waffenkonflikt noch in geraumem Abstand vor uns lag. Es schien uns, daß wir allen Anlaß hatten, die Zeit für uns arbeiten zu lassen. Wir hatten die militärischen Zwangsbestimmungen des V.V. [= Versailler Vertrages, die Verf.] zunichte gemacht; die territorialen Bestimmungen würden unzweifelhaft folgen. In unserer Lage, gegenüber einer erregten politischen Welt, schien sowohl wache Bereitschaft als auch abwartende Geduld geboten zu sein. Nur die Anschlußfrage Österreich schien schon zur Lösung reif zu werden.«[71]

Wenn auch jene charakteristische Mischung aus Realismus und Irrationalität fester Bestandteil des Weltbildes des Kriegsministers war, so hatte der Irrationalismus in seinen Überlegungen seine Grenzen da erreicht, wo es um den zu frühen Beginn eines zu führenden Krieges ging. Die Lage war am 16. März 1935 jedenfalls »recht ernst«, wie Fritsch feststellte, und wie dieser wußte auch Blomberg, daß »ein Kampf« in dieser Situation nicht mehr sein konnte als ein »verzweifeltes Sich-wehren«.[72] Blomberg mag sich auch, angesichts seines eigenen aggressiven rüstungspolitischen Kurses, tatsächlich an die Notwendigkeit einer besonnenen Politik erinnert haben. Er, und die meisten Heeresgeneräle vor 1939, waren von dem scheinbar unbekümmert auf Zufälligkeiten und wechselnde Konstellationen in der internationalen Politik spekulierenden augenscheinlichen Vabanquespiel des Politikers Adolf Hitler mehr und mehr irritiert und beunruhigt, denn sie standen noch unter dem nachhaltigen Trauma der Niederlage von 1918. Aus diesen Überlegungen heraus wird Blomberg höchstwahrscheinlich wirklich die Konsequenz gezogen haben, Hitler zu »widersprechen«. Er hatte, wie er selbst behauptet, mehr »in der Geduld und im Abwarten« staatsmännische Eigenschaften »gegenüber der Geltung eines zu stürmischen Wollens« gesehen. Zeugen wollen beobachtet haben, daß Blomberg zunehmend nervös auf Hitlers außenpolitische Schritte reagierte. Im Verlauf der Rheinlandbesetzung habe er, so Hoßbach, »plötzlich voll panikartiger Sorge über eine mögliche feindselige Reaktion Frankreichs mehrfach und in drängender Form die Zurücknahme der drei nach Aachen, Trier und Saarbrücken verlegten Bataillone gefordert«[73], während der »Führer die schwachen Nerven seines Kriegsministers« rügte, die fraglos ihre Ursprünge auch in den Reaktionen im Ausland hatten.[74] Die deutschen Wehrmachtsattachés in London hatten es auf Grund der in England gewonnenen Eindrücke für ihre Pflicht gehalten, in einem Telegramm an das Kriegsministerium die ihrer Meinung nach bestehende Kriegsgefahr zu betonen.[75] Blomberg wies die besorgten Attachés in London jedoch letztlich entschieden zurecht. Ob das allerdings seine grundsätzliche Übereinstimmung mit Hitlers Kurs beweist[76], wie Müller meint, ist fraglich, denn Blomberg hätte seine Ablehnung von Hitlers Kurs keinesfalls gegenüber den deutschen Attachés zeigen können.

Die Nachricht, Hitler wolle die Allgemeine Wehrpflicht einführen, hat Blomberg, so Hoßbach, mit Entsetzen aufgenommen und sich aus politischen Gründen gegen dessen Entschluß gewandt. Von zunehmenden Differenzen in Einzelfragen abgesehen teilte auch die Heeresleitung diese Bedenken des Kriegsministers. Diese ablehnende Haltung Blombergs gegenüber der Einführung der Wehrpflicht stünde allerdings in diametralem Gegensatz zu seiner bisherigen positiven Bewertung der Wehrpflicht[77] und seinen revisionistischen Zielen – sie ist somit also mehr als unwahrscheinlich. Hinzu kam, daß in der deutschen Öffentlichkeit zu diesem Zeitpunkt weitgehend Konsens über die Notwendigkeit der Wehrpflicht bestand.[78] Als Hitler im Schatten des Erfolges der Volksabstimmung im Saarland und dessen Wiederanschluß an das Deutsche Reich (1. März 1935) am 16. März 1935 in einer Erklärung »An das deutsche Volk« die Einführung der Allgemeinen Wehrpflicht verkündete, hatte der Kriegsminister jedenfalls alle eventuellen Bedenken fallen lassen. Einen Tag nach der Wiedereinführung der Wehrpflicht, am 17. März 1935, proklamierte er: »Indem die Reichsregierung am gestrigen Tag das Gesetz über den Aufbau der deutschen Wehrmacht[79] verkündete, mit dem die Allgemeine Wehrpflicht wieder eingeführt wird, ist die Grundlage für die Sicherheit des Reichs geschaffen. Für das innen- und außenpolitische Leben unseres Volkes aber ist die deutsche Wehrmacht im Begriff, wieder das zu werden, was sie einst war und was sie sein muß: nach Innen eine Schule der Nation für die Erziehung unserer Jugend im Geiste der Wehrhaftigkeit und opferbereiter Vaterlandsliebe, nach Außen der völlig gleichberechtigte und gleichbefähigte Hüter und Wächter des Reichs.«

Der Rekurs auf die Armee als »Schule der Nation« war seit der Zeit der Freiheitskriege in Kriegs- und Krisenzeiten ein beliebtes Rezept für die Legitimation gegenwärtigen Machtstrebens.[80] Wie bereits gezeigt wurde, hatten die Erinnerungen an die »glorreiche Zeit« nach 1919 in den Köpfen der Militärs erneut zu moussieren begonnen. So schöpfte der Wehrminister aus diesem Fundus kollektiver Erinnerungen und legitimierte die Einführung der Wehrpflicht ganz aus dem Geiste der preußischen Reformer. In einem Erlaß vom 16. April 1935 heißt es: »Als Preußen vor 130 Jahren aus der Niederlage heraus an den Neubau seines Heeres ging, sagte eine königliche Verordnung, daß die allgemeine Militärkonskription in der Folge junge Leute von guter Erziehung und feinem Ehrgefühl als gemeine Soldaten unter die Fahne stellen wird«. Gneisenau setzte damals ›die Freiheit des Rückens‹ durch; Scharnhorst's ganzes Streben zielte darauf ab,

›den Geist der Armee zu erheben und zu beleben, die Armee und die Nation inniger zu verschmelzen und ihr die Richtung zu ihrer wesentlichsten und großen Bestimmung zu geben‹. In der neuen Armee sah Scharnhorst ›die Vereinigung aller moralischen und physischen Kräfte aller Staatsbürger‹. Auf der Grundlage dieser Forderungen machte Boyen dann aus dem Heer die große Bildungsschule der Nation. Wir stehen heute vor der gleichen Aufgabe.«[81] Seine Mitarbeiter im Reichswehrministerium wies Blomberg an, gegenüber den ausländischen Nachbarn den Eindruck einer starken Wehrmacht zu erwecken. Hitler dankte seinem getreuen Minister dieses Umschwenken auf seine Linie. In einem Dankschreiben betont er ganz im Sinne Blombergs seine Absicht, »die Armee als einzigen Waffenträger in der Nation zu verankern.«[82]

Ungeachtet der forcierten Aufrüstung rechtfertigte Hitler gegenüber Ward Price, dem Korrespondenten der englischen *Daily Mail* die Wiederherstellung der deutschen Wehrhoheit als einen »moralischen Akt«, weniger als einen »militärisch notwendigen«[83].

Am 21. Mai 1935 beschloß das Reichskabinett das neue deutsche Wehrgesetz.[84] Das Reichswehrministerium wurde in Reichskriegsministerium umbenannt, die neue Bezeichnung des Reichswehrministers lautete nun »Reichskriegsminister und Oberbefehlshaber der Wehrmacht«. Die sich aus dem Wehrgesetz ergebende Gliederung der neuen deutschen Wehrmacht beseitigte die alten Bezeichnungen »Reichswehr« und »Reichsheer« und ersetzte sie durch die neuen Begriffe »Heer«, »Kriegsmarine« und »Luftwaffe«. Die Gliederung des Heeres erfolgte in drei Gruppen (Berlin, Kassel, Dresden) mit mehreren Korps sowie in 10 Wehrkreise (Königsberg, Stettin, Berlin, Dresden, Stuttgart, Münster, München, Breslau, Kassel und Hamburg). Die Kriegsmarine hatte ihr Flottenkommando in Kiel mit den Kommandostellen Nordsee in Wilhelmshaven und Ostsee in Kiel. Die Luftwaffe erhielt sechs Luftkreise (Königsberg, Berlin, Dresden, Münster, München und Kiel). Artikel 1 des Wehrgesetzes lautete: »Wehrdienst ist Ehrendienst am deutschen Volke. Jedermann ist wehrpflichtig. Im Kriege ist über die Wehrpflicht hinaus jeder deutsche Mann und jede deutsche Frau zur Dienstleistung für das Vaterland verpflichtet.« Das Wehrgesetz benennt Heer, Kriegsmarine und Luftwaffe als Streitkräfte und den »Führer und Reichskanzler als Obersten Befehlshaber der Wehrmacht«. Die Festlegung der Stärke des Friedensheeres – Marine und Luftwaffe wurden in diesem Zusammenhang überhaupt nicht erwähnt – auf 36 Divisionen war öffentliche Fixierung des im Reichswehrministerium und in der Heeresleitung in den letzten Jahren erarbeiteten Planungsziels.[85] Im März 1935 verfügte die Wehrmachtführung über 21 Divisionen, die aber noch nicht ihre volle personelle und materielle Stärke erreicht hatten. Rund 280 000 Mann standen unter Waffen, aber von den für den Endausbau des 21-Divisionen-Heeres vorgesehenen 189 Infanteriebataillonen waren erst 109 aufgestellt worden. Die zwei Panzerbataillone besaßen lediglich 12 Panzerkraftwagen.[86] Die für Herbst 1935 vorgesehene Aufstellung von drei weiteren Infanteriedivisionen war der erste Schritt auf dem Weg zum Rüstungsziel eines 36-Divisionen-Friedensheeres. Dieser Schritt wurde möglich durch die Übernahme der kasernierten Landespolizeien in Stärke von ca. 56 000 Mann. Ein Erlaß Blombergs vom 8. Februar 1934 hatte angeordnet, daß die Landespolizeien im Kriegsfall unter den Befehl der

Heeresleitung traten. Ihre offene Übernahme in die Wehrmacht war bereits durch eine Weisung Hitlers vom Januar 1935 eingeleitet worden und vollzog sich nun in mehreren Stadien.[87]

Vor dem Reichstag begründete Hitler an diesem Tag Deutschlands Haltung in der Wehrpolitik. In dreizehn Punkten erörterte er seine außenpolitischen Positionen: »Wenn das heutige Deutschland für den Frieden eintritt, dann tritt es für ihn ein weder aus Schwäche noch aus Feigheit; es tritt für den Frieden ein aus einer anderen Vorstellung, die der Nationalsozialismus von Volk und Staat besitzt.«[88] Entgegen der anfänglichen Befürchtungen des Kriegsministers und anderer Generäle löste die Einführung der Wehrpflicht, abgesehen von offiziellen Protesten aus England, Frankreich und Italien und einiger kritischer Zeitungskommentare, keine nennenswerten Reaktionen aus. Hitlers Selbstgefühl gegenüber der Wehrmachtführung war damit bedenklich gestiegen.

Am 6. Dezember 1935 beschloß der Reichsverteidigungsausschuß unter dem Vorsitz General Keitels den beschleunigten Aufbau der Wehrmacht und die Verfügbarkeit der gesamten Nation für den Ernstfall.[89] Die weitere militärische Planung sah eine rasche Vergrößerung des bisherigen 100 000-Mann-Heeres auf ein Friedensheer von 12 Korpskommandos und 36 Divisionen mit 550 000 Mann vor. Der Aufbau der 36 Divisionen sollte bis 1939 abgeschlossen sein.[90]

4. Ein kriegsunwilliger Kriegsminister?

Im Oktober 1936 machte Blomberg eine Nordlandfahrt auf der »Grille«, dem Aviso der Reichsmarine.[91] Hitler kam nicht mit, da er sich mehr und mehr zurückzog und ihm ohnehin alles Maritime zuwider war, was so weit ging, daß er eine Abneigung selbst globalen Fragen der Marineplanung gegenüber entwickelte. Zu den Anwesenden an Bord gehörten Blombergs wichtige Mitarbeiter in dieser Zeit: der Chef der Abteilung für Landesverteidigung im Reichswehrministerium, Oberstleutnant Alfred Jodl, Oberstleutnant Hermann Foertsch, der die Öffentlichkeitsarbeit leitete, sowie Blombergs Adjutanten, Chefadjutant Major Georg von der Decken (Heer), Kapitänleutnant Hubert Freiherr von Wangenheim (Marine) und Oberleutnant Karl Boehm-Tettelbach (Luftwaffe). Gäste an Bord waren Blombergs Söhne Henning und Axel.

Auf dem Kriegsschiff, das nach Angaben Blombergs von niemandem außer Hitler und ihm selbst ohne Erlaubnis benutzt werden durfte[92], konnte sich der Kriegsminister abseits des hektischen Berliner Betriebes im Kreise seiner engsten Mitarbeiter erholen und sammeln, um das kommende große Wehrmachtmanöver zu planen und sich Gedanken über sein Lieblingsthema, die zukünftige und zeitgemäße innere Struktur und die Spitzengliederung der Wehrmacht zu machen.[93] Als die »Grille« am 13. Oktober 1936 wieder in Kiel festmachte, war der Rahmen für das große Wehrmachtmanöver vom 20. bis 25. September 1937 gesteckt, bei dem erstmals das Zusammenwirken der drei Wehrmachtteile erprobt werden sollte. Im Juni 1937 gab Blomberg die erste »allgemeine Weisung für die einheitliche Kriegsvorbereitung der Wehrmacht«[94] heraus, von der noch die Rede sein wird. Die Entrüstung im Oberkommando des Heeres war beträchtlich.

Am 20. September 1937 begannen die großen Herbstmanöver, an denen auf Einladung Blombergs auch der Chef des britischen Generalstabes, Sir Deverell, der italienische Generalstabschef Marschall Badoglio, Mussolini sowie der ungarische Minister und Infanteriegeneral Roeder teilnahmen, und bei denen im norddeutschen Raum eine umfangreiche Luftschutzübung mit Verdunkelung stattfand, während in Berlin Fliegeralarm mit Sirenengeheul geprobt und eine Woche lang Luftangriffe mit Bränden und Gaseinsatz abgewehrt wurden. Die Ergebnisse des, de facto einzigen, großen Wehrmachtmanövers des Dritten Reiches, das als gewaltige Demonstration seiner Kampfkraft angelegt war, entzündeten erneut den Konflikt um die Spitzengliederung zwischen Reichswehrführung und Heeresleitung (die gemäß ihrer Linie nicht an eine Machbarkeit des Zusammenwirkens aller Wehrmachtteile glaubte). Es hob ein Denkschriftenkrieg zwischen den Ressorts an; ausgetragen auf dem Rücken Keitels, und, nota bene, weitab von Hitler. Während in den Jahren 1935-1937 die Vorbereitung der Kriegsplanung also Hauptmoment Blombergscher Militärpolitik war, hatten viele Ausländer und Exilanten völlig andere mit Blomberg verbundene Gedanken.

Unter dem Titel »Blomberg Pazifist?« wurde im März 1936 in einer Zeitung aus einer Rede des Kriegsministers zitiert, die dieser in der Berliner Staatsoper gehalten hatte. Hier heißt es – ironisch oder tatsächlich hoffnungsvoll – Blomberg habe dabei den Eindruck erweckt, »als ob er im Begriff sei, kritischer zu werden«. Der Kriegsminister habe gewarnt, »eine frisch-fröhliche Romantik des Krieges zu pflegen« und gesagt, daß er hoffe und wünsche, daß »der Krieg als Mittel der Politik und als Gestalter der Völkerschicksale verschwinde«.[95] Phrasen vom deutschen Friedenswillen waren freilich nicht neu – die Wehrmachtführung hatte sie unermüdlich in Reden und Erlässen wiederholt und selbst Hitler hatte im Rahmen seiner Propagandareden vor und während der Olympischen Spiele 1936 kontinuierlich den »deutschen Friedenswillen« betont.[96] In der oben zitierten Rede Blombergs heißt es dann auch an anderer Stelle, daß »wir keinen Angriffskrieg wollen, aber keinen Verteidigungskrieg fürchten«.[97]

Blombergs Luftwaffen-Adjutant Karl Boehm-Tettelbach hatte sich eingehend über die Perzeption der deutschen Politik im Ausland informiert und seinen Vorgesetzten vorsichtig über sein Wissen in Kenntnis gesetzt.[98] Bei seinem Studium der englischen Presse kam Boehm-Tettelbach zu einem verblüffenden Gesamteindruck, den er folgendermaßen zusammenfaßt: »Wenn Blomberg oder wer sonst es sei, geschickt operierte, liegt das weitere Schicksal Deutschlands in seinen Händen. [...]. Blomberg genoß überall im Ausland einen guten Ruf«.[99] Diese Einschätzung (oder Überschätzung) Blombergs durch die englische Presse barg sicher keine Aufforderung zu gewaltsamen Aktivitäten gegen das Hitlerregime seitens der Generalität, sondern war eher ein verklausulierter Ratschlag an die Adresse Blombergs und anderer führender Militärs, ihre Einflußsphäre auszuweiten und an der Gestaltung einer besonnenen Außenpolitik zu wirken; Möglichkeiten, die Blomberg niemals wirklich konsequent in Betracht gezogen zu haben scheint.

Nicht nur im Ausland schätzte man Blomberg als außenpolitisch moderat ein. Goebbels dachte offensichtlich in dieselbe Richtung und während er früher sehr oft privat mit Blomberg zusammengetroffen war und diesen stets als »sehr netten Kerl« beschrieb, wandelte sich seine Einstellung zu dem Generalfeldmarschall um 1936 deutlich. Dabei kann der Beginn deutscher Involvierung in den spanischen Bürgerkrieg durchaus als mögliche Zäsur interpretiert werden. Seit Beginn des Bürgerkrieges hatten die Aufständischen vom nationalsozialistischen Deutschland massive Unterstützung erhalten. Blomberg hatte diese jedoch zunächst nur zögerlich befürwortet, was Goebbels außerordentlich mißfiel. Darin könnte eine entscheidende Ursache für die, seit Ende 1936 verstärkt auftretenden, Bemerkungen des Propagandaministers über die »schwache Generalität« – allen voran Blomberg – liegen.

Aus Goebbels Aufzeichnungen geht zudem hervor, daß er seine Eindrücke von Blomberg mit Hitler besprochen hatte, der ebenso kritisch über die »Behutsamkeit« der Generalität dachte wie sein Propagandaminister. Ein erster, heimlicher, Schatten war auf das Vertrauensverhältnis zwischen Blomberg und Hitler gefallen.

Auf der anderen Seite verstand Hitler virtuos, das positive Bild, das man im Ausland von Blomberg hatte, zu instrumentalisieren. Er machte sich dessen diplomatisches Geschick zu Nutze, indem er ihn, der schon während der Weimarer Zeit eine semi-diplomatische Funktion hatte, zu Besuchen in das Ausland entsandte.[100] 1937 standen drei Reisen auf dem Programm: Italien, England und Ungarn.

Den Diplomaten zu spielen war eine Rolle, die Blomberg liebte.[101] Er war reisebegeistert (wie Goebbels herablassend bemerkte ein »kleiner Reiseonkel«), besaß die nötigen Sprachkenntnisse, das Aussehen, die Höflichkeit, den Charme, das Wissen und den Stand, sich in Person für die Verbesserung der deutschen Beziehungen zum Ausland einzusetzen. Im März 1937 ernannte Hitler Blomberg, gegen die Wünsche und das Drängen Görings, zum Leiter der offiziellen deutschen Delegation bei der Krönung Georgs IV. am 12. Mai 1937 in London. Seit seiner Teilnahme an der Genfer Abrüstungskonferenz 1932 genoß Blomberg in Großbritannien einen guten Ruf. Er war anglophil und hatte seit Jahren die Angewohnheit, jeden Tag eine halbe Stunde englische Texte (zumeist Literatur) zu lesen. Seine Tochter Sybille teilte die Leidenschaft des Vaters für »Britishness«, was sich auch darin zeigte, daß sie zum Studium auf ein College nach Oxford gehen durfte, wo Blomberg sie gerne besuchte.

Blombergs handschriftliche Notizen über die Punkte, die er in England im Auftrag Hitlers ansprechen sollte, belegen, daß er das britische Vertrauen zum Hitlerreich fördern und in taktvoller Weise auf die Rückgabe der früheren deutschen Kolonien anspielen sollte. Des weiteren sollte sich der Minister ein Bild von Englands politischer Einstellung zu Deutschland machen und den Stand der englischen Rüstung inspizieren. »Kultur und Geldfragen«, so die Notizen des Ministers, »außerhalb meiner Zuständigkeit«[102].

Dank des Berichts eines für die Betreuung der deutschen Delegation[103] zuständigen englischen Offiziers, Lieutnant Colonel Burrows, verfügen wir über eine detaillierte Ablaufskizze des Englandbesuches Blombergs (vom 9. bis 20. Mai 1937) sowie über eine interessante Beurteilung des Kriegsministers.[104]

Die deutsche Delegation traf am 9. Mai von Calais kommend in Dover ein, um dort von zehn Mitgliedern der Deutschen Botschaft unter der Leitung von Ernst Woermann, von 1936 bis 1938 Botschaftsrat und Vertreter Ribbentrops in London, empfangen zu werden. Auf dem selben Boot auf dem sich die deutsche Delegation befand, reisten auch die päpstlichen Gesandten. Eine ungewöhnlich große Menschenmenge hatte sich am Hafen von Dover versammelt. Burrows berichtet, wie beeindruckt Blomberg sich von dieser großen Anzahl an Menschen zeigte, die, wie er annahm, gekommen war, ihn zu begrüßen. Als die Besucher allerdings – trotz starken Regens – auf die Knie fielen und »eine Art Klagelied« anstimmten, mußte der Minister erkennen, daß die Begrüßung nicht ihm galt sondern der päpstlichen Abordnung, die kurz nach den deutschen Reisenden das Boot verlassen hatte. Auf der anschließenden Zugreise im Salonwagen nach Victoria-Station sprach Blomberg seine besondere Freude darüber aus, die deutsche Nation bei den Krönungsfeierlichkeiten vertreten und bei dieser Gelegenheit England besuchen zu dürfen. Schon auf halbem Weg begannen jedoch erste verbale Scharmützel zwischen Blomberg und Burrows. Als der Zug gegenüber einer großen Anzeige für eine britische Tageszeitung Halt machte, sprach Blomberg den Ärger an, den seiner Meinung nach die freie Meinungsäußerung in der britischen Presse verursache. Er führte aus, daß, solange die britische Presse über Göring, Goebbels und »den Führer« spotte, die Deutschen keine freundschaftlichen Beziehungen zu Großbritannien unterhalten könnten.[105] Burrows erwiderte dem Generalfeldmarschall, daß es, da die deutsche Presse doch kontrolliert werde, doch sicher möglich sei, die Publikation von Ausschnitten der britischen Presse zu verbieten, die solche Beleidigungen enthielten![106] Trotz dieser »britischen« Art freier Meinungsäußerung genossen die deutschen Besucher eine sehr respektvolle und zuvorkommende Behandlung, was Blomberg überaus begeisterte, da er anfänglich sogar mit gegen ihn gerichteten Demonstrationen gerechnet hatte. Burrows notiert, daß Blomberg, wo immer er auch war, ob allein oder in Begleitung (allerdings unauffällig von Scotland Yard bewacht), im Hotel oder bei öffentlichen Anlässen, stets mit dem größten Respekt behandelt wurde. Das bestätigen auch die Aufzeichnungen des Adjutanten Boehm-Tettelbach, der Zeuge bei den meisten Unterredungen und Zusammenkünften war, die Blomberg in London hatte: »Nirgendwo gab es kritische Bemerkungen. Nur die Rufe: ›The Germans, the Germans!‹«[107]

Bei einem Empfang in der Deutschen Botschaft traf Blomberg die britische Generalität, unter anderem Generalstabschef Wiliam Ironside[108], den er nach Deutschland einlud. Noch im selben Jahr sollte Ironside am großen Herbstmanöver der Wehrmacht in Mecklenburg teilnehmen. Während seines Besuchs inspizierte Blomberg militärische Einrichtungen wie das Royal Tank Corps Centre in Bovington und die Luftkriegsakademie am Flugplatz Andover, östlich von Salisbury. Dort wurden den deutschen Offizieren leichte Kampfbomber und andere, angeblich neu-entwickelte, Flugzeuge der Royal Air Force präsentiert.

Am 12. Mai fand der eigentliche Anlaß der Reise statt – das traditionelle Krönungszeremoniell in der Westminsier Abbey. Blomberg schildert in seinen Aufzeichnungen die erhebende Stimmung in der mit Menschen überfüllten Abbey. Als gutes Omen und Akt von besonderer politischer Bedeutung durfte er die Plazierung am Tisch des Königs beim anschließenden Dinner empfinden. »Natürlich«, schreibt er, »fasste ich Britanniens freundliche Haltung nicht als auf meine Person gerichtet auf, sondern gegenüber dem deutschen Reich.«[109]

Während seines Besuches hatte der Kriegsminister ein umfangreiches »Programm« auf dem diplomatischen Parkett zu absolvieren; dazu gehörten zahlreiche Gespräche mit britischen Politikern; er traf mit Außenminister Eden zusammen, mit Premierminister Stanley Baldwin und Schatzkanzler Neville Chamberlain, der nur wenige Tage nach seiner Begegnung mit Blomberg (am 28. Mai) Baldwins Nachfolger werden sollte.[110] Wie zuvor im Gespräch mit Eden und Baldwin, versicherte Blomberg bei der zentral-wichtigen Besprechung mit Chamberlain am 14. Mai den Willen Deutschlands, freundschaftliche Beziehungen zu England zu pflegen. Chamberlain erwiderte, daß dieser Wunsch bei einem großen Teil der englischen Öffentlichkeit ebenfalls vorhanden sei.[111] Blomberg betonte, »daß in Westeuropa die Schwierigkeiten erheblich leichter gelöst werden könnten, wenn man allerseits von der Fiktion eines deutschen Angriffs absähe. Der Gedanke an einen solchen Angriff sei absurd (...). Chamberlain wies auf die Notwendigkeit freundschaftlicher Zusammenarbeit auf wirtschaftlichem Gebiet hin. Seiner Ansicht nach »müsse man wirtschaftlich erheblich schneller eine Lösung der gegenwärtigen Schwierigkeiten finden können als in der Politik«. Blomberg erkannte ebenfalls an, daß eine wirtschaftliche Zusammenarbeit zwischen Deutschland und England »außerordentlich wünschenswert« sei, betonte aber auch, daß »die politische Seite nicht vernachlässigt werden dürfe«. Der Protokoll führende Legationsrat vermerkt abschließend: Neville Chamberlain verhielt sich während der gesamten Unterredung »außerordentlich zurückhaltend und nahm zu den von deutscher Seite aufgeworfenen Fragen in jedem Falle eine kühl abwartende Haltung ein, ohne von sich aus irgendwelche Anregungen zu geben«[112]. Burrows war bei jener Unterredung Blombergs mit Chamberlain nicht anwesend und nahm ihn erst anschließend wieder in Empfang. Dabei will er irritiert wahrgenommen haben, daß der Kriegsminister erstmals bei seinem Besuch komplett »out of tune« war. Aus den Andeutungen, die der britische Offizier dem Dolmetscher der deutschen Botschaft, der Blomberg im Gespräch mit Chamberlain vertreten hatte, später entlocken konnte, gelangte er zu der festen Überzeugung, daß »something was said or had ocurred at this interview which definitely ruffled the Field-Marshal«.[113]

Burrows hatte den Auftrag, Blomberg in wichtigen Punkten zu interviewen (Verhältnis zu Hitler, Einstellung zur deutschen Judenpolitik, Gedanken über Rußland). Während Blomberg bei solchen Gesprächen zugab, ein großer Bewunderer der amerikanischen Streitkräfte zu sein, weigerte er sich, dem Briten gegenüber Aussagen zum deutsch-russischen Verhältnis zu machen. Weniger schweigsam zeigte er sich, als er über sein Verhältnis zu Hitler befragt wurde. Er führte aus, daß er den privilegiertesten Zugang zum »Führer« habe und dieser ihm mehr traue als jedem anderen. Hitler würde fast immer seinem Rat folgen und er (Blomberg) sei sicher, daß sich sein England-Besuch als sehr wertvoll für beide Länder erweisen würde.

Trotz dieser (zumindest nach Außen dargestellten) gefährlich-selbstsicheren und auch trügerischen Selbsteinschätzung des deutschen Kriegsministers gewann

Burrows den treffenden Eindruck, daß dessen Bewunderung für »Herrn Hitler« einer Anbetung sehr nahe käme und man davon ausgehen müsse, daß, wie stark auch immer Blombergs Macht über die Armee sei, er sich letztlich stets Hitlers Befehlen unterordnen würde.[114] Trotz dieser präzisen Wahrnehmung formulierte Burrows in seinem Bericht die Überzeugung, daß Großbritannien in dem Generalfeldmarschall einen aufrichtigen Freund gefunden habe und sein Empfang in England viel dazu beigetragen habe, es ihm zu ermöglichen, Hitler zu überzeugen, daß Freundschaft mit Großbritannien eines der wichtigsten Ziele ist, die es anzusteuern gilt.[115] In der Erinnerung Boehm-Tettelbachs »kreisten Blombergs Gedanken« tatsächlich bei den morgendlichen Spaziergängen in London »unentwegt um die Möglichkeit, die deutsch-englischen Beziehungen zu verbessern. Das Streben galt dem ›progress towards appeasement‹, und das war es, was Blomberg in seinen Gesprächen mit Engländern, Franzosen und Vertretern östlicher Staaten als Hitlers Ziel bezeichnete.«[116]

An dieser Stelle stellt sich die Frage, ob der Kriegsminister wirklich an das glaubte (kaum vorstellbar), was er den Engländern während seines Besuches hatte suggerieren wollen und ob sich seine Einschätzungen der britischen Deutschlandpolitik mit dem Inhalt des Berichtes deckten, den er über die Reise während der Überfahrt an Bord des Schiffes verfaßte, das die Delegation am 20. Mai zurück nach Wilhelmshaven brachte. Leider ist der Bericht über seinen England-Aufenthalt, mit dem Blomberg sofort nach seiner Rückkehr zu Hitler auf den Obersalzberg fuhr, nicht überliefert. Die folgenden Gespräche auf dem Berghof lassen sich nur so weit rekonstruieren, wie wir dem Bericht eines Augenzeugen, des weiterhin mitgereisten Adjutanten Blombergs, Glauben schenken wollen. Demnach hatte sein Vorgesetzter seinem »Führer« die unterkühlten Unterredungen geschildert, die er mit Baldwin, Eden und Chamberlain über die deutsch-englischen Beziehungen geführt hatte.[117] Auch der folgende Tag auf dem Berghof war für Gespräche zwischen Hitler und Blomberg reserviert. Diesmal war auch Bormann zugegen. Sie fuhren zum Kehlstein, dem so genannten Teehaus, das Hitler gerne aufsuchte, um mit dem Fernglas die Bergwelt zu betrachten. Boehm-Tettelbach schreibt, Blomberg habe ihm gegenüber (hinterher) angedeutet, daß »Hitler die schlechten Nachrichten [über die Gespräche in England, die Verf.] sehr gelassen aufgenommen hätte, sich zumindest nichts anmerken ließe«. Das deckt sich weitgehend mit den Aufzeichnungen Blombergs, die dieser zwischen 1943 und 1945 anfertigte. »Hitlers Haltung zu mir nicht die eines militärischen Vorgesetzten, wohl aber eines Mannes, der nicht befahl, sondern sich überreden ließ, der Einwände und Widerspruch ruhig aufnahm und jede Rücksicht auf die von mir vertretene Sache und meine Person nahm. (...) Hinsichtlich England (...) wurde mein zuversichtliches Urteil mit anerkennenden Worten anscheinend angenommen.«[118] In der Tat gab sich der Diktator an jenem Mai-Abend betont entspannt und forderte nach dem Essen im kleinsten Kreis die Vorführung einer seiner geliebten Rühmann-Filme.[119] Am dritten Tag reiste Blomberg am Nachmittag, von Hitler mit »neuen Direktiven zum Ausbau der Wehrmacht versehen«[120], zurück nach Berlin. Dieses sollte Blombergs letzter Besuch in Hitlers privater Trutzburg gewesen sein.

Im späteren Verhör durch die Alliierten sagte Blomberg über die Gespräche mit Hitler, die in diesen drei Tagen stattgefunden hatten, aus, er habe gegenüber Hitler seinen Eindruck der Notwendigkeit eines deutsch-englischen Bündnisses, aber auch seine Skepsis über dessen Machbarkeit zum Ausdruck gebracht. Er schreibt: »(...) In der Theorie schien eine Verständigung mit England nicht unmöglich zu sein, eine Reihe von Gesprächen mit Politikern – Ministern und Ministerkandidaten sowie Anderen – befaßten sich damit und zeigten Aussichten. Die Praxis aber war so, daß dieses England wenig geben und möglichst alles behalten wollte und Deutschland dagegen nicht in Geduld eine langsame Entwicklung abwarten wollte, ja glaubte nicht warten zu können. England und Deutschland, selbst wenn man beider guten Willen voraussetzte, gingen durch die Macht der Umstände eher auseinander, als daß sich ihre Wege in einem entfernten Punkte getroffen hätten. Der dringlichste Grund schien mir das gegenseitige Mißtrauen zu sein. Mit Frankreich kam es darum nicht zu einem Ausgleich, weil England es nicht zuließ. Im Gegensatz zu meinen Genfer Eindrücken 1931/32 war Frankreich jetzt ganz dem Einfluß Englands untergeordnet.«[121]

Es ist nicht zu sagen, zu welcher Einschätzung Englands Blomberg wirklich im Mai 1937 gekommen war, wie er seine Ansichten Hitler im Gespräch auf dem Obersalzberg vermittelte, und ob er damit dessen außenpolitische Zukunftspläne beeinflußte. Fest steht, daß für den Diktator England längst ein potentieller Kriegsgegner war. Hitler hatte erkannt, daß London keinesfalls bereit sein würde, seinem steten Drängen auf Einräumung einer freien Hand für »den Griff nach Osten« nachzugeben und nahm darum im Herbst 1937 eine aggressive Kursänderung seiner ursprünglich geplanten Bündnisstrategie vor.[122]

Nach Hitlers Ansicht eignete sich als ein Druckmittel, um Großbritannien zu einem Bündnis zu bewegen, die »Achse Berlin – Rom«. Diese Italien-Politik betrachtete Blomberg mit vollkommenem Unverständnis. Im Frühjahr 1937 hatte Mussolini den Generalfeldmarschall zu einem Staatsbesuch nach Italien eingeladen, um ihm die Land-, See- und Luftstreitkräfte vorführen zu lassen.[123] Blomberg folgte dieser Einladung erst am 2. Juni *nach* seinem Besuch in England, was in Italien bereits als Affront gewertet wurde.[124] Folgt man Blombergs Schilderung seiner Italienreise sowie den Aufzeichnungen des deutschen Botschafters in Rom, Ulrich von Hassell, so stand der gesamte Italien-Besuch des Kriegsministers, zu dem neben einer Audienz beim König auch eine Konferenz mit Außenminister Graf Ciano gehörte, unter diesem ungünstigen Vorzeichen.[125] Blombergs Abneigung gegen die Reise, gegen den »Duce«, den italienischen Lebensstil, die Behandlung durch die Italiener (laut Hassell passierten hier einige faux pas', auf die Blomberg äußerst empfindlich reagierte), Italien sowie gegen ein Bündnis mit diesem Land bleibt in seinen Aufzeichnungen nicht verborgen.[126] Er schreibt: »Der Duce hatte seine Auf-die-Schulter-klopfende Einstellung gegenüber Deutschland aufgegeben. Seit dem Abessinien-Krieg, als der Völkerbund Sanktionen gegen ihn eingeleitet hatte, hatte der italienische Führer auf eine Allianz mit Deutschland gehofft. Das trat während meines Besuches in Erscheinung, daß Mussolini geglaubt hatte, daß ich vorhätte, einen Vertrag mit Hitler vorzuschlagen. Der Empfang und Pomp der gesamten Angelegenheit zielten sicherlich auf diese Erwartung.« Ein Zeuge des Besuches berichtet: »Als Mussolini den Feldmarschall auf dem Flugplatz Ala Littoria, umgeben von zahlreichen Offizieren aller Wehrmachtsteile, empfing, war er von der guten Erscheinung und dem liebenswürdigen Auftreten Blombergs sehr angetan; der Besuch verlief zunächst harmonisch.[127]« Seine Eindrücke über die italienische Wehrmacht faßte Blomberg dahingehend zusammen, daß Ausbildung, Bewaffnung und Ausrüstung des Heeres noch zu wünschen übrig ließen, während er über die Vorführungen der Marine und Luftwaffe sehr befriedigt war. »Die Armee«, schreibt er, »hatte in extravaganter Weise einen bevorstehenden europäischen Krieg propagiert. Ihr Selbstbewußtsein stand außer Verhältnis zur Wirklichkeit. Das Schlagwort vom ›Blitzkrieg‹ kam immer wieder auf. Von ihm versprach man sich Wunderdinge. Auf mich hatte es wie eine leichtfertige Redensart gewirkt.«[128] Das Urteil Blombergs über die Kampfkraft der italienischen Wehrmacht blieb maßgeblich für deren Einschätzung im nationalsozialistischen Deutschland. Hitler gegenüber hatte der Generalfeldmarschall geäußert, daß er es für unklug halte, mit Italien ein Militärbündnis einzugehen; er riet ihm davon ab. In seinen Erinnerungen schreibt er: »Es kam mir zwar nicht zu, irgendwelche Entscheidungen über Militärpakte zu treffen, aber ich konnte mich nicht des Eindrucks erwehren, daß die Lebensdauer des Faschismus an Mussolinis Lebenszeit gebunden war. Hitler stimmte meinen Ansichten in dieser Angelegenheit zu. Seine wirkliche Meinung und seine Absichten traten erst zu einem späteren Zeitpunkt in Erscheinung.« Hier spielt Blomberg auf seine, während des Krieges aufgestellte, »Hemmschuh-Theorie« an, nach der Hitler ihn im Januar 1938 »gestürzt« habe, weil er als sein militärischer Berater zu behutsam gewesen sei. In den Jahren des Krieges und in den Verhören durch die Alliierten sollte sich Blomberg auf diese »Hemmschuh-Theorie« versteifen und sich dabei in eine wahre Psychose des Mißtrauens steigern, wovon noch die Rede sein wird.

Als Mussolini im September 1937 (20. bis 25. September) nach Deutschland kam, um an dem großen Wehrmachtsmanöver der drei Wehrmachtteile in Mecklenburg und an der anschließenden Parade in Berlin teilzunehmen, mußte Blomberg feststellen, daß dem »Duce« die ablehnende Haltung des deutschen Kriegsministers gegenüber einem deutsch-italienischen Bündnis nicht verborgen geblieben war. Die Informationskanäle hatten gut funktioniert und jemand aus Hitlers Gefolge hatte Blombergs Einstellung an Mussolini weitergetragen, so daß dieser ihn, wie Blomberg meinte, während der Besprechungen vor und nach seiner großen Rede auf dem Berliner Maifeld am 28. September vollständig ignorierte. Hitlers Illusionen über Italiens Bündniswert hatte Blomberg nicht entkräften können, denn der Diktator brauchte ihn als militärischen Berater bereits nicht mehr, wie sich schon bald in aller Deutlichkeit zeigen sollte.

5. Die Hossbach-Niederschrift (1937)

Am 5. November 1937 berief Adolf Hitler auf Ersuchen des Reichskriegsministers und Oberbefehlshabers der Wehrmacht die höchsten militärischen Führer in die Reichskanzlei: Die Oberbefehlshaber des Heeres (Werner Freiherr von Fritsch), der Kriegsmarine (Erich Raeder) und der Luftwaffe (Hermann Göring), dazu noch Reichsaußenminister Konstantin Freiherr von Neurath. Der Anlaß für diese Zusammenkunft war eine der heftigen Streitereien unter den Spitzen der Wehrmacht um die Verteilung von Rohstoffen an Heer, Marine und Luftwaffe. Diesbezüglich hatte Raeder Blomberg bereits ein Ultimatum gestellt, das eine Verdoppelung der der Marine zugeteilten Stahlquote erforderte und andernfalls mit einem Rüstungsstop gedroht. Einig waren sich die Militärs einzig in ihrer Frontstellung zu Göring, der seine Position als Chef der Vierjahresplanbehörde, sehr zum Ärger des Kriegsministers, seit geraumer Zeit mit hemmungslosem Ressort-Egoismus ausnutzte. Hitler sollte die Kompetenz- und Ressortkämpfe schlichten und einen Weg aus der dramatischen Versorgungslage weisen, die die Führung eines Krieges in keinem Fall zuließ. Tatsächlich war von all' diesen Problemen in der Konferenz – oder eher in Hitlers vierstündigem Monolog – mit keinem Wort die Rede.[129] Vielmehr nutzte er die Besprechung des 5. November 1937 zu einer umfassenden Darlegung über seine Sicht der außen- und militärpolitischen Lage Deutschlands.

Diese Besprechung ist in den so genannten »Hoßbach-Niederschriften«[130] überliefert. Gemeint sind die stichwortartigen Notizen des Wehrmachtsadjutanten Hitlers, die dieser während der besagten Sitzung angefertigt und später zu einem Gedächtnisprotokoll[131] ausformuliert hatte.[132] Die nach dem Kriege aus der Dokumentenflut aufgetauchten Aufzeichnungen Hoßbachs, die diese Besprechung angeblich in ihrem genauen Verlauf wiedergeben, sind als »Plädoyer« für Hitlers Lebensraumpolitik im Osten und somit wichtiges Schlüssel- und Beweis-Dokument für Hitlers Vorsatz und Entschluß, die Welt in den Abgrund des Krieges zu stürzen, in die Geschichte eingegangen.[133] Hoßbach beschreibt die Haltung der Generäle während der Konferenz als »eine glatte Ablehnung der Pläne Hitlers.«[134] In seinen Erinnerungen heißt es: »Die Diskussion nahm zeitweilig sehr scharfe Formen an, vor allem in einer Auseinandersetzung zwischen Blomberg und Fritsch einerseits und Göring andererseits, an der Hitler sich vorwiegend als aufmerksamer Zuhörer beteiligte. Mit Genauigkeit ist mir (...) im Gedächtnis haften geblieben, daß die Schärfe der Gegensätze in der Sache und in der Form ihren Eindruck auf Hitler nicht verfehlt hatte (...). Und er wußte zur Genüge, daß die beiden Generale jeder, unsererseits herausgeforderten, kriegerischen Verwicklung ablehnend gegenüberstanden.«[135]

Die Rezeption der Hoßbach-Niederschriften ist für die Verortung Blombergs im bundesrepublikanischen Geschichtsbild von entscheidender Bedeutung: Aus dieser Schilderung der durch das Hoßbach-Protokoll überlieferten Besprechung entstand die These, Hitler habe in der Konferenz des 5. November 1937 erkannt, daß seine nächsten militärischen Ratgeber ihm als Kritiker seiner Lebensraumphilosophie und Bremser seines Kriegskurses im Wege standen und sie darum drei Monate später mittels einer Intrige kurzer Hand »abserviert«. Zuweilen ist von einer regelrechten »Kriegsopposition« Blombergs und Fritschs die Rede.[136]

Im Bezug auf Blomberg kommt es weniger auf die wirkliche oder vermeintliche Bedeutung und Echtheit der von Hoßbach überlieferten Fragmente der Gedanken Hitlers über seine politische Weltsicht und Kriegspläne an, als vielmehr darauf, zu untersuchen, ob die damit von zahlreichen Historikern in unmittelbaren Zusammenhang gebrachte Tatsache zutrifft, daß die wenige Wochen später, am 4. Februar 1938, vorgenommene Entlassung von dreien der fünf Teilnehmer, nämlich Neuraths, Fritschs und Blombergs, von Hitler schon an diesem »schwarzen Freitag« insgeheim beschlossen worden sei.[137] Betrachtet man die außenpolitische »Behutsamkeit«, die Blomberg nach eigener Aussage in der Zeit vor dem 5. November an den Tag gelegt hatte, liegt der Verdacht nahe, er sei Hitler als Berater lästig geworden und er habe ihn als »Hemmschuh« seines Kurses beseitigen wollen. Tatsächlich war es ja, wie bereits geschildert, seit der Wiedereinführung der Allgemeinen Wehrpflicht vermehrt zu Differenzen zwischen dem zögerlichen Blomberg und Hitler gekommen. Die linksgerichtete Exil- und Auslandspresse hoffte, gemäß ihrer Überschätzung der Armee als Machtfaktor im Dritten Reich, auf Blomberg als einen Garanten für eine besonnene Außenpolitik Deutschlands. Und doch: Blomberg war mit Sicherheit kein »kriegsgegnerischer Kriegsminister«. Trotz der aufgezeigten Differenzen zwischen ihm und Hitler in Fragen der Außenpolitik, wird ersterer an jenem historischen 5. November 1937 kaum beschlossen haben, den Kriegsminister auf Grund seiner »außenpolitischen Vorsicht« zu entlassen.

Es sei an dieser Stelle noch einmal daran erinnert, daß die bewaffnete Macht bereits seit Mitte der zwanziger Jahre einen Revanchekrieg antizipierte und plante.[138] Wie ausführlich geschildert wurde, trug Blomberg gemäß seines soldatischen Credos »Krieg als Maß aller Dinge« anzusehen, daran entscheidenden Anteil. Blombergs Militärphilosophie, sein Kurs in der Weimarer Republik, die expansive Aufrüstung, die er als Wehrminister seit 1933 letztlich auf Kosten aller internationalen Beziehungen angekurbelt hatte, die Ideologisierung der Wehrmacht durch einen radikalen Bruch mit der Tradition und die Unterstützung der aggressiven Rüstungspolitik Hitlers vom ersten Tag der nationalsozialistischen Herrschaft an, dienten diesem großen Fernziel.

Nicht erst seit November 1937 war der Kern der Aussagen Hitlers, Deutschland müsse sich mit Waffengewalt landwirtschaftlich nutzbaren Lebensraum in Europa erobern, sowohl Blomberg als auch den anderen Generälen bekannt, hatte Hitler doch bereits Mitte der zwanziger Jahre in *Mein Kampf*[139] das alldeutsche und später deutsch-nationale Traumziel – Lebensraum in Rußland und in den ihm untertanen Randstaaten – zur außenpolitischen Maxime erhoben.[140]

Mit Hitler war die Generalität 1938 auch einer Meinung, daß Österreich in das Deutsche Reich integriert und aus militär-geographischen Gründen die Tschechoslowakei annektiert werden müsse. Demnach fand Hitlers martialische Absicht, die »deutsche Raumfrage« zu lösen, an diesem 5. November allenfalls aus militär-technischen Gründen keine ungeteilte Zustimmung. Hitler hatte in seiner Hybris dargelegt, er wolle die Nahziele Österreich und Tschechoslowakei bereits 1938 erledigen. Bis auf Göring haben die militärischen Berater Hitlers sowie der Reichsaußenminister dem entschieden widersprochen, da sie unter diesen Umständen mit dem für das Deutsche Reich zu frühen Kriegseintritt Englands und Frankreichs rechneten. Fritsch und Blomberg hatten ihre Lehre aus dem Verlauf des Ersten Weltkrieges gezogen und wollten unter allen Umständen einen erneuten Zweifrontenkrieg vermeiden.

Am 5. November 1937 lag also, wie Klaus-Jürgen Müller es formuliert, »kein prinzipieller Konflikt über das ›Ob‹ sondern ein Dissens über das ›Wie und Wann‹« vor.[141] Von einer prinzipiellen Kriegsgegnerschaft Fritschs oder Blombergs kann hingegen nicht die Rede sein.[142]

Nach seinem unrühmlichen Sturz suchte Blomberg immer wieder nach Gründen, warum Hitler ihn 1938 fallen lassen hatte. Wenn er dies auch, im Lichte der Entwicklung des Zweiten Weltkrieges verständlicherweise, nicht frei von Exkulpation und Selbststilisierung tut, war ihm nicht einmal in den Sinn gekommen, daß seine »Kriegsgegnerschaft« ein Grund für die Entlassung gewesen sein könnte.[143] In seinen Augen waren es vielmehr seine Warnungen vor den militärischen Gefahren durch England und Frankreich, die Hitler als unangebrachte Furchtsamkeit mißdeutet habe. Dabei beschränkte Blomberg sich auf seine Erfahrungen mit den französischen und britischen Soldaten im Ersten Weltkrieg und auf die Berichte der Militärattachés.[144] Schließlich entsprach es seiner Pflicht als militärischem Berater, auf Gefahren hinzuweisen. Immerhin hatte auch sein ehemaliger Vorgesetzter, Hans von Seeckt, 1933 in seinem Buch *Deutschland zwischen West und Ost*[145] eindringlich davor gewarnt, einen Krieg nach zwei Seiten zu führen, und sich bemüht, die Notwendigkeit einer Freundschaft mit Sowjetrußland deutlich zu machen. Die Gedanken seines einstmaligen »Antipoden« Seeckt waren dem sowjetophilen Blomberg nur allzu vertraut, und Hitlers Außenpolitik erfüllte ihn deshalb mit großer Sorge – nicht zuletzt in Erinnerung an den Ersten Weltkrieg. Die Gefahr der Wiederkehr der Lage des Jahres 1914 war der kollektive Alptraum der deutschen Militärs, sofern sie durch die Schule des deutschen Generalstabes gegangen waren. In Bezug auf Rußland schreibt Blomberg noch 1945: »Ich selber war seit jeher pro-Sowjet-Russl. Das entstand aus unserer Vergewaltigung durch V.V. (= Versailler Vertrag, die Verf.), wurde konkreter durch unsere Zusammenarbeit in Russland, durch unsere Schulen und nahm eine feste Gestalt an durch meinen zweimonatigen Besuch in Russland. [...] Ich stellte mir nicht die politische Frage der Abstimmung oder Ablehnung des Bolschewismus, sondern betrachtete Russland als weltpolitischen Machtfaktor. Einen militärischen Kampf gegen diesen aufzunehmen, ist mir niemals anders als bis heute als Wahnsinn erschienen. Diese Meinung habe ich stets Hitler gegenüber und zu anderen vertreten.«[146] In seinen Aufzeichnungen von 1945 schreibt Blomberg weiter: »Während meiner Zeit als Kriegsminister (...) hatte der Führer oft mit mir über Außenpolitik gesprochen. (...) Ich wäre den Weg des Führers nach Österreich auch gegangen, aber dann hätte ich mir eine Frist von 10 Jahren gesetzt, um das neue Großdeutschland und eine totale Rüstung auszubauen. Denn daß Deutschland noch einmal um sein Erstarken kämpfen mußte, schien nicht vermeidbar (...)«.[147] Schon hier findet sich der Beweis, daß Blomberg in der Erwartung der unausbleiblichen kriegerischen Auseinandersetzung mit den Mächten, die ein Erstarken Deutschlands nicht hinnehmen würden, mit Hitler übereinstimmte, dessen ideologische Verblendung, seine Mission der Vernichtung der »jüdisch-bolschewistischen Sowjetunion« jedoch nur schulterzuckend und mit Unverständnis hinnahm oder ausblendete. Er beschränkte sich als militärischer Ratgeber darauf, vor einer Unterschätzung des gefürchteten gegnerischen Potentials zu warnen. Auch sah Blomberg in seiner Behutsamkeit einen unbegründeten möglichen Vorwurf Hitlers[148], denn – so sein Argument in dessen Sinne – »welch bessere Zusammenstellung könnte es geben, als einen stürmischen Führer und einen behutsamen Berater, von dem man wußte, daß er nach gefaßtem Entschluß, trotz vorhergehender Bedenken durch Dick und Dünn mitgeht.«[149]

Während seiner Gefangenschaft schwächte der General die Bedeutung der Ausführungen Hitlers während der Hoßbach-Besprechung ab. Er rechtfertigte sich am 6. November 1945, daß er »zum Protokoll zweimal verhört« worden sei »über die politische Europaschau Hitlers und seine Planungen, oder nennt man es besser Phantasien. Ich hatte den Vorgang ganz vergessen, weil er auch damals unwirklich anmutete und die Wirklichkeit des Tages mich ganz ausfüllte«.[150] (...) »Die großangelegten Ausführungen Hitlers am 07.11.37 zeigten die damaligen Absichten seiner Führung, wie sie sich allmählich herausgebildet hatten. Sie wirkten auch damals noch auf uns als ein luftiges Gebilde, zu deren Tatwerdung noch vieles, vor allem Zeit notwendig werden würde.«[151] Tatsächlich hatte Blomberg bereits die Hitlerschen »Phantasien« in die »Wirklichkeit des Tages« und mit den *Weisungen für die einheitliche Kriegsvorbereitung der Wehrmacht* (24. Juni 1937) – den sogenannten »Fall Grün« für einen Aufmarsch in die Tschechoslowakei – in einen handfesten Befehl umgewandelt. Der Auftrag zur Ausarbeitung der neuen Weisung war damals Jodl übertragen worden.[152]

In der Weisung heißt es: »Die allgemeine politische Lage berechtigt zu der Vermutung, daß Deutschland mit keinem Angriff von irgendeiner Seite zu rechnen hat. Hierfür sprechen in erster Linie neben dem fehlenden Kriegswillen bei fast allen Völkern, insbesondere bei den Westmächten, auch die mangelnde Kriegsbereitschaft einer Reihe von Staaten, vornehmlich Rußlands. Ebensowenig besteht von Seiten Deutschlands die Absicht, einen europäischen Krieg zu entfesseln. Trotzdem erfordert die politisch labile und überraschende Zwischenfälle nicht ausschließende Weltlage eine stete Kriegsbereitschaft der deutschen Wehrmacht. [...]. Als »wahrscheinliche Kriegsfälle« wurde ein Zweifrontenkrieg mit Schwerpunkt Südost (sog. Aufmarsch »Grün«) als Annahme zugrunde gelegt. »Um einen solchen bevorstehenden Angriff einer überlegenen feindlichen Koalition abzuwehren«, könne »der Krieg im Osten mit einer überraschenden deutschen Operation gegen die Tschechoslowakei beginnen«. Nach Aufzählung der durch die Wehrmacht zu treffenden Vorbereitungen die Schlußfolgerung: »Das Endziel besteht in einem planmäßig im Frieden vorbereiteten strategischen Überfall auf die Tschechoslowakei, der ihre Befestigungen überraschend zu Fall bringt, ihre Wehrmacht noch in der Mobilmachung faßt und zerschlägt und in Ausnutzung der völkischen Zersplitterung die Tschechoslowakei in kurzer Zeit zum Erliegen bringt.«[153]

Die Weisung, die durch einen Nachtrag mit dem Datum vom 7. Dezember 1937 bzw. (in der Anlage) vom 21. Dezember 1937 ergänzt wurde, war die letzte große, kriegsweisende Handlung Blombergs und gab eindeutig den Extrakt der Gedanken Hitlers vom 5. November 1937 wieder, womit sie zugleich uneingeschränkt das Einverständnis des Kriegsministers mit dessen Vorstellungen bestätigt. Im »Nachtrag« der Weisung, die einer Überarbeitung der Aufmarschpläne für einen Zweifrontenkrieg gleichkam, hieß es unter ausdrücklichem Hinweis auf die von Hitler am 5. November 1937 vorgezeichneten Richtlinien unmißverständlich: »Hat Deutschland seine volle Kriegsbereitschaft auf allen Gebieten erreicht, so wird die militärische Voraussetzung geschaffen sein, einen Angriffskrieg gegen die Tschechoslowakei und damit die Lösung des deutschen Raumproblems auch dann zu einem siegreichen Ende zu führen, wenn die eine oder andere Großmacht gegen uns eingreift. Tritt aber eine Lage ein, die durch Englands Abneigung gegen einen allgemeinen europäischen Krieg, durch seine Uninteressiertheit an dem mitteleuropäischen Problem und durch einen zwischen Italien und Frankreich im Mittelmeer ausbrechenden Konflikt die Wahrscheinlichkeit schafft, daß Deutschland außer Rußland keinen weiteren Gegner an der Seite der Tschechoslowakei findet, so wird der Fall ›Grün‹ auch vor der erreichten vollen Kriegsbereitschaft eintreten.«[154]

In diesen Worten zeigt sich, daß Blomberg mit Sicherheit kein Kriegsgegner war, und daß er, wie auch – cum grano salis – der Rest der Generalität, letztlich stets bereit war, Hitlers Pläne anzuerkennen und umzusetzen. Übrigens hatte der Kriegsminister in völliger Übereinstimmung mit der Reichswehrführung das Streben nach Frieden und Völkerverständigung nicht sehr geschätzt und dieses häufig genug unmißverständlich zum Ausdruck gebracht. So verurteilte er 1933/34 das »zersetzende Gift des Pazifismus«: »Pazifismus der Volksmassen kann eine Krankheitsform sein, eine Krankheitserscheinung. Pazifismus der Führung ist Verrat an der Zukunft des Volkes.«[155] Unmittelbar vor der von Hitler angeordneten und unter Mitwirkung der Reichswehr durchgeführten Mordaktion vom 30. Juni 1934 hatte er triumphierend festgestellt: »Der Pazifismus ist überwunden. Wehrmacht und Staat sind eins geworden.«[156] Blombergs Aufzeichnungen belegen, daß es von seiner Seite zu keiner Zeit schwerwiegende Differenzen und eine pazifistische Haltung gegenüber den Auffassungen Hitlers gegeben hat. Blomberg stimmte zwar grundsätzlich mit Hitlers Gedanken überein, beschränkte sich aber als »verantwortungsbewußter Ratgeber« darauf, vor einer Unterschätzung des gefürchteten gegnerischen Potentials zu warnen. Nach Kriegsausbruch 1939 sah er seine Befürchtungen im Hinblick auf die übermächtige Feindkonstellation bestätigt. Sie habe »dann einigen Wandel in seiner Auffassung gebracht«. Daß Blombergs Erklärungen nach dem Zusammenbruch nicht davon abgehalten haben, die These seiner Gegnerschaft zu Hitlers kriegerischen Plänen aufzustellen, ist mit Sicherheit auch dadurch verständlich, daß sein Nachlaß, der ja in diesem Punkt einige widersprüchliche Aussagen birgt, bisher nicht ausführlich analysiert wurde.

Im Jahre 1975 findet sich folgende Auffassung: Blomberg und Fritsch »waren keine Nazis. Hitler war sich aber klar darüber, daß diese Situation nicht ungefährlich war. (...) Solange die Wehrmacht unpolitisch und ihr Oberbefehlshaber kein Nationalsozialist war, blieb die Lage für die Nazis gefährlich. Wie konnte man Blomberg ausschalten? Eine Entlassung war unmöglich.«[157] Schwer zu verstehen, daß der Verfasser die Berichte über Blombergs (und Fritschs) flammendes Bekenntnis zu Hitler nicht wahrgenommen hat und auch die »Meinungsverschiedenheiten« zwischen Wehrmachtführung und Parteiführung nicht angemessen einschätzte. Desgleichen stellt sich die Frage, weshalb eine Entlassung »unmöglich« gewesen sein sollte. Der wirkliche Grund für Blombergs Entlassung war weder seine Kriegsgegnerschaft noch seine Behutsamkeit, sondern ein völlig anderer – und Blomberg kannte ihn nur zu gut!

6. Vor Sonnenuntergang: Die zweite Eheschliessung (1938)

Anfang 1938 war Werner von Blomberg auf dem Höhepunkt seiner Macht. Seine Karriere, die in Genf 1932 am Ende gewesen zu sein schien, hatte eine Wende genommen und war nach Hitlers »Machtergreifung« in einer steilen Kurve nach oben verlaufen. Sie erreichte ihren Höhepunkt, als Hitler an seinem Geburtstag, dem 20. April 1936, Blomberg den Marschallstab überreichte und ihm damit die Ehre zuteil werden ließ, als erster Offizier der neuen Wehrmacht ihren höchsten militärischen Dienstgrad zu tragen.[158] Anläßlich seines vierzigjährigen Dienstjubiläums wurde der, protokollarisch, erste Mann im Staat hinter Hitler am 13. März 1937 zum Chef des niedersächsischen Infanterie-Regiments Nr. 73 (Prinz Albrecht von Hannover) ernannt, in dem er als junger Offizier vor und während des Ersten Weltkrieges gedient hatte, und mit dem goldenen Partei-Abzeichen geehrt.[159]

Blombergs einst so bescheidenes Soldatenleben hatte sich seit 1933 auf fundamentale Weise verändert. Die Entbehrungen der zwanziger Jahre waren in weite Ferne gerückt, und Blomberg genoß den ihm gebotenen Luxus in vollen Zügen im Kreise der »braunen Herrscher im Frack«, wie das Exilorgan *Pariser Tageblatt* die Nazi-Elite spöttisch titulierte.[160]

Goebbels' Tagebuch gibt Einblick in gemeinsam mit Blomberg durchfeierte Nächte. Über die Geburtstagsfeier seiner Frau Magda am 11. November 1935 notiert er: »Abends große Gesellschaft. Führer und Blomberg da. Wir machen Kabarett (...) Es wird sehr nett. Der Führer ist ganz aufgeräumt. Und alle bleiben bis 6 Uhr morgens. Hörbiger und die Ullrich singen zum Schifferklavier. Ein toller Betrieb«[161], und Blombergs Adjutant Boehm-Tettelbach beschreibt die »gesellschaftliche Wintersaison« im Kriegsministerium: »An Blombergs Diensträume im ersten Stock des Ministeriums [am Tirpitzufer, heute Reichpietschufer] grenzten die Gesellschaftsräume und die Privatwohnung des Ministers. Diese konnte durch einen unauffälligen Eingang vom vorgebauten Hauptportal aus erreicht werden. Blombergs Haushalt war zunächst von seiner zweitältesten Tochter Sybille und später von seiner jüngsten Tochter Dorle geführt worden. Beide Damen traten jedoch nicht in Erscheinung, wenn zu den regelmäßigen Herrenessen der Wehrmacht, bei denen bis zu 24 Personen Platz nehmen konnten, gebeten wurde. (...) Die vorzüglichen Weine und die ausgesuchten Speisen wurden abwechselnd vom Hotel Bristol oder von Horcher geliefert und von ihrem Personal serviert. (...) Bald kam die Einladung an ›nur‹ Soldaten aus der Übung. Wo ausschließlich über den Dienst gesprochen wurde, konnte nicht so leicht eine gelockerte Stimmung aufkommen. Sobald zu den Gästen Parteileute, Regierung oder gar Künstler gehörten, konnte schwer ein Ende gefunden werden. (...) Der Filmstar Jenny Jugo und die Sängerin Erna Berger (...) trugen ebenso wie die Schauspieler Carl Ludwig Diehl, Willy Birgel und Victor de Kowa mit ihren Kolleginnen Käthe Gold und Luise Ullrich zur Stimmung bei (...). Zu den glänzenden Erscheinungen bei diesen Anlässen gehörten noch Kammersänger Marcel Wittrich, der Sänger Helge Roswaenge und die Opernsängerin Maria Cebotari von Wyroboff. (...) Daß man die ausländischen Militärattachés einlud, war eine Selbstverständlichkeit, zumal ihnen, fein dosiert, die letzten Neuigkeiten auf militärischem Gebiet vorgeführt wurden. (...) Auch bei den ausländischen Botschaftern war Blomberg wegen seiner weltmännischen Art ein gern gesehener Gast. Besondere Freude bereitete ihm die Einladung durch den geistreichen französischen Botschafter André François-Poncet, dem bekannt war, wie sehr der Feldmarschall den Rotwein des westlichen Nachbarn schätzte. Entsprechend erlesen war dann auch der Tropfen, den der Minister kredenzt bekam.«[162]

Trotz der bunten Welt, in der sich der Generalfeldmarschall bewegte, liebte er den Rückzug in seine »innere Zitadelle«, in die Welt der Bücher, der einsamen Morgenritte durch den Berliner Tiergarten unweit der Reichskanzlei. Es waren Momente des Nachdenkens und Schweigens – eine Welt der Arbeit und der Introversion, die hinter dem Trubel des Tages von Einsamkeit beherrscht wurde, in die er nun immer mehr fiel. Nicht zufällig wird sein Pferd »Misanthrop« geheißen haben.

Anfang 1938 war Blomberg in seinem sechzigsten Lebensjahr, seit acht Jahren Witwer und zweifacher Großvater. Zwar paßte das Bild vom weißhaarigen »Witwer-Feldherrn«, dessen Leben ganz der Armee und seinem »Führer« gehörte, perfekt zum öffentlichen Image des Kriegsministers im Hitler-Staat; dieser selbst jedoch fühlte sich seelisch und körperlich in einer kritischen Lebenssituation. In seinen Aufzeichnungen des Jahres 1943 äußert er sich, während einer der wenigen schriftlichen Exkurse in sein Seelenleben, über seinen damaligen Zustand jener »Midlifecrisis« wie folgt: »Mit dem Tode meiner ersten Frau begann das Abbröckeln des Lebensgebäudes. Ich wurde von bitteren Nöten der Einsamkeit geschüttelt. Die Fragen nach Leben, Tod und Ewigkeit standen dichter vor mir und sind nie mehr ferner gerückt worden. Ich spürte, daß ich den Scheitelpunkt des Lebens überschritten hatte. Man näherte sich – fast wie von heute auf morgen – dem Alter nicht so sehr durch körperlichen Verfall und geistiges Stumpfwerden, als durch den natürlichen Vorgang des Heranwachsens der Jugend und durch das Abschmelzen des Gefühls der Erwartung.«[163] »Das Heranwachsen der Jugend«, das Selbständigwerden der fünf Kinder, die eines nach dem anderen eigene Wege gingen, Familien gründeten, ließ den Witwer immer mehr vereinsamen. Bis 1936 hatte Blombergs zweitälteste Tochter Sybille als »Dame des Hauses« fungiert und den Vater bei offiziellen Anlässen begleitet. Sie verliebte sich in den Schweizer Franz Riedweg, heiratete diesen 1938 und verließ das Haus des Vaters. Auch die jüngste Tochter Dorothee eröffnete dem Vater im Herbst 1937, daß auch sie sein Haus verlassen wolle, um Wilhelm Keitels Sohn Karl-Heinz zu heiraten.[164] Der Fortgang der beiden Töchter traf Blomberg zutiefst. Das war auch dem Luftwaffenadjutanten Boehm-Tettelbach nicht verborgen geblieben, der durch seine Freundschaft zu Blombergs Sohn Axel auch privat eng an seinen Vorgesetzten herankam. »Boehmchen« begann sich eigene Überlegungen über die Zukunft des Ministers zu machen. Bei einem Empfang des italienischen Botschafters Bernado Attolico fiel ihm auf, wie begeistert Blomberg von der Ehefrau des Gastgebers war. Der Adjutant habe sich, schreibt er in seinen Lebenserinnerungen, gewünscht, »daß sich eine ähnlich elegante Frau, die Geist und Schönheit, Chic und Charme gleichermaßen vereine, auch für den Minister finden lasse«[165]. Blomberg dachte offensichtlich ähnlich und hatte um 1937 begonnen, sich bei einem Magnetopathen – einer Art »Geistheiler« – behandeln zu lassen und betont, wie gut ihm diese »Verjüngungskur« tue.[166] Folgt man den Berichten seines Umfeldes, unternahm der immer noch gut aussehende, »sehr große weißhaarige General mit einem fast unglaublich jugendlichen Gesicht«[167] in dieser Zeit der »Verjüngung« auch gelegentliche Ausflüge in das Berliner Nachtleben. Keitel als seinem engsten Mitarbeiter im Wehrministerium fiel auf, daß Blomberg in dieser Zeit öfters allein und in Zivil mit dem Auto in den Thüringer Wald fuhr.[168] Als er Blombergs Adjutanten Georg von der Decken fragte, ob dieser den Grund für Blombergs mysteriöse Aufenthalte in Oberhof kenne, hatte Decken nur mit den Schultern gezuckt und geantwortet, er wisse nur, daß »Blomberg dort eine Dame besuche, die [sich] beim Skilaufen den Knöchel gebrochen habe.« Keitel notiert bedeutungsschwer, sich damals »seinen Teil gedacht zu haben, ohne irgend jemand etwas zu sagen«.[169]

Hier lagen wohl die Anfänge der verhängnisvollen Affäre des Kriegsministers mit der attraktiven 26jährigen Berlinerin Luise Margarethe Gruhn (1,75 m, schlank, grüne Augen, blonder Bubikopf)[170], die er am 12. Januar 1938 heiratete. Über die Identität der Braut wird bis heute lebhaft spekuliert. Woher kam sie, die das Geschick Blombergs in so gravierender Weise bestimmen sollte?

Luise Margarethe Gruhn wurde am 22. Januar 1913 in Berlin-Neukölln geboren. Sie wuchs als Einzelkind in bescheidenen Verhältnissen auf. Ihr Vater, Paul Emil Gruhn, ein Schankwirt, starb im Oktober 1915 in einem weißrussischen Lazarett. Margarethes Mutter, Auguste Luise Gruhn, geb. Braun, hatte vor der Revolution im Berliner Stadtschloß gearbeitet. Nach dem Krieg baute sie sich als staatlich geprüfte Masseurin mit einer Praxis in Berlin Neukölln eine neue Existenz auf. Sie hatte offenbar wenig Zeit, sich um die Tochter zu kümmern, oder diese wenig Interesse an der mütterlichen Fürsorge. Frau Gruhn, in der Nachbarschaft als streitsüchtige Person bekannt (wie eine Akte von 1938 belegt), bekam zunehmend Schwierigkeiten mit der Erziehung der Tochter, die es aus der kleinbürgerlichen Enge der gemeinsamen Wohnung hinauszudrängen schien.[171] Auf Grund einer polizeilichen Suche heißt es in dem entsprechenden Protokoll im Januar 1932, daß »rasche Eingreifung zur Verhütung der weiteren Verwahrlosung geboten« sei. Ende 1931 war Margarethe Gruhn in der Wilhelmstraße 124 gemeldet, nach polizeilicher Ansicht »eine Absteige«, wo sie mit dem tschechischen Juden Heinrich Löwinger zusammenlebte. Der arbeitslose Ingenieur aus Preßburg, verheiratet und Vater eines 13jährigen Kindes, war überreich an erfolglosen Geschäftsideen. Nachdem er mit dem Vertrieb eines selbst fabrizierten »Rheumatikums« nur mäßigen Erfolg hatte, war er auf die Idee gekommen, »unzüchtige Bilder« herzustellen und zu vertreiben. Er bat Margarethe, die sich mittlerweile den Künstlernamen Eva zugelegt hatte, um deren Mitwirken bei einer Fotoproduktion, bei der Löwinger selbst als männlicher Protagonist agieren wollte. Die pornographischen Aufnahmen, die indirekt die deutsche Geschichte auf so fatale Weise beeinflussen sollten, machte ein Bekannter Löwingers, der arbeitslose Fotograf Ernst Mickler. Insgesamt entstanden sechs Aufnahmen – fünf davon zeigen die Fotomodelle unbekleidet in verschiedenen sexuellen Stellungen, die sechste zeigt Margarethe Gruhn allein.[172]

Ob Löwinger mit dem Vertrieb der Fotos mehr Erfolg hatte als mit seinem Rheumatikum ist nicht rekonstruierbar, da bereits Anfang Januar 1932 ein Ermittlungsverfahren gegen das Paar wegen »Verbreitung grob unzüchtiger Aufnahmen« eingeleitet wurde. Im Polizeiverhör gab die spätere Frau von Blomberg am 23. Januar 1932 etwas naiv an, Löwinger habe ihr eine Gewinnbeteiligung zugesagt, die Aufnahmen aber »nicht in Berlin, sondern in Hamburg, Leipzig, Dresden« vertreiben wollen, weshalb sie dann auch ihr Mitwirken zugesagt habe.[173] Das Ergebnis des Verfahrens ist nicht bekannt; vermutlich erhielt das Paar eine geringfügige Geldstrafe. Im Jahr 1934 wurde Margarethe erneut aktenkundig. Bei der Generalstaatsanwaltschaft des Landgerichts Berlin lief gegen sie ein Ermittlungsverfahren, das jedoch eingestellt wurde. Ihr wurde zur Last gelegt, einem Zahnarzt eine Uhr gestohlen zu haben. Bei der polizeilichen Vernehmung, bei der sie erkennungsdienstlich behandelt wurde, das heißt sie wurde fotografiert und ihre Fingerabdrücke wurden genommen, gab sie als Beruf »Stenotypistin« an, ließ im Formular die Frage nach dem Arbeitgeber jedoch offen. Ein polizeilicher Vermerk hingegen hielt fest, daß sie eine »gelbe Karte« hätte, demnach also eine registrierte Straßendirne wäre.

Als Blomberg Margarethe Gruhn kennen lernte, war diese also kein »unbeschriebenes Blatt«. Wie viel der Kriegsminister vom Vorleben seiner Freundin allerdings wußte, muß unbekannt bleiben, da nur er selbst dazu etwas hätte sagen können. Ein Brief der Frau seines ehemaligen Adjutanten und langjährigen Freundes Friedeburg ist in diesem Zusammenhang aufschlußreich. Demnach war »Blomberg selbst ohne Kenntnis von dem Vorleben der Marg. Gruhn. Er wußte nur, daß sie aus einfachen Verhältnissen war, und meinte, sie nur durch eine Ehe an sich ketten zu können. (...) Leider war mein Mann damals im Mittelmeer, sonst hätte er sich ihm gegenüber vielleicht deutlicher geäußert und mein Mann hätte ihm sicher von einer Ehe abraten können, die so gar nicht zu einem so vornehmen, in Bezug auf Anstand und Benehmen so anspruchsvollen Mann passte. Die Kinder erzählten uns später, daß Marg. Gruhn versucht hätte, ihrem Vater noch etwas von ihrer Vergangenheit zu beichten, was er aber abgelehnt hätte.«[174] Blomberg war offenbar mit dem ihm eigenen Enthusiasmus der Liebe verfallen und, einmal mehr, entschlossen, einen Teil der Realität einfach auszublenden. Gegenüber seiner Familie sowie in seinen persönlichen Aufzeichnungen schwieg er folgerichtig über das Thema und schreibt, »Eva« sei eine langjährige »Freundin«, deren Beruf »Sekretärin« sei. Generalfeldmarschall von Weichs, der 1945 mit Blomberg im Gefangenenlager Seckenheim in einem Zimmer untergebracht war, bezeichnet es in seinen Memoiren als »bezeichnend«, daß Blomberg, der zwar vieles über seine Beziehung zu Hitler erzählt habe, »kein Wort darüber verlor«, daß das Vorleben »(...) seines Verhältnisses auf Verleumdung beruht« habe.[175]

Angesichts ihrer Bedeutung für die Entwicklung der deutschen Militärgeschichte ist verständlich, daß sogar die Umstände, unter denen Blomberg Margarethe Gruhn kennen gelernt hatte, in den Spekulationen über die Affäre einen zentralen Stellenwert einnahmen.[176] Innerhalb der Familie Blomberg kursierte die Version, er habe Margarethe als Patient ihrer Mutter in der Neuköllner Praxis zum ersten Mal gesehen. Frau Gruhn hatte sich auf schwere Knochenbrüche spezialisiert, so daß durchaus die Möglichkeit bestand, daß Blomberg wegen des Beinbruchs, den er sich in Wien zuzog und der ihm noch lange gesundheitlich zu schaffen machte, dort in Behandlung hätte gewesen sein können. Weniger schmeichelhaft ist die Version, nach der Blomberg seine »Eva« in der Berliner Halbwelt oder einer Bar in Berlin-Halensee kennen gelernt habe, in die er in einsamen Stunden gegangen sein soll.[177] Beide Varianten einer ersten Begegnung erscheinen wenig wahrscheinlich: Weder wird der Kriegsminister seinen Ruf und seine Stellung in Berliner Nachtclubs riskiert haben, noch wird er zur (durchaus denkbaren) Behandlung der Folgen seines Autounfalls von seiner Wohnung im Reichswehrministerium am Tirpitzufer bis nach Neukölln gefahren sein, um sich dort ausgerechnet von Frau Gruhn behandeln zu lassen. Und selbst wenn: Mutter und Tochter Gruhn waren in dieser Zeit zerstritten und Margarethe wohnte nicht im Hause der Mutter.

Ein weiterer Versuch, die Geschichte zu rekonstruieren, findet sich in den Lebenserinnerungen von Blombergs Lieblingsadjutanten. Demnach war es »an einem Septembermorgen des Jahres 1937«, als der gewohnte Morgenritt des Feldmarschalls ausfallen mußte, weil sein Pferd lahmte. Um nicht auf die gewohnte körperliche Bewegung verzichten zu müssen, habe Blomberg, so Boehm-Tettelbach, beschlossen, stattdessen einen Spaziergang im Tiergarten zu unternehmen. (...) »Alle späteren Rekonstruktionen sprechen dafür, daß Blomberg an diesem Tag der Frau begegnet ist, die ihm zum Verhängnis wurde«.[178] Einen Grund, warum Margarethe Gruhn sich an jenem Septembermorgen im Tiergarten aufgehalten haben soll, nennt der Adjutant nicht. Vermutlich sah er keine Notwendigkeit zu erklären, was die, zu diesem Zeitpunkt in der Eisenacher Straße in Schöneberg wohnende junge Frau, früh morgens in den nicht eben nahgelegenen Tiergarten trieb. Blombergs Pferdetrainer Walter Legde, der damals täglich mit dem Marschall ausritt, befürwortet dennoch die Theorie des Adjutanten. Er erinnert sich daran, wie er in einem Interview berichtet, daß die Blombergschen Pferde zu diesem Zeitpunkt bei einer Schulung außerhalb Berlins gewesen seien und der Feldmarschall sich darum morgens zu Fuß bewegt habe. Wenige Zeit später sei Blomberg höchstpersönlich und voller Stolz mit Fräulein Gruhn zu Legde in den Stall gekommen, um diesem seine künftige Braut vorzustellen.[179]

Mitte Dezember 1937 starb General Ludendorff. Das pompöse Staatsbegräbnis für den Ersten Generalquartiermeister des Generalstabs des Heeres im Ersten Weltkrieg fand am 22. Dezember 1937 in München statt. Es sollte die letzte rituelle Inszenierung des NS-Staates sein, an der Blomberg teilnahm. Er kam nicht mit seinem Salonwagen, den er für Dienstreisen von Hitler geschenkt bekommen hatte, mit dem Sonderzug aus Berlin sondern ließ sich von seinen Adjutanten aus dem verschneiten Golf-Hotel in Oberhof abholen. Ein schlichter Eichensarg vor dem Münchener Siegestor, flankiert von hohen, schwarzen Pylonen, gekrönt von Schalen, in denen das Totenfeuer brannte, bildete die Kulisse, vor der Blomberg seine letzte öffentliche Rede für Ludendorff hielt. Als die letzten Takte des »Guten Kameraden« verklungen waren und der Ehrensalut im Hofgarten abgeschossen worden war, ging Hitler mit seinem Gefolge zurück zur wartenden Wagenkolonne. Blomberg nahm diesen Moment zum Anlaß, ihm, als seinem nächsten Vorgesetzten, seine Heiratsabsichten vorzutragen [für alle Offiziere bestand in der Wehrmacht die Vorschrift, vor einer Hochzeit den sogenannten »Heiratskonsens« beim nächsten Vorgesetzten einzuholen, die Verf.]. Obwohl der Generalfeldmarschall bei dieser Unterredung von »einer gewissen Vergangenheit« seiner Braut, die »ein Mädchen aus dem Volke sei«, berichtete, gab Hitler ihm seinen Segen.

Die Weihnachtstage verbrachte Blomberg nicht mit seinen Kindern in Berlin sondern mit seiner künftigen Braut im Oberhofer Hotel.[180] Adjutant Boehm-Tettelbach schildert, wie er kurz nach Neujahr von den Heiratsabsichten seines Vorgesetzten überrascht wurde: »Als ich am 11. Januar, kurz vor Dienstschluß, damit beschäftigt war, die Liste der angemeldeten Besucher zusammenzustellen, kam Blomberg aus seinem Arbeitszimmer zu mir ins Vorzimmer: ›Mein Lieber, ich werde morgen um 12 Uhr heiraten. Richten Sie daher nebenan im Festsaal alles für eine standesamtliche Trauung im kleinen Kreis her. Es kommen als Zeugen nur der Führer und Göring. Sonst keiner. Sorgen Sie dafür, daß wir nicht gestört werden. Sie und die anderen Herren brauche ich nicht‹. Mir fehlten selten die richtigen Worte, aber jetzt war ich wie erstarrt und brachte nur ein militärisches ›Jawohl‹ zustande. (...) Erst als der Minister das Vorzimmer wieder verlassen hatte, wurde mir allmählich klar, was vor sich ging, und ich schlug erst einmal bei meinen Kameraden Alarm. Wangenheim kam wie ein Torpedo angesaust, nur Riebel[181], der mit den Usancen im OKW noch nicht so vertraut war, blieb gelassen: ›Warum diese Störung, wo ich doch gerade nach Hause wollte?‹ Wir setzten uns erst einmal, holten unsere ›Erste Hilfe‹, den Schnaps, aus seinem Versteck hinter den Leitzordnern im Panzerschrank und tranken einen«.[182] Nach Einnahme der »Ersten Hilfe« beschlossen die Adjutanten, Blombergs Tochter Dorothee aufzusuchen. »Dorle« habe »völlig perplex reagiert – wusste offensichtlich nichts von den Plänen des Vaters. Aber Dorle reimte sich einiges zusammen. Ihr Schlafzimmer war neben dem ihres Vaters gelegen [was nach Aussage Dorothee Keitels in einem Interview im März 2002 nicht den damaligen Tatsachen entsprach!]. Von dort aus hatte sie ihn gelegentlich zu ungewöhnlichen Zeiten telefonieren hören; sie hatte keinerlei Argwohn geschöpft. Von früher kannte sie die eigenartigen Arbeitszeiten von Hitler und seine nächtlichen Anrufe aus der Reichskanzlei; sie kamen immer über die Vermittlung des Ministeriums. Die neuen nächtlichen Anrufe kamen jedoch offensichtlich über eine private Sonderleitung, die die Vermittlung umging und erst vor kurzem in Blombergs Schlafzimmer verlegt worden sein konnte. (...) Diese für uns völlig neuen Informationen lösten die unmöglichsten Spekulationen aus.« Von Oberintendanturrat Hartmann, der die finanziellen Angelegenheiten des Ministeriums und der Adjutantur verwaltete, erfuhren Blombergs Mitarbeiter, daß ihr Vorgesetzter einige Wochen zuvor in Auftrag gegeben hatte, ein Apartment in der Nähe des Tirpitzufers einzurichten. Über den Zweck, dem die Wohnung dienen sollte, wußte Hartmann nichts zu berichten, aber, das brauchte er auch nicht mehr.

Blomberg wurde am 12. Januar 1938 in Gegenwart von Hitler und Göring, die als Trauzeugen fungierten, im großen Saal des Kriegsministeriums getraut.[183] Das Paar verzichtete auf eine pompöse kirchliche Trauung, wie sie eigentlich Blombergs Stellung entsprochen hätte. Feiern – weder im großen, noch im kleinen Kreis – gab es nicht. Eine Veröffentlichung des Aufgebotes im *Völkischen Beob-*

achter erfolgte am 13. Januar 1938 – jedoch ohne Nennung des Vornamens der Braut. Die Berliner Zeitungen brachten nach der Trauung an unauffälliger Stelle nur eine kurze amtliche Nachricht, in der lakonisch mitgeteilt wurde, daß der Reichskriegsminister sich (am Mittwoch, den 12. Januar) mit »Fräulein Gruhn« vermählt habe und der »Führer« und Reichskanzler und Generaloberst Göring Trauzeugen gewesen seien.[184] Goebbels dazu in seinem Tagebuch: »Blombergs Vermählung in der Presse wunschgemäß ›klein‹ besprochen.«[185]

Unmittelbar nach der Trauung trat das frisch vermählte Paar seine Hochzeitsreise nach Oberhof an. Die Reise mußte wegen des Todes der Mutter Blombergs jedoch frühzeitig unterbrochen werden, so daß er und seine Frau nach der Beerdigung in Eberswalde (20. Januar) bereits am 24. Januar wieder in Berlin waren.

Trotz all' dieser Merkwürdigkeiten, die mit größter Verwunderung von der Umwelt zur Kenntnis genommen wurden, wäre einem 60 Jahre alten Witwer nur zu gratulieren, wenn er neues Lebensglück mit einer jungen Frau findet, doch durfte der Reichskriegsminister, vorausgesetzt er wußte die Wahrheit über Margarethes Vergangenheit, nicht der Illusion erliegen, daß diese unentdeckt bleiben würde. Auch wenn er die Details ihres Vorlebens nicht kannte, hätte er wissen müssen, daß er sich in keinem Falle über die strenge Heiratsordnung der Wehrmacht hinwegsetzen durfte, an deren Verschärfung ironischerweise gerade er selbst zwei Jahre zuvor entscheidend mitgewirkt hatte.[186] Ihm hätte – so oder so – die ungeheuerliche Tragweite seiner Eheschließung klar gewesen sein müssen.

In einem Gedenkartikel zum Preußenjahr 1981 berichtete Marion Gräfin Dönhoff über die zu dieser Zeit im Offizierskorps vorherrschenden Auffassungen: man habe »jenen spezifischen Ehrbegriff entwickelt, der in den hierarchischen Gesellschaften des ancien régimes von der Oberschicht als Kompensation für deren Privilegien gefordert wurde (...) Jeder, der dieser Gilde angehörte, (wußte), daß von ihm eine ganz bestimmte Verhaltensweise gefordert wurde (...) Ehescheidung galt für Offiziere und höhere Beamte als indiskutabel und zog den Verlust von Stellung und Renommée nach sich.«[187] 1937/38 waren bei der deutschen Generalität bereits einige peinliche Eheaffären unvergessen, wenngleich sie überaus diskret behandelt worden waren und nur interne Folgen hatten. So heiratete der Vorgänger Schleichers und Blombergs als Reichswehrminister, der seit 1926 verwitwete General Wilhelm Groener, mit 62 Jahren überraschend im Herbst 1930 seine wesentlich jüngere Hausdame, die kurz darauf ein Kind von ihm bekam. Ein paar Jahre später bewies der welthistorische Heiratsskandal im britischen Königshaus die Macht der sich über alle Standesunterschiede hinwegsetzenden Liebe. Am 10. Dezember 1936 hatte König Eduard VIII. der mehrfach geschiedenen Amerikanerin Wallis Simpson zuliebe auf den Thron verzichtet.[188] Die schicksalhafte Entscheidung des Britenkönigs und ihre Folgen haben damals auch in Deutschland einen nachhaltigen Eindruck hinterlassen und sich im Konfliktfall des Generalfeldmarschalls Werner von Blomberg sicherlich psychologisch ausgewirkt.[189]

7. Die Geburt des Skandals: Die »Akte Gruhn«

Wenige Tage nach Blombergs Hochzeit erschien in der deutschen Presse ein Foto, das den Kriegsminister und seine zweite Frau während ihrer Hochzeitsreise bei einem Besuch im Leipziger Zoo vor dem Affenkäfig zeigt. Kurz darauf häuften sich Gerüchte aus Polizeikreisen, die besagten, daß die Marschallin auf dem Zeitungsfoto von verschiedenen Seiten als »Dame der Halbwelt« identifiziert worden sei, und die Berliner Dirnen sollen in jenen Tagen ein wahres Jubelfest wegen der märchenhaften Geschichte vom Marschall und der Hure gefeiert haben.[190] Ein Kriminalkommissar griff die Gerüchte auf und warf einen Blick in die polizeiliche Meldekarte der Gruhn (samt Fotos), die neben der vorschriftsmäßigen Ummeldung aus der Eisenacherstraße in die Wohnung des Ehemannes am Tirpitzufer einen Hinweis auf die fatale Akte von 1932 (samt Fotos) enthielt, die aussagte, daß die »Marschallin« wegen Pornographie und verschiedener anderer Delikte sittenpolizeilich registriert war. Nach dem Studium der Akten machte er sich unter größter Geheimhaltung mit dem hochexplosiven Beweismaterial auf den Weg zu Werner Best, Verwaltungschef der Sicherheitspolizei, der wiederum unverzüglich den Berliner Polizeipräsidenten Wolf Heinrich Graf Helldorff informierte. Am Freitag, dem 21. Januar, um 16.15 Uhr erschien Helldorff dann bei Blombergs Chef des Wehrmachtamtes und nächstem Mitarbeiter, Keitel. Keitel sollte die Dame auf den Fotos identifizieren, um eine Verwechslung auszuschließen, konnte dies aber nicht, da er die Frau seines Vorgesetzten bisher nur einmal (auf der Beerdigung von Blombergs Mutter) dicht verschleiert gesehen hatte. Da Keitel die Identität weder bestätigen noch ausschließen konnte, forderte Helldorff, sofort Blomberg aufzusuchen und ihn zu der Sache Stellung nehmen zu lassen; dieser befand sich allerdings in Eberswalde, um den Nachlaß seiner Mutter zu regeln und war nicht zu erreichen. Anstatt die pikante Angelegenheit in der Wehrmacht zu belassen, schlug Keitel Helldorf vor, mit der Akte zu Göring zu gehen, der als preußischer Innenminister Helldorfs Vorgesetzter war. Zudem war Göring, der als Trauzeuge erst vor kurzem die Braut persönlich kennen gelernt hatte, bestens geeignet, diese zu identifizieren, was er dann am selben Nachmittag auch tat.

Ein Grund, warum Keitel nach 1945 und während der Nürnberger Prozesse von anderen Offizieren als »outcast« behandelt wurde, ist in der Tatsache zu suchen, daß er als »Judas« in der Blomberg-Affäre wahrgenommen wurde. Ihm wurde unter anderem der Vorwurf gemacht, er habe mangels moralischen Mutes, aus bedingungsloser Führertreue (»Lakeitel«), Unbedarftheit oder Konkurrenzdenken die Affäre zum Staatsskandal ausufern lassen, indem er das Gruhn-Dossier Göring in die Hände gespielt und somit Blomberg gleichsam »an das Messer geliefert« habe.[191] General Warlimont meint, daß Keitel die Gelegenheit der Blomberg-Affäre geschickt ausgenutzt habe, seinen Vorgesetzten, »der ihm oft genug im Wege gestanden hatte«, endlich loszuwerden.[192] Das Autorenduo Janßen und Tobias kommt bei ihrer Neubewertung der Wehrmachtaffäre von 1938 allerdings zu einem anderen Schluß – Keitels Rolle im Blomberg-Skandal war ihrer Ansicht nach »weitgehend marginal«; Keitel habe nicht aus Machtgier und Karrierestreben gehandelt, vielmehr habe er die peinliche Geschichte nicht mit dem künftigen Schwiegervater seines Sohnes erörtern wollen – menschlich verständlich – und sei außerdem noch davon ausgegangen, daß Blomberg nichts vom Vorleben seiner Ehefrau wisse und sich nach Bekanntwerden der Fakten sogleich von ihr trennen würde. Keitel konnte damals tatsächlich noch nicht voraussehen, welches Desaster für die Armee mit dem Hinweis auf Göring seinen Lauf zu nehmen begann, dennoch handelte er fraglos indiskret und unüberlegt.

Am Sonntag, dem 23. Januar, wurde Göring die gesamte Akte Gruhn übergeben. Es war nun an ihm, die Nachricht von Blombergs faux pas Hitler zu überbringen. Als dieser am Montagabend (24. Januar) von einer Veranstaltung in München zurückkehrte, wartete Göring bereits auf ihn im Foyer der Reichskanzlei. Der Diktator bekam angesichts der Pornofotos »den Schock seines Lebens«. »Gleich drei neuralgische Punkte wurden«, so Janßen und Tobias, bei dem prüden österreichischen Beamtensohn berührt: *erstens* eine grobunzüchtige Handlung, die *zweitens* ausgeübt wurde mit einem Angehörigen des von ihm verachteten Tschechenvolkes, der *drittens* auch noch jüdischer Konfession war, was für Hitler gleichbedeutend mit »Rassenschande« war.[193]

Goebbels, der seit 1933 oft privat mit Blomberg zusammengetroffen war, berichtet über den Kriegsminister in seinem Tagebuch in typisch zynisch-arroganter Art.[194] Am 17. Januar 1938 hatte er im Kriegsministerium ein Referat vor den Divisionskommandeuren gehalten, wofür er – natürlich – »großen Beifall findet«. »Danach Unterhaltung mit Blomberg. Er ist sehr glücklich in seiner jungen Ehe. Leider ist seine 90-jährige Mutter sterbenskrank. Er ist sehr traurig darüber.« Noch findet Goebbels: »Blomberg ist ein feiner Kerl.«[195] Eine kurze Woche nur war vergangen, da herrschte Gewitterstimmung: »Mittags beim Führer. Gespannte Stimmung. Unangenehme Lage um Blomberg. Noch nicht geklärt.«[196] Goebbels wußte noch nicht, daß Blombergs Lage nicht nur »unangenehm«, sondern, nicht nur für ihn, katastrophal geworden war. Schon am folgenden Tag erfuhr er Näheres: »Mit Wiedemann [Fritz Wiedemann war Hitlers persönlicher Adjutant, die Verf.] Fall Blomberg besprochen. Dann kommt noch Helldorf dazu. Blomberg ist gar nicht zu retten. Seine Frau vorbestraft wegen unzüchtiger Photos von sich selbst, bis 1937 unter Kontrolle, die Photos sind gemein und ekelhaft. Blomberg muß seinen Abschied nehmen.« Er fügte hinzu: Es bliebe einem Ehrenmann nur die Pistole. Aber, aber.«[197] (...) Der Führer als Trauzeuge. Es ist unausdenkbar.«[198]

Blomberg beschreibt in seinen Notizen und bei einer Vernehmung im Jahre 1945, was dann am Morgen des 26. oder 27. Januar geschah: »Göring stattete mir einen überraschenden Besuch ab. Er teilte mir mit, daß gewisse Dinge, die meine Frau betrafen, wieder aufgetaucht seien und – obwohl sie weit in der Vergangenheit zurücklagen – unausweichlich ernste Folgen für mich nach sich ziehen würden. Ich müßte meiner Stellung enthoben und sofort aus der Armee entlassen werden. Ich hätte Deutschland für ein Jahr zu verlassen. Meine Frau könnte unverzüglich geschieden werden. – Dies alles teilte er mir in etwa fünf Minuten mit! Es war die größte Überraschung meines Lebens und der schlimmste Schlag, der mich je getroffen hat. Ich war empört über eine derart ungerechte Behandlung, die mir mit einer solchen Verfolgung ohne auch nur den Schatten einer Vorwarnung zuteil wurde. Des Weiteren bestand ich darauf, daß ich doch sicherlich ein kleines bißchen Freiheit in der Wahl meiner Ehefrau in Anspruch nehmen dürfte. Daraufhin erhielt ich die kühle Antwort, daß ich hinsichtlich meiner Ehe nach Belieben verfahren könnte, daß aber die Entlassung absolut endgültig sei.«[199]

8. Der Fall Fritsch

Vor dem Hintergrund des Blomberg-Skandals ließ Hitler einen alten Verdacht gegen Generaloberst von Fritsch, den Oberbefehlshaber des Heeres, wieder aufleben.[200] Im Sommer 1936 hatte ihm der Reichsführer SS und Chef der deutschen Polizei Heinrich Himmler, eine Polizeiakte vorgelegt, in welcher Fritsch verdächtigt wurde, sich um 1933/34 homosexuell betätigt zu haben und deswegen erpreßt worden zu sein.[201] Die diplomatische Krise nach dem Einmarsch in das entmilitarisierte Rheinland und persönliche Gründe hatten Hitler bewogen, die Anschuldigungen gegen Fritsch zu übergehen, und obwohl er sich als Oberster Befehlshaber der Wehrmacht damit strafbar machte[202], hatte er eine Vernichtung der Fritsch betreffenden Akte angeordnet.[203] Am Abend des 24. Januar 1938 bestellte er Himmler in die Reichskanzlei und befahl ihm die sofortige Rekonstruktion der Ermittlungsakten und die Wiederaufnahme der Zeugenvernehmungen.[204] Der Vorwurf, Fritsch sei ein »175er«[205] schien jedenfalls nicht ganz unbegründet: Der Oberbefehlshaber des Heeres war wirklich »ein etwas seltsamer Junggeselle«[206] mit einer extrem tiefen Bindung zu seiner Mutter, wurde nie in Damengesellschaft gesehen usw. Ob Hitler erst jetzt geglaubt hatte, daß Fritsch sich Jahre zuvor bei einem Zuhälter Strichjungen bestellt hatte[207] oder, ob ihm die »Akte Fritsch« nun ein willkommener Anlaß zu sein schien, sich des Generalobersten zu entledigen, ist nicht klar – fest steht, daß sein Verhalten mindestens undurchsichtig war.[208] Hitlers frühere Offenheit gegenüber Röhm, dessen sexuelle Vorliebe schon lange vor 1934 bekannt war, die Tatsache, daß der Homosexuelle Dr. Walter Funk ausgerechnet am 5. Februar 1938 Reichswirtschaftsminister wurde, Hitlers Gleichgültigkeit, als die Vorwürfe gegen Fritsch 1934 zum ersten Mal erhoben worden waren, sein Befehl, die beweiskräftigen Akten zu vernichten – all' das zeigt deutlich, daß es ihm im Grunde einerlei war, ob sich unter seinen Gefolgsleuten Homosexuelle befanden oder nicht.

In den folgenden Wochen wurde Fritsch in einem langwierigen Untersuchungsverfahren immer wieder sowohl von der Gestapo als auch von einem Militärrichter verhört.[209] Der schwelende innerpolitische Machtkampf zwischen SS und Wehrmacht zeigte sich in der Fritsch-Krise mit aller Deutlichkeit: Während die Gestapo-Ermittler die Schuld des Generalobersten zu beweisen suchten, um der Wehrmacht damit einen entscheidenden Schlag zu versetzen, traten die Militärs für die Rehabilitierung Fritschs ein. Noch während der Ermittlungen, am 3. Februar 1938, wurde Fritsch auf Befehl Hitlers aufgefordert, seinen Abschied zu erbitten. Fritsch zog die Konsequenzen.[210]

Im Offizierskorps hatte besonders »das Unmoralische, ethisch Anstößige« des Vorgehens gegen den Generaloberst Fritsch zutiefst empört.[211] Jodl schreibt – nachdem Canaris ihm mitgeteilt hatte, »in welch unwürdiger Weise die Vernehmung« von Fritsch durch die Gestapo »vor sich gegangen« sei – am 26. Februar 1938 in sein Tagebuch: »Wenn das in der Truppe bekannt wird, gibt es Revolution«[212]. Auch wenn durch den »Schurkenstreich« gegen Fritsch das Vertrauensverhältnis vieler Offiziere zu Hitler tief und nachhaltig erschüttert war[213], eine »Revolution«, wie Jodl befürchtet hatte, gab es nicht. Zwar wollten einige Generäle aus Protest ihren Abschied einreichen – sahen jedoch auf Bitten Generaloberst von Brauchitschs davon ab. Es werde in den nächsten Wochen wegen der Sudetenfrage unweigerlich zu einem Krieg kommen, und da könne man nicht seinen Posten verlassen, so der neue Oberbefehlshaber des Heeres. Fritsch teilte Brauchitschs Auffassung.[214] Von Putschabsichten waren beide weit entfernt. Die Homogenität des Offizierskorps war längst zerstört.[215] In der Armee waren viele nationalsozialistische Reserve-, Polizei- und so genannte Ergänzungsoffiziere sowie aus der Hitlerjugend (HJ) hervorgegangene Leutnants. Mit einer Unterstützung von Marineoffizieren oder gar Offizieren der Luftwaffe Görings war nicht zu rechnen.

9. Das Komplott

So unerwartet und unwillkommen Blombergs Messalliance für Hitler auch war – sein Getreuer gab ihm damit die Chance, die Wehrmacht von einem Tag auf den anderen komplett zu entmachten. Diese simple Version erschien vielen so unglaubwürdig, daß sie ihr den Mythos vom Komplott gegen die Generäle, den Mythos von einer von Hitler geduldeten SS-Intrige gegen Blomberg vorzogen, der lange den Blick auf den General bestimmte. Wie weit verbreitet der Topos vom Komplott ist, zeigt sich daran, daß in vielen Handbüchern diese These noch heute als historisch gesichert dargestellt wird.[216] Die detaillierteste Analyse der Blomberg-Fritsch-Krise, die dieser Interpretation und der damit verbundenen These der »Kriegsgegnerschaft« Blombergs folgt, bietet Harold C. Deutschs 1974 erschienenes Buch *Das Komplott oder die Entmachtung der Generäle*.[217] Deutsch tradiert die Version, Hitler habe Blomberg, Fritsch und Neurath angeblich ihren am historischen 5. November 1937 freimütig zum Ausdruck gebrachten Widerstand gegen die von ihm überraschend geäußerten finsteren Kriegspläne verübelt und insgeheim sogleich den Entschluß gefaßt, sich dieser lästigen Kritiker bei der nächsten sich bietenden Gelegenheit zu entledigen. Diese Gelegenheit habe er dann Anfang 1938 durch eine »infame Intrige« selbst herbeigeführt oder durch willfährige Trabanten wie Göring, Himmler und Heydrich »inszenieren« lassen. Diese Darstellungsart verankerte die These, Hitler und Göring hätten ein Komplott gegen Blomberg inszeniert, um sich dessen militärische Macht einzuverleiben, da Blomberg sich gegen Hitlers Kriegskurs gewandt habe, über Jahrzehnte im bundesrepublikanischen Geschichtsbild.[218] In einem Fernsehspiel namens *Geheime Reichssache* (1988)[219] wurde die Affäre entsprechend thematisiert, und der Schriftsteller Hans Hellmut Kirst hatte mit dem so modellierten Blomberg-Stoff, den er bereits 1977 zu einem Roman *(Generalsaffären)* verarbeitete, eine Weltauflage von 5 Millionen Exemplaren und 221 Auslandsausgaben in nur zwei Jahren erreicht. In seinem Roman, in dem der Autor nach eigener Aussage, »in sehr vielen Einzelheiten den Dokumenten und den Berichten der Zeitgenossen folgt«[220], schreibt Kirst Harold C. Deutschs *Das Komplott*, das jahrelang als Standardwerk zum Thema galt, in zahlreichen Passagen fast wörtlich ab. Er stilisiert Blomberg und seine zweite Ehefrau zu edlen und unschuldigen Opfern böser Mächte und widmete seinen Roman pathetisch »den Opfern« (Blomberg).

Der Mythos vom Komplott hat seine Wurzeln bereits in der Rezeption der Affäre im Jahre 1938. Ein Bericht in den Briefen und Aufzeichnungen Heinrich Brünings[221] belegt, welche Verwirrung die undurchsichtige Sittenaffäre unter den politischen Semi-Insidern stiftete. Der ehemalige Reichskanzler hatte Carl Goerdeler Mitte März 1938 in Brüssel getroffen, und dieser hatte ihn mit den neuesten Gerüchten über den Skandal versorgt. Der Feldmarschall hätte, so Goerdeler, »eine ehemalige Prostituierte als Sekretärin in der Bauabteilung des Kriegsministeriums untergebracht, wo sie Baufirmen und Grundstücksspekulanten »Tipps« verkaufe. Ohne Blombergs Wissen verkaufe sie auch »Informationen an ausländische Agenten«. »Himmler ließ sie beobachten und war über ihre Machenschaften sehr gut informiert. Als sie von zwei prominenten Gestapo-Beamten verhört wurde, bekam sie große Angst, ging zu Blomberg und sagte, er müsse sie sofort heiraten, um eine Ermittlung zu verhindern. (...) Es gelang ihr, Blomberg mit verschwommenen Andeutungen über eine gegen ihn gerichtete Verschwörung zu beeindrucken.« Schließlich habe der verängstigte Blomberg Hitler und Göring gebeten, Trauzeugen zu sein. »Wie Goerdeler sagte, kannte Hitler die ganze Geschichte und willigte ein, um später Grund zur Entrüstung zu haben.«[222]

»Komplotteure, Intriganten und Ränkeschmiede« gegen Blomberg wurden wahlweise und mit verteilten Rollen Göring, Himmler und Heydrich sowie Hitler, die Blomberg zielbewußt in dieses für ihn verderbliche Eheabenteuer gelockt haben sollen.[223] Tatsächlich habe es sich um ein »diabolisches Spiel der Gestapo«[224] gehandelt. Vor allem Hermann Göring wird als eigentlicher Drahtzieher des vermeintlichen Komplotts gegen Blomberg und Fritsch beschuldigt. Als Motive für diese Intrigen werden Göring Ämtergier (da er Nachfolger Blombergs werden wollte), Ehrgeiz und Neid vorgeworfen. Göring selbst erklärte am 20. Oktober 1945, als er im Beisein von General William Donovan, dem Chef des amerikanischen Geheimdienstes OSS, vernommen wurde, der Rücktritt Blombergs habe einzig mit dessen Frau zu tun gehabt.[225] Derartige Anschuldigungen sind schon deshalb fragwürdig, weil Göring sicher nicht gewagt haben würde, durch eine solche überaus komplizierte und durch die unvermeidlichen Mitwisser und Helfer sehr gefährliche »Intrige« Hitlers Autorität zu erschüttern und das Dritte Reich in eine Staatskrise – die schlimmste seit 1934, wie Goebbels zutreffend in seinem Tagebuch am 25. Januar 1938 vermerkt – zu stürzen.[226] Hätte

Hitler seinen getreuesten Verehrer in der Wehrmacht loswerden wollen, hätte er lediglich seinen Rücktritt zu verlangen brauchen.

Werner von Blomberg war mit Sicherheit nicht das bedauernswerte Opfer einer »infamen Intrige« Hitlers, Görings, Himmlers und/oder Heydrichs. Beweise dafür sind das bis ins Extrem übersteigerte Bemühen Blombergs um die Geheimhaltung der Eheschließung und der Personalien der Braut. Dazu gehörte der Verzicht auf die eigentlich unvermeidliche kirchliche Trauung und den seiner Stellung im Dritten Reich entsprechenden Aufwand. Dazu gehörte weiter das Fernhalten seiner vertrauten Mitarbeiter von der Trauungszeremonie, die Beschränkung der Pressenotiz auf das Notwendigste. Schließlich gehörten dazu die sofortige Abreise der Eheleute ohne die kleinste Festlichkeit und die dichte Verschleierung der jungen Ehefrau bei der Beerdigung der Mutter Blombergs[227], wobei wiederum folgerichtig Beileidsbezeugungen untersagt waren, um auch bei dieser Gelegenheit etwaige Möglichkeiten der Entdeckung auszuschließen – er mußte etwas gewußt haben.

10. Die zweite Verdammung (1938)

Daß Hitler selbst die Blomberg-Fritsch-Affäre »inszeniert« habe, um »die Wehrmacht politisch zu entmachten und seinem Führerbefehl zu unterwerfen«[228], erschien zunächst plausibel. Die Wehrmacht war schließlich die letzte staatliche Instanz, die noch nicht völlig gleichgeschaltet worden war. Zwar habe Blomberg »seit dem Jahre 1933 kein anderes Ziel gekannt, als Hitler treu zu dienen und aus der Wehrmacht ein ihm ergebenes Instrument zu machen. Aber Blomberg war offensichtlich nicht gewillt, die Kriegspolitik Hitlers mitzumachen, und deshalb mußte er entfernt werden.«[229] Dabei wird allerdings übersehen, daß es für Hitler sehr viel eleganter und unauffälliger gewesen wäre, den angeblich kriegsgegnerischen Kriegsminister einfach auszuwechseln. Hitler hatte sich bereits früher auf diese Weise von einigen Ministern getrennt: so von Hugenberg, Papen, Eltz-Rübenach und Kurt Schmitt. Daß Hitler seit 1934 »Oberster Befehlshaber der Wehrmacht« war und die gesamte Wehrmacht ohnehin seinem Befehl unterstand, kommt hinzu.

Aus zahlreichen Zeugnissen geht hervor, wie sehr Hitler durch die katastrophale Messalliance des von ihm geschätzten Generalfeldmarschalls und die einzigartigen skandalösen Umstände getroffen und beunruhigt war. Glaubt man den Aussagen seines Umfeldes, war der Diktator durch die peinlichen Ereignisse vollkommen verwirrt und einem Nervenzusammenbruch nahe.[230] Auch Goebbels standen nach eigenem Bekunden »die Haare zu Berge«: »Helldorff bringt mir den Akt ›Frau Generalfeldmarschall Blomberg‹. Das ist ja entsetzlich! Das Unheil wächst drohend heran. Ich bin vollkommen erledigt. Da gibt es keinen Ausweg mehr. Da hilft nur noch die Pistole!« An anderer Stelle: »Ich bin ganz zerschmettert. Der Führer sieht aus wie eine Leiche. Um ihn tut es mir am meisten leid.«[231]

Am 30. Januar 1938 lautet die Aufzeichnung: »Der Führer läßt mich zu sich rufen. Ich bin mit ihm allein zwei Stunden in seinem Privatzimmer. Er ist wieder etwas gefaßt, aber immer noch sehr bleich, grau und erschüttert. Er klagt mir sein ganzes Leid. Wie ihm alle menschlichen Ideale zerbrochen sind. Blomberg heiratet eine Nutte und bleibt bei ihr und läßt den Staat fahren. Der Führer glaubt, daß er das alles vorher gewußt habe. (Blomberg) (...) fällt nun auf das erste Mensch [sic.] herein. Er hat den Führer mit seiner Heirat direkt überrumpelt. Der Führer hat ihm blind vertraut. Das war ein großer Fehler.«[232]

Mit der Neigung Hitlers zu theatralischen Gefühlsausbrüchen vertraut, bestätigte sein Luftwaffenadjutant Nikolaus von Below später die damalige Depression des Vorgesetzten: »Blombergs Heirat hatte bei Hitler einen regelrechten Schock ausgelöst. (...) Er lebte an den beiden nächsten Tagen völlig zurückgezogen. Alle Gespräche führte er in seinen Privaträumen, was ich bisher noch nicht erlebt hatte. Er erschien auch nicht zu den Mahlzeiten. (...) Auch andere Herren aus Hitlers Umgebung teilten meine persönliche Ansicht, daß Hitler nie über jemandes Verhalten so betroffen war wie über Blombergs Heirat. (...) Auch der Flug von Rudolf Heß nach England im Jahre 1941 hat Hitler nicht so berührt. Mit dieser Affäre brach für Hitler eine Welt zusammen. Bis zu diesem Vorfall war (seine) Hochachtung für Generale und den Adel nicht zu erschüttern gewesen.«[233] In Übereinstimmung mit seinen Kameraden von Luftwaffe und Marine berichtet der Heeresadjutant Hitlers, Gerhard Engel, gestützt auf damalige stenografische Aufzeichnungen, was ihm Hitler im Anschluß an den »Trubel« um seinen Geburtstag am 20. April 1938 unter vier Augen beim Auf- und Abgehen mitgeteilt habe, nämlich, daß »der notwendige Weggang (Blombergs und Fritschs) ihn tief erschüttert habe. Sei doch das Verdienst des Kriegsministers um die Errichtung des nationalsozialistischen Staates historisch und werde es auch bleiben.« Blomberg sei der »erste nationalsozialistisch denkende Offizier« gewesen.[234]

Hitlers ambivalente Empfindungen angesichts des Blomberg-Skandals resultierten zum einen aus der Tatsache, daß er in Blomberg einen treuen Mitarbeiter und militärischen Fachmann verlor und sich nun der militärischen Alleinverantwortung gegenüber sah, zum anderen aus der Angst vor seiner Entmystifizierung im In- und Ausland bei Bekanntwerden der wahren (für ihn – zumal als Trauzeugen – peinlichen) Gründe für Blombergs Entlassung. Er konnte zu diesem Zeitpunkt nicht ahnen, daß seine Befürchtungen sich als unbegründet herausstellen sollten.

Die wahren Hintergründe der Entlassung Blombergs und Fritschs durften also keinesfalls im Ausland bekannt werden. Goebbels enthüllt einen propagandistischen Aspekt der personellen Umbesetzungen, wenn er drei Tage vor dem Ereignis in seinem Tagebuch vermerkt: »Um die ganze Sache zu vernebeln, soll ein großes Revirement stattfinden.«[235] Unter dem Datum des 4. Februar 1938 wurde dieses Revirement dann vorgenommen.[236] Blomberg und der homosexueller Verfehlungen beschuldigte Chef der Heeresleitung Fritsch wurden »wegen angegriffener Gesundheit« ihrer Dienststellung enthoben. Den Oberbefehl über die gesamte Wehrmacht übernahm Hitler selbst. Das Wehrmachtamt im Reichskriegsministerium wurde in Oberkommando der Wehrmacht umbenannt, das fortan als Hitlers militärischer Stab unter dem Chef des Oberkommandos der

Wehrmacht (OKW) zu fungieren hatte.[237] Chef des OKW wurde Keitel, Blombergs engster Mitarbeiter und »Judas« in der Blomberg-Affäre. Das OKW war keine einheitliche Führungsstelle für die gesamte Wehrmacht und die Oberbefehlshaber der drei Wehrmachtteile behielten weitgehende Selbständigkeit in Führungsfragen. Zum Oberbefehlshaber des Heeres ernannte Hitler den zugleich zum Generaloberst beförderten General der Artillerie Walther von Brauchitsch.[238] Göring erhielt den lange ersehnten Marschallstab. Ferner wurden bis April über vierzig Kommandostellen umbesetzt. Vierzehn Generäle sahen sich unvermittelt in den Ruhestand versetzt. Gleichzeitig mit der Wehrmacht unterwarf sich Hitler am 4. Februar 1938 auch den zweiten noch relativ unabhängigen Machtfaktor im Staat: Das Auswärtige Amt. Die Botschafter in London (Ribbentrop), Rom (Hassell), Tokio (Dirksen) und Wien (Papen) wurden abberufen. Ribbentrop wurde Nachfolger des ebenfalls von seinem Amt entbundenen bisherigen Außenministers Konstantin Freiherr von Neurath. Im Wechsel des Außenministers war der Übergang von willfährigen Mitarbeitern Hitlers zu bloßen Vasallen besonders deutlich, denn hier hatte der Diktator gründlichere Personenkenntnisse, als sie ihm für das Militär zur Verfügung standen.[239]

Das innere Machtgefüge des Dritten Reiches hatte sich mit dem 4. Februar 1938 in entscheidender Weise verändert.[240] Die an der Verschwörung des 20. Juli 1944 Beteiligten sagten nach ihrer Verhaftung durch die Gestapo aus, daß mit der Blomberg-Fritsch-Krise für sie die entscheidenden Weichen für spätere Widerstandsaktivitäten gestellt wurden[241], und für einige Schlüsselfiguren des späteren Widerstandes war die Wehrmachtkrise dieses Jahres tatsächlich ein entscheidender Wendepunkt in ihrer Einstellung zum Regime[242], die entscheidende »Inkubationsphase«[243] für die sich in der Folgezeit formierende national-konservative Opposition.[244] So war Ludwig Becks »Damaskus«, wie Harold C. Deutsch es formuliert, die Fritsch-Krise.[245] Auch viele andere Offiziere beriefen sich später auf die Blomberg-Fritsch-Krise als desillusionierendes Ereignis, das sie seinerzeit schockierte und ihnen die Augen über die wahre Natur des NS-Regimes geöffnet habe.[246] An einen Militärputsch hatte 1938 allerdings niemand von ihnen gedacht, wie Becks Ausspruch »Meuterei und Revolution sind Worte, die es im Lexikon des Offiziers nicht gibt«[247] hinlänglich beweist.[248] Auch bot die Blomberg-Krise nicht den richtigen Anlaß für einen Aufstand des Offizierskorps gegen Hitler – eine Zeit des militärpolitischen Triumphes, wie Deutschland ihn mit Hitler 1938 feierte, war für einen Aufstand der Generäle völlig ungeeignet.[249] Nicht ein einziges Bataillon wäre marschiert, schon gar nicht nach dem im ganzen Volk euphorisch gefeierten Anschluß Österreichs.

11. Die letzte Audienz bei Hitler

Daß Hitler nach dem Sturz Blombergs den Oberbefehl der Wehrmacht übernahm war folgerichtig und systemkonform. Blomberg selbst hatte seinem »Führer« diese Lösung im Laufe seiner Abschiedsaudienz in der Reichskanzlei vorgeschlagen und ihm so den Ausweg aus der schwierigen Frage der personellen Umbesetzungen gewiesen[250], was als »Dolchstoß in den Rücken der Wehrmacht«[251] bezeichnet worden ist.

Immer wieder kommt Blomberg in seinen Memoiren auf diese letzte persönliche Aussprache mit Hitler am 27. Januar 1938 zurück und beschreibt sie in britischer Gefangenschaft wie folgt: »Unser Treffen begann mit einer äußerst stürmischen Szene, während derer ich meinem Zorn über die gemeine Art und Weise mit derer man sich meiner entledigt hatte, freien Lauf ließ. Hitler erwiderte zunächst in scharfer Form, doch dann wurde die Aussprache ruhiger (...).«[252] Die Reihenfolge muß wohl umgekehrt gewesen sein, denn Blombergs Verabschiedung war das Ergebnis der Aussprache, wie Keitel in seinen Erinnerungen einleuchtend vermerkt: »(Blomberg) war völlig erschüttert und dem Zusammenbruch nahe. Die lange Aussprache hat mit seiner Verabschiedung geendet.[253] Weiter berichtet Blomberg: »Er fragte mich, wen ich als meinen Nachfolger vorschlagen könnte. Ich sagte ihm, nach dem Dienstalter sei Göring der nächste. Hitler lehnte ihn schlichtweg ab. Göring sei absolut ungeeignet, diese Stellung auszufüllen. Er erklärte, daß Göring weder den notwendigen Ehrgeiz noch die erforderliche Durchsetzungskraft habe, solche Verantwortung zu tragen«.[254] Dann erinnerte ihn Blomberg daran, »daß er selbst nach unserer Verfassung immer Oberbefehlshaber der Wehrmacht gewesen sei. Sollte er sich entschließen, meine Stellung unbesetzt zu lassen, würde er sowohl in tatsächlicher wie in gesetzlicher Hinsicht Oberster Befehlshaber sein. Hitler erwiderte, daß er ›darüber nachdenken‹ würde. Gleich zu Beginn hatte er gesagt, daß Generaloberst von Fritsch auch gehen müsse, ohne das zu begründen. Nun sollte ich einen Nachfolger vorschlagen. Ich nannte Reichenau und Brauchitsch. ›Er würde es sich überlegen‹. (...) Dann sagte er, für den Fall, daß er sich entscheiden würde, meine Position zu übernehmen, würde er einen Chef de bureau benötigen. Ich erklärte ihm, daß hierfür Keitel, der eine ähnliche Stellung bei mir innegehabt habe, ein passender Kandidat sei. Er sei arbeitsam, gewissenhaft und fachmännisch tüchtig. (...) geeignet für eine [Stellung] der zweiten Staffel. Wiederum versprach der Führer ›darüber nachzudenken‹«.[255]

Beruhigt hatte Blomberg Hitlers Versprechen, daß dieser ihn »nach einem Jahr Auslandsaufenthalt wieder als seinen nächsten Berater an sich ziehen« würde, »wenn auch nicht in einer militärischen Stellung« und, daß sein »Führer« (...) zum Schluß sehr herzlich zu ihm gewesen (sei) und erklärt (habe), »wenn einmal die Stunde kommen sollte, daß ein Krieg geführt werden müsse, werde er ihn wieder an seiner Seite sehen.« Ein aufmerksamer Beobachter der Vorgänge, Wilhelm Keitel, hatte nachträglich den Eindruck, daß Blomberg sich zu stark an Hitlers Worte geklammert habe und doch noch einen Ausweg für sich sah. Er fügte noch hinzu, daß Blomberg »ja als Feldmarschall nach altpreußischer Tradition immer im Dienst bleibe und volles Gehalt beziehen werde, wenn er auch einstweilen zur Untätigkeit verurteilt sei.«[256]

Als Blomberg – bereits in Zivil – an diesem 27. Januar 1938 die Reichskanzlei verließ, salutierten die Wachen nicht mehr.[257] Stumm begleitete ihn Hoßbach zu seinem Auto. Blombergs Abschiedsworte: »Leben Sie wohl, mein Guter!« muteten den Oberst wie Hohn an. Am nächsten Tag übergab der Kriegsminister a.D. Keitel, folgt man dessen Erinnerungen, den Schlüssel zum Panzerschrank in seinem Arbeitszimmer und zwei große versiegelte Briefumschläge. »Das eine war die Order über Hitlers Nachfolgerschaft, das andere eine große Denkschrift über die Führung der Wehrmacht«, die nach dem Wehrmachtkriegsspiel im Herbst 1937 ausgearbeitet worden war.[258] Außerdem regelten beide noch die Finanzierung der Hochzeit ihrer Kinder. Noch am selben Tag verließ Blomberg mit seiner Frau in aller Eile Berlin. Das Paar war den neugierigen Blicken der Auslandsreporter erst einmal entzogen. Hitler sprach am folgenden Tage, dem 28. Januar 1938, zu Keitel von »seiner größten Verehrung für Blomberg und seiner Dankbarkeit ihm gegenüber; (...) er habe Blomberg eine Weltreise geschenkt und gewünscht, daß er ein Jahr Deutschland verlasse; das habe Blomberg angenommen.«[259]

Es ist plausibel, daß Hitler, hin und her gerissen zwischen Enttäuschung und Erleichterung über die Umstände und neuen Möglichkeiten, Blomberg mit der geschenkten Weltreise erst einmal von der politischen Bühne verschwinden lassen wollte. Die Abschiebung gefährlicher Zeitgenossen ins Exil hatte er bereits mehrfach mit Erfolg praktiziert. So war der frühere OSAF-Ost Hauptmann Walther Stennes[260] 1933 nach einem Selbstmordversuch unter der Bedingung aus der Haft freigekommen, daß er sofort nach China abreise, um dort Chef der Leibwache Chiang-Kai-sheks zu werden.[261] Angeblich hat man auch den wegen seiner jüdischen Abstammung »untragbar« gewordenen zweiten Bundesführer des Stahlhelm, Theodor Duesterberg, für ein Jahr auf eine Weltreise schicken und so aus dem politischen Gesichtsfeld verschwinden lassen wollen.[262]

Auch wenn Hitlers Versprechen, Blomberg später wieder zu verwenden, aufrichtig gewesen sein sollte, hätte er es wegen der seit längerem latent bestehenden und mit den Ereignissen des Januar 1938 zunehmend offensichtlicher gewordenen »Anti-Blomberg-Front« in der Generalität nicht einhalten können. Diese Abneigung gegen Blomberg war nicht auf seine Außenseiterrolle unter den Generalen und auf die Diadochenkämpfe zwischen Heeresleitung und Reichswehrführung zurückzuführen; was schwer wog, war seine Verletzung des Ehrenkodex' der militärischen Elite, mit der er sich und die Wehrmacht der Lächerlichkeit preisgegeben hatte. In diesem Zusammenhang ist eine Episode bezeichnend, die der Militärattaché Faber du Faur während eines Diners zu Ehren des jugoslawischen Ministerpräsidenten Milan Stojadinowitsch Ende Januar 1938 erlebte. Er schreibt: »Ich kam mit Fritsch zusammen herein, den Neurath mit den Worten begrüßte: ›Haben Sie vielleicht auch geheiratet?‹ Tableau! Die Blomberg-Affäre schien uns bereits in aller Öffentlichkeit zum Gespött gemacht zu haben. Ich schämte mich zum ersten Mal diesen Rock zu tragen.«[263]

Die Empörung und Verachtung, die Blombergs Verstoß gegen die ehernen Moralgesetze seiner Kaste auslöste, sowie die Stimmung, die damals vorherrschte, wurden in den Worten Becks deutlich, »man könne nicht dulden, daß der höchste Soldat eine Hure heirate; er müsse gezwungen werden, sich von der Frau zu trennen oder er müsse ausgelöscht werden aus der Liste der Offiziere und als Inhaber eines Regiments. Die kommandierenden Generale müssten diesen Standpunkt der Armee dem Führer übermitteln.«[264] Den Grad der Feindseligkeit der konservativen Offiziere gegen Blomberg zeigt auch das Verhalten des ehemaligen Marineadjutanten Blombergs, Hubert von Wangenheim: Ohne Auftrag, aber mit Wissen des Marine-Oberbefehlshabers Erich Raeder, folgte er dem Ex-Kriegsminister kurz nach dessen Abreise aus Berlin nach Rom, der ersten Etappe auf Blombergs Weltreise. Er wollte seinen ehemaligen Vorgesetzten noch einmal über die Vergangenheit seiner Frau aufklären und ihn auffordern, die Konsequenzen zu ziehen und sich wieder scheiden zu lassen. Der stürmische Adjutant erreichte Blomberg noch vor dessen Abreise nach Neapel in seinem römischen Hotel. Als Blomberg Wangenheims Ansinnen weit von sich wies, hielt ihm jener vor, er habe nicht nur seine eigene Ehre, sondern auch die des Offizierkorps beschmutzt, und bezeichnete ihn als »Verräter und Deserteur, dessen Bild man jetzt von allen Kasernenwänden reißen würde«. Dann legte er Blomberg vielsagend eine Pistole auf den Tisch und verschwand. Blomberg beschwerte sich beim Kriegsministerium über Wangenheims überhebliche Aufforderung. Er habe dieses abgelehnt, da »er sich offenbar auf einer anderen Ebene des Lebens und der Auffassungen bewege als er.«[265] Nicht nur schien Blomberg sich in seinen Flitterwochen wahrhaftig auf einer anderen »Ebene des Lebens« zu bewegen, auch hatte Hitler, was Wangenheim nicht wußte, seinem ersten Marschall bei der Abschiedsaudienz aus Gründen der Staatsraison das Versprechen abgenommen, sich nicht das Leben zu nehmen.[266] Wangenheim hatte mit seiner Reise nach Italien das wohlüberlegte Arrangement zwischen Hitler und Blomberg gefährdet und kurzsichtig einen (weiteren) weltweiten Skandal riskiert; aus diesem Grund wurde der Adjutant dann auch von seinem Posten im Reichskriegsministerium abgelöst.[267]

Das wahre Ausmaß der Animositäten, die in der Wehrmacht gegen Blomberg gärten, hat Hitler unterschätzt oder es war vor ihm verborgen gehalten worden. Goebbels Tagebuchaufzeichnungen belegen dieselbe Aversion gegen Blomberg auch für den Kreis der Hitler-Paladine oder »Capitanos«, wie Blomberg selbst sie zu nennen pflegte. Blomberg galt fortan als »Verderber der Wehrmacht«, als »dunkler Punkt auf der Ehre der deutschen Armee«.[268] Der Tabubruch, generell ein Phänomen, das einseitige und unreflektierte Sichtweise auf Menschen begünstigt, führte Blomberg in das gesellschaftliche Abseits. Auch aus diesem Grund war die in antiker Tradition stehende damnatio memoriae, die Hitler über Blomberg verhängte, von durchschlagendem Erfolg. Hitler hatte sich, auch auf Druck seines Umfeldes, für die Taktik der Verdammung entschieden und zugestimmt, daß Blomberg aus der Offiziersrangliste gestrichen wurde.[269] Gerd von Rundstedts, der im Zusammenhang mit den Umbesetzungen entlassen worden war und erst 1939 wieder in den aktiven Dienst zurückgeholt wurde, aus dem »Standpunkt der Armee« erwachsenes Anliegen, Blomberg vor ein Ehrengericht stellen zu lassen, lehnte er hingegen ab, da er die mit einem solchen Verfahren unvermeidliche Ausbreitung des Skandals in der Öffentlichkeit des In- und Auslandes und einen damit verbundenen Autoritätsverlust fürchten mußte.

Eine andere Maßnahme, die sich zwar auf den Kosmos der Wehrmacht beschränkte, für diesen aber um so wirksamer und symbolträchtiger zugleich war: Seit 1938 tauchte der ehemalige Reichskriegsminister und Generalfeldmarschall a.D. in keiner der jährlich fortgeführten Dienstranglisten des Heerespersonalamtes mehr auf.[270] Auch der öffentliche Heldenkult um den Kriegsminister nahm 1938 ein jähes Ende: Devotionalien wie Bilder, Büsten, selbst Spielzeugfiguren wurden vernichtet, eine von Hitler in Auftrag gegebene offiziöse Blomberg-Biographie wurde nicht mehr fertig gestellt.[271] Die Spielzeugfirma Hausser hatte eine Serie von vier nach einem Blomberg-Portrait gefertigten Spielzeugsoldaten verkauft. Nachdem der Ex-Kriegsminister sich aus dem öffentlichen Leben zurückziehen mußte, wurden die Figuren weiterhin als »unspezifische Soldaten« verkauft. Aus Dokumenten des Hausser Archivs ließ sich feststellen, daß eine weitere Figur Blombergs (mit Pferd) geplant war. Das Projekt ging nicht über den Prototyp der Figur von 1937 hinaus.[272] Die Verbannung Blombergs aus der öffentlichen Erinnerung reichte bis in die Sphäre der Nachschlagewerke. So sind im *Taschenbrockhaus zum Zeitgeschehen* von 1942 zwar alle höheren Generale, u.a. auch der im Polenfeldzug gefallene Generaloberst von Fritsch aufgeführt, nicht jedoch Blomberg.

Blomberg selbst beschreibt seine Verdammung in seinen Aufzeichnungen in gewohnter semantischer Unschärfe: »Seit 1938 wurden weder der General v. Fritsch noch meine Person in der Publizistik und Propaganda genannt, wenn vom Aufbau der Wehrmacht gesprochen wurde. (…) Ich war für diese Welt ausgelöscht und allerdings auch sie für mich. Manchmal wurde Gen. v. Seeckt und sonst nur der Führer genannt (...) ohne den Führer (wäre) die neue Wehrmacht nicht aufgerichtet worden. Er allein schuf die politischen und wirtschaftlichen Voraussetzungen dafür. Aber den Aufbau selber hatte er Anderen überlassen und hatte ihnen kaum hineingeredet. Er hatte dafür keine Zeit übrig und wie mir damals schien, auch keine Neigung. (...) Man hatte dann ein ,Totschweigen' angeordnet über die, die auf das Stärkste und Maßgebendste den Aufbau der Wehrmacht geleitet hatten, das mußte man hinnehmen«. Mit »anderen« und »die« kann Blomberg nur sich selbst gemeint haben. Blomberg hatte recht: nach seiner Abreise ins Ausland war er »eingesargt und eingegraben«[273].

12. Die Rezeption der Blomberg-Affäre im Ausland

Daß Blomberg sozusagen zur Belohnung auf eine »Vergnügungsreise« ins Ausland gehen durfte, verdroß ganz besonders Goebbels, der sich zur gleichen Zeit mit den Folgen des Skandals beschäftigen mußte: »Neues vom Tage: Blomberg mit Frau und 50.000 Mk. Devisen ins Ausland abgefahren.«[274] Einige Tage später: »Unterdes ist Blomberg mit seinem Mensch auf Weltreise. Welch eine Enttäuschung!« Später ärgerlich: »Blomberg auf Capri. Man will ihm noch mal die obszönen Bilder seiner Frau vorlegen. B.Z. (= Berliner Zeitung, die Verf.) bringt Meldung von seiner Reise. Ich sperre Meldungen für die ganze Presse. Ich hoffe, in dem großen Personenschub gehen die eigentlichen Beweggründe vollkommen unter.«[275] Am 30. Januar 1938 vermerkt er in seinem Tagebuch: »Im übrigen erscheinen die ersten argwöhnischen Kommentare in der Auslandspresse im

Falle Blomberg. Also wird es Zeit. Nun muß etwas geschehen. Sonst wächst uns die Sache über den Kopf.«[276] Am nächsten Tage wächst seine Unruhe, weil Hitler »noch zu keinem Entschluß gekommen ist: »Die Auslandspresse munkelt schon. Es wird nun Zeit, den Knoten zu durchschlagen.« Einen Tag später bereits: »geht die Auslandspresse scharf heran. Es schwirrt nur so von Gerüchten. Aber an den Kern der Sache kommt bislang noch keiner heran. Aber das wird ja nicht lange mehr dauern. Ich glaube kaum noch, daß wir, nachdem wir solange zugewartet haben, noch mit heiler Haut davonkommen.« Am 3. Februar – spätestens am 4. – soll endlich Hitlers Entscheidung fallen. Goebbels atmet auf: »Und dann ist Schluß mit der Krise, vor allem mit der ewigen Nervenstrapaze. Die Auslandspresse wimmelt von Gerüchten. Sie kommt dem Kern der Sache immer näher. Also handeln! Und dann frech auftreten und sich nichts merken lassen.« Am 4. Februar 1938 stellt der Propagandaminister fest, daß die Auslandspresse »voll von deutschen Krisengerüchten« sei, die »mehr und mehr ins Volk« übergingen. Nun erlaubt sich Goebbels eine vorsichtige Kritik an Hitlers Zögern: »Wir warten, scheint es, etwas zu lange.« Nachdem die »deutsche Umorganisation« am 4. Februar als »große Sensation im In- und Auslande« bekannt gegeben war: »Das wäre also geschafft. Die Welt hat ihre Brocken. Sie wird daran zu verdauen haben. Das Schwerste ist getan. Ich bin hundemüde, aber sehr glücklich. Und kann seit langem zum ersten Male wieder richtig schlafen.«[277] Am 5. Februar »tappt« die Auslandspresse, die sich »in wilden Vermutungen ergeht (...) im großen und ganzen im Dunkeln.« Goebbels: »Jedenfalls scheint der Schlag zu gelingen. Was so eine Frau nicht alles anrichten kann. Und dazu noch eine solche!«

Auch Hitler zeigte sich über die möglichen Reaktionen im Ausland beunruhigt. Goebbels notiert: »Führer fragt immerzu nach Auslandspresse. Die ist verhältnismäßig gut. In Paris und London etwas konsterniert, in Wien beunruhigt, in Rom voll Freude und Genugtuung. Mussolini schickt an den Führer ein pompöses Telegramm, das wir zuerst einmal in der Übersetzung etwas abmildern müssen, damit wir es veröffentlichen können.« Am folgenden Tage registriert der Propagandaminister im Ausland »noch großes Rätselraten. Aber nicht bösartig. Das Schlimmste ist nun vorbei.«[278]

Daß erstmalig die traditionellen Feierlichkeiten zum Gedenken an die Machtübernahme (30. Januar 1933) wegen der geheim gehaltenen Ereignisse um den Wechsel an der Wehrmachtspitze anscheinend grundlos auf einen späteren Termin verlegt wurden, erregte im Ausland Aufsehen und hochgespannte Neugier: »Es war auch außerhalb des Reiches aufgefallen, daß der Führer nicht wie in den Vorjahren am 30. Januar den Reichstag einberufen hatte, sondern erst am 20. Februar. Zunächst ließ ein am 4. Februar vorgenommener Umbau innerhalb der Reichsregierung und der Wehrmachtführung auf wichtige Pläne für das Jahr 1938 schließen.« Diese Verschiebung wurde damit bemäntelt, Hitler habe »vor seiner Reichstagsrede erst die Begegnung mit Schuschnigg und ihre ersten Ergebnisse abwarten wollen.« In der Tat erwies sich die österreichische Karte dann als Trumpf und half Hitler einmal mehr aus einer schwierigen Lage. Tatsächlich hielt sich die von Hitler befürchtete Reaktion des Spotts und der Schadenfreude nicht nur in Grenzen, sie fand erst gar nicht statt.

Die Berichte in der Auslandspresse hatten Hitler dennoch außerordentlich verärgert und ihn veranlaßt, in einer Rede vor dem Reichstag in der Berliner Krolloper (20. Februar 1938) mit schneidender Ironie mit den »armseligen Tröpfen« der Auslandspresse abzurechnen.[279] Er befaßte sich genießerisch mit den Fehlleistungen der Presse und führte als Beispiele an, »(...) daß zwanzig deutsche Offiziere und drei Generale nach Salzburg geflohen wären, daß vierzehn Generale mit der Leiche Ludendorffs nach Prag geflüchtet seien (...).« Wie man zugeben muß, war dies eine besonders ausgefallene Erfindung. Hitler führt sodann weiter aus: »Sie werden in den letzten Wochen das für uns einfach unverständliche Gerede gewisser Auslandsjournalisten vernommen haben, die im Jahre 1938 davon sprechen, daß der Einfluß des Nationalsozialismus soeben das Auswärtige Amt ergriffen habe oder daß augenblicklich ein Ringen stattfände zwischen der Reichswehr – daß es unterdes eine deutsche Wehrmacht gibt, haben diese armseligen Tröpfe verschlafen – und der Partei, oder daß der nationalsozialistische ›Flügel‹ soeben im Begriff stehe, die Wirtschaft in seinen Bann zu ziehen und ähnlichen Unsinns mehr.« Dann griff er den wirklich brisanten Komplex auf: »Wenn es heute ausländischen Weisen zur inneren Beruhigung dient, dann mögen sie unseretwegen auch ruhig glauben, daß in Deutschland zwischen Wehrmacht und Nationalsozialismus weiß Gott was für Differenzen bestehen. Wir gönnen ihnen diese Art einer inneren Selbstbefriedigung ohne weiteres. Wenn sie aber daraus jemals zu anderen Schlüssen kommen sollten, dann mag ihnen folgendes hier gesagt sein: Es gibt in Deutschland kein Problem nationalsozialistischer Staat und nationalsozialistische Partei und kein Problem nationalsozialistische Partei und nationalsozialistische Wehrmacht. In diesem Reiche ist jeder Nationalsozialist, der an irgendeiner verantwortlichen Stelle steht ...!« Dann ließ Hitler seiner Verärgerung freien Lauf: »Im übrigen ist es nicht meine Absicht, das ehrenhafte deutsche Offizierskorps vor den Verleumdungen einer internationalen Journalistik besonders in Schutz zu nehmen. Dies ist auch nicht notwendig. Denn es gibt nun einmal unter den Journalisten zwei Sorten von Menschen: wahrheitsliebende und andererseits verlogene, minderwertige Schwindler, Völkerbetrüger und Kriegshetzer. Es gibt aber nur *eine* Sorte von deutschen Offizieren.« Mit Nachdruck kündigte er sodann an: »Ich bin deshalb auch nicht mehr gewillt, die zügellose Methode einer fortgesetzten Begeiferung und Beschimpfung unseres Landes und unseres Volkes unwidersprochen hinzunehmen. Wir werden von jetzt ab antworten, und zwar mit nationalsozialistischer Gründlichkeit antworten.«[280] Die von Goebbels dirigierte Inlandspresse berichtete einheitlich über Hitlers Attacken gegen die Auslandspresse: »Mit großer Schärfe wandte sich der Führer wiederholt gegen die Lügenhaftigkeit und Bosheit, mit der die so genannte Weltpresse den Frieden untergräbt und die Verständigung zwischen den Völkern hintertreibt.«[281]

Auch in der Exilpresse, die in ihrer Darstellung der Ereignisse weitgehend den ausländischen Zeitungen folgte, wurde der Fall Blomberg thematisiert; so wußte z.B. die *Neue Weltbühne* am 10. Februar 1938 als Grund für Blombergs Sturz immerhin anzugeben, daß er nicht »standesgemäß« geheiratet habe, und die *Pariser Tageszeitung* schrieb am 5. Februar 1938 vom »kalten Januar 1938«. Unter der Schlagzeile »Hitler jagt davon, Hitler ernennt« werden die personellen Umbesetzungen in Deutschland knapp zusammengefaßt.[282] Trotz wilder Spekulationen kam allerdings keine Auslands- oder deutsche Exilzeitung der brisanten Wahrheit wirklich nahe. In der *Neuen Weltbühne*, einem Organ der emigrierten deutschen Linksintellektuellen, sah man – getreu der bisherigen Linie einseitiger Überschätzung der Wehrmacht als des eigentlich bestimmenden Machtfaktors des Dritten Reiches – den Grund für den Fall Blombergs wie folgt: »Die Vorgeschichte: Die Reichseierverwertungsstelle[283] lieferte in der Person von Gruhn den Anlass zu diesem Machtkampf um das Dritte Reich. Blombergs Heirat bot den harmlosen Anlass, eine Korrektur der gesamten Politik zu verlangen.« In Verkennung des alles andere als »harmlosen« Anlasses kam der Verfasser des Artikels im weiteren Text zu der Feststellung, Hitler habe »den großen politischen Konflikt als Personalfrage« behandelt, und gelangte zu einer gewaltigen Fehleinschätzung: »Die Wehrmacht bleibt nun ein Staat im Staate (...) Die Wehrmacht ist autonom. Sie hat Blombergs Versuch der sachten Gleichschaltung und die rüden Attacken der Parteiführer überwunden.« Als Ergebnis wurde festgestellt, Hitler habe über das Heer keinen Sieg erringen können – »er hätte es zerschlagen müssen.« Am Schluß hieß es dann allerdings seltsam widersprüchlich und zugleich wahr: »Die Welt hat die Kraft dieses Landes weit überschätzt. Hoffentlich verfällt sie nun nicht in den Fehler, das Abenteuerblut seiner Machthaber zu unterschätzen.«[284] Zum Thema Blomberg fanden sich in derselben Ausgabe die folgenden Bemerkungen: »Daß seine Exzellenz, der Generalfeldmarschall, ein Auge auf die Bürgerliche namens Gruhn, arisch, blond, schlank, sechsundzwanzigjährig, Angestellte der Reichseierverwertungsstelle, geworfen hat, obwohl die Mutter Masseuse in Neukölln, oder, neueren Meldungen zufolge, Hebamme ist – das könnte ihn fast sympathisch machen. Aber leider hat Herr von Blomberg, als er, begleitet von Hitler und Göring, Fräulein Gruhn zur Frau Reichskriegsminister erhob, höchstens gedacht, daß den Regierenden in Deutschland heute all' das erlaubt sei, was die Gesetze den Regierten verbieten. Der verehrte Marschall hat sich die Wiederaufnahme seines Privatlebens gewissermaßen als die Ausnahme von der Regel vorgestellt. Es wird schon gehen, hatte er gehofft, und es wäre vielleicht auch gegangen, die uniformierten Notabilitäten hätten sich womöglich sogar dazu bequemt, der Dame aus der Reichseierverwertungsstelle die Hand zu küssen, wenn nicht in die Liebe die Politik hineingespielt hätte.«[285]

Ebenfalls in der *Neuen Weltbühne* erschienen eine Woche später die Überlegungen des Philosophen Ernst Bloch zum Thema Blomberg. Bloch prophezeite, daß die Vorgänge in Berlin den Anfang vom Ende der NS-Herrschaft bedeuteten, und hielt auch eine Militärdiktatur oder gar eine »Posse Monarchie« nicht für ausgeschlossen: »Von einem Sieg über die Reichswehr, wie zuerst, ziemlich kurzsichtig, vermutet wurde, ist keine Rede. Der vierte Februar ist vielmehr der Anfang vom Ende der Nazis (...).« Seine in der Tradition des Marxismus stehende Begründung für diese Prognose: »Der Nazi lohnt sich für die herrschende Klasse nicht mehr (...). So sind die vordem so nützlichen Nazis für die herrschende Klasse eine Belastung geworden.«[286] In derselben Ausgabe mußte man allerdings an anderer Stelle einräumen, daß die zahllosen blutrünstigen »Meldungen aus dem Reich« Wunschträume einer überreizten Phantasie waren. Nunmehr trat der Verfasser des Artikels die Flucht nach vorn an: »Es war eine Woche der Gerüchte. Kurz nacheinander wurde gemeldet: Flucht deutscher Generäle nach

Österreich und in die Schweiz; Flucht des Exkronprinzen; Meuterei in Stolp[287] und Allenstein; Offiziers-Erschießungen; deutsche Grenzsperre. Das ist eine kleine Auswahl der Gerüchte, welche die deutsche Innenpolitik betrafen.« Wie aus dem Artikel hervorgeht, hatte man in Polen sogar von Straßenkämpfen in Berlin und München geschrieben. Immerhin – so der Trost – herrsche im Ausland »über die tieferen Ursachen der plötzlich so heftig ausgebrochenen Krise« und über die »Scheinlösung« vom 4. Februar Übereinstimmung: »Daß der nationalsozialistische Staat fürchterlich geschwächt ist, wird (...) als Tatsache anerkannt.«[288] Am 12. Februar 1938 publizierte der emigrierte Journalist Leopold Schwarzschild wesentlich zutreffender seine Deutung der »deutschen Krise«. Im Gegensatz zu Ernst Bloch gelangte er zu einem Ergebnis, das durch die spätere Entwicklung gerechtfertigt zu sein schien: »Die Nazifizierung der Wehrmacht ist ein Ausdruck dafür, daß der Entschluß zum baldigen Krieg jetzt gefasst ist. Sie hat die Wirkung, daß nunmehr auch die Wehrmachtspitzen Protagonisten der Entschlossenheit sind, 1938 oder 1939 Krieg zu führen.«[289] In den höheren Rängen habe sich gegen Blomberg eine wachsende Bitterkeit und der Wunsch »konkretisiert«, ihn »loszuwerden«: »Blomberg einfach einen Nazi zu nennen, geht nicht an. Er war in vielem oppositionell (...). Man wartete auf die Möglichkeit, Blomberg hinaus manövrieren zu können und einen Chef, am besten Fritsch, für ihn einzutauschen, der (...) stärkere Politik treiben würde. Diese Gelegenheit schien gekommen, als der Marschall das Fräulein Gruhn, die Sekretärin aus der Reichsverwaltungsstelle heiratete. Die Chronique Scandaleuse hat bis heute nicht verraten, welche Eigenschaften dem Fräulein Gruhn anhafteten, daß die Gewißheit gegeben war, hierüber werde ihr jung-alter Ehemann fallen müssen. Daß sie aus der sozialen Niederung stammt, konnte Hitler, der selbst als Trauzeuge fungiert hatte, weder unbekannt geblieben sein, noch hätte es ihn vor eine Zwangslage gestellt. Daraus, ganz im Gegenteil, hätte er bei Bedarf den schönsten ›Volksgemeinschafts‹-Zauber gemacht. Andere Scharten müssen an der Tochter einer Mutter, die bald als Masseuse, bald als Leiterin eines Massage-Instituts bezeichnet wird, entdeckt worden sein.«[290] Schwarzschild kommt schließlich zu dem dialektischen Ergebnis, daß eigentlich alles wie zuvor sei: »Die Armee bleibt nazidistanziert wie bisher. Alles drum herum ist reines Theater.« »Schaumschlägerei« sei z.B. »die Verkündigung, daß Hitler den Oberbefehl übernehme, denn er hatte ihn längst.«[291]

Rückblickend ist erstaunlich, daß die sonst so hellhörigen ausländischen Beobachter die wirklichen Gründe für Blombergs (und Fritschs) Ablösung nicht zu erkennen vermocht haben. Sicherlich resultierte diese Tatsache auch daraus, daß bei den maßgebenden Kreisen der Wehrmacht kein Interesse bestand, die blamablen Einzelheiten des Falles Blomberg in der Öffentlichkeit auszubreiten. Das mag für Hitler nach der Affäre ein schwacher Trost gewesen sein. Die unerwartet günstige Lösung des zunächst so unheildrohenden Skandals, der statt in die gefürchtete weltweite Blamage in einen Erfolg für Hitler mündete, animierte sehr viel später in einer ähnlichen Situation, nämlich nach dem 20. Juli 1944, Joseph Goebbels zu der folgenden Argumentation: »Im Februar 1938 brach in unserem Staatsgefüge eine große Personalkrise aus, fünf Wochen später kehrte die Ostmark zum Reich zurück. Jedesmal haben unsere Feinde geglaubt, es sei mit dem

Nationalsozialismus und dem Führer zu Ende, jedesmal erlebten sie eine grausame Enttäuschung.«[292]

13. »Dulce et decorum est pro patria mori«

Für Blomberg brach eine Welt zusammen, als ihn – wie er schrieb – während der zweiten Station seiner Weltreise nach einem Romaufenthalt auf Capri »das Dokument seiner Verabschiedung und das obligate Dankschreiben des Führers« erreichten.[293] Trotz der räumlichen Entfernung von Berlin und der neuen Rolle als Zivilperson sollte es ihm nicht gelingen, seinen Beruf zu vergessen, und seine Entmachtung sollte er bis zu seinem Tod nicht verwinden.[294] Mit dem Verlust seiner Stellung wurde zugleich sein tief verinnerlichtes Lebensziel unmöglich gemacht, das dulce et decorum est pro patria mori[295], kollektives Credo seiner Kaste. Bald stellten sich Wut und Verbitterung ein über die Ereignisse, die ihn – seiner eigenen Einschätzung nach ungerechtfertigt – in das Aus katapultiert hatten, und er suchte Vergessen an der Seite seiner jungen Frau und in der Ferne, die ihn seit frühester Jugend fasziniert hatte.

Er schreibt: »Als ich von Berlin fortging, konnte ich noch nicht mit einer gänzlichen Trennung von meiner Umwelt rechnen, wie sie dann eintrat, die Zusicherungen, die mir der Führer und Göring gemacht, ließen solche Gedanken gar nicht aufkommen. Sobald ich die Landesgrenze überschritten, vollzog sich, geleitet oder unzugelassen, eine Abtrennung, die ich nach ihrem Eintreten dann aus eigenem Entschluß als unüberbrückbar ansah.«[296] Den Ex-Kriegsminister quälte das Herabsinken zur »Unperson«, denn nicht nur seine Kameraden mieden ihn, auch seine Familie und die Freunde distanzierten sich wegen seiner »Mesalliance« von ihm. Blomberg hat die Enttäuschung über dieses Verhalten in Worte zu kleiden gesucht: »Die bisherige Umwelt (...) folgte nur ihrem natürlichen Triebe, sich abzuwenden von dem, der in Ungnade fiel. Von solchen, die mir nahe standen, die mich genau kannten und die mir allerlei schuldeten, konnte ich mit Recht sagen, daß sie versagt hatten, wo ich von ihnen etwas besonderes hätte fordern dürfen.«[297]

Er hielt an seiner Ehe fest. In den Erinnerungen erklärt er: »Ich (habe) als einzig würdigen Pfad den der Absonderung gewählt. Ich werde mir nie zumuten, mit einem opportunistischen *pater peccavi* hervorzutreten (In der Tat: Wieso Sünde!?, sic.). Ich würde es immer ablehnen, als ein verstaubtes Dekorationsstück meiner früheren Verdienste, als ein Gespenst meiner Vergangenheit aufzutreten. Ein zerschnittenes Tischtuch läßt sich nicht flicken. Für mich können sich menschlich warme Beziehungen nur noch durch Anziehung, nicht mehr durch Konventionen des ›Ranges und Standes‹ auftuen und dauern.«[298]

In seiner Verbitterung und Isolierung steigerte sich Blomberg in eine veritable Psychose des Mißtrauens. Der in seinen Aufzeichnungen wiederholt formulierte Verdacht, er sei wegen seiner »Behutsamkeit« als vermeintlicher »Hemmschuh« planvoll abgehalftert worden[299], speiste nicht zuletzt den Mythos von einem Komplott gegen die Generäle.

Über Blombergs wachsendes Mißtrauen gibt auch Keitel als Blombergs ehemals engster Mitarbeiter in seinen Erinnerungen Aufschluß: »In der ersten Zeit schrieb Blomberg mir noch regelmäßig und hatte auch manche Wünsche, die ich gern für ihn erledigte. Einige Wochen nach seiner Abreise erhielt ich ein Telegramm von ihm aus Italien: ›Sohn Axel mit Paß und Devisen für Reiseauslagen sofort schicken, um Wichtigstes zu besprechen.‹ Vermutlich war die Hiobsbotschaft mit seiner Verabschiedung bei Blomberg eingetroffen. Als er (Axel) nach acht Tagen zurückkam, brachte er mir einen Brief seines Vaters, den dieser nach langen Aussprachen mit seinem Sohn geschrieben hatte. In dem Brief bat er mich, Hitler zu übermitteln, er wolle sich wieder von der Frau trennen, allerdings mache er die Verwirklichung dieser Absicht davon abhängig, daß er wieder in Gnaden aufgenommen und in sein Amt eingesetzt werde.«[300] Der Brief ist nicht überliefert, so daß unklar bleibt, ob Blomberg in der Tat glaubte, daß sein Schicksal allein von Hitler abhängig sei und keine Vorstellung von dessen Zwangslage im Hinblick auf die Einstellung der Generalität hatte. Immerhin ist aufschlußreich, wenn Keitel den Inhalt des Briefes korrekt wiedergibt, daß Blomberg glaubte, wieder an die Spitze der Wehrmacht treten zu können, wenn er sich nur bereit erklärte, sich von seiner Frau wieder zu trennen. Dieses Ansinnen wäre schon wegen der Unmöglichkeit absurd gewesen, alle inzwischen eingetretenen personellen und vor allem organisatorischen Veränderungen zurückzuschrauben. Keitel schildert, er habe Hitler gebeten, »den Brief selbst zu lesen«: »Wie ich erwartet hatte, lehnte der Führer die Bedingung vorbehaltlos ab; er habe ihm damals ja nahe gelegt, die Ehe sofort (für) nichtig erklären zu lassen. Nachdem Blomberg das als ein unmögliches Ansinnen damals abgelehnt habe, sei damals alles seinen Weg gegangen und nicht mehr rückgängig zu machen.« Keitel fährt fort: »So schonend ich das Blomberg auch schrieb, ist er stets des Glaubens gewesen, ich hätte aus Egoismus (...) die Absage Hitlers veranlaßt.«[301] Wie Keitel bestätigt, war es Hitler auch nicht möglich, seine bei der Verabschiedung spontan geäußerte Zusage, Blomberg im Kriegsfalle an seine Seite zurückzuholen, einzulösen, als es so weit war. Die Schwierigkeiten wären unabsehbar gewesen.

Blomberg selbst hatte mit Hitlers Ablehnung gerechnet. Der Versuch, dennoch eine Teilnahme am Krieg zu erwirken, war ein verzweifelter Versuch bei dem ihm jede Verwendung recht war, wie aus seinen Memoiren hervorgeht: »Ich hatte an den Gen.Oberst Keitel geschrieben, um durch ihn beim Führer eine Kriegsverwendung für mich zu erbitten, wobei ich betonte, daß mir, ohne Rücksicht auf meinen Rang, jede Verwendung bei der Truppe recht sei. Ich war auf die Erfüllung meiner Bitte nicht zuversichtlich gestimmt, aber ich konnte mir doch vorstellen, daß im Kriege und zumal in einem Kriege vom Ausmaß des bevorstehenden, Gründe, die im privaten Leben lagen, oder doch liegen sollten, nicht die Verwendung eines brauchbaren Mannes ausschließen würden.«[302]

Um Blomberg nicht zusätzlich »schwerstens vor den Kopf zu stoßen«, lehnte Hitler bei Kriegsausbruch eine hohe Führungsaufgabe auch für Fritsch ab, für die sich Brauchitsch und Keitel dringend einsetzten. Um wiederum nicht die Heeresführung vor dem Kopf zu stoßen, mußte er umgekehrt sein Versprechen gegenüber Blomberg brechen.[303] Hitlers Heeresadjutant Engel gibt an, daß Blombergs Bitte um Verwendung mit höchst unguten Gefühlen Hitler vorgetragen worden war: »Keitel hatte Bedenken, dem Führer überhaupt diesen Brief zu zeigen. Nach Rücksprache mit Siewert konnte ich heute[304] den Führer darauf ansprechen und habe ihn gebeten, nach Möglichkeit von einer Verwendung von Blombergs abzusehen; es würde im Heer nicht verstanden werden (...). Er betonte nochmals eindeutig, daß er eine Verwendung überhaupt nur in Erwägung ziehen würde, wenn sich Blomberg von seiner Frau getrennt habe.«[305] Wie Engel ergänzend bemerkt, fügte Hitler hinzu: »Seine (Blombergs) Verdienste, sozusagen als Treuhänder ihm das Hunderttausend-Mann-Heer übergeben zu haben, überhaupt seine Einstellung zum Nationalsozialismus, werde er trotz allem nie vergessen.«[306]

Unter den gegebenen Umständen konnte Hitler Blomberg weder seine Ablehnungsgründe noch seine positiven Erinnerungen zur Kenntnis bringen. Es ist verständlich – und das geht auch aus seinen Niederschriften vielfach hervor –, daß Blomberg unter Hitlers wortloser Ablehnung, seinem »Wortbruch«, wie er glauben mußte, sehr gelitten hat. Gekränkt und zunehmend sarkastisch verschloß er sich immer mehr vor der Welt, von der er nur noch aus den Presse- und Rundfunknachrichten sowie durch seine Frau erfuhr, die im Kuramt im Rathaus Bad Wiessee tätig war.[307] Daß Blomberg tatsächlich Keitel, sicherlich nicht ganz zu Unrecht, als »Verräter« verdächtigt hat, geht aus seinen Aufzeichnungen hervor. Als er unmittelbar vor dem deutschen Einmarsch in Polen an diesen schrieb »um durch ihn beim Führer eine Kriegsverwendung zu erbitten«, erhielt er am 31. August 1939 ein Telegramm »mit einer abschlägigen Antwort, die sich auf sein Schreiben bezog, das mich vorher erreichte, und in dem es ungefähr hieß, daß angesichts der Entwicklung der Dinge in Deutschland der Führer auf die bei meiner Verabschiedung in Aussicht genommene Regelung für den Kriegsfall zur Zeit nicht zurückkommen könnte. Ich hatte in meinem Innern diesen schnöden Bescheid erwartet. Mag dieser Entscheidung vergeben wer will; ich tue es nicht.« An anderer Stelle schreibt Blomberg: »Mittlerweile hatte ich endgültig erfahren, daß des Führers Zusicherungen an mich vom Januar 1938 nicht mehr bestanden. Sie ›konnten nicht mehr verwirklicht werden‹, so lautete die Formel. Nichts hatte sich in meiner Lage geändert, das diesen Umschwung von sich aus hätte herbeiführen können.« Was ihm verborgen blieb, war, daß sich nicht seine, sondern Hitlers Lage entscheidend verändert hatte! So bleibt sein Verdacht zwar ungerechtfertigt, aber aus seiner Isolation heraus verständlich. Er schreibt: »Vielmehr lag (dieser Umschwung) wohl von vornherein in der Planung, war aber erst jetzt aller Rücksichtnahme entkleidet und mit lakonischer Kürze mitgeteilt worden. Ich mußte mich mit dem bitteren Gedanken beschäftigen, daß ich im Kriegsfalle zu Hause sitzen würde. In der Wehrmacht, von deren Aufrichtung eine gerechte Anschauung mich niemals wird abscheiden können, hatte der Führer keinen Platz mehr für mich.«[308]

In Wirklichkeit gedachte Hitler seines getreuen Blomberg oft mit Sympathie und Anerkennung, wie das zuvor Engel bestätigt hat. So vermerkte auch Goebbels in seinem Tagebuch am 9. März 1943: »Mit einer gewissen Wehmut spricht der Führer von Blomberg, dessen Treue seiner Person gegenüber er außerordentlich lobt. Wenn alle Generäle in maßgebenden Stellen dem Führer so treu wären wie er, dann stände es besser um die Wehrmacht.«[309] Am 20. Februar 1938 hatte Hitler dann auch Blomberg vor dem Reichstag, d.h. vor der Weltöffentlichkeit, demonstrativ wie folgt gefeiert: »Ich möchte aber an dieser Stelle meinen und des deutschen Volkes Dank aussprechen für die unendliche Treue und loyale Arbeit dieses Soldaten für das neue Reich und seine Wehrmacht. (Starker Beifall). Sie wird als solche von der Geschichte der Gründung dieses Reiches historisch niemals mehr getrennt werden können.«[310] Das »obligate Dankschreiben«, das Blomberg auf Capri erhalten hatte und das am 5. Februar veröffentlicht wurde, war dann auch alles andere als eine Formalie und schloß mit dem »Ausdruck tiefbewegter Dankbarkeit«.[311] Blombergs Aufzeichnungen schweigen über solche Freundlichkeiten.

Nachdem das Ehepaar Blomberg Capri verlassen hatte, fuhr es für drei Wochen nach Amalfi, um die Küstenstraßen und Sorrent zu bereisen. In Sorrent befanden sie sich, als Hitler Mitte März 1938 Österreich besetzen ließ. Blomberg: »Ich entzifferte den Vorgang aus italienischen Zeitungen. Die Welt hielt den Atem an. Die Iden des März hatten wiederum ihren Ruf bestätigt. Für mich selber stellte sich die Frage, ob im Kriegsfall der Führer zu seiner festen Versicherung über meine dann einsetzende Verwendung stehen würde oder nicht. Ich sandte, gutgläubig, ein Glückwunschtelegramm und erhielt keine Antwort. Ich hätte darüber stutzen müssen, wenn ich nicht damals fest an das geglaubt hätte, was man mir ausdrücklich und feierlich zugesichert hatte«. Für den Generalfeldmarschall im erzwungenen Ruhezustand lag der Schmerz weniger darin, daß »von niemand und für Jahre ein Lebenszeichen aus der früheren Umwelt«[312] zu ihm drang, als vielmehr darin, »daß man (ihn) von einer Teilnahme an dem Entscheidungskriege ausgeschlossen hatte. (...) Ich brauchte und konnte es nicht vergessen, daß mir der Führer beim Abschied im Januar 1938 mit den stärksten Worten den Oberbefehl im Kriege zugesichert hatte (...). Zwischen dieser Tatsache und der völligen Ausschaltung, die mir zuteil wurde, klaffte ein Abgrund, den ich nur schwer überbrücken konnte. Und doch mußte ich das erreichen, um seelisch aufrecht zu bleiben.«[313] Hitler blieb nichts anderes übrig, als die Blomberg gegebene Zusage zu brechen, ihn spätestens bei Kriegsausbruch zurückzuholen. Alles andere wäre im Offizierskorps, besonders in der Generalität, auf schärfste Ablehnung gestoßen und hätte Hitlers Mythos gefährdet. Dieses Dilemma vermochte Blomberg nicht zu erkennen.

14. Rückzug (1938-1945)

Während im Sommer 1938 der Krieg Japans gegen China begann, setzten die Blombergs ihre Reise über Genua und den Comer-See nach Java fort, um von dort aus mit einem Luxusdampfer nach Indien zu gelangen, welches Blomberg schon lange fasziniert hatte.[314] Nach der gemeinsamen Weltreise kehrte das Ehepaar am 14. Januar 1939 nach Deutschland zurück und hielt Einzug in Blombergs »Berghaus« in Bad Wiessee am Tegernsee. Der Zufallskauf wurde jetzt zu einer guten Fügung. Das Blomberg-Haus, wie es von den Einheimischen noch heute genannt wird, existiert noch. Das idyllische Anwesen im bayerischen Stil liegt unterhalb des Hotels »Sonnenbichl«. Die Familie von Blomberg konnte es, nachdem es von den Alliierten zurückgegeben wurde, nicht halten und verkaufte es Mitte der fünfziger Jahre an den Großvater der heutigen Besitzerin.[315] Blomberg lebte auf dem abgeschiedenen Berghof gänzlich – wie er es ausdrückte – »anders« als früher, fühlte sich jedoch trotz der Anfechtungen glücklich, da »abgesondert« in einem friedlichen Winkel. Und, wie Blomberg verschiedentlich Zeugen gegenüber erklärt hat und wie man auch seinen Aufzeichnungen und Briefen aus den Kriegsjahren entnehmen kann, gestaltete sich die mit so katastrophalen Folgen behaftete Ehe mit Margarethe Gruhn durchaus positiv. Er verdankte ihr, wie er hervorhob, immerhin noch sieben glückliche gemeinsame Jahre.[316]

Aus der Perspektive seines Schreibzimmers, eines wahrhaft »friedlichen Winkels« in einer Welt des Krieges, kommentierte der ehemalige Kriegsminister des Dritten Reiches, die bayerischen Berge vor Augen, den Kriegsverlauf und den »Wirbel ungeheuren Geschehens, das im Jahre 1938 begann und sich von Jahr zu Jahr zu einem Tumult der Welt steigerte«. Während des gesamten Zweiten Weltkrieges blieb er gezwungenermaßen in der Ruhe und Abgeschiedenheit Oberbayerns, ein scharfsichtiger, verbitterter und passiver Beobachter des Kriegsverlaufs, den er nur aus der Ferne verfolgen konnte. Er sprach wenig, schrieb viel, ging spazieren, während das Inferno seinen Lauf nahm. Zurückgeworfen auf die alltäglichen Sorgen des Menschen, begann er, seiner Neigung zum Beobachten, Abwarten, der Rezeption, des Nietzscheschen *amor fati* nachzugehen. Er verschanzte sich in seinem kleinen Schreibzimmer im ersten Stock seines Hauses und schrieb seine Memoiren. In dieser Zeit verfiel er körperlich und wurde immer häufiger krank – vermutlich die Anfänge eines nicht diagnostizierten Darmkrebsleidens. In diesen Phasen der Krankheit war es ihm nicht möglich, an seinen Memoiren zu schreiben, was eine weitere Erklärung bietet für deren Unfertigkeit. Briefe, die er an seine Kinder schrieb – vor allem an Sybille –, diktierte er nun manchmal seiner Frau.[317] Zu Sybille hatte der General ein schwieriges, jedoch emotional sehr enges Verhältnis, das nicht nur daher rührte, daß sie ihrem Vater nach dem Tod der Mutter in der Zeit von 1932 bis ca. 1936 den Haushalt führte und bei offiziellen Anlässen begleitete, sie stand ihm in ihrer Liebe zur Literatur und Philosophie auch intellektuell am nächsten. Die Briefe an Sybille gewähren einen Einblick in sein psychisches Befinden während der Kriegsjahre; jedenfalls soweit er es bei seinem verschlossenen Charakter als formulierte Gedanken und Emotionen erkennen ließ. Sie zeigen seinen historischen Fatalismus, der in der ständigen Wiederholung und Perzeption des Schopenhauerschen Diktums »Was geschieht, geschieht notwendig« Ausdruck findet[318]; zeigen seine Verbitterung angesichts des eigenen Schicksals und der Entwicklung der Weltgeschichte, die er nun gezwungen war, gleichsam durch eine Glaswand zu verfolgen.

Neuigkeiten erhielt er nur noch durch die offiziellen Verlautbarungen der Regierung; formelle und informelle Kontakte mit regierungs- und militärnahen

Kreisen waren nahezu gänzlich verebbt. Die erzwungene Untätigkeit peinigte ihn, der gelernt hatte, nur im Krieg die Erfüllung seines Daseins zu sehen. Frieden bedeutet für ihn nur »Ansatz und Vorbereitung«.[319] Hitlers Übernahme des Oberkommandos über das Heer um Weihnachten 1941 und Brauchitschs Entlassung kommentiert Blomberg später in seinen Aufzeichnungen wie folgt: »Die Krankheit [Brauchitschs, die Verf.] war kein Vorwand, aber ich war überzeugt, daß auch ohne sie über kurz oder lang der Führer diesen Schritt vollzogen hätte. Ich hielt ihn für gerechtfertigt im Sinne der nun einmal herrschenden Totalität. Der Führer übernahm den Befehl über das Heer mit einem wirkungsvollen Tagesbefehl. Ein Satz lautete: ›Die Einleitung entscheidender Kriegsmaßnahmen steht bevor‹. Heute – 1943/44 – fragen wir uns allerdings, was damit gemeint war, denn wir konnten sie nicht erkennen, aber damals stärkte es unsere Zuversicht. Nicht nur ich selber hielt die neue Befehlsordnung für zweckmäßig, ich hörte auch aus Soldatenkreisen das gleiche Urteil. Ich hatte daneben keinen Grund, für F.M. v. Brauchitsch eine Zuneigung oder ein persönliches Bedauern zu hegen. Meine Stellung zu ihm hatte sich gegenüber früheren Zeiten geändert. Ich hatte bei ihm Engherzigkeit und Arroganz feststellen müssen. Auch hatte er es nicht verstanden, zum Führer, zur Partei und zu der Bewegung, die durch die Zeit ging, ein solches Verhältnis zu finden und zu halten, das der Stellung des Heeres im Gefüge der Wehrmacht und des Staates vorteilhaft war. Die Armee war schon unter seinem Vorgänger mit dem Vorwurf des Reaktionären belastet worden und nicht ganz zu Unrecht, wie ich es in meinen dienstlichen Beziehungen selber empfand. Das war unter Brauchitsch nicht besser geworden. Das wirkte sich aber leider zu Lasten der Armee aus. Hätte doch 1938 der Führer aus meinem zwiefachen Vorschlag, den er forderte, den General v. Reichenau zum O.B. des Heeres erwählt. Der Armee hätte das gut getan.«[320]

Es waren seine Söhne Axel und Henning, die dem Credo des Vaters gefolgt waren und dem Krieg zum Opfer fielen. Axel, Major der Luftwaffe, wurde bei dem verunglückten Bagdad-Unternehmen zur Unterstützung des Aufstandes gegen die Briten im Irak am 19. Mai 1942 bei der Landung von der irakischen Flak getötet; eine Geschützbedienung hatte das Flugzeug irrtümlich für einen britischen »Einzelgänger« gehalten. Henning, Oberstleutnant und Kommandeur der Panzerabteilung 190, fiel in Nordafrika.[321] In Blombergs Aufzeichnungen dazu: »Am 23.11.42 brachte mir ein Adjutant des stellvertretenden Generalkommandos in München die Nachricht, daß mein ältester und letzter Sohn Henning gefallen war. Er war am 22.11. bei Mateur südlich Bizerta in Tunesien durch einen feindlichen Tieffliegerangriff getötet worden. Am 23.11.42 war er in Tunis beigesetzt worden. Ich hatte meine beiden Söhne hingeben müssen. Axel fand sein Grab in Bagdad, Henning in Tunis. Die Beileidsbriefe bei dem Tode meiner Söhne brachten mehr Qual als Trost. Meine Antworten mußten so bedingt lauten, wie die wohlgemeinte, aber im Grunde belanglose Anteilnahme der Anderen. Mussolinis Veröffentlichung ›Ich spreche mit Bruno‹ [gemeint ist Mussolinis Buch *Parlo con Bruno* (Milano 1942), ein »Requiem« auf den Tod seines Sohnes, die Verf.] hatte mir immer schon als eine unbegreifliche Prostitution angemutet. Nach Hennings Tode wurde meine Ablehnung noch einmal angerufen.«[322] Blomberg, der bereits im Ersten Weltkrieg den Tod seiner beiden Brüder hinnehmen mußte, hatte nun schmerzhaft den Tod seiner beiden Söhne im Krieg zu beklagen, einem Krieg an dessen Vorbereitung er maßgeblich beteiligt war und an dem er selbst nun nicht teilnehmen durfte. Hitler übersandte Blomberg am 26. November 1942 ein Beileidsschreiben aus dem Führer-Hauptquartier. Hier erklärte er, dem »lieben Herrn Feldmarschall«, seinen Sohn nach dessen »Heldentod« zum Oberstleutnant befördert zu haben.[323]

Auch die Spannungen zwischen ihm und seinen Kindern schmerzten Blomberg sehr. Gründe suchte er überall, nur nicht bei sich und seiner zweiten Ehe. Verbittert schreibt er: »Keitel, der die ganze Geschichte kannte, war bedenkenlos genug, diese infame Lüge meinen erwachsenen Kindern zu vermitteln, was zu einer weitgehenden Entfremdung führte. (...) Auch von meinen Kindern hätte ich ein anderes Verhalten erwartet. Zwar waren auch ihnen die Dinge verzerrt bis zur Lüge vorgestellt worden, aber das durfte nicht das Entscheidende sein. Was konnte ich aber von Freunden und bisher Vertrauten erwarten, wenn die Nächsten ein solches Beispiel setzten. (...) Ich fürchte, daß auch der Verlust von äußeren Annehmlichkeiten, der nun eintrat, bewußt oder unbewußt eine Rolle gespielt hat.«[324] Interviews der Verfasserin mit Kindern und Enkeln, wie auch die Briefe Blombergs an seine Schwiegertochter Ruth, geb. von Hammerstein (Hennings Frau), und an seine Tochter Sybille belegen allerdings, daß die Familie den Kontakt zu Blomberg niemals abbrach.

Einer der ihn enttäuschenden Freunde war sein früherer Marineadjutant von Friedeburg. Bereits in den drei Jahren der Dienstzeit Blombergs in Königsberg hatte sich ein sehr enges persönliches Verhältnis zwischen den beiden Familien entwickelt, das mit dem frühen Tod Charlotte von Blombergs noch verstärkt wurde und Blomberg veranlaßt hatte, Admiral Raeder um die Ernennung Friedeburgs zu seinem Adjutanten zu bitten, was dieser dann von Januar 1933 bis Herbst 1936 war. Blomberg hätte ihn gern behalten; Friedeburg drängte aber auf seine Rückversetzung zur Marine sowie auf ein Bordkommando. Sein Nachfolger wurde Wangenheim. Seit Blombergs Entlassung 1938 hatten Friedeburgs mit Blomberg in losem schriftlichen Kontakt gestanden. Bei einem Urlaubsaufenthalt in Bad Wiessee im Sommer 1943 hatte der spätere Generaladmiral Friedeburg um eine Aussprache mit Blomberg an einem neutralen Ort gebeten. Dieser bestand jedoch auf einem Besuch Friedeburgs in seinem Haus, was jener als indiskutabel ablehnte, da er nicht mit der Hausherrin zusammentreffen wollte. »Mein Mann«, berichtet Friedeburgs Frau Ursula, »kam nach diesem Gespräch und der Abfuhr von Blomberg sehr erregt in unser Zimmer zurück und setzte sich gleich hin, um in einem Brief Blomberg nochmals seinen Standpunkt klar zu legen, den er auch mit den Blombergschen Kindern doch teile. (...) Darauf erhielt er nie einen Vorschlag als Antwort, so daß die zwei Wochen Urlaub ohne Wiedersehen verliefen. Damit brach die Verbindung ganz ab.« Damit war zwischen den einstigen Freunden der endgültige Bruch besiegelt.[325] Bitter und trotzig stellte Blomberg fest: »Wer im Verlust sitzt, hat keine Freunde«[326]. Uneingeschränkt verteidigte er seine Ehe und gab niemals eine Erklärung ab, die ein Wissen um den fragwürdigen Ruf seiner Frau erkennen ließ. Für ihn hatte sich sein »Schmerz über das Ausgeschlossensein am Kriege verkapselt.«[327] Friedeburg sollte er nie wiedersehen. Als letzter Oberbefehlshaber der deutschen Kriegsmarine nahm sich dieser nach der

Unterzeichnung der bedingungslosen Kapitulation der Wehrmacht in Reims bzw. Karlshorst und der Verhaftung Dönitz' am 23. Mai 1945 das Leben.

Psychologisch interessant ist Blombergs widersprüchliche Bewertung seiner selbst, die sich im Prozeß des fortschreitenden Kriegsverlaufs leicht bricht. Mit zunehmendem Zeitablauf steigerte er sich stärker in die Rolle des Opfers einer Verschwörung. In amerikanischer Gefangenschaft nahm seine Darstellung die folgende Gestalt an: »Nachdem ich Deutschland verlassen hatte – was die Verschwörer vor allem gewünscht hatten – wurde eine vorbereitete Kampagne mit dem Ziel gestartet, bei der Wehrmacht und in den Berliner Ministerien die Darstellung zu verbreiten, man habe mir die Wahl gelassen, entweder an meiner Position oder an meiner Ehe festzuhalten. Diese zusätzliche Beleidigung diente dazu, den Bruch zwischen mir und der Wehrmacht zu vertiefen, gerade so, wie es beabsichtigt war.«

Die brutale Wirklichkeit des totalen Krieges, den er seit Jahrzehnten theoretisch antizipiert und vorbereitet hatte, offenbarte sich Blomberg als er davon hörte, daß im April 1943 im Walde von Katyn bei Smolensk Massengräber von erschossenen polnischen Offizieren gefunden worden waren. Die Reaktion der USA und Englands, die sich auf die »Seite der Bolschewisten stellten« schockierte ihn. Er notiert: »Politik hat eben nichts mit Menschlichkeit zu tun, sondern nur mit Macht. Das Streben nach Macht gehört neben dem Hunger und der Liebe zu den Urelementen des Menschen. Sie sind die Dämonen, die uns umtreiben. Wo bleibt da Kant mit seinen Kategorien und seinem Imperativ? Recht und Wahrheit, Menschlichkeit und Redlichkeit waren gegenüber den Fragen der Macht nur zerbrechliche Konventionen. Wie flach kommen einem angesichts der Wirklichkeit des Krieges die Schlagworte einer vergangenen Zeit vor. Man kann aus dem Leichenfund bei Katyn lernen, wie die Bolschewisten das ›Volk‹ einschätzen. Sie wussten, daß es hilflos jeder Führung, ja der Tyrannis anheimfällt, wenn einmal die führenden Schichten beseitigt worden waren. Nachher war der Rest zu einer Sklavenmasse geworden, die sich nach jedem Zugriff formen ließ. Dort drüben scheint man das Volk ohne Schleier der Illusionen anzusehen, während man bei uns das Gegenteil übte. Dabei mußte ich manchmal an einen Schlummer in einem Raubtierhaus denken.«[328]

In Blombergs Aufzeichnungen fällt auf, daß mit fortschreitender Absehbarkeit des Kriegsausgangs das Gefühl der Enttäuschung über die zerschlagenen Träume andere Gefühle (wie die Trauer über die vielen Opfer) weit überwog.[329] Er widerspricht sich, indem es ihm gelingt, einerseits Hitlers Genie zu preisen und seinen Glauben an ihn zu bekräftigen – während er ihn andererseits mehr und mehr zu dämonisieren beginnt. Die Ursache für seinen ambivalenten Blick auf den Diktator lag sicherlich mehr in seiner Enttäuschung über den Bruch mit diesem, als in der Erkenntnis der Grausamkeit und Sinnlosigkeit des Krieges. Noch kurz nach Kriegsende schreibt er: »Um atmen zu können, mußte man sich an eine Autorität halten können; es war das Ergebnis einer jahrelangen totalitären Führung, daß nur Hitler als ein möglicher Halt in Frage kam. Ich wußte in meinem Inneren, daß wir den Krieg nicht gewinnen konnten, seitdem wir den Ostfeldzug begonnen und an USA den Krieg erklärt hatten. Aber des Menschen Art ist zu hoffen, so lange der Atem noch geht, so erwartete ich, daß Hitler, dessen Kraft ich bis 1938 gekannt hatte, uns vor der schlimmsten Niederlage bewahren werde«.[330]

In seinen Gefängnistagebüchern heißt es nicht viel später wütender: »Wie weit Hitler ein Dämon der Zerstörung trieb, das habe (ich) erst gegen Ende des Krieges und nachträglich erfahren. Sein unmenschlicher Wille zum Herrschen und Gelten und sein völliger Mangel an Augenmaß in den Jahren ab 1938 haben Sprung um Sprung sein Werk diffamiert und zerstört und das deutsche Volk mit in die Tiefe gerissen. Früher erschien es mir mißlich zu sein, an eine Ausnahmeerscheinung wie Hitler ein landläufiges Maß bei der Beurteilung seines Wesens und Tuens anzulegen. Darin habe ich umgelernt. Das schließliche Urteil über einen Führer, Staatsmann und Feldherrn ist eben von seinem Erfolg oder Mißerfolg nicht zu trennen. Der Rückbezug muß auch unser Urteil über zurückliegende Dinge ändern. Es liegt wohl im Laufe der Welt, trotzdem sich manche Einwände dagegen erheben, daß die Abschätzung einzelner Züge bei einem erfolgreichen Hitler anders abschneiden würde, als bei einem gescheiterten (...).«[331]

Während der Vernehmungen in Zeugenhaft sollte sich der ehemalige Kriegsminister mit kritischen Worten (nicht frei von Exkulpationsbedürfnis) über den Diktator äußern: »Nach 1938 fing er an, politisch durchzudrehen, machte alles Gute, das er jemals getan hatte zunichte (...). Wir hatten niemals gedacht, daß Hitler solch ein brutaler Dämon sein könnte, als der er sich nach dem 20. Juli 1944 zeigte, und sogar noch mehr nach den Eröffnungen über Konzentrationslager und Grausamkeiten im Osten. (...) Hitler war ein grausames Monster geworden. Er, der einstmals ein wahrer Führer seines Volkes gewesen war, wurde ein Despot, seiner Nation fremd, für den das Schicksal Deutschlands nicht länger ein ideologisches Ziel bildete, sondern eher ein Werkzeug in seinem irren Streben nach Macht. Er muß wirklich in einer Welt voller pathologisch bestimmter Illusionen gelebt haben. Es kann keine andere Erklärung für seine Prophezeiung vom 30. Jan. 45 von ›einer Wende des Kriegsglücks‹ und dem ›vollständigen Sieg am Ende des Kampfes‹ geben«.[332]

Blombergs öffentliche und private Isolation wurde zum zentralen Fokus seiner Überlegungen im und über den Krieg. Eine mögliche Ursache für die Entfremdung zu Hitler suchte er in dessen Mißtrauen gegenüber der Wehrmacht und deren Führung. Nach dem Stauffenberg-Attentat fand er seine Vermutung bestätigt und der Eintrag in sein Tagebuch gibt zugleich eine interessante Einschätzung Blombergs von der Stellung der Wehrmacht im Hitler-Staat: »In jenen Tagen (= Januar 1945, die Verf.) schrieb man mir, daß der Reichsführer SS persönlich am Ober-Rhein die Truppen führte. Überall mußte die SS einspringen. Das gesamte Ersatzwesen war jetzt der SS unterstellt. Die Wehr-Ersatz-Inspektionen unterstanden SS-Führern und Polizeiführern, die zu Generalen der Waffen-SS ernannt worden waren. Die Kriegsschulen des Heeres und der Waffen-SS waren unter einem Inspekteur zusammengefaßt worden. Die Heeresverwaltung war von der SS übernommen worden (...). Die Abdankung des Heeres alter Art konnte nicht gründlicher vollzogen werden. Ich hatte seit geraumer Zeit eine solche Entwicklung vorausgesehen. Die Katastrophe vom 20.7.44 hatte sie dann in eine Lawine verwandelt. Der tiefste Grund, der zu den Wirren und dann zu radikalen Lösungen geführt hatte, war ein gegenseitiges Mißtrauen. Schon 1935 hatte mich

Göring in seinem Jagdhaus auf dem Darss, unweit Warnemünde, gefragt: ›ob denn in einem Kriege die Generale dem Führer gehorchen würden?‹ Ich glaubte damals ihm die Absurdität der Frage ausgeredet zu haben. Nachdem ich 1938 abgeschoben war, um die faktische Führung der Wehrmacht in der Hand des Führers vereinen zu können, mußte bald das gegenseitige Mißtrauen und ein Mangel am gegenseitigen Verständnis begonnen haben. Das war nicht so wichtig, so lange wir im Kriege einen Sieg an den anderen reihten. Die gegenseitige Fremdheit vertiefte sich, seitdem uns fortgesetzte Rückschläge trafen. Es schien, daß es zuletzt keine tragfeste Brücke mehr gab. So kam es zum 20.7.44 und seinen Folgen. Zum Umbruch unserer Zeit mußte offenbar auch die sich jetzt vollziehende Änderung der Struktur der Wehrmacht, besonders des Heeres, gehören, die bisher allein noch wie eine Säule in einer sonst umgepflügten staatlichen Landschaft empor geragt hatte.«[333]

Blomberg wußte, daß seine Nichtteilnahme am Krieg auf Unverständnis gestoßen war, denn viele Offiziere und andere, die über die Einzelheiten seines Ausscheidens nicht unterrichtet waren, wunderten sich über sein Daheimbleiben. Typisch ist die Äußerung von Rudolf Heß während der gemeinsamen Haft in Nürnberg nach 1945, als über den »Fall Blomberg« gesprochen wurde. Er machte ihm »verächtlich« den Vorwurf, daß er nicht »an die Front« gegangen sei[334].

IV. AGONIE UND TOD

In den Monaten und Jahren nach dem Zusammenbruch des Dritten Reiches mußten sich nicht nur die Aktivisten und »Mitläufer« der NS-Bewegung vor den Tribunalen der Sieger, später vor Spruchgerichten und Entnazifizierungs-Ausschüssen rechtfertigen, sondern auch die so genannten »Militaristen«[1] hatten sich nun für ihre Beteiligung an Kriegsverbrechen zu verantworten. Gleichzeitig erklärte das alliierte Gericht zwar die Gestapo, den Sicherheitsdienst und die SS, nicht aber den Generalstab und das Oberkommando der Wehrmacht zu verbrecherischen Organisationen. In der öffentlichen Meinung wurde dies – bis weit in die neunziger Jahre hinein – als Freispruch für die Wehrmacht gewertet.

Der einstige Kriegsminister Werner von Blomberg, der selbst nicht am Zweiten Weltkrieg teilgenommen hatte, wurde im Sommer 1945 unter Arrest gestellt. Am 30. Mai 1945 schreibt er: »Gestern Nachm. kamen 2 Captns der amerikanischen Gestapo [sic.] mit einem deutschen Dolmetscher. Es wurden einige oberflächliche Fragen gestellt, dann erhielt ich auf einem Notizbuchblatt eine Art Freischein: ›Gen.v. Blomberg cleared by CIC 910/44 Tegernsee Unterschrift Captn. CIC.‹«[2] Am 1. Juni: »Gestern erhielt ich einen erneuten Ausfrag-Besuch von den drei Offizieren (Beamten?) des C.I.C., an der Spitze der Oberste dieser Institution am Tegernsee. Der Besuch war nicht angenehm, nicht so in der Art des Ausfragens, als in den Formen. Ich wurde zum Arrestanten in meinem Haus erklärt, der allerdings in das Dorf Wiessee gehen darf. (...) Es scheint sich gegen mich der Vorwurf zu schürzen, daß ich für die Aufrüstung der deutschen Wehrmacht die Verantwortung trage. Das ist nicht zu leugnen.«[3]

Die Inhaftierung Blombergs erfolgte am 4. Juni 1945. Es ist wahrscheinlich, daß die Beschlagnahmung seines Hauses im Herbst 1945 folgte.[4] Kurz vor Kriegsende waren die Töchter Ursula Bürker (mit drei Kindern) und Dorothee Keitel (mit fünf Kindern) zu Werner und Margarethe von Blomberg ins Berghaus gezogen. Sie lebten dort gemeinsam bis zu seiner Verhaftung und anschließenden Beschlagnahme des Hauses durch die amerikanische Army. In der folgenden Zeit wohnten Margarethe sowie Ursula und Dorothee mit ihren Familien im Ort Wiessee in verschiedenen Häusern. Margarethe von Blomberg blieb dort bis nach dem Tode ihres Mannes; die Töchter noch einige weitere Jahre. Blombergs Ehrensäbel und beide Feldmarschallstäbe wurden bei Kriegsende mit zahlreichen anderen Gegenständen von Angehörigen der amerikanischen Besatzungsmacht beschlagnahmt. Abgesehen von den später in der Kongreßbibliothek Washington aufgefundenen und zurückerstatteten Lebenserinnerungen ist nichts über den Verbleib dieser persönlichen Gegenstände bekannt.[5]

Während seiner Haft vom 4. Juni 1945 bis 10. Februar 1946 in Nürnberg und Oberursel bei Frankfurt versank Blomberg, tief gebrochen vom Einsturz seiner Welt, in Fatalismus. In seiner Zelle, die er sein »Kloster« nannte, schrieb er Tagebuch. Diese »Gefängnistagebücher« (3. September 1945 bis 10. Februar 1946) dokumentieren den Fortgang der Verhöre während der Nürnberger Prozesse, den

Gefängnisalltag, seine Untergangsstimmung nach dem deutschen Zusammenbruch ebenso wie seinen körperlichen Verfall, der durch die Symptome eines Darmkrebsleidens ausgelöst wurde.[6] Am 12. Oktober 1945 notiert er: »Verhör über zwei Verfügungen von mir, die aus den Akten der Marineleitung stammen: Vom Herbst 33 über Abwehrmaßnahmen gegen etwaige Sanktionen wegen Verlassen von Genf und eine vorbereitende Maßnahme für den Fall eines Waffenkonflikts nach der Erklärung unserer Wehrpflicht vom Mai 1935. Gewicht: 72,2 kg mit Kleidung.«[7]

Voller Abscheu verfolgte Blomberg die Aussagen seiner ehemaligen Kameraden während der Verhöre in Nürnberg und beobachtete fassungslos, wie sich angesichts der durch den verlorenen Krieg veränderten Vorzeichen »weiß in schwarz und umgekehrt« verwandelte, »Eid, Pflicht und Gehorsam zu Verbrechen gestempelt wurden«. Er sah seine Welt auf den Kopf gestellt und zweifelte am Sinn des Lebens und an seinen Lebensmaximen, die er gewissermaßen aufgeben mußte, wollte er überleben.[8] Viele Offiziere erinnerten sich im Zuge des großen »Persilschein-Sammelns« an angebliche »Widerstandshandlungen« gegen das NS-Regime und nicht wenige von ihnen wollten plötzlich insgeheim Mitwisser oder gar Beteiligte am 20. Juli 1944 gewesen und nur durch ihre geschickte Tarnung oder die Verschwiegenheit der Opfer mit dem Leben davongekommen sein. Viele ließen sich durch ihre Verteidiger zu überzeugten Kriegsgegnern hochstilisieren und verwandelten sich angesichts der drohenden Sanktionen in heroische Widerständler und Märtyrer, zu opferbereiten Friedenskämpfern. Die Sieger äußerten vor diesem Hintergrund immer wieder ihre Verwunderung, wieso sich das Hitler-Regime mit so vielen heimlichen Gegnern und Saboteuren nicht nur so lange hatte halten, sondern auch zeitweise ungeahnte Erfolge hatte erringen können.

In Gefangenschaft und involviert in die Suche der Generalität nach einer erträglichen Interpretation der eigenen Kollektivbiographie, verschlimmerte sich Blombergs Krankheit, er wurde verstärkt depressiv, aß nicht mehr und wurde zunehmend apathischer. Dieser Zustand verschlimmerte sich durch das Ausbleiben von Briefen seiner Frau. Als ihn nach vielen Monaten doch ein Brief erreichte, teilte ihm Margarethe darin mit, daß »Blombergs ganzes Silber« auf unerklärliche Weise vom Speicher gestohlen worden sei und sie plane, ihren Ehemann zu verlassen, damit er sich um seine Kinder und Enkel kümmern könne. Blomberg in vertraut selektiver Wahrnehmung der Wirklichkeit dazu: »Eine immer wiederkehrende Sorge für sie. Ihr Beweggrund ehrt sie. (...) Ich muß mit ihr darum kämpfen, daß sie bei mir bleibt, um meine Ehe muß gerungen werden und den Kampf werde ich nicht verlieren, denn dann hätte ich alles in diesem irdischen Dasein verloren.«[9] Margarethe von Blomberg kehrte Anfang Februar in ihre Heimatstadt Berlin zurück. Die Witwe, besonders aber die Geschichte vom »Marschall und der Hure«, überlebten Blomberg um einige Jahrzehnte. Am 16. Februar 1946 vermerkt ein Mithäftling: »Sage dem deutschen Arzt Pflücker, von Blomberg müsse in ein Lazarett. Dasselbe sagt der amerikanische Arzt, er fürchtet aber, daß der Oberst Andrus es ›aus allgemeinem Haß‹ nicht zuläßt, der Mann wird ihnen bald unter den Händen sterben.« Vier Tage danach erfuhr Milch, daß bei von Blomberg Darmkrebs festgestellt worden sei; einen Monat später, am 14. März 1946, verstarb der Feldmarschall.[10]

Bereits zwei Jahre nach Blombergs Tod und seiner Beerdigung auf dem Friedhof von Bad Wiessee, wurde im April 1948 der Blomberg-Skandal erneut in die Öffentlichkeit getragen. Margarethe führte in Hamburg einen Prozeß gegen den Verlag Claasen und Goverts sowie gegen die deutschen Herausgeber des in der Schweiz erschienenen Buches des früheren Ministerialrates Dr. Ernst Gisevius *Bis zum bitteren Ende*. Dieser hatte in seinem fragwürdigen Buch über die angebliche Vergangenheit »der Gruhn« en detail berichtet und diese als Prostituierte bezeichnet.[11] Der Unterlassungsprozeß fand am 23. April 1948 vor dem Hamburger Landgericht statt. Zahlreiche Schaulustige und Interessierte drängten sich vor dem Gerichtssaal, in dem kein Platz mehr zu bekommen war.

Die Sensation des Prozesses war, daß Gisevius' Rechtsanwalt als Beweismaterial für die Anschuldigungen seines Mandanten überraschend das 1938 zusammengestellte Gruhn-Dossier (AZ 1 Unz I 137/32) vorlegte, das er von einem Mandanten erhalten hatte, der öffentlich »nicht genannt werden wolle«. Dieser habe, wie der Rechtsanwalt angab, die Akte im Frühjahr 1945 »*gefunden*« (sic.!).[12] Die Akte war 1945 in den »Trümmern Berlins aufgetaucht« – so zumindest Deutsch.[13]

Der Prozeß endete mit einem Vergleich. Frau von Blomberg zog ihre Klage gegen Gisevius zurück und unterschrieb eine Einverständniserklärung, daß dessen Buch weiterhin in unveränderter Form erscheinen könne. Der Verlag verpflichtete sich seinerseits, in allen Auflagen die Vorbemerkung vorauszuschicken, daß das Buch eine Reihe gravierender Behauptungen über Frau von Blomberg enthalte, die Absicht des Verlages jedoch nicht dahin gehe, jemanden zu diffamieren. Dem Autor hätten die Akten, die Frau von Blomberg belasten, vorgelegen, und er habe guten Gewissens seine Behauptungen niedergeschrieben. Im Anschluß an den Gerichtstermin erklärte Gisevius den Pressevertretern sein Bedauern darüber, daß der ohne sein Zutun abgeschlossene Vergleich ihn daran gehindert habe, das Erforderliche über die Echtheit der Akten unter Ausschluß der Öffentlichkeit auszusagen.[14]

Ende Juli 1952 wußte *Der Spiegel* zu berichten, daß Frau von Blomberg in absehbarer Zeit den Massagesalon ihrer Mutter in Berlin übernehmen wolle und zu diesem Zweck bereits die Prüfung als staatlich approbierte Masseurin bestanden habe.[15] Blombergs Witwe entzog sich allen weiteren Gerüchten um ihre Person und die Ehe mit dem Kriegsminister, und alle Versuche sowohl der Blomberg-Familie als auch von Wissenschaftlern und Journalisten, mit ihr Kontakt aufzunehmen, blieben erfolglos. Sie bewahrte Schweigen und lebte zurückgezogen in ihrer Einzimmerwohnung in der Neuköllner Flughafenstraße.[16] Dort starb Margarethe von Blomberg am 28. März 1978. Der reine Wert ihres Nachlasses betrug etwa 100 000 DM. Wertsachen sowie Briefe und Dokumente, die die Affäre von 1938 und Einzelheiten ihrer Beziehung zu Werner von Blomberg hätten erhellen können, tauchten nicht auf, wie Recherchen beim Nachlaßgericht Berlin-Neukölln und Interviews mit dem damals zuständigen Notar belegen.[17] Eine Biographie über Werner von Blomberg kam nicht zustande; die Zeit dafür war noch nicht gekommen.

1 | Werner von Blomberg in Kadettenuniform (Photo undatiert. Im Familienalbum ist handschriftlich vermerkt: August 1893)

2 | Als Secondeleutnant im Füsilierregiment 73 (1897? Familienphoto, undatiert).

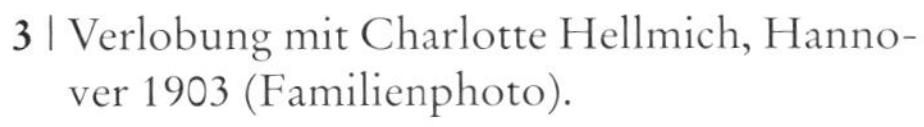

3 | Verlobung mit Charlotte Hellmich, Hannover 1903 (Familienphoto).

4 | Major von Blomberg, ausgezeichnet mit dem Pour le Mérite, mit seinen Söhnen Henning (geb. 1905) und Axel (geb. 1908) (Familienphoto, undatiert, vermutlich 1918)

5 | Ehrung von Veteranen des deutsch-französischen Krieges von 1870/71 durch Reichspräsident von Hindenburg (Mitte). Blomberg 2. von links (Familienphoto, undatiert, vermutlich aus der Zeit als Wehrkreisbefehlshaber in Ostpreußen 1930-1933)

6 | Eine der letzten Aufnahmen Charlotte von Blombergs: Ostern 1932 mit Ehemann Werner in Königsberg Sie starb wenige Wochen später am 11. Mai (Familienphoto).

7 | Das erste Kabinett Hitler am 30. Januar 1933. Sitzend von vorn: Vizekanzler von Papen, Hitler, Göring; stehend: Hugenberg (Wirtschaft und Ernährung), Blomberg (Reichswehr), Frick (Inneres), Schwerin von Krosigk (Finanzen), Gereke (Reichskommissar für die Ostgebiete), Lammers (Chef der Reichskanzlei), Funk (Staatssekretär im Propagandaministerium), Seldte (Arbeit).

8 | Werner von Blomberg, 1933 (Familienphoto).

9 | Der »Tag von Potsdam« am 21. März 1933. Blomberg mit Hindenburg und Hitler vor der Garnisonkirche.

10 | Nach dem Staatsakt in der Garnisonkirche: Hindenburg nimmt die Parade der Reichswehr und der »Nationalen Verbände« ab. Hinter ihm (vorn) Blomberg, dahinter der Chef der Marineleitung Admiral Raeder. Hitler ganz rechts.

11 | Reichswehrminister und Reichskanzler im Gespräch, 8. September 1933 bei Ulm.

12 | Berlin, Ufa-Palast am »Zoo«, 1. Dezember 1933: Premiere des Films *Sieg des Glaubens*. Hitler begrüßt Blomberg.

13 | Winterfest der Berliner Presse 1934 in den Zoo-Festsälen. Von links: Reichspropagandaminister Goebbels, Fürstin Bismarck, der preußische Ministerpräsident Göring und Blomberg.

14 | Hitler mit Blomberg und dem Chef der Marineleitung Admiral Raeder (2. v. links) an Bord des Panzerschiffs »Deutschland« während einer Fahrt auf der Nordsee 1934.

15 | Blomberg mit den Chefs von Heeres- und Marineleitung, General d. Art. von Fritsch und Admiral Raeder (Photo undatiert, vermutlich 1934).

16 | Obersalzberg, 24. Juli 1935: Hitler mit Blomberg bei einem seiner obligatorischen Spaziergänge in den Bergen.

17 | »Führers Geburtstag«, 20. April 1936: Hitler ernennt Blomberg zum Generalfeldmarschall. Dahinter Generaladmiral Raeder und General d. Inf. von Rundstedt, Oberbefehlshaber des Gruppenkommandos I, Berlin.

18 | Berlin, Heldengedenktag 1935: Blomberg verlässt die Staatsoper Unter den Linden, in der er gerade eine emphatische Gedenkrede gehalten hat. (Vordere Reihe von links: Generalfeldmarschall a. D. von Mackensen, Hitler, Blomberg; 2. Reihe: von Fritsch, Göring, Raeder).

19 | Berlin, 22. April 1936: Der frisch ernannte Generalfeldmarschall schreitet mit seinem früheren Vorgesetzten Generaloberst a. D. von Seeckt anlässlich der Feierlichkeiten zu dessen 70. Geburtstag die Front der Ehrenkompanie des Infanterieregiments 67 ab.

20 | Feldherrnpose: Werner von Blomberg im Jahr 1936 (Familienphoto).

21 | Urlaub im Schwarzwald , 1936 (Familienphoto).

22 | Autogrammstunde: Olympisches Dorf, Berlin, August 1936 (Familienphoto, undatiert).

23 | Der Kalender *Frauen im Bild* 1938 zeigt für die Woche vom 18. bis 24. September die Bildhauerin Barbara von Kalkreuth bei der Arbeit an einer Büste Blombergs (Familienarchiv Blomberg). Als das Kalenderblatt erreicht war, war Blomberg längst entlassen. Der Verbleib der nie fertig gestellten Büste ist unbekannt.

24 | 40jähriges Dienstjubiläum privat: Blomberg am 13. März 1937 mit den Töchtern Sybille, Ursula und Schwiegersohn Ulrich Bürker und Sohn Hennig von Blomberg (von links).

Nummer 10 11. März 1937

46. Jahrgang Preis 20 Pfennig

Berliner Illustrirte Zeitung

Der Oberbefehlshaber der Wehrmacht 40 Jahre Soldat.

Sandau

Im Arbeitszimmer des Reichskriegsministers: Generalfeldmarschall von Blomberg mit dem Chef des Wehrmachtamtes Generalleutnant Keitel.

25 | 40jähriges Dienstjubiläum öffentlich: Titelseite der *Berliner Illustrierten Zeitung* vom 11. März 1937.

26 | Truppenmanöver in Mecklenburg, September 1937: Blomberg, Keitel (rechts) und Hitler.

27 | Mit Goebbels am ersten Tag der Bayreuther Festspiele 1937.

28 | 14. Januar 1938: Blomberg während der Hochzeitsreise mit seiner zweiten Frau Margarethe. Die Aufnahme zeigt das Paar bei einem Besuch im Leipziger Zoo. Die Veröffentlichung des Photos – das die frisch Vermählten ausgerechnet vor einem Affenkäfig zeigt – brachte die Lawine ins Rollen, die Blombergs Sturz zur Folge hatte.

29 | 1946: Blombergs Grab in Bad Wiessee (Familienphoto, undatiert).

SCHLUSSBETRACHTUNG

Max Frisch schreibt, daß wir in jenem Moment, in dem wir ein *fertiges* Bild von jemandem haben, diesen Menschen aufgeben, ihn unweigerlich in das Korsett einer Rolle gezwängt haben, die vielleicht niemals seiner Wirklichkeit entsprach.

Wer also war Blomberg? Leichter ist mit Sicherheit, zu sagen, wer er nicht war: Er war nicht seine Legende; nicht die Inkarnation des hörigen Hitler-Anhängers, nicht der »dunkle Fleck« auf dem weißen Waffenrock der Armee, er war auch kein »kriegsgegnerischer Kriegsminister«, zu dem er gelegentlich stilisiert wurde. Er war kein Kriegsheld, denn die Teilnahme am Zweiten Weltkrieg blieb ihm verwehrt. Daß er somit auch nicht in Kriegsverbrechen der Wehrmacht verstrickt war, nahm er seltsamerweise nicht als persönliches Glück wahr – zu tief hatte er die Maximen seines Standes verinnerlicht. Der historische Blomberg bewegt sich in einer Grauzone der Geschichte, was seine Bewertung viele Jahrzehnte erschwerte. Sein Lebensweg entsprach in vielen Stationen dem »generationsspezifischen Normalverlauf« höherer Militärs seiner Zeit. Vergleicht man seinen Lebensweg mit dem anderer Offiziere seiner Generation fällt in der Tat auf, daß nur wenig auf einen Sonderweg hindeutet. Als einer von vielen »Willensmenschen« wurde er im Geiste des Gehorsams und des deutschen Militarismus erzogen. Sein Werdegang im Generalstab der Armee verlief steil, ruhmreich und machte ihn zu einem jener hochdekorierten Auserwählten innerhalb der Armee, traditionelle Elite des Kaiserreichs und der Weimarer Republik. Das kollektive Trauma seiner Epoche war die Erfahrung der Ersten Weltkrieges, der deutschen Niederlage und des Vertrags von Versailles. Nur vor diesem historischen Hintergrund werden die Prägungen und Handlungsprämissen seiner Generation interpretierbar.

Gemäß seiner Erziehung unterdrückte er charakterliche Anlagen zugunsten einer disziplinierten und kontrollierten Verschlossenheit. Er versuchte, seine Emotionen und Leidenschaften nicht an die Oberfläche dringen zu lassen. Daß das ein psychologisch gefährliches Unterfangen ist, spiegelte sich in einer Militärpolitik, die aus einer höchst widersprüchlichen Mischung aus Rationalität und Machtdenken auf der einen Seite und Irrationalität, Emotion und Impuls auf der anderen Seite bestand; und daß sich unter seiner glatten, undurchdringlichen Oberfläche eine hohe Emotionalität verbarg, zeigte sich am fatalsten in seiner quasi-religiösen Verehrung für Hitler.

Während des Ersten Weltkrieges hatte der philosophisch und literarisch Hochinteressierte begonnen, radikal mit Traditionen zu brechen und sich in den folgenden Jahren auf die Suche nach der Moderne, einer neuen militärischen Doktrin, neuen Kriegsbildern und Utopien gemacht. Bereits seine Affinität zu den romantisch nationalistischen Vorstellungen der Freikorpsbewegung nach dem Krieg beweist diesen Bruch mit den Traditionen der Welt, in die er hineingeboren war. Die traditionelle Fiktion des »unpolitischen Offiziers« behinderte dabei die Entwicklung eines kritisch autonomen politischen Bewußtseins. Fortan sollte er sich, vor dem Hintergrund seiner glänzenden Karriere innerhalb des 100 000-Mann-Heeres, sukzessiv zu einem Gegner orthodoxer Militärs entwickeln. Auch damit war er freilich nicht allein, denn die durch den Ersten Weltkrieg verursachte Spaltung des Offizierskorps entsprach einem gesamteuropäischen Phänomen. Anders als die große Mehrzahl seiner Kameraden, die zur politischen und gesellschaftlichen Wirklichkeit der Weimarer Zeit eine arrogant-abweisende Haltung einnahmen, erwies sich Blomberg als gelehriger Rezeptor zeitgenössischer Moden und Tendenzen. Die von Hesse und Spengler über Graf Keyserling bis zu intellektuell verstiegenen Offizierskameraden ausgehenden Einflüsse prägten sein Kriegsbild und seine Weltanschauung maßgeblich, und die Idee des Einsatzes von Massenheeren, gedrillt durch eine vollkommene sozialpsychologische Beeinflussungstechnik, geführt von einem charismatischen »Herrscher der Seelen« sollte ihn nicht mehr loslassen. Seine hochrangigen Verwendungen innerhalb der Reichswehr konnte Blomberg nutzen, um seinen Vorstellungen vom hochtechnisierten Volkskrieg der Massen so weit wie möglich näher zu kommen. Er drängte, die politische Realität weitgehend ausblendend, zur Einführung moderner Waffen und motorisierter Fahrzeuge während er die illegalen Vorbereitungen für den Grenz- und Landesschutz intensivierte. Unter seine Ägide fielen die Pläne für die Aufstellung eines »A-Heeres«, das bis 1938 einen Umfang von 21 Divisionen erreichen sollte. Er trieb die verdeckte Ausbildung von Fliegern und Tankspezialisten voran. Als Chef der »Sondergruppe Rußland« intensivierte er die Zusammenarbeit mit der Roten Armee und reiste selbst 1928 in die Sowjetunion, aus der er tief beeindruckt zurückkam. Während Blombergs militärische Sowjetophilie, die sehr wohl in der militärischen Tradition Deutschlands stand und zu einer seiner wichtigsten militärpolitischen Maximen wurde, zur Zeit des Kalten Krieges in der Bundesrepublik *eine* Ursache für das Negativ-Image des Generals war. Spätestens 1928, als Blomberg als Chef des Truppenamtes die Planung der Operationskriegsspiele oblag, zeigt sich, daß er die militärpolitische Realität nicht mehr oder nur sehr selektiv wahrnahm. Dieses schien seiner Karriere ein jähes Ende zu setzen, als er 1929 nach Ostpreußen gleichsam »strafversetzt« wurde. Die Grenzen der Weimarer Militärpolitik sowie der Tod seiner Frau ließen ihn in eine tiefe Depression fallen. Wie gezeigt wurde, war es ein Zufall, der den General in diesem Moment zu Hitlers Wehr- und Kriegsminister machte. Als das Dritte Reich am 30. Januar 1933 sein geschichtliches Dasein begann, brach für viele Deutsche die Zeit der Herrschaft des »Retters« an, den auch Blomberg schon seit Jahren antizipiert hatte. Die anfängliche Skepsis gegenüber dem »böhmischen Gefreiten« verwandelte sich bald in jene schwer erklärbare und vielbeschriebene Bewunderung für den Charismaträger Hitler, der auch Blomberg in seinem Erlösungsbedürfnis sukzessiv erliegen und sich damit schließlich zum Verbündeten seiner eigenen Totengräber machen sollte.

Die Analyse der Militärpolitik des Generalfeldmarschalls zwischen 1933 und 1938 zeigte, welchen Erfolg jener »Akt sozialer Magie« (Bourdieu) hatte, in dem Symbole, Insignien, Rituale und Emotionen in die Tradition einer Ideologie gestellt werden oder in ihrem Sinne erst erschaffen werden – jenen Akt, oder vielmehr Drahtseilakt, den Blomberg im Sinne Hitlers innerhalb des militärischen Zirkels vollzog.

Schlaglichter einer Karriere, die mit der größten Staatskrise des Dritten Reiches, Blombergs Verdammung und der endgültigen Entmachtung der Streitkräfte endete. Trotz der Ursachen, Umstände und Folgen seines Sturzes muß Werner von Blomberg ein bedeutender Platz in der Militärgeschichte des 20. Jahrhunderts zugebilligt werden. Mit seinen weitreichenden Befugnissen, über wirtschaftliche, personelle, politische sowie Fragen der Wiederaufrüstung zu entscheiden, trug er in hohem Maße dazu bei, die Grundlagen für die Organisation und Ausbildung zu schaffen, mit der die deutsche Wehrmacht, den anderen europäischen Mächten technisch überlegen, im September 1939 in den Krieg zog.

Die Frage, welchen Einfluß die Armee und ihre Führung auf die Entwicklung des nationalsozialistischen Regimes genommen hatte oder hätte nehmen können, ist immer wieder gestellt und diskutiert worden. Es ging um die Frage, ob die Armee die beherrschende Rolle hätte einnehmen können – und, ob dieses eine andere historische Entwicklung zur Folge gehabt hätte; es ging um die Frage, welche Personen an der Spitze der bewaffneten Macht, also auch Blomberg, sich auf Grund welcher individueller und kollektiver Prägungen wie verhalten haben, wo sie versagten und nicht zuletzt, implizit auch um die Frage, an welchen Stellen Handlungsalternativen denkbar gewesen wären. Es bleibt offen, wie sich die Geschichte des Dritten Reiches entwickelt hätte, wäre Werner von Blomberg das führend ausgleichende Bindeglied der drei Wehrmachtsteile und Hitlers enger militärischer Berater geblieben. Hätten sich die folgenden Jahre unter der Prämisse seiner Einflußnahme auf die Pläne des Diktators anders gestaltet? An dieser Stelle stellt sich die Frage, ob der Wille, selbst auf die Geschichte zu wirken, in seiner Persönlichkeit angelegt war. Es deutet nichts darauf hin: »Geschichte geschieht« heißt es immer wieder in seinen Erinnerungen. Blomberg hat damit etwas von einem »General ohne Eigenschaften« – dieses nicht im Sinne von »ohne Attribute« und nicht nur in Anlehnung an die Fiktion der Reichswehrgeneralität vom »unpolitischen Soldaten« als vielmehr im Sinne von Robert Musils *Mann ohne Eigenschaften*[18] Ulrich, im Sinne einer modernen Ambivalenz und Passivität – vage, nicht festlegbar, widersprüchlich – und damit erschreckend typisch für seine Zeit – erschreckend auch dann, wenn man nicht aufhört, zu fragen, wie es geschehen konnte, daß die deutsche Gesellschaft Hitler möglich machte.

Gesetzt, daß auch dies nur Interpretation ist – und ihr werdet eifrig genug sein, dies einzuwenden? – nun, um so besser.

Friedrich Nietzsche[19]

ANMERKUNGEN

Einleitung

1 Im März 1935 war das Amt des Reichswehrministers in das des Reichskriegsministers umgewandelt worden.

2 Vgl. z.B. Völkischer Beobachter, Samstag 15.1.1938, Berlin Ausgabe, S. 1. [Vgl. die Abb. 28 im Bildteil].

3 Karl-Heinz Janßen und Fritz Tobias haben in: Der Sturz der Generäle. Hitler und die Blomberg-Fritsch-Krise 1938, München 1994 eine Neuinterpretation der damaligen Vorgänge vorgenommen, welche sich von der vorherrschenden Ansicht unterscheidet, die entlassenen Generäle hätten eine koordinierte »militärische Opposition« gegen Hitlers Kriegsziele betrieben.

4 Im römischen Strafrecht bedeutet *damnum* der Schaden, den ein Täter durch seine Verurteilung erleidet. Wer wegen Hochverrats (perduellio) zum Tode verurteilt wurde, konnte auch zur *damnatio memoriae* – der Austilgung des Andenkens an ihn – verurteilt werden. Kaiser, die vom Senat zum Staatsfeind erklärt wurden, wie beispielsweise Nero oder Domitian, verfielen der damnatio memoriae. Zu deren wichtigsten Folgen gehörten die Zerstörung der Bildnisse bzw. Statuen des Kaisers sowie die Tilgung seines Namens aus den Inschriften der Denkmäler.

5 Ulrich, Bernd; Breymayer, Ursula; Wieland, Karin (Hg.): Willensmenschen. Über deutsche Offiziere, Frankfurt a. M. 1999.

6 Bundesarchiv Militärarchiv (zit. im folgenden BA/MA), Sig. N 52, Bde. I-VI. Die handgeschriebenen Memoiren Blombergs umfassen die Jahre 1910-1933 sowie 1938-1943. Der Nachlaß Blombergs ist mit der Genehmigung seines Enkels, Dr. Peter von Blomberg (Köln), einzusehen.

7 Bilder haben in den Geschichtswissenschaften als historische Quellen lange Zeit eine untergeordnete Rolle gespielt und die meisten Historiker haben Bildquellen eher als Illustrationen für Interpretationen verwendet. Jüngsten Bemühungen der Geschichts- und Kulturwissenschaft ist es zu verdanken, daß diese Zeit des wenigstens phasenweise vorherrschenden »visuellen Analphabetismus« abgelöst wurde durch eine Interpretation von Bildern als Quelle sui generis. Besonders interessant in Bezug auf Blomberg ist das Zeitgeschichtliche Bildarchiv Heinrich Hoffmann, ein Online-Projekt der Bayerischen Staatsbibliothek mit Unterstützung der DFG. Über 66.000 Bilder zum Thema stehen auf einer Online-Datenbank zur Verfügung [http://www.bsb-muenchen.de/karten/bilddatenb.htm]: 173 Bilder zeigen Blomberg als Kriegsminister an Hitlers Seite.

8 Kirst, Hans Hellmut: Generalsaffären München 1977.

9 Böger, Helmut: Pornoskandal. Deshalb stürzte Hitlers Kriegsminister, in: Bild am Sonntag, 11. Juli 2004, S. 26f. Die pornographischen Aufnahmen entstammen eines im Zuge der Krise von 1938 zusammengestellten Dossiers über Margarethe Gruhn, das eine Strafakte von 1932 mit den pornographischen Aufnahmen enthält. Das Dossier befindet sich im Landesarchiv Berlin (Akte B Rep. 058) sowie in Kopie im Institut für Zeitgeschichte (zit. IfZ, Signatur F 98). Es ist unbekannt durch welche Quelle die Bilder an die Zeitung gekommen sind. Seit Bekanntwerden der Publikation der Aufnahmen in der »Bild am Sonntag« haben die Archive die Akte Gruhn vorläufig für die Benutzung gesperrt.

10 Erdmann, Karl Dietrich: Die Zeit der Weltkriege [Handbuch der deutschen Geschichte, Bd. 4], Stuttgart 1973, S. 464.

11 Wesentliche Forschung um dies, gerade in Bezug auf die Blomberg-Fritsch-Krise, zu ändern, hat Fritz Tobias geleistet und seine Ergebnisse gemeinsam mit Karl-Heinz Janßen 1994 veröffentlicht (dies., Sturz, siehe oben). Walter Görlitz verfaßte eine kurze biographische Skizze Blombergs für Bernett, Corelli (Hg.): Hitlers Generale, New York 1989; vgl. auch die Manuskript-Studie über Blomberg im Nachlaß Walter Görlitz', in: BA/MA, N 753/15, 11 Seiten; Ueberschähr, Gerd R. (Hg.): Hitlers militärische Elite. Bd. 1. Von den Anfängen des Regimes bis Kriegsbeginn,

Darmstadt 1998, S. 28-36 (Generalfeldmarschall von Blomberg). Norbert Huebsch machte erstmals den Versuch, eine Monographie über Blomberg zu schreiben; ders.: Field Marshal Werner von Blomberg and the Politicization of the Wehrmacht: An Aspect of Mass Political Involvement in Germany, Diss. Cincinnati 1981. Der Verfasser wendet sich dabei hauptsächlich Blombergs Wirken nach 1933 zu. Auch gebührt Huebsch das Verdienst, die Memoiren des Reichskriegsministers in Englisch zusammengefaßt zu haben; sehr gut ist der Aufsatz Richard Muellers: Werner von Blomberg. Hitlers idealistischer Kriegsminister, in: Die Militärelite des Dritten Reiches. 27 biographische Skizzen, hrsg. von: Smelser, Ronald, Syring, Enrico, Frankfurt a. M. 1995, S. 50-65; des weiteren verfaßten Olaf Groehler und Otto Moll eine Kurzbiographie über Werner von Blomberg: Groehler, Olaf: Werner von Blomberg. Die Reichswehr schultert das Gewehr, in: Sturz ins Dritte Reich. Historische Miniaturen und Porträts 1933-1935, Leipzig, Jena, Berlin 1983, S. 87ff; Moll, Otto: Die deutschen Generalfeldmarschälle 1935 bis 1945, bearbeitet von Marek, Wolfgang, o. O. 1961, S. 9-12. Sehr lesenswert ist ein 1935 in den USA erschienener Zeitschriftenartikel, in dem sich eine kurze Skizze von Blombergs Charakter und Werdegang findet: Ybarra, T.R.: The Invisible Army, in: Collier's (July) 6 (1935), S. 17; S. 56ff.

[12] Yates, Francis A.: Gedächtnis und Erinnern. Mnemonik von Aristoteles bis Shakespeare, Berlin (3) 1994; Haverkamp, Anselm; Lachmann, Renate (Hg): Memoria. Vergessen und Erinnern, München 1993.

[13] Die Wehrmacht – Mythos und Realität, hrsg. von Müller, Rolf Dieter; Volkmann, Erich, i.A. des MGFA, München 1999; Wette, Wolfram: Die Wehrmacht. Feindbilder. Vernichtungskrieg. Legenden, Frankfurt a. M. 2002; darin z.B. die Legende von der »sauberen Wehrmacht«. Im Zeichen des Kalten Krieges, S. 234ff.

[14] Vgl. z.B. Groehler, Olaf: Werner von Blomberg. Die Reichswehr schultert das Gewehr, wie oben zit., S. 87ff; Nuß, Karl: Militär und Wiederaufrüstung in der Weimarer Republik. Die politische Rolle und Entwicklung in der Reichswehr, Berlin (Ost) 1977.

[15] Zu den frühen positiven Ausnahmen gehörten etwa Gerhard Ritter, Andreas Hillgruber und Volker Berghahn. Dazu einführend Kühne, Thomas (Hg.): Was ist Militärgeschichte?, Paderborn 2000.

[16] Hillgruber, Andreas: Großmachtpolitik und Militarismus im 20. Jahrhundert, Düsseldorf 1974.

[17] Schulze, Hagen: Die Biographie in der Krise der Geschichtswissenschaft, in: Geschichte in Wissenschaft und Unterricht (zit.: GWU) 29 (1978), S. 508-518.

[18] Neuere kritische Reflexionen über das Genre der Biographie: Bödeker, Hans Erich: Biographie. Annäherung an den gegenwärtigen Forschungs- und Diskussionsstand, in, ders. (Hg.): Biographie schreiben, (= Göttinger Gespräche zur Geschichtswissenschaft, Bd. 18), Göttingen 2003, S. 9-65; Grundlagen der Biographik. Theorie und Praxis des biographischen Schreibens, hrsg. von: Klein, Christian, Stuttgart, Weimar 2002. Zitat hier: Elias, Norbert: Über den Prozeß der Zivilisation. Soziogenetische und psychogenetische Untersuchungen, Bd. 1, Frankfurt a. M. ^{6}1978, S. II; zit. bei Bödeker, Forschungsstand, S. 20.

[19] Herbert, Ulrich: Best – Biographische Studien über Radikalismus, Weltanschauung und Vernunft 1903-1989, Stuttgart 1997.

[20] Wildt, Michael: »Die Generation des Unbedingten«. Das Führungskorps des Reichssicherheitshauptamtes, Hamburg 2002.

[21] Vgl. dazu die Analyse über den Zusammenhang von sozialem Niedergang, politischer Radikalisierung und dem Sozial- und Wertemodell »Adeligkeit« von Malinowski, Stephan: Vom König zum Führer. Sozialer Niedergang und politische Radikalisierung im deutschen Adel zwischen Kaiserreich und NS-Staat (= Elitenwandel in der Moderne, Bd. 4), Berlin 2003.

[22] Dazu: Raulff, Ulrich: Das Leben – buchstäblich. Über neuere Biographik und Geschichtswissenschaft, in: Grundlagen der Biographik (s.o.), S. 55-69.

[23] Vgl. besonders Müller, Klaus-Jürgen: Armee und Drittes Reich 1933-1939, Paderborn 1989 sowie ders., Heer (wie oben zit.); Die Wehrmacht – Mythos und Realität, hrsg. von Müller, Rolf Dieter; Volkmann, Erich, i.A. des MGFA, München 1999; Wette, Wolfram: Die Wehrmacht. Feindbilder. Vernichtungskrieg. Legenden, Frankfurt a. M. 2002.

[24] Folgende Werke sind für die Beurteilung der Tätigkeit Blombergs in dieser Zeit unerläßlich: Absolon, Rudolph: Die Wehrmacht im Dritten Reich, Bd. 1.2, Boppard am Rhein 1969-1971; Messerschmidt, Manfred: Die Wehrmacht im NS-Staat. Zeit der Indoktrination, Hamburg 1969; Mül-

ler, Klaus-Jürgen: Das Heer und Hitler. Armee und nationalsozialistisches Regime 1933-1940, Stuttgart 1969; vgl. auch die Beiträge in: Deist, Wilhelm, u.a. (Hg.): Das Deutsche Reich und der Zweite Weltkrieg, Bd. 1: Ursachen und Voraussetzungen der deutschen Kriegspolitik, Stuttgart 1979; Geyer, Michael: Aufrüstung oder Sicherheit. Die Reichswehr in der Krise der Machtpolitik 1924 bis 1936, Wiesbaden 1980; Sauer, Wolfgang: Die Mobilmachung der Gewalt, in: Bracher, Karl Dietrich; Sauer, Wolfgang; Schulz, Gerhard (Hg.): Die nationalsozialistische Machtergreifung, Studien zur Entwicklung des totalitären Herrschaftssystems in Deutschland 1933-1934, Köln, Opladen 1960; S. 685ff.

[25] Die maßgeblichen Arbeiten über Blombergs Rolle in der Weimarer Republik: Carsten, Francis Ludwig: Reichswehr und Republik. 1918-1933, Köln, Berlin 1964; Zeidler, Manfred: Reichswehr und Rote Armee 1920-1933, Wege und Stationen einer ungewöhnlichen Zusammenarbeit; München 1994. Siehe auch Vogelsang, Thilo: Reichswehr, Staat und NSDAP, Beiträge zur deutschen Geschichte 1930-1932 (= Quellen und Darstellungen zur Zeitgeschichte, 11), Stuttgart 1962. Darüber hinaus sollte man Waldemar Erfurth: Die Geschichte des deutschen Generalstabes 1918 bis 1945, Göttingen 1957 und Görlitz, Walter: Kleine Geschichte des deutschen Generalstabes, Berlin 1977 konsultieren. Einen kritischen Literaturüberblick liefert Michael Geyer: Die Wehrmacht der deutschen Republik ist die Reichswehr. Bemerkungen zur neueren Literatur, in: Militärgeschichtliche Mitteilungen 14 (1973), S. 152-199; Hillgruber, Andreas: Die Reichswehr und das Scheitern der Weimarer Republik, in: Erdmann, Karl Dietrich; Schulze, Hagen (Hg.): Weimar. Selbstpreisgabe einer Demokratie, Düsseldorf 1980; S. 177-192; Vgl. auch Wohlfeil, Rainer; Matuschka, Edgar Graf von: Reichswehr und Republik 1918-1933, In: Militärgeschichtliches Forschungsamt (Hg.): Handbuch zur deutschen Militärgeschichte 1648-1939, Band 3, Abschnitt VI, München 1970. Sauer, Wolfgang: Die Reichswehr, in: Bracher, Karl Dietrich: Die Auflösung der Weimarer Republik, eine Studie zum Problem des Machtverfalls in der Demokratie, Stuttgart, Düsseldorf [5]1978, S. 229-284; Schulze, Hagen: Weimar. Deutschland 1917-1933, Berlin 1982 (= Die Deutschen und ihre Nation, Bd. 4); Velten, Wilhelm: Das deutsche Reichsheer und die Grundlagen seiner Truppenführung – Entwicklung, Hauptprobleme und Aspekte – Untersuchungen zur deutschen Militärgeschichte der Zwischenkriegszeit, Bergkamen 1994; Wheeler-Bennett, John W.: Die Nemesis der Macht. Die deutsche Armee in der Politik 1918-1945, Düsseldorf 1954.

[26] Vgl. die Bestände des Bundesarchivs/Militärarchivs [BA/MA], Freiburg i. Breisgau, hier besonders die Signaturengruppe RH.

[27] Die Ereignisse um Blomberg hat besonders das *Pariser Tagesblatt* rezipiert. Das linksliberale Blatt mit Georg Bernhard als Chefredakteur rekrutierte exilierte Redakteure der großen Berliner Zeitungen (vor allem »Vossische Zeitung« und »Berliner Tageblatt«); vgl. das Projekt »Deutsche Exilpresse im Internet«, http://deposit.ddb.de/online/exil/exil.htm. Sowie Maas, Lieselotte: Handbuch der deutschen Exilpresse 1933-1945, München, Wien 1984.

[28] Erstmals gesichtet wurden die Dokumente aus dem Familienarchiv der Blombergs, Dr. Peter von Blomberg, Köln (liegen in Kopie im Archiv der Verf.): Militärische Schriften und Notizen Blombergs 1919-1933 (u.a. Bericht über die Marneschlacht an das Reichsarchiv Potsdam); Briefe aus dem Ersten Weltkrieg an seine Frau Charlotte (1914-1919); Stammbaum-Urkunden, Korrespondenz der Familie über Werner von Blomberg mit Archiven und Ämtern, Testament Werner von Blombergs vom 25.4.1942; Gefängnistagebücher Blombergs. Auch der Nachlaß Sybille von Blombergs (Werner von Blombergs Tochter) und ihr Briefwechsel mit dem Vater von 1942-1945 wurde erstmals ausgewertet; im Archiv der Tochter Sybilles, Dr. Andrea Bielmeier, München (Kopie im Archiv der Verf.).

[29] Vgl. Bödeker, Biographie schreiben, S. 35; Klein, Einleitung: Biographik zwischen Theorie und Praxis. Versuch einer Bestandsaufnahme, in: ders., Grundlagen der Biographik, S. 1-22, hier S. 14.

[30] Bundesarchiv Militärarchiv (zit. BA/MA), Sig. N 52, Bde. I-VI. Die handgeschriebenen Memoiren Blombergs umfassen die Jahre 1910-1933 sowie 1938-1943. Der Nachlaß Blombergs ist mit der Genehmigung seines Enkels, Dr. Peter von Blomberg (Köln), einzusehen, dem an dieser Stelle für seine Freundschaft und Hilfe gedankt sei, ohne die das Entstehen dieser Arbeit nicht möglich gewesen wäre.

[31] Die Tagebücher Blombergs (1921-1924), in: Nachlaß Blomberg (N 52), in: BA/MA, N 52/ 10.

[32] Interviews mit den Enkeln und der in München lebenden Tochter Blombergs, ebenso wie mit seinem früheren Angestellten Walter Legde, Neustatt-Dosse.

[33] Blomberg, Erinnerungen, Bd. III, S. 170.

[34] Vgl. dazu einführend: Gotthart Breit: Das Staats- und Gesellschaftsbild deutscher Generale beider Weltkriege im Spiegel ihrer Memoiren, Boppard 1973.
[35] Die These, daß eines der Kinder die Erinnerungen von 1933-1938 vernichtet haben könnte, findet sich u.a. bei Huebsch, The Politicization, Einleitung.
[36] Korrespondenz Peter von Blombergs mit dem Auswärtigen Amt in Bonn, 1958, Familienarchiv der Familie Blomberg, Köln. Peter von Blomberg übergab die Erinnerungen seines Großvaters später zur Disposition an das Bundesarchiv.
[37] Im folgenden zitiert als Notizen.

I. Der Wanderer (1878-1929)

[1] Die Einweihung des Blomberg-Denkmals, in: Berliner Tageblatt vom 20.2.1913. Der Verfasserin liegen weitere Zeitungsartikel aus dem Familienarchiv von Blomberg, Rittergut Nienfeld/Schaumburg, vor. Leider handelt es sich dabei z.T. um Ausschnitte ohne Verweis auf den Namen und die Ausgabe der Zeitungen von 1913.
[2] Alexander von Blomberg: »Die verhasste Wirklichkeit«. Gedichte (1806-1812). Im Auftrage des Lippischen Heimatbundes, Detmold, Göttingen 1986.
[3] Anton Julius August von Blomberg (4.8.1769-25.2.1842), Regiments-Kommandeur, königlich preußischer Obrist (um 1725-1792); verheiratet mit Eleonore von Petersdorf; zwei Söhne, eine Tochter. Für die Einsicht in den Stammbaum der Familie sowie seine sachkundige Hilfe sei Freiherrn Otto von Blomberg gedankt.
[4] BA/MA, Nachlaß Seeckt, R 25/219, handschriftlicher Entwurf Seeckts.
[5] Blomberg, Erinnerungen Bd. II, S. 102; Bd. 4, S. 91.
[6] Vgl. auch die Untersuchung von Ulrich Böckling, ders.: Disziplin. Soziologie und Geschichte militärischer Gehorsamsproduktion, München 1997.
[7] Blomberg, Erinnerungen Bd.V, S. 84.
[8] Moll, Otto E.: Die deutschen Generalfeldmarschälle 1935-1945, Rastatt, Baden 1962, S. 9.
[9] In der Presse bezeichnete Blomberg später einmal Bücher als seine »besten Freunde«. Vgl. Droste Geschichtskalendarium. Chronik deutscher Zeitgeschichte. Politik – Wirtschaft – Kultur, Band 2.1: Overesch, Manfred, Saal, Friedrich Wilhelm: Das Dritte Reich. 1933-1939, Düsseldorf 1982, [zit. DGK], siehe auch Blomberg, Notizen, S. 1.
[10] Moll, Feldmarschälle, S. 9.
[11] Dodd, Martha: Through Embassy Eyes, New York 1939, S. 76. Zu Blombergs Erscheinung und Auftreten vgl. auch Henderson, Neville: Failure of a Mission, Berlin 1937-1939, New York 1940, S. 40f.
[12] Wheeler-Bennett, Nemesis, S. 295.
[13] Ab 1.1.1899 war Blomberg Leutnant. Vgl. BA-MA, Akte WO 2-42/9; vgl. auch Bradley, Dermot, Hildebrand, Karl Dietrich (Hg.): Die Generale des Heeres 1921-1945, Bd. 2, Osnabrück 1993.
[14] Blomberg, Erinnerungen, Bd. II, S. 8.
[15] Charlotte Klementine Hellmich (geboren in Danzig), vgl. Gotha, S. 57.
[16] Blomberg, Erinnerungen, Bd. II, S. 20.
[17] Ebd., S. 70.
[18] Nach der Jahrhundertwende wurden kaum noch Offiziere ohne Akademieausbildung in den Generalstab versetzt. Zur Generalstabsausbildung nach 1870 vgl. etwa: Ludendorff, Erich: Mein militärischer Werdegang, München 1942, S. 27-35; Über das preußisch-deutsche Generalstabssystem: Millotat, Christian: Das preußisch-deutsche Generalstabssystem: Wurzeln – Entwicklung – Fortwirken, Zürich 2000; auch Ropp, Theodore: War in the Modern World, Durham, New York 1959, S. 137. Vgl. Dupuy, Trevor N.: A Genius for War. The German Army and General Staff 1807-1945, London 1977, S. 48.
[19] Blomberg, Erinnerungen, Bd. I, S. 350.
[20] Vgl. die Unterlagen zum Schlieffen-Plan im Nachlaß Schlieffens in: BA/MA, Sig. 43.
[21] Zur Forschungskontroverse vgl. Holmes, Terence M.: Der Schlieffenplan des Friedrich von Bernhardi: Zur Beilegung eines mythischen Streitfalls, in: Militärgeschichtliche Zeitschrift 63 (2004) 2, S. 430-443. Vom 30.9.-1.10.2004 fand am Militärgeschichtlichen Forschungsamt in Potsdam eine

internationale Fachtagung unter dem Titel »Schlieffenplan. Realität und Mythos deutscher Aufmarschplanungen im Westen vor 1914 im internationalen Kontext« statt. Die Referate und die Diskussion, besonders um die streitbaren Thesen des britischen Autors Terence Zuber, zeigten, daß die Frage »Schlieffenplan – Mythos oder Realität« bis heute nicht wirklich zu beantworten ist. Vgl. auch Zuber, Terence: Inventing the Schlieffen Plan. German War Planning 1871-1914, Oxford 2000 sowie den Klassiker von Gerhard Ritter: Der Schlieffenplan, München 1956; Wallach, Jehuda, Das Dogma der Vernichtungsschlacht. Die Lehren von Clausewitz und Schlieffen und ihre Wirkung im Zweiten Weltkrieg, Frankfurt a.M. 1967.

22 Ropp, War, S. 137. Dupuy, A Genius for War, S. 48.

23 Blomberg, Erinnerungen, Bd. II, S. 4.

24 Ropp, War, S. 137.

25 Blomberg, Erinnerungen, Bd. II, S. 70.

26 Ebd., S. 1-8.

27 Blombergs jüngste Tochter, Dorothee wurde während des Krieges, am 28.6.1917, geboren. Vgl. Genealogisches Handbuch des Adels, Bd. 86, Adelige Häuser B, Bd. XVI, Limburg an der Lahe 1985, S.99f.

28 Blomberg, Erinnerungen, Bd. I, S. 4f.

29 Ebd., S.1.

30 Die Tagebücher des Jopseph Goebbels, hg. von Fröhlich, Elke, Teil I, Bd. 4, 3.-11.1937, München 2000, bearb. von Fröhlich, Elke, zit. S. 183 und 202.

31 Vgl. Salewski, Michael: Der Erste Weltkrieg, Paderborn 2004; Chickering, Roger: Das Deutsche Reich und der Erste Weltkrieg; München 2002; Enzyklopädie Erster Weltkrieg, hg. von: Hirschfeld, Gerhard; Krumeich, Gerd u.a., Paderborn 2003; Erster Weltkrieg – Zweiter Weltkrieg. Ein Vergleich: Krieg, Kriegserlebnis, Kriegserfahrung in Deutschland, hg. von Thoss, Bruno; Volkmann, Hans-Erich, Paderborn 2002; Der Erste Weltkrieg. Wirkung, Wahrnehmung, Analyse, hg. von Michalka, Wolfgang, München 1994; zu den veränderten Bedingungen des Krieges siehe auch Geyer, Aufrüstung, S. 463-471. Vgl. auch die Website zur Ausstellung »Der Erste Weltkrieg. Ereignis und Erinnerung«, die 2004 im Deutschen Historischen Museum Berlin gezeigt wurde: http://www.dhm.de/ausstellungen/der-erste-weltkrieg/ausstellung.html. Zur historiographischen Erforschung von Kriegserfahrungen methodisch-theoretisch: Buschmann, Nikolaus, Carl, Horst (Hg.): Die Erfahrung des Krieges. Erfahrungsgeschichtliche Perspektiven von der Französischen Revolution bis zum Zweiten Weltkrieg, Paderborn 2001, S. 261-271.

32 Blomberg, Erinnerungen, Bd. II, S. 487ff.

33 Ebd., S. 41f.

34 Der Begriff *Reichswehr* bezeichnet eigentlich die gesamten Streitkräfte der Weimarer Republik; genau genommen ist jedoch zwischen den Landstreitkräften (Reichsheer) und den Seestreitkräften (Reichsmarine) zu unterscheiden. Wenn Mißverständnisse ausgeschlossen sind, darf im folgenden in Anlehnung an die Sprachgewohnheiten jener Jahre auch das *Reichsheer* als *Reichswehr* bezeichnet werden.

35 In einer Blomberg-Kurzbiographie von Otto Moll heißt es fälschlich, der General habe bei Gorlice und Lemberg gekämpft – wie auch einige andere Aussagen Molls in Bezug auf Blomberg unzutreffend sind; vgl. Moll, Generalfeldmarschälle, S. 9.

36 Vgl. Blomberg, Werner (Oberstleutnant): Der Damenweg 1917. Deutsche Ruhmestage, in: Hannoverscher Kurier (179) 16.4.1922.

37 Ulrich, Willensmenschen, passim.

38 Blomberg, Erinnerungen, Bd. I, S. 26.

39 Beurteilung des Hauptmann von Blomberg im Stabe der 19. Reserve-Division 2.8.1914-21.7.1916, erfolgt durch den IIb der 19. Reserve-Division, Major Dennke, Hamburg, in: Nachlaß Blomberg, Privatarchiv Peter von Blomberg (= in Kopie im Archiv der Verf.).

40 Blomberg an das Reichsarchiv Potsdam, Blombergs Nachlaß, Dok. 306/II. Zustand der 19. Res. Div. gegen Ende der Marneschlacht.

41 General von der Schulenburg war langjähriger Chef des Stabes der Heeresgruppe Deutscher Kronprinz; zu Schulenburg vgl. Blomberg, Erinnerungen, Bd. II, S. 12; S. 17-20.

42 Blomberg, Erinnerungen, Bd. II, S. 26.

43 Ebd., Bd. III, S. 60f; S. 68; S. 78.

44 Vgl. Kap. I.4. der vorliegenden Arbeit.

[45] Mit der Verleihung des Pour le Mérite für militärische oder zivile Verdienste ging eine hohe gesellschaftliche Anerkennung einher. Seit dem Siebenjährigen Krieg diente der Orden ausschließlich der Ehrung von Offizieren. Zunächst äußerst selten, wurde der Pour le Mérite im 19. Jahrhundert häufiger verliehen. Von den 704 Verleihungen unter Kaiser Wilhelm II. fielen 687 in die Zeit des Ersten Weltkrieges. Mit der Revolution von 1918/19 und dem Ende der preußischen Monarchie entfiel die Militärauszeichnung, die insgesamt 5430 mal verliehen wurde; zit. nach der Website des DHM, Berlin, http://www.dhm.de/lemo/html/kaiserreich/innenpolitik/merite/index.html.

[46] Blomberg, Erinnerungen, Bd. III, S. 43.

[47] Der Friede von Hubertusburg wurde zwischen Preußen und Österreich zur Beendigung des 3. Schlesischen Krieges bzw. des Siebenjährigen Krieges geschlossen; er zeigte, daß Preußen sich endgültig als europäische Großmacht etabliert hatte.

[48] Zur Rückkehr des Westheeres vgl. Erfurth, Generalstab, S. 16ff.

[49] Blomberg, Erinnerungen, Bd. III, S. 49f.

[50] Schivelbusch, Wolfgang: Die Kultur der Niederlage. Der amerikanische Süden 1865, Frankreich 1871, Deutschland 1918, Berlin 2001; siehe auch: Schulze, Hagen: Weimar, Deutschland 1917-1933, Berlin 1987, zu Versailles als Symbol: S. 201ff.

[51] Major Joachim von Stülpnagel an Hans von Seeckt, Juni 1919, zit. nach Carsten, Reichswehr und Politik, S. 30.

[52] Der Friedensvertrag von Versailles nebst Schlußprotokoll und Rheinlandstatus, Berlin 1925 (amtlicher deutscher Text). Vgl. Salewski, Michael: Entwaffnung und Militärkontrolle in Deutschland 1919 bis 1927, München 1966; Heideking, Jürgen: Vom Versailler Vertrag zur Genfer Abrüstungskonferenz. Das Scheitern der interalliierten Militärkontrollpolitik gegenüber Deutschland nach dem Ersten Weltkrieg, in: Militärgeschichtliche Mitteilungen 28 (1980), S. 48-68; Sauer, Reichswehr, S. 212; Berber, Fritz: Das Diktat von Versailles, Entstehung – Inhalt – Zerfall (= Veröffentlichungen des Deutschen Instituts für Außenpolitische Forschung, Bd. 3), Essen 1939.

[53] Zu Versailles als »Deutscher Erinnerungsort« vgl.: Schulze, Hagen: Versailles, in: ders. und Francois, Etienne (Hg.): Deutsche Erinnerungsorte, 3 Bde., München 2001, Bd. 1, S. 407-422; Salewski, Michael: Das Weimarer Revisionssyndrom, in: Aus Politik und Zeitgeschichte. Beilage zur Wochenzeitung Das Parlament, 2 B 2/1980; Versailles 1919: Ziele, Wirkung – Wahrnehmung, hg. von Krumeich, Gerd / in Zusammenarbeit mit Fehlemann, Silke, Essen 2001.

[54] Blomberg, Erinnerungen, Bd. II, S. 48ff.

[55] Ebd., S. 9.

[56] Ebd., S. 1-19; S. 112f.

[57] Ebd., passim, vgl. Bd. III, S. 58.

[58] Ebd., Bd. III, S. 58, Bd. II, S. 151, S. 171; Bd. III, S. 16; vgl. auch Guderian, Erinnerungen, S. 23.

[59] Blomberg, Erinnerungen, Bd. III, S. 49f.

[60] Ebd., Bd. II, S. 50f.

[61] Ebd., Bd. III, S. 50; S. 60. Zu den Freikorps: Gordon, Reichswehr; Schulze, Hagen: Freikorps und Republik. 1918-1920, Boppard am Rhein 1969 (= Militärgeschichtliche Studien, Bd. 8); ders.: Weimar, S. 110; Mohler, Armin: Die Konservative Revolution in Deutschland 1918-1932, ein Handbuch, Darmstadt [4]1994, S. 40-44. Das Buch, welches die Stimmung innerhalb der Freikorps am besten wiedergibt, ist Salomon, Ernst von: Die Geächteten, Berlin 1930.

[62] Rabenau, Hans von Seeckt, Leipzig 1940, S. 458f.; S. 460. Während der überwiegenden Zeit seiner Laufbahn wurde Generaloberst Seeckt vom Disziplinmangel der Freikorps geplagt. Im Kapp-Putsch 1920 und im Hitler-Putsch 1923 versuchten einige der Freikorps, die Regierung zu stürzen. 1920 und 1923 verursachten sie Meuterei innerhalb der Armee. Seeckts Einstellung zu den Freikorps wird deutlich in: ders.: Freikorps und Reichswehr, in: Deutsche Tageszeitung, 16.5.1928.

[63] Blomberg, Erinnerungen, Bd. II, S. 50f; S. 60f.

[64] Über den Reichswehrausschuß und seine Tätigkeit: Denkschrift des Reichswehrausschusses von Juli 1919 »Über das künftige deutsche Friedensheer«, archiviert in; BA/MA, Sig. RW 1/13, vgl. auch Erfurth, Generalstab, S. 54f. Zum Aufbau des neuen Heeres vgl. auch Markt, Gerald: Geschichte der vorläufigen Reichswehr, des Übergangsheeres, der Freiwilligen-Formationen und der Freikorps 1918-1922, in: BA/MA Sig. MSg. 182.

[65] Erfurth, Generalstab, S. 12; Deist, Wilhelm: Ideologisierte Kriegführung. Deutschland 1918-1945, in: ders.: Militär, Staat, Gesellschaft, Studien zur preußisch-deutschen Militärgeschichte, München 1991, S. 385-431, hier S. 395; Görlitz, Generalstab, S. 222; S. 234f.; S. 340.

[66] Blomberg, Erinnerungen, Bd. III, S. 51.
[67] Ebd., S. 58f.
[68] Ebd., S. 14.
[69] Ebd., S. 16.
[70] Ebd., Bd. II, S. 12; S. 37.
[71] Ebd., S. 12; S. 37.
[72] Ebd., S. 42.
[73] Ebd., S. 13-16; S. 36ff.; Bd. III, S. 9; S. 16.
[74] Wallach, Dogma, führt aus, daß viele Historiker und Schriftsteller Moltkes Fähigkeiten und Qualitäten herabsetzten, um Schlieffens Plan von jeglicher Schuld am verlorenen Krieg »freizusprechen«. Eben jener Plan sei, so sah es der Generalfeldmarschall von Hindenburg, der »Verwässerung« durch Moltke zum Opfer gefallen; Hindenburg, Paul von: Aus meinem Leben, Leipzig 1920, S. 118, zit. nach Wallach, Dogma, S. 129f.
[75] Delbrück, Hans: in: Berliner Tageblatt 4 (1923). Der Major Karl Meyer rief gar zum Kreuzzug gegen den Schlieffenschen Geist auf, vgl. ders.: Wider dem Schlieffenschen Geist, in: Zeitschrift für Politik (5) 1925, S. 45ff.; eine Erwiderung zu Meyers Essay findet sich in: Militär-Wochenblatt, Jg. 109 (1925) 44, Sp. 1370-1373.
[76] Wallach, Dogma, S. 314.
[77] Boetticher, Friedrich von: Der Lehrmeister des neuzeitlichen Krieges, in: Cochenhausen, Friedrich von (hg. auf Veranlassung des Reichswehrministeriums): Von Scharnhorst zu Schlieffen. 1806-1906. Hundert Jahre preußisch-deutscher Generalstab, Berlin 1933, S. 249-320, zit. S. 314. Werner Freiherr von Fritsch in einem Vorwort der Neuauflage von Schlieffens »Cannae«, Berlin 1936.
[78] Ein Dr. H. Kania prägte um 1915 den Ausdruck »Schlieffen-Schule«, vgl. Wallach, Dogma, S. 306.
[79] Wallach, Dogma. Grundsätzlich anderer Ansicht als Wallach ist Hans Meier-Welcker, der in einem Aufsatz über Schlieffen behauptet: »in der Tat hat Schlieffens Grundidee im Ganzen gesehen in der Kriegswirklichkeit keine Schule gemacht«, vgl. ders.: Alfred Graf von Schlieffen, in: Hahlweg, Werner (Hg.): Klassiker der Kriegskunst, Darmstadt 1960, S. 349. Martin Kitchen überspitzt Wallachs These sehr; vgl. dazu: ders.: Traditions of German Strategic Thought, in: International History Review, 1,2 (April 1979), S. 172f.
[80] Wallach, Dogma, S. 309ff.; vgl. ebd., Kapitel 12, hier findet sich eine umfassende Liste von Arbeiten von Schlieffen-Schülern, S. 224-225.
[81] Pöhlmann, Markus: Kriegsgeschichte und Geschichtspolitik: Der Erste Weltkrieg. Die amtliche deutsche Militärgeschichtsschreibung 1914-1956, Paderborn 2002. Vgl. dazu die Online-Rezension von Jahr, Christoph, in: sehepunkte 2 (2002), Nr. 12 [15.12.2002], http://www.sehepunkte.historicum.net/2002/12/350674481x.html. Dieser schreibt, in der Geschichte des Reichsarchivs spiegele sich »das Werden und Scheitern der Weimarer Republik« wieder.
[82] Vgl. den durch Blomberg beantworteten Interviewbogen des Reichsarchivs, in: Archiv der Familie von Blomberg, Militärische Schriften und Verfügungen des Generals (= in Kopie im Archiv der Verfasserin).
[83] Blomberg fragt: »Wie aber steht es damit, ob man aus der Kriegsgeschichte, außer dem Bildungswissen, viel lernen kann? Friedrich der Große, Napoleon I., Moltke und Schlieffen forderten oft das Studium der Kriegsgeschichte als unerläßlich zur Formung des militärischen Führers, des Feldherrn. Ich selber zweifele, ob solches nicht vielfach überschätzt wird. Das soldatische Führertum ist eine Kunst und ein Ausfluß des Charakters, es ist kaum Wissenschaft oder Technik. Die Kriegsgeschichte kann dazu beitragen, den Führer zu formen, sein Urteil zu bilden, seinen Charakter zu entwickeln, sie kann aber nicht ihm Regeln und Rezepte an die Hand geben. Man kann nicht durch das Studium der Kriegsgeschichte allein oder nur vorzugsweise ein soldatischer Führer von einiger Kompetenz werden. Man geht in jeden Krieg mit Auffassungen, die schnell durch das Geschehen umgestoßen werden, denn jeder Krieg stellt sich als Neuland dar. Kriegsgeschichtliche Beispiele nützen dabei nicht viel. Die Kriegsgeschichte hat ihren Dienst getan, wenn sie den Feldherren innerlich vorbereitet hat und seinen Geist beweglich und anpassungsfähig gemacht oder so belassen hat«, zit.: Erinnerungen, Bd. II, S. 18. Zum Reichsarchiv vgl. ebd., S. 16f.
[84] Groener bezeichnete Schlieffen als den »einzigen Feldherrn und Staatsmann, den Deutschland seit Bismarck hatte« (so in einem Brief an seine Frau, Kiev 12.10.1918); zit. nach Hürter, Johannes: Wilhelm Groener. Reichswehrminister am Ende der Weimarer Republik (1928-1932), München 1993 (= Beiträge zur Militärgeschichte, Bd. 39), hier S. 8, Anm. 16. Obschon Seeckt ein Bewunderer

Moltkes und Schlieffens war und beide regelmäßig zitierte [Nach seinem Ausscheiden aus der Armee schrieb er ein Buch mit dem Titel *Moltke. Ein Vorbild* (Berlin 1930), in den *Gedanken eines Soldaten* veröffentlicht er ein Loblied auf Schlieffen (S. 35f.)], wich er stark ab von Schlieffens Vorstellungen über Armeeorganisation, Strategie und Taktik.

[85] Wallach, Dogma, S. 311.

[86] Militär-Wochenblatt, Jg. 108 (1923) 33, Sp. 705-708; siehe auch Wallach, Dogma, S. 314.

[87] zit. nach Wallach, Dogma, S. 315.

[88] Kuhl, Hermann von: Schlieffens Cannae, in: Militär-Wochenblatt, Jg. 109 (1924) 16, Sp. 418f.

[89] Wallach, Dogma, S. 210.

[90] Ebd., S. 115f.

[91] So Hoffmann Nickerson in: ders.: The Armed Horde, New York 1940, S. 202.

[92] Blomberg, Erinnerungen, Bd. II, S. 18; S. 40.

[93] Ebd., S. 47.

[94] Ebd., S. 20.

[95] Ebd., S. 18.

[96] Liddell Hart, Basil: The Memoirs of Captain Liddell Hart, 2 Bde., London 1965, Bd. 1, S. 29.

[97] Blomberg, Erinnerungen, Bd. II, S. 18.; vgl. auch ebd., Bd. III, S. 126.

[98] Reichswehrübungsreise Elbe 1926/27, in: BA/MA, Sig. W-10-1/4.

[99] Walther Reinhardt (1872-1930), Sohn eines württembergischen Offiziers, 1904 Hauptmann im Generalstab, dem er, abgesehen von einem zweijährigen Dienst als Kompaniechef in Ludwigsburg, seitdem angehörte. 1915 Stabschef des XIII. Armeekorps, 1916 Stabschef des XVII. Armeekorps an der Somme, dann Stabschef der 11. Armee. Am 4.11.1918 wurde der württembergische Oberst wegen seiner bedeutenden organisatorischen Fähigkeiten in das Preußische Kriegsministerium als Departementsdirektor für die Demobilmachung mit dem Rang eines Divisionskommandeurs versetzt. Vom 3.1.1919 bis zum September 1919 amtierte Reinhardt als letzter preußischer Kriegsminister; im Oktober 1919 wurde er, noch als Oberst, erster Chef der Heeresleitung des Reichsheeres. Nach dem Kapp-Lüttwitz-Putsch schloß sich der Generalmajor dem Rücktritt des Reichswehrministers Noske an, blieb aber im Dienst und führte zunächst als Inspekteur die Übungsbrigade Döberitz. Am 16. Mai 1920 wurde Reinhardt zum Befehlshaber im Wehrkreiskommando V (Stuttgart) ernannt und übernahm als Generalleutnant am 1.10.1920 das Kommando über die 5. Division. Am 1.1.1925 wurde er Oberbefehlshaber des Reichswehr-Gruppenkommandos 2 in Kassel. Beim Abgang seines Nachfolgers als Chef der Heeresleitung, Generaloberst von Seeckt, im Jahre 1926 wurde der Gen. der Inf. in der Neubesetzung der Stellen übergangen. Reinhardt verzichtete aus Loyalität zur Reichswehr darauf, sofort um seinen Abschied einzukommen, und verblieb noch ein Jahr im Dienst. Zum 31. 12.1927 schied er aus dem aktiven Dienst aus. Zur Biographie Reinhardts vgl. die Lebensbeschreibung seines Bruders (Generalleutnant) Ernst Reinhardt, in: ders. (Hg.): Walther Reinhardt. Wehrkraft und Wehrwille, Berlin, 1932, S.1-26; ferner: Handbuch zur deutschen Militärgeschichte 1648-1939, hg. vom Militärgeschichtlichen Forschungsamt durch: Meier-Welcker, Hans; Groote, Wolfgang von, Bd. VI, Reichswehr und Republik (1918-1939), Wohlfeil, Rainer: Heer und Republik; Matuschka, Edgar Graf von: Organisation des Reichsheeres, Frankfurt a. M. 1970, S. 61.

[100] So bezeichnet ihn James Corum in einer ausgezeichneten Studie über Seeckt, die einen Überblick über die unterschiedlichen militärischen Strömungen innerhalb der Reichswehr bietet; vgl.: Corum, James: The Roots of Blitzkrieg. Hans von Seeckt and German Military Reform, Kansas 1992, S. 55.

[101] Vgl. Blomberg, Tagebuch, S. 41; S. 59. Walther Reinhardts militärisches Gedankengebäude wird in der nach seinem Tod 1930 von seinem Bruder Ernst herausgegebenen Aufsatzsammlung *Wehrkraft und Wehrwille* skizziert (Berlin 1930); vgl. auch Ernst, Fritz: Aus dem Nachlaß General Walther Reinhardts, Stuttgart 1958 und den Nachlaß Walther Reinhardts, in: BA/MA (N 86), Kopie: M 660 aus dem Reinhardt-Nachlaß im Heeresarchiv Stuttgart. Besonders: N 86/25, Tätigkeit W. Reinhardts als Kommandeur der Lehrbrigade Döberitz, Berichte, Befehle, Referate; N86/27, Tätigkeit als Befehlshaber des Wehrkreiskommandos V; N 86/30, Reden, Aufsätze und Veröffentlichungen; N 86/31, Korrespondenz mit General Werner von Blomberg; N 86/47, Unser heutiges deutsches Wehrwesen im Lichte der geschichtlichen Entwicklung, Vortrag vom 11.2.1930; N 86/58.

[102] Corum, Roots of Blitzkrieg, S. 55, vgl. auch Reinhardt, Wehrkraft und Wehrwille, S. 47; S. 56. Seeckt und seine militärischen Theorien werden in *Wehrkraft und Wehrwille* wiederholt namentlich

angegriffen. Seeckts Versuche, den traditionellen Generalstab beizubehalten, werden dabei ebenso kritisiert wie sein Konzept einer Elitearmee; vgl. Reinhardt, Wehrkraft und Wehrwille, S. 20f; S. 51f. und S. 167.

[103] Blomberg, Erinnerungen, Bd. II, S. 72f; S. 86f. Auch Reinhardt sah in Blomberg einen seiner treuesten Mitarbeiter, der ihm besonders nahe stand, vgl. Reinhardt, Wehrkraft und Wehrwille, S. 15. Das bezeugt auch Otto Gessler: Reichswehrpolitik in der Weimarer Zeit, Stuttgart 1958, S. 306.

[104] Blomberg, Erinnerungen, Bd. II, S. 21; S. 79.

[105] Ebd., Bd. III, S. 60f; S. 68; S. 78.

[106] Ebd., S. 21; S. 25; S. 72f.

[107] Reinhardt, Wehrkraft und Wehrwille, S. 13ff; Reinhardt hatte nicht ausschließlich auf dem westlichen Kriegsschauplatz gedient. Sein Blickwinkel wurde erweitert durch in Polen und Mazedonien gesammelte Erfahrungen.

[108] Corum, Roots of Blitzkrieg, S. 55. Reinhardt wird für Corum zum Vorreiter der *defensiven Schule* innerhalb des Heeres; dazu auch Reinhardt, Wehrkraft und Wehrwille, S. 47; S. 56f.

[109] Reinhardt, Wehrkraft und Wehrwille, S. 14.

[110] Über das Prinzip einer lang anhaltenden Defensive in den Überlegungen der französischen Militärs: Young, Robert J.: La guerre de longue durée, in: Preston, Adrian (Hg.): General Staffs and Diplomacy before the Second World War, London 1978, S. 41-64; grundsätzlich auch: Marill, Jean-Marc: La doctrin e Militaire Française entre les deux guerres, in: Revue Historique des Armeés 1991 (3), S. 24-34.

[111] Reinhardt, Wehrkraft, S. 152f.

[112] Rosinski, Deutsche Armee, S. 218f.; Corum, Roots of Blitzkrieg, S. 56.

[113] Reinhardt, Wehrkraft, S. 103f.

[114] Ebd., S 167.

[115] Carsten, Reichswehr, S. 100-103; Erfurth, Generalstab, S. 60.

[116] Reinhardt, Wehrkraft, S. 19; Carsten, Reichswehr, S. 46ff; Blomberg, Tagebuch, S. 4.

[117] Blomberg, Erinnerungen, Bd. II, S. 65. Zu Reinhardts organisatorischen Vorbildern gehörten Roon und Scharnhorst, vgl. ders, Wehrkraft, S. 48; zu Scharnhorst und Roon als Neuschöpfer des Heerwesens, ebd., S. 50f. Auch Haeseler und von der Goltz waren für Reinhardt in militärischer Hinsicht prägend, ebd., S. 37; S. 51.

[118] Diese Sichtweise auf Blomberg wird von Norbert Huebsch, Politicisation, S. 9, geteilt; vgl. dazu auch Keitel, Wilhelm: Verbrecher oder Offizier? Erinnerungen, Briefe, Dokumente des Chefs OKW, hg. von: Görlitz, Walter, Berlin, Frankfurt a. M., Göttingen 1961, S. 82ff.

[119] Diese Reserve erhielt die Befehle über ihre Verwendung direkt von der Heeresleitung; bezüglich Verwaltung und Unterbringung war sie dem Wehrkreis III unterstellt. Man kann die Brigade Döberitz nicht als »Parteitruppe« verstehen. Sie war eine rein militärische Lehrtruppe.

[120] Formierung einer Brigade in Döberitz, Verfügung des Reichswehrministers und des Chefs der Heeresleitung, Seeckt, Reichswehrministerium, HL, Nr. 1473. 4.20, T1, T2, Berlin den 18.4.1920, Nachlaß Reinhardt.

[121] Brigadebefehle der Lehrbrigade Döberitz, 5. und 12.5.1920, Nachlaß Reinhardt: Die Tätigkeit der Lehrbrigade Döberitz (Mai-Juli 1920) und die bei ihr gemachten Erfahrungen von allgemeiner Bedeutung.

[122] Reinhardt, Wehrkraft, S. 22. Zum Beispiel war neu, daß die Führer *aller* Dienstgrade in Döberitz Gelegenheit bekamen, ihre Ansichten über Ausbildungsfragen zu äußern, vgl.: Die Tätigkeit der Lehrbrigade Döberitz (Mai-Juli 1920), Nachlaß Reinhardt, S. 9.

[123] Blomberg, Erinnerungen, Bd. III, S. 66f.; S. 79.

[124] Blomberg schildert die Stimmung in Döberitz sehr positiv in seinen Erinnerungen, Bd. III, S. 66f. Ganz anders äußert sich Reinhardt über den »Geist von Döberitz«, vgl. dessen Abschiedsbotschaft an die Brigade Döberitz: »An meine Kameraden von der Lehrbrigade!«, April 1922, S. 2ff., in: Nlß. Reinhardt.

[125] Nachlaß Reinhardt, Vorträge über Manneszucht im Heer, in ders.: Wehrkraft und Wehrwille, S. 39; 46ff.

[126] Nähere Informationen über das Wesen der Reinhardt-Kurse gibt Detlef Bald: Der deutsche Generalstab 1859-1939. Reform und Restauration in Ausbildung und Bildung, München 1977 (= Berichte des Sozialwissenschaftlichen Instituts der Bundeswehr, Heft 7), hier S. 79f; ders.: Zur Reform der Generalstabsausbildung in der Weimarer Republik: Die Reinhardt-Kurse, in ders. (Hg.):

Militärische Verantwortung in Staat und Gesellschaft. 175 Jahre Generalstabsausbildung in Deutschland, Koblenz 1986, S. 109ff. Bald verwechselt hier allerdings die Reinhardt-Kurse mit den »R-Lehrgängen«, die im letzten Jahr der getarnten Kriegsakademieausbildung in Berlin jahrelang unter der Leitung des späteren Generaloberst Hans-Georg Reinhardt stattfanden.

[127] Görlitz, Generalstab, S. 246.

[128] Über Blombergs Reise in die USA vgl. Kap. IV.4.

[129] Bald, Generalstab, S. 47.

[130] Faber du Faur, Moritz: Macht und Ohnmacht, Stuttgart 1953, S. 77 und S. 196; siehe auch Rosinski, Deutsche Armee, S. 172 und S. 219. Beide Autoren sind sich sicher, daß sich die Reichswehr politisch anders entwickelt hätte, wenn Reinhardt Chef geblieben wäre. Das mag stimmen; Reinhardt war allerdings zu unpopulär beim Generalstab und Offizierskorps, um ein effektiver Kommandeur zu sein. Dazu auch Carsten, Reichswehr, S. 116.

[131] Görlitz, Generalstab, S. 320; Carsten, Reichswehr, S. 119 und Anm. 19, ebd., S. 459. Seeckts Adjutant erinnert sich:« (...) speziell eines Falles, wo Oberst Reinhardt bewußt brechen wollte mit den Traditionen der alten Armee, indem er neue Bezeichnungen für die einzelnen Einheiten einzuführen beabsichtigte. Seeckt lehnte dies aufs Entschiedenste ab«; zit. bei Carsten, Reichswehr, S. 56f.; vgl. auch ebd. S. 61; S. 453; S. 459; Craig, Preußische Armee, S. 383.

[132] Carsten, S. 63; S. 119f.; Erfurth, Generalstab, S. 60f.; S. 130.

[133] Blomberg, Tagebuch, S. 55.

[134] Ebd., S. 5ff.

[135] Zur Maxime des unpolitischen Soldaten vgl. Möllers, Heiner: Reichswehrminister Otto Geßler. Eine Studie zu »unpolitischer Militärpolitik« in der Weimarer Republik, Frankfurt a.M. 1998.

[136] Vgl. Ausgewählte Dokumente zur Geschichte des Nationalsozialismus 1933-1945, hg. von Jacobsen, Hans Adolf; Jochmann, Werner, Bielefeld 1961f. (= Arbeitsblätter für politische und soziale Bildung), Dokument A (XI), Ausführungen des Reichswehrministers am 1.6.1933 in Bad Wildungen.

[137] Walter Görlitz behauptet dieses in: Generalstab, S. 375; Kleine Geschichte des Generalstabs, S. 267 ebenso wie in der unveröffentlichten biographischen Skizze von Werner von Blomberg, in: Nachlaß Walter Görlitz, BA/MA, N7/ 53/15, Bd. 13, S. 3. Görlitz begründet seine Behauptung, die auch Waldemar Erfurth (Generalstab, S. 128) aufnimmt, allerdings nicht.

[138] Zit. nach Ernst, aus dem Nachlaß Reinhardt, S. 57.

[139] Blomberg fährt relativierend fort: »Ich betone, daß diese mit den Augen eines Norddeutschen altpreußischer Herkunft gesehen ist. Und was bedeuten diese kleinen, vielleicht kleinlichen Einwendungen gegenüber den großen Eigenschaften und dem ausgezeichneten Können dieses auserlesenen Offiziers«; ders., Erinnerungen, Bd. III, S. 21.

[140] Der Begriff »Junge Armee« wurde geprägt von Kurt Hesse. Der Militärschriftsteller, der Blombergs Denken beeinflußte, schrieb 1925 ein Buch mit dem Titel *Von der nahen Ära der ›Jungen Armee‹*, Berlin 1925.

[141] Blomberg, Erinnerungen, Bd. II, S. 16. Diesen ideologiegeschichtlichen Aspekt der Reichswehrgeschichte hat die Geschichtswissenschaft – nach ersten Ansätzen in den Arbeiten Wolfgang Sauers zwanzig Jahre zuvor – seit Anfang der siebziger Jahre in seiner Bedeutung erkannt. Den grundlegenden Forschungen von Michael Geyer und ihrer Paraphrasierung durch Hillgruber (ders.: Großmachtpolitik und Militarismus im 20. Jahrhundert, Düsseldorf 1974) folgten die Arbeiten von Ernst Willy Hansen: Reichswehr und Industrie. Rüstungswirtschaftliche Zusammenarbeit und wirtschaftliche Mobilmachungsvorbereitungen 1923-1932, Boppard am Rhein 1978 (= Militärgeschichtliche Studien, hg. vom Militärgeschichtlichen Forschungsamt, Bd. 24); Wilhelm Deist und Michael Salewski. Vgl. auch: Kroener, Bernhard: Generationserfahrung und Elitewechsel. Strukturveränderungen im deutschen Offizierkorps 1933-1945, in: Eliten in Deutschland und Frankreich, hg. von: Hudemann, Rainer, Soutou, Georges-Henri, Bd. 1, S. 219-233; ders.: Strukturelle Veränderungen in der militärischen Gesellschaft des Dritten Reiches, in: Nationalsozialismus und Modernisierung, hg. von: Prinz, Michael und Zittelmann, Rainer, Darmstadt 1991; Deist, Wilhelm: The Road to Ideological War: Germany 1918-1945, in: The Making of Strategy. Rulers, States and War, hg. von: Murray, Williamson; Knox, Macgregor; Bernstein, Alvin, Cambridge 1994, S. 352-393 (= ders.: Ideologisierte Kriegführung, wie oben zit.); ders.: Die Reichswehr und der Krieg der Zukunft, in: Militärgeschichtliche Mitteilungen (1989); vgl. auch Geyer, Aufrüstung, S. 76-112; Hürter, Groener, S. 240, Anm. 139; Deist, Aufrüstung, S. 37. Klaus Jürgen Müller sieht in der An-

nahme, es habe ein Generationszwiespalt im deutschen Heer der Ersten Republik bestanden, eine Art von »optischer Täuschung«. Müller geht davon aus, daß sich die beiden Offiziersgenerationen der Reichswehr – cum grano salis – *nicht* unterschieden, vgl. ders., Heer und Hitler, S. 30f.

142 Vgl. die Aufsätze zu den einzelnen Ländern in: Förster, Stig (Hg.): An der Schwelle zum Totalen Krieg: Die militärische Debatte über den Krieg der Zukunft 1919-1939, Paderborn, München u.a. 2002; siehe auch Deist, Ideologisierte Kriegführung, S. 391; Geyer, Aufrüstung, S. 84, Anm. 39.

143 Mommsen, Hans: Militär und zivile Militarisierung in Deutschland 1914 bis 1938, in: Frevert, Ute (Hg.): Militär und Gesellschaft im 19. und 20. Jahrhundert, Stuttgart 1997; Heider, Paul: Der totale Krieg – seine Vorbereitung durch Reichswehr und Wehrmacht, in: Revue Internationale d' Histoire Militaire (1989) 71, S. 22-43; Deist, Ideologisierte Kriegführung; Geyer, Aufrüstung, S. 3.

144 Vgl. Salewski, Michael: Geist und Technik in Utopie und Wirklichkeit militärischen Denkens im 19. und 20. Jahrhundert, in: Militär und Technik. Wechselbeziehungen zu Staat, Gesellschaft und Industrie im 19. und 20. Jahrhundert, Bonn 1992 (= Vorträge zur Militärgeschichte, hg. vom Militärgeschichtlichen Forschungsamt), S. 73-99. Salewski führt aus, daß es für das Nachdenken über den Krieg typisch ist, daß es sich in der Regel in der Zeitdimension »Zukunft« bewegt. Rückwärtsgewandt würden die Gedanken über den Krieg zur Kriegs- und Militärgeschichte gerinnen. Militärisches Zukunftsdenken ist auch deswegen Utopie, weil es niemals auf die finale Niederlage der eigenen Nation gerichtet ist, sondern ganz im Gegenteil auf deren Behauptung oder Sieg, vgl. ebd., S. 75.

145 Pöhlmann, Markus: Von Versailles nach Armageddon: Totalisierungserfahrungen und Kriegserwartung in deutschen Militärzeitschriften, in: Förster, An der Schwelle zum Totalen Krieg, S. 323-378. Salewski, Geist und Technik, S. 75.

146 Görlitz, Geschichte des Generalstabs, S. 279; Dodd, Through Embassy Eyes, S. 76; Erfurth, Generalstab, S. 129; Forster, Dirk, Legationsrat im Auswärtigem Amt, Aufzeichnungen über eine Truppenamtsreise nach Schlesien, in: Akten zur Deutschen Auswärtigen Politik (zit. ADAP), Serie B, Bd. IX, Dok. 5, S. 7ff.

147 Blomberg, Werner von (Oberstleutnant): Der Damenweg 1917. Deutsche Ruhmestage, in: Hannoverscher Kurier (179) 16. April 1922.

148 Liddell Hart, Basil: Die Strategie einer Diktatur. Aufstieg und Fall deutscher Generale, Zürich 1952, S. 28f.; vgl. auch ders.: German Generals Talk, New York 1952, S. 21f.; zur Charakterisierung Blombergs vgl. auch Erfurth, Geschichte des Generalstabs, S. 169; Foertsch, Hermann: Schuld und Verhängnis. Die Fritsch-Krise im Frühjahr 1938 als Wendepunkt der nationalsozialistischen Zeit, Stuttgart 1951, S. 30; François-Poncet, André: The Fateful Years: Memoirs of a French Ambassador in Berlin, 1931-1938, New York 1949, S. 76; Gisevius, Hans Bernd: Adolf Hitler: Versuch einer Deutung, München 1963, S. 174; Castellan, George: Le Rearmament Clandestine du Reich 1930-1935, Paris 1954, S. 86 und 436; Keitel, Verbrecher oder Offizier, S. 19; S. 21; Hoßbach, Friedrich von: Zwischen Wehrmacht und Hitler 1934-1938, Wolfenbüttel/Hannover 1965, S. 69, S. 82, S. 108f., S. 114f; Manstein, Soldatenleben, S. 172.

149 Erfurth, Generalstab, S. 129; Foertsch, Schuld, S. 30.

150 Die operativen Überlegungen Joachim von Stülpnagels, der in militärischer Hinsicht sehr ähnlich dachte wie Blomberg, seien als ein Beispiel genannt. Im Depot Stülpnagel (BA/MA, Sig. N 5) finden sich in den Memoiren Stülpnagels (75 Jahre meines Lebens. Die Erinnerungen des Joachim von Stülpnagel N 5 (27)) und in seinem Memorandum von 1924, den *Gedanken über den Krieg der Zukunft*, N 5 (10), wichtige Quellen für eine Beschäftigung mit Blombergs militärischen Anschauungen.

151 Vgl. zu den verschiedenen Generationen im deutschen Offizierkorps dieser Zeit: Kroener, Generationserfahrungen; S. 219-233; Kroener stellt hier ein viergliedriges Schema auf; ders.: Strukturelle Veränderungen in der militärischen Gesellschaft des Dritten Reiches, in: Nationalsozialismus und Modernisierung, hg. von: Prinz, Michael; Zittelmann, Rainer, Darmstadt 1991, S. 267-296.

152 Die Reichswehr war in zwei Korps-Hauptquartiere (Berlin und Kassel) und sieben regionale militärische Distrikte (Wehrkreise) eingeteilt. Jeder Kreis unterhielt eine Infanteriedivision, über die ein Wehrkreiskommandeur das operative Kommando hatte. Wehrkreishauptquartiere waren in (numerische Ordnung): Königsberg (I), Stettin (II), Berlin (III), Dresden (IV), Stuttgart (V), Münster/Westfalen (VI) und München (VII). Zusätzlich unterhielt die Reichswehr drei Kavalleriedivisionen mit Hauptquartieren in Frankfurt/Oder, Breslau und Weimar. Siehe auch Müller-Hillebrand, Burkhardt: Das Heer 1933-1945: Entwicklung des organisatorischen Aufbaus, Bd. I, Das Heer bis zum Kriegsbeginn, Darmstadt 1954, S. 14f.

[153] In der Berliner Bendlerstraße lag der Gebäudekomplex des Reichswehrministeriums, der sogenannte Bendlerblock. Die Bendlerstraße steht als Synonym für das Reichswehrministerium.
[154] Blomberg kommentiert die wirtschaftliche Entwicklung Deutschlands in seinem Tagebuch, vgl. ebd., S. 48.
[155] Blomberg, Erinnerungen, Bd. III, S. 71f.
[156] Ebd., S. 79f.
[157] Blomberg, Vortragsnotizen als Chef des Truppenamtes (1928), in: Nachlaß Blomberg, Archiv Peter von Blomberg, in Kopie im Archiv der Verf., S. 2.
[158] Blomberg, Tagebuch, z.B. S. 52, S. 76.
[159] Über die Schwarze Reichswehr existierte bis vor kurzem keine Monographie. Vgl. neuerdings Sauer, Bernhard: Schwarze Reichswehr und Fememorde. Eine Milieustudie zum Rechtsradikalismus in der Weimarer Republik, Berlin 2003; vgl. auch Weißbuch über die Schwarze Reichswehr, hg. von der Liga für Menschenrechte, Berlin 1925; zur Einführung: Wohlfeil, Reichswehr, S. 156ff. Zur Schwarzen Reichswehr die Aussagen Stülpnagels, in: Institut für Zeitgeschichte, Sig. 271/52, ZS 37, Gespräch Foertschs mit General der Infanterie Joachim von Stülpnagel (1952), S. 3ff.
[160] Die subjektive Wahrnehmung von Revolution und Republik war in allen Adelsgruppen durch die Erfahrung eines »Sturzes aus großer Höhe« geprägt. Vgl. Malinowski, Vom König zum Führer, wie einleitend zitiert.
[161] Blomberg, Tagebuch, S. 10; S. 12; S. 48.
[162] Blomberg, Tagebuch, passim (z.B. S. 4f, 68ff., S. 110); Spengler, Oswald: Der Untergang des Abendlandes. Umrisse einer Morphologie der Weltgeschichte, 2 Bde., München [47]1923.
[163] Soldan, George: Der Mensch und die Schlacht der Zukunft, Oldenburg 1925.
[164] Deist, Ideologisierte Kriegführung, S. 392.
[165] Bernhardi, Friedrich von: Vom Krieg der Zukunft, nach den Erfahrungen des Weltkrieges, Berlin 1920.
[166] Blomberg, Tagebuch, S. 1f.
[167] Ludendorff, Erich: Der totale Krieg, München 1935; Wehler, Hans-Ulrich: ›Absoluter‹ und ›totaler‹ Krieg. Von Clausewitz bis Ludendorff, in: Geschichte und Militärgeschichte. Wege der Forschung, hg. von: Gersdorff, Ursula. Mit Unterstützung des Militärgeschichtlichen Forschungsamtes, Frankfurt a.M. 1974, S. 273-313.
[168] Vgl. z.B. Schwarte, Max: Die Kriegstechnik in der Gegenwart, Berlin 1927; ders.: Der Krieg der Zukunft, Leipzig 1931.
[169] Deist, Ideologisierte Kriegführung, S. 392.
[170] Zur »Anatomie der Konservativen Revolution« vgl. Breuer, Stefan: Anatomie der Konservativen Revolution, Darmstadt 1995; ders.: Ordnung und Ungleichheit – die deutsche Rechte im Widerstreit ihrer Ideen 1871-1945, Darmstadt 2001. Zum »Nationalbolschewismus« in seinen verschiedenen Ausprägungen: Mohler, Konservative Revolution, S. 47-53; S. 42.f; S. 46f. Mohler kommt in seiner Aufteilung der konservativen Ideologien, Leitbilder und Gruppierungen zu dem Ergebnis, daß es für den Nationalbolschewismus charakteristisch ist, daß er besonders viele Anhänger unter den sogenannten »Nationalrevolutionären« hatte, die einen neuen, *revolutionären* Typus verkörperten und in der »alten Welt« nicht mehr verwurzelt seien, vgl. ders., S. 40ff.
[171] Grundsätzlich gilt für die Nachkriegszeit, daß das militärische Denken zur Lage des Reiches im Osten beherrscht war von der Existenz Polens. Man sah immer wieder die Gefahren, die gerade in Bezug auf Ostpreußen von Polen ausgingen. Unter solchen Umständen war eine feindliche Haltung gegenüber Rußland überhaupt nicht denkbar, vgl. Wallach, Dogma der Vernichtungsschlacht, S. 344f.
[172] Mohler, Konservative Revolution, S. 51.
[173] Blomberg, Tagebuch, S. 4; S. 112ff.
[174] Zur außenpolitischen Haltung und pro-russischen Orientierung Blombergs vgl. dessen Erinnerungen, Bd. III, S. 68f.
[175] Blomberg, Tagebuch, S. 118ff., vgl. auch ebd. S. 128.
[176] Ebd., S. 19f.
[177] Ders.: Erinnerungen, Bd. II, passim; vgl. auch Huebsch, Politizisation of the Wehrmacht, S. 40.
[178] Schulze, Weimar, S. 47-51; vgl. dazu auch die Schrift von Paul Tillich: Masse und Geist, Berlin 1922.
[179] Der Danziger Ministerpräsident Hermann Rauschning berichtet über ein Gespräch, welches er 1933 mit Blomberg führte. Dieser habe gesagt: »›We need the masses (...) We must go with the ma-

sses‹. Then he began to talk of Russia and his impressions of what he called his study trip there. ›I have seen in Russia what can be got out of the masses. I was not far short of coming home a complete Bolshevist. Anyhow, that trip turned me into a National Socialist‹«, vgl. Rauschning, Men of Chaos, S. 276f; dazu auch Blomberg, Erinnerungen, Bd. II, S. 20.

180 Blomberg, Tagebuch, S. 130f.

181 Le Bon, Gustave: Psychologie des foules, Paris 1895, deutsch: Die Psychologie der Massen, Stuttgart 1973.

182 Freud, Sigmund: Massenpsychologie und Ich-Analyse, Leipzig 1921.

183 Interview mit Dorothee Keitel, die sich daran erinnerte, wie eng die beiden Familien miteinander verbunden waren. Muff, Wolfgang (1880-1947), Generalstabsoffizier der V. Division. Im Ersten Weltkrieg bevollmächtigter Generalstabsoffizier des Feldeisenbahnchefs bei der Zentraltransportabteilung im k. und k. Kriegsministerium in Wien; 1924 Major im 14. Badischen Schützenbataillon; Oberstleutnant und Kommandeur des 14. Badischen Infanterie Regiments. 1925-1927 in der Völkerbundsabteilung des Reichswehrministeriums (Gruppe Heer), 1927; ab 1.2.1928 Chef des Stabes der 3. Kavallerie-Division (Weimar), Oberst; vgl. Kabisch, Ernst: Die Führer des Reichsheeres 1921 und 1931, Stuttgart 1931; Rangliste des deutschen Reichsheeres, bearbeitet im Heeres-Personalamt des Reichswehrministeriums, Berlin 1920-1929.

184 Muff, Wolfgang: Die neuentstehende Welt und der Soldat, in: Militär-Wochenblatt, Jg. 110 (1926) 39, Sp. 1393-1400; ders.: Eine wirtschaftliche Transportleistung im Weltkriege, in: Wissen und Wehr, Jg. 6 (1925), S. 176-193; ders.: Erziehung im Heere, in: Militär-Wochenblatt, Jg. 109 (1926), Nr. 6, S. 202-204; ders.: Für eine Militärpädagogik (I), in: Militär-Wochenblatt, Jg. 108 (1923) 7, Sp. 148-150; (II) in ebd., Nr. 8, Sp. 174-176; ders.: Heroismus und Sinneserfassung, in: Der Leuchter. Weltanschauung und Lebensgestaltung, Jahrbuch der Schule der Weisheit, hg. von: Keyserling, Hermann Graf von, Bd. 4 (Darmstadt) 1923, S. 91-117; ders.: Hinhaltendes Gefecht, in: Militär-Wochenblatt, Jg. 108 (1923) 9, Sp. 198-201; ders.: Soldat und Tradition, in: Wissen und Wehr, Jg. 10 (1929), S. 193-199; ders.: Marschtechnische Fragen und Untersuchungen, Berlin 1924 (= Militärwissenschaftliche Mitteilungen ; Jg. 4, 11/12); ders.: Töten und Sterben. Gedanken eines Soldaten, in: Der Leuchter. Weltanschauung und Lebensgestaltung, Jahrbuch der Schule der Weisheit, hg. von: Keyserling, Hermann Graf von, Bd. 6 (Darmstadt) 1925; ders.: Was muß bleiben im Wandel der Wehrmacht, in: Wehrgedanken. Eine Sammlung wehrpolitischer Aufsätze, hg. von: Cochenhausen, Friedrich Freiherr von, Hamburg 1933, S. 33-48; ders.: Wehrkameradschaft und Geistesgemeinschaft, in: Wissen und Wehr, Jg. 4 (1923), S. 194-200. Zu den später erschienenen Schriften Muffs gehört: Langemarck lebt. Wozu verpflichtet Langemarck!?, Hannover 1941; ders.: Friedrich der Große und England, Berlin 1940.

185 Muff, Für eine Militärpädagogik, II, in: Militär-Wochenblatt, Jg. 108 (1923) 7, Sp. 149.

186 Vgl. den Briefwechsel Keyserling / Muff im Nachlass Keyserling, TU Darmstadt: Briefkonvolut Keyserling, Hermann Graf an Muff, Wolfgang: 27.5.1922-22.5.1935, Signaturergänzung M-3 Standort 168.09. und Briefkonvolut Muff, Wolfgang an Keyserling, Hermann Graf, 29.6.1921-8.2.1945, Signaturergänzung M-3 Standort 168.0. Anhand der Anschriften läßt sich Muffs Werdegang ein Stück weit rekonstruieren.

187 1928 arbeitete Muff im Heereswaffenamt des Reichswehrministeriums eng mit Blomberg zusammen, vgl. ADAP, Serie B, Bd. IX, Dok. Nr. 5, S. 8; auch Kehrig, Attachédienst, S. 56; Blomberg, Erinnerungen, Bd. III, S. 90.

188 Ebd., Erinnerungen, Bd. III, S. 85, S. 89.

189 Muff, für eine Militärpädagogik, III, in: Militär-Wochenblatt, Jg. 108 (1923) 8, Sp. 176.

190 Vgl. Hesses Nachlaß in: BA/MA, N 558. Kurt Hesse (1894-1976), 1913 Fähnrich im Grenadierregiment 5; 1914 Leutnant; 1917 Oberleutnant. 1919 in die Pressestelle des Reichswehrministeriums übernommen, militärpublizistische Tätigkeit und Studium der Volkswirtschaft, Promotion zum Dr. phil. an der Humboldt-Universität Berlin (1924). 1925 Hauptmann, 1929 Ausscheiden aus dem aktiven Dienst, Lehrer an der Kriegsakademie, 1934 Habilitation, Dozentur für Kriegswirtschaft, 1938 Oberstleutnant, verschiedene Tätigkeiten während des Zweiten Weltkrieges, z.B. 1942 Feld-Kommandant Nr. 751 des Departement Seine et Oise, 1944 (August): Führer einer provisorischen Kampfgruppe bei Bovay. 3.9.1944 Gefangennahme bei Maubeuge. Zu Hesse vgl.: Rosen, Kurt von: Kurt Hesse. Konservative Revolution der Wehrpädagogik nach dem Ersten Weltkrieg, Hamburg 1998 (= Führungsakademie der Bundeswehr, Beiträge zu Lehre und Forschung 3/98).

191 Hesse, Kurt: Der Feldherr Psychologos: Ein Suchen nach dem Führer der deutschen Zukunft, Berlin 1922. Hesse analysiert in den ersten sechs Kapiteln psychologisch genau die deutsche Nieder-

lage bei Gumbinnen im August 1914, über die er sich bereits Anfang 1919 in der Zeitschrift Militär-Wochenblatt zu Wort gemeldet hatte (ders.: Das Marne-Drama des 15. Juli 1918. Wahrheiten aus der Front, in: Militär-Wochenblatt 10 Jg. 104 (1919), S. 194; weitere Werke Hesses: Der Triumph des Militarismus, 1923; ders.: Von der nahen Ära der ›Jungen Armee‹, Berlin 1924. Seine Artikel im Militär-Wochenblatt u.a.: Worte an Ernst Jünger, Jg. 109 (1924) 19; über dem Sturm, ebd. 18; Die psychologische Schule, Jg. 108 (1922), 10; über Hesse vgl. auch Deist, Ideologisierte Kriegführung, S. 392f; Görlitz, Generalstab, S. 249; S. 300.

[192] Hesse zitiert oft Freud (Massenpsychologie und Ich-Analyse), z.B. in: Feldherr Psychologos, S. 46f; vgl. auch ders.: Militär-Wochenblatt Jg. 107 (1922) 9, Sp. 160.

[193] Hesse, Feldherr Psychologos, S. 195; ders., in: Militärwochenblatt Jg. 107 (1922) 9, Sp. 157f., ebd. Nr. 10, Sp. 182f.

[194] Blomberg, Erinnerungen, Bd. III S. 69.

[195] Ebd., S. 115; S. 127, Bd. II, S. 74.; Bd. III, S. 112.

[196] Musil, Robert: Der Mann ohne Eigenschaften, hg. von Frisé, Adolf, Hamburg 1952, S. 518ff.

[197] Vgl. Schreiner, Klaus: Sehnsucht nach dem Einen: Politischer Messianismus in der Weimarer Republik, in: Messianismus. Bedeutungs- und Funktionswandel, in: Zwischen Politik und Religion. Studien zur Entstehung, Existenz und Wirkung des Totalitarismus, hg. von: Hildebrand, Klaus (= Schriften des Historischen Kollegs, Kolloquien 59), München 2003, S. 1-45, hier S. 25-35.

[198] Hesse, Feldherr Psychologos, S. 206ff.

[199] Görlitz, Generalstab, S. 300.

[200] Friedrich von Rabenau (1894-1945); 1914 in den Generalstab aufgenommen. Von 1914 bis 1918 bekleidete er verschiedene Generalstabspositionen; 1923 Truppenamt des Reichswehrministeriums (T4); 1923 Major; diente in der T1 von 1924 bis 1926; Generalmajor 1934. 1935 Doktortitel in Philosophie an der Universität Breslau. Chef der Armeearchive (1937), 1939 Kommandeur der 73. Infanterie-Division; schied 1943 aus dem Dienst als General der Artillerie; beendete 1943 seine theologischen Studien und wurde lutherischer Geistlicher (Januar 1944). Im Juli 1944 wurde er wegen Mittäterschaft beim Hitlerattentat verhaftet und ermordet; wahrscheinlich am 11.4.1945 im Konzentrationslager Flossenbürg. Er hatte in der Zwischenkriegszeit mehrere Bücher über Taktik und Militärgeschichte geschrieben, darunter: Die alte Armee und die junge Generation, Berlin 1925; Operative Entschlüsse gegen eine Anzahl überlegener Gegner, Berlin 1935; Hg.: Hans von Seeckt, Aus meinem Leben, 1938; Seeckt: Aus seinem Leben, 1940; Information aus den Rabenau-Papieren, BA/MA, N 62.

[201] Rabenau, Alte Armee.

[202] Ebd., S. 7. Zu Rabenau auch Carsten, Reichswehr, S. 239.

[203] Taysen; Adalbert von: Entspricht die heutige Kampfweise unserer Infanterie der Leistungsfähigkeit eines kurz ausgebildeten Massenheeres? Geheimes Memorandum vom 19.3.1924, in: BA/MA, Sig 12-2/94, S. 221-239, zit. S. 12.

[204] Wetzell, Wilhelm von: Rezension von Hesses Buch: Die alte Armee und die ›Junge Generation‹, in: Militär-Wochenblatt Jg. 108 (1924) 10, Sp. 216.

[205] Zitiert bei Görlitz, Generalstab, S. 334.

[206] Blomberg lernte Leopold Ziegler durch Wolfgang Muff persönlich kennen. Von den Werken, die Steiner und Ziegler in den zwanziger Jahren verfaßten, seien hier angeführt: Steiner, Rudolph: Anthroposophie, Darmstadt 1924; ders.: Gesamtausgabe, hg. von der Rudolf Steiner Nachlaß-Verwaltung, Dornach 1956-1991, 310 Bde. Ziegler schrieb: Das heilige Reich der Deutschen, Darmstadt 1925; Der europäische Geist, Darmstadt 1929; Der ewige Buddho. Eine Tempelschrift in vier Unterweisungen, Darmstadt 1922; Gestaltenwandel der Götter, Berlin 1920; Zwischen Mensch und Wirtschaft, Darmstadt 1927; vgl. auch ders.: Briefe. 1901-1958, München 1963.

[207] Blomberg, Tagebuch S. 85; S. 116. Vgl. auch die Aufzeichnungen über Asien, das Blomberg 1938/39 bereiste, Erinnerungen, Bd. IV. Die von Blomberg gezeigte Begeisterung für die asiatische Kultur entsprach dem Trend der zwanziger Jahre.

[208] Zeugenaussage von Generalfeldmarschall Gerd von Rundstedt, in: Internationaler Militärgerichtshof. Der Prozeß gegen die Hauptkriegsverbrecher vor dem Internationalen Militärgerichtshof, 42 Bde., Nürnberg 1947-1949, Bd. 21, S. 50; vgl. auch Berndorff, Hans Rudolph: General zwischen Ost und West. Aus den Geheimnissen der deutschen Republik, Hamburg 1951, S. 166.

[209] Zur Struktur des deutsche Adels vgl. Malinowski, Vom König zum Führer, wie einleitend zitiert.

[210] Müller, Heer, S. 48. Hier auch generell eine sehr gute Analyse des Verhältnisses zwischen Reichswehr und Nationalsozialismus, S. 35-87.

[211] Blomberg, Tagebücher, 29.1.1924.
[212] Hermann Graf Keyserling (1880-1946).
[213] Zum Wesen und Wirken der Schule der Weisheit vgl. Gahlings, Ute: Sinn und Ursprung. Untersuchungen zum philosophischen Weg Herman Graf Keyserlings, Sankt Augustin 1992 (= Academia Hochschulschriften: Philosophie, Bd. 3), S. 115-143; siehe auch die Liste der Veröffentlichungen Wolfgang Muffs in: Der Leuchter (Jahrbuch der Schule der Weisheit).
[214] Ebd., Weihnachtskarte Herman Graf Keyserlings an Wolfgang Muff, Weihnachten 1922.
[215] Vgl. den Brief Keyserlings an Muff vom 22.5.1935, in: Nachlaß Keyserling, Keyserling-Archiv der Technischen Universität Darmstadt, Briefkonvolut Muff, Wolfgang an Keyserling, Hermann Graf von, 29.6.1921-8.2.1945, Signaturergänzung M-3 Standort 168.0. Frau Dr. Gahlings, TU Darmstadt, Keyserling-Archiv, sei an dieser Stelle für ihre fachkundige Hilfe gedankt.
[216] Ebd., Brief Keyserlings an Muff vom 14.3.1925; 18.5.1925 und 20.6.1925.
[217] Hesses Vortrag wurde von der Veröffentlichung im Sammelband Der Leuchter ausgenommen und durch einen Vortrag Muffs ersetzt. Vgl. ebd. Siehe auch Gahlings, Sinn und Ursprung, S. 154.
[218] Keyserling, Hermann Graf von: Briefwechsel mit Oswald Spengler, in: Oswald Spengler. Briefe 1913-1936, hg. von Koktanek, Anton M., München 1963; ders.: Briefwechsel mit Leopold Ziegler, in: Leopold Ziegler. Briefe 1901-1958, München 1963, S. 171-181; ders.. Das Gefüge der Welt. Versuch einer kritischen Philosophie, Darmstadt 1920; ders.: Das Okkulte, Darmstadt 1923; ders.: Die neuentstehende Welt, Darmstadt 1926; ders. (Hg.): Der Leuchter. Weltanschauung und Lebensgestaltung, Jahrbuch der Schule der Weisheit, Buch I-VIII, Darmstadt 1919-1927; ders.: Philosophie als Kunst, Darmstadt 1920; ders.: Politik – Wirtschaft – Weisheit, Darmstadt 1922; ders.: Reisetagebuch eines Philosophen, 2 Bde., München 1919; ders: Schöpferische Erkenntnis, Darmstadt 1922; ders.: Unsterblichkeit. Eine Kritik der Beziehungen zwischen Naturgeschehen und menschlicher Vorstellungswelt, München 1920; ders.: Was uns not tut – was ich will, Darmstadt 1919; ders.: Wiedergeburt, Darmstadt 1926.
[219] Blomberg, Tagebuch, S. 26; S 82; S. 84; ebd. Bd. IV, S. 2.
[220] Keyserling, Neuentstehende Welt; vgl. Blomberg, Erinnerungen, Bd. IV, S. 2.
[221] Ebd., S. 10-15.
[222] Ebd., S. 19.
[223] Ebd., S. 28f.
[224] Ebd., S. 34.
[225] Ebd., S. 36f.; S. 43f.
[226] Ebd., S. 43.
[227] Muff, Wolfgang: Die neuentstehende Welt und der Soldat, in: Militär-Wochenblatt, 110 Jg. (1926), 39, Sp. 1394-1400.
[228] Zur Auseinandersetzung zwischen Blomberg und Goebells um Keyserlings Schriften vgl.: Goebells-Tagebücher, s.o., Teil I / Bd. 5 (12.1937-7.1938), München 2000; Eintrag vom 1.12.1937, S. 29. Über Keyserling und den Nationalsozialismus siehe Gahlings, Ute: ›An mir haben die Nazis beinahe ganze Arbeit geleistet‹. Über den Umgang der Nationalsozialisten mit Hermann Graf Keyserling, in: Kroll, Frank-Lothar (Hg.): Deutschsprachige Autoren des Ostens als Opfer und Gegner des Nationalsozialismus. Beiträge zur Widerstandsproblematik. Berlin 2000, S. 47-74.
[229] Schulze, Weimar, S. 250.
[230] Zum Ruhreinmarsch durch die Franzosen vgl. Schwabe, Klaus (Hg.): Die Ruhrkrise. Wendepunkt der internationalen Beziehungen nach dem Ersten Weltkrieg, Paderborn (2) 1986; Favez, J. C.: Le Reich devant l'occupation franco-belge de la Ruhr en 1923, Genf 1969, Geyer, Aufrüstung, S. 23-27, Görlitz, Generalstab, S. 253f.
[231] Blomberg, Tagebuch, S. 118f; vgl. ebd. S. 122.
[232] Seeckt, Hans von: Germania sub pondere crescit!, in: Militär-Wochenblatt, Jg. 107 (1923), Sp. 486. Das Seeckt-Zitat findet sich bei Meier-Welcker, Seeckt, S. 350, Anm. 4.
[233] Als Beispiel für die Rezeption der Revolutions- und Napoleonischen Kriege in der Militärtheorie der Weimarer Republik vgl. Speidel, Hans: 1813/1814. Eine militärpolitische Untersuchung, phil. Diss., Tübingen 1925; Müller, Alexander von: Die deutsche Erhebung vor hundert Jahren und heute, ein Vortrag, in: Wissen und Wehr 5 (1924), S. 81-101.
[234] Blomberg, Tagebuch, S. 127.
[235] Meier-Welcker, Seeckt, S. 348; S. 352.
[236] Deist, Ideologisierte Kriegführung, S. 397.

[237] Geyer, Aufrüstung, S. 27ff; Carsten, Reichswehr, S. 175-181; Schüddekopf, Otto Ernst: Das Heer und die Republik. Quellen zur Politik der Reichswehrführung, Hannover 1955, S. 130-135, Wohlfeil, Matuschka, Reichswehr und Politik, in: Handbuch der Militärgeschichte, S. 204-209, Hansen, Wehrwirtschaft, S. 65-91; Sauer, Mobilmachung, S. 774.

[238] Stülpnagel, zit. nach Geyer, Aufrüstung, S. 29.

[239] Gordon, Reichswehr, S. 225f.; vgl. auch Stülpnagel, 75 Jahre meines Lebens, S. 207.

[240] Ders., S. 257.

[241] Blomberg, Tagebuch, S. 126f.

[242] Joachim Fritz Constantin von Stülpnagel (1880-1968). 1898 Offizier, Ernennung in den Generalstab 1909. Während des Ersten Weltkrieges diente er als Generalstabsoffizier auf Divisions- und Armee-Ebene, von 1918-1919 in der Operationsabteilung des Oberkommandos der Armee, 1920-1926 Reichswehrministerium, Heeresabteilung (T1) im Truppenamt. 1922 zum Oberstleutnant befördert; 1927-1929 Chef des Heerespersonalamtes, 1928 Generalmajor; 1929 Generalleutnant; Kommandeur der III. Division (1929) und 1931 Kommandeur der Reservekräfte mit einer Beförderung zum General der Infanterie; vgl.: Ranglisten des Heeres, hg. vom Reichswehrministerium; Joachim von Stülpnagel, in: Bilder der Zeitgeschichte. Führende Männer und Frauen des öffentlichen Lebens in Politik, Wirtschaft und Kunst, Sonderbeilage der Deutschen Kurz Post, hg. von Lorenz, Rudolph, Berlin 1929-1932; Nachlaß in BA/MA, N 5.

[243] Stülpnagel, 75 Jahre meines Lebens, S. 205 vgl.: Janßen, Karl-Heinz: Der große Plan, in: Die Zeit (11), 7.3.1997, S. 15.

[244] Seeckts Haupteinwände gegen einen Guerilla- oder Volkskrieg waren, daß diese Strategien nicht nur defensiv waren (und deshalb seinem militärphilosophischen Spektrum entgegengesetzt), sondern auch nicht von Berufssoldaten kontrolliert werden konnten.

[245] Gordon, Reichswehr, S. 255; über Stülpnagel auch Carsten, Reichswehr, S. 218f.

[246] Vom Krieg der Zukunft, S.3, vgl. Blomberg, Tagebuch, S. 126f.

[247] Stülpnagel hatte die Gedanken über den Krieg der Zukunft zunächst in Form eines Vortrages am 26.2.1924 im Reichswehrministerium geäußert. Die danach und auf Grundlage dieses Vortrages entstandene Denkschrift vom 18.3.1924 befindet sich im Nachlaß Stülpnagel (BA /MA), Depot Stülpnagel N5/10; Auszug der Denkschrift in: Neugebauer, Karl-Volker (Hg.): Grundzüge der deutschen Militärgeschichte, 4 Bde., Rombach. 1993, Bd. 2, Q M 681. Der Analyse widmeten sich Deist, Ideologisierte Kriegführung, S. 397ff; ders.: Gedanken über den Krieg der Zukunft, S. 85ff., Michael Geyer, Aufrüstung, S. 43ff., Wilhelm Velten, Reichsheer, S. 48ff. und Paul Heider; totaler Krieg (wie zit.), S. 22-43; S. 27f.

[248] Blombergs Lob in: Nachlaß Stülpnagel (BA/MA), N 5/20, Dok. 121. Stülpnagel schreibt in seinen Memoiren: »Ich hielt im Ministerium einen Vortrag über ›Den Krieg der Zukunft‹, der viel Zustimmung fand und den ich auch an den Kronprinzen, Hindenburg und *meine Freunde* (z.B. Blomberg, die Verf.) schickte«; vgl. ders., 75 Jahre meines Lebens, S. 215.

[249] Nakata, Grenz- und Landesschutz, S. 193f.

[250] Stülpnagel, Gedanken über den Krieg der Zukunft, S. 2.

[251] Ebd., S. 10-29; S. 38. Stülpnagel beschreibt ausführlich die einzelnen Kampfabschnitte (1. Kampf um Zeitgewinn, 2. Erstreben der strategischen Offensive und 3. Vernichtung des Feindes).

[252] Stülpnagel, Gedanken über den Krieg der Zukunft, S. 5; vgl. Blomberg, Tagebuch, S. 26f.

[253] Ebd., S. 5; S. 4-9.

[254] Ebd., S. 8.

[255] Stülpnagel und Blomberg gehörten zu den Offizieren, die dieser Kooperation mit den zivilen Stellen in den folgenden Jahren zum Durchbruch verhalfen.

[256] Stülpnagel, Gedanken über den Krieg der Zukunft, S. 27.

[257] Ebd., S. 39, S. 42.

[258] Deist, Wilhelm: Die Reichswehr und der Krieg der Zukunft, in: Militärgeschichtliche Mitteilungen 1989 (1), S. 81-92, hier S. 85.

[259] Blomberg, Erinnerungen, Bd. III, S. 40-43; Stülpnagel betont in den *Gedanken über den Krieg der Zukunft* die große Bedeutung der strategischen Defensive, ebd., S. 30f.

[260] Geyer unterstellt diese Sicht auf Stülpnagel sowohl Carsten, Reichswehr, als »auch anderen«, die er jedoch nicht namentlich nennt, vgl. ders., Aufrüstung, S. 42, Anm. 91.

[261] Deist, Krieg der Zukunft, S. 85ff.; ders., Ideologisierte Kriegführung, S. 399.

[262] Ebd., S. 86.

[263] Vgl. dazu Dirks, Carl; Janßen, Karl-Heinz: Der Krieg der Generäle, Berlin 1999 sowie Gehorsam und Größenwahn. Die Rolle des Militärs in Deutschland zwischen 1871 und 1945 – ein ZEIT-Forum zu Ehren von Karl-Heinz Janßen, in: DIE ZEIT (48) 23. 11. 2000.

[264] Blomberg, Erinnerungen, S. 91.

[265] Ebd., S, 93.

[266] Ebd., S. 91.

[267] Ebd.

[268] Mittelberg, Hilmar Ritter von: Lebenserinnerungen, Manuskript im BA/ Koblenz, zit. nach Carsten, Reichswehr, S. 330, FN 144.

[269] Hillgruber, Andreas: Die Reichswehr und das Scheitern der Weimarer Republik, in: Erdmann, Karl Dietrich; Schulze, Hagen (Hg.): Weimar. Selbstpreisgabe einer Demokratie, Düsseldorf 1984, S. 177-192, hier S. 187. Hillgruber begründet Blombergs »Opposition« gegen Schleicher damit, daß dieser die »Linie Seeckt« habe aufrecht erhalten wollen. Ausgerechnet diese Erklärung trifft gar nicht zu, wie im folgenden zu zeigen sein wird.

[270] Kurt von Schleicher (1882-1934), General, Reichswehrminister, Reichskanzler. Vgl. Blomberg, Erinnerungen, Bd. III, S. 64ff. Zur Persönlichkeit Schleichers: Caro, Kurt; Oehme, Walter: Schleichers Aufstieg, Berlin 1933; Fischer, Rudolph: Schleicher, Mythos und Wirklichkeit, Hamburg 1932; Müller-Schoell, Walter: Schleicher. Deutschlands Schicksal, Berlin 1933; Plehwe, Friedrich Karl von: Schleicher. Weimars letzte Chance gegen Hitler, Esslingen 1983; Vogelsang, Thilo: Kurt von Schleicher. Ein General als Politiker, in: Persönlichkeiten und Geschichte, Bd. 39, Göttingen 1965; Deist, Aufrüstung der Wehrmacht, in: ders.: Ursachen und Voraussetzungen der deutschen Kriegspolitik, S. 389.

[271] Königsberger Allgemeine Zeitung zit. nach Carsten, Reichswehr, S. 330.

[272] Groener an von Gleich, zit. bei Groener-Geyer, Dorothea: General Groener, Soldat und Staatsmann, Frankfurt a.M. 1955, S. 262.

[273] Nach der Ernennung Schleichers zum Reichswehrminister im Juni 1932 sollte bis 1934 Oberst (ab 1.10.1932 Generalmajor) Ferdinand von Bredow das Ministeramt übernehmen. Vgl. auch Bredows Nachlaß im BA/MA unter Sig. N 97.

[274] Zitat in: Der deutsche Frontsoldat. Beitrag zum Völkischen Beobachter (17.10.1930), zit. bei Schüddekopf, Heer, Dok. 120, S. 297.

[275] Wheeler-Bennett, Nemesis, S. 202 und 204.

[276] Blomberg, Erinnerungen, S. 91.

[277] Somit existiert eine Flut von Literatur über Seeckt. Obschon durchdrungen von Zitaten aus Hitlers Mein Kampf ist die Seeckt-Biographie seines Freundes Friedrich von Rabenau noch heute maßgeblich [Seeckt. Aus seinem Leben, 1918-1936, Leipzig 1940]; erhellend ist auch die Biographie von Meier-Welcker, Hans: Seeckt, Frankfurt a. M. 1967; zu Seeckt auch Carsten, Reichswehr, S. 115-267 und Craig, German Army, S. 221-263; vgl. auch Gessler, Otto: Reichswehrpolitik in der Weimarer Zeit, hg. von Sendtner, Kurt, Stuttgart 1958, S. 285-312; Görlitz, Generalstab, S. 293-297; Kaulbach, Eberhard: Generaloberst von Seeckt. Zur Persönlichkeit und Leistung, in: Wehrwissenschaftliche Rundschau (16) 1966, S. 666-681.

[278] Veröffentlichungen Seeckts: Der Sinn des Krieges, in: Münchener Neueste Nachrichten, 8.11.1928; ders.: Gedanken eines Soldaten, Berlin 1929; ders.: Freikorps und Reichswehr, in: Deutsche Tageszeitung, 16.5.1928; ders.: Geleitwort, in: Schlieffen: Friedrich der Große, Berlin 1927; ders.: Germania sub pondere crescit, in: Militärwissenschaftliche Rundschau Nr. 107 (1923), S. 24; ders.: Neuzeitliche Kavallerie, in: Militär-Wochenblatt, Jg. 112 (6) 1927, Sp. 178-188; vgl. auch Gedanken eines Soldaten, S. 117-153; ders.: Neuzeitliche Heere, Vortrag, abgedruckt in: Nord und Süd, April 1928, vgl. auch Gedanken eines Soldaten, S. 79-101; ders.: Heer im Staat, Vortrag im Nationalclub von Sachsen, 20.4.1928, vgl. auch Gedanken eines Soldaten, S. 101-117; ders.: Wo stehen wir?, in: Nord und Süd (1928) = Generaloberst von Seeckt über Heer und Krieg der Zukunft, in: Militär-Wochenblatt, Jg. 112 (38) 1928, Sp. 1457-1460; ders.: Der Krieg der Zukunft, in: Evening Standard, 3.8.1929. Vgl. auch das Verzeichnis der gesammelten Vortragsdispositionen, Artikel, Aufsätze usw. des Generals Hans von Seeckt, 1927-1931, in: BA/MA, Nachlaß Seeckt (N 247/136).

[279] Görlitz, Generalstab, S. 233.

[280] Vgl. Carsten, Reichswehr, S. 141.

[281] Geyer, Aufrüstung, S. 15f.; S. 22; Görlitz, Generalstab, S. 334.

282 Dazu: Weckmann, Kurt: Führergehilfenausbildung, in: Wehrwissenschaftliche Rundschau 4 (1954), S. 268-277.

283 Vgl. Millotat, Generalstabssystem, S. 118ff.

284 Blomberg, Erinnerungen, Bd. III, S. 91; Carsten, Reichswehr, S. 229f.; Erfurth, Generalstab, S. 125f.; Görlitz, Generalstab, S. 328; Bald, Generalstab; Reinicke, Adolf: Das Reichsheer 1921-1934, Ziele, Methoden der Ausbildung und Erziehung sowie der Dienstgestaltung, Osnabrück 1986.

285 Zur Ungarn-Reise Blombergs vgl. dessen Brief an Seeckt (aus Budapest, 11.7.1926); in: BA/MA, Nlß. Seeckt (Briefwechsel) N 247/77, Dok. 41. Blomberg unterrichtet Seeckt über den Ablauf der Reise und die Gespräche, die er mit Horthy führte; vgl. auch ders., Erinnerungen, Bd. III, S. 103-107; Stülpnagel, 75 Jahre meines Lebens, S. 261f.; Meier-Welcker, Seeckt, S. 574: Seeckt hatte den ungarischen Reichsverweser, General der Infanterie Paul Horthy von Nagybanya im Jahre 1916 kennengelernt. Horthy hatte 1925 von Seeckt einen Vorschlag zur Regelung des Oberbefehls über die Armee und die Stellung des Verteidigungsministers in Ungarn erbeten. Die persönliche Bekanntschaft hatte die amtlichen Verbindungen gefördert, die dazu führten, daß einige ungarische Offiziere im August und September 1925 Übungen der Reichswehr beiwohnten.

286 Blomberg, Erinnerungen, Bd. III, S. 105f.; S. 159.

287 Ebd., S. 93; S. 119. Seine außergewöhnliche Beförderung hatte Blomberg Seeckt zu verdanken; Erinnerungen, Bd. III, S. 94.

288 Blomberg, Erinnerungen, Bd. III, S. 62ff. Die positive Wahrnehmung Seeckts überwiegt in der Erinnerung der Offiziere aus Blombergs Generation. Eine detaillierte Bewertung des Einflusses Seeckts auf das Offizierskorps der Reichswehr findet sich in der Nachkriegsstudie von Harold J. Gordon. Gordon befragte über fünfzig deutsche Generale des Zweiten Weltkrieges, die in der Reichswehr gedient hatten (darunter Guderian, Heinrici, von Leeb, von Arnim und Kesselring), ob sie meinten, daß die Mehrheit ihrer Kameraden zufrieden mit Seeckt und seiner Politik war. Gordon fragte, was sie selbst von Seeckt und seiner Militärpolitik hielten und über ihn als Soldaten und Menschen dachten. Die Befragten waren sich einig in ihrem Glauben, daß die Offiziere ihrer Regimenter General Seeckt und seine Politik mit Begeisterung akzeptierten. Ebenso stimmten sie in ihrem Lob des Menschen und Soldaten Seeckt überein; vgl. Gordon, Reichswehr, S. 444f.

289 Görlitz, Generalstab, S. 322f.

290 Blomberg, Tagebuch, S. 65.

291 Ders., Erinnerungen, Bd. III, S. 91ff.

292 Ebd., S. 91f.

293 Carsten, Reichswehr, S. 229-243; Deist, Krieg der Zukunft, S. 85; Geyer, Aufrüstung, S. 80ff.; S. 87f.

294 Carsten, Reichswehr, S. 118ff.; S. 233; Rosinki, Deutsche Armee, S. 218f.

295 Stülpnagel, 75 Jahre meines Lebens, S. 223.

296 Blomberg, Erinnerungen, Bd. III, S. 47f.; S. 91.

297 Carsten, Reichswehr, S. 141-157; Geyer, S. 44f., Anm. 108; Hillgruber, Großmachtpolitik, S. 40.

298 Carsten, Reichswehr; Deist, Ideologisierte Kriegführung, ders., Krieg der Zukunft; Meier-Welcker, Seeckt, S. 517f.; Rosinski, Deutsche Armee, S. 218f. Anderer Ansicht ist Corum, Roots of Blitzkrieg, besonders S. 25-51; 97-122; S. 169-199. Corum sieht in Seeckt den Neuerer innerhalb des Heeres; vgl. auch ders.: The Reichswehr and the Concept of Mobile War in the Era of Hans von Seeckt, Diss. Queens 1990.

299 Seeckt selbst hat einmal zugegeben, »dem Heer den Stempel des alten Deutschlands aufgedrückt zu haben«, zit. bei Carsten, Reichswehr, S. 270; vgl. auch Rabenau, Seeckt, S. 520; Geyer, Aufrüstung, S. 79; Hillgruber, Militarismus, S. 137.

300 Seeckt, Moderne Heere, in: Gedanken eines Soldaten, S. 91.

301 Im Nachlaß Seeckts findet sich ein Brief des ehemaligen Adjutanten Seeckts, von Linstow, an Friedrich von Rabenau, September 1937, ebd., Dok. 298, S. 2. Im Hinblick auf Linstows dort gemachte Schilderung müßte man mit Waldemar Erfurth eher von einem *Triumvirat* denn von einer *Fronde* im Reichswehrministerium sprechen (Erfurth, Generalstab, S. 127). Zur Fronde siehe auch: Meier-Welcker, Seeckt, S. 518, Anm. 73; Sauer, Reichswehr, S. 240, Anm. 139; Deist, Aufrüstung, S. 37; Geyer, Aufrüstung, S. 76-112. Generell scheint es doch übertrieben, von einer *Fronde* zu sprechen. Die Kritik an Seeckts Passivität war nicht immer gleichbedeutend mit einer umfassenden Ablehnung seiner Militärtheorien. Ob Joachim von Stülpnagel als »Gegenspieler Seeckts« bezeichnet und mit dessen Sturz in Verbindung gebracht werden kann, wie Hillgruber, Großmachtpolitik, S. 41, es tut, ist fraglich. Stülpnagel selbst scheint sich seiner »Gegenspieler-Rolle« jedenfalls

nicht bewußt gewesen zu sein. Wenn er auch Seeckts Traditionalismus kritisierte, war er doch ein großer Bewunderer seines Vorgesetzten; vgl. Stülpnagel, 75 Jahre meines Lebens, S. 218f. Im wesentlichen war Schleicher ein (politischer) Gegner Seeckts, denn Schleicher *hatte* eine militärpolitische Konzeption und ein Ziel. Er sorgte 1926 für Seeckts Sturz, um beides verwirklichen zu können. Wilhelm Velten schließt in seiner Studie über Entstehung und Entwicklung der F.u.G. (Führung und Gefecht der verbundenen Waffen, die Verf.) jeglichen Gedanken an eine *Fronde* aus, vgl. ders., Reichsheer, z.B. S. 48f.

302 Blomberg stimmte vor allem in der Milizfrage mit Schleicher überein, vgl. dessen Ausführungen als Reichswehrminister. Bei einer Gruppen- und Wehrkreisbefehlshaberbesprechung im Reichswehrministerium am 3.2.1933 sagte er, daß das, was Schleicher immer erstrebte, nun auf einmal gelungen sei. Vgl. die Notizen des Generalleutnants Liebmann, in: VfZ (1954) 7, S. 432. Abgedruckt auch bei Müller, Armee, S. 158ff.

303 So auch Geyer, Aufrüstung, S. 81; Hürter, Groener, S. 38, Anm. 7; Hürter nennt Blomberg schlicht »eigenwillig«, ebd., S. 89.

304 Blomberg, Erinnerungen, Bd. III, S. 47.

305 Ebd., Bd. III, S. 64.

306 Carsten, Reichswehr, beschreibt, daß Seeckt vom Offizierkorps als »militärischer Führer par excellence und Ersatzmonarch« wahrgenommen wurde, ebd., S. 120.

307 Blomberg, Erinnerungen, Bd. III, S. 79; vgl. ebd. S. 196; ders., Tagebuch, S.65.

308 Schulze, Weimar, S. 114.

309 Blomberg, Erinnerungen, Bd. III, S. 62.

310 Seeckt, Neuzeitliche Kavallerie, in: Militär-Wochenblatt, 112. Jg. (1927) 6, Sp. 179.

311 Blomberg, Erinnerungen, Bd. III, S. 95f.

312 Ebd., S. 95.

313 Kavallerie und Lanze, in: Militär-Wochenblatt, Jg. 113 (1929) 26; Gedanken zur Lanzenfrage, in: ebd., Jg. 112 (1927) 35, Sp. 1284-1286; Rothberg, Werner Frhr. von: Soll die Kavallerie die Lanze beibehalten oder abschaffen, in: Militär-Wochenblatt, Jg. 112 (1927) 3, Sp. 1-6; ders.: Gedanken zur Lanzenfrage und Exerzierformen neuzeitlicher Kavallerie, in: Militär-Wochenblatt, Jg. 112 (1927) 35 und 40; Seeckt, Hans von: Neuzeitliche Kavallerie, in: Militär-Wochenblatt, Jg. 112 (1927) 6, Sp. 178-188; vgl. auch ders.: Gedanken eines Soldaten, S. 117-153.

314 Daß die Kavallerie völlig überlebt und durch den schnell beweglichen Tank ersetzt war, wurde in allen Heeren Europas zu dieser Zeit noch stark bestritten.

315 Seeckt, Neuzeitliche Kavallerie, in: Militär-Wochenblatt, Jg. 112 (1927) 6, Sp. 179. Seeckts Einschätzung der Kavallerie zeigt, inwieweit er in den militärischen Vorstellungen über den Krieg der Zukunft, einmal abgesehen von den durch den Versailler Vertrag auferlegten Beschränkungen, traditionellen Auffassungen verhaftet blieb. Wenn Seeckt von Kavallerie sprach, meinte er das auch wörtlich. Er verwendete diesen Ausdruck nicht als Tarnbezeichnung für Panzerverbände, wie man es auch auszulegen versucht hat (Corum, Roots of Blitzkrieg, Kapitel 5 und 8).

316 Blomberg, Erinnerungen, Bd. II, S. 15.

317 Ebd., S. 2; Bd. III, S. 95; S. 123.

318 Der Bericht, von dem Blomberg schreibt, ist unter den im BA/MA archivierten Restbeständen der Truppenamtakten der Reichswehr nicht erhalten. Ein Hinweis auf eine (diese?) Denkschrift des Leiters T4 findet sich auch bei Meier-Welcker, Seeckt. Dort heißt es: »Einmal lehnte Seeckt einen grundsätzlichen Ausbildungsvorschlag Blombergs, den dieser in einer umfangreichen Denkschrift niedergelegt hatte (sogenannte Denkschrift Viebahn), mit den Worten ab: »Damit sagen Sie also, daß wir in den letzten Jahren in der Ausbildung Blödsinn gemacht haben«, ebd., S. 517f.

319 Zur Konzeption des Führerheeres, welche entwickelt wurde, um die zahlenmäßige Kleinheit des Heeres auszugleichen, vgl. Zeidler, Reichswehr, in: Grundzüge der deutschen Militärgeschichte, S. 303f., Erfurth, Generalstab, S. 143f.

320 Blomberg, Erinnerungen, Bd. III, S. 95f.

321 Nach Rabenau *hatte* Seeckt beabsichtigt, ein Führerheer zu schaffen. Es ist sehr schwer zu sagen, ob das wirklich seine Absicht gewesen ist, oder ob es sich um eine spätere Konstruktion Rabenaus handelte, der damit die Lücke zwischen Seeckts Gedanken und Hitlers neuer Wehrmacht schließen wollte. Seeckts eigene Schriften und das, was andere daraus abgeleitet haben, stimmen kaum mit den Auffassungen Rabenaus überein. Auch der in Blombergs Erinnerungen geschilderte Kon-

flikt über den Aufbau eines Führerheeres (s.o.) spricht nicht für die Richtigkeit der Rabenauschen Annahmen, vgl. Rabenau, Seeckt, S. 461f.

[322] Einen Überblick über die Entstehung der Massenheere seit dem Dreißigjährigen Krieg gibt Schulz, Gerhard: Die Irregulären: Guerilla, Partisanen und die Wandlung des Krieges seit dem 18. Jahrhundert, in: Ders. (Hg.): Partisanen und Volkskrieg. Zur Revolutionierung des Krieges im 20. Jahrhundert, Göttingen 1985, hier S. 13-16.

[323] Zu Seeckts Vorstellungen über die zukünftige Kriegführung mit kleinen Heeren vgl. auch Meier-Welcker, Seeckt, S. 636; Carsten, Reichswehr, S. 118.; Wallach, Dogma, S. 335-342.; Velten, das deutsche Reichsheer, S. 34f.

[324] Goltz, Colmar Freiherr von der: Das Volk in Waffen. Ein Buch über Heerwesen und Kriegführung unserer Zeit, Berlin ^{2}1925.

[325] Spengler, Oswald: Der Untergang des Abendlandes. Umrisse einer Morphologie der Weltgeschichte, München ^{47}1923.

[326] Lord d'Aberno schreibt über Seeckt: »Er war und blieb preußischer Aristokrat ohne Verständnis für die Massen und Massenbewegungen seiner Zeit«, zit. nach Carsten, Reichswehr, S. 118.

[327] Seeckt, Hans von: Moderne Heere, in: Gedanken eines Soldaten, S. 86.

[328] Ebd., S. 98.

[329] Rabenau, Friedrich von: Operative Entschlüsse gegen eine Anzahl unterlegener Gegner, Berlin 1935.

[330] Deist, Gedanken, S. 85; ders., Ideologisierte Kriegführung, S. 397.

[331] Wegen der weitgehenden Nichtbeachtung des amerikanischen Bürgerkrieges als Gegenstand der Kriegsakademiestudien sollte Blomberg zusammen mit Reichenau 1930 in Ostpreußen eine Übersetzung von Liddell Harts »Sherman« erarbeiten und an Offiziere des Wehrkreises I verteilen lassen, vgl. Liddell Hart, Memoirs, S. 201. Zu Fuller und Liddell Hart vgl. die Arbeiten von Alaric Searle; ders.: A Very Special Relationship: Basil Liddell Hart, Wehrmacht Generals and the Debate on West German Rearmament, 1945-1953, in: War in History 5/3 (1998), S. 327-357. Fuller and Liddell Hart: The Continuing Debate, in: War in History, 8/3 (2001), S. 341-347; ders.: Was there a »Boney« Fuller after the Second World War? Major-General J.F.C. Fuller as Military Theorist and Commentator, 1945-1966, in: War in History 11/3 (2004), S. 327-357; ders.: J.F.C. Fuller and the Evolution of Operational Concepts for Armoured Warfare, in: British Army Review, Nr. 89 (1988), S. 4-13.

[332] Blomberg, Erinnerungen, Bd. III, S. 96.

[333] Reinhardt, Wehrkraft, S. 167.

[334] Blomberg, Erinnerungen, Bd. III, S. 96.

[335] Seeckt wollte fraglos die Schlieffen-Tradition nicht kritisieren. Er war ein Bewunderer sowohl Moltkes als auch Schlieffens und zitierte beide regelmäßig. Obwohl allerdings ein zentraler Teil von Seeckts militärischem Programm war, die kaiserliche Armeetradition zu erhalten, wich er auch stark von den preußischen Traditionen der Armeeorganisation, Strategie und Taktik ab.

[336] Blomberg, Erinnerungen, Bd. III, S. 95ff.

[337] Ebd., S. 97.

[338] Carsten, Reichswehr, S. 267-270.

[339] Blomberg, Erinnerungen, Bd. II, S. 112.

[340] Keitel, Verbrecher oder Offizier?, S. 110.

[341] Blomberg über die Nichternennung Reinhardts zum Chef der Heeresleitung in seinen Erinnerungen, Bd. III, S. 130f., vgl. dazu auch Carsten, Reichswehr, S. 275f.

[342] Wilhelm Heye (1869-1947), 1918 Chef der Operationsabteilung in der Obersten Heeresleitung (Oberst), März 1920 bis März 1922 Chef des Truppenamtes (Generalmajor), April 1922 bis Oktober 1923 Chef des Heerespersonalamts/Reichswehrministerium, November 1923 bis Oktober 1926 Befehlshaber im Wehrkreis I in Königsberg (Generalleutnant); Oktober 1926 bis 31.10.1930 Chef der Heeresleitung (General der Inf., seit Januar 1930 Generaloberst).

[343] Vgl. z.B. Aktennotiz von Major von Bredow, 22.7.1922, in: BA/MA, Nachlaß Schleicher, Dok. Nr. 35, zit. nach Carsten, Reichswehr, S. 291f.

[344] So meint jedenfalls Groener in einem Brief an seinen Freund von Gleich, zit. bei Carsten, Reichswehr, S. 333; vgl. Phelps, Reginald D.: Aus den Groener-Dokumenten VI, Brief an von Gleich, in: Deutsche Rundschau 75.

[345] Blomberg, Erinnerungen, Bd. III, S. 118.

[346] Deist, Aufrüstung, S. 377; Sauer, Reichswehr, S. 243; Carsten, Reichswehr, S. 280f. Michael Geyer sieht einen entscheidenden Wandel innerhalb der Reichswehrführung bereits in den Jahren 1924/25 eintreten; ders., Aufrüstung, S. 23-119. Wenn sich eine Richtungsänderung dort schon angekündigt hat (s.o.), so ist sie mit dem Abgang Seeckts doch wohl erst zur vollen Entfaltung gelangt. Zur Wende von 1926 und ihren Folgen vgl. Carsten, Reichswehr, S. 275-319; Hillgruber, Reichswehr, S. 183ff.; Deist, Ideologisierte Kriegführung, S. 392.

[347] Blomberg, Erinnerungen, Bd. II, S. 114.

[348] Ebd., Bd. III, S. 122; Erfurth, Generalstab, S. 137.

[349] Vgl. BA/MA, Bestand RH 7, Akten des Heerespersonalamtes (1920-1945).

[350] Hierzu die Restbestände der Akten des Truppenamtes 1927-1929 in BA/MA, Sig. RH 2.

[351] Carsten, Reichswehr, S. 229; Erfurth, Generalstab, S. 137ff.

[352] Truppenamt: Übersichten über die Leistungsfähigkeit der gebräuchlichsten deutschen Geschützarten während des Krieges sowie der hauptsächlichsten französischen, englischen, italienischen und tschechischen Geschützarten, gez. Blomberg, in: BA/MA, RH 2/2285.

[353] Zeidler, der die Information über die Reorganisation des Truppenamtes gibt, beschreibt nicht, wie diese sich konkret gestaltete, vgl. ders.; Reichswehr und Rote Armee, S. 205 und Anm. 152.

[354] Stülpnagel, 75 Jahre meines Lebens, S. 241f., vgl. ADAP, Serie B, Bd. IX, Dok. Nr. 226, Aufzeichnungen Dirk Forsters, S. 7ff.

[355] Geyer, Aufrüstung, S. 83.

[356] Wetzell an Seeckt, Berlin, 7.3.1927, in: Nachlaß Seeckt, hier zit. nach Carsten, Reichswehr, S. 284. Der »neue Kurs« wurde nur von wenigen Offizieren eingeschlagen. Ein großer Teil des Offizierkorps stand der Abkehr von der alten Strategie sehr kritisch gegenüber; ebd. (Carsten), S. 284f. Die Bezeichnung der Wende von 1926 als »Sprung nach links« durch Carsten, Reichswehr, S. 275, erweckt falsche politische Assoziationen.

[357] Chef des Truppenamtes Oberst von Blomberg, betr.: Deckung von Waffenlagern, Berlin 20.5.1927, Geheime Kommandosache: Akten des Heereswaffenamtes, WiIF 5/2822, in: Bundesarchiv Koblenz, zit. nach Carsten, Reichswehr, S. 291 und Anm. 40. Zu den generellen Versuchen, die innenpolitische Basis zu festigen und eine Zusammenarbeit in Landesverteidigungsfragen zu erwirken – insbesondere in allen Fragen der Organisation des Grenz- und Landesschutzes vgl.: Nakata, Jun: Der Grenz- und Landesschutz in der Weimarer Republik 1918 bis 1933. Die geheime Aufrüstung und die deutsche Gesellschaft, Freiburg i. Br. 2002 (= Einzelschriften zur Militärgeschichte, Bd. 41); siehe auch Carsten, Reichswehr, S. 287-298; Hürter, Groener, S. 128-149.

[358] Zur Funktion des 1919 entstandenen und zur Heeresleitung der Reichswehr gehörenden Heereswaffenamtes vgl. Sperling, Heinz: Rolle und Funktion des Heereswaffenamtes beim ersten Rüstungsprogramm der Reichswehr, in: Militärgeschichte 23 (1984), S. 305-312.

[359] Blomberg, Erinnerungen, Bd. III, S. 123.

[360] Aufstellungsplan = Tarnbezeichnung für den Mobilmachungsplan. Die Frage, ob die Reichswehr einen Mobilmachungsplan besaß und ob der A-Plan ein Mob-Plan sei, gehört zu den widersinnigsten Diskussionen der Reichswehrgeschichte, die Manstein vor dem Nürnberger Gerichtshof aufgebracht hat. Der A-Plan *war* nichts anderes als eine Tarnbezeichnung für einen Mob-Plan, nicht dessen »mildere Form«, wie Gaines Post: The Civil-Miltary Fabric of Weimar Foreign Policy, Princeton 1973, S. 148, annimmt; vgl. auch Nuß, Karl: Militär und Wiederaufrüstung in der Weimarer Republik. Die politische Rolle und Entwicklung in der Reichswehr, Berlin (Ost) 1977, S. 192f; Geyer, S. Aufrüstung, S. 189.

[361] Siehe dazu Blombergs Schreiben an das Wehramt vom 2.2.1928 über »Rüstungsvorhaben, Festsetzung eines Zwischenziels«. Das Dokument ist publiziert in: Barthel, Rolf: Theorie und Praxis der Heeresmotorisierung im faschistischen Deutschland, phil. Diss. Leipzig 1967, Anlage 12, S. 419f. Zum Rüstungsprogramm der Reichswehr auch Sperling, Funktion des Heereswaffenamtes, S. 307f.

[362] Nuß, Militär und Wiederaufrüstung, S. 165f.

[363] Mueller, Blomberg, S. 53.

[364] Ebd., S. 52ff.

[365] ADAP, Serie B, Bd. IX, Forster: Aufzeichnungen über die Truppenamtsreise in Schlesien, Berlin 2.5.1928; Dok. 5, S. 7ff., zit. S. 9, vgl. auch Blomberg, Erinnerungen, Tagebuch, passim.

[366] Blomberg hatte den Begriff einer gepanzerten Kriegführung freilich nicht so voll erfaßt wie Guderian oder Thoma, die die Schaffung der deutschen Panzerwaffe von 1934 an unmittelbar in der Hand hatten. Selbst in England waren in den zwanziger Jahren die Ansichten über den Tank noch

geteilt. Die älteren Offiziere waren nicht geneigt, diesem die ihm nachgesagte Allmacht zuzuerkennen, vgl. Bemerkungen zu den englischen Manövern 1924, Reichswehrministerium, Heeresstatistische Abteilung, BA/MA, RH 2/1603, S. 7; Barthel, Theorie und Praxis der Heeresmotorisierung, S. 79-100; Menke, Erich: Militärtheoretische Überlegungen im deutschen Generalstab vor dem Zweiten Weltkrieg über den Einsatz von Panzern, in: Revue International d'Histoire Militaire (1989) 71, S. 151-163; Spielberger, Walter J.: Die Motorisierung der deutschen Reichswehr 1920-1935, Stuttgart 1979.

[367] Guderian, Erinnerungen, S. 23.

[368] BA/MA, RH 2/2285. Zur Pflichtlektüre für die Offiziere gehörten Kabisch, Ernst: Die Kampfwagen fremder Heere. Technische Mitteilungen über Kampfwagen und Straßenpanzerwagen, Berlin 1926, die Zeitschriften *Wissen und Wehr*, *Militär-Wochenblatt* und die *Heerestechnische Zeitschriftenschau*.

[369] Bemerkungen zu den englischen Manövern 1924, Anlage: Über die Motorisierung, gez. von Blomberg; zur Einführung: Harris, J. P.: Men, Ideas and Tanks: British Military Thoughts and Armoured Forces 1903-1939, New York 1996.

[370] Einige Aufsätze Basil Liddell Harts über die Motorisierung des Heeres sind kompiliert in: ders.: The Remaking of Modern Armies, London 1928, vgl. auch ders.: The British Way in Warfare, New York 1933; ders.: Great Captains Unveiled, London 1927, ders.: The Development of The »New Modell Army«, in: Army Quaterly 9 (1924), S. 37-50; ders.: The Remaking of Modern Armies, London 1928, ders.: The German Generals Talk, New York 1952. (= Die Strategien einer Diktatur. Aufstieg und Fall deutscher Generale, Zürich), ders.: The Memoirs of Captain Liddell Hart, 2 Bde., London 1965. Zur Information über Liddell Harts Militärtheorie: Swain, Richard M.: Basil Liddell Hart and the Creation of a Theory of War, 1919-1933, in: Armed Forces and Society 1990 (17) 1, S. 35-51; vgl. auch: Winton, Harold R.: The Evolution of British Mechanised and Armoured Doctrine 1919-1938, in: Journal of the Royal United Services Institute for Defence Studies (1) 1985, Nr. 130, S. 57-65.

[371] Fuller, J.F.C.: The Reformation of War, New York 1923; ders.: Tanks in The Great War, London 1920; ders.: On Future Warfare, London 1928. Über Fuller vgl. die Dissertation von Robert E. Klein: J.F.C. Fuller and the Tank, Diss. Chicago 1983.

[372] Hamburgischer Correspondent, 8.7.1927; Kehrig, Attachédienst, S. 107ff., Kirschner, Alfred: Militärische Luftwerbung im Ausland, in: Militär-Wochenblatt, Jg. 24 (1928) 7, Sp. 251ff.

[373] Blomberg, Erinnerungen, Bd. III, S. 123.

[374] Groehler, Olaf: Probleme der Luftkriegstheorie zwischen dem Ersten und Zweiten Weltkrieg, in: Zeitschrift für Militärgeschichte 9 (1970), S. 406-419; Deist, Ideologisierte Kriegführung, S. 391.

[375] Zu Blombergs Rolle beim Ausbau der Luftwaffe vgl. auch Völker, Karl Heinz: Die Entwicklung der militärischen Luftfahrt in Deutschland 1920-1933, Stuttgart 1962 (= Beiträge zur Militär- und Kriegsgeschichte, Bd. 3, hrsg. vom Militärgeschichtlichen Forschungsamt); ders.: Die deutsche Luftwaffe 1933-1939. Aufbau, Führung und Rüstung der Luftwaffe sowie die Entwicklung der deutschen Luftkriegstheorie, Stuttgart 1967 (= Beiträge zur Militär- und Kriegsgeschichte, Bd. 8, hrsg. vom Militärgeschichtlichen Forschungsamt); ders.: Dokumente und Dokumentarfotos zur Geschichte der deutschen Luftwaffe. Aus den Geheimakten des Reichswehrministeriums 1919-1933 und des Reichsluftfahrtministeriums 1933-1939, Stuttgart 1968 (= Beiträge zur Militär- und Kriegsgeschichte, Bd. 9, hg. vom Militärgeschichtlichen Forschungsamt), hier besonders Dok. Nr. 10-19 (Zur geheimen Fliegerausbildung in Lipezk) und Dok. Nr. 35f., Dok. 41.

[376] Blomberg, zit. nach Deist, Aufrüstung der Wehrmacht 1933-1939, in ders (Hg.): Das Deutsche Reich und der Zweite Weltkrieg, Bd. 1, S. 478.

[377] Hallgarten, George W. F.: General Hans von Seeckt and Russia. 1920-1922, in: The Journal of Modern History, Bd. 21, 1 (1941), S. 28-34. Zur Sondergruppe *R* vgl. auch Wheeler-Bennett, Nemesis, Bd. 1, S. 121.

[378] Zu den geheimen militärischen Beziehungen zwischen Reichswehr und Roter Armee vgl. die vorzügliche Studie von: Zeidler, Manfred: Reichswehr und Rote Armee. Wege und Stationen einer ungewöhnlichen Zusammenarbeit, München 1994; ferner Carsten, Reichswehr, S. 141-157; Castellan, Georges: Reichswehr et Armée Rouge 1920-1939, in: Duroselle, J.B. (Hg.): Les relations germano-soviétiques 1933-1939, Paris 1954, S. 138-260; Dreetz, Dieter: Aus der Zusammenarbeit von Reichswehr und Roter Armee 1930, in: Militärgeschichte (5) 1990, S. 475-491; Geyer, Aufrüstung, S. 149-160; Görlitz, Generalstab, S. 250ff.; Groehler, Olaf: Selbstmörderische Allianz.

Deutsch-russische Militärbeziehungen 1920-1941; Berlin 1992; Kehrig, Attachédienst, S. 60-69; Müller, Rolf-Dieter: Das Tor zur Weltmacht. Die Bedeutung der Sowjetunion für die deutsche Wirtschafts- und Rüstungspolitik zwischen den Weltkriegen, Boppard 1984; Speidel, Helm: Reichswehr und Rote Armee, in: Vierteljahrshefte für Zeitgeschichte 1 (1953), S. 9-45.

[379] Blomberg, Erinnerungen, Bd. III, S. 217. Groehler, Allianz, S. 33; Wheeler-Bennett, Nemesis, S. 129. Zeidler, Reichswehr und Rote Armee, S. 217, Kehrig, Attachédienst, S. 62; Carsten, Reichswehr, S. 143.

[380] Regelmäßige Manöverbesuche zwischen beiden Armeen gab es seit 1925. In den ersten beiden Jahren reiste man noch in Zivil und unter falschem Namen, dann erfolgte die Teilnahme dienstlich und offiziell – in Uniform und mit Ministerialpaß, vgl. ADAP, Serie B, Bd. VI, Dok. 74, Aufzeichnungen des Vortragenden Legationsrats von Dirksen, 29.7.1927, S. 150. Dazu auch Speidel, Reichswehr und Rote Armee, S. 36; Zeidler, S. 208, S. 224; Groehler, Allianz, S. 51f.

[381] Vgl. dazu Groehler, Allianz, S. 31.

[382] Time Magazine, Foreign News, Drang Nach Westen, 7.11.1949.

[383] Unter dem Einfluß des ersten Rüstungsprogramms der Reichswehr mit seinen materiellen Aufrüstungzielen wurden die Ausbildungsstationen ab 1930 mehr und mehr zu technischen Erprobungszentren für die neuentwickelten Waffenprototypen des Heeres wie Flugzeuge, Bombengeräte und Bordwaffen sowie Panzerfahrwerke und Kampfwagenkanonen.

[384] Die erste Übungsausstattung bildeten Anfang 1927 englische Panzer, vgl. zur Panzerschule von Kasan Groehler, Allianz, S. 50f.; Zeidler, Reichswehr und Rote Armee, S. 188-198.

[385] Groehler, Allianz, S. 50.

[386] Tomka – Das Gasgelände bei Vols'k. Aufbau und Organisation, Versuchstätigkeit: Zeidler, Reichswehr und Rote Armee, S. 198-207.

[387] ADAP, Serie B, z.B. Bd. V, Dok. 164; Carsten, Reichswehr, S. 304f.; Zeidler, Reichswehr und Rote Armee, S. 150ff.

[388] Blomberg, Erinnerungen, Bd. II, S. 126-155; vgl. auch Kehrig, Attachédienst, S. 56 sowie ADAP, Serie B, Bd. VI, Dok. 239.

[389] Groehler, Allianz, S. 59ff.; George Castellan nennt Blomberg einen »Experten in der russischen Frage«, vgl. ders., Réarmament, Paris 1954, S. 479.

[390] Blomberg, Inspektionsbericht, S. 241.

[391] Blomberg war stark anti-französisch eingestellt; vgl. Erinnerungen, Bd. III, S. 155. Als Beweis hierfür kann auch eine Episode, die Kehrig (Attachédienst) schildert, angeführt werden, vgl. ders., S. 94 und Anm. 106. Blombergs Sicht auf Frankreich entsprach weitgehend der communis opinio innerhalb der Reichswehr.

[392] Blomberg, Erinnerungen, Bd. III, S. 148.

[393] Ebd., Bd. III, S. 154f.

[394] Hermann Geyer (1882-1946, Selbstmord); Oktober 1928 bis Januar 1931 Chef der Heeresabteilung (T1) im Truppenamt, Oberstleutnant, seit 1930 Oberst, Februar 1931 bis September 1932 Kommandeur des 17. Inf. Regiments in Braunschweig, später General der Infanterie in der Wehrmacht.

[395] Brief Hermann Geyers an Blomberg vom 9.12.1929, in BA/MA, Nachlaß Hermann Geyer (N 221/10), zit. nach Zeidler, Reichswehr und Rote Armee, S. 256 und Anm. 42.

[396] Mit Ausnahme Georg Wetzells waren alle fünf Truppenamtschefs des Reichsheeres zwischen 1923 und 1933 Gäste der Roten Armee. Ein amtierender sowjetischer Generalstabschef war jedoch nie beim Reichsheer zu Gast, vgl. Zeidler, Reichswehr und Rote Armee, S. 221; Carsten, Reichswehr und Politik, S. 407. Zu Blombergs Rußland-Reise vgl. dessen Erinnerungen, Bd. III, S. 126-155; auch Carsten, Reichswehr und Republik, S. 307ff.; Geyer, Aufrüstung, S. 158-164; Zeidler, Reichswehr und Rote Armee, S. 218f.

[397] Boris M. Šapošnikov (1882-1945), Chef des Generalstabes der Roten Armee 1928-1931.

[398] Michail Tuchacevskij (1893-1937), Chef des Generalstabes der Roten Armee 1925-1928, ab 1931 Chef der Bewaffnung.

[399] Pëtr I. Baranov (1892-1933), Chef der Roten Luftflotte 1925-1931.

[400] Iona Iakir (1896-1937), Militärbefehlshaber in Kiev.

[401] Ieronim P. Uborevic (1896-1937), Chef/Bewaffnung der Roten Armee 1930/31; vgl. Blomberg, Erinnerungen, Bd. III, S. 153.

[402] Kliment E. Vorošilov (1881-1969), sowjetischer Kriegskommissar 1925-1940.

403 Kurt Gallenkamp (1890-1958), seit 1919 im Reichswehrministerium (Hauptmann), 1920 kommandiert zum Truppenamt, 1923 Chef der 3. Batterie des Artillerie-Regiments 5, 1927 kommandiert zum Reichswehrministerium, ab 1.2.1927 Adjutant des Chefs des Truppenamtes (Blomberg) im Reichswehrministerium; 1930 in die Organisationsabteilung (T3) versetzt; vgl. Bradley, Generale des Heeres, Bd. 2, S. 177ff.

404 Ernst Köstring (1876-1953), Oberst, Deutsch-Russe, inoffizieller Militärattaché in Moskau 1931-1933, »Rußlandexperte« der Reichswehr, vgl.: Köstring, Ernst: Der militärische Mittler zwischen dem Deutschen Reich und der Sowjetunion 1921-1941, bearb. von Teske, Hermann, Frankfurt a. M. 1965 (= Profile bedeutender Soldaten, Bd. 1, hg. vom Bundesarchiv/Militärarchiv); über die Rußlandreise mit Blomberg, ebd., S. 62, S. 83.

405 Sapošnikov war einer der wenigen prominenten Offiziere des Jahres 1928, der bei der großen »Säuberungsaktion« in der Roten Armee durch Stalin in den dreißiger Jahren nicht liquidiert wurde; vgl. Blomberg, Erinnerungen, Bd. III, S. 151f.

406 Blomberg, Inspektionsbericht.

407 Zur Zentrale Moskau vgl. Zeidler, Reichswehr und Rote Armee, S. 205f.

408 Blomberg, Erinnerungen, Bd. III, S. 133. Zur Tankschule in Kasan: Zeidler, Reichswehr und Rote Armee, S. 188-198.

409 Blomberg, Inspektionsbericht, S. 220-223; vgl. Spielberger, Motorisierung der deutschen Reichswehr, S. 272f.; Zeidler, Reichswehr und Rote Armee, S. 190.

410 Blomberg, Erinnerungen, Bd. III, S. 134; zu Tomka bei Vols'k, Zeidler, Reichswehr und Rote Armee, S. 198-204.

411 Siehe die Aufzeichnungen Schuberts vom 6.2.1928, in ADAP, Serie B, Bd. VIII, Dok. 69; vgl. dazu auch Carsten, Reichswehr, S. 305.

412 Blomberg, Inspektionsbericht, S. 220.

413 Aufzeichnungen Dirksens vom 29.12.1927, ADAP, B, Bd. VII, Dok. 239; ebd., Aufzeichnung Schuberts vom 6.2.1928, Bd. VIII, Dok. 69, Aufzeichnungen Dirksens vom 19.4. und 1.5. sowie die Besprechungsprotokolle Behschnitts vom 16.6.1928, ebd., Bd. VIII, Dok. 243; Bd. IX, Dok. 3 und 80. Zur Übersicht vgl. auch Zeidler, Reichswehr und Rote Armee, S. 176f.

414 Zu Aufbau, Organisation und Ausstattung der Kampffliegerschule Lipezk vgl. Zeidler, S. 119-123, S. 171-188.

415 Blomberg, Erinnerungen, Bd. III, S. 134.

416 Ebd., Bd. III, S. 135; ders., Inspektionbericht, S. 234.

417 Wiedergegeben im nicht publizierten Teil des Blombergschen Rußland-Berichtes, in: Politisches Archiv des Auswärtigen Amtes, Handakten Dirksen (russische Militärangelegenheiten), Bd. 167, hier zit. nach Zeidler, Reichswehr und Rote Armee, S. 262.

418 Blomberg, Erinnerungen, Bd. III, S. 136f.; S. 155.

419 Ders., Inspektionsbericht, S. 224.

420 Ebd., S. 224.

421 Ebd., S. 229.

422 Carsten, Reichswehr und Politik, S. 308. Zur außenpolitischen Bedeutung der Kontakte zwischen den Militärs beider Länder auch Zeidler, Reichswehr und Rote Armee, S. 250.

423 Blomberg, Inspektionsbericht, S. 226.

424 Ebd., S. 228. Vorošilov betonte, daß das Studium der deutschen Armee und ihrer Ausbildungsmethoden für die Kommandeure der Roten Armee sehr wertvoll sei.

425 Blomberg, Inspektionsbericht, S. 240f.; vgl. auch ders., Erinnerungen, S. 154.

426 Ders., Erinnerungen, Bd. III, S. 139; die Bedeutung der Reise für Blomberg betonen auch Görlitz, Generalstab, S. 233; S. 252; Rauschning, Men of Chaos, S. 277; Wheeler-Bennett, Nemesis, S. 296.

427 Blomberg, Erinnerungen, Bd. III, S. 142.

428 Ebd., Bd. III, S. 139. Zeidler schränkt die oben formulierte Annahme ein: »Von den einstigen aktiven Trägern der deutsch-russischen Zusammenarbeit wäre Blomberg mit Abstand der Berufenste gewesen, bei Hitler für die Pflege des deutsch-sowjetischen Verhältnisses einzutreten. Statt dessen begann auch er, die früheren Beziehungen zur Roten Armee abzuwerten und in ihrer militärischen Bedeutung herunterzuspielen und verfiel, wider besseren Wissens, jener Legendenbildung des nationalsozialistischen Regimes, die, die Rüstungsmaßnahmen von 1933 negierend, die Rückgewinnung militärischer Stärke als eine ausschließlich eigene Leistung erscheinen lassen wollte«; Zeidler, Reichswehr und Rote Armee, S. 295, siehe auch ebd. S. 298.

[429] Vgl. Time Magazine, Foreign News, Drang Nach Westen, 7.11.1949.
[430] Rauschning, Men of Chaos, S. 277.
[431] Blomberg-Aufzeichnungen, S. 34.
[432] Deist, Wilhelm: Die deutsche Aufrüstung in amerikanischer Sicht: Berichte des US-Militärattachés in Berlin 1933-1939 (1978), in: ders.: Militär, Staat und Gesellschaft. Studien zur preußisch-deutschen Militärgeschichte, hg. vom Militärgeschichtlichen Forschungsamt, München 1991 (= Beiträge zur Militärgeschichte, Bd. 34), S. 339-354, hier S. 339.
[433] Blombergs Bericht über seine Reise in die USA, in: BA/MA, Sig. 1 RH 2/384, der Bericht Oberst Kühlenthals über dieselbe Reise: ebd., Sig. 1 RH 2/ 1825; vgl. auch Blomberg, Erinnerungen, Bd. IV, S. 1-67 und die Unterlagen der amerikanischen Armee über die Blomberg-Reise, in: National Archive, Washington D.C., United States Military Intelligence Documents, Navy and Old Army Branch, Military Archives Division; pertaining to the visit to the United States; Files 69 (2257-B-94/1ff.); Erwähnung findet die Reise bei Erfurth, Generalstab, S. 129; Görlitz, Generalstab, S. 375; Geyer, Aufrüstung, S. 163ff.
[434] Connor, William Durward (1874-?), Armeeoffizier, 1917 Oberst, 1926 Brigadegeneral, seit 1927 Kommandeur des Army War College, Washington D.C.; vgl.: Who is Who in America, Bd. 16 (1930/31).
[435] Blomberg, Erinnerungen, Bd. IV, S. 2.
[436] Conger, Arthur L. (1872-1951), Oberst, Chef G-2 des vorgeschobenen amerikanischen Hauptquartiers, Militärattaché in Berlin 1925-1928.
[437] Folgende Studie ist in diesem Zusammenhang beachtenswert: Heye, Wilhelm: Verkehr mit den Amerikanern, in: BA/MA, Nachlaß Schleicher (N 42/13). Grundsätzlich: Schwabe, Klaus: Deutsche Revolution und Wilson-Frieden, Düsseldorf 1971, Epstein, F.T.: Zwischen Compiègne und Versailles, in: VfZ 3 (1955), S. 412-445; vgl. auch Geyer, Sicherheit, S. 160.
[438] Boetticher, Friedrich von (1881-1967), 1914 in der Eisenbahnabteilung des Großen Generalstabes, Oktober 1919 Referent der Abteilung T1 im Truppenamt; ab Juni 1920 Leitung der statistischen Abteilung T3 (Major); 1924 Oberstleutnant; 1927 Oberst; ab Oktober 1929 Kommandeur der Artillerieschule, vgl. Bradley, Generale des Heeres, Bd. 2, S. 106f.
[439] Diese Besuche in den USA fanden bis 1930 auf »privater« Ebene statt; Geyer, Aufrüstung, S. 163.
[440] Deist, deutsche Aufrüstung in amerikanischer Sicht, S. 340; Geyer, Aufrüstung, S. 161, Anm. 62. Die Initiativen der Reichswehr entsprachen der Linie der offiziellen Außen- und Wirtschaftspolitik Stresemanns, für dessen europäische Politik die amerikanische Unterstützung unabdingbar war.
[441] Kehrig, Attachédienst, S. 85ff.
[442] Deist, deutsche Aufrüstung in amerikanischer Sicht, S. 340.
[443] Kehrig, Attachédienst, S. 86f.
[444] Insbesondere Walter Warlimont gewann 1929/1930 einen umfangreichen Einblick in die teilweise geheime amerikanische industrielle Mobilmachungsplanung. Seine Studien bildeten neben den Erfahrungen aus dem Ersten Weltkrieg die Unterlage für die Planung einer entsprechenden Organisation in Deutschland, vgl. Geyer, Sicherheit, S. 162, Anm. 72.
[445] R.O.T.C.: Reserve Officers Training Corps, vgl. Lyons, G.M., Masland, J.W.: R.O.T.C.-Education and Military Leadership, Princeton 1959.
[446] Geyer, Aufrüstung, S. 163.
[447] Kühlenthal, Erich, General der Artillerie (1880-1958), 1928 Oberst und Leiter der Abteilung Fremde Heere im Truppenamt (T 3).
[448] Blomberg, Erinnerungen, Bd. IV, S. 2.
[449] Blomberg und Kühlenthal erschienen z.B. in voller Uniform in einem Restaurant, was zu dieser Zeit in den USA nicht erlaubt war. Der Zwischenfall erregte sowohl in der amerikanischen Presse als auch im amerikanischen Generalstab Aufsehen, vgl. National Archive, RG 1652257 – B – 94 (mit beigeheftetem Zeitungsausschnitt). Die Episode wird bei Geyer, Aufrüstung, geschildert, ebd. S. 164, Anm. 84.
[450] Geyer, Aufrüstung, S. 164, Anm. 85.
[451] Summerall, Charles Pelot (1867-?), Armeeoffizier, 1917 Brigadegeneral; 1918 Generalmajor. Seit 1929 Generalstabschef. 1930 stand er kurz vor dem Ausscheiden (Altersgrenze von 65 Jahren); vgl.: Who is Who in America, Bd. 16 (1930/31). Summeralls Nachfolger wurde General Mac Arthur.
[452] Blomberg, Erinnerungen, Bd. IV, S. 7ff.; Kühlenthal, Reisebericht USA, S. 3.

[453] Blomberg mißt der Beschäftigung mit dem amerikanischen Bürgerkrieg eine sehr hohe Bedeutung bei und sieht in seiner Nichtbeachtung ein großes Versäumnis der deutschen Kriegsakademie, das im wesentlichen die Fehleinschätzung der USA im Ersten Weltkrieg bedingte. Als Wehrkreisbefehlshaber in Ostpreußen ließ er 1929 Basil Liddell Harts *Sherman* übersetzen und an Offiziere des Wehrkreises verteilen.

[454] Blomberg, Reisebericht USA, S. 21ff.

[455] Ebd., S. 26f.

[456] Blomberg, Erinnerungen, Bd. IV, S. 14; ders., Reisebericht USA, S. 28.

[457] Kühlenthal, Reisebericht USA, S. 9-22.

[458] Blomberg, Reisebericht USA, S. 86.

[459] Ebd., S. 25f.

[460] Kühlenthal, Reisebericht USA, S. 22-24.

[461] Zur Organisation des Heeres der Vereinigten Staaten in den zwanziger Jahren: Organisatorisches vom Heer der Vereinigten Staaten, in: Wissen und Wehr, Jg. 9 (1928), S. 632-636.

[462] Blomberg, Reisebericht USA, S. 79; Kühlenthal, Reisebericht USA, S. 31.

[463] Ebd., S. 31f.

[464] Ebd., S. 48f.

[465] Ebd., S. 57ff.

[466] Blomberg, Erinnerungen, Bd. IV, S. 54f. und Reisebericht USA, S. 55-61.

[467] Ders., Reisebericht USA, S. 57f.

[468] Ebd., S. 57-59.

[469] Ebd., S. 61.

[470] Ebd., 1.1.1931, BA-MA, RH-2/1825.

[471] Carsten, Reichswehr, S. 287f.; Deist, Ideologisierte Kriegführung, S. 401; Geyer, Aufrüstung, S. 19-236.

[472] Eine Einsicht der Bestände des Archivs des Auswärtigen Amtes/Bonn lohnt sich in Bezug auf Blombergs Kooperation mit diesem; vgl. die edierten Quellen in: Akten zur Deutschen Auswärtigen Politik (zit. ADAP), Serie B, 1925-1933, Bd. V (17.3.-30.6.1927), Dok. 121, S. 267f.; 6.5.1927, Aufzeichnungen des Vortragenden Legationsrats Forster; Dok. 131, Aufzeichnungen über die Frage der Ausbildungsvorschriften, S. 290f.; Dok. 164, 18.5.1927, Aufzeichnungen des Ministerialdirektors Köpke (verschiedene Rußland betreffende Angelegenheiten), S. 366ff.; ADAP, Serie B, Bd. VI, (1.7.-30.9.1927), Dok. 51 (20.7.1927); Aufzeichnungen des Staatssekretärs des AA von Schubert, S. 110f.; Dok. 60 (24.7.1927); Aufzeichnungen des Botschafters in Moskau Graf Brockdorff-Rantzau (z.Z. in Berlin), S. 123-126; Dok. 75 (31.7.1927); Aufzeichnungen des Staatssekretärs des Auswärtigen Amtes von Schubert an den Reichsminister des Auswärtigen Stresemann, S. 151-156; Dok. 87 (5.8.1927); Aufzeichnungen des Staatssekretär des AA von Schubert, S. 185f.; ADAP, B, Bd. VII (1.10.-31.12.1927), Dok. 122 (21.11.1927); Aufzeichnungen des Ministerialdirektors Köpke, S. 295-299, vgl. dort Anm. 6; Dok. 155 (28.11.1927), Oberst von Blomberg an das Auswärtige Amt, S. 376f.; Dok. 166 (1.12.1927); Aufzeichnungen Forsters, S. 408-415; Dok. 102 (14.11.1927); Aufzeichnungen des Vortragenden Legationsrats Lütgens, S. 238.; Dok. 172 (3.12.1927); Köpke an das Truppenamt, S. 424f.; Dok. 226 (22.12.1927), Aufzeichnungen des Vortragenden Legationsrates Forster, S. 554ff.; Dok. 239 (29.12.1927), Aufzeichnungen des Vortragenden Legationsrats von Dirksen, S. 580f.; ADAP, Bd. VII (1.1.-30.4.1928), Dok. 68; Aufzeichnungen Schuberts über die Richtlinien für den Landesschutz, S. 145f.; Dok. 69 (19.4.1928), Russische Angelegenheiten, S. 146f.; Dok. 243 (28.4.1928); Aufzeichnungen von Dirksens, S. 513f.; Dok. 259 (28.4.1928); Aufzeichnungen des Legationsstaatssekretärs Hencke, S. 546ff., hier bes. S. 548; ADAP, Bd. IX (1.5.-30.8.1928), Dok. 3 (1.5.1928); Aufzeichnungen des Ministerialdirektors Dirksen, S. 4f.; Dok. 5 (2.5.1928); Aufzeichnungen über die Truppenamtsreise in Schlesien, Legationsrat Forster, S. 7ff.; Dok. 14 (11.5.1928), Oberst Kühlenthal an Ministerialdirektor von Dirksen, S. 27ff.; Dok. 17 (12.5.1928); Aufzeichnungen des Vortragenden Legationsrats Forster (über Richtlinien für den Landesschutz des Reichswehrministeriums), S. 31-34; Dok. 80 (18.6.1928), das Reichswehrministerium an das Auswärtige Amt, Besprechung im AA über die Entsendung der letzten 13 Schüler für Lipezk, S. 188ff.; Dok. 84 (20.6.1928); Aufzeichnungen des Staatssekretärs des Auswärtigen Amts von Schubert, S. 199f.; ADAP, B, Bd. X, Dok. 138 (17.11.1928), Aufzeichnungen des Generalmajors von Blomberg, S. 346ff. (Aufzeichnungen über die Rußland-Reise).

[473] ADAP, Bd. IX, Dok. 5 (Aufzeichnungen über die Truppenamtsreise in Schlesien, Ende April 1928); S. 7ff.; siehe auch Serie B, Bd. VII, Dok. Nr. 226. Die Einladung zur Teilnahme von ein bis zwei Her-

ren des Auswärtigen Amts hatte Blomberg in einem Schreiben vom 27. Januar an Schubert ausgesprochen (Archiv des AA/Bonn, Sig. K 6/K 000 354-55), vgl. ADAP, Bd. IX, Dok. 5, S. 7, Anm. 2.

474 Ebd., S. 9.

475 Ebd., S. 7ff.

476 Geyer, Aufrüstung, S. 96.

477 Forster, Truppenamtsreise, ADAP, Bd. IX, Dok. 5, S. 9.

478 Geyer, Aufrüstung, S. 95; Heider, Der totale Krieg, S. 27f.

479 Ebd., S. 94ff.; S. 191; Post, Civil Military Fabric, S. 114f.; S. 209-215; S. 227; S. 309f.

480 Chef des Truppenamtes (Blomberg), Nr. 284/29, Geheime Komandosache (geh. Kmdo. Sache), 26.3.1929: Folgerungen aus den Studien des Truppenamtes im Winter 1927/28 und 28/29; in: BA-MA, II H 597.

481 Blomberg, Folgerungen aus den Studien des Truppenamtes, S. 2.

482 Aufzeichnungen des vortragenden Legationsrates Forster, in: ADAP, Serie B, Bd. VII, Dok. 226, S. 554ff. Siehe auch das Schreiben Blombergs an das AA, vom 22.12.1927, Archiv des AA/Bonn, Dok. 9481/H 276 384.

483 Blomberg, Folgerungen aus den Studien des Truppenamtes, S. 2.

484 Ebd., S. 2.

485 Ebd, S. 3.

486 Geyer, Aufrüstung, S. 191 und Anm. 13.

487 ADAP, Bd. IX, Dok. Nr. 5, Forster, Truppenamtsreise, S. 8. Über die Ziele und Motive des Auswärtigen Amtes unterrichten Post, Civi-Military Fabric, passim und Geyer, Aufrüstung, S. 193f.

488 Blomberg, Folgerungen aus den Studien des Truppenamtes, S. 3.

489 Blomberg schreibt: »Aus beiden Winterstudien ergab sich ferner, ebenso wie aus anderen Überlegungen, daß eine einseitige politisch-militärische Verwicklung nicht wahrscheinlich ist. Der Landesschutz darf also nicht einseitig auf die Abwehr eines polnischen Überfalls eingestellt sein. Wir müssen uns vielmehr neben der Abwehr im Osten auch auf die Abwehr im Westen und an den übrigen Grenzen des Reiches vorbereiten, soweit dies bei unseren vielen Bindungen eben möglich ist«; Blomberg, Folgerungen, S. 3.

490 Politisch war für das Truppenamt die Darstellung einer äußerst bedrohlichen, aber bei zusätzlichen Rüstungsmaßnahmen zu bewältigenden militärischen Lage ein Druckmittel, weitere Rüstungsausgaben und Landesverteidigungsmaßnahmen gegenüber der Regierung zu rechtfertigen; Geyer, Aufrüstung, S. 192f.; S. 207-213; Deist, Aufrüstung der Wehrmacht, in: ders.: Ursachen und Voraussetzungen der deutschen Kriegspolitik, S. 385.

491 Vgl. Geyer, Aufrüstung, S. 207-213; Hürter, Groener; Post, Civil-Military Fabric, S. 152, S. 155f, S. 310f. Zu den generellen Schwierigkeiten, die exemplarische und abstrakte Situationen im Kriegsspiel mit sich bringen, vgl. Model, Hansgeorg: Der deutsche Generalstabsoffizier, seine Ausbildung in Reichswehr, Wehrmacht und Bundeswehr, Frankfurt a. M. 1968, S. 33-36.

492 Die Einteilung in eine militärische und eine politische Fraktion in der Bendlerstraße ist geprägt von Johannes Hürter, Groener, S. 89, Anm. 58. Er schreibt: »Nicht von ungefähr wurde ausgerechnet Werner von Blomberg, bis 1929 Protagonist der »militärischen« Fraktion in der Bendlerstraße, Nachfolger Groeners und Schleichers im Amt des Reichswehrministers«; vgl. auch Geyer, Aufrüstung, S. 232f. und S. 486.

493 Zwischen Revolution und Kapp-Putsch. Militär und Innenpolitik 1918 bis 1920, bearb. von Hürter, Heinz, Düsseldorf 1977 (= Quellen zur Geschichte des Parlamentarismus und der politischen Parteien, 2. Reihe: Militär und Politik, Bd. 2), Nr. 32, 25, 53, Nr. 75, S. 113-115; S. 121-125; S. 158-161; S. 193-197; Hürter, Groener, S. 93ff.; Deist, die Aufrüstung der Wehrmacht, in: ders.: Ursachen und Voraussetzungen der deutschen Kriegspolitik, S. 382-387.

494 Geyer, Aufrüstung, S. 207; Hürter, Groener, S. 91ff.; S. 94, Anm. 72.

495 Ebd., S. 208. Zu Groeners politischer Einstellung vgl. auch Hürter, Groener, S. 24ff.

496 Mittelberger, Hilmar von: Lebenserinnerungen, S. 242, zit. nach Carsten, Reichswehr, S. 330.

497 Zu der im folgendem dargestellten Auseinandersetzung zwischen Ministeramt und Truppenamt auch Geyer, Aufrüstung, S. 207-213.

498 Begleitschreiben Blombergs an die Chefs des Wehramtes, Waffenamtes, Personalamtes und Ministeramtes, Berlin 26.3.1929.

499 Schleicher an das Truppenamt (Schreiben des Ministeramtes), Berlin, 22.4.1929, Geh. Kdo.Sache, betr. Kriegsspielauswertung, Dok. Nr. 221/29, in: Blomberg, Folgerungen, S. 26.

[500] Dazu Schulze, Hagen: Der Oststaatplan, in VfZ 18 (2) 1970, S. 123-163 vgl. auch Blomberg, Folgerungen aus den Studien des Truppenamtes, S. 3.

[501] Ebd.; Blomberg an die Chefs des Wehramtes, Waffenamtes, Personalamtes und Ministeramtes, Berlin 24.6.1929.

[502] Schleicher an das Truppenamt, Berlin, 8.7.1929; Blomberg an die Chefs des Wehramtes, Waffenamtes, Personalamtes und Ministeramtes. Nun hieß es über die Ergebnisse des Organisationskriegsspiels nur noch: »Sie werden auch in ihrer jetzigen Form bei der laufenden weiteren Bearbeitung zur Nachprüfung der erzielten Ergebnisse dienen können«, ebd., S. 30.

[503] So auch Hürter, Groener, S. 96f.

[504] Waldemar Erfurth weist allerdings auf die Tatsache hin, daß die Truppenamtschefs der Weimarer Republik generell nur verhältnismäßig kurze Zeit im Amt waren, um dann eine neue Verwendung zu finden; ders., Generalstab, S. 128; auch Görlitz, Generalstab, S. 329.

[505] Blomberg, Erinnerungen, Bd. III, S. 169f. Zum Streit um die Nachfolge Heyes vgl. Carsten, Reichswehr, S. 333.

[506] Stülpnagel, ZS 37, wie unten zit., S. 6f; Carsten, Reichswehr, S. 330f.

[507] Vgl. Nakata, Grenzschutz, zum Feldjägerdienst und dessen Aufgaben vgl. S. 220 sowie 276-281, hier S. 278f.

[508] Blomberg, Erinnerungen, Bd. III, S. 172.

[509] Ebd., S. 170ff.

[510] Ebd., S. 173f. Zum Sturz Blombergs und zu seiner Ablösung durch Kurt von Hammerstein-Equord vgl. Carsten, S. 331ff.

[511] Stülpnagel zu Foertsch, IfZ/ZS 37/Foertsch/ 271/52, S. 5f. Vgl. Niederschrift Thilo Vogelsangs über einen Besuch bei Gen.d. Inf.a.D. Joachim von Stülpnagel in Oberaudorf am 23.8.1955, in: IfZ, Sig. 1789/55, Bl. 00033-00038, hier Bl. 34f .

[512] Stülpnagel, S. 6.

II. Der General »ohne Eigenschaften« (1930-1934)

[1] Blombergs Vorgänger in der Funktion des Wehrkreisbefehlshabers waren Gen.Lt. Ludwig von Estorff (10.1.1919-3.2.1920); Gen.d.Inf. Johannes von Dassel (3.2.1920-31.10.1923); Gen.Oberst Wilhelm Heye (11.1.1923-31.10.1926); Gen.d.Inf. Friedrich Freiherr von Esebeck (11.1.1926-30.9.1929).

[2] Vgl. Blomberg, Notizen, S. 33.

[3] Als äußerer Feind wurde primär Polen betrachtet, vgl. z.B. die Ausführungen Hammersteins auf der Führerreise vom 21.5.1932, zit. bei Carsten, Reichswehr, S. 397, FN 182.

[4] Blomberg, Erinnerungen, Bd. III, S. 177.

[5] Ebd, S. 17.

[6] Ebd., S. 69; S. 176.

[7] Aufzeichnungen aus der Reichskanzlei, Berlin 20.2.1930, zit. nach Carsten, Reichswehr, S. 398.

[8] Nachlaß Schleicher (N 42), in BA/MA, Dok. 76/4.

[9] Ebd., Dok. 118, Postkarte Blombergs an Schleicher, Königsberg, 19.1.1931.

[10] Carsten, Reichswehr, S. 394, Nakata, Grenzschutz.

[11] Zit. nach Carsten, Reichswehr, S. 394.

[12] Blomberg, Erinnerungen, Bd. III, S. 183f.

[13] Unter einem Chef des Stabes standen in der Regel acht Generalstabs- und etwa elf weitere Offiziere, zwei Sanitäts- und zwei Veterinäroffiziere und einige Beamte.

[14] Vgl. zu Bonins »republikanischer« Einstellung auch Nakata, Grenzschutz, S. 282.

[15] Blomberg, Erinnerungen, Bd. III, S. 179-187.

[16] Carsten, Reichswehr, S. 293ff.

[17] Niederschrift über eine Chefbesprechung vom 15.10.1929 im Reichskanzlerhaus, zit. bei Nakata, Grenzschutz, S. 283f. und FN 143.

[18] Carsten, Reichswehr, S. 297.

[19] Über den Aufbau der Grenz- und Landesschutzsysteme in Ostpreußen vgl. Nakata, Grenzschutz, S. 272f.

[20] Vgl. Müller-Hildebrandt, Heer und Hitler, S. 40, ebd. ein Diagramm des ostpreußischen Befestigungssystems.

21 Blomberg, Erinnerungen, Bd. II, S. 182f.
22 Rauschning, Men of Chaos, S. 278.
23 Blomberg genoß im Wehrkreis ein hohes Ansehen, vgl. Nachlaß Schleicher, S. 164f.
24 Vgl. dazu: »Richtung halten«: Hans Rothfels und die neo-konservative Geschichtsschreibung diesseits und jenseits des Atlantik, in Sozial-Geschichte, Zeitschrift für historische Analyse des 20. und 21. Jahrhunderts, 2003. Winkler, Heinrich August: Hans Rothfels, Hitlers Eulogist?, in: Haar, Ingo: Historiker im Nationalsozialismus, Berlin 2000.
25 Blomberg, Erinnerungen, Bd. II, S. 191f. Um die geistigen Strömungen analysieren zu können, mit denen Blomberg vor der Machtergreifung der Nationalsozialisten in Berührung kam, und besonders bei der Suche nach seiner späteren quasi-religiösen Verehrung für Hitler wäre es interessant zu wissen, mit wem er im Kränzchen zusammengetroffen ist. Indessen sind die Namen der Teilnehmer weder bekannt noch rekonstruierbar.
26 Krebs, Albert: Dietlof Graf von der Schulenburg. Zwischen Staatsraison und Hochverrat, Hamburg 1964, S. 94; S. 309.
27 Blomberg, Notizen, 1933-1938, S. 32.
28 Ebd., S. 33.
29 Vgl. dazu auch Müller, Heer, S. 35ff.
30 Ders., Erinnerungen, Bd. II, S. 157, vgl. auch die Ausführungen Foertschs, Schuld und Verhängnis, S. 30.
31 Blomberg, Notizen, S. 32.
32 Ebd.
33 Bisher existiert über Reichenau keine wissenschaftliche Monographie oder Biographie. Timm Richter (Münster) arbeitet an einer Dissertation über Walter von Reichenau. Zur Person Reichenaus vgl. auch: Boll, Bernd: Generalfeldmarschall Walter von Reichenau, in: Hitlers militärische Elite. 2 Bde., hg. von Gerd R. Ueberschär. Bd. 1. Darmstadt 1998, S. 195-202; BA/MA: Görlitz, Walter: Biographischer Abriss von Walter von Reichenau; IfZ/ Z 537/2479/59: Unterredung mit General a.D. Foertsch, über Reichenau, ders.: Biographische Studie über Walter von Reichenau, ebenda.
34 Walter Görlitz meint, man habe Reichenau als »allzu farbigen Outsider« loswerden wollen, vgl. ders.: Biographische Skizze Walter von Reichenaus, S. 3.
35 Vogelsang, Thilo: Hitlers Brief an Reichenau vom 4.12.1932, in: VfZ (10) 1959, S. 429-437, S. 429, FN 3.
36 Blomberg, Erinnerungen, Band I, S. 69; Vogelsang, Hitlers Brief an Reichenau, S. 429, FN 1.
37 Brief Stülpnagels an Thilo Vogelsang, IfZ, Sig. 1789/55, Bl. 0029.
38 Vgl. Nlß. Schleicher, in: BA/MA, N 42/44, S. 164f; siehe auch Blomberg, Erinnerungen, Bd. I, S. 69.
39 Blomberg, Erinnerungen, Bd. 1, S. 321.
40 Foertsch, in: IfZ, Reichenau, S. 6.
41 Vgl. IfZ, ZS 105/12f. Ludwig Müller, 1883 in Gütersloh geboren, wurde am 27.9.1933 zum Reichsbischof gewählt. Müller setzte sich für eine Zentralisierung der Kirche ein, die einherging mit Führerprinzip und Arierparagraphen. Im Dezember überführte Müller eigenmächtig die evangelische Jugendorganisation in die Hitler-Jugend. 1935 wurde Müller entmachtet. Am 31.7.1945 beging er Selbstmord; vgl.: Enzyklopädie des Nationalsozialismus, hg. von Benz, Wolfgang; Graml, Hermann; Weiß, Hermann, München 1998, S. 865.
42 Braun, Otto: Von Weimar zu Hitler, New York 1940, S. 380f; vgl. auch Vogelsang, Hitlers Brief an Reichenau, S. 430.
43 Vogelsang, Hitlers Brief an Reichenau, S. 430; Görlitz, Reichenau S. 3; vgl. auch Foertsch, Reichenau, IfZ, ZS 170, S. 7.
44 Foertsch über Reichenau und Blomberg, in: IfZ, ZS 37/2479/59, S. 2; vgl. auch Krausnick, Helmut: Vorgeschichte und Beginn des militärischen Widerstandes gegen Hitler, in: Aufstand des Gewissens. Militärischer Widerstand gegen Hitler und das NS-Regime 1933-1945. Katalog zur Wanderausstellung, hg. i.A. des Militärgeschichtlichen Forschungsamtes von Heinrich Walle, Berlin, Bonn, Herford 1994, S. 618.
45 Reichenau wurde erst am 18.1.1934 Generalmajor. Keitels Verteidiger in Nürnberg fand es »bemerkenswert«, daß Hitler, trotz der unbedingten Ergebenheit Reichenaus und des persönlichen Verkehrs mit ihm, diesen nicht in die höchste Wehrmachts- oder Heeresführung berief.

[46] Foertsch, Schuld, S. 29 f.; ähnlich Röhricht: Pflicht und Gewissen, Stuttgart 1965, S. 29 f.; Tschirschky, Fritz Günther von: Erinnerungen eines Hochverräters, Stuttgart 1972, S. 105.

[47] »Hinter der Wahl von Blombergs standen von Reichenau, der Blombergs Chef (des Stabes) beim Wehrkreis I und geschäftsführender Vertreter in Königsberg war, ferner General von Hindenburg, der Sohn des Reichspräsidenten.« (Oskar von Hindenburg war 1933 erst Oberst), Görlitz, Keitel, S. 60. Beides hat der Präsidentensohn Oskar von Hindenburg 1949 in seinem Entnazifizierungsverfahren als unrichtig zurückgewiesen, vgl. ders., in: Protokoll der Verhandlung vor dem Entnazifizierungs-Berufungsausschuß Uelzen vom 14.3.1949; S. 115.

[48] Gunther, John: So sehe ich Europa, Amsterdam 1937, S. 80. Diese Version hat 1986 auch Hans-Ulrich Thamer, Verführung und Gewalt, S. 222, übernommen. Müller habe ihn für den Nationalsozialismus »gewonnen«. Auch Holborn, Hajo: A History Of Modern Germany 1840-1945, New York 1951, S. 707.

[49] Schwertfeger, Bernhard: Rätsel um Deutschland, Heidelberg 1948, S. 397.

[50] Ebd.

[51] Wistrich, Robert: Wer war wer im Dritten Reich?, München 1983, S. 23 f. gibt keine Quelle für diese Behauptung an.

[52] Ruge, Hitler, Weimarer Republik und Machtergreifung, Köln 1983, S. 317.

[53] Berndorff: General zwischen Ost und West, S. 227. Erwin Wickert schreibt: »Die andere entscheidende Unterredung findet mit dem General von Blomberg statt, der Leiter der Abrüstungsdelegation in Genf ist [Blomberg war lediglich Leiter des militärischen Teils der Delegation in Genf, die Verf.], und ohne das Wissen seines Vorgesetzten, des Generals von Schleicher, von Hindenburg vertraulich nach Berlin zitiert wird. Blomberg erklärt, er begrüße eine nationale Koalitionsregierung unter Hitlers Führung. Dann reist er wieder ab.«, in: Wickert, Erwin: Dramatische Tage in Hitlers Reich, Stuttgart 1952, S. 37; Berndorff, General zwischen Ost und West, S. 233. Falsch informiert ist auch Plehwe, Schleicher, S. 278, wonach Blomberg »hinter Schleichers Rücken« von Hindenburg »zu einer streng vertraulichen Rücksprache empfangen worden sei«. Vgl. auch Görlitz, Walther: Keine Macht der Welt wird mich hier herausbringen, in: Die Welt, 26.1.1963; Reichswehr, Staat und NSDAP, S. 375 f.

[54] Schwerdtfeger, Rätsel um Deutschland, S. 216.

[55] Blomberg, Notizen, S. 17.

[56] Gemeint war Blombergs »Ernennung«.

[57] Deutsch, Komplott, S. 19.

[58] Groener war Reichswehrminister, ebenso wie zunächst Blomberg. Die Umbenennung in Reichskriegsminister erfolgte erst 1935.

[59] Deutsch, Komplott, S. 20.

[60] Ebd. S. 20.

[61] Schultze war als SPD-Mitglied im Oktober 1932 heimlich in die NSDAP eingetreten unter der Nr. 1 460 202 und wurde sogar Gauamtsleiter der NSDAP – sehr zur Überraschung der »Alten Kämpfer« in Königsberg.

[62] Deutsch, Komplott, S. 20.

[63] Ebd., S. 20. Unverständlich, daß Deutsch der Briefwechsel zwischen Hitler und dem Stabschef Blombergs, Oberst von Reichenau – vom 4.12.1932, VfZ (4) 1959, S. 429 ff. – unbekannt ist. Danach hatte Reichenau, der den in Genf weilenden Blomberg vertrat, bereits im April 1932 mit Hitler »eine längere Unterredung unter vier Augen«.

[64] Vgl. dazu: Hertz-Eichenrode, Dieter: Die politische Geschichte Ostpreußens nach dem Zweiten Weltkrieg, in: ders: Politik und Landwirtschaft in Ostpreußen, Köln und Opladen 1969, S. 71f.

[65] Vgl. dazu auch Carsten, Reichswehr, S. 284.

[66] Kordt, Erich: Nicht aus den Akten, Stuttgart 1950, S. 51. Daß er in Genf als Chef der Militärdelegation die Stabsmitglieder angewiesen haben soll Mein Kampf zu lesen, wie Konrad Heiden behauptet, ist lächerlich.

[67] Wheeler-Bennett behauptet dies und formuliert die These, Groener und Brüning hätten Blomberg deswegen loswerden wollen, nach Brüning, Ein Brief, Deutsche Rundschau 1947, S. 3; vgl. Wheeler Benett, Nemesis der Macht, S. 297.

[68] Wucher, Albrecht, Die Fahne hoch: Das Ende der Republik und Hitlers Machtübernahme, München 1963, S. 149. Hier wird behauptet, Brüning habe versucht, Groener dazu zu bewegen, Blomberg loszuwerden, da dieser nervlich zerrüttet gewesen sei wegen der psychischen Folgen eines Reitunfalls. Die Blomberg-Familie weiß nichts von einem solchen Reitunfall.

69 Brüning, Erinnerungen 1918-1934, Stuttgart 1974, S. 492f.
70 Blomberg, Erinnerungen, Bd. III, S. 75.
71 Zur Abrüstungskonferenz vgl. Geyer, Aufrüstung oder Sicherheit. Zur deutschen Delegation gehörten u.a. Botschafter Nadolny als Leiter der Delegation, Staatssekretär a.D. Frhr. von Rheinbaben, Gesandter Frhr. von Weizsäcker, Unterstaatssekretär a.D. von Möllendorf, Generalmajor Schönheiz, Oberst Karmann.
72 Geyer, Aufrüstung oder Sicherheit, S. 307-347.
73 Blomberg, Erinnerungen, Bd. III, S. 45.
74 So soll er sich jedenfalls in Genf gegenüber dem Delegierten Aga Khan geäußerst haben, vgl. Aga Khan: Die Memoiren des Aga Khan, Welten und Zeiten, Wien, München, Basel 1954, S. 217f.
75 Blomberg, Erinnerungen, Bd. I, S. 89f.
76 Ebd., S. 90f.
77 Aga Khan, Memoiren, S. 217f.
78 Blomberg, Erinnerungen, Band I, S. 91.
79 Ebd., Bd. III, S. 177.
80 Interview mit Dorothee Keitel, München, August 2001.
81 Foertsch, in ZS, zu Reichenau/Blomberg, S. 9. zu Brüning vgl. Schmidt-Hannover, S. 351.
82 Blomberg, Tagebuchaufzeichnungen/Notizen in Genf, Nachlaß Blomberg.
83 Nach Braunschweigische Staatszeitung, 21.1.1933: Alarmnachrichten der französischen Presse.
84 Vgl. BA/MA, Nachlaß Stülpnagel, BA/MA, N 5/27, S. 307-309; siehe auch Vogelsang, Reichswehr, Staat und NSDAP, S. 386. Vgl. auch die persönlichen Erinnerungen von Lutz Graf Schwerin von Krosigk, ders.: Memoiren, Stuttgart 1977, S. 166. Neben Stülpnagel war damals übrigens auch Hugenbergs Vertrauensmann, der deutschnationale Reichstagsabgeordnete Otto Schmidt/Hannover in der Presse spekulativ als Schleicher-Nachfolger genannt worden. Karl Dietrich Bracher: Auflösung, S. 733, Niederschrift des Generalobersten Kurt von Hammerstein vom 28.1.1934. Stülpnagel soll von Admiral Raeder vorgeschlagen worden sein, Müller, Heer, S. 50.
85 In der bisherigen Forschung gilt die Behauptung, der Vorgang der Berufung Blombergs zum Reichswehrminister sei nicht mehr zu rekonstruieren; vgl. Geyer, Aufrüstung, S. 307; Volkmann, Hans-Erich: Von Blomberg zu Keitel – Die Wehrmachtführung und die Demontage des Rechtsstaates, in: Die Wehrmacht – Mythos und Realität, hg. von Müller, Rolf Dieter; Volkmann, Erich, München 1999, S. 47-66; S. 50; Müller, Heer, S. 50.
86 Hinkel, Hans; Bley, Wulf: Kabinett Hitler, Berlin 1933, S. 38.
87 Vgl. auch Mühleisen, Hans-Otto: Die Rolle des Militärs bei der Machtübernahme der Nationalsozialisten, in: Becker, Joseph (Hg.): 1933 – Fünfzig Jahre danach, München 1983. Die Zitate stimmen weitgehend überein mit Carsten, Francis L.: Die Reichswehr und die Diktatur, in: Jasper, Gotthard (Hg.): Von Weimar zu Hitler, Köln, Berlin 1968, S. 179.
88 Vogelsang, Neue Dokumente zur Geschichte der Reichswehr. Vgl. Hubatsch, Walter: Hindenburg und der Staat, Göttingen, Berlin, Frankfurt a.M. 1966, S. 361. Damit erscheint die Auffassung widerlegt, wonach Hitler einen ihm mißliebigen Reichswehrminister kaum hingenommen hätte. Salewski, Michael: Die bewaffnete Macht im Dritten Reich 1933-1939, in: Handbuch der deutschen Militärgeschichte 1648-1939. Hg. vom MGFA durch Hackl, Othmar und Messerschmidt, Manfred, München 1979, S. 16.
89 Hubatsch, Hindenburg, S. 369.
90 Meissner, Otto: Staatssekretär unter Ebert, Hindenburg, Hitler, Hamburg 1950, S. 266. In seiner eidesstattlichen Versicherung vom 28.11.1945 hatte Meissner fälschlich Blomberg als einen der »persönlichen Freunde Hindenburgs« bezeichnet, die Papens Vorschlag einer Kanzlerschaft Hitlers unterstützt haben sollten. (IMT Dok. PS 3309).
91 Bracher, Auflösung, S. 712. Allerdings sagt Bracher Meissner »häufige Gedächtnisfehler« (oder Rechtfertigungsversuche) nach. Ein solcher Fehler findet sich bei Meissner, Staatssekretär, S. 301, wenn er behauptet, die Notverordnung vom 28.2.1933 (Reichstagsbrand-VO) sei bald nach dem Ermächtigungsgesetz vom 23.3.1933 aufgehoben worden; vgl. auch Hillgruber, Andreas: Die Auflösung der Weimarer Republik, Hannover [4]1962, S. 62.
92 Plehwe, Schleicher, S. 278.
93 Salewski, Handbuch, S. 19 f.
94 Weiter bestätigte Göring Blombergs Angaben: »Herr von Blomberg war weder dem Führer noch mir persönlich zu diesem Zeitpunkt bekannt.«

95 Blomberg, Notizen 1943.
96 Kordt: Nicht aus den Akten, S. 51. Er verlegt allerdings den Zeitpunkt auf »einige Tage vor dem 30.1.1933«.
97 Foertsch, Unterredung in München mit Joachim von Stülpnagel, IfZ/ZS 37/Foertsch/271/52, S. 12.
98 Vgl. Blomberg, Notizen, S. 33.
99 Deutsch, Komplott, S. 20.
100 Foertsch: Unterredung in München mit Joachim von Stülpnagel, IfZ/ZS 37/ 271/52, S. 12f.
101 Göring am 13.3.1946 in Nürnberg, vgl.: IMT, Band IX, S. 282. Hindenburg zu Hitler am 21.11.1932: »Persönlich behalte ich mir die endgültige Zustimmung zu einer Ministerliste vor. Die Besetzung des Auswärtigen Amtes und des Reichswehrministeriums (...) Sache meiner persönlichen Entscheidung.« (Hubatsch, Hindenburg, S. 355).
102 Luft, Hermann: Führer des Volkes, Berlin 1933, S. 18.
103 Papen, Franz von: Der Wahrheit eine Gasse, München 1953, S. 271; ders.: Vom Scheitern einer Demokratie, 1930-1933, Mainz 1968, S. 380. Der Schleicher-Biograph von Plehwe behauptet, Papen habe die Frage der Benennung Blombergs in seinen Memoiren »umgangen«. In Wirklichkeit hat Papen sich dazu klar geäußert (wie oben zitiert).
104 Hoch, Anton; Weiß, Hermann: Die Erinnerungen des Generalobersten Wilhelm Adam, in: Miscellanea Festschrift für Helmut?, hg. von Benz, Wolfgang, Stuttgart 1980, S. 41. Im Kommentar hieß es, daß Hammerstein über die Berufung Blombergs »besonders verärgert war«.
105 Manstein, Soldatenleben, S. 302.
106 Kuntzen wird bei Bracher, S. 726 fälschlich als Adjutant Schleichers bezeichnet. Derselbe Fehler findet sich bei Gisevius, Hitler, S. 109. Anstelle Kuntzens wird gelegentlich auch der Adjutant Schleichers, Hauptmann Noeldechen, z.B. von Walter Görlitz, Der Deutsche Generalstab, S. 395, angegeben. Vgl. ebenso Schwertfeger, Rätsel, S. 220 und Duesterberg, Theodor: Der Stahlhelm und Hitler, Wolfenbüttel 1949, S. 42.
107 Hammerstein-Equord, Kurt von (1878-1943), Generaloberst, 1930-1933 Chef der Heeresleitung bzw. Oberbefehlshaber des Heeres.
108 In einer schriftlichen Stellungnahme, abgedruckt bei Bracher, Auflösung, S. 733ff., begründete Hammerstein unter dem 28.1.1934 sein Interesse an einer vorherigen Unterredung mit Blomberg damit, daß er ihn über die politische Lage in Berlin habe unterrichten wollen.
109 Während Brüning wie Blomberg selbst (ders., Notizen, S. 33) als Empfangsort Blombergs den Bahnhof Friedrichstraße angab, wird von Bracher, Auflösung, S. 725, der Potsdamer Bahnhof angegeben.
110 Zu den Putschgerüchten vgl.: Hammerstein, Kunrat von: Schleicher, Hammerstein und die Machtübernahme 1933, in: Frankfurter Hefte 11 (1956), S. 11-18; S. 117-128; S. 163-176; Brüning, Memoiren, S. 446; Wheeler-Bennet, John: Der hölzerne Titan. Paul von Hindenburg, Tübingen 1969, S. 438, siehe auch Jannsen, Tobias, Sturz, S. 33ff.
111 Janßen, Tobias, Sturz, S. 34.
112 Ebd. und Anm. 3, Kapitel 2.
113 Vgl. Carsten, Reichswehr, S. 447, Heiber, Goebbels-Reden, Band 2, S. 128. Siehe auch Wheeler-Bennet, Nemesis, S. 284; Bracher, Auflösung, S. 726.
114 Das Archiv, 31.1.1933.
115 Ausführungen des Reichswehrministers Blomberg vor den Gruppen- und Wehrkreisbefehlshabern im Reichswehrministerium am 3.2.1933, in: Notizen des Generalleutnants Liebmann, in: VfZ (2) 1954, Nr. 7, S. 433.
116 Göring, in: IMT, Bd. IX, S. 283.
117 Volkmann, Von Blomberg zu Keitel, S. 50, vgl. Huber, Deutsche Verfassungsgeschichte, S. 126.
118 Blomberg, Notizen, S. 10.
119 Göring, in: IMT, Bd. IX, S. 283.
120 Blomberg Notizen, S. 9.
121 Auskunft im Interview mit Dorothee Keitel, München, März 2001.
122 Blomberg, Erinnerungen, Bd. III, S. 123.
123 Sauer, Mobilmachung, S. 41ff.
124 Busch, Eckart: Der Oberbefehl. Seine rechtliche Struktur in Preußen und Deutschland seit 1848, Boppard 1967, S. 49-106.
125 Akten der Reichskanzlei, Regierung Hitler, hg. von der Historischen Kommission bei der Bayerischen Akademie der Wissenschaften von Hockert, Hans Günter, München 1999f.; z.B.

Bd. 2 1934/35, Dokumente 169-286; 26, 94, 178, 194, 201, 206f., 211, 218, 241f., 244, 21-253 u.a.

[126] So Janßen, Tobias, Sturz, »Blomberg war vom ersten Moment an der Demagogie Hitlers verfallen«; ebd., S. 34.; vgl. auch Müller, Heer, ders., Armee, Deist, Aufrüstung, Volkmann; Sauer.

[127] Vogelsang, neue Dokumente, in VfZ, S. 434ff.

[128] In: Peiner Tagespost, 12.2.1933. Hier wiederholte Blomberg die Tatsache der Berufung durch Hindenburg.

[129] Schultheß Europäischer Geschichtskalender, Nördlingen, München 1861ff., Ausgabe 1933, S. 36 (= Rundfunkansprache Hitlers mit einem vom Kabinett beschlossenen Aufruf an das deutsche Volk). Vgl. auch die Niederschriften über die Ministerbesprechung in der Reichskanzlei am 30.1.1933, abgedruckt in: Michaelis, Herbert, Schraepler, Ernst (Hg.): Ursachen und Folgen des deutschen Zusammenbruchs 1918 und 1945 bis zur staatlichen Neuordnung Deutschlands in der Gegenwart: Eine Urkunden- und Dokumentensammlung zur Zeitgeschichte, Berlin, Bd. IX, Das Dritte Reich: Die Zertrümmerung des Parteienstaates und die Grundlegung der Diktatur, S. 5-7.

[130] Über das Problem einer »Messung« der Stimmungslage, die im Offizierskorps damals vorherrschte – speziell die einfachen Offiziere betreffend – und eine Gruppierung der Einstellungen zum Nationalsozialismus innerhalb der Armee vgl. Müller, Heer, S. 36-48. Den besten Überblick über die damals vorherrschende Stimmungslage geben die gesammelten Zeugenschriften im Institut für Zeitgeschichte München wieder.

[131] Abgedruckt in: Michalka, Wolfgang (Hg.): Das Dritte Reich. Dokumente zur Innen- und Außenpolitik, München 1985, Bd. 1., S. 23 f. Siehe auch Vogelsang, Neue Dokumente, in VfZ, S. 434-336.

[132] Fest, Joachim: Staatsstreich. Der lange Weg zum 20. Juli, Berlin 1997, S. 44.

[133] Generell zum Verhalten der Reichswehr/Wehrmacht gegenüber Hitler, Staat und NSDAP: Messerschmidt, Manfred: Die Wehrmacht im NS-Staat. Zeit der Indoktrination, Hamburg 1969; Müller, Heer; ders.: Armee und Drittes Reich, Schmädeke, Jürgen: Die Blomberg-Fritsch-Krise. Vom Widerspruch zum Widerstand, in: ders., Steinbach, Peter (Hg.): Der Widerstand gegen den Nationalsozialismus. Die deutsche Gesellschaft und der Widerstand gegen Hitler, München, Zürich 1994, S. 368-383, darin: Wehrmacht und Hitler 1933-1938, S. 372-376.

[134] Blomberg, Notizen, S. 63.

[135] Am 3.2.1933, vgl. Liebmann-Niederschriften, abgedruckt in Müller, Armee und Drittes Reich, Dokument 22, S. 158ff. Mit dem Begriff »Wehrhaftmachung« ist eine Zusammenfassung individueller Interpretationen führender Offiziere gemeint. Das Spektrum reicht von der bloßen Milizidee (Groener) bis zur totalen Mobilmachung der Gesellschaft, wie Blomberg und Stülpnagel sie projektierten. Wehrhaftmachung bedeutete die (militärische) Wiederaufwertung und Erstarkung der Reichswehr; dazu auch Salewski, Handbuch, S. 37.

[136] Zur Aufrüstung im Dritten Reich vgl.: Blaich, Fritz: Wirtschaft und Rüstung im Dritten Reich (= Historisches Seminar, Bd. 1), Hg.: Reese, Armin, Uffelmann, Uwe, Düsseldorf 1987, dort den Forschungsüberblick auf S. 151; Geyer, Aufrüstung, insbesondere S. 307-355; Deist, Aufrüstung, in: Das Deutsche Reich, S. 401ff.

[137] Das zeigt sich z.B. in Blombergs Korrespondenz mit dem Auswärtigen Amt, z.B. vom 13.5.1933, in: Akten zur deutschen auswärtigen Politik, Serie C, Bd. I1; Nr. 231, S. 412f.; vgl. Geyer, Aufrüstung, S. 347-355. Vgl. auch Malanowski, Wolfgang: Die deutsche Politik der militärischen Gleichberechtigung von Brüning bis Hitler. Der Autor gibt einen guten Überblick über die deutsche Politik in Genf – steht aber stark unter dem Eindruck eines »Wiederbewaffnungs-Rechtfertigungstraumas« der fünfziger Jahre, ders.: in: Wehrwissenschaftliche Rundschau 8 (1955), S. 351-364.

[138] Zu Blombergs Rolle bei den Vorbereitungen für die Kriegswirtschaft vgl. ausführlich: Deist, Das Deutsche Reich und der Zweite Weltkrieg, Bd. 1, Ursachen, sowie Forstmeier Friedrich; Volkmann Hans-Erich: Wirtschaft und Rüstung am Vorabend des 2. Weltkrieges, Düsseldorf 1975. Über die nationalsozialistische Wirtschafts- und Rüstungspolitik (Mefo-Wechsel usw.) informiert Blaich, Wirtschaft und Rüstung; vgl. dort vor allem den Forschungsüberblick auf S. 151; siehe auch Birkenfeld, Wolfgang: Der synthetische Treibstoff 1933-1945. Ein Beitrag zur nationalsozialistischen Wirtschafts- und Rüstungspolitik, Frankfurt a. M. 1964; siehe auch Geyer, Aufrüstung, S. 307-355; Bross, Werner: Gespräche mit Göring während der Nürnberger Prozesse, Hamburg 1950, S. 70f.

[139] Geyer, Aufrüstung, S. 312, FN 13.

[140] Rautenbach, Hans-Jürgen: Drei Dokumente zur Planung eines 300 000 Mann Friedensheeres aus dem Dezember 1933, in: Militärgeschichtliche Mitteilungen 2/1977, S. 103-139.
[141] 17.5.1933. DGK Bd. 2.1, S. 57 ff.
[142] Geyer, Aufrüstung, S. 321.
[143] PA AA II F Abr. 5, 33; zit. nach Geyer, Aufrüstung, S. 312.
[144] Ebd., S. 312.
[145] Blombergs Erinnerungen zeigen, daß seine Frankreich-Politik geprägt war von romantischen Zügen (vgl. Geyer, S. 320, FN 56).
[146] RWM, 130/33g VGH I v. 15.5.1933; BA/MA, 5939/VGM 32/1.
[147] Vgl. Akten zur Deutschen Auswärtigen Politik, Serie C, Bd. I, S. 1, Dok. Nr. 231: Reichswehrminister Blomberg an das Auswärtige Amt, Berlin den 13.5.1933, S. 412f.
[148] Aufzeichnungen über die Abrüstungsfrage vom 9.12.1933; PA AA II F Abr. 41, 2.
[149] Vgl. auch Blomberg, Notizen, S. 36f.
[150] Vgl. hierzu »Geheime Verteidigungsmaßnahmen. Weisungen des Reichskriegsministers von Blomberg an die Chefs der Wehrmachtteile über bewaffneten Widerstand« vom 25.10.1933, abgedruckt in IMT, Bd. XXXIV, S. 487f.; vgl. Blombergs Weisungen für die Wehrmacht im Falle von Sanktionen, ebd., S. 488f.
[151] Blomberg, Notizen, S. 35.
[152] Eine weitere Position, die im Rahmen der Personalpolitik neu besetzt wurde, war der Posten des Chefs des Heerespersonalamtes, General v. d. Bussche-Ippenburg, der sich mit Schleicher identifizierte.
[153] Vgl.: Schriftwechsel des Chefs Ministeramt Generalmajor von Bredow bzw. von Reichenau, 1932–1938, in: BA/MA, RW 1/24. vgl. auch Bredows Nachlaß ebd. (wie oben zit.).
[154] Müller, Heer, S. 216ff.
[155] Der erste Leiter der Abteilung Landesverteidigung war Oberst von Viehinghoff, gen. Scheel, vgl. Müller, Heer, S. 217.
[156] Dazu ausführlich Deist, Das Deutsche Reich, Bd. 1.
[157] Thomas, Georg (1890-1946), General der Infanterie, vgl. dessen Aufzeichnungen über seine Tätigkeit im Wehrwirtschafts- und Rüstungsamt: Thomas, Georg: Geschichte der deutschen Wehr- und Rüstungswirtschaft (1918-1943/45), bearb. von Birkenfeld, Wolfgang, Boppard 1966 sowie: Peter, Roland: General der Infanterie Georg Thomas, in: Ueberschär, Militärische Elite, Bd. 1, S. 248-257.
[158] Vgl. Erfurth, Generalstab, S. 166; Krausnick, Vorgeschichte, S. 618.
[159] Müller, Heer, S. 52f. Als Beleg führt er die Niederschriften General Röhrichts, eines Untergebenen Blombergs und Reichenaus im Ministeramt, an. Ebd., Anm. 95ff.
[160] Der Begriff *cardinal in politicis* ist in Bezug auf Schleicher als Chef des Ministeramtes durch Groener geprägt worden, vgl. oben.
[161] The National Archives / Public Record Office, London, Sig.: PRO/FO 371/17693, Annual Report on the German Army for 1933, 8.1.1934, Bl. 140-160; hier zit.: Bl. 158.
[162] Vgl. dazu auch Reichenaus Artikel im Völkischen Beobachter vom 6.2.1933: Die Reichswehr Schulter an Schulter mit dem neuen Kanzler.
[163] Zit. bei Sauer, Mobilmachung, S. 717.
[164] Ebd., S. 718 mit Anm. 103, vgl. Müller, Heer, S. 63.
[165] Wilhelm Keitel wurde 1882 in Helmscherode (Harz) geboren und ist am 16.10.1946 in Nürnberg hingerichtet worden. Nach Blombergs Sturz wurde der Chef des Wehrmachtamtes (seit 1935) zum Chef des OKW ernannt. Wegen seiner bedingungslosen Bewunderung für Hitler (der für ihn »der größte Feldherr aller Zeiten« war) wurde er im Kreis der Generalität »Lakeitel« genannt (Janßen, Tobias, Sturz, S. 77f.). Keitel war tief verstrickt in die verbrecherische Kriegführung des NS-Regimes. 1940 wurde er zum Generalfeldmarschall ernannt. Die Familie von Blomberg und Keitel wurden verwandtschaftlich verbunden durch die Heirat Dorothea von Blombergs mit Karl-Heinz Keitel im Jahre 1938. Vgl.: Keitel, Wilhelm: Mein Leben: Pflichterfüllung bis zum Untergang; Hitlers Generalfeldmarschall und Chef des Oberkommandos der Wehrmacht in Selbstzeugnissen, hg. von Maser, Werner, Berlin 2000; Mitcham, Samuel W. jr.: Generalfeldmarschall Wilhelm Keitel, in: Ueberschär, Militärische Elite, Bd. 1, S. 112-120 sowie Warlimont, Walter: Zur Persönlichkeit des Generalfeldmarschalls Keitel, in: IfZ, ZS 312 (28.9.1945).
[166] Alfred Jodl, Generaloberst; wurde 1890 in Würzburg geboren. Tod durch den Strang am 16.10.1946; Jodl leitete alle deutschen Operationen im Zweiten Weltkrieg, mit Ausnahme des Angriffs auf die

Sowjetunion; vgl. die bisher einzige umfassende Biographie über den »fleißigen Bürokraten« Jodl von: Scheurig, Bodo: Gehorsam und Verhängnis, Berlin, Frankfurt a. M. 1991 sowie Kellmann, Axel: Generaloberst Alfred Jodl. Ein Beitrag zur Diskussion über das Verhältnis zwischen Wehrmacht und NS-Regime, Saarbrücken 2004.

[167] Warlimont, Hauptquartier, S. 25; Müller, Heer, S. 219.

[168] Schultheß europäischer Geschichtskalender 1933, S. 34.

[169] Vgl. Blombergs Erlaß vom 4.3.1933: in »Zusammenstellung wichtiger politischer Verfügungen des Reichswehrministers zum Handgebrauch«, Berlin 1934 (MGFA/DZ W II 22). Darin heißt es: »Arbeit (...) auf dem Gebiet der nationalsozialistischen Erziehung (...). Da diese Arbeit in fortschreitendem Maße das ganze Volk erfassen soll, so ist auch der Gedanke an eine einseitig parteimäßig zusammengesetzte Wehrmacht zu bekämpfen.«

[170] Protokoll der Kabinettssitzung vom 31.1.1933, in: IMT XXV, S. 375. Vgl. auch Hoßbach, S. 185; Sauer, Mobilmachung, S. 716.

[171] Reichsgesetzblatt (RGBl) 1919, S. 1383.

[172] Vgl. Liebmann-Notizen, S. 53. Sauer, Mobilmachung, S. 730.

[173] Die Erklärung auf der Befehlshaberbesprechung vom 1.6.1933 in den Liebmann-Notizen, Vogelsang, neue Dokumente, S. 433f.; auch in Ausschnitten abgedruckt bei Müller, Armee, Dok. 22, S. 158f.

[174] Zit. nach Sauer, Mobilmachung, S. 730f. Vgl. Müller, Heer, S. 70f.

[175] BA/MA RH 46/107, das Dokument ist abgedruckt u.a. bei Müller, Armee, Dok. 29, S. 163; vgl. ebd. RW1/ 36: Nationalsozialistische Weltanschauung und ihr Hineinwirken in die Wehrmacht. Auszug aus einer Rede des Reichswehrministers von Blomberg vor Offizieren.

[176] Ebd.

[177] Ebd.

[178] Liebmann-Notizen, zit. nach Dokument 22, in Müller, Armee, S. 159.

[179] Vgl. dazu Thamer, Hans-Ulrich: Die Erosion einer Säule. Wehrmacht und NSDAP, in: Die Wehrmacht. Mythos und Realität, hg. von: Müller, Rolf-Dieter; Volkmann, Hans-Erich, München 1999, S. 420-435.

[180] Sauer, Mobilmachung, S. 370f.

[181] Rede des Reichswehrministers bei einer im Anschluß an die Herbstmanöver in Anwesenheit Hitlers stattfindenden Truppenbesichtigung in Ulm am 6.9.1933, abgedruckt in Müller, Armee, S. 162.

[182] Schultheß Europäischer Geschichtskalender, 1933, S. 213.

[183] Ebd. 1934, S. 44 und ebd., 1933, S. 235.

[184] Vgl. Gamm, Hans-Jochen: Der braune Kult. Das Dritte Reich und seine Ersatzreligion, Hamburg 1962; Vondung, Klaus: Magie und Manipulation. Ideologischer Kult und politische Religion im Nationalsozialismus, Göttingen 1971; Reichel, Peter: Der schöne Schein des Dritten Reiches. Faszination und Gewalt des Faschismus, München, Wien 1991.

[185] Wenngleich die Deutung Hitlers ebenso problematisch ist wie eine Reduzierung der komplexen Weberschen Herrschaftssoziologie auf den »Charisma-Begriff«, so erscheint dieser doch plausibel für die Deutung des Phänomens einer Gesellschaft, die Hitler möglich machte. Dazu Wehler, Hans-Ulrich: Deutsche Gesellschaftsgeschichte, Bd. 4, 1914-1949, München 2003, hier S. 600-684; vgl. auch: Breuer, Stefan: Bürokratie und Charisma. Zur politischen Soziologie Max Webers, Darmstadt 1994.

[186] Zum Hitler-Kult und dessen Genese und der breiten Popularität, die Hitler genoß, vgl. Kershaw, Ian: Der Hitler-Mythos. Führerkult und Volksmeinung, München 2000.

[187] Wildt, »Die Generation des Unbedingten«, wie einleitend zitiert. Wildt zeichnet das Bild einer Generation, die sich »unbedingt« in den Dienst der Sache des Reichssicherheitshauptamtes und damit der Judenvernichtung stellte.

[188] Hockerts, Hans-Günter: War der Nationalsozialismus eine politische Religion? Über Chancen und Grenzen eines Erklärungsmodells, in: Hildebrandt, Klaus (Hg.): Zwischen Politik und Religion. Studien zur Entstehung, Existenz und Wirkung von Totalitarismus (= Schriften des Historischen Kollegs 59), München 2003, S. 45-71. Siehe auch Bärsch, Claus-Ekkehard: Die politische Religion des Nationalsozialismus, München 2002, besonders S. 144f.

[189] Eine solche Analyse ist durchaus als Desiderat zu bezeichnen. Zur Einarbeitung in diese Materie sei verwiesen auf die Dissertation von Gotthart Breit: Das Staats- und Gesellschaftsbild deutscher Generale beider Weltkriege im Spiegel ihrer Memoiren, Boppard 1973.

[190] Rede des Reichswehrministers vor den Offizieren der 6. Division, wie oben zit., gedruckt bei Müller, Armee, S. 163.

191 Müller, Heer, S. 51.
192 Blomberg, Notizen, S. 33.
193 Ebd., S. 34.
194 Blomberg, Notizen, S. 20f.
195 Diels, Rudolf: Lucifer ante portas, Stuttgart 1950, S. 287.
196 Ebd., S. 16.
197 Vgl. dazu die »physiognomische« Hitler-Biographie von Claudia Schmölders, die »Hitlers Gesicht« untersucht – Ein Gesicht das auch visuell zu den unheimlichsten gehört, die in der deutschen Geschichte bisher aufgetreten sind (so ihre These); vgl. dies.: Hitlers Gesicht, München 2000.
198 Verhältnis zum Vater vgl. Blomberg, Erinnerungen, Bd. II, S. 102; Bd. V, S. 91.
199 Die Briefe Ulrich von Hassells an seine Frau Ilse, geb. von Tirpitz, seine geheimen Aufzeichnungen und Dossiers über Gespräche mit Zeitgenossen, in: Hassel, Ulrich von. Römische Tagebücher und Briefe 1932-1938, hg. von Schlie, Ulrich, unter Mitarbeit von Schulze, Thies, München 2004, hier S. 235-237.
200 Vgl. BA/MA, Dok RW 1/36. Auszug aus der Rede des Reichswehrministers vor den Offizieren der 6. Division nach Abschluß der Herbstübungen am 15.9.1933.
201 Dazu die Zusammenstellung bei Sauer, Mobilmachung, S. 916f., der ebenfalls auf die bezeichnende Differenzierung Blombergs zwischen »den Parteien« und der »nationalsozialistischen Bewegung« hinweist.
202 Blomberg, Notizen, S. 11.
203 Ebd., S. 36.
204 Ebd., S. 34f.
205 Vgl. Goebbels Tagebuchnotizen, Eintrag vom 10.3.1936, in: Fröhlich, Elke (Hg.): Die Tagebücher von Joseph Goebbels, München 1998ff., Teil I, Bd. 3,1; 4.1934 bis 2.1936, bearbeitet von Angelika Hermann u.a. 10.3.1936.
206 Faber du Faur, Macht und Ohnmacht, S. 172.
207 Blomberg, Notizen, S. 35.
208 Dazu Frei, Norbert: Der Führerstaat. Nationalsozialistische Herrschaft 1933-1945, München [6]2001; Thamer, Hans-Ulrich: Verführung und Gewalt: Deutschland 1933-1945, Berlin 1986.
209 The visit of General Field Marshal von Blomberg to attend the Coronation 9th – 20th May 1937, MB Burrows Lt.Col., G.S., in: TNA / PRO, Dok. WO 190/541.
210 Auch ausländischen Pressemeldungen zufolge war das Verhältnis zwischen Blomberg und Hitler schon vor 1938 nicht immer ungetrübt; vgl.: Entwurf eines Dementi gegen ausländische Pressemeldungen über das angeblich gestörte Verhältnis des Reichswehrministers zu Hitler, in: Deutsches Nachrichten Blatt (DNB), Nr. 2497/1934, vom 27.11.1934, vgl. Akten der Reichskanzlei, Regierung Hitler, Bd. 2, 1934, Dok. 165, S. 1047.
211 Blomberg, Notizen, S. 14.
212 Ebd.
213 Die Bestätigung, daß Hitler Blomberg sehr vertraute und ihn besonders schätzte, findet sich in allen Berichten derer, die im näheren Umfeld Hitlers agierten; vgl. dazu z.B. Speer, Erinnerungen S. 121; Hoßbach, Zwischen Wehrmacht und Hitler, S. 107f.; Below, Hitlers Adjutant, S. 63f; Interview mit dem Konteradmiral K.J. von Puttkamer vom 12.3.1952, Zeugenschrifttum, IfZ Zs. 285, Engel, Heeresadjutant bei Hitler. 1938-1943. Aufzeichnungen des Majors Engel, hg. von Kotze, Hildegard, Stuttgart 1974, S. 20f.
214 Ritter, Gerhard: Carl Goerdeler und die deutsche Widerstandsbewegung, Stuttgart [4]1984, S. 137.
215 Als »wahren und edlen Freund« soll Hitler Blomberg am 30.6.1934 gegenüber einem Offizier des Wehrkreiskommandos VII in München bezeichnet haben, zit. nach Müller, Heer, S. 127, Anm. 237; auch Blomberg bestätigt in seinen Aufzeichnungen, daß Hitler ihn wiederholt als Freund bezeichnete.
216 Vgl. auch Janßen, Tobias, Sturz, S. 32ff; Hoßbach, Zwischen Wehrmacht und Hitler, S. 107f.; Below, Hitlers Adjutant, S. 63f. und 76.
217 Diels, Lucifer ante portas, S. 303.
218 Hitlers Luftwaffenadjutant Nicolaus von Below bezeugt die häufigen Besuche Blombergs auf dem Berghof und weist darauf hin, daß nicht einmal Göring mit Eva Braun an einem Tisch gesessen hatte (wie Blomberg); vgl. ders: Als Hitlers Adjutant 1937-1945, Mainz 1980, S. 51.
219 Blomberg, Notizen, S. 13ff.

[220] Kershaw, Hitler, Bd. I, S. 672.
[221] Blomberg, Notizen, S. 14.
[222] Longerich, Peter: Die braunen Bataillone. Geschichte der SA, München 1989, S. 184.
[223] Thamer, Erosion einer Säule, S. 420ff.
[224] Order des Reichswehrministers vom 19.9.1933: Bestimmungen über den Gruß der Wehrmachtangehörigen, in: BA/MA, RH 37/ v. 1890.
[225] Blomberg, Erinnerungen, Bd. II, S. 165 f. In einer Ansprache an die Soldaten anläßlich der Übernahme des Infanterie-Regiments 73 am 14.8.1937 sagte Blomberg: »Ihr tragt auf eurer Brust das Hoheitszeichen des Nationalsozialistischen Deutschlands. Tragt es nicht nur äußerlich, sondern auch im Herzen.«; wiedergegeben im Entwurf einer offiziösen NS-Biographie über Werner von Blomberg von Joachim von Priessdorf, in: Archiv Dr. Peter von Blomberg, Köln, sowie in Kopie im Archiv der Verfasserin.
[226] Erlaß Blombergs vom 15.5.1933 (MGFA/DZ II W22).
[227] Vgl. hierzu vor allem Huebsch, Politicisation, passsim.
[228] Vgl. dazu Blombergs Rede 1934 »Das Raunen der Gräber«, in: Blick in die Zeit, Berlin 3.3.1934 (9/1934). Siehe Blombergs Initiative vom 11.7.1935 zur Gestaltung der feierlichen Beisetzung der von einem französischen Soldatenfriedhof überführten Gebeine des Dichters Hermann Löns, in: Akten der Reichskanzlei, Regierung Hitler, Bd. 2, 1934/35, Dok. 462 (Vorträge bei Lammers), S. 1105.
[229] Bereits kurz nach seinem Amtsantritt (10.2.1933) erging ein Erlaß Blombergs über die Zulassung von Berichterstattern zu Veranstaltungen und Übungen der Reichswehr, in: BA/MA, RH 6/46.
[230] Sauer, Mobilmachung, S. 916ff. Dieser meint, die gegen die SA gerichtete Komponente von Blombergs Politik dominierte – anders Müller, Heer, S. 70ff.
[231] Blombergs Rolle bei der Durchsetzung des Manifestes zwischen Propagandaministerium und Reichswehrministerium wie auch die subalterner Mitarbeiter ist klar definiert in einer Sammlung von Dokumenten im BA/MA, die die Organistaion, Vor- und Nachbereitung der Vortragsreihe dokumentieren und zugleich Goebbels Engagement in diesem Zusammenhang spiegeln; vgl. BA/MA, RW 6/ z.B. 158.
[232] Waffenträger der Nation. Ein Buch der deutschen Wehrmacht für das deutsche Volk, hg. vom Reichswehrministerium, Berlin 1934; vgl. dazu auch: Projekt Waffenträger der Nation BA/MA, RH 26-17.
[233] Deutsche Wehr 47, 29.11.1933, S. 741.
[234] Chef der HL. Bericht vom 18.11.1933; vgl. Blombergs Brief an Goebbels, 30.11.1933. Goebbels bezeichnete bei einem Besuch militärischer Einrichtungen zwei Bücher als »Basislektüre« für die Soldaten: Die Wehrmacht und der Nationalsozialismus und Wesen und Grundbegriffe des Nationalsozialismus, vgl. BA/MA 6/ v 158.
[235] Blombergs Jahresresümee in: Deutsche Wehr 48, 3.1.1934 – der Artikel basiert auf einem Essay des Wehrministers, das unter dem Titel »Wehrhaftigkeit oder Pazifismus« im Almanach der nationalsozialistischen Revolution erschienen war; vgl.: Almanach der nationalsozialistischen Revolution, hg. von Kube, Wilhelm [u.a.], Berlin 1933.
[236] Blomberg über die Konversation mit ausländischen Besuchern während der Olympischen Spiele 1936, in: BA/MA, RH 37/ 893.
[237] Amtliche Mitteilung über die Verordnung des Reichspräsidenten vom 20. Februar 1934 zur Einführung des Hohheitszeichens der NSDAP bei der Wehrmacht, abgedruckt in: Ursachen und Folgen vom deutschen Zusammenbruch 1918 und 1945 bis zur staatlichen Neuordnung in der Gegenwart, hg. von Michaelis, Herbert; Schraepler, Ernst, Berlin 1965, (nach Militär-Wochenblatt 32, 25.2.1934), S. 123.
[238] Der Hohheitsadler der NSDAP war damals noch ein Parteiabzeichen und nicht das Reichswappen.
[239] Dazu Müller, Heer, S. 68; Fallois, Kalkül, S. 106-108, Bracher, Machtergreifung, S. 336.
[240] Müller, Heer, S. 81.
[241] Erlaß des Reichswehrministers vom 28.2.1934 über die Anwendung des § 3 (Arier-Paragraphen) des »Gesetzes zur Wiederherstellung des Berufsbeamtentums« auf die Soldaten der Reichswehr, abgedruckt: Müller, Heer, S. 592f. sowie ders.: Armee, S. 183.
[242] Fallois, Kalkül, S. 106-108, Bracher, Machtergreifung, S. 336.
[243] Vgl.: Endgültige Zusammenstellung der Zahl der durch die Einführung des Arierparagraphen betroffenen Soldaten der Reichswehr«, in: BA/MA: RW 1-25, abgedruckt bei Müller, Heer, Dok. 5, S. 598f.

[244] Müller, Armee, S. 57f.

[245] Zum Antisemitismus im deutschen Heer vgl. die Untersuchung von Wette, Wehrmacht, wie einleitend zitiert, darin: Kap. II: Antisemitismus im deutschen Heer, S. 36-90.

[246] Friedeburg, Hans Georg von (1895-23.5.1945, Suizid). Sein Großvater Ludwig von Friedeburg hatte 1893 Elisabeth von Kayser geheiratet. Diese war die Tochter des königlich-preußischen Generalleutnants Robert von Kayser und der Adelheid Kuh aus dem Hause Woinowitz, einer alten jüdischen Familie, die ursprünglich in Breslau beheimatet war; vgl. Historisch-genealogisches Taschenbuch des gesamten Adels jehudäischen Ursprunges; Weimar 1912ff.

[247] BA/MA, RW 6/46, RKM-Befehl vom 15.7.1935: Kauf in jüdischen Geschäften.

[248] Vgl. PRO London, Dok. WO 190/541: Report on visit of General Field Marshall von Blomberg, representative of the German Reich to coronation of King George VI. 1937, May 20, Normal Closure 30 [zit. Burrows, Report on visit].

[249] Ebd.

[250] Vgl. Artikel Arierparagraph, in: Enzyklopädie des Nationalsozialismus, S. 373f. Auch: Gruchmann, Lothar: Blutschutzgesetz und Justiz. Entstehung und Anwendung des Nürnberger Gesetzes vom 15.9.1935, in: VfZ (31) 1983, S. 418-442.

[251] BA-MA, RW/6/47, Dokument Wehrmachtamt, 30.9.1935.

[252] Vgl. dazu BA/MA, RW 6/47/ Dok. Reichskriegsminister/ Korrespondenz mit der Reichsdruckerei 25.10.1935; Dokument: Brief des evangelischen Feldbischofs der Wehrmacht an den Kriegsminister, 14.11.1935 (ebd.); Dokument: Der katholische Feldbischof der Wehrmacht an den Reichskriegsminister, 14.11.1935 (ebd.).

[253] Blomberg, in: Liebmann-Notizen, S. 42, vgl. Sauer, Mobilmachung, S. 722.

[254] Ebd., S. 53.

[255] IfZ, ZS Nr. 279, Ott, S. 19; Dokument abgedruckt bei Müller, Armee, Dok. 24, S. 160.

[256] Müller, Heer, S. 64, Anm. 154f.

[257] Dazu die Beobachtungen Liddell Harts in ders.: Strategien einer Diktatur, S. 27f.

[258] Hoßbach, Zwischen Wehrmacht und Hitler, S. 147.

[259] Vgl. z.B. Hoch, Weiß: Die Erinnerungen des Generalobersten Wilhelm Adam, in Miscellanea. Festschrift für Helmut Krausnick zum 75. Geburtstag, hg. von Benz, Wolfgang, Stuttgart 1980, S. 38.

[260] Walter Warlimont berichtet in einer Einschätzung der Persönlichkeit Keitels für das IfZ, München, daß Keitel »Gummilöwe« genannt worde sei; Warlimont, Keitel, wie oben zit. (28.9.1945), S. 1.

[261] Die Spitznamen Blombergs werden in zahlreichen Quellen belegt, vgl. z.B. Liddell Hart, Strategien einer Diktatur, S. 28; vgl. Janßen, Sturz, S. 35.

[262] Gans, Edler Herr zu Putlitz, Wolfgang: Unterwegs nach Deutschland; Erinnerungen eines ehemaligen Diplomaten, Berlin 1974, S. 212f.

[263] Rundstedt, in: IMT, Bd. XXI, S. 59; Zur kollektiven Abneigungen der Generalität gegen Blomberg vgl. die Ausführungen von Hitlers Adjutanten Engel, in: ders.: Heeresadjutant, S. 20.

[264] Ebd.

[265] Zum Topos der »sophistication« Blombergs: Groehler, Blomberg, in: Die Reichswehr schultert das Gewehr, S. 91; Sauer, Mobilmachung, S. 713; vgl. Brissaud, André: Canaris, Frankfurt a.M. 1977, S. 33; Kosch, Wilhelm: Biographisches Staatshandbuch, Bd. 1, S. 126.

[266] Fahrt mit Aviso »Grille« zum Nordkap, vgl. Boehm-Tettelbach, Flieger, S. 12ff.

[267] Keitel, Verbrecher oder Offizier, S. 92; vgl. dazu Beurteilung des Hauptmann von Blomberg im Stabe der 19. Reserve-Division 2.8.1914-21.7.1916, erfolgt durch den IIb der 19. Reserve-Division, Major Dennke, Hamburg, wie oben zit.

[268] Liddell Hart, Strategien einer Diktatur, S. 28.

[269] Stülpnagel, in IfZ/ ZS 37/ Foertsch; 271/52, S.12; Liddell Hart, Strategien, S. 28.

[270] Warlimont, Walter: Im Hauptquartier der deutschen Wehrmacht, Frankfurt a. M. 1962, S. 25 f. und S. 28.

[271] Vgl. dazu: Stülpnagel, in: IfZ ZS 37; Foertsch, ZS 71/ 52, S. 12f.

[272] Darüber hinaus war bekannt, daß es Hammerstein am nötigen Elan fehlte. Laut Blomberg hatte er sich lieber dem Waidwerk als den Belangen des Heeres gewidmet; vgl. Blomberg, Erinnerungen, Bd. III, S. 117f.

[273] Hoßbach, Zwischen Wehrmacht und Hitler, S. 76.

[274] Zur Entlassung Hammersteins findet sich ein Bericht bei Hoßbach, Friedrich von: Die Entwicklung des Oberbefehls über das Heer in Brandenburg, Preußen und im Deutschen Reich von 1655-1945, Würzburg 1964, S. 102.

[275] Erfurth, Generalstab, S. 171ff; hier heißt es, Blomberg sei dem Widerspruch des Reichspräsidenten »erpresserisch begegnet« indem er mit seiner Demission drohte, sollte Reichenau nicht Chef der Heeresleitung werden. Hindenburg habe sich dieses als Insubordination verbeten.

[276] Werner Freiherr von Fritsch (1880-1939), geboren am 4. August 1880 in Benrath bei Düsseldorf, vgl. seinen Nachlaß im BA/MA. Hier finden sich vereinzelte Unterlagen aus der gesamten Dienstzeit; Schriftwechsel mit Margot Baronin von Milchling-Schutzbar.

[277] Liddell Hart, Strategien, S. 31.

[278] Erfurth, Generalstab, S. 168.

[279] PRO/FO 371/17708, C4839, Situation in Germany, 18.7.1934, Bl. 137f.

[280] Vgl. dazu Fritsch, Niederschrift, in Hoßbach, Wehrmacht, S. 68. Er soll erklärt haben: »*Die Umtriebe Reichenaus* [Hervorhebung der Verf.] führten dazu, daß mein Verhältnis zu Blomberg eigentlich ständig getrübt war. Es ist mir in den ganzen Jahren auch nicht gelungen, mein Verhältnis zu Blomberg so vertrauensvoll zu gestalten, wie es eigentlich hätte sein müssen. War es in den ersten ein einhalb Jahren das Machtstreben Reichenaus, war es später das Machtstreben des Wehrmachtamtes, das sich trennend zwischen uns stellte.«

[281] Pariser Tageblatt (3) 1935, Nr. 611, 15.8.1935, S. 1; vgl. auch: Komplott Göring – Reichenau? Neue Enthüllungen, in ebd., Nr. 626, 30.8.1935, S. 2.

[282] BA/MA, RH 26-7/383: Schreiben des Oberbefehlshabers des Heeres, General der Artillerie Freiherr von Fritsch, an die Kommandierenden Generale, vom 19.8.1935, abgedruckt bei Müller, Armee, Dok. 41, S. 173f.

[283] Warlimont, Im Hauptquartier, S. 25 f. und S. 28.

[284] Schreiben des Oberbefehlshabers des Heeres, General der Artillerie Freiherr von Fritsch, an die Kommandierenden Generale, wie oben zit., in Müller, Armee, Dok. 41, S. 173f.

[285] Beck, Ludwig (1880-1944), General. Am Abend nach dem Scheitern des Attentats auf Hitler am 20.6.1944 wurde Beck nach einem fehlgeschlagenen Selbstmordversuch in Berlin erschossen. Vgl. zu Beck vor allem Müller, Klaus-Jürgen: General Ludwig Beck. Studien und Dokumente zur politisch-militärischen Vorstellungswelt und Tätigkeit des Generalstabschefs des deutschen Heeres 1933-1938, Boppard am Rhein 1980.

[286] Die oberste militärische Spitzenorganisation ist der Transmissionsmechanismus zwischen der Regierung und dem militärischen Apparat, dem gegebenenfalls die machtpolitische Realisierung und Durchführung der außenpolitischen Entschlüsse der Staatsführung obliegt. Derjenige, der diesen militärischen Führungsapparat beherrscht, hat zugleich einen gewaltigen Einfluß auf die Realisierung politischer Entschlüsse. Bei einem Konflikt zwischen militärischer und politischer Führung über den außenpolitischen Kurs liegt hier eine Schlüsselposition.

[287] Müller, Heer, S. 205.

[288] Deist, Das Deutsche Reich, Bd. 1 (wie einleitend zitiert); über den »Spitzengliederungskonflikt« vgl. auch Müller, Heer, S. 205ff.

[289] Erfurth, Generalstab, S. 193; Görlitz, Geschichte des deutschen Generalstabs, S. 296f.

[290] Im Versailler Vertrag war Deutschland der Aufbau einer Luftwaffe verboten worden. Diese Bestimmung der Alliierten Mächte wurde von der nationalsozialistischen Regierung bald nach Hitlers Machtübernahme mißachtet, denn der Luftwaffe kam eine zentrale militärische Funktion zu. Die in den zwanziger Jahren heimlich errichtete Luftwaffe wurde nun nicht wieder innerhalb der bestehenden Teilstreitkräfte Heer und Marine aufgebaut, sondern auf Drängen Görings 1933 als eigener Wehrmachtteil geschaffen. Anfang März 1933 wurde die Fliegertruppe und die Flakartillerie aus dem Bereich des Heeres herausgelöst und zur Luftwaffe zusammengefaßt. Vgl. auch Völker, Karl-Heinz: Die deutsche Luftwaffe 1933-1939. Aufbau, Führung und Rüstung der Luftwaffe sowie die Entwicklung der deutschen Luftkriegstheorie, Stuttgart 1967.

[291] Die Rede Blombergs zum 125-jährigen Bestehen und zur Wiedereröffnung der Kriegsakademie ist abgedruckt in: Wissen und Wehr (11) 1935, S. 750ff. Erster Direktor der Kriegsakademie wurde General der Infanterie Curt Liebmann. Unterrichtet wurde außer in den Hauptfächern Operationstaktik und Kriegsgeschichte auch in Spezialfächern und Sondergebieten wie Versorgung, Transport- und Kraftfahrwesen sowie über spezielle Waffengattungen und Fragen der Technik. Bei Kriegsausbruch wurde die Kriegsakademie geschlossen, am 1.3.1943 erneut geöffnet und nach

Hirschberg verlegt. Am Kriegsende befand sie sich in Bad Kissingen; vgl. BA/MA, RH 16, (Kriegsakademie, 1927-1945).

[292] Vgl. dazu Erfurth, Generalstab, S. 172.

[293] Zit. Blomberg nach Erfurth, Generalstab, S. 172.

[294] Zu Blombergs Weisung gebender Funktion bei den Vorbereitungen für die Kriegswirtschaft vgl. Vokmann, Hans-Erich: Die NS-Wirtschaft in Vorbereitung des Krieges; in: Deist, Das Deutsche Reich und der Zweite Weltkrieg, Bd. 1, besonders S. 177-317.

[295] Deist, Aufrüstung, S. 401ff. Vgl. auch Müller, Heer, S. 205f.

[296] Vgl. hierzu auch den Bericht des britischen Militärattachés in Berlin, Oberst Thorne, an Botschafter Sir Eric Phipps über die Haltung der Reichswehr gegenüber dem Staat (3.7.1934), in: Documents on British Foreign Policy, 2 Series, Bd. VI (1933/1934), S. 798f.

[297] Zit. Nach Müller, Heer, S. 207.

[298] Weisung über die Bildung des Luftfahrtministeriums, 27.4.1933, in: DGK, Bd. 2.1, S. 54ff. Diese Weisung Blombergs kann als »Geburtsurkunde der deutschen Luftwaffe« verstanden werden.

[299] Douhet, Guilio: Luftherrschaft, Leipzig 1935.

[300] Vgl. Murray, Williamson: Der Luftkrieg von 1914 bis 1945, Berlin 2000; Maier, Klaus A.: »Totaler Krieg und operativer Luftkrieg«, in: Das Deutsche Reich und der Zweite Weltkrieg, Bd. 2, Stuttgart 1979, S. 43-69; auch Deist, Aufrüstung der Wehrmachtteile, S. 404ff.

[301] Ministerbesprechung vom 16.2.1933, in: Die Regierung Hitler, I,1, S. 68-86, hier besonders S. 82; vgl. auch Volkmann, Von Blomberg zu Keitel, S. 51.

[302] Blomberg, Notizen, S. 33.

[303] Kershaw, Hitler, Teil I, S. 629; vgl. auch Frei, Führerstaat, S. 17-36.

[304] Röhm, Ernst: Warum SA?, in Nationalsozialistische Monatshefte (50) 1934, Rede Röhms vor dem Diplomatischen Korps und der Auslandspresse am 18.4.1934, S. 19ff.

[305] Fallois, Immo von: Kalkül und Illusion. Der Machtkampf zwischen Reichswehr und SA während der Röhm-Krise 1934, Berlin 1994, S. 64f. Zur Sozialstruktur der SA-Angehörigen: Jamin, Mathilde: Zwischen den Klassen. Zur Sozialstruktur der SA-Führerschaft, Wuppertal 1984.

[306] BA/MA, RH 26-7/377: Der Reichswehrminister an Heer-, Marine- und Luftwaffenkommandierende über die Tätigkeit der SA, 3.9.1934. Vgl. dazu auch Geyer, Aufrüstung, S. 350. Geyer weist darauf hin, daß die intendierten »milizartigen Wehrstrukturen«, die in »Richtlinien für die vormilitärische Ausbildung« Ausdruck fanden, in Kontinuität mit Stülpnagels Gedanken von 1924 zu sehen sind. Dieser versuchte ein Reichssportgesetz durchzusetzen.

[307] Dazu: Ausführungen des Reichswehrministers auf der Befehlshaber-Besprechung vom 1. Juni 1933 in Bad Wildungen, Liebmann-Notizen, abgedruckt in Müller, Armee, S. 161f; vgl. dazu auch ders., Heer, S. 94 und 107f., Fallois, Kalkül, S. 80f. Blomberg sah sich als der »berufene Hüter des Waffenmonopols der Reichswehr, so Müller, Armee, S. 71.

[308] Röhm, Ernst: SA und deutsche Revolution, in: Nationalsozialistische Monatshefte 4 (1933), S. 251ff. Abgedruckt in Ursachen und Folgen, Dok. 2363 (1933), S. 130ff.

[309] Vgl. den Brief des Berliner SA-Leiters Walter Stennes an Ernst Röhm nach Bolivien, der letztlich den Ausschlag für dessen Rückkehr nach Deutschland gab, in: Jacobsen, Hans-Adolf; Jochmann, Werner: Dokument, datiert 28.2.1931, Stennes Brief an Röhm, in: Dies. (Hg.): Ausgewählte Dokumente zur Geschichte des Nationalsozialismus 1933-1945, Bielefeld 1961, S. 116f.

[310] Hier zit. nach Müller, Armee, S. 63 und FN 85.

[311] Vgl. zu den Zusammenstößen zwischen Angehörigen der Wehrmacht und der SA: Blombergs Brief an Röhm vom 18. 1.1934, abgedruckt bei Müller, Armee, Dok. 56, S. 192.

[312] Müller, Heer, S. 107f. Derselben Ansicht ist auch Fallois, Kalkül, S. 81 – dieser will mit einer Enkelin Blombergs (Gabriele von Blomberg) gesprochen haben, die ihm von Blombergs fehlender SA-Konzeption berichtet haben soll. Beides ist mehr als unwahrscheinlich. Eine solche Enkelin ist der Familie nicht bekannt und sollte es sie geben, besteht kein Anlaß zu der Annahme, daß sie etwas über Blombergs SA-Konzeption wissen kann. Fallois führt seine Behauptung auch nicht näher aus.

[313] Liebmann-Niederschriften: Mündliche Ausführungen des Reichswehrministers vor den Befehlshabern am 5.6.1934, in: BA/MA, hier S. 66.

[314] Blomberg, Notizen, S. 63.

[315] Riedweg, Interview von Fritz Tobias, 11.3.1984.

[316] Blomberg, in: Seventh Army Interrogation Center Report, APO 758. Abschließende Vernehmung des Gen. Feldmarschalls v. Blomberg am 24.9.1945 [zit. Army Interrogation Report].

317 Über den Zeitpunkt, an dem Unstimmigkeiten zwischen Röhm und Hitler sich abzuzeichnen begannen, bestehen in der Forschung kontroverse Auffassungen. Vgl. dazu Fallois, Kalkül, S. 70 und FN 305, S.105f; S. 117; Müller, Heer, S. 88ff.; Longerich, Bataillone.

318 Rede Hilters am 30.1.1934, in: Schultheß Europäischer Geschichtskalender 1934, S. 34; vgl. dazu auch Müller, Heer, S. 95.

319 Erinnerungen des späteren Generalfeldmarschalls Maximilian von Weichs, in: BA/MA Nlß. Weichs, N 19/5, S. 11. Die zitierte Passage ist durchgestrichen und von Weichs durch die Formulierung »Blomberg sich diese Forderung [Röhms, die Verf.] nicht gefallen lassen konnte« ersetzt worden.

320 Vgl. dazu Höhne, Heinz: Mordsache Röhm: Hitlers Durchbruch zur Alleinherrschaft 1933-1934, Reinbek bei Hamburg 1984, hier S. 200, ders.: Die Zeit der Illusionen: Hitler und die Anfänge des Dritten Reiches; 1933-1936, Düsseldorf [u.a.] 1991, hier S. 181 und Fallois, Kalkül, S. 105 und S. 117; siehe auch Kershaw, Hitler, Bd. I, S. 634f.

321 dazu Müller, Heer, S. 68; Fallois, Kalkül, S. 106-108, Bracher, Machtergreifung, S. 336.

322 Müller, Heer, S. 98.

323 Richtlinien für die Zusammenarbeit mit der SA, 27.2.1934, in: BA/MA WO1-5/112 (OKW 863).

324 Die Ausführungen Blombergs vor den Befehlshabern zur Röhm-Krise, in: IfZ, ZS 167/ 51, S. 289ff. Siehe auch Nlß. Weichs, S. 12.

325 Kershaw, Hitler, Bd. I, S. 637; vgl. auch Fallois, Kalkül, S. 125 und 131.

326 Erlaß des Reichswehrministers über Unterricht in politischen Tagesfragen vom 4.4.1934, Auszug abgedruckt in Müller, Armee, Dok. 35, S. 168; hier die Anordnung Blombergs, daß vom Reichswehrministerium in Zukunft »ein- bis zweimal im Monat gedruckte ›Richtlinien für den Unterricht über politische Tagesfragen‹« herausgegeben werden; ebd.

327 BA/MA H 24/6, Anordnungen des Reichswehrministers vom 21.4.1934 über Intensivierung und Akzentuierung der Wehrpropaganda.

328 Geheime Richtlinien des Reichswehrministeriums für die Wehrpropaganda vom 21.11.1933, Auszug abgedruckt bei Müller, Armee, Dok. 30, S. 164.

329 Dazu kontrovers Sauer, Mobilmachung, S. 916ff; Müller, Heer, S. 70ff.

330 Müller, Heer, S. 110f.

331 Wheeler-Bennett, Nemesis, S. 341f.

332 Stürmer, Michael: Dissonanzen des Fortschritts: Essays über Geschichte und Politik in Deutschland, München 1986, S. 183.

333 Vgl. Völkischer Beobachter, 22.6.1934, Titel. Ähnliche Kurzberichte über Audienzen Hitlers bei Hindenburg hatte der »VB« u.a. am 26.5. und 1.6.1934 gebracht, ebenso wie zuvor 1932 und 1933.

334 Wheeler-Bennett, Nemesis, S. 342. Ähnlich bei Toland, John: Adolf Hitler, Bergisch Gladbach 1976, S. 447.

335 Delmer, Sefton: Die Deutschen und ich, Hamburg 1962, S. 136 f.

336 Höhne, Heinz, in: Der SPIEGEL vom 14.2.1983, S. 183, Warten auf Hitler. Ähnlich im SPIEGEL vom 14.5.1973, Maser, Höhne, Adolf Hitler – Aufriß über meine Person. Ebenso: Höhne: Mordsache Röhm, S. 238.

337 Benoist-Méchin, Jacques: Geschichte der deutschen Militärmacht 1918-1946, Oldenburg, Hamburg 1965, S. 188.

338 Weißbuch über die Erschießungen des 30. Juni 1934. Authentische Darstellung der deutschen Bartholomäusnacht, Paris 1934.

339 Eine solche »Drohung« bestand, wie Papen und u.a. Schwerin-Krosigk bestätigt haben, nur im Wunschdenken der Weißbuch-Autoren. Dies gilt auch für die angebliche »Versicherung« Hitlers gegenüber Papen: »was er den Generalen, der Industrie, den Junkern versprochen hat: die SA wird abgebaut.«

340 Weißbuch, S. 65.

341 Strasser, Otto: Die deutsche Bartholomäusnacht, Zürich 1935, S. 91, ders.: Hitler und ich, Konstanz 1948, S. 219 f.

342 Hitler, Mein Kampf, S. 95 f.

343 Shirer, William L.: Aufstieg und Fall des Dritten Reiches, Frechen 2000, S. 216. Von einem derartigen »Ultimatum« ist die Rede auch in Picker, Henry: Hitlers Tischgespräche im Führerhauptquartier: mit bisher unbekannten Selbstzeugnissen Adolf Hitlers, Abbildungen, Augenzeugenberichten und Erläuterungen des Autors: Hitler, wie er wirklich war, (Neuauflage) 1976, S. 376; vgl.

auch die Schilderung bei Bullock, Alan: Hitler, Düsseldorf 1967, S. 298 f.; Zentner, Kurt: Illustrierte Geschichte des Dritten Reichs, München 1965, S. 64. Stern, Joseph Peter: Hitler – der Führer und das Volk, München 1978, S. 126.

[344] Kern, Wolfgang: Reichswehrführung und Stabilisierung der faschistischen Diktatur 1933-1935, in: Militärgeschichte, Nr. 5/1972, S. 692. Olaf Groehler ließ Blomberg »in einem barschen Ton« von Hitler in Neudeck verlangen, »die längst zugesagte Abrechnung mit der SA bis Monatsende Juni vorzunehmen«, vgl. ders., in Sturz, S. 116.

[345] Seraphim, Hans-Günther: Das politische Tagebuch Alfred Rosenbergs aus den Jahren 1934/1935 und 1939/1940, nach der photogr. Wiedergabe der Handschrift aus den Nürnberger Akten, Göttingen [u.a.] 1956, S. 42.

[346] Berndorff, General zwischen Ost und West, S. 273.

[347] Vgl. Frei, Führerstaat, S. 32.

[348] Das ehemalige Haus Blombergs in Bad Wiessee befindet sich unterhalb des Hotels Sonnenbichler. Das Grab Blombergs ist auf dem Friedhof des Ortes.

[349] Clay Large, David: Hitlers München. Aufstieg und Fall der Hauptstadt der Bewegung, München 1998, S. 327.

[350] Bracher, Machtergreifung, Bd. 3, S. 359.

[351] Ebd.

[352] Über Blombergs Vorstellungen von den Tätigkeiten der »neuen« SA vgl. dessen Besprechungen mit den Kommandierenden der drei Wehrmachtsteile: Tätigkeiten der SA, 3.9.1934, in: BA/MA, RH 26-7/377.

[353] Domarus, Hitler-Reden, S. 405. Vgl. eine weitere Ergebenheitserklärung aus dieser Zeit in: AdR, Regierung Hitler, Bd. 2, S. 1354-1358.

[354] Kershaw, Hitler, Bd. 1, S. 654, vgl. Anm. Kapitel 12, 119.

[355] Im Ausland war das Erschrecken über das Gemetzel und über die Skrupellosigkeit der Methoden Hitlers groß. Zu den Reaktionen in der Auslandspresse siehe AdR, Regierung Hitler, S. 1376.

[356] Zit. nach Erfurth, Generalstab, S. 176.

[357] Fallois, Illusion, S. 139-149.

[358] Müller, Heer S. 120.

[359] Ebd.

[360] Über die Reaktionen im Offizierkorps auf den 30.6.1934, vgl. dasselbe, in: Das Militärarchiv 6 (1965), S. 16ff.

[361] Dokumente zur Ermordung des Generals von Schleicher, in: VfZ 1 (1953), S. 71, FN 1.

[362] Zum Verhältnis Blomberg – Schleicher vgl. oben, Kap. I.7; I.11; I.12; S. 52-61; S. 75-84.

[363] Aufzeichnungen Liebmanns über die Befehlshaberbesprechung am 5.7.1934, in VfZ (2) 1954, Nr. 7, S. 433ff.

[364] Ebd.

[365] Vgl. die Aussage Stülpnagels, in BA/MA, H 08-5/27, S. 329, zit. nach Müller, Heer, S. 127, FN 238.

[366] Vgl. Müller, Heer, S. 125-133.

[367] Keitel, Verbrecher oder Offizier, S. 70.

[368] Anordnung des Reichswehrministers vom 2.4.1935 über die Behandlung der Ermordung der Generäle von Schleicher und Bredow, abgedruckt in: Müller, Heer, Dok. I2, S.606.

[369] Ebd., S. 606.

[370] Reichenau-Interview durch Stanislaus de la Rochefoucauld, zit. nach Michaelis, Ursachen und Folgen, Bd. 10, Dok 2380c, S. 187f, hier S. 188.

[371] Vgl. hierzu auch den Bericht des britischen Militärattachés in Berlin, Oberst Thorne, an Botschafter Sir Eric Phipps über die Haltung der Reichswehr gegenüber dem Staat (3.7.1934), in: Documents on British Foreign Policy, 2 Series, Bd. VI (1933/1934), S. 798f.

[372] Zit. Nach Müller, Heer, S. 207.

[373] Müller, Heer, S. 127.

[374] Blomberg, Erinnerungen, Bd. VII, S. 14.

[375] Blombergs Neujahrsrede *Die Wehrmacht im Jahre 1934*, vgl. BA/MA, Z-6/1934-1935; Militär-Wochenblatt (25) 1934, S. 936-966. Im gleichen Sinne äußerte sich Hitler über eine »Einheit von Armee und erwachendem deutschen Volk« in einer Rede anläßlich einer Gedächtnisfeier und der Weihe eines Mahnmals für die Toten des Marsches auf die Feldherrnhalle vom 9. November 1923, am

9.11.1933, in: Schultheß Europäischer Geschichtskalender 1933, S. 235f., abgedruckt bei Müller, Armee, Dok. 19, S. 157.

[376] Pariser Tageblatt 2 (1934), Nr. 34, 21.11.1934, S. 1. Zur Auslandsperzeption der Wehrmacht vgl.: Adolph-Auffenberg-Komarow, Helwig (Hg.): Die besten Soldaten der Welt: Die Deutsche Wehrmacht aus der Sicht berühmter Ausländer, München 1995; Broicher, Andreas: Die Wehrmacht in ausländischen Urteilen, in: Die Soldaten der Wehrmacht, hg. von Poeppel, W-K, Prinz von, München 1998, S. 405-461.

[377] Frei, Führerstaat, S. 38f.

[378] Das Interview, welches Blomberg Louis Lochner am 10.1.1935 gab, ist abgedruckt in: Deutsche Wehr (1) 1935, S. 9.

[379] Kogon, Eugen: Der SS-Staat, Frankfurt a. M. 1946; vgl. dazu einführend: Anatomie des SS-Staates, von Buchheim, Hans; Broszat, Martin; Jacobsen, Hans-Adolf und Krausnick, Helmut, München [7]1999.

[380] Aus einer Verfügung des Reichswehrministers Werner von Blomberg über die Aufstellung der SS-Verfügungstruppe, 24.9.1934, abgedruckt in Müller, Armee, S. 209-212.

III. Verbündeter seiner Totengräber (1934-1945)

[1] Anna Maria Menge (Oxford) verfaßt eine Dissertation über den Hindenburg-Kult in der Weimarer Republik und im Dritten Reich.

[2] Nachdem Blomberg zum »Oberbefehlshaber« ernannt wurde, mußte der Diensteid durch Gesetz dahin geändert werden, daß Hitler nunmehr als »Oberster Befehlshaber« rangierte.

[3] Aus dem Gesetz über das Staatsoberhaupt des Deutschen Reiches (1.8.1934).

[4] Schenk, Friethjof Benjamin: Tannenberg/Grunwald, in: Deutsche Erinnerungsorte, Bd. 1, S. 438-455, hier S. 450.

[5] Wichtiger Bestandteil einer totalitären Herrschaft sind Militär- und Gefallenenkulte. Im Dritten Reich diente ein wieder entstehender Militärkult der Erschaffung des Hitler-Mythos, der andere Bestandteile des NS-Kultes schließlich überlagerte. Vgl. dazu: Gamm, Kult; Reichel, Schöner Schein; Vondung, Magie; Baird, Jay W.: To die for Germany. Heroes in the Nazi Pantheon, Bloomington, Indianapolis 1990; Behrenbeck, Sabine: Der Kult um die toten Helden, Nationalsozialistische Mythen, Riten und Symbole 1923 bis 1945, Vierow 1996.

[6] Schenk, Tannenberg/Grunwald, S. 450.

[7] Aus der Rede Adolf Hitlers vom 7.8.1934 bei der Trauerfeier am Tannenbergehrenmal bei Hohenstein/Ostpreußen, abgedruckt in: Michaelis, Ursachen und Folgen, Dok. 2412, S. 270ff., hier zit. S. 271.

[8] Ebd., S. 271.

[9] Kundera, Milan: Die Unsterblichkeit, München 1990, S. 147.

[10] Vgl. zu diesem Prozeß der Politisierung der Armee vor allem Huebsch, Politizisation, wie einleitend zit.

[11] Hindenburgs Beisetzung. Goering, Hitler und General von Blomberg verlassen das Tannenberg-Denkmal, in: Pariser Tageblatt 2 (240), 9.8.1934, S.1. Vgl. Ackermann, Volker: Nationale Totenfeiern in Deutschland. Von Wilhelm I. bis Franz Joseph Strauß. Eine Studie zur politischen Semiotik, Stuttgart 1990, S. 236: Schenk, Tannenberg/Grunwald, S. 450.

[12] Schenk, Tannenberg/Grunwald, S. 450f.

[13] Vgl. z.B. den Film: 10.000 Menschen pilgern zum Tannenberg-Denkmal zu Hindenburgs Beisetzung, in: Bundesarchiv-Filmarchiv, Sig. Deulig TW 137/1934.

[14] zit. nach: Hitler und Blomberg Arm in Arm. Beim Militär-Jubiläum des Marschalls, in: Pariser Tageszeitung 2 (1937), Nr. 276, 14.3.1937, S.1.

[15] Vgl. die Rede in: Bundesarchiv-Filmarchiv [BA/FA], Sig. UTW 237/1935: Deutschland gedenkt seiner gefallenen Helden, mit einer Rede Werner von Blombergs in der Staatsoper, 16.11.1935, sowie *Berliner Illustrierte Nachtausgabe*, 16. März 1935: Blomberg verleiht 80 Ehrenkreuze. Festakt in der Staatsoper – Vorbeimarsch am Ehrenmal.

[16] Goebbels-Tagebücher, 10.3.1936, s.o. (Teil I, Bd. 3/1).

[17] Blomberg, Erinnerungen, Bd. II, S. 58ff.

[18] Blomberg bezeichnete Eugen von Savoyen anläßlich seines zweihundertsten Todestages als »großen Feldmarschall des alten Reiches«, der sich »ganz dem Deutschtum« verschrieben hatte« und

verglich ihn (nicht explizit, aber dennoch ganz eindeutig) mit Hitler; vgl.: 3.7.1936: Reichswehrminister über Prinz Eugen von Savoyen, in: BA/MA, RH 26-17/357. Zur Parallelisierung Hitlers mit Scharnhorst: vgl. Blombergs Rede bei der Feier des 125jährigen Bestehens der Kriegsakademie, in: BA/MA, RW, 6/160. 9.10.1935.

19 Militärwissenschaftliche Rundschau 1 (1936), 2, S. 152.

20 Seine Interpretation des neuen Soldaten: vgl. z.B. Blombergs Rede bei der Feier des 125jährigen Bestehens der Kriegsakademie, in: BA/MA, RW, 6/160. 9.10.1935; ebenso Militär-Wochenblatt (10) 1935. Hier vergleicht Blomberg Hitler mit Scharnhorst als Gründer der Akademie. Der Topos der »Einheit« findet sich in dieser Rede in Reinform. Vgl. auch die offiziellen Auslegungen, die an die Soldaten der Reichswehr weitergegeben wurden.

21 Vorwort Werner von Blombergs für den Bildband: Der Tag der Wehrmacht. Nürnberg 1935, hg. vom Reichswehrministerium, Berlin 1935 (mit einem Vorwort von Edgar Röhricht).

22 Zit. nach: Butjadinger Zeitung, 18.3.1935, Tag der Trauer und der Ehre. Heldengedenktag des deutschen Volkes.

23 Entwurf der Biographie über Werner von Blomberg: Priessdorf, Joachim von, in: Archiv Dr. Peter von Blomberg, Köln, sowie in Kopie im Archiv der Verfasserin, Manuskriptfragmente ohne fortlaufende Seitennumerierung.

24 Militär-Wochenblatt 118, Jg. 39, vom 18.4.1933, Sp.1299f.; ohne Verfasser; in Auszügen abgedruckt bei Müller, Armee, Dok. 36, S. 168f.

25 Ebd.

26 Ebd., S. 168f.

27 Glückwunschschreiben des Reichswehrministers Generaloberst von Blomberg zum 45. Geburtstag Adolf Hitlers, in: Neue Deutsche Allgemeine Zeitung (182) 20.4.1934.

28 Vgl. die Darstellung Thomas Dupkes in seiner 1994 erschienenen Löns-Biographie: Dupke, Thomas: Hermann Löns. Mythos und Wirklichkeit, Hildesheim [2]1994, S. 175-188.

29 Zur Gestaltung der feierlichen Beisetzung der von einem französischen Soldatenfriedhof überführten Gebeine des Dichters Hermann Löns, in: Akten der Reichskanzlei, Regierung Hitler, Bd. 2, 1934/35, Dok. 462 (Vorträge bei Lammers), S. 1105 sowie Brief Blombergs an Joseph Goebbels und gleichlautend an Rudolf Heß, Juni 1935 (BA Koblenz), zit. bei Dupke, Löns, S. 204, FN 184.

30 Dupke, Löns, S. 185.

31 Wilhelm Adam (1893-1978), Generaloberst, vom 1.10.1935-1.4.1938 Chef der Wehrmachtakademie.

32 Bald, Generalstab, S. 47.

33 Ebd.

34 Kershaw, Hitler, Bd. 1, S. 660.

35 Der Film »Die Vereidigung der Wehrmacht. Die Berliner Wachttruppe leistet den Treueeid auf Adolf Hitler« zeigt eben jene Szene, vgl. in: BA/FA, Sig. Deutig TW 137/1934; Ausschnitt zu sehen im Wochenschau-Archiv, vgl. unter: www.wochenschau-archiv.de.

36 Vgl. dazu: Salewski, Handbuch, S. 81f.

37 Mit Michael Salewski gilt es festzuhalten, daß alle nachträglichen Urteile über die Vereidigung mit größter Vorsicht zu bewerten sind und gerade das, was in den Memoiren der Generale nach 1945 zu dieser Frage ausgeführt wurde, aus apologetischen Ansprüchen gespeist und somit historisch weitgehend wertlos ist; ders., Handbuch, S. 81f.

38 Wagner, Eduard: Der Generalquartiermeister. Briefe und Tagebuchaufzeichnungen des Generalquartiermeisters des Heeres General der Artillerie Eduard Wagner, hg. von Wagner, Elisabeth, München 1963, S. 6. Über die Umstände und den Zeitpunkt der Abnahme des neuen Eides hat nicht nur Gisevius fragwürdige Angaben hinterlassen. Der britische Journalist John Gunther gibt an: »Bei der Reichswehr hatte Blomberg vorgesorgt. Am Morgen des Todestages, in aller Frühe schon, leisteten die Reichswehrgarnisonen in ganz Deutschland einen neuen Eid.«, vgl. Gunther, John: So sehe ich Europa, Amsterdam 1937, S. 58.

39 Müller, Heer, S. 135-138.

40 Vgl. dazu die Untersuchung von Frevert, Ute: Die kasernierte Nation, Militärdienst und Zivilgesellschaft in Deutschland, München 2001.

41 Foertsch, Hermann: Der Offizier der deutschen Wehrmacht – eine Pflichtenlehre, Berlin 1936, S. 27; siehe auch Röhricht, Pflicht, S. 76 f.

42 In RGBl 1934 I, S. 765; HVBl. 1934, S. 141; Absolon, Rudolph: Die Wehrmacht im Dritten Reich, Band II, S. 157: Gesetz über die Vereidigung der Beamten und Soldaten der Wehrmacht vom 20. 8.1934.
43 Vgl. Foertsch, Hermann: Schuld, S. 64 f. Hierzu auch Röhricht, Pflicht, S. 77.
44 Raeder, Erich: Mein Leben, Tübingen 1956f., 2 Bde., hier Bd. 1, S. 290.
45 Vgl. Janßen, Tobias, Sturz, S. 35f; Der ehemalige Wehrmachtoffizier und Militärhistoriker Hermann Teske stellt lakonisch fest, an Hindenburgs Stelle sei damals »durch einen kalten Staatsstreich« Hitler getreten. Teske, Hermann: Berlin und seine Soldaten. 200 Jahre Berliner Garnison, Berlin 1968, S. 79; vgl. auch Freund, Michael: Deutsche Geschichte. Fortgeführt von Vogelsang, Thilo, Berlin, München, Wien, Gütersloh 1974, S. 1222; Kosch, Wilhelm: Biographisches Staatshandbuch, S. 126.
46 Guderian, Heinz: Erinnerungen eines Soldaten, Vowinckel 1951, S. 28.
47 Gisevius, Bis zum bittern Ende, Bd. II, S. 16. Demgegenüber hat Hoßbach festgestellt: »Die Schilderung des Vereidigungsvorganges in H.B. Gisevius ›Bis zum bittern Ende‹, II. Band, Seite 18 und 19, entspricht nicht den Tatsachen«, vgl. Hoßbach, Zwischen Wehrmacht und Hitler, S. 10 (Die unterschiedlichen Seitenzahlen sind offenbar auf Abweichungen der Auflagen des Buches zurückzuführen).
48 Freund, Deutsche Geschichte, S. 611.
49 Müller, Heer, S. 139.
50 Ebd., S. 133 f.
51 Ebd.
52 Ebd.
53 Erfurth, Generalstab, S. 162.
54 Papen, Franz von: Der Wahrheit eine Gasse, München 1952, S. 377.
55 Gesetz über die Vereidigung der Beamten und der Soldaten der Wehrmacht vom 1.12.1933, RGBl. 1933 I.017.
56 Janßen, Tobias, Sturz, S. 36.
57 Vossische Zeitung vom 13.10.1932, S.1, Faschistischer Fahneneid.
58 Schüddekopf, Heer, S. 15.
59 Salewski, Handbuch , S. 81 f.
60 Vgl. dazu Kershaw, Hitler, Band 1, S. 660.
61 Reichenau am 28.8.1934, in: Richtlinien für den Unterricht über politische Tagesfragen, Nr. 8, BA/MA RH 12-5/v 43.
62 Zit. nach Janßen, Tobias, Sturz, S. 36f.; vgl. auch Blomberg, Erinnerungen, Bd. III, S. 102.
63 Es sei jedoch daran erinnert, daß auch Generaloberst Fritsch stets einen deutlichen Unterschied zwischen Hitler und »der Partei« gemacht und selbst Beck Hitler als Staatsoberhaupt anerkannt hat.
64 Erfurth, Geschichte des deutschen Generalstabs, S. 163f.
65 Vgl. Kershaw, Hitler, Bd. 1, S. 661.
66 Gesetz über die Vereidigung der Beamten und der Soldaten der Wehrmacht, in: Reichsgesetzblatt Jg. 1934 (I) 98; abgedruckt bei Michaelis, Ursachen und Folgen, Dok. 2411d, S. 270.
67 Schreiben Hitlers an Generaloberst von Blomberg vom 20.8.1934, veröffentlich in: Völkischer Beobachter. Berliner-Ausgabe 233 (21.8.1934), abgedruckt bei Michaelis, Ursachen und Folgen, Dok. 2418b, S. 282f.
68 Vgl. hierzu Hoßbach, Wehrmacht, S. 39. Es soll hier nicht impliziert werden, daß Blomberg bis Ende 1937 in allen Bereichen alleiniger Lenker der Wehrmacht war. Die »Diadochenkämpfe« innerhalb der Wehrmachtführung sind bereit beleuchtet worden (siehe oben). Blombergs Militärpolitik verlief immer in erster Linie mit / oder gegen die Vorstellungen anderer Einfluß- und Entscheidungsträger wie Goering, Keitel, Fritsch und Beck und war zudem strukturellen Gegebenheiten unterworfen.
69 Begriffsdefinition findet sich bei Mommsen, Hans: Cummulative Radicalisation and Progressive Self-Destruction as Structural Determinants of the Nazi-Dictatorship«, in: Kershaw, Ian; Moshe Lewin (Hg.): Stalinism and Nazizism: Dictatorships in Comparison, Cambridge 1997, S. 75-87.
70 Eine knappe Überblicksdarstellung zur Außenpolitik des Dritten Reiches gibt z.B. Schmidt, Rainer F.: Die Außenpolitik des Dritten Reiches 1933-1939, Stuttgart 2002.

[71] Blomberg, Notizen, S. 24ff.
[72] Fritsch in einer Befehlshaber-Besprechung, vgl. Liebmann-Notizen, Besprechung vom 24.4.1935; zit. bei Müller, Heer, S. 208f.
[73] Vgl. zu dieser Episode Hoßbach, Wehrmacht, S. 98; dazu auch Müller, Heer, S. 214.
[74] Ebd., S. 98.
[75] Ebd., S. 98; Schweppenburg, Leo Geyr von: Erinnerungen eines Militärattachés, London 1933-1937, Stuttgart 1949, S. 87ff.; Geyrs Bericht in: MGFA/DZ H 23/63.
[76] Blombergs Zurechtweisung der Attachés und Müllers Ableitungen auf das Rechtsverständnis in Diktaturen, vgl. ders., Heer, S. 215.
[77] Vgl. Blombergs Ausführungen über die Allgemeine Wehrpflicht am 8.5.1933; in: PA /AA II F Abr. 5, 33, in Ausschnitt zit. bei Geyer, Aufrüstung, S. 312.
[78] Frevert, Ute: Die kasernierte Nation. Militärdienst und Zivilgesellschaft in Deutschland, München 2001; siehe auch: Wette, Wolfram: Deutsche Erfahrungen mit der Wehrpflicht 1918-1945. Abschaffung in der Republik und Wiedereinführung durch die Diktatur, in: Foerster, Roland (Hg.): Die Wehrpflicht. Entstehung, Erscheinungsformen und politisch-militärische Wirkung, München 1994, S. 91-107.
[79] Ebd., S. 212ff.
[80] Zur kollektiven Erinnerung der Deutschen an die Napoleonischen Kriege vgl.: Schäfer, Kirstin: Die Völkerschlacht, in: Deutsche Erinnerungsorte, Bd. 2, S. 187-202.
[81] Erlaß des Reichswehrministers Generaloberst Werner von Blomberg »Erziehung in der Wehrmacht« vom 16.4.1935, in: BA/MA, RW 6/v. 131, in Ausschnitten abgesdruckt in: 70 Jahre Wehrpflicht, in: Die ZEIT (9) 24.2.2005.
[82] Ebd.; Vgl. auch: Akten der Reichskanzlei, Regierung Hitler, Bd. II, Dok. 19, Vorträge bei Lammers, S. 1016.
[83] Ebd., S. 199ff.
[84] Reichsgesetzblatt, Jg. 1935 (I), S. 609ff.; Reichsverteidigungsgesetz (PA, R 34027, Bl. 139-141), in: Akten der Reichskanzlei, Regierung Hitler, Bd. 2, Dok. Nr. 162, S. 590ff.; Müller-Hillebrandt, Heer, S. 27. Aufhebung des Erlasses in Berchdesgaden durch Blomberg und Hitler am 24.8.1936: Über die Dauer der aktiven Dienstpflicht in der Wehrmacht; RGBl, I, 5, 614.
[85] Müller, Heer, S. 208ff.; Deist, Aufrüstung, in: Das Deutsche Reich, S. 416.
[86] Rautenberg, Rüstungspolitik, S. 313ff.
[87] Deist, Aufrüstung, in: Deutsches Reich, S. 419.
[88] DGK Bd. 2.1, S. 212.
[89] Ebd., S. 240ff.; vgl. DGK Bd. 2.1, S. 246.
[90] Ebd., S. 198ff.; vgl. dazu Dirks, Der Krieg der Generäle, wie oben zit.
[91] Vor seiner zehntägigen Fahrt nach Norden hatte Blomberg in Anwesenheit Hitlers am 3.10.1936 die Taufrede zum Stapellauf des Schlachtschiffes »Scharnhorst« in Wilhelmshaven gehalten. Vgl. DGK Bd. 2.1, S. 307 ff.; dazu Keitel, Verbrecher oder Offizier S. 92.
[92] Das Zitat Blombergs entstammt den Aufzeichnungen des britischen Offiziers Burrows, Lt.Col., über ein Gespräch mit Blomberg in London im Mai 1937: The visit of General Field Marshal von Blomberg to attend the Coronation, May 1937, in: TNA / PRO, Dok. WO 190/541, Bl. 5.
[93] Vgl. Boehm-Tettelbach, Flieger, S. 14f.
[94] Blombergs Weisung für die einheitliche Kriegsvorbereitung der Wehrmacht vom 24.6.1937 vgl.: IMG Bd. XXXIV, Dok. 175-C, S. 732/47.
[95] Blomberg Pazifist?, in: Neuer Vorwärts 1936 (Nr. 144), 15.3.1936, S. 2.
[96] Vgl. Blombergs Worte in: Jost, Walter: Die wehrpolitische Revolution des Nationalsozialismus, Hamburg 1936. Hier heißt es im Vorwort: »Wehrwillen und Friedenswillen der Nation schufen die Grundlagen für den siegreichen Durchbruch zur Freiheit. Jetzt schaffen wir aus dem Wehrwillen die Wehrkraft und aus Liebe zum Frieden die Macht zu seiner Wahrung. Das ist der Leitgedanke der Wehrpflicht (...)«, Blomberg, in: ebd., Vorwort; siehe auch die Ausführungen von Wolfram Wette über die »Friedensreden-Politik« im Dritten Reich: ders.: Ideologien, Propaganda und Innenpolitik als Voraussetzungen der Kriegspolitik des Dritten Reiches, in: Deist, Das Deutsche Reich, S. 25-166; hier vor allem: Politik der Täuschungen: Hitlers und Goebbels' »Friedensreden« (1933-1936), S. 113-121.
[97] Blomberg Pazifist?, in: Neuer Vorwärts 144, wie oben, S. 2.
[98] Krausnick, Helmut: Vorgeschichte und Beginn des militärischen Widerstandes gegen Hitler, in: Aus Politik und Zeitgeschichte, Beilage zur Wochenzeitung »Das Parlament«, 47/1954, S. 265, Anm. 88.

[99] Berichte über Blomberg, die deutsche Generalität und die Arbeit des Reichskriegsministerium sowie die Einschätzung von der Macht der deutschen Armee in der ausländischen Presse böten genügend Material für eine vergleichende Studie europäischer Wehrmachtperzeption in den Medien. Eine solche Analyse muß im Rahmen dieser Biographie unterbleiben. Verwiesen sei auf Adolph-Auffenberg-Komarow, Die besten Soldaten der Welt, wie oben zit., vgl. als Bsp. eine amerikanische Einschätzung der deutschen Wehrmacht 1935: Ybarra, T.R.: The Invisible Army, in: Collier's (July) 6, 1935, S. 56ff.

[100] Boehm-Tettelbach, Flieger, S. 17f.; Vgl.: Blomberg und Reichenau fahren nach Budapest, in: Pariser Tageblatt 3 (1935), Nr. 568, 3.7.1935, S. 2.; ebd.: Blomberg besucht Ungarn, in: 2 (1937), Nr. 345, 23.5.1937.

[101] Boehm-Tettelbach, Flieger, S. 17f.

[102] Blombergs handschriftliche Notizen über seine England-Unterredung mit Hitler (Kopie): »Der Führer am 16.6. für England«, in: Nlß. Boehm-Tettelbach, Riederau am Ammersee, abgedruckt in: ders., Flieger, S. 32ff., ohne Provenienz/Ort. Die Handschrift ist zweifelsfrei Blomberg zuzuordnen, das Dokument befindet sich allerdings nicht im Nachlaß Blomberg. Vgl. zu England auch Blombergs Aussagen in: Seventh Army Interrogation Center Report, APO 758. Abschließende Vernehmung des Gen. Feldmarschalls v. Blomberg am 24.9.1945. Vgl. über Blombergs Aufenthalt in England: Blomberg besichtigt englische Tanktruppen, in: Pariser Tageszeitung 2 (1937), Nr. 300, 7.4.1937, S. 2.

[103] Blombergs Begleiter mußten englisch können. Mit ihm fuhren Generalleutnant (?) Karl von Stumpf(f) (Luftwaffe), Major Kitschmann (assistierender Militärattaché), Major von Decken (Adjutantur), Axel von Blomberg, Leutnant Karl Boehm-Tettelbach (Adjutantur), Hubert von Wangenheim (Adjutantur).

[104] Vgl. PRO London, Dok. WO 190/541: Report on visit of General Field Marshall von Blomberg, representative of the German Reich to coronation of King George VI. 1937, May 20, Normal Closure 30. [zit. Burrows, Report on visit].

[105] Burrows, Report on visit, S. 2.

[106] Ebd.

[107] Boehm-Tettelbach, Flieger, S. 32.

[108] Wiliam Ironside, seit 1941 Baron of Archangel (1880-1959), Gen., geb. in Aberdeenshire, Schottland, 1902 Burenkrieg, 1918 Kommandant einer anti-bolschewistischen Armee in Rußland, Leiter des britischen Camberley Military College (1922-26), Commander des Imperial General Staff ab September 1939.

[109] Vgl. die ausführliche Schilderung des Staatsbesuches in London in den Erinnerungen des Adjutanten Boehm-Tettelbach, in: ders., Flieger, S. 28-34. Interessant in diesem Zusammenhang die Erinnerungen des Lord Londonderry: Ourselves and Germany, London 1938.

[110] Vgl.: Protokolle des Legationsrates Dr. Paul Schmidt, Chefdolmetscher des Auswärtigen Amtes, über die Unterredung Generalfeldmarschall Blombergs mit Mr. Baldwin, Mr. Eden, Mr. Chamberlain in London im Mai 1937, abgedruckt in Boehm-Tettelbach, Flieger, Dokumentensammlung zwischen S. 32f. ohne Angabe der Provenienz, vgl. ebd. S. 37f.; siehe auch: Schmidt, Paul: Statist auf diplomatischer Bühne 1923-1945, Bonn 1950.

[111] Ebd., hier S. 1f.

[112] Ebd., S. 3.

[113] Burrows, Report on visit, S. 10.

[114] Ebd., S. 15.

[115] Ebd.

[116] Boehm-Tettelbach, Flieger, S. 41.

[117] Ebd., S. 46f.

[118] Blomberg, Notizen, S. 24.

[119] Boehm-Tettelbach, Flieger, S. 47.

[120] Ebd., S. 48. Luftwaffe und Marine erhielten in der nächsten Zeit Anweisungen, Studien zum Kriegsfall gegen England auszuarbeiten.

[121] Blomberg, Interrogation Report.

[122] Schmidt, Außenpolitik, S. 220.

[123] DGK Bd. 2.1, S. 361ff. Vgl. Blomberg, Army Interrogation Report, 24.9.1945, 4 E.

[124] Vgl. Blomberg besucht auch Italien, in: Pariser Tageszeitung 2 (1937), Nr. 349, 27.5.1937, S. 1; ebd.: Blomberg prüft mit Mussolini Francos Aussichten. Der Besuch des Reichskriegsministers in Rom,

in: 2 (1937), Nr. 356, 3.6.1937, S.1; ebd.: Was zeigte man Blomberg in Rom?, in: 2 (1937), Nr. 366, 13.6.1937, S. 2.

[125] Hassell, Römische Tagebücher, S. 200f; vgl. zu Blombergs Rom-Besuch auch den Bericht der German Embassy Rome: German-Italian relations: Blomberg's visit 1937 April-June, in: TNA / PRO London, Dok. GFM 33/4763. Vgl. auch Pariser Tageszeitung (2) 1937, Nr. 367 (14.6.1937): Italienische Parade vor Blomberg, S.4

[126] In seinen Aufzeichnungen über den italienischen Lebensstil klingt der Tenor durch, daß dieser ihm nicht behagte. Eine regelrechte Abneigung gegen Mussolinis Selbstbeweihräucherung findet sich immer wieder.

[127] Rintelen, Enno v.: Mussolini als Bundesgenosse, Tübingen und Stuttgart 1951.

[128] Blomberg, Notizen (1945), S. 80.

[129] Schmidt, Außenpolitik, S. 221ff.

[130] Hitlers Wehrmachtadjutant Oberst Friedrich Hoßbach war zugleich Chef der Zentralabteilung des Generalstabes des Heeres, vgl. ders.: Wehrmacht. Seine Version der Entstehungsgeschichte, der so genannten Hoßbach-Protokolle, findet sich auf den Seiten 189-192. Smith, Bradley F.: Die Überlieferung der Hoßbach-Niederschrift im Lichte neuer Quellen, in: VfZ 38 (1990), S. 329-336; Bussmann, Walter: Zur Entstehung und Überlieferung der »Hoßbach-Niederschrift«, in: VfZ 16 (1968), S. 384; Kielmansegg, Peter Graf von: Die militärpolitische Tragweite der Hoßbach-Besprechung, in: VfZ 8 (1960), S. 269-275; Gackenholz, Hermann: Reichskanzlei, 5.11.1937 in Forschungen zu Staat und Verfassung, Festgabe für Fritz Hartung, Berlin 1958, S. 459ff.

[131] IMT, Bd. I, S. 39; der Text des Protokolls: Bd. XXV, S. 420ff.

[132] Bereits die Tatsache der unterschiedlichen Bezeichnungen des Schriftstücks als »Denkschrift«, »Memorandum«, »Dokument« oder »Protokoll« ist aufschlußreich.

[133] Vgl. Bußmann, Hoßbach-Niederschriften; Janßen, Tobias, Sturz S. 9ff.

[134] Hoßbach, Wehrmacht, S. 169.

[135] Ebd., S. 189ff.

[136] Müller, Struktur und Entwicklung der natioalkonservativen Opposition, S. 263ff. Der Topos der Regimegegnerschaft Fritschs, vgl. z.B. Schlabrendorff, Offiziere; Deutsch, Komplott; Der deutsche Widerstand 1933-1945 (= Informationen zur politischen Bildung), S. 22f. – hier zeigt sich wie allgemein gültig diese These ist.

[137] So auch Janßen, Tobias, Sturz, S. 17ff.

[138] Man denke an die geheimen Kontakte zwischen Reichswehr und Roter Armee, die der Wiederbewaffnung dienten; vgl. oben. Wieder aufgerollt wurden die Revanchekrieg-Absichten der Reichswehr z.B. von Karl-Heinz Janßen, ders.: Der große Plan, in: Die Zeit (11) 7.3.1997, S. 15-20; auch Dirks, Janßen, Krieg der Generäle.

[139] Hitler, Adolf: Mein Kampf, 2 Bde., München 1925/27.

[140] Janßen, Tobias, Sturz, S. 13 und Anmerkung 15.

[141] Müller, Klaus Jürgen: Die nationalkonservative Opposition vor dem Zweiten Weltkrieg, in: Militärgeschichte. Jubiläumsschrift zum 25jährigen Bestehen des Militärgeschichtlichen Forschungsamtes, Stuttgart 1982, S. 227.

[142] Kielmansegg gehörte zu den wenigen Historikern, die bereits frühzeitig einen Zusammenhang zwischen dem 5.11.1937 und dem Sturz Blombergs verneinen. Für ihn steht fest, daß Blombergs Einwände »nicht Zeichen grundsätzlicher Bedenken gewesen sind.«, ders. in: VfZ 3/1960, S. 268.

[143] So auch Janßen, Tobias, Sturz, S. 18ff.

[144] Schweppenburg, Erinnerungen eines Militärattachés, S. 88f.

[145] Seeckt, Deutschland zwischen West und Ost, S. 46.

[146] Blomberg, Haft-Tagebücher, 4.12.1945.

[147] Ebd. 4.12.1945.

[148] Seventh Army Interrogation Center APO 758, 13.9.1945.

[149] Blomberg-Aufzeichnungen 1943.

[150] Görlitz: Keitel, S. 101.

[151] Blomberg, Haft-Tagebücher, 4.12.1945.

[152] IMT Bd. 34, S. 745ff; ADAP, D VII, S. 547 vom 21.12.1937.

[153] Ebd.

[154] Ebd.

[155] Blomberg, in: Almanach der nationalsozialistischen Revolution, S. 43f.

[156] Völkischer Beobachter vom 29.6.1934: Die Wehrmacht im Dritten Reich.
[157] Mosley, Leonard: Göring. Eine Biographie, München 1974, S. 215.
[158] »Feldmarschall«, auch »Generalfeldmarschall«, entstammt dem althochdeutschen »marahscalc« (9. Jh.) und bedeutete ursprünglich Stallmeister oder Pferdeknecht. Im 16. Jahrhundert war der »Feldmarschall« der Führer der Reiterei, im Dreißigjährigen Krieg ein höherer Generalsrang. In der preußischen Armee war der »Generalfeldmarschall« ein Dienstgrad, der an aktive Offiziere nur im Krieg verliehen werden konnte, vgl. auch Borchert, Klaus: Die Generalfeldmarschälle und Großadmiräle der Wehrmacht, Wölfersheim-Berstadt 1994. Sébastian Bertrand (Universität Strasbourg) verfaßt gerade eine Dissertation mit dem Arbeitstitel: Die deutschen Generalfeldmarschälle (1918-1945). Eine soziologische Studie.
[159] Beim Militär-Jubiläum des Marschalls, in: Pariser Tageszeitung 2 (1937), Nr. 276, 14.3.1937, S. 1.
[160] Die braunen Herrscher im Frack, in: Pariser Tageblatt 2 (1934), Nr. 3, 3.1.1934, S. 1.
[161] Goebells-Tagebuch, Teil I/ 3/I, hg. von Fröhlich, Elke, bearb. von Hermann, Angela u.a., München 2005, Eintrag vom 13.11.1935, S. 327.
[162] Boehm-Tettelbach, Flieger, S.22f.
[163] Blomberg-Notizen 1943.
[164] Die Hochzeit zwischen Dorothee von Blomberg und Karl-Heinz Keitel fand am 22.10.1938 statt; Aussage Dorothee von Blombergs, vgl. auch Genealogisches Handbuch des Adels, B XI, S. 100.
[165] Boehm-Tettelbach, Flieger, S. 23f.
[166] Blomberg hatte die Adresse dieses Magnetopathen von seinen Freunden von Friedeburgs. Frau Ursula von Friedeburg besuchte den selben Arzt, vgl. dies. in einem Brief an Fritz Tobias, in: Archiv Fritz Tobias, Hannover.
[167] Reitlinger, Gerald: Die SS. Tragödie einer deutschen Epoche, Wien, München, Basel 1957, S. 65.
[168] Keitel, Verbrecher oder Offizier, S. 101.
[169] Ebd, S. 101.
[170] Dossier über Margarethe Gruhn von 1938, Landgericht Berlin, Sig. P AR 489/48, I Unz 137/32, zit. hier S. 37.
[171] Ebd., Bericht vom 24.1.1938, hier S. 31f.
[172] Die »pornographischen Aufnahmen« sowie andere Bilder von Margarethe Gruhn liegen der Verfasserin vor. Es handelt sich mit an Sicherheit grenzender Wahrscheinlichkeit um dieselbe Person. Es sei der Vollständigkeit halber angemerkt, daß auch nach den Mitteln der damaligen Technik eine nachträgliche Retusche/Manipulation der Bilder sowie eine Ergänzung der Akte unproblematisch gewesen wäre, womit deren Echtheit jedoch ausdrücklich nicht in Zweifel gezogen werden soll.
[173] Polizeiakte von 1932, Vernehmung Margarethe Gruhn, AZ 1 Anz. I. 137/32, in: Dossier über Margarethe Gruhn, Landgericht Berlin, Sig. P AR 489/48, I Unz 137/32, zit. hier S. 31f.
[174] Frau Ursula von Friedeburg, Brief vom 23.10.1984, in: Archiv Fritz Tobias, Hannover.
[175] Erinnerungen des Generalfeldmarschalls von Weichs, Bd. 2, S. 14.
[176] Vgl. eine Variante in der *Bild am Sonntag*, wie oben zit.: Blomberg habe »Eva« im Restaurant »Weißer Hirsch« kennengelernt. Angeblich hatte Blomberg, um die Gunst Margarethes für sich gewinnen zu können, mit Hilfe Görings einen Nebenbuhler ins Ausland versetzen lassen. So auch Deutsch, ausführlich, in: ders., Komplott.
[177] So z.B. Gisevius, Bis zum bitteren Ende, S. 260. Harold Deutsch folgt ihm.
[178] Boehm-Tettelbach, Flieger, S. 54.
[179] Interview mit Herrn Walter Legde auf dem Brandenburger-Gestüt in Neustadt an der Dosse, August 2001.
[180] Nach Aussage der Familie hatte Blomberg seine Kinder kurz vor Weihnachten 1937 über seine Heiratspläne unterrichtet (Interview mit Kindern und Enkeln, München, August 2001). Keitel notiert, Sybille und Dorothee hätten die Weihnachtstage 1937 bei den Keitels verbracht, ders., Verbrecher oder Offizier, S. 102.
[181] Hauptmann Gustav Adolf Riebel, Adjutantur des Reichskriegsministers (seit 1937).
[182] Keitel, Verbrecher oder Offizier, S. 59.
[183] Standesamt Berlin Tiergarten, Aufgebotsverzeichnis Nr. 14/10/12.1.1938.
[184] Boehm-Tettelbach, Flieger, S. 60f.
[185] Goebbels-Tagebücher, Eintrag vom 14. Januar 1938, in: ebd., Teil I, Bd. 3/1, S. 98.

[186] Die Heiratsordnung vom 1.4.1936, in: Heeresverordnungsblatt (1936), S. 121, Nr. 364. Dazu Absolon, Wehrmacht im Dritten Reich, Bd. IV, S. 319.
[187] Dönhoff, Marion Gräfin von, Preußen leuchtet aus der Dunkelheit, in: ZEIT-Magazin vom 10.9.1981.
[188] Verdener Neueste Nachrichten, 11.12.1936. Vgl. auch die Ausführungen bei Janßen, Tobias, Sturz, S. 40ff.
[189] Als Beispiel sei ein Brief Lisa Keitels an ihre Mutter zitiert: »Diese alten Männer mit ihren jugendlichen Gefühlen: was zieht das alles nach sich. Denke an den König von England.« Görlitz, Keitel, S. 109f. Jodl vertraute am 26.1.1938 ähnliche Gedanken seinem Tagebuch an: »Welch einen Einfluß kann eine Frau, ohne daß sie es ahnt, auf die Geschicke eines Volkes und damit der Welt ausüben. Die Parallele zum englischen König und seiner Frau bietet sich an.«, in: IMT Bd. XXVIII, S. 356.
[190] Dazu ausführlich Janßen, Tobias, Sturz, S. 43-51.
[191] Janßen, Tobias, Sturz, S. 47ff. Zum Verhältnis Blomberg – Keitel vgl. Keitel, Verbrecher oder Offizier, S. 85 sowie Neave, Airey: On Trial at Nuremberg, Boston 1978, S. 198.
[192] Warlimont, Keitel, (28.9.1945), wie oben zit., S. 2.
[193] Zitiert nach Janßen, Tobias, Sturz, S. 48.
[194] Goebbels-Tagebücher, s.o., Teil I, Bd. 3/I, 04.1934-2.1936, bearbeit. von Hermann, Angelika u.a., München 2005, S. 49. Über die »Freundschaft« zwischen Goebbels und Blomberg vgl. z.B. die zahlreichen Einträge von 1934/1935, ebd., S. 51; S. 174; S. 239; 319; S. 366.
[195] Ebd., I/5, S. 103.
[196] Ebd., I/5, S. 115.
[197] Goebbels-Tagebücher, I/5, Eintrag vom 27.1.1938, S. 117. Der Pistolenschuß als Lösung des Problems verlorener Ehre taucht wiederholt im Tagebuch auf.
[198] Ebd., S. 117; Goebbels selbst war übrigens um dieselbe Zeit wegen der Filmschauspielerin Lida Baarowa bereit gewesen, auf seine Ehe und sein Ministeramt zu verzichten und wurde nur durch Hitlerbefehl daran gehindert.
[199] Vgl. Blomberg, Seventh Army Interrogation Center APO 758, Abschließende Vernehmung am 24.9.1945.
[200] Vgl. Kotze, Hildegard von (Hg.): Heeresadjutant bei Hitler 1938-1943. Aufzeichnungen des Major Engel, Stuttgart 1974, S. 20f.
[201] Zum Hergang der angeblichen Erpressung vgl. Schmidts Aussagen bei der Vernehmung durch die Gestapo am 27.1.1938, zit. bei Janßen, Tobias, Sturz, S. 93f. Daß der Erpresser Otto Schmidt Fritsch erstmals 1936 als Opfer seiner Erpressungen benannte, spricht gegen den weitverbreiteten Topos von einem Komplott, einer von langer Hand geplanten Gestapo-Intrige, in der Otto Schmidt als ein, wie Hoßbach sagte, »gedungener Zeuge« fungierte.
[202] Militärstrafgesetzbuch, § 147a.
[203] Manstein, Soldatenleben, S. 304; Hoßbach, S. 21.
[204] So gab der ehemalige General der Waffen-SS und frühere Adjutant Himmlers, Karl Wolff, zu Protokoll, IfZ, München, ZS 317, vgl. auch Janßen, Tobias, Sturz, S. 87, S. 276, Anm. 11; S. 91, Anm. 29f. Darüber, ob nicht vielmehr Göring und Himmler eine Wiederherstellung der Akten angefordert hätten, ist viel spekuliert worden. Eine häufige Version ist, daß Göring mit der »Akte Gruhn« Hitler auch gleich die »Akte Fritsch« vorgelegt habe, Foertsch, Schuld, S. 90; Deutsch, Komplott, S. 131.
[205] § 175: RStGB, Verführung zur Homosexualität.
[206] Ritter, Goerdeler, S. 149.
[207] Vgl. dazu Kielmansegg, Fritsch-Krise, S. 98f., Krausnick, Vorgeschichte, S. 286f., Hoffmann, Widerstand, S. 61.
[208] So auch Müller, National-konservative Eliten, in: Schmädeke, Widerstand, S. 28. Vgl. dazu: Hoßbach, Wehrmacht, S. 111. Die Verfechter der Komplott-These halten diese Bekundungen allerdings für eine Täuschung Hitlers, der seit der Konferenz vom 5.11.1937 den Sturz Fritschs vorbereitet habe, so z.B. Hoßbach, Wehrmacht, S. 110f; Deutsch, Komplott, S. 124.
[209] Janßen, Der Skandal, Intrige oder Panne?, in: Die Zeit, Nr. 11, 11.3.1988, S. 49-55; II, in: Nr. 12, 18.3.1988, S. 45-47.
[210] Janßen, Tobias, Sturz, S. 296, Anm. 27.
[211] Foerster, Wolfgang: Generaloberst Ludwig Beck. Aus nachgelassenen Papieren des Generalstabschefs, München 1953, S. 89.

212 Tagebuch Jodls, in: IMT, Bd. XXVIII, S. 368.
213 Einen Monat nach der völlig unzureichenden Rehabilitierung Fritschs im Juni 1938 notiert Generalstabschef Beck: »Der Fall v. Fritsch hat zwischen Führer und Offizierskorps der Wehrmacht eine Kluft gerissen, auch in Bezug auf Vertrauen, die nie wieder zu überbrücken ist«. Aufzeichnungen Becks vom 19.7.1938, im: BA-MA, Bestand N 28/3, Bl. 43.45, gedruckt in: Müller, Beck, wie oben zit., S. 561.
214 Hoffmann, Widerstand, S. 63.
215 Hoßbach, Wehrmacht, S. 125.
216 Vgl. Handbuch zur deutschen Militärgeschichte, Bd. 7, Wehrmacht und Nationalsozialismus, S. 196-204.
217 Der Mythos vom Komplott bei Deutsch, Komplott, S. 121-351; anders: Janßen, Tobias, Sturz, S. 83-184. Siehe zur Fritsch-Krise Kielmansegg, Peter Graf von: Der Fritsch-Prozeß 1938. Ablauf und Hintergründe, Hamburg 1949.
218 Ausführlich zu den unterschiedlichen Komplott-Gerüchten: Janßen, Tobias, Sturz, S. 63-76.
219 Wolf, Edmund; Kehrmann, Michael: Geheime Reichssache, ARD 1988.
220 Kirst, Hans Hellmut, Generalsaffären, München 1977, S. 11.
221 Brüning, Heinrich: Briefe und Gespräche. 1934-1945, hg. von Nix, Claire, Stuttgart 1974, S. 17ff.
222 Brüning, Briefe, S. 178f., Anm. 2.
223 Janßen, Tobias, Sturz, S. 63-76.
224 Gisevius, Ende, S. 283.
225 Deutsch, Komplott, S. 77f.; Janßen, Tobias, Sturz, S. 68 und Anmerkungen 14f.
226 Goebbels-Tagebücher, 25.1.1938, I, 5, S. 117f., wie oben zit.
227 Mündliche Informationen Dorothee Keitels an die Verfasserin, München 2002.
228 Schieder, Wolfgang: Zwei Generationen im militärischen Widerstand gegen den Nationalsozialismus, hg. von Schmädeke, Jürgen; Steinbach, Peter, S. 442.
229 Domarus, Max: Hitler-Reden 1932-1945, S. 776ff.
230 So zumindest der allerdings meist unglaubwürdige Gisevius in seinem umstrittenen Buch »Bis zum bitteren Ende«, Bd. 1, S. 340. Demnach hatte Hitler einen seiner »unvermeidlichen Weinkrämpfe«, als Göring ihn über den Blomberg-Skandal informierte.
231 Goebbels-Tagebücher, s.o., Teil I, Bd. 5, S. 117f.
232 Ebd., Teil I, Bd. 5, s.o., S. 127.
233 Below, Als Hitlers Adjutant, S. 63f., S. 67 und S. 76. Hitlers Marine-Adjutant von Puttkamer bestätigt diese Angaben Belows. Vgl. ders., in: IfZ, ZS 285, Interview mit Konteradmiral K.J. von Puttkamer vom 12.3.1952; IfZ, ZS 18, Niederschrift des Gen. Admirals Hermann Boehm; Manstein, Soldatenleben, S. 304f.
234 Engel, Heeresadjutant, S. 20; vgl. auch Speer, Erinnerungen, S. 121; Raeder, Mein Leben, S. 125.
235 Goebbels-Tagebücher, Teil I, Bd. 5, s.o., Eintrag vom 1.2.1938, S. 127.
236 Über die Zahl der Personalveränderungen gibt es sehr unterschiedliche Angaben in der Literatur. Am genauesten ist Groehler, Revirement, S. 113f.; Hoffmann, Widerstand, S. 60.
237 Vgl. BA/MA, RW 2 (1936-1945), Bestand »Chef des Oberkommandos der Wehrmacht«. Im Frieden oblag dem Chef OKW die Vorbereitung der Reichsverteidigung auf allen Gebieten.
238 Der »Fall Brauchitsch« in: Janßen, Tobias, Sturz, S. 197-245. Vgl. zu Brauchitsch Löffler, Jürgen: Walther von Brauchitsch. 1881-1948. Eine politische Biographie, Frankfurt a. M. 2001.
239 Messerschmidt, Wehrmacht, S. 60f.
240 Ebd., S. 213; Schmädeke, Blomberg-Fritsch-Krise, S. 370.
241 Jacobsen, Hans-Adolf (Hg.): Spiegelbild einer Verschwörung. Die Opposition gegen Hitler und der Staatsstreich vom 20. Juli 1944 in der SD-Berichterstattung. Geheime Dokumente aus dem ehemaligen Reichssicherheitshauptamt, 2 Bde., Stuttgart 1961, S. 87, S. 273f., S. 430, 526ff.
242 So schreibt Hjalmar Schacht: »Die Vorgänge des Februar 1938 wurden für viele Gesinnungsgenossen der Anlaß zu engerem Zusammenschluß, insbesondere für diejenigen, die bis dahin noch gehofft hatten, den politischen Kurs zum Guten wenden zu können«, ders., 76 Jahre meines Lebens, S. 17, zum Folgenden Müller, National-konservative Opposition, in: Militärgeschichte, S. 223; vgl. auch Ritter, Gerhard: Carl Goerdeler und die deutsche Widerstandsbewegung, Stuttgart 1956, S. 174ff; Schmädeke, Blomberg-Fritsch-Krise.
243 Müller, National-konservative Eliten, in: Schmädeke, Widerstand, S. 33.

[244] Über die Aktivitäten und Pläne dieses Kreises von Einzelpersönlichkeiten, der sich damals bildete, ist im Detail nicht immer vollständig Klarheit zu gewinnen. Aus den Quellen ist jedoch zu ersehen, daß die einzelnen Personen stark unterschiedliche Intentionen hatten; vgl. Krausnick, Vorgeschichte, S. 305ff.

[245] Deutsch, Verschwörung, S. 28.

[246] Joachim Fest zählt zu ihnen General Georg Thomas, ferner die Generäle Wilhelm Adam, Erich Hoepner, Carl-Heinrich von Stülpnagel und Erwin von Witzleben; ders, Staatsstreich, S. 72.

[247] Zit. nach Janßen, Tobias, Sturz, S. 193.

[248] Müller, National-konservative Opposition, in: Militärgeschichte, S. 224f. Müller sieht in den im Folgenden zu beschreibenden Reaktionen auf die Krise keinen Anhaltspunkt auf eine, auch nur im Ansatz, auf Systemumsturz abzielende Verschwörung. Die Fritsch-Krise war ein Höhepunkt im innenpolitischen Machtkampf, ders., National-konservative Opposition, S. 225; Krausnick hingegen schreibt, daß der machtpolitische Aspekt nicht alleiniger Motor für die Opposition der Militär-Elite gewesen sei, ders., Militärischer Widerstand, S. 337.

[249] So auch Ritter, Goerdeler, S. 151; anders Krausnick, Militärischer Widerstand und Hoffmann, Widerstand, S. 64, dort: »Ganz so schwierig, wie es den meisten der angesprochenen Generalen stets vorkam, war ein Militärputsch nicht.«

[250] Aussage Blombergs, 13.9.1945, Army Interrogation Report; vgl. auch Janßen, Tobias, Sturz, S. 127 und Anm. 17. Es ist dennoch nicht davon auszugehen, daß Hitler dieses Ratschlages bedurfte, um auf die Idee zu kommen, den Oberbefehl selbst zu übernehmen; vgl. auch Görlitz, Keitel, S. 105f., Hoßbach, Wehrmacht, S. 113f.; Messerschmidt, Wehrmacht, S. 211.

[251] So bei Kielmannsegg, Blomberg-Fritsch-Krise.

[252] Blomberg, Army Interrogation Report, vom 13.9.1945.

[253] Keitel, Verbrecher oder Offizier, S. 105.

[254] Janßen, Tobias: Sturz, S. 125. Kaum war die Position Blombergs frei geworden, ließ Göring auf verschiedenen Wegen an Hitler den Wunsch herantragen, ihm das Kriegsministerium zu überlassen und ihn zugleich zum Feldmarschall zu befördern. Göring war für dieses Amt jedoch denkbar ungeeignet.

[255] Vgl. Blomberg, Notizen, S. 82 ders., in: Seventh Army Interrogation Report.

[256] Keitel, Verbrecher oder Offizier, S. 105 f.

[257] Zit. nach Janßen, Tobias, Sturz, S. 55; vgl. auch Hoßbach, Wehrmacht, S. 94.

[258] Keitel, Verbrecher oder Offizier, S. 112 und FN 206.

[259] Ebd., S. 107.

[260] OSAF-Ost = Oberster SA-Führer Ost«, d.h. östlich der Elbe.

[261] Stennes war wegen der Unruhen von Teilen der SA im Osten in Haft gekommen.

[262] Janßen, Tobias, Sturz, S. 55.

[263] Faber du Faur, Macht und Ohnmacht, S. 201.

[264] Beck, in: Jodl-Tagebuch, IMT, Bd. 28, S. 360.

[265] Vgl dazu Röhricht, Pflicht, S. 113; ebenso zit. und ausführlich diskutiert bei Janßen, Tobias, Sturz, S. 60ff.

[266] Boehm-Tettelbach, Flieger, S. 72f.

[267] Jodl, Alfred: Dienstliches Tagebuch des Chefs des Wehrmachtsführungsamtes im Oberkommando der Wehrmacht. Für die Zeit vom 4. Januar 1937 bis 25. August 1939, in IMT, Dokument 1789-PS, S. 363.

[268] Brüning, S. 179, Anm. 2; vgl. Hoßbach, Wehrmacht, S. 118.

[269] Aufzeichnungen Karl Rudolf Gerd von Rundstedts (1875-1953), in: IfZ, ZS 129.

[270] BA/MA, RH 7, Akten des Heerespersonalamtes (1920-1945).

[271] Priessdorf, Entwurf Biographie Blombergs, Archiv der Verfasserin.

[272] Siehe www.toy-soldier-gallery.com, Werner von Blomberg – Hausser Elastlin and Lineol Figures.

[273] Blomberg, Notizen, S. 83.

[274] Goebbels-Tagebücher, I/5, s.o., S. 125f.

[275] Ebd., 1.2.1938, S. 127f. [«B.Z.« = Berliner Zeitung].

[276] Goebbels-Tagebücher, I/5, s.o., S. 128f.

[277] Ebd.

[278] Goebbels-Tagebücher, I/5, s.o., Eintrag vom 6.2.1938, S.138f.; S. 141.

[279] Hitlers Rede vor dem Reichstag, 20.2.1938, in Ausschnitten abgedruckt in: Ursachen und Folgen, Bd. 11, (Berlin 1966), Dok. 2556, S. 375-381. Original: Verhandlungen des Reichstages, Bd. 459, S. 21ff.

280 Diels, Lucifer ante portas, stellte 1950 fest: »Eine unmachiavellistische Empfindsamkeit« habe Hitlers »Ansätze zu einer normalen Einstellung in Haß und Groll gegen die ›Lügner und Verleumder‹ jenseits der Grenzen« verwandelt, ebd. S. 78.
281 Goebbels, in: Der Zeitspiegel, 24.2.1938.
282 Hitler jagt davon, Hitler ernennt, in: Pariser Tageszeitung (3) 1938, Nr. 602, 5.2.1938, S. 1.
283 Die zweite Frau Blombergs soll ebenda gearbeitet haben.
284 Budzislawski, Hermann: Die Staatskrise, in: Neue Weltbühne 6 (1938), 10.2.1938.
285 Klemens, Viktor: Der Marschall auf Capri, in: Neue Weltbühne 6 (1938), 10.2.1938.
286 Bloch, Ernst: Monokel und Hakenkreuz, in: Neue Weltbühne 7 (1938), 17.2.1938.
287 In Stolp hatte es bei der Wehrmacht zwar keine Meuterei, aber immerhin eine Urlaubssperre gegeben, und zwar wegen der Maul- und Klauenseuche in der Reiterkaserne. Vgl. Deutschland-Berichte der Sopade, Januar 1938, A 1 S. 13f.
288 Budszislawski, Hermann: Der Augenblick der Schwäche, in: Neue Weltbühne 7 (1938), 17.2.1938.
289 Schwarzschild, Leopold: Die Lunte am Pulverfass, Hamburg 1965, S. 259.
290 Ebd. S. 261.
291 Ebd. S. 264f.
292 Heiber, Helmut (Hg.): Goebbels Reden 1939-1945, Düsseldorf 1971, S. 357. Goebbels hatte sich zuvor auf die Putschversuche von Otto Stennes und Gregor Strasser bezogen, die in Erfolge umgeschlagen seien.
293 Als Unglücksbote auf Capri soll Oster fungiert haben, vgl. Thun-Hohenstein, Romedio Galeazzo Graf von: Der Verschwörer. General Oster und die Militäropposition. Mit einer Einleitung von Golo Mann, S. 73. Vgl. Georg von Fritsch, Neffe des Generalobersten, in einem Leserbrief: Fritsch und Hitler, in: Frankfurter Allgemeine Zeitung, 8.7.1974.
294 Blomberg, Erinnerungen, Bd. III, S. 103, 124.
295 Nach Quintus Horatius Flaccus, Horaz (65-8 v. Chr.): Carmina III, 2/ 13: Süß ist's und ehrenvoll für das Vaterland zu sterben.
296 Blomberg, Erinnerungen, Bd. III, S. 102.
297 Ebd., S. 103.
298 Ebd., S. 192.
299 Blomberg, Notizen 1943.
300 Keitel, Verbrecher oder Offizier, S. 198 f.
301 Ebd., S. 199.
302 Blomberg, Erinnerungen, Bd. II, S. 145.
303 Görlitz: Keitel, S. 219; Teske, Hermann: Die Warnung, in: Deutsche Soldatenzeitung, 10.9.1953. Helmut Greiner behauptet in seinem 1951 publizierten Buchbericht: Die Oberste Wehrmachtführung, S. 60 f., das Gegenteil. Danach habe Hitler Blomberg heranziehen wollen, darauf aber verzichtet, als Keitel auch Fritschs Berufung verlangt habe, was letzterer widerlegt hat. Gegenüber seinem Adjutanten H. v. Mellenthin bestätigte Fritsch, daß er gern ein Kommando übernommen hätte, aber Hitler gäbe ihm keines. Zeugenaussage Mellenthins, in: IfZ, ZS 1733/55, 26.10.54. Blomberg vermutet in seinen Aufzeichnungen, Fritsch habe an der »Front den Tod gesucht«.
304 19.9.1939.
305 Engel, Heeresadjutant, S. 61.
306 Ebd.
307 Blomberg, Notizen (1943).
308 Ebd.
309 Goebbels-Tagebücher.
310 Bremer Nachrichten, 21.2.1938.
311 Ebd., 5.2.1938.
312 Blomberg, Notizen 1943.
313 Ebd.
314 Blomberg, Erinnerungen, Bd. III, S. 108-109.
315 Mündliche Informationen Peter von Blombergs und der heutigen Besitzerin des Blomberg-Hauses.
316 IfZ, ZS 185/42 – Zeugnis des Hitler-Adjutanten Fritz Wiedemann: »Mir hat Blomberg im Gefängnis in Nürnberg gesagt, er habe noch 7 glückliche Jahre mit dieser Frau gehabt.«
317 Nachlaß Sybille von Blomberg, Briefwechsel mit Werner von Blomberg 1942-1945; im Besitz der Tochter Sybilles: Andrea verheiratete Bielmeier, München.

[318] Blomberg, Erinnerungen, Bd. III, S. 170.
[319] Ebd., Bd. V, S. 68.
[320] Ebd., Bd. I, S. 313f.
[321] Vgl. Genealogisches Handbuch der Adeligen Häuser; Adelige Häuser B, Bd. XVI, bearb. von Hueck, Walter, Limburg an der Lahn 1985, S. 99f. Blombergs Schwiegersöhne dienten als Offiziere in verschiedenen Stellungen. Helmut Bürker diente als Stabsoffizier in einer Panzerdivision. Dr. Franz Riedweg, Sybille von Blombergs Mann, diente in Himmlers Stab. Erinnerungen, Bd. IV, S. 60-61. Interviews mit Peter von Blomberg; Blomberg Briefe an Ruth (Ehefrau Hennings) und Tochter Sybille.
[322] Blomberg, Notizen, 1943, S. 30. Von Hitler erfolgte ein sehr persönlich formuliertes Beileidsschreiben.
[323] Abschrift eines Beileidsschreibens Adolf Hitlers an Werner von Blomberg anläßlich des Todes seines Sohnes Henning am 22.11.1942, in: Nachlaß Blomberg, Archiv der Familie von Blomberg, Abschrift im Archiv der Verf., zit. hier S. 1.
[324] Blomberg, Notizen (1943). Seine Kinder vermieden ein Zusammentreffen mit Margarethe von Blomberg.
[325] Korrespondenz zwischen Sybille und Werner von Blomberg. Hier behandelt er dieses für ihn äußerst schmerzhafte Erlebnis. Vgl. auch Brief von Frau Ursula von Friedeburg, 23.10.1984.
[326] Blomberg, Notizen.
[327] Ebd.
[328] Ebd., S. 67f.
[329] Vgl. Fest, Joachim: Speer. Eine Biographie, Berlin 1999.
[330] Blomberg, Notizen, S. 28.
[331] Ebd., S. 15.
[332] Blomberg, Gefängnistagebücher.
[333] Blomberg, Erinnerungen, Bd. III, S. 158f.
[334] So zumindest David Irving, dessen Aussagen mit größter Vorsicht zu bewerten sind. Vgl. Irving, David: Rudolf Heß, ein gescheiterter Friedensbote? Die Wahrheit über die unbekannten Jahre 1941-1945, Graz 1987, S. 215.

IV. Agonie und Tod

[1] In der »Anordnung 38« des Alliierten Kontrollrats war u.a. die Bestrafung eines »Militaristen« vorgesehen, »von dem die Zonenbefehlshaber annehmen, daß er die alliierten Zwecke gefährden könnte.« In der sowjetisch besetzten Zone wurden Offiziere grundsätzlich als »Klassenfeinde« verfolgt.
[2] Blomberg, Notizen, S. 5.
[3] Ebd., S. 8.
[4] Blomberg, Eintrag in sein Gefängnis-Tagebuch vom 31.10.1945. »Berghaus blockiert?«
[5] Mündliche Aussagen der Familie von Blomberg, vgl. die in diesem Zusammenhang geführte Korrespondenz Peter von Blombergs mit verschiedenen amtlichen Stellen (Archiv Peter von Blomberg).
[6] Familienarchiv von Blomberg (Kopien befinden sich im Besitz der Verf.), Gefängnistagebücher Werner von Blombergs 1945/1946, entstanden in der Nürnberger Haft (liegen in Abschrift im IfZ München).
[7] Blomberg, Gefängnistagebücher, 12.10.1945.
[8] Ebd, 19.12.1945.
[9] Blomberg, Gefängnistagebücher, Eintrag vom 20.12.1945.
[10] Irving, David: Die Tragödie der Deutschen Luftwaffe, Frankfurt a.M., Berlin 1972, S. 378 f.
[11] Frau von Blomberg klagt, in: Aufbau 13 (1947), Nr. 45, 7.11.1947, S.4.
[12] Vgl. P AR 489/48/ I Unz I 137/32: Überprüfungsvorgang gegen Rechtsanwalt Dr. Louis, und Ermittlungsverfahren gegen Margarethe Gruhn.
[13] Vgl. Deutsch, Komplott, S. 81 und FN 18, S. 394f.
[14] Vergleich im Blomberg-Prozess, in: Aufbau 14 (1948), Nr. 23, 04.06.1948, S.7. Nach Veröffentlichung der in der Akte befindlichen pornographischen Aufnahmen Margarethe von Blombergs

(Gruhn) durch die »Bild am Sonntag« im Juli 2004 (vg. oben) ist die Akte Gruhn (Sig. B Rep. 058) vom Landesarchiv Berlin zur Prüfung aus dem Verkehr gezogen worden. Das IfZ in München gab an, die Kopie der Akte unterläge bis 2020 der Sperrfrist.

15 Der SPIEGEL, Mittwoch, 30.7.1951 (Nr. 31), mit Foto Margarethe von Blombergs.

16 So hatte Elke Fröhlich, die Herausgeberin der Goebbels-Tagebücher, in den siebziger Jahren eine Blomberg-Biographie projektiert und nach eigener Aussage vergeblich mit »Eva« Gruhn Kontakt aufzunehmen versucht. Mündliche Mitteilung Elke Fröhlichs an die Verf., München, August 2001.

17 Vgl. die Nachlaßakte, Amtsgericht Berlin Neukölln, Nlß. 62 VI 850178. Mein Dank gilt Frau Dr. Ilka Mehdorn sowie den Mitarbeiterinnen des Amtsgerichtes Neukölln, insbesondere Frau Regina Jäschke, Registratorin in der Nachlaßabteilung.

18 Musil, Robert: Der Mann ohne Eigenschaften, hg. von Frisé, Adolf, Hamburg 1952, S. 518ff.

19 Nietzsche, Friedrich: Jenseits von Gut und Böse, in: Kritische Gesamtausgabe der Werke, hg. von: Colli, Giorgio, Montinari, Mazzino, Berlin, New York, 1967f., (zit.: KGA), Bd. VI 2, S. 122.

QUELLEN- UND LITERATURVERZEICHNIS

1. Quellen

a. Ungedruckte Quellen

Institut für Zeitgeschichte in München
Aufzeichnungen Karl Rudolf Gerd von Rundstedts, in ZS 129.
Aufzeichnungen Walter Warlimonts zur Persönlichkeit von Blombergs, ZS 312, Bd. II, 48-50.
Befehlshaberbesprechung am 3.2.1933 in Berlin, in: 167/51.
Blomberg, Werner: Befehlshaberbesprechung in Bad Wildungen, 1.6.1933, in: 61-662 (199-201) = Liebmann-Notizen, in: ED-1.
Ders.: Befehlshaberbesprechung in Berlin, 3.2.1933; Ausführungen Blombergs; Verdienste Schleichers, in: 36-37 (1288-290) = Liebmann-Notizen, in: ED-1.
Ders.: Befehlshaberbesprechung in Berlin, 3.3.1933; Ausführungen Blombergs, in: ED-1.
Ders.: Befehlshaberbesprechung in Berlin, Ausführungen über Röhm-Putsch, Liebmann 106-123 (223-227), in: ED-1.
Ders.: Befehlshaberbesprechung vom 12.1.1935. Ausführungen Blombergs und Fritschs. Verhältnis Wehrmacht – Partei., in: Liebmann 132-139, ED-1.
Ders.: Auszug aus einer Rede Blombergs vor den Offizieren der 6. Division am 15.9.1933, in: Bl 7733-35/ OKW (III), 16, MA-260.
Der Reichswehrminister. Nr. 1549, 33, Wia. Berlin, den 14.3.1933, Archiv, 2999/62.
Die ausländischen Militärattachés zur politischen »Erkrankung« Blombergs in Zusammenhang mit den Differenzen zwischen SS und Reichswehr, Notiz v. 24.11.1934, in: Bl. 5/872, MA 241.
Duesterberg, Theodor: Augenzeugenbericht der Regierungsbildung am 30.1.1933, v. 27.4.1946; IN. ZS 1700.
Interrogation Werner von Blomberg v. 13. und 14.9.1945; in: Varia (III) – 21, 46-61, MA 1300/1.
Korrespondenz Reichskanzler, Reichswehrminister, 22.5.-10.6.1933, in: Reichskanzlei 34-50, FA 199/38.
Reden zur 150-Jahrfeier der Kriegsakademie in Berlin, 15.10.1935, Beck, Blomberg, Fritsch (...), Liebmann 554-572, ED-1.
Reichswehrministerium/ Chef HL/ PA; Korr. und Not. V. 1928 – 1934 (Personalangelegenheiten, Aufrüstung, Organisation). H 24/6. MA 260.

Bundesarchiv/Militärarchiv
Bemerkungen zu den englischen Manövern 1924, Reichswehrministerium, Heeresstatistische Abteilung, Sig. RH 2 /1603.
Bestand RH 7, Akten des Heerespersonalamtes (1920-1945).
Bestand RW 2, Bestand Chef des Oberkommandos der Wehrmacht (1936-1945).
Bestände des Truppenamtes/Reichswehrministeriums: Gruppe RH.
Blomberg, Werner von: Nachlaß (N 52)
N 52 (1), Erinnerungen, Bd. II, 1910-1914; N 52 (2), Erinnerungen, Bd. III,
1915-1933; N 52 (3), Erinnerungen, Bd. IV, 1930-1933 / 1938-1939:
N 52 (10), Persönliches Tagebuch, Februar 1921 bis Oktober 1924.
Ders.: Bericht über eine Reise in die USA 1930, in: II H 704/3.
Ders.: Besprechungen mit den Kommandierenden der drei Wehrmachtsteile, Tätigkeiten der SA, 3.9.1934, in: RH 26-7/377.
Ders.: Übersicht zur Zeit gültiger Vorschriften, Verfügungen und beachtenswerter Schriftsachen über besondere Gebiete als Unterlage für die militärwissenschaftliche Weiterbildung, Reichswehrministerium, Truppenamt, Juli 1928 (Seiten: 6), in: RH 2/2285.

Ders.: Denkschrift über das Organisationskriegsspiel 1927/28 und 28/29, Blomberg, Folgerungen aus den Studien des Truppenamtes, in: II H 597.

Ders.: Neujahrsrede, Die Wehrmacht im Jahre 1934, in: Z-6/1934-1935; vgl. auch in: Militär-Wochenblatt (25) 1934, S. 936-966.

Bredow, Ferdinand von: Nachlaß im BA/MA, Sig. N 97.

Denkschrift des Reichswehrausschusses von Juli 1919 »Über das künftige deutsche Friedensheer«, in: RW 1/ 13.

Görlitz, Walter, Nachlaß (N 7):

N7/ 53/15, Bd. 13: Manuskripte: Biographische Skizzen Werner von Blombergs und Walter von Reichenaus.

Kühlenthal, Erich: Bericht des Oberst über seinen Aufenthalt in den Vereinigten Staaten von Amerika 1930, in: II H 704/3.

Markt, Gerald: Geschichte der vorläufigen Reichswehr, des Übergangsheeres, der Freiwilligen-Formationen und der Freikorps 1918-1922, in: MSg 182.

Reichswehrministerium, Heeresstatistische Abteilung: Übersicht über Veröffentlichungen der fremdländischen Militärliteratur (Taktik, Ausbildung, Heerwesen), Dezember 1924; in: RH 2/1489 (Seiten: 15).

Reichswehrübungsreise Elbe 1926/27, in: W-10-1/4.

Reinhardt, Walther, Nachlaß (N 86): Kopie auf M(ikrofilm) 660 = Nachlaß Walther Reinhardt, Heeresarchiv Stuttgart.

Tätigkeit Reinhardts als Kommandeur der Lehrbrigade Döberitz, Berichte, Befehle, Referate, N 86/25.

Tätigkeit als Befehlshaber des Wehrkreiskommandos V, N86/27.

Reden, Aufsätze und Veröffentlichungen, N 86/30.

Korrespondenz mit General Werner von Blomberg, N 86/31.

Unser heutiges deutsches Wehrwesen im Lichte der geschichtlichen Entwicklung, Vortrag vom 11.2.1930, N 86/47.

Der »Aufbau der Reichswehr«, N 86/58.

Richtlinien für den Unterricht über politische Tagesfragen, Nr. 8, in: RH 12-5/v 43.

RWM 130/33g VGH I v. 15.5.1933; in: 5939/VGM 32/1.

Schriftwechsel / Chef Ministeramt, Generalmajor von Bredow bzw. von Reichenau, 1932–1938, in: RW 1/24.

Seeckt, Hans von: Nachlaß (N 247):

N 247/240: Aufstellung über Buch- und Zeitschriftenliteraur über Generaloberst von Seeckt, aufgestellt von der deutschen Heeresbücherei.

N 247/77: Briefwechsel, Dok. 41: Brief des Oberst von Blomberg; Dok. 298, Brief Linstows an Friedrich von Rabenau.

N 247/136: Verzeichnis der gesamten Vortragsdispositionen, Artikel, Aufsätze (usw.) des Generaloberst Hans von Seeckt 1927-1931.

Stülpnagel, Joachim von: Nachlaß (N 5):

N 5 (10): Memorandum Gedanken über den Krieg der Zukunft (1924).

N5 (20): Briefwechsel des Generals der Infanterie Joachim von Stülpnagel als Chef der Heeresabteilung (T1) im Reichswehrministerium (Brief Blombergs).

N 5 (27): Joachim von Stülpnagels unveröffentlichte Erinnerungen 75 Jahre meines Lebens.

Taysen, Adalbert von: Entspricht die heutige Kampfweise unserer Infanterie der Leistungsfähigkeit eines kurz ausgebildeten Massenheeres. Geheimes Memorandum vom 19.3.1924, in: 12-2/94, S. 221-239.

Weichs, Maximilian von: Nachlaß (N 19).

Bundesarchiv/Filmarchiv

Wochenschauen-Archiv /

Sig. Deutig TW 137/1934: Die Vereidigung der Wehrmacht. Die Berliner Wachttruppe leistet den Treueeid auf Adolf Hitler.

Sig. UTW 237/1935: Deutschland gedenkt seiner gefallenen Helden, mit einer Rede Werner von Blombergs in der Staatsoper. 16.11.1935.

The National Archives / Public Record Office London

FO 371/17693, Annual Report on the German Army for 1933, 8.1.1934, Bl. 140-160.

WO 190/541: The visit of General Field Mashal von Blomberg to attend the Coronation 9th – 20th May 1937, MB Burrows Lt.Col., G.S.

GFM 33/4763: German Embassy Rome: German-Italian relations: Blomberg's visit 1937 April-June.

Dokumente aus dem Familienarchiv der Familie von Blomberg, Köln (Kopien im Archiv der Verfasserin)

Militärische Schriften und Notizen Blombergs 1919-1933 (u.a. Bericht über die Marneschlacht an das Reichsarchiv Potsdam).

Briefe aus dem Ersten Weltkrieg an seine Frau Charlotte (1914-1919).

Stammbaum-Urkunden, Korrespondenz der Familie über Werner von Blomberg mit Archiven und Ämtern, Testament Werner von Blombergs vom 25.4.1942.

Gefängnistagebücher Werner von Blombergs.

Blomberg, Seventh Army Interrogation Center APO 758, Abschließende Vernehmung am 24.9.1945.

Nachlaß Sybille von Blomberg (im Besitz der Tochter Sybilles: Andrea verheiratete
Bielmeier, München): Briefwechsel mit Werner von Blomberg 1942-1945.

Andere Archive

Amtsgericht Neukölln, Berlin:

Nachlaßakte Nl 62VI 850178, Margarethe von Blomberg, geb. Gruhn.

Landesarchiv Berlin:

Dossier über Margarethe Gruhn, Sig. P AR 489/48, I Unz 137/32.

b. Gedruckte Quellen, Erinnerungen und Zeitzeugenberichte

Aga Khan: Die Memoiren des Aga Khan, Welten und Zeiten, Wien, München, Basel 1954.

Akten zur Deutschen Auswärtigen Politik (zit. ADAP), 1918-1945, aus dem Archiv des Auswärtigen Amtes, Serie B, Bd. V. 17.3. bis 30.6.1927, Göttingen 1972; Bd. VI, 1.7. bis 30.9.1927, Göttingen 1974; Bd. VII, 1.10. bis 31.12.1927, Göttingen 1974; Bd. VIII, 1.1. bis 30.4.1928, Göttingen 1976; Bd. IX, 1.5. bis 30.8.1928, Göttingen 1976; Bd. XI, 1.1. bis 31.5.1929, Göttingen 1978; Bd. XII, 1.6. bis 2.9.1929, Göttingen 1978.

Akten der Reichskanzle. Regierung Hitler, 1933-145.

Band I, 1933/1934, hg. für die Historische Kommission bei der Bayerischen Akademie der Wissenschaften von Repgen, Konrad und für das Bundesarchiv von Booms, Hans (Hg.) Boldt, Boppard am Rhein, 1983, 2 Teilbände.

Band II, August 1934-Dezember 1935, hg. für die Historische Kommission bei der Bayerischen Akademie der Wissenschaften von Hockert, Hans Günter, für das Bundesarchiv Kahlenberg, Friedrich, München 1999.

Band III: 1936. Hartmanngruber, Friedrich: hg. für die Historische Kommission bei der Bayerischen Akademie der Wissenschaften von Hockerts, Hans Günter und für das Bundesarchiv von Weber, Hartmut (Hg.), München 2000.

Alexander von Blomberg: »Die verhasste Wirklichkeit«. Gedichte (1806-1812). Im Auftrage des Lippischen Heimatbundes, hg. Detmold, Göttingen 1986.

Almanach der nationalsozialistischen Revolution, hg. von Kube, Wilhelm [u.a.], Berlin 1933.

Aufbau: Frau Blomberg klagt, in 13, Nr. 45 (7.11.1947), S. 4.

Ebd.: Aus der Geheimgeschichte des Dritten Reiches; in 14, Nr. 9 (27.2.1948), S. 1.

Ebd.: Vergleich im Blomberg-Prozess; in 14, Nr. 23 (4.6.1948), S. 7.

Ausgewählte Dokumente zur Geschichte des Nationalsozialismus 1933-1945, hg. von Jacobsen, Hans Adolf; Jochmann, Werner, Bielefeld 1961f (= Arbeitsblätter für politische und soziale Bildung), Dokument A (XI), Ausführungen des Reichswehrministers am 1.6.1933 in Bad Wildungen.

Bauer, Max: Der große Krieg in Feld und Heimat, Tübingen 1921.

Beck, Ludwig, Generaloberst. Sein Kampf gegen den Krieg, aus nachgelassenen Papieren des Generalstabschefs, hg. von: Foerster, Wolfgang, München 1952.

Below, Nikolaus von: Als Hitlers Adjutant 1937-1945, Wiesbaden 1980.
Berndorff, Hans Rudolph: General zwischen Ost und West. Aus den Geheimnissen der deutschen Republik, Hamburg 1951.
Bernhardi, Friedrich Frhr. von: Vom Krieg der Zukunft. Nach den Erfahrungen des Ersten Weltkrieges, Berlin 1920.
Bloch Ernst: Monokel und Hakenkreuz, in: Neue Weltbühne, 7(1938), 17.2.1938.
Blomberg, Werner von: Der Damenweg 1917, Deutsche Ruhmestage, in: Hannoverscher Kurier (179), 16. April 1922.
Ders.: Das Raunen der Gräber, in: Blick in die Zeit, Berlin 3. März 1934 (9/1934).
Ders.: Geleitwort in: Das Recht der Wehrmacht; Autor: Rehdans, Walter, Berlin 1938.
Ders.: Geleitwort, in: Führertum; 26 Lebensbilder von Feldherren aller Zeiten. Auf Veranlassung d. Reichskriegsministeriums bearb. v. Offizieren d. Wehrmacht u. zusammengestellt. Hg. v. Cochenhausen, Friedrich von, Berlin 1937.
Ders.: in: Die körperliche Erziehung zum Soldaten ; Handbuch f. d. körperliche Erziehung d. Jugend als Vorbereitung f. d. Dienst in d. Wehrmacht, Hg. v. Rübel, Karl, Berlin 1936.
Ders.: in: Walter, Jost: Die wehrpolitische Revolution des Nationalsozialismus, Hamburg 1936.
Ders.: Einleitung in: Der Tag der Wehrmacht, Nürnberg 1935; Vorwort von Edgar Röhricht. Berlin 1936.
Ders. (Hg.): Ehrenmal des unsterblichen deutschen Soldaten ; unter Mitarb. von Kurt Heros v. Borcke, München 1936.
Ders.: Seventh Army Interrogation Center APO 758. Abschließende Vernehmung des Gen.Feldmarschalls v. Blomberg am 24.9.1945.
Ders.: Neujahrsrede, Die Wehrmacht im Jahre 1934, in: Militär-Wochenblatt (25) 1934, S. 936-966.
Ders.: Glückwunschschreiben des Reichswehrministers Generaloberst von Blomberg zum 45. Geburtstag Adolf Hitlers, in: Neue Deutsche Allgemeine Zeitung (182) 20.4.1934.
Ders.: Rede 1934: »Das Raunen der Gräber«, in: Blick in die Zeit, Berlin 3.3.1934 (9/1934).
Ders.: Rede zu Wiedereinführung der Allgemeinen Wehrpflicht, in: 70 Jahre Wehrpflicht, in: Die ZEIT (9) 24.2.2005.
Blomberg verleiht 80 Ehrenkreuze. Festakt in der Staatsoper – Vorbeimarsch am Ehrenmal, in: Berliner Illustrierte Nachtausgabe, 16.3.1935.
Boehm-Tettelbach, Karl: Als Flieger in der Hexenküche, Mainz 1981.
Boetticher, Friedrich von: Der Lehrmeister des neuzeitlichen Krieges, in: Cochenhausen, Friedrich von (Hg.): Von Scharnhorst zu Schlieffen, Berlin 1933, S. 249-320.
Boveri, Margret: Der Verrat im 20. Jahrhundert, Reinbeck 1956.
Braunschweigische Staatszeitung, 21.1.1933: Alarmnachrichten der französischen Presse.
Brüning. Heinrich, Briefe und Gespräche 1934-1945, 2 Bde., hg. von: Nix, Claire, Stuttgart 1974.
Budzislawski, Hermann: Die Staatskrise, in: Neue Weltbühne, 6 (1938), 10.2.1938.
Ders.: Der Augenblick der Schwäche, in: Neue Weltbühne 7(1938), 17.2.1938.
Butjadinger Zeitung (18.3.1935): Tag der Trauer und der Ehre. Heldengedenktag des deutschen Volkes.
Carsten, Francis Ludwig: Reports by Two German Officers on The Red Army, in: Slavonic and East European Review 41 (1962/63), S. 217-244, darin: Bericht Blombergs über seine Reise in die Sowjetunion (17.11.1928); aus: Dirksen, russische Militärangelegenheiten,1926-1928: Sig. 9480 H, H 276183-236 und H 276083-088, Sig. 9481; Files im Deutschen Auswärtigen Amt in Bonn, Carsten, S. 218-241.
Cochenhausen, Friedrich von (Hg., auf Veranlassung des Reichswehrministeriums): Von Scharnhorst zu Schlieffen 1806-1906, Berlin 1933.
Ders. (Hg.): Wehrgedanken. Eine Sammlung wehrpolitischer Aufsätze, Hamburg 1933.
Der Faschistische Fahneneid, in: Vossische Zeitung, vom 13.10.1932.
Dodd, Martha: Through Embassy Eyes, New York 1939.
Douhet, Guilio: Luftherrschaft, Leipzig 1935.
Droste Geschichtskalendarium (zit. DGK). Chronik deutscher Zeitgeschichte. Politik - Wirtschaft - Kultur, Band 2.1: Manfred Overesch, Friedrich Wilhelm Saal: Das Dritte Reich. 1933-1939, Düsseldorf, 1982.
Band 2.2: Manfred Overesch: Das Dritte Reich. 1939-1945. Unter Mitarbeit von Wolfgang Herda und York Artelt, Düsseldorf, 1983.

Band 3.1: Manfred Overesch: Das besetzte Deutschland. 1945-1947. Unter Mitarbeit von York Artelt, Düsseldorf, 1986.
Einweihung des Blomberg-Denkmals, in: Berliner Tageblatt, 20.2.1913.
Engel, Gerhard: Heeresadjutant bei Hitler 1938-1943, Aufzeichnungen des Majors Engel, hg. von: Kotze, Hildegard von, Stuttgart 1974.
Ernst, Fritz (Hg.): Aus dem Nachlaß des Generals Walther Reinhardt, Stuttgart 1958.
Faber du Faur, Moritz: Macht und Ohnmacht, Stuttgart 1953.
Feldherr und Masse, in: Militär-Wochenblatt, Jg. 110 (1925) 19, Sp. 641-644.
Foertsch, Hermann: Schuld und Verhängnis. Die Fritsch-Krise im Frühjahr 1938 als Wendepunkt der nationalsozialistischen Zeit, Stuttgart 1951.
François-Poncet, André: The fateful years. Memoirs of a French ambassador in Berlin 1931-1938, New York 1949.
Freud, Sigmund: Massenpsychologie und Ich-Analyse, Leipzig 1921.
Friedensvertrag von Versailles, nebst Schlußprotokoll und Rheinlandstatus, Berlin 1925 (amtlicher deutscher Text).
Fritsch, Werner Frhr. von: Vorwort zu einer Nachauflage von Schlieffen, Cannae, Berlin 1936.
Fuller, J.F.C.: On future warfare, London 1928.
Ders.: The reformation of war, New York 1923.
Ders.: Tanks in the great war, London 1920.
Gaertner, Franz von: Die Reichswehr in der Weimarer Republik. Erlebte Geschichte, Darmstadt 1969.
Gans, Edler Herr zu Putlitz, Wolfgang: Unterwegs nach Deutschland; Erinnerungen eines ehemaligen Diplomaten, Berlin 1974.
Gefahr der Millionenheere, die (I) in: Militär-Wochenblatt, Jg. 117 (1932) 4, Sp. 110f., (II) in: ebd. (5), Sp. 140-143.
Gesetz über die Vereidigung der Beamten und der Soldaten der Wehrmacht vom 1.12.1933, in: Reichsgesetzblatt (1933) I,017.
Gessler, Otto: Reichswehrpolitik in der Weimarer Zeit, hg. von Sendtner, Kurt, Stuttgart 1958.
Geyr Schweppenburg, Leo von: Gebrochenes Schwert, Berlin 1952.
Gisevius, Hans Bernd: Bis zum bitteren Ende, 2 Bde., Zürich 1954.
Ders.: Adolf Hitler. Versuch einer Deutung, München 1963.
Goebbels, Joseph: Tagebücher 1924-1945, 5 Bde., hg. von: Reuth, Ralf Georg, München, Zürich 1992.
Goebbels-Tagebücher [Die Tagebücher des Jopseph Goebbels], hg. von Fröhlich, Elke, II Teile, München 2000ff., bearb. von Fröhlich, Elke u.a.
Goltz, Colmar von der: Das Volk in Waffen. Ein Buch über Heerwesen und Kriegführung unserer Zeit, Berlin [6]1925.
Groener, Wilhelm: Der Feldherr wider Willen. Operative Studien über den Weltkrieg, Berlin 1930.
Ders.: Das Testament des Grafen Schlieffen, Berlin 1927.
Ders.: Moltke. Ein Vorbild, Berlin 1930.
Ders.: Lebenserinnerungen, hg. von Gaertringen, Friedrich Wilhelm von, Göttingen 1957.
Guderian, Heinz: Erinnerungen eines Soldaten, Vornwinckel 1951.
Gunther, John: So sehe ich Europa, Amsterdam 1937.
Hassell, Ullrich von: Römische Tagebücher und Briefe 1932-1938, Hg. von Schlie, Ulrich, München 2004.
Henderson, Neville: Failure of a mission: Berlin 1937-1939, New York 1940.
Hesse, Kurt: Das Marne-Drama des 15. Juli 1918. Wahrheiten aus der Front, in: Militär-Wochenblatt 10 Jg. 104 (1919), S. 194.
Ders.: Der Feldherr Psychologos, Ein Suchen nach dem Führer der deutschen Zukunft, Berlin 1922.
Ders.: Der Triumph des Militarismus, Berlin 1923.
Ders.: Die psychologische Schule, in: Militärwochenblatt Jg. 108 (1922) 10, Sp. 182ff.; ebd. (1922) 9, Sp. 157f.; ebd.: Worte an Ernst Jünger, Jg. 109 (1924) 19; ebd.: Über dem Sturm, (1924) 18.
Ders.: Friedrich der Große und England, Berlin 1940.
Ders.: Scharnhorst und die militärische Reorganisation nach 1806, Teil I.: Der Wiederaufbau des preußischen Staates nach 1806, in: Wissen und Wehr, 12. Jg. (1931) 5, S. 249-270, II. Teil, in: ebd. 8, S. 441-466.
Ders.: Von der nahen Ära der ›Jungen Armee‹, Berlin 1925.
Ders.: Langemarck lebt. Wozu verpflichtet Langemarck!?, Hannover 1941.

Hindenburg, Paul von: Aus meinem Leben, Leipzig 1920.
Hoßbach, Friedrich: Zwischen Wehrmacht und Hitler. 1934-1938, Göttingen 1965.
Hubatsch, Walther (Hg.): Hitlers Weisungen für die Kriegführung: 1939-1945. Dokumente des Oberkommandos der Wehrmacht, München 1965.
Hummel-Gross-Carzenburg, Kristian: Nochmals Blomberg-Fritsch, Leserbrief, in: Frankfurter Allgemeine Zeitung, 17. Oktober 1961.
Internationaler Militärgerichtshof. Der Prozeß gegen die Hauptkriegsverbrecher vor dem Internationalen Militärgerichtshof (zit. IMT), 42 Bde., Nürnberg 1947-1949.
Jacobsen, Hans-Adolf, Hg.: Spiegelbild einer Verschwörung. Die Opposition gegen Hitler und der Staatsstreich vom 20. Juli 1944 in der SD-Berichterstattung. Geheime Dokumente aus dem ehemaligen Reichssicherheitshauptamt, 2 Bde., Stuttgart 1961.
Jodl, Alfred: Dienstliches Tagebuch des Chefs des Wehrmachtsführungsamtes im Oberkommando der Wehrmacht (zit. OKW). Für die Zeit vom 4. Januar 1937 bis 25. August 1939. Dokument 1789-PS, in: Internationaler Militärgerichtshof. Der Prozeß gegen die Hauptkriegsverbrecher vor dem Internationalen Militärgerichtshof, 42 Bde., Nürnberg 1947-1949.
John, Otto: Zweimal kam ich heim. Vom Verschwörer zum Schützer der Verfassung, Düsseldorf, Wien 1969.
Jünger, Ernst: Die totale Mobilmachung, Berlin 1930 (1934).
Kabisch, Ernst: Die Führer des Reichsheeres 1921 und 1931, Stuttgart 1931.
Ders.: Die Kampfwagen fremder Heere. Technische Mitteilungen über Kampfwagen und Strassenpanzerwagen, Berlin 1926.
Keitel, Wilhelm: Generalfeldmarschall. Verbrecher oder Offizier, Erinnerungen, Briefe, Dokumente des Chefs OKW, hg. von Görlitz, Walther, Göttingen, Berlin, Frankfurt a. M. 1961.
Keyserling, Hermann Graf von: Briefwechsel mit Oswald Spengler, in: Oswald Spengler. Briefe 1913-1936, hg. von Koktanek, Anton, München 1963.
Ders.: Briefwechsel mit Leopold Ziegler, in: Leopold Ziegler. Briefe 1901-1958, München 1963, S. 171-181.
Ders.: Das Gefüge der Welt. Versuch einer kritischen Philosophie, Darmstadt 1920.
Ders.: Das Okkulte, Darmstadt 1923.
Ders.: Die neuentstehende Welt, Darmstadt 1926.
Ders. (Hg.): Der Leuchter. Weltanschauung und Lebensgestaltung, Jahrbuch der Schule der Weisheit, Buch I-VIII, Darmstadt 1919-1927.
Ders.: Philosophie als Kunst, Darmstadt 1920.
Ders.: Politik - Wirtschaft - Weisheit, Darmstadt 1922.
Ders.: Reisetagebuch eines Philosophen, 2 Bde., München 1919.
Ders: Schöpferische Erkenntnis, Darmstadt 1922.
Ders.: Unsterblichkeit. Eine Kritik der Beziehungen zwischen Naturgeschehen und menschlicher Vorstellungswelt, München 1920.
Ders.: Was uns not tut - was ich will, Darmstadt 1919.
Ders.: Wiedergeburt, Darmstadt 1926.
Kirschner, Alfred: Militärische Luftwerbung im Ausland, in: Militär-Wochenblatt, Jg. 112 (1928) 7, Sp 251ff.
Klemens, Viktor: Der Marschall auf Capri, in: Neue Weltbühne, 6 (1938), 10.2.1938.
Köstring, August-Ernst: General Ernst Köstring: Der militärische Mittler zwischen dem Deutschen Reich und der Sowjetunion 1921-1941, bearbeitet von Teske, Hermann, Frankfurt a. M. 1965 (= Profile bedeutender Soldaten, Bd. 1, hg. vom Bundesarchiv/Militärarchiv).
Kordt, Erich: Nicht aus den Akten, Die Wilhelmstraße in Frieden und Krieg. Erlebnisse, Begegnungen und Eindrücke 1928-1945, Stuttgart 1950.
Kuhl, Hermann von: Schlieffens Cannae, in: Militär-Wochenblatt, Jg. 109 (1924) 16, Sp. 418ff.
Le Bon, Gustave: Psychologie des foules, Paris 1895.
Liddell Hart, Basil: The British way in warfare, New York 1933.
Ders.: Great captains unveiled, London 1927.
Ders.: The development of the »new model army«, in: Army Quarterly 9 (1924), S. 37-50.
Ders.: The remaking of modern armies, London 1928.
Ders.: Europe in arms, New York 1937.
Ders.: German generals talk, New York 1952 (= Die Strategien einer Diktatur. Aufstieg und Fall deutscher Generale, Zürich).

Ders.: The memoirs of Captain Liddell Hart, 2. Bde., Bd. 1, London 1965.
Ders.: Deutsche Generale des Zweiten Weltkrieges. Aussagen, Aufzeichnungen und Gespräche, Düsseldorf, Wien 1964.
Ders.: Jetzt dürfen sie reden: Hitlers Generale berichten, Stuttgart 1950.
Lorenz, Rudolph (Hg.): Bilder der Zeitgeschichte. Führende Männer und Frauen des öffentlichen Lebens in Politik, Wirtschaft und Kunst, Sonderbeilage der deutschen Kurz-Post, Berlin 1929-1932.
»Lotharingus«: Söldner- oder Massenheer?, in: Militär-Wochenblatt, Jg. 113 (1929) 26, Sp. 1028-1030.
Ludendorff, Erich: Der Totale Krieg, München 1935.
Manstein, Erich: Aus einem Soldatenleben, 1882-1939, Bonn 1958.
Massenheer oder Technik, in: Militär-Wochenblatt, Jg. 111 (1927) 40, Sp. 199ff.
Mayr, Karl: Die Schlieffen Schule, in: Zeitschrift für Politik (5) 1925, S. 45ff.
Michaelis, Herbert, Schraepler, Ernst (Hg.): Ursachen und Folgen des deutschen Zusammenbruchs 1918 und 1945 bis zur staatlichen Neuordnung Deutschlands in der Gegenwart: Eine Urkunden- und Dokumentensammlung zur Zeitgeschichte, Berlin, Bd. IX, Das Dritte Reich: Die Zertrümmerung des Parteienstaates und die Grundlegung der Diktatur.
Michalka, Wolfgang (Hg.): Das Dritte Reich. Dokumente zur Innen- und Außenpolitik, München 1985.
Moderne Heere. Betrachtungen über die Gedanken eines Soldaten des Generaloberst von Seeckt, in: Militär-Wochenblatt Jg. 113 (1929) 30, Sp. 1193-1198.
Müller, Karl Alexander von: Die deutsche Erhebung vor hundert Jahren und heute. Ein Vortrag, in: Wissen und Wehr, Jg. 5 (1924), S. 81-102.
Müller, Klaus-Jürgen: Armee und Drittes Reich 1933-1939, Paderborn 1987 (mit Quellensammlung).
Muff, Wolfgang: Die neuentstehende Welt und der Soldat, in: Militär-Wochenblatt, Jg. 110 (1926) 39, Sp. 1393-1400.
Ders.: Eine wirtschaftliche Transportleistung im Weltkriege, in: Wissen und Wehr, Jg. 6 (1925), S. 176-193.
Ders.: Erziehung im Heere, in: Militär-Wochenblatt, Jg. 109 (1926) 6, Sp. 202-204.
Ders.: Für eine Militärpädagogik (I), in: Militär-Wochenblatt, Jg. 108 (1923) 7, Sp. 148-150; (II) in ebd., 8, Sp. 174-176.
Ders.: Heroismus und Sinneserfassung, in: Der Leuchter. Weltanschauung und Lebensgestaltung, Jahrbuch der Schule der Weisheit, hg. von: Keyserling, Hermann Graf von, Bd. 4 (1923), Darmstadt 1923, S. 91-117.
Ders.: Hinhaltendes Gefecht, in: Militär-Wochenblatt, Jg. 108 (1923) 9, Sp. 198-201.
Ders.: Soldat und Tradition, in: Wissen und Wehr, Jg. 10 (1929), S. 193-199.
Ders.: Töten und Sterben. Gedanken eines Soldaten, in: Der Leuchter. Weltanschauung und Lebensgestaltung, Jahrbuch der Schule der Weisheit, hg. von: Keyserling, Hermann Graf von, Bd. 6, Darmstadt 1925.
Ders.: Was muß bleiben im Wandel der Wehrmacht, in: Wehrgedanken. Eine Sammlung wehrpolitischer Aufsätze, hg. von: Cochenhausen, Friedrich von, Hamburg 1933, S. 33-48.
Ders.: Wehrkameradschaft und Geistesgemeinschaft, in: Wissen und Wehr, Jg. 4 (1923), S. 194-200.
Murmann, Ernst: Betrachtungen zum Fall Blomberg, in: Frankfurter Allgemeine Zeitung, 4.6.1974 (Nr. 127), S. 25.
Musil, Robert: Der Mann ohne Eigenschaften. Roman, hg. von Frisé, Adolf, Hamburg 1952, S. 518ff.
Neuer Vorwärts: Blomberg läßt grüßen; in Nr. 113 (11.8.1935), S. 3.
Ebd.: Deutsche Streiflichter; in Nr. 142 (1.3.1936), S. (3).
Ebd.: Blomberg Pazifist? In Nr. 144 (15.3.1936), S. 2.
Ebd.: Was sucht Hitler im Norden? In Nr. 235 (12.12.1937), S. 3.
Nietzsche, Friedrich: Jenseits von Gut und Böse, in: Kritische Gesamtausgabe der Werke, hg. von: Colli, Giorgio; Montinari, Mazzino, Berlin, New York, 1967f., Bd. VI 2.
Notizen des Generalleutnants Liebmann, in: Vierteljahreshefte für Zeitgeschichte 2 (1954) 7, S. 432 [= Blombergs Ausführungen als Reichswehrminister vor der Gruppen- und Wehrkreisbefehlshaberbesprechung im Reichswehrministerium vom 3.2.1933].
Organisatorisches vom Heere der Vereinigten Staaten, in: Wissen und Wehr, Jg. 9 (1928), S. 632-636.
Papen, Franz von: Der Wahrheit eine Gasse, München 1952.
Ders.: Vom Scheitern einer Demokratie, München 1968.
Pariser Tageblatt: Die braunen Herrscher im Frack; in 2, Nr. 3 (3.1.1934), S. 1.

Ebd.: Roehm wieder daheim; in 2, Nr. 36 (16.1.1934), S. 2.
Ebd.: Konflikt zwischen Roehm und Blomberg? In 2, Nr. 86 (8.3.1934), S. 2.
Ebd.: Auf dem Wege zum »Kaiser der Deutschen«; in 2, Nr. 235 (4.8.1934), S. 1.
Ebd.: Schweden hat nicht mit Blomberg verhandelt, in 2, Nr. 237 (6.8.1934), S. 1.
Ebd.: Hindenburgs Beisetzung; in 2, Nr. 240 (9.8.1934), S. 1.
Ebd.: Zwei Stellvertreter? In 2, Nr. 251 (20.8.1934), S. 1.
Ebd.: Hitler schwer enttäuscht; in 2, Nr. 252 (21.8.1934), S. 1.
Ebd.: Hitler wieder bei Blomberg; in 2, Nr. 345 (22.11.1934), S. 1.
Ebd.: Seltsames Weihnachtsfest bei Blomberg; in 2, Nr. 376 (23.12.1934), S. 1.
Ebd.: Die Meinung der Welt; in 2, Nr. 379 (26.12.1934), S. 2.
Ebd.: Ludendorff lobt Blomberg; in 3, Nr. 466 (23.3.1935), S. 1.
Ebd.: Die Meinung der Welt; in 3, Nr. 532 (28.5.1935), S. 2.
Ebd.: Goerings Kampf; in 3, Nr. 544 (9.6.1935), S. 2.
Ebd.: Blomberg und Reichenau fahren nach Budapest; in 3, Nr. 568 (3.7.1935), S. 2.
Ebd.: Blomberg huldigt Hitler; in 3, Nr. 635 (8.9.1935), S. 1.
Ebd.: Blomberg schwört Hitler Treue; in 4, Nr. 818 (9.3.1936), S. 1.
Ebd.: Die Zusammenarbeit von Reichsbank und Reichswehr; in 4, Nr. 752 (3.1.1936), S. 2.
Ebd.: Blomberg spricht auf der Reichsleitertagung; in 4, Nr. 857 (17.4.1936), S. 1.
Pariser Tageszeitung: Wenn Blomberg einen Munitionsbetrieb besichtigt; in 1, Nr. 10 (21.6.1936), S. 2.
Ebd.: Reichskriegsminister von Blomberg reist an die Saar; in 1, Nr. 16 (27.6.1936), S. 1.
Ebd.: Jetzt noch verstaerkter Jugenddrill! In 1, Nr. 76 (26.8.1936), S. 1.
Ebd.: Blomberg auf Nordland-Reise; in 1, Nr. 120 (9.10.1936), S. 2.
Ebd.: Arbeiter haben zu gehorchen, – proklamiert Marschall Blomberg; in 2, Nr. 258 (24.2.1937), S. 1.
Ebd.: Hitler und Blomberg Arm in Arm; in 2, Nr. 276 (14.3.1937), S. 1.
Ebd.: Zur Kroenung Blomberg; in 2, Nr. 290 (28.3.1937), S. 1.
Ebd.: Blomberg begleitete Hitler zu Ludendorff; in 2, Nr. 300 (7.4.1937), S. 1.
Ebd.: Blomberg besichtigt englische Tanktruppen; in 2, Nr. 341 (19.5.1937), S. 2.
Ebd.: Blomberg besucht Ungarn; in 2, Nr. 345 (23.5.1937), S. 1.
Ebd.: Blomberg besucht auch Italien; in 2, Nr. 349 (27.5.1937), S. 1.
Ebd.: Blomberg prueft mit Mussolini Francos Aussichten; in 2, Nr. 356 (3.6.1937), S. 1.
Ebd.: Blomberg sehr geehrt; in 2, Nr.361 (8.6.1937), S. 1.
Ebd.: Am Zeitungsstand; in 2, Nr. 366 (13.6.1937), S. 2; auch in 2, Nr. 367, (14.6.1937), S. 2.
Ebd.: Italienische Parade vor Blomberg; in 2, Nr. 367 (14.6.1937), S. 4.
Ebd.: Hitler jagt davon, Hitler ernennt; in 3, Nr. 602 (5.2.1938), S. 1.
Ebd.: Blomberg immer noch auf Reisen; in 3, Nr. 651 (4.4.1938), S. 2.
Ebd.: Darf Blomberg zurueck? In 3, Nr. 748 (28.7.1938), S. 2.
Ebd.: Dunkel um den Tod des Generals von Fritsch. Wo ist Blomberg?, in 4, Nr. 1115 (30.9.1939), S. 2.
Ebd.: Deutschland heute, in 4, Nr. 1129 (17.10.1939), S. 1.
Rabenau, Friedrich von: Die alte Armee und die junge Generation, Berlin 1925.
Ders.: Operative Entschlüsse gegen eine Anzahl unterlegener Gegner, Berlin 1935.
Raeder, Erich: Mein Leben, Tübingen 2 Bde. 1956f.
Rauschning, Hermann: Men of chaos, New York 1971.
Reichenau, Walter von: Die Reichswehr Schulter an Schulter mit dem neuen Kanzler, in: Völkischer Beobachter, 6.2.1933.
Reinhardt, Walther: Wehrkraft und Wehrwille (= militärische Essays). Aus seinem Nachlaß. Mit einer Lebensbeschreibung, hg. von: Reinhardt, Ernst, Berlin 1932; darin: Führer- und Feldherrntum, S. 27-61; Die Elemente der Wehrhaftigkeit, S. 61-96; Der wehrhafte Mann bleibt das Kernstück der Landesverteidigung, S. 96-110; Clausewitz. Eine Studie, S. 110.
Röhm, Ernst: SA und deutsche Revolution, in: Nationalsozialistische Monatshefte 4 (1933). S. 251ff.
Ders.: Warum SA?, in Nationalsozialistische Monatshefte (50) 1934.
Röhricht, Edgar: Pflicht und Gewissen, Erinnerungen eines deutschen Generals 1932-1944, Stuttgart 1965.
Rothberg, Werner von: Soll die Kavallerie die Lanze beibehalten oder abschaffen, in: Militär-Wochenblatt, Jg. 112 (1927), 6, Sp. 1-6.
Ders.: Gedanken zur Lanzenfrage und Exerzierformen neuzeitlicher Kavallerie, in: Militär-Wochenblatt, Jg. 112 (1927) 35 und 40.

Salomon, Ernst von: Die Geächteten, Berlin 1930.
Schacht, Hjalmar: 76 Jahre meines Lebens, Bad Wörishofen 1953.
Schlabrendorff, Fabian von: Offiziere gegen Hitler, Zürich 1951.
Schüddenkopf, Otto Ernst: Das Heer und die Republik. Quellen zur Politik der Reichswehrführung 1918-1933, Hannover, Frankfurt a. M. 1955.
Schultheß, Europäischer Geschichtskalender, 1933.
Schulz, Gerhard: Ein Imperator im Reiche des Geistes, in: Frankfurter Allgemeine Zeitung vom 24.8.1985.
Schwarte, Max. Der Krieg der Zukunft, Leipzig 1931.
Ders.: Kriegstechnik der Gegenwart, Berlin 1927.
Schwarzschild, Leopold: Die Lunte am Pulverfass, Hamburg 1965.
Schweppenburg, Leo Geyr von: Erinnerungen eines Militärattachés, London 1933-1937, Stuttgart 1949.
Seeckt, Hans von: Der Sinn des Krieges, in: Münchener Neueste Nachrichten, 8.11.1928.
Ders.: Die Reichswehr, Leipzig 1933.
Ders.: Gedanken eines Soldaten, Berlin 1929.
Ders.: Freikorps und Reichswehr, in: Deutsche Tageszeitung, 16.5.1928.
Ders.: Geleitwort, in: Schlieffen: Friedrich der Große, Berlin 1927.
Ders.: Germania sub pondere crescit, in: Militär-Wochenblatt Jg. 107 (1923), Sp. 436.
Ders.: Moltke. Ein Vorbild, Berlin 1930.
Ders.: Neuzeitliche Kavallerie, in: Militär-Wochenblatt, Jg. 112 (1927) 6, Sp. 178-188; auch in Gedanken eines Soldaten, S. 117-153.
Ders.: Neuzeitliche Heere, Vortrag, abgedruckt in: Nord und Süd, April 1928, auch in Gedanken eines Soldaten, S. 79-101.
Ders.: Heer im Staat, Vortrag im Nationalclub von Sachsen, 20.4.1928, auch in Gedanken eines Soldaten, S. 101-117.
Ders.: Wo stehen wir?, in: Nord und Süd (1928) = Generaloberst von Seeckt über Heer und Krieg der Zukunft, in: Militär-Wochenblatt, Jg. 112 (1928) 38, Sp. 1457-1460.
Ders.: Der Krieg der Zukunft, in: Evening Standard, 3.8.1929.
Soeldner- oder Massenheere - Eine Erwiderung, in: Militär-Wochenblatt, Jg. 113 (1929) 31, Sp. 1253f.
Speer, Albert: Erinnerungen, Frankfurt a. M. 1969.
Speich, Richard: Der amerikanische Generalstab, in: Wissen und Wehr, Jg. 5 (1924), S. 349-359.
Ders: Die amerikanische Armee als Volksheer, in: Wissen und Wehr, Jg. 6 (1925), S. 368-379.
Speidel, Hans: 1813/1814. Eine militärpolitische Untersuchung, Diss., Tübingen 1925.
Spengler, Oswald: Der Untergang des Abendlandes. Umrisse einer Morphologie der Weltgeschichte, 2 Bde., München [4]1923.
Steiner, Rudolf: Gesamtausgabe, hg. von der Rudolf Steiner Nachlaß-Verwaltung, Dornach 1956-1991, 310 Bde.
Tillich, Paul: Masse und Geist, Berlin 1922.
Vogelsang, Thilo: Hitlers Brief an Reichenau vom 4.12.1932, in: VfZ (10/1959).
Wagner, Eduard: Der Generalquartiermeister. Briefe und Tagebuchaufzeichnungen des Generalquartiermeisters des Heeres General der Artillerie Eduard Wagner, hg. von Wagner, Elisabeth, München 1963.
Weißbuch über die Erschießungen des 30.6.1934. Authentische Darstellung der deutschen Bartholomäusnacht, Paris 1934.
Weißbuch über die Schwarze Reichswehr, hg. von der Liga für Menschenrechte, Berlin 1925.
Wiedemann, Fritz: Der Mann der Feldherr werden wollte. Erlebnisse und Erfahrungen des Vorgesetzten Hitlers im Ersten Weltkrieg und seines späteren persönlichen Adjutanten, Dortmund 1964.
Ybarra, T.R.: The invisible army, in: Collier's (July) 6 (1935), S. 17, S. 56ff.
Ziegler, Leopold: Briefe. 1901-1958, München 1963.
Ders.: Der europäische Geist, Darmstadt 1929.
Ders.: Der ewige Buddho. Eine Tempelschrift in vier Unterweisungen, Darmstadt 1922.
Ders.: Gestaltenwandel der Götter, Berlin 1920.
Ders.: Zwischen Mensch und Wirtschaft, Darmstadt 1927.
Zukunftskrieg und Motorisierung, in: Wissen und Wehr, Jg. 7 (1926), S. 294-308.

2. Sekundärliteratur

Abshagen, Karl Heinz: Canaris. Patriot und Weltbürger, Stuttgart 1959.
Absolon, Rudolph: Die Wehrmacht im Dritten Reich, 3 Bde., Boppard am Rhein 1969-1975 (= Schriften des Bundesarchivs 16, 1-3).
Ders.: Die Wehrmacht im Dritten Reich, Bd. 1.2.: 30.1.1933 bis 2.8.1934. Mit einem Rückblick auf das Militärwesen in Preußen, im Kaiserreich und in der Weimarer Republik, Boppard am Rhein 1969-1971 (= Schriften des Bundesarchivs, Bd. 16, 1.2).
Ders.: Wehrgesetz und Wehrdienst 1935 bis 1945. Das Personalwesen in der Wehrmacht, Boppard am Rhein 1960 (= Schriften des Bundesarchivs, Bd. 5).
Adolph-Auffenberg-Komarow, Helwig (Hg.): Die besten Soldaten der Welt: Die Deutsche Wehrmacht aus der Sicht berühmter Ausländer, München 1995.
Ackermann, Volker: Nationale Totenfeiern in Deutschland. Von Wilhelm I. bis Franz Joseph Strauß. Eine Studie zur politischen Semiotik, Stuttgart 1990.
Adolph, Heinrich: Die Philosophie des Grafen Keyserling. Eine Darstellung und kritische Würdigung der Philosophie des Grafen Keyserling, die zur Klärung der vielumstrittenen »Weisheitslehre« beitragen will, Stuttgart 1927.
Asprey, Robert B.: War in the shadows. The guerilla in history, 2. Bde., New York 1975.
Assmann, Kurt: Deutsche Schicksalsjahre, Wiesbaden 1950.
Aufstand des Gewissens. Militärischer Widerstand gegen Hitler und das NS-Regime 1933-1945. Katalog zur Wanderausstellung, hg. i.A. des Militärgeschichtlichen Forschungsamtes von Heinrich Walle, Berlin, Bonn, Herford [4]1994.
Bärsch, Claus-Ekkehard: Die politische Religion des Nationalsozialismus, München 2002.
Bald, Detlef: Der deutsche Generalstab 1859-1939, Reform und Restauration in Ausbildung und Bildung, in: Schriftenreihe Innere Führung, Heft 28, hg. vom Bundesministerium der Verteidigung 1977.
Bald, Detlef; Klotz, Johannes; Wette, Wolfram: Mythos Wehrmacht. Nachkriegsdebatten und Traditionspflege, Berlin 2000.
Barnett, Corelli: Hitler's Generals, New York 1989.
Barthel, Rolf: Theorie und Praxis der Heeresmotorisierung im faschistischen Deutschland bis 1939, 2 Bde., Diss. Leipzig 1967.
»Bayern-Seppl und der Herr im Pelz«. Ein lang gesuchtes Geheimdokument: Das Kriegsgerichtsurteil gegen Generaloberst Freiherr von Fritsch, in: Der SPIEGEL 36, Nr. 1, September 1965, S. 46ff.
Beermann, Fritz: Reichswehrpolitik in der Weimarer Zeit, in: Die neue Gesellschaft (1959), S. 145-152.
Behrenbeck, Sabine: Der Kult um die toten Helden. Nationalsozialistische Mythen, Riten und Symbole 1923-1945, Vierow 1996.
Below, Nikolaus: Als Hitlers Adjutant 1937-1945, Mainz 1980.
Benoist-Méchin, Jacques: Histoire de l´armée allemande, 2. Bde, Bd. 2: De la Reichswehr à l´armée nationale [1919-1938], Paris 1954.
Ders.: Griff über die Grenzen, Oldenburg, Hamburg 1966.
Berber, Fritz: Das Diktat von Versailles, Entstehung - Inhalt - Zerfall, Essen 1939 (= Veröffentlichungen des Deutschen Instituts für Außenpolitische Forschung, Bd. 3).
Berking, Helmut: Masse und Geist, Berlin 1984.
Blaich, Fritz: Wirtschaft und Rüstung im Dritten Reich (= Historisches Seminar, Bd. 1), Hg.: Reese, Armin; Uffelmann, Uwe, Düsseldorf 1987.
Blewett, Daniel K.: American military history: A guide to reference and information sources, Englewood 1995.
Böger, Helmut: Pornoskandal. Deshalb stürzte Hitlers Kriegsminister, in: Bild am Sonntag, 11.7.2004, S. 26f.
Boyer, Jean Paul: Hermann von Keyserling. Le personnage et l'oeuvre, Paris 1977.
Bracher, Karl Dietrich (Hg.): Die Auflösung der Weimarer Republik, Eine Studie zum Problem des Machtverfalls in der Demokratie, Stuttgart, Düsseldorf 1978.
Ders.; Sauer, Wolfgang; Schulz, Gerhard (Hg.): Die nationalsozialistische Machtergreifung. Studien zur Entwicklung der totalitären Herrschaftssystems in Deutschland 1933-1934, Köln, Opladen 1964 (= Schriften des Instituts für politische Wissenschaften 4).

Ders.; Funke, Manfred; Jacobsen, Hans-Adolf (Hg.): Deutschland 1933-1945. Neue Studien zur nationalsozialistischen Herrschaft, Bonn 1993.
Ders.: Die deutsche Armee zwischen Republik und Diktatur, in: Schicksalsfragen der Gegenwart, Bd. 3, Tübingen 1958, S. 95-120.
Ders.: Die deutsche Diktatur. Entstehung, Struktur, Folgen des Nationalsozialismus, Köln 1980.
Brauweiler, Heinz: Generäle in der Deutschen Republik: Groener, Schleicher, Seeckt, Berlin 1932.
Breit, Gotthard: Das Staats- und Gesellschaftsbild der Generale beider Weltkriege im Spiegel ihrer Memoiren, Boppard 1973.
Breuer, Stefan: Anatomie der Konservativen Revolution, Darmstadt 1995.
Ders.: Bürokratie und Charisma. Zur politisehen Soziologie Max Webers, Darmstadt 1994.
Ders.: Ordnung und Ungleichheit – die deutsche Rechte im Widerstreit ihrer Ideen 1871-1945, Darmstadt 2001.
Broicher, Andreas: Die Wehrmacht in ausländischen Urteilen, in: Die Soldaten der Wehrmacht, hg. von Poeppel, W-K, Prinz von, München 1998, S. 405-461.
Buchheim, Hans; Broszat, Martin; Jacobsen, Hans-Adolf; Krausnick, Helmut: Anatomie des SS-Staates, München [6]1994.
Bucholz, Arden: Moltke, Schlieffen and prussian war planning, New York 1991.
Bullock, Alan: Hitler, Frankfurt a.M. 1961.
Burk, Kurt: Planungen und Maßnahmen der Reichswehr zur Sicherung der deutschen Ostgrenze, in: Militärgeschichtliche Mitteilungen (1990) 2, S. 41-64.
Busch, Eckart: Der Oberbefehl. Seine rechtliche Struktur in Preußen und Deutschland seit 1848, Boppard 1967, S. 49-106.
Buschmann, Nikolaus, Carl, Horst (Hg.): Die Erfahrung des Krieges. Erfahrungsgeschichtliche Perspektiven von der Französischen Revolution bis zum Zweiten Weltkrieg, Paderborn 2001.
Bussmann, Walter: Zur Entstehung und Überlieferung der Hoßbach-Niederschriften, in: Vierteljahreshefte für Zeitgeschichte (zit. VfZ) 16 (1968), S. 373-384.
Caro, Kurt; Oehme, Walter: Schleichers Aufstieg, Berlin 1933.
Carsten, Francis Ludwig: Britain and the Weimar Republic, the British documents, London 1984.
Ders.: Reichswehr und Politik, Köln, Berlin 1964.
Ders.: The Reichswehr and the Red Army 1920-1933, in: Survey (1962) 44/45, S. 114-132.
Ders.: Die Reichswehr und die Diktatur, in: Von Weimar zu Hitler, hg.: Jasper, Gotthard.
Castellan, Georges: Le rearmament clandestine du Reich, Paris 1954.
Ders.: Reichswehr et Armée Rouge 1920-1939, in: Duroselle, J.B.: Les relations germano-soviétiques 1933-1939, Paris 1954, S. 138-260.
Chickering, Roger: Das Deutsche Reich und der Erste Weltkrieg, München 2002.
Coetzee, Marylin Shevin and Frans: World War I and European society. A Sourcebook, Lexington, Massachusetts, Toronto 1995.
Cohen, Eliot A.: The strategy of innocence? The United States, 1920-1945, in: Murray, William; Knox, Mac Gregor; Bernstein, Alvin H.: The making of strategy. Rulers, states, and war, Cambridge 1995, S. 428-466.
Corum, James: From Biplanes to Blitzkrieg: The development of German air doctrin between the wars, in: War and history (1996) 3 (1), S. 85-101.
Ders.: The Reichswehr and the concept of mobile war in the era of Hans von Seeckt, Diss., Queens 1990.
Ders.: The roots of Blitzkrieg. Hans von Seeckt and German military reform, Kansas 1992.
Craig, Gordon A.: Military diplomats in the Prussian army and general service, The attachés 1816-1914, in: Political Science Quarterly, Bd. LXIV, S. 65-94.
Ders.: The politics of the Prussian army 1640-1945, Oxford 1955.
Ders.: Reichswehr and National Socialism – The policy of Wilhelm Groener, 1928-1932, in: Political Science Quarterly 63 (1948), S. 194-229.
Deist, Wilhelm: Auf dem Weg zur ideologisierten Kriegführung: Deutschland 1918-1945, in: Ders.: Militär, Staat, Gesellschaft. Studien zur preußisch-deutschen Militärgeschichte, München 1991, S. 385-431. [= The road to ideological war: Germany 1918-1945, in: Murray, William; Knox, Mac Gregor; Bernstein, Alvin H.: The making of strategy. Rulers, states, and war, Cambridge 1995, S. 352-393].

Ders.: Die Reichswehr und der Krieg der Zukunft, in: Militärgeschichtliche Mitteilungen 1989 (1), S. 81-92.

Ders.; Messerschmidt, Manfred; Volkmann, Hans Erich; Wette, Wolfgang: Das Deutsche Reich und der Zweite Weltkrieg, Bd. 1: Ursachen und Voraussetzungen der deutschen Kriegspolitik, Stuttgart 1979.

Ders.: Militär, Staat, Gesellschaft. Studien zur preußisch-deutschen Militärgeschichte, München 1991.

Demeter, Karl: Das deutsche Offizierskorps in Gesellschaft und Staat 1650-1945, Frankfurt 1962.

Deutsch, Harold C.: Das Komplott oder die Entmachtung der Generäle. Blomberg- und Fritsch-Krise. Hitlers Weg zum Krieg, Zürich 1974.

[Rezension von Hoffmann; Peter, in: Militärgeschichtliche Mitteilungen (zit. MGM) (20) 1976, S. 196ff].

Ders.: Verschwörung gegen den Krieg. Der Widerstand in den Jahren 1939-1940, München 1969.

Die Militärelite des Dritten Reiches. 27 biographische Skizzen, hg. von: Smelser, Ronald; Syring, Enrico, Berlin, Frankfurt a. M. 1995.

Die Wehrmacht – Mythos und Realität, hg. von Müller, Rolf Dieter; Volkmann, Erich, i.A. des MGFA, München 1999.

Diels, Rudolf: Lucifer ante portas, Stuttgart 1950.

Dirks, Carl; Janßen, Karl-Heinz: Der Krieg der Generäle. Hitler als Werkzeug der Wehrmacht, Berlin 1999.

Doughty, Robert A.: The illusion of security: France 1919-1940, in: Murray, William; Knox, Mac Gregor; Bernstein, Alvin H.: The making of strategy. Rulers, states, and war, Cambridge 1995, S. 466-498.

Dreetz, Dieter: Aus der Zusammenarbeit von Reichswehr und Roter Armee 1930, in: Militärgeschichte 5 (1990), S. 475-491.

Draeger, Matthias: Die Schule der Weisheit. Darmstadt 1920-1927, im Erscheinen.

Dülffer, Jost: Weisungen an die Wehrmacht 1938/39 als Ausdruck ihrer Gleichschaltung, in: Wehrwissenschaftliche Rundschau (18) 1968, S. 651-655, hier S. 651.

Duesterberg, Theodor: Der Stalhelm und Hitler, 1949.

Duroselle, J.B.: Les relations germano-soviétiques 1933-1939, Paris 1954.

Ellis, John: A short history of Guerilla warfare, New York 1976.

Epstein, Fritz Theodor: Zwischen Compiegne und Versailles, in: VfZ 3 (1955), S. 412-445.

Erdmann, Karl Dietrich, Schulze, Hagen (Hg.): Weimar. Selbstpreisgabe einer Demokratie, Düsseldorf 1984; darin: Hillgruber, Andreas: Die Reichswehr und das Scheitern der Weimarer Republik, S. 177-192.

Ders.: Die preußisch-deutsche Armee 1640-1945, Düsseldorf 1960.

Erfurth, Waldemar: Die Geschichte des deutschen Generalstabs 1918-1945, Göttingen 1957.

Erster Weltkrieg, Wirkung, Wahrnehmung, Analyse, hg. von: Michalka, Wolfgang, München 1994.

Erster Weltkrieg - Zweiter Weltkrieg. Ein Vergleich: Krieg, Kriegserlebnis, Kriegserfahrung in Deutschland, hg. von Thoss, Bruno; Volkmann, Hans-Erich, Paderborn 2002.

Fallois, Immo von: Kalkül und Illusion. Der Machtkampf zwischen Reichswehr und SA während der Röhm-Krise 1934, Berlin 1994.

Favez, J.C.: Le Reich devant l'occupation franco-belge de la Ruhr en 1923, Genf 1969.

Fest, Joachim: Staatsstreich. Der lange Weg zum 20. Juli, Berlin 1994.

Ders.: Hitler. Eine Biographie, Berlin 1998.

Ders.: Speer. Eine Biographie, Berlin 1999.

Fischer, Rudolf: Schleicher, Mythos und Wirklichkeit, Hamburg 1932.

Foerster, Roland: Generalfeldmarschall von Moltke. Bedeutung und Wirkung, hg. vom Militärgeschichtlichen Forschungsamt, München 1991.

Ders.; Walle, Heinrich (Hg., i.A. des Militärgeschichtlichen Forschungsamtes): Militär und Technik. Wechselbeziehungen zu Staat, Gesellschaft und Industrie im 19. und 20. Jahrhundert, Herford, Bonn 1992.

Foerster, Wolfgang: Ein General kämpft gegen den Krieg. Aus nachgelassenen Papieren des Generalstabschefs Ludwig Beck, Frankfurt a. M. 1962.

Ders.: Generaloberst Freiherr von Fritsch. Ein Gedenkwort zu seinem 80. Geburtstag, in: Deutscher Soldatenkalender 1960, S. 23.

Foertsch, Hermann: Schuld und Verhängnis. Die Fritsch-Krise als Wendepunkt der Geschichte der nationalsozialistischen Zeit, Stuttgart 1951.

Fraenkel, Heinrich; Manvell, Roger: Canaris. Spion im Widerstreit, Bern, München, Wien 1969.
Franke, Manfred: Der Begriff der Masse in der Sozialwissenschaft, Diss. Mainz 1985.
Freund, Michael: Deutsche Geschichte, Berlin, München, Wien 1974.
Frevert, Ute (Hg.): Militär und Gesellschaft im 19. und 20. Jahrhundert, Stuttgart 1997.
Dies.: Die kasernierte Nation. Militärdienst und Zivilgesellschaft in Deutschland, München 2001.
Fritzsche, Peter: Rehearsal for Fascism: Populism and political mobilization in Weimar Germany, Oxford 1990.
Fröhlich, Elke (Hg.): Die Tagebücher von Joseph Goebbels, München 1998.
Gackenholz, Hermann: Reichskanzlei, 5. November 1937. Forschungen zu Staat und Verfassung, in: Festgabe für Fritz Hartung, Berlin 1958, S. 459ff.
Gahlings, Ute: Sinn und Ursprung. Untersuchungen zum philosophischen Weg Hermann Graf Keyserlings, Sankt Augustin 1992 (= Academia Hochschulschriften: Philosophie, Bd. 3).
Gamm, Hans-Jochen: Der braune Kult. Das Dritte Reich und seine Ersatzreligion, Hamburg 1962.
Geiss, Immanuel: Geschichte des Rassismus, Frankfurt a. M. 1988.
Georg, Enno: Die wirtschaftlichen Unternehmungen der SS, Stuttgart 1963.
Geschichte und Militärgeschichte. Wege der Forschung, hg. von: Gersdorff, Ursula von. Mit Unterstützung des Militärgeschichtlichen Forschungsamtes, Frankfurt a. M. 1974.
Geyer, Michael: Aufrüstung oder Sicherheit. Die Reichswehr in der Krise der Machtpolitik 1924-1936, Wiesbaden 1980.
Ders.: Das zweite Rüstungsprogramm der Reichswehr (1930-1934), in: Militärgeschichtliche Mitteilungen 17 (1975), S. 125-172.
Ders.: Die Wehrmacht der Deutschen Republik ist die Reichswehr (Bemerkungen zur neueren Literatur), in: Militärgeschichtliche Mitteilungen 2 (1973), S. 152-199.
Ders.: Deutsche Rüstungspolitik 1860-1980, Frankfurt a. M. 1984.
Giordano, Ralph: Die Traditionslüge. Vom Kriegerkult in der Bundeswehr, Köln 2000.
Gisevius, Hans Bernd: Wo ist Nebe? Erinnerungen an Hitlers Reichskriminaldirektor, Zürich 1966.
Goebbels, Joseph: Tagebücher 1924-1945, 5 Bde., hg. von: Reuth, Ralf Georg, München, Zürich 1992, Bd. 3, 1935-1939.
Goerner, Alexander: Hitlers preußisches Engangement, Glad. 1995.
Görlitz, Walter: Der deutsche Generalstab 1657-1945, Frankfurt 1950.
Ders.: Kleine Geschichte des deutschen Generalstabs, Berlin 1977.
Ders.: Der deutsche Generalstab. Geschichte und Gestalt 1657-1945, Frankfurt a. M. 1950.
Ders.: Keine Macht der Welt wird mich hier herausbringen, in: DIE WELT, 26.1.1963.
Gordon, Harold J.: Die Reichswehr und die Republik 1919-1926, Frankfurt a. M. 1963.
Ders.: Hans von Seeckt als Mensch, in: Wehrwissenschaftliche Rundschau 9 (1957), S. 575-584.
Ders.: The character of Hans von Seeckt, in: Military Affairs 20 (1956), S. 97ff.
Graczyk, Anette: Die Masse als Erzählproblem. Unter besonderer Berücksichtigung von Carl Sternheims »Europa« und Franz Jungs »Proletarier«, Tübingen 1993.
Graml, Hermann: Der Fall Oster, in: VfZ 14 (1966), S. 26-39.
Ders.: (Hg.): Widerstand im Dritten Reich. Probleme, Ereignisse, Gestalten, Frankfurt a. M. 1984.
Groehler, Olaf: Werner von Blomberg. Die Reichswehr schultert das Gewehr, in: Sturz ins Dritte Reich. Historische Miniaturen und Porträts 1933-1935, Leipzig, Jena, Berlin 1983, S. 87ff.
Ders.: Probleme der Luftkriegstheorie zwischen dem Ersten und dem Zweiten Weltkrieg, in: Zeitschrift für Militärgeschichte 9 (1970), S. 406-419.
Ders.: Selbstmörderische Allianz: deutsch-russische Militärbeziehungen 1920-1941, Berlin 1992.
Groener-Geyer, Dorothea: General Groener, Soldat und Staatsmann, Frankfurt a. M. 1955.
Guske, Claus: Das politische Denken des Generals von Seeckt. Ein Beitrag zur Diskussion des Verhältnisses Seeckt-Reichswehr-Republik, Lübeck, Hamburg 1971.
Hagen, Walter: Die geheime Front. Organisation, Personen und Aktionen des deutschen Geheimdienstes, Linz, Wien 1950. (S. 49-54, Die Ausschaltung Blomberg und Fritsch).
Hahlweg, Werner (Hg.): Klassiker der Kriegskunst, Darmstadt 1960.
Hallgarten, George W.F.: General Hans von Seeckt and Russia, 1920-1922, in: The Journal of Modern History, Bd. 21 (1941) 1, S. 28-34.
Hamburger Institut für Sozialforschung (Hg.): Eine Ausstellung und ihre Folgen. Zur Rezeption der Ausstellung Vernichtungskrieg. Verbrechen der Wehrmacht 1941 bis 1944, Hamburg 1999.

Hansen, Ernst-Willy: Reichswehr und Industrie. Rüstungswirtschaftliche Zusammenarbeit und wirtschaftliche Mobilmachungsvorbereitungen 1923-1932, Boppard am Rhein 1978 [= Militärgeschichtliche Studien, hg. vom Militärgeschichtlichen Forschungsamt, Nr. 24].
Harder, Alexander: Kriminalzentrale Werderscher Markt. Die Geschichte des deutschen »Scotland Yard«, München 1968, S. 268-306.
Harris, J.P.: Men, ideas and tanks: British military thoughts and armored forces, 1903-1939, New York 1996.
Heideking, Jürgen: Vom Versailler Vertrag zur Genfer Abrüstungskonferenz. Das Scheitern der interalliierten Militärkontrollpolitik in Deutschland nach dem Ersten Weltkrieg, in: Militärgeschichtliche Mitteilungen 28 (1980), S. 48-68.
Heider, Paul: Der Totale Krieg. Seine Vorbereitung durch Reichswehr und Wehrmacht, in: Revue internationale d'histoire militaire (1989) 71, S. 22-43.
Herbst, Ludolf: Der totale Krieg und die Ordnung der Wirtschaft. Die Kriegswirtschaft im Spannungsfeld von Politik, Ideologie und Propaganda 1939-1945, Stuttgart 1982.
Herzfeld, Hans: Das Problem des deutschen Heeres 1919-1945, in: ders.: Ausgewählte Aufsätze, dargebracht als Festgabe zum 70. Geburtstag, Berlin 1962.
Ders.: Politik, Heer und Rüstung in der Zwischenkriegszeit. Ein Versuch, in: ders.: Ausgewählte Aufsätze, Berlin 1962, S. 255-277.
Hildebrand, Dieter: Deutsche Außenpolitik 1933-1945. Kalkül oder Dogma?, Stuttgart-Berlin-Köln-Mainz (4. Auflage) 1980.
Hildebrandt, Klaus (Hg.): Messianismus: Zwischen Politik und Religion. Studien zur Entstehung, Existenz und Wirkung des Totalitarismus (= Schriften des Historischen Kollegs, Kolloquien 59), München 2003.
Hillgruber, Andreas: Die Reichswehr und das Scheitern der Weimarer Republik, in: Erdmann, Karl Dietrich; Schulze, Hagen (Hg.): Weimar. Selbstpreisgabe einer Demokratie. Eine Bilanz heute. Kolloquium der Fritz Thyssen Stiftung, Juni 1979, Düsseldorf 1980, S. 177-192.
Ders.: Deutsche Großmacht- und Weltpolitik im 19. und 20. Jahrhundert, Düsseldorf 1977, S. 134-148.
Ders.: Zur Entstehung des Zweiten Weltkrieges. Forschungsstand und Literatur, Düsseldorf 1980.
Ders.: Die Zerstörung Europas. Beiträge zur Weltkriegsepoche 1914-1945, Frankfurt/M. – Berlin 1988.
Hockerts, Hans-Günter: Die Goebbels-Tagebücher 1932-1941, in: Politik und Konfession. Festschrift für Konrad Repgen zum 60. Geburtstag, Berlin.
Ders.: War der Nationalsozialismus eine politische Religion? Über Chancen und Grenzen eines Erklärungsmodells, in: Hildebrandt, Klaus (Hg.): Zwischen Politik und Religion. Studien zur Entstehung, Existenz und Wirkung von Totalitarismus (= Schriften des Historischen Kollegs 59), München 2003, S. 45-71.
Höhne, Heinz: Canaris. Patriot im Zwielicht, München 1976 und 1978.
Ders.: Warten auf Hitler, SPIEGEL vom 14.2.1983, S. 183.
Hoffmann, Nickerson: The armed hordes, New York 1940.
Hoffmann, Peter: Widerstand gegen Hitler und das Attentat vom 20. Juli 1944 (= Portraits des Widerstandes, Bd. 2), Konstanz [4]1994.
Ders.: Widerstand, Staatsstreich, Attentat. Der Kampf der Opposition gegen Hitler, München, Zürich [4]1985.
Holborn, Hajo: A history of modern Germany 1840-194. S. 707.
Holmes, Terence M.: Der Schlieffenplan des Friedrich von Bernhardi: Zur Beilegung eines mythischen Streitfalls, in: Militärgeschichtliche Zeitschrift 63 (2004) 2, S. 430-443.
Huebsch, Norbert Arthur: Field Marshal Werner von Blomberg and the politicization of the Wehrmacht: An aspect of mass political involvement in Germany, Diss., Cincinnati 1981.
Hürten, Heinz: Die Anfänge der Ära Seeckt. Militär und Innenpolitik 1920 bis 1922, Düsseldorf 1979.
Ders.: Zwischen Revolution und Kapp-Putsch. Militär und Innenpolitik 1918-1920, Düsseldorf 1977.
Hürter, Johannes: Wilhelm Groener, Reichswehrminister am Ende der Weimarer Republik (1928-1932), München 1993 (= Beiträge zur Militärgeschichte, hg. vom Militärgeschichtlichen Forschungsamt, Bd. 39).
Huttenberger, Peter: Vorüberlegungen zum »Widerstandsbegriff«, in: Theorien in der Praxis des Historikers. Forschungsbeispiele und ihre Diskussion, hg. von: Kocka, Jürgen, Göttingen 1977 (= Geschichte und Gesellschaft, Sonderheft 3), S. 117-134.

Irving, David: Göring, München, Hamburg 1987.
Jacobsen, Hans Adolf; Jochmann, Werner (Hg.): Ausgewählte Dokumente zur Geschichte des Nationalsozialismus 1933-1945, Bielefeld 1961f. (= Arbeitsblätter für politische und soziale Bildung).
Jäckel, Eberhard: Hitlers Weltanschauung. Entwurf einer Herrschaft, Tübingen [2]1983.
Jamin, Mathilde: Zwischen den Klassen. Zur Sozialstruktur der SA-Führerschaft, Wuppertal 1984.
Janßen, Karl-Heinz, (und Tobias, Fritz): Der Sturz der Generäle. Hitler und die Blomberg-Fritsch-Krise 1938, München 1994.
Ders.: Der Skandal: Intrige oder Panne?, I. in: Die Zeit, Nr. 11, 11.3.1988, S. 49-55, II. in: Die Zeit, Nr. 12, 18.3.1988, S. 45-47.
Ders.: Der große Plan, in: Die Zeit (11), 7. März 91997, S.15-20.
John, Gunther: So sehe ich Europa, 1937.
Jureit, Ulrike (Hg.): Politische Kollektive. Die Konstruktion nationaler, rassischer und ethischer Gemeinschaften, Bielefeld 2002.
Kaulbach, Eberhard: Generaloberst Seeckt. Zur Persönlichkeit und Leistung, in: Wehrwissenschaftliche Rundschau (16) 1966, S. 606-681.
Kehrig, Manfred: Die Wiedererrichtung des deutschen militärischen Attachédienstes nach dem Ersten Weltkrieg (1919-1933), Boppard am Rhein 1966 [= Militärgeschichtliche Studien, hg. vom Militärgeschichtlichen Forschungsamt, Bd. 2].
Keilig, Wolf: Die Generale des Heeres, Friedberg 1983.
Kellmann, Axel: Generaloberst Alfred Jodl. Ein Beitrag zur Diskussion über das Verhältnis zwischen Wehrmacht und NS-Regime, Saarbrücken 2004.
Kempner, Robert M.W.: Ankläger einer Epoche. Lebenserinnerungen, Frankfurt a. M. 1983.
Kern, Wolfgang: Reichswehrführung und Stabilisierung der faschistischen Diktatur 1933-1935, in: Militärgeschichte Nr. 5/1972.
Kershaw, Ian: Hitler, 2 Bde, München 2001.
Kielmannsegg, Johann Graf von: Der Fritschprozeß 1938. Ablauf und Hintergründe, Hamburg 1949.
Ders.: Die militärisch-politische Tragweite der Hoßbach-Besprechung, in: VfZ 8 (1960), S. 269-275.
Kitchen, Martin: Tradition of German Strategic Thought, in: International History Review, 1,2 (April 1979), S. 172f.
Klein, Robert Edward: J. F.C. Fuller and the tank, Diss. Chicago 1983.
Klein, Christian (Hg.): Grundlagen der Biographik. Theorie und Praxis des biographischen Schreibens, Stuttgart, Weimar 2002.
Klemperer, Klemens von; Syring, Enrico; Zittelmann, Rainer (Hg.): »Für Deutschland«. Die Männer des 20. Juli, Frankfurt a. M., Berlin 1994.
Kleßmann, Christoph: Gegner des Nationalsozialismus. Zum Widerstand im Dritten Reich, in: Aus Politik und Zeitgeschichte, Beilage zur Wochenzeitschrift »Das Parlament«, B 46/1979 vom 17.11.1979, S. 25-37.
Kosch, Wilhelm: Biographisches Staatshandbuch.
Krausnick, Helmut: Vorgeschichte und Beginn des militärischen Widerstandes gegen Hitler, in: Aufstand des Gewissens. Militärischer Widerstand gegen Hitler und das NS-Regime 1933-1945. Katalog zur Wanderausstellung, hg. i.A. des Militärgeschichtlichen Forschungsamtes von Heinrich Walle, Berlin, Bonn, Herford [4]1994, S. 197f.
Kroener, Bernhard: Generationserfahrung und Elitewechsel. Strukturveränderungen im deutschen Offizierkorps 1933-1945, in: Eliten in Deutschland und Frankreich, hg. von: Hudemann, Rainer; Soutou, Georges-Henri, Bd. 1, S. 219-233.
Ders.: Strukturelle Veränderungen in der militärischen Gesellschaft des Dritten Reiches, in: Nationalsozialismus und Modernisierung, hg. von: Prinz, Michael Zittelmann, Rainer, Darmstadt 1991.
Krüger, Peter: Die Außenpolitik der Republik von Weimar, Darmstadt 1985.
Kühn, Walter spricht in der »Frankfurter Rundschau« vom 21.7.1964.
Kühne, Thomas, Ziemann, Benjamin (Hg.): Was ist Militärgeschichte, Paderborn 2000 (= Krieg in der Geschichte, Bd. 6, mit Bibliographie). Der Band schaffte eine neue Grundlage für eine moderne Militärgeschichtsschreibung und entwickelte neue Perspektiven für die konzeptionelle Erweiterung der Militärgeschichte.
Kundera, Milan: Die Unsterblichkeit. Roman, München 1990.
Laqueur, Walter: Guerilla. A historical and critical study, London 1977.
Large, David Clay: Hitlers München. Aufstieg und Fall der Hauptstadt der Bewegung, München 1998.

Larson, Robert H.: The British army and the theory of armoured warfare 1918-1940, New York 1984.
Link, Werner: Die amerikanische Stabilisierungspolitik in Deutschland 1921-1932, Düsseldorf 1970.
Löffler, Jürgen: Walther von Brauchitsch. 1881-1948; eine politische Biographie, Frankfurt a. M. 2001.
Longerich, Peter: Die braunen Bataillone. Geschichte der SA, München 1989.
Lyons, G.M.; Masland, J.W.: R.O.T.C.-education and military leadership, Princeton 1959.
Maar, Christa; Burda Hubert (Hg.): Iconic Turn. Die neue Macht der Bilder, Köln 2004.
Maas, Lieselotte: Handbuch der deutschen Exilpresse 1933 – 1945, München, Wien 1984.
Maier, Klaus A.: »Totaler Krieg und operativer Luftkrieg«, in: Das Deutsche Reich und der Zweite Weltkrieg, hg. von Deist, Manfred (s.o.), Bd. 2, Stuttgart 1979, S. 43-69.
Malanowski, Wolfgang: Die deutsche Politik der militärischen Gleichberechtigung von Brüning bis Hitler in: Wehrwissenschaftliche Rundschau 8 (1955), S. 351-364.
Marill, Jean-Marc: La doctrine militaire française entre les deux guerres, in: Revue historique des armeés 1991 (3), S. 24-34.
Masson, Philippe: Die deutsche Armee. Geschichte der Wehrmacht 1935-1945, München 2001.
Meier-Welcker, Hans: Die geistigen Kräfte in der deutschen Wehrmacht seit Beginn des 20. Jahrhunderts, in: Wehrwissenschaftliche Rundschau 7 (1957) 8, S. 491-504.
Ders.: Seeckt, Frankfurt a. M. 1967.
Menke, Erich: Militärtheoretische Überlegungen im deutschen Generalstab vor dem Zweiten Weltkrieg über den Einsatz von Panzern, in: Revue international d' histoire militaire 1989 (71), S. 151-163.
Menzel, Oskar: Nachruf auf J.F.C. Fuller, in: Wehrwissenschaftliche Rundschau (16) 1966, S. 231-233.
Messerschmidt, Manfred: Die Wehrmacht im NS-Staat, Zeit der Indoktrination, Hamburg 1969.
Ders.: German staff officers' education since the beginning of the 19th century: innovations and traditions, in: Militärhistorisk Tidskift (1983) 187, S. 9-19.
Ders.: Verschwörer in Uniform. Der militärische Widerstand gegen Hitler und sein Regime, in: ders.: Militärgeschichtliche Aspekte der Entwicklung des deutschen Nationalstaates, Düsseldorf 1989.
Meyer-Krahmer, Marianne: Carl Goerdeler und sein Weg in den Widerstand. Eine Reise in die Welt meines Vaters, Freiburg i. Br. 1989.
Michalka, Wolfgang (Hg.): Die nationalsozialistische Machtergreifung, Paderborn, München, Wien, Zürich 1984.
Millotat, Christian: Das preußisch-deutsche Generalstabssystem: Wurzeln – Entwicklung – Fortwirken, Zürich 2000.
Mischke, Ferdinand Otto: Vom Kriegsbild, Stuttgart 1976.
Model, Hansgeorg: Der deutsche Generalstabsoffizier, seine Ausbildung in Reichswehr, Wehrmacht und Bundeswehr, Frankfurt a. M. 1968.
Mohler, Armin: Die Konservative Revolution in Deutschland 1918 bis 1932, Darmstadt [4]1994.
Moll, Otto: Werner von Blomberg, in: ders.: Die deutschen Generalfeldmarschälle 1935 bis 1945, bearbeitet von: Marek, Wolfgang, o.O. 1961, S. 9-12.
Mommsen, Hans: Militär und zivile Militarisierung in Deutschland 1914 bis 1938, in: Frevert, Ute (Hg.): Militär und Gesellschaft im 19. und 20. Jahrhundert, Stuttgart 1997.
Ders.: Cummulative radicalisation and progressive self-destruction as structural determinants of the Nazi-dictatorship«, in: Ian Kershaw; Moshe Lewin (Hg.): Stalinism and Nazizism: Dictatorships in comparison, Cambridge 1997, S. 75-87.
Mosse, Georg L.: Der nationalsozialistische Alltag, Frankfurt a. M. 1993.
Ders.: Gefallen für das Vaterland. Nationales Heldentum und namenloses Sterben, Stuttgart 1993.
Mühleisen, Hans-Otto: Die Rolle des Militärs bei der Machtübernahme der Nationalsozialisten, in: 1933 – Fünfzig Jahre danach, Hg. Becker, Josef.
Mueller, Richard: Werner von Blomberg. Hitlers idealistischer Kriegsminister, in: Die Militärelite des Dritten Reiches. 27 biographische Skizzen, hg. von: Smelser, Ronald, Syring, Enrico, Frankfurt a. M. 1995, S. 50-65.
Müller, Klaus-Jürgen: Armee und Drittes Reich 1933-1939, Paderborn 1989.
Ders.: Das Heer und Hitler. Armee und nationalsozialistisches Regime 1933-1940, Stuttgart 1969 (= Beiträge zur Militär- und Kriegsgeschichte, Bd. 10).
Ders.: Der deutsche Widerstand 1933-1945, Paderborn 1990.
Ders.: Die nationalkonservative Opposition vor dem Zweiten Weltkrieg, in: Militärgeschichte. Jubiläumsschrift zum 25jährigen Bestehen des Militärgeschichtlichen Forschungsamtes, Stuttgart 1982, S. 227ff.

Ders.: General Ludwig Beck. Studien und Dokumente zur politisch-militärischen Vorstellungswelt und Tätigkeit des Generalstabschef des deutschen Heeres 1933-1938, Boppard am Rhein 1980.
Ders.: Struktur und Entwicklung der nationalkonservativen Opposition, in: Vollmacht des Gewissens. Militärischer Widerstand gegen Hitler und das NS-Regime 1933-1945. Katalog zur Wanderausstellung, hg. i.A. des Militärgeschichtlichen Forschungsamtes von Walle, Heinrich, Berlin, Bonn, Herford [4]1994, S. 263-311.
Müller, Klaus-Jürgen; Opitz, Eckhardt (Hg.): Militär und Militarismus in der Weimarer Republik. Beiträge eines internationalen Symposiums an der Hochschule der Bundeswehr Hamburg am 5. und 6. Mai 1977, Düsseldorf 1978.
Müller, Rolf-Dieter: Das Tor zur Weltmacht. Die Bedeutung der Sowjetunion für die deutsche Wirtschafts- und Rüstungspolitik zwischen den Weltkriegen, Boppard am Rhein 1984.
Müller-Schoell, Walter: Schleicher. Deutschlands Schicksal, Berlin 1933.
Murawski, Erich: Der deutsche Wehrmachtbericht 1939-1945. Ein Beitrag zur Untersuchung der geistigen Kriegführung, Boppard am Rhein 1962
Murmann, Ernst: Betrachtungen zum Fall Blomberg, Leserbrief in: Frankfurter Allgemeine Zeitung, Nr. 127, 4.6.1974, S. 25.
Murray, William; Knox, Mac Gregor; Bernstein, Alvin H.: The making of strategy. Rulers, states, and war, Cambridge 1995.
Ders: Der Luftkrieg von 1914 bis 1945, Berlin 2000.
Musil, Robert: Der Mann ohne Eigenschaften, hg. von Frisé, Adolf, Hamburg 1952.
Nakata, Jun: Der Grenz- und Landesschutz in der Weimarer Republik 1918 bis 1933. Die geheime Aufrüstung und die deutsche Gesellschaft, Freiburg i. Br. 2002 (= Einzelschriften zur Militärgeschichte, Bd. 41).
Nickerson, Hoffmann: The armed horde, New York 1940.
Nolte, Ernst: Der Faschismus in seiner Epoche. Die action francaise, der italienische Faschismus, der Nationalsozialismus, München - Zürich [5]1979.
Nuß, Karl: Militär und Wiederaufrüstung in der Weimarer Republik. Die politische Rolle und Entwicklung in der Reichswehr, Berlin (Ost) 1977 (= Schriften des Militärgeschichtlichen Instituts der Deutschen Demokratischen Republik).
O'Neill, Robert J.: The German army and the Nazi party 1933-1939, London 1969.
Picker, Henry: Hitlers Tischgespräche im Führerhauptquartier. Entstehung, Struktur, Folgen des Nationalsozialismus. Neuauflage, München 1976.
Plehwe, Friedrich Karl von: Kurt von Schleicher. Weimars letzte Chance gegen Hitler, Esslingen 1983.
Pöhlmann, Markus: Kriegsgeschichte und Geschichtspolitik: Der Erste Weltkrieg. Die amtliche deutsche Militärgeschichtsschreibung 1914-1956, Paderborn 2002.
Post, Gaines: The civil-military fabric of Weimar foreign policy, Princeton 1973.
Preston, Richard Adrian (Hg.): General staffs and diplomacy before the Second World War, London 1978.
Ders.: Perspepctives in the history of military education and professionalism, in: Harmon memorial lectures in military history 1980 (22), S. 1-37.
Protokoll der Kabinettssitzung vom 31.1.1933, in: IMT XXV, S. 375.
Prozeß gegen Hauptkriegsverbrecher, Militärgerichtshof (International Military Tribunal = IMT), Bd. I, S. 39; der Text des Protokolls: Bd. XXV, S. 420ff.
Raulff, Ulrich: Das Leben – buchstäblich. Über neuere Biographik und Geschichtswissenschaft, in: Grundlagen der Biographik. Theorie und Praxis des biographischen Schreibens, hg. von: Klein, Christian, Stuttgart, Weimar 2002, S. 55-69.
Rautenbach, Hans-Jürgen: Drei Dokumente zur Planung eines 300.000 Mann Friedensheeres aus dem Dezember 1933, in: Militärgeschichtliche Mitteilungen 2/1977, S. 103-139.
Reichel, Peter: Der schöne Schein des Dritten Reiches. Faszination und Gewalt des Faschismus, München, Wien 1991.
Reuth, Ralf Georg (Hg.): Joseph Goebbels. Tagebücher 1924-1945, München, Zürich 1992, Teil 1, Bd. 3.
Reynolds, Nicholas: Der [Werner Freiherr von] Fritsch-Brief vom 11. Dezember 1938, in: VfZ 28 (1980).
Rintelen, Enno von: Mussolini als Bundesgenosse, Tübingen und Stuttgart 1951.
Ritter, Gerhard: Carl Goerdeler und die deutsche Widerstandsbewegung, Stuttgart 1956.

Ders.: Der Schlieffen-Plan, München 1956.
Ropp, Theodore: War in the modern world, Durnham 1959.
Rosen, Kurt von: Kurt Hesse. Konservative Revolution der Wehrpädagogik nach dem Ersten Weltkrieg, Hamburg 1998 (= Führungsakademie der Bundeswehr, Beiträge zu Lehre und Forschung 3/98).
Rothfels, Hans: Die deutsche Opposition gegen Hitler, Frankfurt a. M. 1962.
Rudelsdorff, D.: Generaloberst Freiherr von Fritsch, Chef des Artillerieregiments Nr. 12. Leben und Schicksal eines großen Soldaten [Kurzfassung eines Vortrags], Kassel 1968.
Ruge, Wolfgang: Hitler, Weimarer Republik und Machtergreifung: Eine politische Karriere und ihr Hintergrund 1918-1933, Köln 1983.
Sadoff, Laurence R.: Hans von Seeckt: One man who made the difference, in: Military Review 1987 (67) 12, S. 76-81.
Saldern, Adelheid von: Mittelstand im Dritten Reich: Handwerker - Einzelhändler - Bauern, Frankfurt - New York 1985.
Salewski, Michael: Das Weimarer Revisionssyndrom, in: Aus Politik und Zeitgeschichte. Beilage zur Wochenzeitung Das Parlament, 2 B, 2/1980.
Ders.: Der Erste Weltkrieg, Paderborn 2004.
Ders.: Entwaffnung und Militärkontrolle in Deutschland 1919 bis 1927, München1966.
Ders.: Reichswehr, Staat und Republik, in: Geschichte in Wissenschaft und Unterricht 1980 (31) 5, S. 271-288.
Ders.: Geist und Technik in Utopie und Wirklichkeit militärischen Denkens im 19. und 20. Jahrhundert, in: Militär und Technik: Wechselbeziehungen zu Staat, Gesellschaft und Industrie im 19. und 20. Jahrhundert, hg. von: Foerster, Roland; Walle, Heinrich (= i.A. des Militärgeschichtlichen Forschungsamtes), Herford, Bonn 1992, S. 73-99.
Ders.: Handbuch zur deutschen Militärgeschichte VII. Wehrmacht und Nationalsozialismus 1933-1939.
Sauer, Wolfgang: Die Mobilmachung der Gewalt, in: Bracher, Karl Dietrich; Sauer, Wolfgang; Schulz, Gerhard (Hg.): Die nationalsozialistische Machtergreifung. Studien zur Errichtung des totalitären Herrschaftssystems in Deutschland 1933/34, Köln, Opladen _1962 (= Schriften des Instituts für politische Wissenschaft, Bd. 14), S. 683-966.
Ders.: Die Reichswehr, in: Bracher, Karl Dietrich: Die Auflösung der Weimarer Republik. Eine Studie zum Problem des Machtverfalls in der Demokratie, Düsseldorf 1984, S. 205-253 [Villingen 1971].
Schäfer, Kirstin: Die Völkerschlacht, in: Deutsche Erinnerungsorte, Bd. 2, hg. von François, Etienne; Schulze, Hagen, 3 Bde., München [4]2002, S. 187-202.
Schenk, Friethjof Benjamin: Tannenberg/Grunwald, in: Deutsche Erinnerungsorte, Bd. 1, hg. von François, Etienne; Schulze, Hagen, 3 Bde., München [4]2002, S. 438-455.
Scheurig, Bodo: Gehorsam und Verhängnis, Berlin, Frankfurt a. M. 1991.
Schivelbusch, Wolfgang: Die Kultur der Niederlage. Der amerikanische Süden 1865, Frankreich 1871, Deutschland 1918, Berlin 2001.
Schmädeke, Jürgen; Steinbach, Peter: Der Widerstand gegen den Nationalsozialismus. Die deutsche Gesellschaft und der Widerstand gegen Hitler, München, Zürich 1994.
Schmidt, Rainer F.: Die Außenpolitik des Dritten Reiches 1933-1939, Stuttgart 2002.
Schmitthenner, Walter; Buchheim, Hans (Hg.): Der deutsche Widerstand gegen Hitler, Köln, Berlin 1966.
Schramm, Percy E. (Hg.): Kriegstagebuch des Oberkommandos der Wehrmacht (Wehrmachtführungsstab) 1940-1945, Bde. 1-8, Bonn 1964.
Schreiner, Klaus: »Wann kommt der Retter Deutschlands?«, Formen und Funktionen von politischem Messianismus in der Weimarer Republik, in: Saeculum 49 (1998), S. 112-124.
Schulz, Gerhard: Partisanen- und Volkskrieg. Zur Revolutionierung des Krieges im 20. Jahrhundert, Göttingen 1985.
Ders.: Von Brüning zu Hitler. Der Wandel des politischen Systems in Deutschland 1930-1933, Berlin, New York 1992.
Schulze, Hagen: Freikorps und Republik. 1918-1920, Boppard am Rhein 1969 (= Militärgeschichtliche Studien, Bd. 8).
Ders.: Versailles (als deutscher Erinnerungsort), in: Deutsche Erinnerungsorte, Bd. 1, hg. von François, Etienne; Schulze, Hagen, 3 Bde., München [4]2002, S. 407-422.
Ders.: Weimar. Deutschland 1917-1933, Berlin 1982 (= Die Deutschen und ihre Nation, Bd. 4).

Schwabe, Klaus: Deutsche Revolution und Wilson-Frieden, Düsseldorf 1971.
Schwarzschild, Leopold: Die Lunte am Pulverfass, Hamburg 1965.
Schwerin von Krosigk, Lutz Graf von: Es geschah in Deutschland, Tübingen, Stuttgart 1951.
Schwertfeger, Bernhard: Rätsel um Deutschland, Heidelberg 1948.
Searle, Alarich: A very special relationship: Basil Liddell Hart, Wehrmacht Generals and the debate on West German rearmament, 1945-1953, in: War in History 5/3 (1998), S. 327-357.
Ders.: Fuller and Liddell Hart: The continuing debate, in: War in History, 8/3 (2001), S. 341-347.
Ders.: J.F.C. Fuller and the evolution of operational concepts for armoured warfare, in: British Army Review, Nr. 89 (1988), S. 4-13.
Ders.: Was there a »Boney« Fuller after the Second World War? Major-General J.F.C. Fuller as Military Theorist and Commentator, 1945-1966, in: War in History 11/3 (2004), S. 327-357.
Shirer, William, L.: The rise and fall of the Third Reich, New York 1960 (= Aufstieg und Fall des Dritten Reiches), Köln, Berlin 1961.
Showalter, Dennis E.: German military history 1648-1982. A critical bibliographie, London, New York 1984.
Siewert, Curt: Schuldig? Die Generale unter Hitler. Stellung und Einfluß der hohen militärischen Führung im NS-Staat. Das Maß ihrer Verantwortung und Schuld, Bad Nauheim 1968.
Smith, Bradley F.: Die Überlieferung der Hoßbach-Niederschrift im Lichte neuer Quellen, in: VfZ 38 (1990), S. 329-336.
Speidel, Helm: Reichswehr und Rote Armee, in: Vierteljahreshefte für Zeitgeschichte 1 (1953), S. 9-45.
Sperling, Heinz: Rolle und Funktion des Heereswaffenamtes beim ersten Rüstungsprogramm der Reichswehr, in: Militärgeschichte 23 (1984) 4, S. 305-312.
Ders.: Das zweite Rüstungsprogramm der Reichswehr, in: Militärgeschichte 23 (1988) 2, S. 182-189.
Spiegelbild einer Verschwörung. Die Kaltenbrunner-Berichte an Bormann und Hitler über das Attentat vom 20. Juli 1944. Geheime Dokumente aus dem ehemaligen Reichssicherheitshauptamt, hg. von: Peter, Karl-Heinz (= Archiv Peter für historische und zeitgeschichtliche Dokumentation), Stuttgart 1961; Internationaler Militärgerichtshof. Der Prozeß gegen die Hauptkriegsverbrecher vor dem Internationalen Militärgerichtshof (zit. IMT), 42 Bde., Nürnberg 1947-1949.
Spielberger, Walter J.: Die Motorisierung der deutschen Reichswehr 1920-1935, Stuttgart 1979.
Spitzy, Reinhard. So haben wir das Reich verspielt. Bekenntnisse eines Illegalen, München [4]1994.
Steeley, M. Thomas: Kurt von Schleicher and the political activities of the Reichswehr 1919-1926, Diss., Vanderbilt 1971.
Strasser, Otto: Die deutsche Bartholomäusnacht, Paris 1935.
Swain, Richard M.: Basil Liddell Hart and the creation of a theory of war, 1919-1933, in: Armed forces and society 1990 (17) 1, S. 35-51.
Täuschende Erinnerungen. Die Erinnerungen des Hans-Bernd Gisevius., in: Tobias, Fritz: Der Reichstagsbrand. Legende und Wirklichkeit, Rastatt 1962, S. 530-550.
Taylor, Telford: Sword and swastika, Chicago 1952.
Teske, Hermann: Berlin und seine Soldaten. 200 Jahre Berliner Garnison, Berlin 1968.
Thamer, Hans-Ulrich: Verführung und Gewalt. Deutschland 1933-1945, Berlin 1986.
Ders.: Die Erosion einer Säule. Wehrmacht und NSDAP, in: Die Wehrmacht. Mythos und Realität, hg. von: Müller, R.D. und Volkmann, Hans-Erich, München 1999, S. 420-435.
Thies, Jochen: Architekt der Weltherrschaft. Die »Endziele« Hitlers, Düsseldorf 1976.
Thimme, Anneliese: Flucht in den Mythos. Die Deutschnationale Volkspartei und die Niederlage von 1917/19, Göttingen 1969.
Trampe, Gustav: Reichswehr und Presse. Das Wehrproblem der Weimarer Republik im Spiegel der Frankfurter Allgemeinen Zeitung, Münchener Neueste Nachrichten und Vorwärts, Diss., München 1962.
Turner, Henry A. jr.: Faschismus und Kapitalismus in Deutschland, Göttingen 1972.
Ueberschär, Gerd R.: Das Dilemma der deutschen Militäropposition, (= Beiträge zum Widerstand 1933-1945, Bd. 32), Berlin 1988.
Ders.: Die Wehrmacht, in: Enzyklopädie des Nationalsozialismus, hg. von Wolfgang Benz u.a., München 1997, S. 98f.
Ulrich, Bernd; Breymayer, Ursula; Wieland, Karin (Hg.): Willensmenschen. Über deutsche Offiziere, Frankfurt a. M. 1999.

Ulrich Herbert: Best – Biographische Studien über Radikalismus, Weltanschauung und Vernunft 1903-1989, Stuttgart 1997.
Velten, Wilhelm: Das deutsche Reichsheer und die Grundlagen seiner Truppenführung, Entwicklung, Hauptprobleme und Aspekte, Diss., Münster 1982.
Verbrechen der Wehrmacht. Dimensionen des Vernichtungskrieges 1941-1944, Hamburg 2002.
Vigor, Peter: The Soviet view of disarmament, London 1986.
Vogelsang, Thilo: Kurt von Schleicher, ein General als Politiker, in: Persönlichkeiten und Geschichte, Bd. 39, Göttingen 1965.
Ders.: Reichswehr, Staat und NSDAP 1930-1932, Stuttgart 1962.
Vogt, Adolf: Max Bauer. Generalstabsoffizier im Zwielicht 1869-1929, Osnabrück 1974 (= Studien zur Militärgeschichte, Militärwissenschaft und Konfliktforschung, hg. von: Hahlweg, Werner u.a., Bd. 6).
Völker, Karl Heinz: Die Entwicklung der militärischen Luftfahrt in Deutschland 1920-1933, Stuttgart 1962 (= Beiträge zur Militär- und Kriegsgeschichte, Bd. 3, hg. vom Militärgeschichtlichen Forschungsamt).
Ders.: Die deutsche Luftwaffe 1933-1939. Aufbau, Führung und Rüstung der Luftwaffe sowie die Entwicklung der deutschen Luftkriegstheorie, Stuttgart 1967 (= Beiträge zur Militär- und Kriegsgeschichte, Bd. 8, hg. vom Militärgeschichtlichen Forschungsamt).
Ders.: Dokumente und Dokumentarfotos zur Geschichte der deutschen Luftwaffe. Aus den Geheimakten des Reichswehrministeriums 1919-1933 und des Reichsluftfahrtministeriums 1933-1939, Stuttgart 1968 (= Beiträge zur Militär- und Kriegsgeschichte, Bd. 9, hg. vom Militärgeschichtlichen Forschungsamt).
Völkischer Beobachter vom 29.6.1934: Die Wehrmacht im Dritten Reich.
Volkmann, Hans-Erich: Von Blomberg zu Keitel – Die Wehrmachtführung und die Demontage des Rechtsstaates, in: Die Wehrmacht – Mythos und Realität, hg. von Müller, Rolf Dieter; Volkmann, Erich, i.A. des MGFA, München 1999, S. 47-66.
Vondung, Klaus: Magie und Manipulation. Ideologischer Kult und politische Religion im Nationalsozialismus, Göttingen 1971.
Wallach, Jehuda: Das Dogma der Vernichtungsschlacht. Die Lehren von Clausewitz und Schlieffen und ihre Wirkung im Zweiten Weltkrieg, Frankfurt a. M. 1967.
Weckmann, Kurt: Führergehilfenausbildung, in: Wehrwissenschaftliche Rundschau 4 (1954).
Wegner, Bernd: Hitlers Politische Soldaten: Die Waffen-SS 1933-1945, Paderborn [4]1990.
Wehler, Hans-Ulrich: ›Absoluter‹ und ›totaler‹ Krieg. Von Clausewitz bis Ludendorff, in: Geschichte und Militärgeschichte. Wege der Forschung, hg. von: Gersdorff, Ursula von. Mit Unterstützung des Militärgeschichtlichen Forschungsamtes, Frankfurt a. M. 1974, S. 273-313.
Ders.: Deutsche Gesellschaftsgeschichte, Bd. 4, 1914-1949, München 2003.
Wette, Wolfram: Die militärische Demobilmachung in Deutschland ab 1918/19 unter besonderer Berücksichtigung der revolutionären Ostseestadt Kiel, in: Geschichte und Gesellschaft 12 (1986) 1, S. 63-80.
Ders.: Militarismus und Pazifismus. Auseinandersetzung mit den deutschen Kriegen, Bremen 1991.
Wildt, Michael: »Die Generation des Unbedingten«. Das Führungskorps des Reichssicherheitshauptamtes, Hamburg 2002.
Winton, Harold R.: The evolution of British mechanised and armoured doctrine 1919-1938, in: Journal Of The Royal United Services Institute For Defence Studies (1985) 130 (1), S. 57-65.
Whaley, Barton: Covert rearmament in Germany 1919-1939, deception and misperception, in: Journal Of Strategic Studies (1982) 5(1), S. 3-39.
Wheeler-Bennett, John W.: Die Nemesis der Macht. Die deutsche Armee in der Politik 1918-1945, Düsseldorf 1954.
Wohlfeil, Rainer; Dollinger, Hans (Hg.): Die deutsche Reichswehr. Bilder, Dokumente, Texte zur Geschichte des Hunderttausend-Mann-Heeres 1919-1933, Frankfurt a. M. 1972.
Ders.: Heer und Republik. Organisation des Reichsheeres, Frankfurt a.M. 1970.
Wucher, Albrecht, Die Fahne hoch: Das Ende der Republik und Hitlers Machtübernahme, München 1963.
Wyly, Michael D. J. F.C. Fuller. Soldier and historian, in: Marine Corps Gazette 68 (1984) 12, S. 69-76.
Young, Robert J.: La guerre de longue durée, in: Preston, Adrian (Hg.): General staffs and diplomacy before the Second World War, London 1978, S. 41-64.

Zeidler, Manfred: Reichswehr und Rote Armee 1920-1933, Wege und Stationen einer ungewöhnlichen Zusammenarbeit, München 1994.
Ziemke, Earl F.: Strategy for class war: The Soviet Union, 1917-1941, in: Murray, William; Knox, Mac Gregor; Bernstein, Alvin H.: The making of strategy. Rulers, states, and war, Cambridge 1995, S. 498-534.
Zuber, Terence: Inventing the Schlieffen Plan. German War Planning 1871-1914, Oxford 2000.

Lexika und Handbücher

Benz, Wolfgang (Hg.): Enzyklopädie des Nationalsozialismus, München 1997.
Bradley, Dermot; Hildebrand, Karl-Friedrich; Rövekamp, Markus: Die Generale des Heeres 1921-1945, Bd. 2, Osnabrück 1993.
Enzyklopädie Erster Weltkrieg, hg. von: Hirschfeld, Gerhard; Krumeich, Gerd u.a., Paderborn 2003.
Grundzüge der deutschen Militärgeschichte, mit Beiträgen von Rahn, Werner; Walle, Heinrich; Zeidler, Manfred u.a.: Bd. 1: Historischer Überblick, Freiburg im Breisgau 1993. VI. Abschnitt: Zeidler, Manfred: Die Weimarer Republik 1918-1933, S. 255-297.
Handbuch zur deutschen Militärgeschichte, 1648-1939, hg. von Meier-Welker, Hans; Groote, Wolfgang von, Bd. 6, Reichswehr und Republik (1918-1933), bearbeitet von Wohlfeil, Rainer; Matuschka, Edgar Graf von: Reichswehr und Republik (1918-1933), Frankfurt a. M. 1950.
Harder, Hans-Joachim: Wörterbuch zur deutschen Militärgeschichte, Berlin (Ost) 1985.
Historisch-genealogisches Taschenbuch des gesamten Adels jehudäischen Ursprungs; Weimar 1912ff.
Luttwak, Edward N.: The dictionary of modern war, New York 1991.
Military history of the United States. An annotated bibliography, hg. von: Kinnill, Susan K., Oxford (Sta. Barbara) 1985.
Norman, Tobias: (Hg.): The international military encyclopedia (1996).
Reichswehrministerium, Heeres-Personalamt (Hg.): Ranglisten des Deutschen Reichsheeres, Berlin, Reichswehrministerium, Berlin (Jg. 1921-1928).
Smelser, Ronald; Syring, Enrico (Hg.): Die Militärelite des Dritten Reiches, 27 biographische Skizzen, Frankfurt a. M. 1995.
Stumpf, Reinhard: Die Wehrmacht-Elite. Rang- und Herkunftsstrukturen der deutschen Generale und Admirale 1933-1945, Boppard am Rhein 1982 (= Wehrwissenschaftliche Forschungen, Bd. 17).
Wegner, Günter: Stellenbesetzung der deutschen Heere 1815-1939, Bd. 4: Verzeichnis/Personen- und Ortsregister zu den Bden. 1-3, Osnabrück 1996.
Who is Who in America, Bd. 16 (1930/31).
Wistrich, Robert: Who's who in Nazi Germany. London ^{2}1993.

PERSONENREGISTER

ABBILDUNGSNACHWEIS

BAYERISCHE STAATSBIBLIOTHEK, München: 12 (Sign. hoff-8746); 15 (hoff-223); 16 (hoff-11168)
PETER VON BLOMBERG: 1-6; 8; 20-22; 24; 29
FAMILIENARCHIV VON BLOMBERG, Rittergut Nienfeld: 23; 25
BUNDESARCHIV, Koblenz: 9 (Sign. 102-16082); 13 (183-M0921-500); 14 (183-1987-0703-514); 17 (183-S07219); 18 (122-51618); 19 (183-1988-0106-500); 26 (183-R99230); 27 (183-C10332); 28 (183-S36342)
SÜDDEUTSCHER VERLAG BILDERDIENST, München: 10
ULLSTEIN BILD, Berlin: 7; 11